国家出版基金项目
NATIONAL PUBLICATION FOUNDATION

姜亮夫文存

JIANGLIANGFU WENCUN

清华大学国学研究院 主编

张晓伟 选编

江苏人民出版社

图书在版编目(CIP)数据

姜亮夫文存/清华大学国学研究院主编;张晓伟选
编.—南京:江苏人民出版社,2024.1
　　(清华国学书系)
　　ISBN 978-7-214-28250-7

　　Ⅰ.①姜… Ⅱ.①清… ②张… Ⅲ.①姜亮夫(
1902-1995)-文集　Ⅳ.①C53

中国国家版本馆 CIP 数据核字(2023)第 141258 号

书　　　　名	姜亮夫文存
主　　　　编	清华大学国学研究院
选　　　　编	张晓伟
责 任 编 辑	张晓薇
装 帧 设 计	姜 嵩
责 任 监 制	王 娟
出 版 发 行	江苏人民出版社
地　　　　址	南京市湖南路 1 号 A 楼,邮编:210009
照　　　　排	江苏凤凰制版有限公司
印　　　　刷	江苏凤凰新华印务集团有限公司
开　　　　本	652 毫米×960 毫米　1/16
印　　　　张	37.75　插页 2
字　　　　数	504 千字
版　　　　次	2024 年 1 月第 1 版
印　　　　次	2024 年 1 月第 1 次印刷
标 准 书 号	ISBN 978-7-214-28250-7
定　　　　价	188.00 元

(江苏人民出版社图书凡印装错误可向承印厂调换)

姜亮夫先生

姜亮夫在清華讀書期間拍攝的體育館及操場

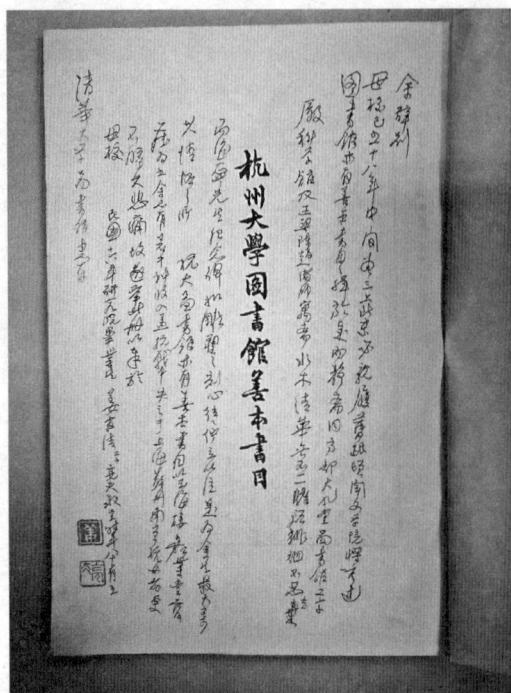

姜亮夫晚年贈給清華大學圖書館的《杭州大學圖書館善本書目》上面的題詞

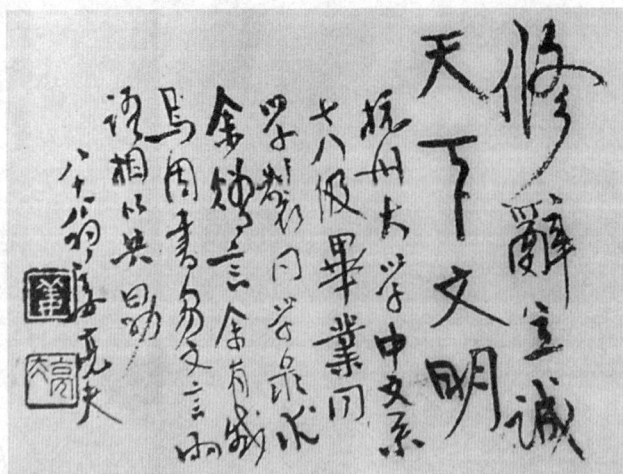

姜亮夫先生寫在杭州大學中文系 1978 級同學錄上的寄語

總　序

　　晚近以來，懷舊的心理在悄悄積聚，而有關民國史的各種著作，也漸次成爲熱門的讀物。——此間很重要的一個原因，當然是在驀然回望時發現：那盡管是個國步艱難的年代，却由於新舊、中西的激盪，也由於愛國、救世的熱望，更由於文化傳承的尚未中斷，所以在文化上並不是空白，其創造的成果反而相當豐富，既涌現了制訂規則的大師，也爲後來的發展開闢了路徑。

　　此外還應當看到，這種油然而生的懷舊情愫，又並非只意味着"向後看"。正如斯維特蘭娜·博伊姆在《懷舊的未來》中所説："懷舊不永遠是關於過去的；懷舊可能是回顧性的，但是也可能是前瞻性的。"——由此也就啓發了我們：在中華文明正走向偉大復興、正祈望再造輝煌的當下，這種對過往史料的重新整理，和對過往歷程的從頭叙述，都典型地展現了堅定向前的民族意志。

　　正是在這樣的背景下，本院早期既曇花一現、又光華四射的歷程，就越發引起了世人的矚目。簡直令人驚異的是，一個僅存在過四年的學府，竟能擁有像梁啓超、王國維、陳寅恪、趙元任、李濟、吳宓這樣的導師，擁有像梁漱溟、林志鈞、馬衡、鋼和泰及趙萬里、浦江清、蔣善國這樣的教師，乃至擁有像王力、姜亮夫、陸侃如、姚名達、謝國楨、吳其昌、高亨、劉

1

盼遂、徐中舒這樣的學生……而且，無論是遭逢外亂還是內耗，這個如流星般閃過的學府，以及它的一位導師爲另一位導師所寫的、如今已是斑駁殘損的碑文內容——"獨立之精神，自由之思想"，都在激勵後學們去保持操守、護持文化和求索真理，就算不必把這一切全都看成神話，但它們至少也是不可多得的佳話吧？

可惜在相形之下，雖說是久負如此盛名，但外間對本院歷史的瞭解，總體說來還是遠遠不够的，尤其對其各位導師、其他教師和衆多弟子的總體成就，更是缺少全面深入的把握。緣此，本院自恢復的那一天起，便大規模地啓動了"院史工程"，冀能在深入研究的基礎上，最終以每人一卷的形式，和盤托出院友們的著作精選，以作爲永久性的追思緬懷，同時也對本院早期的學術成就，進行一次總體性的壯觀檢閱。

就此的具體設想是，這樣的一項"院史工程"，將會對如下四組接續的梯隊，進行總覽性的整理研究：其一，本院久負盛名的導師，他們無論道德還是文章，都將長久地垂範於學界；其二，曾以各種形式協助過上述導師、後來也卓然成家的早期教師，此一群體以往較少爲外間所知；其三，數量更爲龐大、很多成爲學界中堅的國學院弟子，他們更屬於本院的驕傲；其四，等上述工作完成以後，如果我們行有餘力，還將涉及某些曾經追隨在梁、王、陳周圍的廣義上的學生，以及後來在清華完成教育、並爲國學研究作出突出貢獻的其他學者。

這就是本套"清華國學書系"的由來。盡管曠日持久、工程浩大、卷帙浩繁，但本院的老師和博士後們，却不敢有絲毫的懈怠，而如今分批編出的這些"文存"，以及印在其前的各篇專門導論，也都凝聚了他們的辛勞和心血。此外，本套叢書的編輯，也得到了多方的鼎力支持；而各位院友的親朋、故舊和弟子，也都無私地提供了珍貴的素材，這讓我們長久地銘感在心。

爲了最終完成這項任務，我們還在不停地努力着。因爲我們深知，只有把每位院友的學術成就，全都搜集整理出來獻給公衆，本院的早期風貌才會更加逼真地再現，而其間的很多已被遺忘的經驗，也才有可能有助於我們乃至後人，去一步一步地重塑昔日之輝煌。在這個意義上，這套書不僅會有很高的學術史價值，也會是一塊永久性的群英紀念碑。——形象一點地說，我們現在每完成了一本書，都是在爲這塊豐碑增添石材，而等全部的石塊都疊立在一起，它們就會以一格格的浮雕形式，在美麗的清華園裏，竪立起一堵厚重的"國學墻"，供同學們來此興高采烈地指認：你看這是哪一位大師，那又是哪一位前賢……

　　我們還憧憬着：待到全部文稿殺青的時候，在這堵作爲學術聖地的"國學墻"之前，歷史的時間就會濃縮爲文化的空間，而眼下正熙熙攘攘的學人們，心靈上也就多了一個安頓休憩之處。——當然也正因爲那樣，如此一個令人入定與出神的所在，也就必會是恢復不久的清華國學院的重新出發之處，是我們通過緊張而激越的思考，去再造"中國文化之現代形態"的地方。

清華大學國學研究院

2012 年 3 月 16 日

凡　例

一、本書共選編姜亮夫先生文章二十九篇。前二十八篇皆以雲南人民出版社《姜亮夫全集》爲底本，而以浙江大學出版社《國學叢考》及各文初發表本等爲校本。以校本校訂處，皆加頁下注。以其皆出自《姜亮夫全集》，不再於每篇末尾處注明出處。第二十九篇爲直接從清華大學圖書館檢出手寫稿。

二、若干文字錯誤無法以校本校訂，則以意改之，並加頁下注。個別繁簡字等明顯錯誤徑改不加注。

三、姜先生文章中時見多種外文，不僅英文一種。本書《四十自述》一篇，由楊帆女士校對外文。其餘各篇，選編者或以意改之，如人類學家Morgan 誤爲 Moryan 之類，徑改不出注。又或有苦思而不可通訓者，則一仍其舊。

四、個別篇目標點符號，較各本有較大改動。凡標點符號改動，皆不出校注。

五、姜先生原文無頁下注，故本書凡頁下注，皆爲選編者所加。

六、本書選目，重在姜先生古史學類、語言文字學類篇目，又重在與清華國學院有關篇目，故與時賢之讀姜先生文章者，偏重或有所不同。選目大體承姜先生哲嗣姜昆武研究員之教。

目 录

導言："壯心不已"的學術大師
——姜亮夫先生的生平與學術

張曉偉

畢業於清華國學院的姜亮夫先生,是上世紀的著名學者之一,在語言文字學、古史學、楚辭學、敦煌學等方面舉世聞名。在人才輩出的 20世紀學術中,像他這樣身兼四個研究領域,并且在其中兩個領域(楚辭學、敦煌學)都具有現代學術奠基地位者,也是不多見的。

一、姜亮夫先生的學術理路與"未遂之志"

姜亮夫先生留給了世人豐厚的學術遺産。他在楚辭學上的《楚辭通故》《楚辭學論文集》《楚辭書目五種》《屈原賦校注》等著作,敦煌學上的《敦煌學研究文集》《莫高窟年表》《瀛涯敦煌韻輯》《敦煌學概論》等著作,久已成爲這兩個領域的經典之作。他在語言文字學上的《古漢語論文集》《文字樸識》,古史學上的《古史學論文集》等,也都是重要的學術著作。而《楚辭通故》以楚辭通古文字、古史,《瀛涯敦煌韻輯》以敦煌材料治音韻學,都體現出他的治學特徵。

然而多讀了一些姜先生文章的人都會發現,他在晚年經常表達對自己學術成就的遺憾,反復申説,儼然是一個"有志未遂"者。在世人看來著作等身、身處上庠的他,怎麼會有這麼多遺憾呢? 仔細體會的話,這不能只歸結於他是在謙虛，而是真的另有原因。當然對世人而言，他的學術貢獻已經足够大，"有志未遂"這話從我們的口中説出來，就必須加上引號。但我們還是想把背後的原因梳理清楚，並希望把姜先生心中原本更大的學術可能性展現出來。這是對姜先生學術致敬的極好方式，也是作爲後學責無旁貸的工作。

先看他是如何表達自己的遺憾的。他晚年寫過一篇《謝本師——學術研究方法的自我剖析》，文中回憶了對自己有授業之恩的林思進、龔道耕、王國維、梁啓超、陳寅恪、趙元任、吳承仕、章太炎等先生。文章結尾他很動情地寫道：

> 綜上所述，我從歐洲回來後，就有一個"野心"，要想在歷史學與語言學方面建立一個自己的、獨立的、客觀的、綜合的體系。但從現在來看，這決心沒有做到。原因有二：一是我剛從歐洲回國的頭十年，即我三十六歲至四十六歲這十年間，沒有書籍供應我作研究之用，全國在抗戰，連安定的生活都難以做到，根本不可能安心從事學術研究⋯⋯原因之二是遇到"文化大革命"的大浩劫，把我自己鈔録的大批筆記，以及三四十萬張的卡片和百篇以上的短文都一掃而光！我對建立自己的學術系統思想徹底絕望了⋯⋯我得了各位先生的教益，而沒有達到各位先生們的要求，到現在我年老，不能再工作，悔也無用！⋯⋯所以我這個謝本師是一種潛在的意識，是多謝先生們的教道，人家説"通""立"思師，我是個不通不立而思師，是向老師悔恨、譴責、懺悔！謝師説的正是這個意思。①

這裏面透露了兩個很重要的信息：一是姜亮夫在啓動自己的學術計劃的時候，想要建立的體系是以歷史學和語言學爲主的。二是姜亮夫的學術歷程遭受了很多外在因素的影響，以至於他並沒有充分完成自己的計劃。

---

① 姜亮夫《回憶録》，第360—361頁。《姜亮夫全集》第24冊，昆明：雲南人民出版社，2002年。

姜先生另有一篇《史學論文集序》，除正文內容很豐富以外，還附帶了多頁注釋。正文部分對《謝本師》裏説到的他對自己學術框架的設計，有十分充分的展開論述。小注部分則很詳細地記載了他自己的學術資料和學術手稿歷次遭劫的過程（不僅限於《謝本師》裏説到的那兩段時間）：歷年積累的資料被炸毀、被盜取，自己寫成的多部手稿被親手焚毀，大部頭著作的手稿被損壞……作者以學者的拳拳之意記載，讀者讀到，則只覺痛心。他的遺憾，還是主要在於古史方面：

> 以古史學、敦煌學爲此後治學方向，這句話是從歐回國後許的願心，現在看來，又將成泡影，即以《古史學論文集》稿來看，不過是"殘破金盞留人間"而已……①

此時他的胞弟姜正夫託人給他帶來了兩包殘稿。他翻了一下，頗有自己早年動筆而因各種客觀問題未能完成的文章，皆可謂"劫餘"之物。《史學論文集自序》作於八十七歲時，此時他仍然心心念念地想要多完成些自己的計劃，但又客觀上已經知其不可能：

> 但因此而遂想到補寫些意成文，則已不可能。八十七歲了，況更有病，即使不至促其生，每天還能做四小時工作，對此事從重積原始材料，參考歷來舊説，結合原敦煌志手，再來完篇，估計也得三年，則已九十……②

這種近乎"自我呢喃"的表述，既真誠又無奈，讀來甚是感人。作者在 1941 年寫過一篇《四十自述》，其中寫過對自己下半生的期許：

> 嗟乎！使時濟清和，民莫已定，興廢不忘於匹夫，禮樂可求於野人，則但冀優容一日，歸家供養，借東萊之田，奉朝夕之旨，服事之暇，則以學文，有屋三椽，支書百架，遊息詠思，以竭吾才……③

---

① 姜亮夫《史學論文集》，第 19 頁。《姜亮夫全集》第 20 册。
② 姜亮夫《史學論文集》，第 19 頁。
③ 姜亮夫《回憶録》，第 225 頁。

他的要求實在不高，只是"有屋三椽，支書百架"，有個容身之所可以安靜做學問就可以了。但他也許沒有想到，自己這樣區區的要求，得到滿足也不是件易事！"以竭吾才"的目標終究未能實現，至少在他自己的心理上沒有實現。假設他不是這麽長壽，我們現在能看到的他的成果，恐怕就又要少很多了。

下面先從兩個方面介紹姜亮夫學術的整體理路，並附帶梳理姜先生學術的歷次文獻損失。

（一）姜亮夫的學術框架

世人都知道，姜亮夫的學術分爲古漢語學、古史學、楚辭學、敦煌學四方面。但這四方面的邏輯關係，却不是每個人都分疏得清楚。其實這四者之間並不是相互獨立的並列關係。

分爲此四學，姜亮夫本人顯然也是同意的，或者說這是他自定的。八九十年代上海古籍出版社正式出版《成均樓論文輯》，就是這樣劃分。但四者之間的排序，他自己已經頗費躊躇。上古版《古史學論文集序》說：

> 本來成均樓論文四種，是以漢語、古史、敦煌、楚辭爲序的，最後決定是倒轉過來，因爲古史、語言兩論牽涉到史學思想與語言邏輯思維的問題，而這四個論文集都是解放前寫定的，我的思想可能追不上時代——尤其是關於史學思想……①

所以我們今天看到的《成均樓論文輯》，是以《楚辭學論文集》《敦煌學論文集》《古史學論文集》爲順序的，《古漢語論文集》則未及單獨出版，後來編入《姜亮夫全集》。爲什麽姜先生對這四者的順序會有所爲難呢？這就要從這四者的關係，也即姜先生學術框架的內在理路說起。《古史

---

① 姜亮夫《史學論文集》，第16頁。在2002版《史學論文集》中此文更名爲《史學論文集序》。

學論文集序》第一句話就説：

> 我一生治學至雜，但也有個不太明顯的中心——古史，往往被
> 楚辭、漢語、敦煌、文學等冲淡……①

這話十分重要，再結合對姜亮夫著作的具體觀察，就會發現姜亮夫
學術中的這個“古史中心”，或曰“史學本位”，絶非虛談。姜先生的女兒
姜昆武研究員，在學術上可以説是姜先生的學生，并且在姜先生生前長
期擔任他的助手。她在 2002 年版《姜亮夫全集》的前言裏，曾經寫道：

> 關於姜亮夫先生的學術著作和成就，人們習慣於以楚辭、敦煌、
> 語言、歷史四大類來分別之，《姜亮夫全集》也基本依此框架列目分
> 卷。但嚴格來説這是不很妥帖的……由此可以看出他在深厚的舊
> 學根基上，以歷史、語言與西方哲學及科學治學方法的交融開始了
> 他的著述歷程，因而，如果依現在的楚辭學、敦煌學、語言學、歷史學
> 的分類來描述他的學術成果，其實就有了一些“誤導”之嫌。嚴格來
> 説楚辭、敦煌文獻或許只能算是一種“載體”——一些研究對象。②

姜女士的這個説法，自然是以姜先生生前的親授爲基礎的。姜亮夫
《楚辭通故》自叙也説：“要之以語言及歷史爲中心，此余數十年根株所
在。”③這裏把四個領域分爲“歷史學、語言學”和“楚辭學、敦煌學”兩組，
是很重要的。爲什麼語言學要和歷史學放在一起呢？因爲姜亮夫的古
史學師承於王國維、章太炎二家，都是從具體的語言文字的考釋（包括古
音學、文字學等多方面）出發的。以語言文字之學爲基礎來治史學，這是
姜亮夫學術中最根本的一條原理。以至他治楚辭學，也是着重在楚史、
古漢語等方面。治敦煌學，則恢復了漢語語音史上切韻系統的原貌，并
且也十分著重歷史考察。

---

① 姜亮夫《史學論文集》，第 1 頁。
② 《姜亮夫全集前言》第 9—10 頁。《姜亮夫全集》第 1 册。
③ 姜亮夫《楚辭通故》，第 2 頁。《姜亮夫全集》第 1 册。

楚辭學、敦煌學這兩個"載體"進入姜亮夫的學術視野,都是有一定偶然性的。他發奮研究楚辭,是源於他在清華的導師王國維投水自盡。此事給了姜亮夫很大的精神觸動,他覺得只有屈原投水汨羅江可以比擬,所以開始借研究楚辭來自紓懷抱。這個意思,姜亮夫在《楚辭學論文集》《重訂屈原賦校注》《楚辭通故》等多種書的前言裏都提到過。試看此前他的著述,在四川高師的時候起草了《昭通方言疏証》,在清華的畢業論文是《詩騷聯綿字考》,注意力都在語言方面。其中後者雖然從《詩》《騷》出發,但完全是一種語言學的考察方法。而這次進入楚辭研究不同,他是帶着明確的精神動因乃至情感動因進入此領域的,是因爲一個偶然事件。後來他以楚辭入手研究楚史,更對楚史和夏商史的關係形成了自己很系統的看法,還是回到了以史爲中心的道路上。那是後話。

至於敦煌學,其緣由是姜亮夫在留學法國期間看見了很多流散在國外的敦煌卷子,他有感於祖國文物的流失,更覺得此領域大有可爲,便開始在國外鈔寫敦煌卷子。《四十自述》中説自己見到敦煌文獻時"雖非所好,而知其爲瑰寶"①,並不是基於個人興趣的選擇。他的出國留學,本是爲了學習西方的考古學。另外還有一個很特別的緣由,是他和後來的姜夫人陶秋英女士當時苦戀已久,但是陶父一直不同意婚事。當時人的觀念,對大學教師未必看重,但對洋博士是很看重的。於是他們覺得,出國留學或許是轉機的辦法。②

回過頭去看姜亮夫對自己四個論文集排序的猶豫,就能發現,第一種排序是他心目中自己四種學問的"邏輯排序":語言學是基礎,古史學是基礎之上的學問核心,而楚辭學和敦煌學是這種"由語言文字來研究古史"的學術理路的一種展開和應用。而第二種排序,某種意義上是替

---

① 姜亮夫《回憶録》,第 223 頁。
② 事見徐漢樹《學林留聲録——姜亮夫畫傳》,第 49 頁。杭州:浙江大學出版社,2002 年。此書是姜亮夫的女兒姜昆武與女婿徐漢樹合編,包含了不少第一手資料,與姜亮夫自傳的價值相埒。本導言中記載的姜先生事跡,沒有專門出注的,都是出自姜亮夫《回憶録》《史學論文集序》,和徐漢樹《學林留聲録——姜亮夫畫傳》三種文獻。所有直接引文和部分需要強調其出處的間接引文,則雖出自此三者,也標注出處。

讀者考慮的結果。楚辭學和敦煌學是兩個很具體的學術領域，包含了他最顯而易見的學術成果。語言學對他來説主要是一種研究工具，只能往後排。至於古史，他因各種客觀原因而未能完成研究計劃，排到後面，只怕他心裏是很不甘的，但也只好如此。

　　還有一層，這裏有必要論及。上引姜亮夫的話：“古史、語言兩論牽涉到史學思想與語言邏輯思維的問題，而這四個論文集都是解放前寫定的，我的思想可能追不上時代——尤其是關於史學思想……”仔細體會這段話，史學思想“追不上時代”的意思很好理解，因爲不同時代對史學難免有很多思想性的要求。可是“語言邏輯思維”是如何跟不上時代呢？姜先生這裏雖然一帶而過，但並不像只是無心地涉及這個問題。這要從姜先生在漢語語言學上的學術思想説起。他早在中學時代，就對漢語“音”“義”之間的關係感興趣。後來他熟稔章太炎的學問，且拜入章太炎門下。雖然他重視甲骨文研究這一點與章不同，但是他的古音學，特別是古漢語音義關係方面的理路，却還是從章太炎而來的。簡單一些説，這種理論倚重“因聲求義”，突破字形的限制，通過上古漢語中發音相同或相近的詞族，來推斷不同字之間的意義流變，進而以此去研究上古經典、上古史。這種因聲求義的辦法，是清代樸學家很了不起的發明，段玉裁、王念孫等人，都是個中重要人物。到了當代，人們在繼承這種方法的同時，又認爲清代人經常濫用“通轉”的辦法，讓很多原本無關的字都勉强牽合在一起。又因爲當時的歷史原因，語言學家很强調語言系統獨立性與現實事物客觀性之間的辯證統一。因此不排除這樣的可能性：姜亮夫在八十年代認爲自己這種頗具清代老派風格的因聲求義法，已經不甚合乎時風了。

　　放在我們今天來看，大可不必爲姜先生這個問題擔心。如王力先生就指出，清儒的這種做法在中國語言學史上具有劃時代的重要地位。因爲語言學真正回歸了以語音爲載體的語言本身，而不再是傳統士大夫的文字、訓詁之學。姜亮夫傳承的，是作爲這一派清儒殿軍的章太炎的學問。更難能可貴的是，姜亮夫大膽地從這種語言文字之學出發，去研究古史。他的許多古史方面的構建，是直接以語言文字的考釋爲核心的。這與一般學者僅僅把語言文字之學當成古史研究的輔助手段，並不相同。他還主動地結合西方的社會學、人類學等，來進行自己的研究。段、王、章一脈的語言學，直接作爲核心方法進入古史領域，并且與西學相結合，這豈非一件十分了不起的事情？并且，姜先生也意識到了他的這種學術方法裏面，語言和歷史之間是一種辯證的、雙向的關係（詳見下文）。總之，姜先生如果能充分完成他的計劃，對我們今天一定還是大有裨益的。

分疏完這四個相互結合的方面之後，姜亮夫的學術中還有另外一個方面不可不説，就是近代學術史。近代學術史在姜亮夫的心目中，具有非常重要的地位，甚至是與古史相同的地位。姜亮夫在七十五歲時説起自己曾經的學術計劃：

> 志趣所在，主於古史與近世史。古史植基於語言文字。而以爲機衡者，大抵不出穆勒利爾、恩格斯、莫爾根、馬林碓斯特、羅維諸家之説。近代史則以學術、藝術爲主。[1]

他在近代學術史方面不但已經形成了一些重要的想法，而且已經寫成了幾部著作。從現存的姜亮夫文字中勾稽，至少有《近三百年學術史》《三百年學術年表》《四先生合譜》三部書，和十多篇關於清代學術的文章。[2] 這些著作全遭損毀。這些著作中，他自己最看重，并且還有若干殘餘留下來的，是《四先生合譜》。他曾先後師承廖平、梁啓超、王國維、章太炎等人，四先生中有兩位是今文經學陣營，一位是古文經學陣營，一位是"新派"。他自己又曾對四家總結爲："先生（指章太炎）爲經小學藪，并

---

① 見《成均老人著書目》所附"老人自識"，姜亮夫《回憶録》第 380 頁。
② 參考姜亮夫《史學論文集序》和《回憶録·滇池風雲》中的部分文字，分別見《姜亮夫全集》第二十册第 14—16 頁，第 20—21 頁，第二十四册第 242 頁。

研(廖平)爲今文之殿,海寧(王國維)開考古之系,新會(梁啓超)啓新史之途。"①他對晚近學術有很多獨得於心的地方,自然也就産生了寫晚近學術史的願望。他這麼説自己的這部書:

> 四先生是我親業的大師。這四位先生可説是中國學術到西洋文明侵入中國以後改變中國傳統文化時期爲傳統文明作總結的四位大學者。我借他們總結傳統文化的主帥,也是一切舊傳統文化的總結,把這百年來舊人有發現發明學藝人才的作品,同這四位先功掛了鈎,分別表明其異同大小,區分其派系衍化。這本來是我近代史研究的一部系統性的結論,但可惜非凡! 在雲南……晚間回家,把一切書都燒掉,這部是最慘重的。

可見這部書裏不只介紹了四人,還以此爲綱,串起了很多學人。他甚至説自己的書都是"抄胥編絲綴屬之爲",只有這部《四先生合譜》才是"有血有肉"之作。② 直到晚年,姜亮夫還念念不忘地在文章裏回憶和介紹他早年的老師們。這不僅是因爲他懷念師恩、不忘本,更是因爲他心裏一直有一個通過評述這些先輩來梳理近代學術史的願望。手稿被毀之後始終未能恢復,他的這個情結,也就始終都在。

從現存的他對不同老師的回憶文章,以及合記諸師的《思師錄》《思師小記》等相關文字來看,他的學術史記述方式很有特點。除學術史通常要求的思辨性的源流辨析以外,他還注重在親炙諸師的過程中見到的音容笑貌、隻言片語等細節。或者説姜先生作爲文獻學家、史學家,對後者的把握還要更親切。這不應該視爲他的缺點,因爲中國的學術本就講究"親炙",許多時候都體現爲一種直覺性的東西,而直覺往往通過這樣不起眼的現場細節來傳承。《思師小記》就專門記載這樣的細節,讀來是很精彩的。

---

① 見姜亮夫《論餘杭先生學與徐一士三書》第二書,姜亮夫《成均樓文錄》第 8 頁。《姜亮夫全集》第 22 册,昆明:雲南人民出版社,2002 年。括號中内容爲引者所加。
② 見姜亮夫《思師錄》,姜亮夫《回憶錄》第 294 頁。

（二）“框架”背後的精神探索

　　一個人的學術，背後除了有其“框架”“方法”以外，還勢必有其精神
上的追求，至少是偏向。即便是以考據爲主，乃至有些“反理論”傾向的
乾嘉諸儒，仔細考察的話，我們都會發現他們身上仍然有着傳統學人不
可磨滅的精神情懷，并且各有不同特點。姜亮夫先生雖然是以語言文字
學、文獻學爲學問的基本手段，但實際上他從不排斥理論思考，有時候還
把後者放到更高的位置。比如他在晚年發表一篇很長的文章《孫詒讓學
術檢論》，裏面認爲孫詒讓的學問在後期有所變化：

　　　　《周禮政要》正是宣究其説，由古義古制以通政教之閫眇的專
　　著，但這書所甄緝的，不是周禮的古制（典制），只是周禮的“古義”，
　　也就是他所謂的：“政之至精者，必協於群理之公，而通於萬事之變。
　　（《周禮政要序》）”此時他已從典制的考察，單單抽出“古義之至精”
　　者，而爲此書。這説明“經世致用”的本色，是與他四十以後的路向
　　相合的，也是一個進步的事象。①

　　把“典制”向“義之至精”的轉變説成“進步”，這對姜亮夫這位以語言
和文獻爲主的學者來説，顯得十分通融和難得。在另一篇《中國學術原
衍闡微》裏，他甚至説：“清代的初期和中期雖號復古，其實是走了偏
向。”②這可真不像一位繼承清學的學者説的話。他在四十歲時所作《四
十自述》中更是説：

　　　　夫學者，非身家之養，貴能斡旋氣運，以善牖民。③

　　姜亮夫早年的考史之作，就有很多篇都有着現實情懷在內。比如
《夏殷兩民族若干問題匯述》這篇長文，就是針對當時的外國勢力傾向於

----

① 姜亮夫《史學論文集》，第566頁。
② 姜亮夫《成均樓文錄》，第29頁。
③ 姜亮夫《回憶錄》，第225頁。按，姜亮夫晚年作《思師錄》回憶梁啓超曾對他説：“亮夫，爲學
　當有益於世，非徒潤身耳！”即是此義。見姜亮夫《回憶錄》第286頁。

認爲中國的不同地區存在不同人種來源，藉以達到分裂的目的。他作此文，是爲了以事實進行反駁。

姜亮夫學術中最大的精神質素，體現在他對夏商史、楚史的研究裏面。當然，並不是上述一般性的“愛國”意識。姜亮夫在寫完《夏殷兩民族若干問題匯述》之後，原本計劃繼續寫關於“民族性”“民族文化特點”的文章，精神沉浸其中，竟至於大病了一場，所以沒能寫成。從《夏殷兩民族若干問題匯述》來看，他想要探討的民族性問題，應該也不是泛泛而論“中國性”，而是把夏商周之間的異同參合作論。他的《三楚所傳古史與齊魯三晉異同辨》一文，和他對上古“光明崇拜”問題的研究，在這個問題上都是很重要的。《三楚所傳古史與齊魯三晉異同辨》一文發表於1979年，對他來説有些“晚年定論”的色彩，思路與早期那篇《夏殷兩民族若干問題匯述》已有不同。并且此文篇幅很長、精彩之處很多，可以作爲姜亮夫古史研究的“門徑”著作來看待。他在這篇文章裏認爲楚國文化繼承夏商文化者多，而與西周的差距較大。上古的文化，被他作了這樣一種近似“二元化”的處理。我們試看這個二元化在不同方面的具體表述：

> 統言之，則忠貞、貞固、耿介、耿著、介介、忼慨，皆自一語之相貿。人之純德，無逾於正大光明，而其非德，無過於陰謀詭詐。三代以來，惟楚人能堅持此德，漢承秦德，不發揚此意，而以孝爲治，獨承周家宗法之統，遂致吾民衰敝柔靡。吾謂吾民之暗弱，實宗法一制作之俑，而漢人以孝治天下之法，爲之羽翼，“明德新民”之義消亡。①

這段話已經牽涉到了他這方面思想的很多個問題。他經過考察，發現楚人講道德喜歡講“忠貞”“耿介”，而很少講“孝”，完全不講“禮”“信”。他認爲後面一組道德是西周宗法社會的産物，而楚國還保留着夏商的早

---

① 姜亮夫《楚辭學論文集》第 136 頁。《姜亮夫全集》第 8 册。

期社會形態，不是宗法社會，所以有這個區别。他又認爲中國先民有一個"光明崇拜"的階段，在周秦古籍裏還能看到不少影響，但是周秦的文化又在消弭這個好的傳統。

除此以外，他又從知識體系、哲學觀念等多個方面分析二者的區别。尤爲精彩之處，是他在"神遊與交神"一節裏，通過宗教觀念來對比楚國辭賦與《詩經》之間的文學差異：

> 《詩》三百篇，皆悃質無華，其稍涉宗教性者，無非"神之來格""履帝武敏"，絶無作者與神交往，上下天地四方之思……凡楚之神，在男則莊肅敬穆，在女則輕盈飄渺，與人世之生活性習相調遂，而非劍拔弩張，面目猙獰，横眉髯額，與人世風習大不相調之兇神……《三百篇》誠溫柔敦厚，而《騷》《歌》之生氣勃勃，使之以鼓舞吾民族者，余寧先楚而後齊、魯、三晉。①

這裏他從宗教觀念的不同，延伸到楚地與中原文學美感的類型差異，并且再次明確表示自己更喜歡楚國。姜亮夫的這個思考拓展到美感的領域，乃至人的體態之美的方面，十分值得注意。就他自己而言，他一生的著作，在文辭上就都堅持着一種他獨特的美感，這種美感，總能讓人往楚國的精神上聯想。

上面這些方面綜合起來考慮，姜亮夫的相關思考，絶不只是他的個人偏好，而是有對中國早期文化的某種考慮。以我們今天的眼光來看，宗法制取代原始氏族制，溫柔敦厚的人文精神取代宗教精神，這明明都是進步。可是姜亮夫却表示自己更喜歡時代更早的文化，并且贊美因爲地處偏遠而保存了夏商文化的楚文化。他甚至説："南土始終以以氏族社會爲基，有此千稘不變之基，其民得於自由者多；北土自宗法興，而人群之間相關聯，乃至相煎迫之結構多……"②這樣的説法，很明顯有現代思想背景。這裏面包含了對兩周以來作爲中國文化主流的儒家文化的

① 姜亮夫《楚辭學論文集》，第141頁。
② 姜亮夫《楚辭學論文集》，第144頁。

反思，試圖去夏商時代和楚國的宗教觀念、哲學觀念、知識結構、美感追求裏，去尋求改進的辦法。他並不反對孔子，還寫過文章探討孔子思想，並自認爲一生受《論語》影響很深。但是他對兩周、兩宋“溫柔敦厚”類型的精神，顯然是不大喜歡的。

這種探討，從學術上來說，很像是受了他的清華導師王國維著名的“商周變革論”的影響。王國維有過“中國政治與文化之變革，莫劇於殷、周之際（《殷商制度論》）”的論斷。但是他厚此薄彼的傾向，可能是來自他的老師章太炎。章太炎在性格上也是喜歡剛而不喜歡柔。他在文學上認爲詩歌裏四言最好、五言其次、七言不足道，在經學上則批評清代人雖能反對宋學，但却還沒能反對魏晉，雖與姜氏所論不是相同問題，但也體現出鮮明的愈古愈高的路數。他在晚年以“剛中之氣”教人，對此，姜亮夫在《論餘杭先生學與徐一士三書》裏，有鮮明的認識：

> 細繹先生晚年言學之趣向，大約有二，一欲救世以剛中之氣，一欲教人以實用之學，而要其歸在於不忘宗邦之危。①

這個“救世以剛中之氣”的出發點是“不忘宗邦之危”，是以國家危亡爲背景，姜亮夫真是一個能理解他老師的人。仔細分析的話，章太炎的這種風格，約有兩個來源。一是章太炎作爲浙東學者，自然秉承了浙東的許多氣質。浙東從宋代陳亮、明遺民黃宗羲等人以來，本就充滿兀傲不平之氣，往往不在時代學術主流之列，但却能力矯主流之弊，戞戞獨造。② 二是姜亮夫說的，當時國家危亡，反思中國傳統文化中導致國民不能振作的因素，實爲一代人的共同趨向，即便作爲經學家的章太炎也不例外。說到這裏，我們就不能不想到同樣是章太炎弟子，并且也是浙東人的魯迅。魯迅對中國傳統文化的批判毫不留情，但是他對魏晉之前的上古人物却頗具好感，這是人所共知的，不必多言。我們只需舉出他的

---

① 姜亮夫《成均樓文録》，第 5 頁。
② 浙東學術與主流學術之間的這種關係，得自業師錢志熙教授面授。

一句名言即可：

> 古人並不純厚。①

在具體層面進行比較的話，章太炎作爲思想學者而對各代較能持平，魯迅作爲現代作家而對傳統毫不留情。姜亮夫則與他們都不同，他是根據自己的語言文字之學和古史之學，去先秦這段漫長的歷史中探討中國文化中出現過的、曾經佔據重要地位的、與後世不同的文化因素，希望能以此矯後世之弊。這個意思，姜亮夫先生自己並沒有怎麼强調，因爲他的相關文章都是以考證爲面貌、以文言爲語言。但我們作爲後學，卻是必須替他説出來的。到了今天，因爲政治經濟上地位的提高，我們對民族文化已經空前自信。所以章、周、姜氏的説法，想必很多人已不同意。但回到歷史語境中，他們親眼目睹了 20 世紀國家的太多苦難，他們對民族文化的思變苦心，對中國古史帶着强烈責任感的毫釐辨析，是不容否認的。

（三）姜亮夫學術損失小録

以上的論述，不只是從姜先生現有的學術成果出發，還着眼於其背後的"原理""理路"，乃至姜先生對自己學術的最初設計，因此也着眼於一種"可能性"。我們固然可以説，一滴水中可見大海，姜先生現存的成果已足够反映其最初設計，但是他的學術歷次遭受外部干擾的過程，這裏還是需要列出。這是純爲學術研究作一資料整理，希望以此爲線索去推測姜先生學術構架的"全豹"，非欲糾結於大半個世紀裏的歷史往迹，讀者識之。

抗日戰爭階段，姜亮夫學術有過至少六次外部帶來的損失。他自二十九歲始，發願仿照裴注《三國志》的體例來注《宋史》。他自 1934 年在河南大學任教授，雇人鈔寫他積年所得的相關資料，共十六到十八册。

---

① 魯迅《花邊文學》第 472 頁，《魯迅全集》第五卷，北京：人民文學出版社，2002 年。

這些資料,除一部分他用於編纂《歷代人物年里碑傳綜表》以外,其餘送到上海的寶山路寶興路保存,日軍炸東方圖書館,正好將其全部損毀。是爲損失其一。他在河南大學期間還指導十二個同學編《左傳集解》,共得稿本八十餘册。河南大學因抗戰遷雞公山以後,這些也都佚失了。是爲其二。

姜亮夫在 1935 年赴歐洲之前,把自己在河南的藏書寄存到蘇州公園圖書館。這些書是他多年省吃儉用買到的,有許多珍本善本書。抗戰開始之後他去蘇州,借一個朋友的庭院去曬這些書,包括自己的一些將完未完的手稿,並把買來的藝術珍品一同去曬。正在此時蘇州城被日軍轟炸,朋友逃回鄉下,他也只好去西安任職。朋友不肯再幫他整理這些書,只説被炸了。後來姜亮夫夫人在上海的舊書攤上發現了這些書,甚至還發現了姜亮夫的一些手稿。更有甚者,直到五十年代姜亮夫去杭州教書,在當時浙江師院圖書館的善本書裏還發現有六七種上面有自己當年的藏書章。姜先生説,此事相當於"一個木工的工具,全部損失","這只好算我的大不幸"①。是爲其三。

姜亮夫到巴黎之後參觀多處博物館、圖書館、美術館,發現外國藏有大量中國的文物和文獻。他決定編寫《瀛外訪古劫餘録》,除了保存文獻,還想告訴國人不忘國恥。他努力地鈔録、拍攝、拓印各種資料和青銅銘器,光拍照就達三千多張。《瀛外訪古劫餘録》完成後立即寄回國内,後來全部毀於日軍轟炸②。他從法國帶回的資料,只有幾百張敦煌卷子的照片幸免於難。書名爲"劫餘録",而本身却遭劫無所餘,是爲其四。

他在巴黎期間的一部四十多萬字的譯著,也損失於抗戰中。姜亮夫在國内的時候已讀了一些西方人寫的關於古代社會的書,尤其是莫爾干的《古代社會》和穆勒的《社會進化史》。1935 年他到了巴黎,立刻求購了莫爾干的《史前人類》一書,之後又開始翻譯,作爲自己在西方學習考古

---

① 姜亮夫《史學論文集》,第 18 頁。
·② 此事見於徐漢樹《學林留聲録——姜亮夫畫傳》第 60 頁,又見於姜亮夫《回憶録》第 368 頁,後者叙述較簡略。

學的準備。此書資料極豐,他翻譯的時候又看了不少參考資料,就把參考資料也翻譯出來,作爲此書的注釋。這部譯稿,他寄到國內請王以中接洽出版,開明書局接受了稿件。到了抗戰的第二年,姜亮夫從四川到上海瞭解情況,王伯祥先生告訴他,他們一船稿件文書在船行到馬當時被日軍炸毀,包括他的這部譯稿。[①] 是爲其五。

姜亮夫在 1935 年起草《尚書新證》一書,這是他學術計劃中非常重要的一部書。其中前二十四篇在抗戰中自西安寄至成都時,因郵政船被炸而佚失。此書他後來又在壁櫥中發現了一些手稿,可惜又在建國初期的遷播之中佚失。最終只剩下他弟弟姜正夫鈔寫過的《堯典》一篇,經整理後題爲《堯典新議》,現在還能看到。他認爲晚清以來幾十年的新學術應該體現到古代經典的注疏裏。此書在充分總結歷代尚書注的基礎上,結合當時的出土文獻和古文字研究成果,參考西方近代學理,加入了自己在上古史上的極多創見。抗戰期間的損失,當以此書爲最巨。是爲其六。

新中國建國初期,姜亮夫有一次慘痛的自焚手稿,焚到只剩下兩三部"沒有思想問題"的單純文獻著作。在解放前夕,姜亮夫因爲陰差陽錯而當了不到一年的雲南教育廳廳長(詳見下文)。他雖參與了盧漢的雲南起義,但是解放後因故未能享受起義人員待遇,還作爲"編外人員"進了革命大學"再教育"。之後分配到雲南省博物館工作,仍不如意,燒手稿之事即發生在此時。姜亮夫自己是這麼記載的:

> 當天晚上回到家中,把白天的情況對妻子説了一遍,我决定把我的稿子趕快燒掉。就在燒飯的爐子裏把稿子往裏塞。《近三百年學術史》《四先生合譜》及許多論文稿,都丢進爐子燒掉,當《瀛涯敦煌韻輯》一稿剛送到爐門口時,我妻子連忙把它搶出來,並説"這部稿子沒有思想問題,不要燒,這是你到歐洲去的心血"。最後只剩下

---

① 事見姜亮夫《史學論文集序》注釋,《史學論文集》第 20 頁。

"沒有思想問題"的兩三部稿子,其他十之八九毀於這次爐火。①

這次毀壞的手稿中,姜亮夫自認爲最可惜的是《四先生合譜》,上文已經論及。他在晚年對此惋惜表達過不止一次,如他在《孫詒讓學術檢論》的開頭說道:

> 因思拙稿《四先生合譜》(餘杭章、海寧王、新會梁、井研廖)於昆明解放亦倉促投之柴火毀棄,一生精力無幾……而四先生學術已不復能掇拾。其傷心乃有不能自已者,傷哉!②

他在晚年做過不少掇拾殘稿重新成篇的事情,但是《四先生合譜》却始終沒能恢復,蓋心力已經不濟之故。

姜亮夫 1953 年遷居杭州,至 1966 年的十幾年間,是他生活比較平靜的時期。他住進了大一些的房子,學術類稿費也比較可觀,學術環境能得到保障。但是這期間仍有一個遺憾,那便是《莫高窟年表》的考證部分。《莫高窟年表》一書,除我們今天看到的內容以外,原本還有長達四十萬字的"考證"部分。六十年代出版時,出版社刪去了考證部分。這原本是屬正常範圍內的部分不予出版,不論是否合適,都無須深究。然而這四十萬字的手稿後來在"文革"中散失,也就成了永久的損失。

再看"文革"期間的具體情況。按照姜亮夫《孫詒讓學術檢論》開頭的說法,"文革"期間他的手稿"約計遭毀廢者近百萬言"③。更詳細的記載見於姜亮夫《回憶錄》。"文革"開始的時候,姜亮夫覺得自己的手稿中最可能"有思想問題"的是《孫詒讓學術檢論》,便將其藏在衣箱底的夾層中。三年後取出,近一半已經毀於潮濕,姜亮夫重新補成了全文。姜亮

---

① 姜亮夫《回憶録》,第 242 頁。
② 姜亮夫《史學論文集》,第 528 頁。
③ 姜亮夫《史學論文集》,第 528 頁。

夫家裏經過了三次大抄家①，"凡所見一片紙、一本筆記本，只要見到上面有字就拿走"。這裏面"經歷"最特殊的當屬他的大部頭著作《楚辭通故》的手稿：

> 我的一部大稿《楚辭通故》共一百八十萬字，由於體積太大，他們拿到陽臺上後大概東西太多而遺忘了，第二天早上五時我起身，只見一大堆稿件在陽臺上，晚上被風吹散滿院子都是稿紙，散落在泥地上沾着雨水的有五百多張，有的沾上泥水字迹已看不清，我一張張收拾起來，用熱水袋烤乾，然後打包藏在朋友家裏。②

僅《楚辭通故》的損失，不足以當"百萬字"之數。他在八十七歲所作《史學論文集序》記載了一些重要論文的損失：

> 三代異同……本來是我的古史研究的重心，而我使的力也最多。到"文革"中，我僅存的自抗戰幾次搬家剩下來的筆記殘頁及一些寫好的文章全部被抄了……現在僅存餘一篇《哀公問社辨》，這是因偶然的機會幸存的。③

上面引到過的另一篇《謝本師》裏説得更全面：

> ……遇到"文化大革命"的大浩劫，把我自己鈔録的大批筆記，以及三四十萬張的卡片和百篇以上的論文，一掃而光！我對建立自己的學術系統思想徹底絕望了。④

姜先生説的"百萬字"是否包括《莫高窟年表》的四十萬字考證，不得而知。今日似乎難以把這百萬字的構成一一落實。另外在抄家中，姜亮夫夫人陶秋英女士的全部詩詞稿本，被拿去審查後沒有下落。陳衍、章太炎、金松岑、陳寅恪、胡適、聞一多、錢鍾書等多人給姜亮夫的信函也都

---

① 抄家次數據姜昆武女士口述，與《姜亮夫畫傳》的記載有所出入。
② 姜亮夫《回憶録》，第272頁。
③ 姜亮夫《史學論文集》，第11頁。
④ 姜亮夫《回憶録》，第360頁。

損失。其中章太炎有多封論《尚書》的來信,最長者有十多頁,十分可惜。

這些損失的結果就是,姜亮夫先生後來更多地以楚辭學家和敦煌學家,而不是以史學家名世。他自己晚年對此有清醒的認識:

　　　　總的來說,治史是我的治學目的,而今已全被淘汰,這是抗戰與"文革"的結果,非人力之所能防……①

我們今天排比姜氏文獻,仍能發掘出他在古史方面的許多成就,未必"全被淘汰"。那就是另外一回事了。

二、姜亮夫先生的生平與學術歷程

孟子説:"頌其詩,讀其書,不知其人,可乎? 是以論其世也,是尚友也。"(《孟子·萬章下》)唯有"頌其詩,讀其書"之後,才產生强烈的想要瞭解其人的動力。從這個意思來説,一篇導讀一上來先介紹學者生平,不見得是最合適的。現在我們可以返回來看姜先生的生平了。這裏重在發掘姜先生學術和個性的淵源脈絡,研究他在不同階段的學術成長過程。五十年代到杭州以後,除"文革"時期以外,他的生活都比較平靜,主要是在著書立説,更適合放在學術成果裏介紹。所以這裏對他的生平介紹,詳於前半段而略於後半段,詳於"精神曆程"而略於瑣碎事迹。

姜亮夫(1902.5—1995.12),名寅清,字亮夫,以字行。號成均樓、北邨老人、天南矇叟。他生長於雲南昭通,昭通因爲地理位置的原因,當時就主要是個商業城市,并且"大部分人家都有抽鴉片煙的人"②。據家裏傳説,姜亮夫祖上原是南京柳樹灣人,在明代隨着沐英來到雲南。他的高祖和曾祖都是武官,曾祖因瘟疫早逝。祖父只好經商,因經營得當,也還算殷實。雖然有武官傳統,但家族一直重視讀書,到了姜亮夫的父輩,

---

① 姜亮夫《史學論文集》,第12頁。
② 姜亮夫《回憶錄》,第30頁。

兄弟四人中前三個是舉人,四弟是日本留學生。姜亮夫的父親姜思讓排行第三,考中舉人後入京師大學堂法律館學習法學。身處亂世,不願意以法殺人,所以只做了一小段時間法官就辭職。辛亥革命時,姜思讓領導了昭通的光復運動。據姜亮夫先生回憶,姜父受北京新思想的影響,在當時是比較新派的。姜亮夫評價他的父輩:"大伯父善寫應酬文章;二伯父詩詞好,文學好;父親多寫哲理文章,絶不寫應酬文字!"[1]

姜亮夫的外家更有文化淵源,據説是何紹基的後人。姜亮夫小時候在外家的大堂和書房裏見到過多達十幾幅何紹基作的條屏,但是毀於袁世凱稱帝期間的雲南戰事。外祖父字畫極好,年輕時辦銅礦以供官用,有一定經濟實力,後來銅礦虧損,就賣畫爲生。姜亮夫的舅舅們也都能畫。姜亮夫的母親何淑碧,是何家最寵愛的女兒,帶着不少何紹基的對聯來的姜家,想把它們作爲傳家寶。姜母的文化不高,但是品質很好,爲人樸實、忍讓,也不乏堅韌。姜亮夫説自己喜歡讀書是本家的傳統,但是自己一生却"得母親的遺傳多"[2]。瞭解姜亮夫後來的經歷,特別是學術經歷之後,會對他的這種自我評價有所會心。

大家族聚居不易,時間久了總會出現各種問題。姜亮夫親眼見到自己母親遭受很多不公平待遇。因此姜亮夫雖出身書香門第,却終身不喜歡中國的大家族形式,主張婦女解放,認爲男女不平等是"人類社會很大的耻辱"[3]。這是後話。

姜亮夫兒時按照傳統的讀書方式背誦古書,另外也讀過《地球韻言》之類的"新科學"的書。并且他在外家學習過書畫,所以有較深的書畫功底。[4]

姜先生對自己在昭通的中小學階段印象深刻,到晚年還能對很多細

---

① 姜亮夫《回憶録》,第 16 頁。
② 姜亮夫《回憶録》,第 7 頁。本文姜亮夫本家和外家的叙述,多見於姜亮夫《回憶録》。
③ 姜亮夫《回憶録》,第 27 頁。
④ 事見徐漢樹《學林留聲録——姜亮夫畫傳》第 5 頁。

節娓娓道來。從《回憶録》來看,他在中小學階段已經遇到幾位學行俱佳的老師。這裏不多介紹,只介紹一件有趣的事情。姜亮夫高小一年級的國文老師叫做李士富,有一次講道德的"德"字,在黑板上寫"德者得也"。意思是有得於心,謂之德。姜亮夫對這個解釋非常感興趣,回到家還在思考,覺得很有道理,并且悟出了中國文字有很多聲音相同的是可以假借來用的。他便根據《孟子》等書,又悟出了"人者仁也""道者導也"等道理。到了中學,他繼續用這種辦法學國文,多次得到了老師的賞識。

這件事對姜先生後來學術道路的意義,真是不容小視。如果單看"德""人""道"三字的解釋,還只是中國傳統"聲訓"的範疇。但是這種聲訓在當時的中小學裏被廣泛應用,并且其背後的原理也得到中小學教員的認可,就是有清代學術背景的一個新事物了。自清代的一些語文學家以來,"因聲求義"——通過對漢語古音的研究來做學問的風氣,是很盛的,這也是清代語言學最重要的成果之一。姜亮夫在高小一年級的領悟是否出於偶然不重要,重要的是他從此開動腦筋去想這個問題,并且因此得到了學校老師的認可。對一個學生來説,這種被認可的感覺,是相當重要的。姜亮夫後來進入王國維的門下,以古音爲重要手段去研究上古聯緜詞,以古文字爲手段去研究三代因革。後來又進入章太炎門下,確定了以古代語言爲手段去研究古史的道路。可以説他一生的追求,都與高小一年級的這次領悟有某種相關。

1922 年,二十歲的姜亮夫考取了成都高等師範學校的官費生。這是姜亮夫學術生涯的起點。姜亮夫的求學經歷可以分爲成都高師階段、清華國學院階段、章太炎門下階段、巴黎階段,四個階段各有着鮮明的不同特點,但又相互交織。姜亮夫曾説:"假如我有點成就,就是這些學校對我教育的結果。"[①]他對章太炎的師恩,也稱得上是終生不忘。要理解姜亮夫學術的形成,就先要弄清楚這四個階段的情況。

---

① 姜亮夫《回憶録》,第 56 頁。

姜亮夫回憶，當時四川的文風很盛，讀儒家經典和吟詠詩篇的風氣，連農夫走卒都受影響："在去峨眉山的路上，抬轎人前後對答往往用詩句，尤其是用唐詩。"成都高師的教學，據姜先生説是以"小學"（也就是傳統的文字、音韻、訓詁等學）爲重點，但是也有心理學、西洋思想史、中國學術史這樣的新課程。成都高師的老師裏，對姜亮夫影響最大的是林思進（字山腴）、龔道耕（字向農）兩位。今文經學大師廖平也給成都高師講課，他年事已高，施教不能像前兩位老師那麼多。姜亮夫晚年回憶，廖平當時身體已不好，"時已偏廢，舌亦木然，時以左手捉筆作談"，但是卻"光光童顔，如照見人肝膽"。①

林思進在當時基本上是以文學著稱，但他給學生講課卻不是一上來就講文學。他的第一堂課要求學生們每人買一部《書目答問》，按照《書目答問》分出書籍的次第，找原書看序跋，參考《四庫全書總目》，再進行專書深讀。他還告訴學生，研究國文的基礎是把"小學"學好，文字、音韻、訓詁方面的常見書要讀過。然後再根據個人的研究方向，熟讀典籍三四部，最後再博覽群書。以目錄學和小學爲根底來治學，這是非常典型的清代樸學的路數。龔道耕也有些類似，他要求學生熟讀基本典籍，説基本典籍對學問來説"好似唱戲吊嗓子、練武功"。因此，姜亮夫在四川期間熟讀了《詩經》《尚書》《荀子》《史記》《漢書》《説文解字》《廣韻》等經典。這可見清代以來的樸學風氣，在當時的四川還非常興盛。以語言文字爲中心而又參合西方新學問，這樣的教學路數，和後來姜亮夫的治學方法是完全一致的。1925 年 9 月，他寫成了《昭通方言考》的初稿，寄給父親求正。這應當是他大學階段讀《廣韻》等小學書的成果，並有章太炎著作的影響在內。

當然兩位老師的學問不止於此。林思進先生在文學上對姜亮夫也有很直接的教育。後來姜亮夫考清華國學院的時候，梁啓超發現姜亮夫考卷的文章寫得好，就問教他寫文章的老師是誰。他回答爲林思進，梁

① 姜亮夫《回憶錄》，第 386 頁。

啓超答道："不怪，他是詩人，他的文章寫得也很好。"①林先生還告訴他，做讀書人要比做官好，個人更能進步，不會流入惡俗圈子。這是林先生現身説法，因爲他是不肯做北京的官而回四川教書的。龔道耕的學問則頗爲通融，姜亮夫後來寫過專文介紹他的學問，稱其爲"漢宋兼採"。他教給學生的課程是國學概論、經學史，這與林思進的只講典籍，反對學生讀通論性的書，顯得很不同。龔道耕在經學上講"古文經"，給姜亮夫打下了很好的學問基礎。至於廖平先生，姜亮夫當時見他不多，但是廖平作爲今文經學大師，始終都在姜亮夫心目中的近代學術史裏佔有一席之地。後來姜亮夫投入以古文經學著稱的章太炎門下，但是對今古文二家，也作持平之論，并且能辨析二家之毫釐。

值得注意的是，姜亮夫在這期間，有過一次修學志向上的轉變。姜亮夫進大學的前三年，都是以文學爲方向的，想成爲一個文人。他自己説：

> 入大學時想做個文人，尤其是詩人，於是集小詩社，分韻課詩。到了大學三年級下，已得詩近四百首……②

姜亮夫與文學結緣，大概始於中學時代讀《紅樓夢》。他説自己"偶然間在書架上發現一部《紅樓夢》，偶然翻了幾頁，不料竟成了整個中學生時代的好伴侶"③。看似很偶然，其實那個時代中學生偷偷讀《紅樓夢》已成潮流。④ 姜亮夫也是有些"偷讀"的性質，不料被父親發現。他回憶自己父親的反應是："他不僅不駡我，還教我如何評論紅樓人物，事後他教給我一個題目，要我列出紅樓中各府人物世系表，連丫鬟也不能漏。"⑤

---

① 事見姜亮夫《憶清華國學院》，姜亮夫《回憶録》第 71 頁。

② 姜亮夫《史學論文集》，第 17 頁。

③ 姜亮夫《回憶録》，第 54 頁。

④ 姜亮夫《回憶録‧四宜家乘》説"那時學生中暗中流行看紅樓夢"（姜亮夫《回憶録》第 15 頁），并記載了自己的四叔作爲中學校長禁止學生看《紅樓夢》的事情。

⑤ 姜亮夫《回憶録》，第 39 頁。

姜亮夫覺得，這實爲自己第一次進行專題研究。此事對他後來的學術有無影響，可以置而不論。但是他確實對《紅樓夢》"題了些歪詩，寫了些詳論四人的文章"①（按，四人指紅樓中四個人物）。他還繼續看了很多《紅樓夢》的續書，還讀到了王國維的《紅樓夢評論》，這都是上大學以前的事情。他大學前三年以詩歌爲方向，一定與此有關。

可是在三年級下學期，他把自己這幾百首詩交給林思進先生看，林先生只許可了近十首詩和二三十個句子，對他説："你的功夫是白費的，你不是作詩的人，你這人沒有詩趣！"②給他澆了冷水，並勸他作文、習小學。後來他又遇到兩位先生同樣認爲他的思維方式不適合作詩，也就沒專攻詩學。

姜亮夫晚年曾説自己學問大約分爲"三段"，第一段是"想做個文人"，第二段是王國維先生去世之後他研究楚辭，是"與史學結了緣，語言與文學相切磋"的階段。第三階段才是最終的"以語言學爲史學根柢，而以近世古代社會之學爲觀點立場"的階段。③ 我們今天來看的話，姜亮夫的著作幾乎全是第三階段的産物，即便楚辭學，也以語言和古史研究爲主。可是在姜亮夫自己的心目中，這幾年對文學的愛好是足以成一階段的。所以這裏不惜篇幅，把姜亮夫多處不同的回憶文字綴合起來，分疏此事如上。

1925 年他以優秀成績結束蜀中學業，隨即來到北京。1926 年 9 月，他考入北京師範大學研究科。姜亮夫覺得北師大與成都高師相比"圖書館的書多，先生們的名聲大"，是個頂尖學府。可是當時同學們當中盛傳清華大學入學考試極難，這反倒讓他産生了再考清華的念頭。當時已經10 月份，清華考試已經過了，但榜還沒有發。他就寫了一封信給梁啓超，自我介紹了一番，問能否補考。原來當時要求補考的，還有三四個學生。梁先生親自對他進行面試，並給他出了一道《試述蜀學》的題目，他寫了

---

① 姜亮夫《回憶録》，第 54 頁。
② 姜亮夫《回憶録》，第 66 頁。
③ 姜亮夫《史學論文集》，第 17 頁。

兩三千字上交，梁先生看了很滿意。然後是王國維還有一場筆試，王國維問的都是語言文字（傳統“小學”）方面的問題。此前姜亮夫已經反復精讀章太炎的《章氏叢書》，因此對王國維的問題全都能回答，但是説的都是章太炎的觀點。王國維看了便問他是否是章太炎的學生，他説不是，只是爲了升學而在假期熟讀了《章氏叢書》，並説裏面只有一兩篇看不懂，別的都沒有問題。王國維也就同意録取他。

過了幾天，清華國學院又來通知他，再去參考一場筆試。這次考的都是常識，如“寫出十八羅漢的名字”、按規定寫出二十幾個地名（包括一些蒙、疆、藏的生僻地名）等，另外也考漢語言學和哲學思想史兩方面。結果是姜亮夫不會寫羅漢的名字，二十幾個地名寫出十六個，但後兩方面的題目答得很好（他在成都高師認真學過中西哲學史）。就這樣他被録取了，住到了清華的靜齋寢室。梁啓超告訴他，今年的正取生裏有兩名不來，到美國去了，他是備取兩個名額中的第一名。

第一堂課是王國維講的。此前他在中學讀到王國維的《紅樓夢評論》，便“覺得自己所作過的評論文字太幼稚，同時也覺得這裏邊還有如許大的哲理”[①]，很向往王國維的文學才華。可是他來到課堂，發現“靜安先生上課不大擡頭看學生”[②]，與他心目中的樣子頗不相同。總的來説，他覺得王國維在國學院期間講課非常細膩，講的是《説文》，而以甲骨文、三體石經、隸書作材料。他後來總結王國維治學的方法道：

> 他要解決一個問題，先要把有關這個問題的所有材料收集齊全，才下第一步結論，把結論再和有關問題打通一下，然後才對此字作結論。這中間有一個綜合研究方法，他不僅綜合一次，再經過若干次總結，方成定論。例如總結甲骨金文中的資料研究殷周兩代的一切制度，就是總結殷周兩代個別問題的綜合。這個問題我在清華讀書時，不是太瞭解，後來我出來教書、做科研工作越來越感到王先

---

① 姜亮夫《回憶録》，第55頁。
② 姜亮夫《回憶録》，第73頁。

生的教導對我幫助很大。①

王國維研究問題要先窮舉材料,這是大家都知道的。後面說的王國維的綜合研究方法,就真是他的會心之論。看姜亮夫後來的文章,會發現他一直在使用着這樣的方法。他也不斷告訴別人學術應該綜合研究。不僅如此,王國維擅長的上古各代制度因革、文化異同問題,也是姜亮夫後來在治學中最關心的問題之一——"之一"二字也許還可以去掉。因此這段話對我們理解姜亮夫在學術上受到的王國維影響,真是很重要的。

剛入學的時候,王國維讓姜亮夫選擇論文題目,姜亮夫擬了三個題目:詩經韻譜,詩騷聯緜字考,廣韻研究。王國維問他準備如何研究廣韻,他的回答沒能讓王國維滿意。於是王先生給他定下做第二個題目,并且把自己這方面已經有的研究提綱拿給他看。他就這樣投入了王國維的門下,以王先生爲論文導師。

王國維作爲一個大詞人,却不鼓勵姜亮夫寫詩詞。梁啓超的看法也相同。此事姜亮夫有多次回憶,晚年的回憶是:

> 到了清華後,又把這個小集子請任公指教,說我有理障。送王靜安先生看,說我:"哲學史學味重,而詩情畫意太少,這是天秉,無可如何。不宜於爲藝人,而宜於爲學術工作……"這份教誨,對我最深。我猶豫感慨一個時期,一梗火柴,全都燒了!②

林思進、王國維、梁啓超三人結論相同,看來姜亮夫的確不大適合走這條路。但其實,王國維不勸學生寫詩詞也有王國維自己個性的原因。入學前只知道王國維的文學研究,入學後發現他是位樸學先生,自己雖寫詩詞而不被王先生鼓勵寫,這樣的經歷,姜亮夫並不是國學院學生裏的個案。王力先生對王國維也"完整經歷"了這三個階段。王力入學前

① 姜亮夫《回憶録》,第74—75頁。
② 姜亮夫《史學論文集》,第17頁。

很喜歡王國維的《人間詞話》，心目中的王國維是一位才華橫溢、風度翩翩的人物。入學後才發現原來王國維不善言談，一副清代鄉塾教師的打扮。王國維還對學生們說：“我原來愛好文學，後來爲什麼研究古文字和歷史呢？因爲這是實實在在的東西。”王國維對王力的詩詞作品也不誇獎，還對王力說：“（你）理性東西多，感情少，詞是複雜感情的産物。”這也一度讓王力放棄詩詞創作。① 兩人經歷如此相似，而且都轉向研究語言，但區別是王力研究的是純粹的語言學，所以導師是趙元任。姜亮夫則以語言爲手段研究歷史文化，所以導師是王國維。其實兩人對王國維的認識還有相同的“第四階段”，那便是王國維的投水自盡，都給了兩人很大的精神震動。王力因此而寫成了他的詩集中少見的一首長詩。姜亮夫則因此而發願去研究同樣投水自盡的屈原。王國維先生的心靈世界，實在是精微深隱，是普通世人難以理解的。

清華另外幾位老師，對姜亮夫當然也很重要。他認爲在梁啓超的課上受益最大。比如梁啓超講“古書的真僞及其年代”這樣的問題，講法與成都高師的先生不同，他是從多方面多角度對先秦古籍來一個全面總結。姜亮夫說這樣的效果是：“對古書全貌大體瞭解了，問題也知道，整理古書方法也知道，不僅使我細緻得到讀古書方法，同時打開了讀古書的眼界。”不但如此，梁啓超的課還有一個特點，是他經常運用當時日、美、英等國家學界對相關問題的見解。姜亮夫對此評價甚高，說這樣的教學是自己“廣開學術道路的第一階段”。② 梁啓超對學生的影響，許多是在學問和人生的格局方面。姜亮夫在四十歲所作的《四十自述》裏，還有“器宇之教，新會爲多”③（新會是梁啓超的籍貫）的說法。

陳寅恪對他的影響也不小。他認爲陳寅恪的最大特點是，每一種研究都有思想作指導。聽他的課，要結合若干篇文章後才悟到他對這一類問題的思想。陳寅恪當時作的新舊唐書的比較研究，《金剛經》十幾種語

---

① 參考本叢書中《王力文存》的拙作導言。
② 姜亮夫《回憶錄》，第74頁。
③ 姜亮夫《回憶錄》，第218頁。

言版本的研究,都讓姜亮夫開了眼界。陳寅恪不許他寫以別人的一個錯誤爲靶子的反駁文章,認爲有這個時間不如用來研究自己的東西。他還對姜亮夫説:"做學問的工具愈多愈好,但一定要掌握一個原則,這工具與主要研究工作要有聯繫的,不能聯繫的不要做。"[1]并且還勸他學日語和法語。所有這些,都是陳寅恪對他的教育中的犖犖大者,是他一直念念不忘到晚年的。我們看姜亮夫後來的學術,也都堅持了陳寅恪説的這些話。

趙元任當時講的是應用了西方語言學方法的中國語言研究。姜亮夫把他在成都高師學到的傳統小學叫做"聲韻考古學",把趙元任講的叫做"描寫語言學"。他在晚年説,他把這兩者進行對照是得趙先生之力,并且這種對照是他"一生學問基礎的關鍵"[2]。這個評價,是相當之高的。

當時清華國學院的老師們,只有李濟的考古學課姜亮夫不太喜歡。後來他發現沒有認真聽課是錯誤,他三十年代去巴黎留學,雖然有偶然原因,但想去補上考古學的課,也是一個動因。

姜亮夫發現清華的圖書館非常之好。研究院的學生有資格直接進書庫閱覽,他晚年回憶,認爲這個"特權"對他的幫助很大。因爲直接進入書庫看書,可以翻閱更多的書,看到的知識面更廣。姜亮夫在這個圖書館裏也是名副其實地"廢寢忘食":"有時看得入迷,經常誤了午餐,有時晚餐也誤,甚至有一次,我被關在館内過夜,乾脆看了一夜書。"[3]學者治學或許可以專精一門,但有成就的學者總是同時有更寬的視野,有一番必備的泛讀功夫。

姜亮夫 1927 年 7 月從清華畢業,是年 8 月應清華同學黃淬伯的邀請,到南通高中任文科首席。次年 7 月,應周鳳甸邀請去無錫中學任教。1929 年 5 月,他離開無錫,到了上海。此後在持志大學教聲韻學,同時在

---

① 姜亮夫《回憶録》,第 76 頁。
② 姜亮夫《回憶録》,第 76 頁。
③ 姜亮夫《回憶録》,第 73 頁。

大夏大學教聲韻學和國學概論，還兼任了北新書局的編輯工作。領着三份薪酬，姜先生一個月能有四百元收入，但是應酬也多了起來，因此也説不上多麼寬裕。他在上海接觸了上海教育界和出版界的很多人物，拓展了很多眼界。他還接觸到了像呂思勉、茅盾這樣的學術文化名人。具體見於他的回憶録，與他的學術道路關係不巨大者，這裏從略。

　　這期間最重要的，是姜亮夫遇到了他的終身伴侣陶秋英女士。當時陶秋英是上海持志大學的學生。姜先生發現她衣着樸素，學習認真，課上回答問題很是聰敏。後來學校給學生分配論文導師，正好把這位女生分給姜亮夫指道，兩人逐漸産生了感情。陶女士是蘇州人。父親在滬杭鐵路局供職，也有文學功底。可是陶秋英早就與吳江富豪的兒子姚某有過父母之命的婚約。從此姜、陶兩人開始了漫長的反抗包辦婚姻的路程。陶女士的畢業論文《中國婦女與文學》，1931 年由北新書局出版。她在上海畢業後又爲逃婚而去燕京大學讀碩士，畢業論文爲《漢賦之史的研究》，七年後由中華書局出版。直到 1938 年兩人才結婚，仍然因此鬧到陶父與女兒決裂。兩人在漫長的十年戀愛期間，有大量的互贈詩詞。原本清華的兩位老師説姜亮夫思維裏理性太多，不適合做詩人，可是他回憶這個時期卻是：“與秋英在一起，我的感情特別豐富，我‘詩人’的‘才華’這階段大概是我一生的頂峰期。”[1]陶女士與姜先生一生相互扶持，堪稱人世間夫妻的典範。姜先生對夫人的感情始終真摯而忠誠，他在晚年回憶録中，還以自己一生從未與夫人之外的女性發生非禮之事爲自豪。就姜先生本人的價值觀而言，他也崇尚“貞介”的品質。解放後姜亮夫身體不好，姜夫人辭去工作做家庭婦女，爲姜亮夫的學術貢獻了一生。她自己也還繼續編寫了《歷代文論選》《宋金元文論選》等書，並從“文革”後期開始重操國畫，成爲杭州的一位畫家。

　　1934 年 1 月，姜亮夫受聘爲河南大學文學系教授，直到 1935 年赴法

---

① 姜亮夫《回憶録》，第 198 頁。

國。從清華畢業到 1935 年離開中國,這幾年間姜亮夫著作很豐富。他的清華畢業論文於 1929 年 2 月在清華完成初稿,是年 9 月完成全篇,1932 年石印了一百部。這幾年間他完成(或者基本完成初稿)的著作還有《歷代名人年里碑傳綜表》《夏殷民族考》《甲骨學通論》《甲骨文字小箋》《文字樸識》《中國聲韻學》《尚書新证》《屈原賦校注》《詞選箋注》,撰寫的論文有《名原抉脈》《釋儺》《古聲考》等,稱得上用力至勤。

在這幾年裏,對姜亮夫後來的學術影響最大的事情,應屬拜章太炎爲師。姜亮夫在入清華之前已熟讀《章氏叢書》,上文已介紹。後來蘇州公園裏有一個學術演講會,邀請姜亮夫去講周易。演講會上名家雲集,姜亮夫由此認識了章太炎,經常拜訪他。章氏作爲經學家講究今古文之分,他以爲姜亮夫是在四川跟廖平學的今文經學,姜亮夫回答道自己的老師龔道耕是古文經專家。章太炎評龔先生學問爲"堅實"。不過章太炎有一個世人皆知的觀念,是不相信甲骨文,因此對王國維的甲骨文之學有微詞。對此姜亮夫始終不肯聽從章太炎,當面辯論多次。這並不妨礙姜亮夫在其他方面對章的學問心悅誠服。他在回憶錄中把章太炎的學問總結爲"愛國主義"和"實用主義",講求愛國與救世。他在《論餘杭先生學與徐一士三書》裏,對章太炎的學問有更深入的總結。章太炎尊史學,勸他讀史,晚年講"剛中之氣",在小學上講"音義一貫",這些對姜亮夫的影響都很大,上文已涉及到一些。章太炎勸他以語言和歷史爲學問基礎:

> 在四十歲左右,聽了太炎先生的一句話,"你應該從語言同歷史兩個角度來打定你的樁子,這個樁不打定,不深固,學術研究始終是漂浮的"。①

他認爲受章太炎影響而建立"從小學到史學"的路線者,並不只他自己一人,而是一時風氣:

———————————

① 姜亮夫《回憶錄》,第 357 頁。

太炎先生從出獄到日本後，除辦報外，還經常講學，在日本的留學生聽他課的人很多，於是在他指道下，建立了以章太炎先生學術體系的學風，從“小學”到“史學”，於是中國學術方面，才算接上“乾嘉”諸老的學術傳統，中國近代學術受太炎先生的影響是很大的。[1]

1935年8月，姜亮夫坐船出發，前往巴黎。船行兩個月，經過了多地。姜亮夫每日有日記，成《歐行散記》。到達巴黎後，進入巴黎大學博士院學習考古學。他在巴黎也有詩興，寫下過“周行真可逐車馬，大夜自來遮狗牛”這樣的佳句。當然更重要的事情是他在一位博物館秘書芳姬的帶領下，參觀了博物館、圖書館、美術館共八十多處。他這才知道外國藏有大量中國的文物與文獻。在巴黎國民圖書館，他遇到王重民和向達兩位先生，他們是以官費來巴黎收集敦煌文物資料的。姜亮夫立即加入了他們的行列。姜亮夫《四十自述》：

> ……遂排日入館，選字書、韻書、《五經》、《老子》之屬，擇其要者，鈔寫響拓，攝影校錄，日盡數卷，垂暮歸寓，更即燈下，比次論列，夜深漏永，絕不知疲，凡得百數十卷。[2]

當年的情形，於此還歷歷可見。圖書館拍照價格不菲，他因此而節衣縮食。他也因此對在巴黎大學獲取博士學位，不再上心。在上述姜亮夫求學的四階段中，巴黎大學對他的影響是最小的。[3] 但是整段巴黎期間的經歷仍然對他有較大的影響。茲舉兩點。第一是他雖然在國內就已開始讀西方人類學、社會學方面的書，但是畢竟在法國接觸得更加真切。他晚年時把章太炎勸他讀史和“歐洲數年，得了些史學方法”共同作爲自己最終確定學術路線的關鍵。[4] 這個影響，不可謂不巨。第二是姜

---

[1] 姜亮夫《回憶錄》，第300頁。
[2] 姜亮夫《回憶錄》，第223頁。
[3] 姜亮夫《回憶錄》第56頁：“巴黎大學對我的影響似乎也比較少。”
[4] 見姜亮夫《史學論文集序》注釋，姜亮夫《史學論文集》第17頁。

亮夫在歐洲的博物館裏,見到歐洲人用現代科學的方法來分析中國的青銅器和瓷器等,對器物的性質、成分、產地,研究無不精細,超過了中國國內。姜亮夫自此就加深了一個思想,認爲人文研究應該與科學研究相結合。這種想法,是持續到他晚年的,他晚年回憶:

> 我看了巴黎的四十多個博物館,倫敦的大不列顛博物館,加深了我如何用科學方法研究古籍的想法。①

1937年5月,國内形勢危急,姜亮夫放棄巴黎學業,選擇立即回國。他在途中經過柏林、莫斯科,都停下來尋找敦煌卷子。然後取道西伯利亞至中國西安,受聘於已經搬到西安的東北大學任職。他到中國之日,離盧溝橋事變僅不到一周時間。盧溝橋事變後,東北大學又遷到四川的三臺。直到1938年5月,姜亮夫才終於繞道香港,抵達上海與陶秋英女士見面。1938年8月,兩人結婚,迅速離開上海,取道香港、越南、雲南,才在交通阻塞的戰時共同來到三臺。從此姜亮夫悉心整理歐洲帶回來的敦煌韻書照片資料,三年而成《瀛涯敦煌韻輯》二十四卷。期間他的眼睛近視增加數百度,并且經常要抱着書稿躲避日軍轟炸,姜夫人笑他像"抱個兒子"。

1942年1月,姜亮夫接到雲南昭通家裏的來電,説父親病重,於是一人星夜南歸。歸家則父親已逝。他本想以昆明爲中轉站返回四川三臺,但在昆明被李根源、周鍾岳等先生留住,從此上任爲雲南大學文法學院院長。既留在雲南,他便把自己大學期間的著作《昭通方言考》拿出來修訂。1943年,又寫成《張華年譜》《護國軍紀實》兩部著作。雲大期間他還參與雲南省通誌的編審工作。在雲南他和徐悲鴻交往很深,兩人經常談論歐洲博物館裏的中國藝術品。

1944年8月,姜先生的獨生女姜昆武出生。姜亮夫摯愛女兒。他晚年回憶四十年代女兒"救"了自己的事情。原來姜亮夫在雲南大學期間

---

① 姜亮夫《史學論文集》,第3頁。

還兼任聞一多主辦的《民主週刊》的編輯，此刊在當時，是有些政治敏感性的。1946年李公樸被殺，群情激憤，雲南知識界定於7月15日開演講會。原定的三位演講的先生中，包含了聞一多和姜亮夫。演講會前一小時，姜先生的女兒忽然發高燒，病況看上去很危險，姜先生只得送她去醫院。剛回到家，就聽到聞一多被殺的消息。過了幾天，當時的雲南省主席盧漢忽然派人來通知姜亮夫趕快離開昆明，否則會有危險。盧漢派專車來送姜亮夫一家直奔機場，并且車直接停在飛機邊，飛到了上海。

到了上海，姜亮夫曾短暫執教於復旦大學。正此時顧頡剛邀請他去浙江金華英士大學任文理學院院長。他來到英士大學，又發現校內派系鬥爭複雜，便不管閒事，一心教書。一年半以後，昭通來電說姜先生母親病重，他便携全家回去，剛到昆明又接到家裏來電說不必回家。原來是姜母因爲當時的解放戰爭形勢，不放心兒子在外面，就用這個辦法叫他回雲南。此時昆明師範學院院長告訴姜亮夫，昆明的權力已在盧漢一個人手裏，不必再害怕。他便留在昆明師院任教。1949年3月盧漢忽然任命他爲雲南志舟圖書館代館長。4月23日，又找他談話，讓他當雲南教育廳廳長。姜亮夫沒有搞過政治，而且當時國內形勢瞬息萬變，他自然不願意當。可是當天下午盧漢就公佈此事，次日報紙就直接發文。他三個月後請辭，仍不獲許。是年12月，盧漢逮捕蔣介石親信並宣佈雲南起義。起義當晚，姜亮夫被命令負責守昆明城北門，雖無戰事，但仍甚驚險。姜亮夫原本是起義人員，可是他這樣一個不諳政治的文人，當了大半年的教育廳長，豈有不惹禍的道理？果然不久之後，他就從起義後的軍管會文教處長變成了編外人員，進了革命大學學習。革命大學畢業後又在雲南博物館短暫工作，期間成功修復了昆明的圓通寺，轟動雲南。可是後來博物館竟安排他養豹子。他每次給豹子餵食都心驚膽戰，有一次被豹子咬了一口，幸虧傷口淺。在博物館工作期間姜亮夫受了不少精神打擊，以至於有自己焚燒多部未發表手稿以避禍的事情，上文已經説過。終於他得了一場大病，進了醫院。

姜亮夫時刻想離開雲南，此時浙江師範學院願意聘用姜亮夫。正巧民盟中央委員潘大逵來昆明，幫助他去了杭州。大病一場之後，姜亮夫體重減輕了近五十斤，只剩下九十四斤。

1953 年到杭州後，姜亮夫任浙江師院（後改名爲杭州大學）教授。除去"文革"期間，此後的幾十年姜亮夫一直過着平靜的著書立説的生活，可以説終於結束了上半生的顛沛流離。五十年代他在杭州認識張宗祥先生，兩人交往甚篤。張先生精於中醫，一眼看出他身體不好，就給他開方醫治。姜亮夫的身體由此才漸漸康復。他在浙江師院開始帶古漢語研究生，自己的學術也重新起步了。并且還寫了像《敦煌——偉大的文化寶藏》這類通俗性的書。《張華年譜》《陸平原年譜》《楚辭書目五種》也陸續出版。他購入許多圖書，開始醞釀《楚辭通故》。教學方面，他主張學生多讀書、苦讀書、會讀書，畢業後能獨立工作，希望能糾正當時學生只讀教材就能畢業的現象。"文革"期間姜亮夫受到很大衝擊，上文的學術損失部分已經可以看出。但他最傷心的事，可能要數自己的女兒姜昆武大學畢業被分配到山村多年，不能相見。他撰聯"中郎有女粗解傳奇字，自傳成家應不作路人"，用工整而精彩的甲骨文字體寫了送給女兒，[1]以示勉勵。即便在此時他也不忘學術，"文革"後期形勢平緩時，姜亮夫就自己油印了成均樓學術論文四種，每種二三十册，分贈學人。

1978 年改革開放時，姜亮夫已經七十六周歲。但此前半個世紀中就誤的時間、遭受的損失實在太多，所以之後的十幾年，他可謂一直在奮力拼搏。這在當時他這個年紀的學者裏，並非個別現象。1979 年教育部開辦楚辭學培訓班，七十七歲的姜亮夫接受任務，爲十餘所重點大學培訓楚辭學專業人員。1980 年他任浙江省語言學會會長。1983 年任杭州大學古籍研究所首任所長，親自主持了古籍所籌建階段的各項工作。1983 年還主持教育部的敦煌學培訓班。姜亮夫的學術或許給人"專家之學"的印象，但是他九十周歲時寫給文獻學研究生的要求却是：

---

① 這幅字的照片見徐漢樹《學林留聲録——姜亮夫畫傳》第 120 頁。

要求每個畢業生都能普照整個專業與中國全部文化史——至小是學術史的能力，及各個方面（指學術分類）的獨立研究古籍能力，而且有永久堅強的毅力，自強不息的精神，堅苦卓絕的氣概。①

在學術方面，他完成了《楚辭通故》這部二百萬字的巨著，1985年出版。1990年和1992年分別出版《敦煌碎金》和《瀛涯敦煌韻書卷子考釋》。另外有許多論文，是姜亮夫根據留下來的斷篇殘稿重新整理成文的。八九十年代出版的《成均樓論文輯》裏，有不少是"文革"後重新整理乃至新寫的文章。

姜亮夫晚年喜歡寫書法，留下不少作品。他的篆書和甲骨文作品工整、地道、不失氣韻。行草作品則樸拙、天真、生動三者畢具，如同顏真卿晚年《裴將軍帖》氣概。他1982年寫給杭州大學1978級畢業生的寄語是"修辭立誠，天下文明"，不但書法可觀，而且這八個字還體現了"文革"剛結束之後的人們對一個新世界的向往和努力的決心，因此很打動人。②筆者的老師錢志熙先生正好是杭州大學1978級學生，事隔三十多年，他對這幅字還記得很清楚。1991年靈隱寺重建藥師殿，請姜亮夫題寫楹聯用於正門石刻，他恭恭敬敬地醞釀一月有餘才寫成對聯。此時他的視力已經無法看清文字，所以只憑手感落毫，剩下一片氣象，不可再以尋常書法視之。③

三、姜亮夫先生的學術貢獻

在從宏觀上瞭解了姜亮夫的學術框架和理路之後，現在到具體學術領域當中，看看姜先生的貢獻。方法是具體到他的著作和文章中去。《成均老人著書目·老人自識》說："全部治學樞軸，一以《尚書》《詩經》兩

---

① 這份書面要求的手迹照片見徐漢樹《學林留聲錄——姜亮夫畫傳》第181頁。
② 書法照片見徐漢樹《學林留聲錄——姜亮夫畫傳》第133頁。
③ 書法照片見徐漢樹《學林留聲錄——姜亮夫畫傳》第177頁。

新注及《三代異同》綜古史,二以《文字樸識》綜古語,三以《四先生學譜》綜三百年來學術。"①他這裏提到的這些著作的存留部分,又是需要特別關注的。

(一)古漢語方面

以語言文字爲學問基礎,這是姜亮夫先生學術的基本原理,上文涉及已多。一般來説,姜先生是把語言文字之學看作學問的工具,但他也經常深入到語言文字本身的學術中去。他早在大學期間就寫有《昭通方言考》(後修改成《昭通方言疏證》出版)。此書是源於成都高師的林思進、龔道耕對他的"小學"教育。他在此教育的基礎上又讀章太炎的《新方言》,進而覺得昭通方言裏有很多與古音相關的東西值得考察。於是他寫下了四百多條昭通方言的考證。② 清華期間的論文《詩騷聯緜字考》,是一部古音學與訓詁學相結合的著作。他在《四十自述》中説,他覺得聯緜字是"上世語言,必非單音,寓之文字,或有詭異"③。也就是這些詞原本就不是單音節詞,後來把這些詞用兩個漢字來表示,就産生了很多誤解。因此他想用古音學的辦法去考察清楚。王國維先生對他這篇文章頗爲贊賞。

在上海期間,他作了《中國聲韻學》這部教材。此書多年後還被有的研究者認爲是部好教材。1955 年教育部委托姜亮夫編寫古漢語教材,分爲語音、文字、詞彙、語法等部分。後來姜先生將語音部分編訂爲《古漢語語音學》一書,文字學部分成爲《古文字學》一書。詞彙、語法部分廢棄。在語音學上,姜亮夫最大的貢獻是上文提到的,根據敦煌卷子恢復切韻系統。此工作也可歸入敦煌學研究。文字學上除了《古文字學》一書以外,他還有早年編纂的大學教材《甲骨文通論》一書。他還有《中國

---

① 姜亮夫《回憶録》,第 380 頁。
② 此過程見於姜亮夫《回憶録》。
③ 姜亮夫《回憶録》,第 217—218 頁。

文字學研究法》，是一組論文的總題，下分《中國文字的組織》《中國文字的源流》《中國文字的特色及其在學術上的地位》《研究中國文字的方法和參考書》四題。另一篇文章《名原抉脈》，與《中國文字學研究法》性質相同且篇幅簡短，本書將其選入。至於《文字樸識》這部書，是兼古文字、古音、訓詁之學爲一，并且涉及上古名物和歷史文化的很多考訂，不是單純的語言學著作。本書所選的《示社形義説》，是把《文字樸識》中的兩個條目拿出寫成的重要單篇文章。

實際上姜亮夫的語言文字之學在他的各類文章裏隨處可見，不是只存在於專門著作。綜合姜先生的學術研究，我們會發現他對語言學的研究已經形成了若干可以稱爲“語言學理論”的東西。關於語言和歷史的關係，姜先生能充分理解其辯證性、雙向性。首次撰文指出姜先生這個理解的，當是姜先生的學生傅杰先生。後來由姜昆武女士主要執筆的《姜亮夫全集前言》對此有進一步的説明，並引用了姜先生的相關説法：

> 對這二者的關係，他的認識是辯證的，既認爲自己的古史研究“植基於語言文字”，又指出“歷史是我們的大本大根，如不切實讀史，搞文字聲韻就缺乏堅實的基礎”。而所以要以語言與歷史爲治學的根株，則“自語言有二義（一）謂解釋文詞以馳騖語言學規律，務使形、聲、義三者無缺誤（二）謂凡歷史所藉以表達之語言，必須與史實之發展相協調，不可有差失矛盾……”這些見解，較之清人的單純強調出小學通經學之説更爲周到。①

姜先生在《干支蠡測》一文裏，對此又有闡述：

> 文字之發生發展轉化作用，各各有其內在因素，而以時推移之外因，必需與其內因有相聯繫之素質，而此內外相依之素質實所以反映其社會功能之具體表象，故因此社會功能之表象自其內在之有

---

① 《姜亮夫全集前言》，第22頁。

生機能，以探索文字發展之規律，以得其發生之本質或本義。①

姜亮夫先生這裏認爲，文字發展的内因和時代的外因有相互結合之處，而這個結合之處，既是社會外在表象的内在質素，同時又是語言的内在質素。這樣的説法，不僅是個學術方法或者學術框架的問題，還包含了語言學本身的理論思考。其思考深度，與同時代的大語言學家相比，也不遑多讓。試讀王力先生在晚年學術成熟期對語言的説法，與此相通者甚多，但也有所區別。其區別之處，正是每位學者的獨到之處。

姜亮夫十分倚重段玉裁、王念孫、章太炎等人"因聲求義"的研究方法。他在《論餘杭先生學與徐一士三書》中，曾總結章太炎的語言學"貫穿音義""於字形不甚究心"，主張"音義一貫"。② 他自己在《新經疏》裏也説："漢語有一特殊結構方式，即意象相同或者相似者，其音必相同或相似。"③姜亮夫應用這種原則的地方極多，可以説這是他的基本方法之一。比如他在《堯典新議》中對"羲和"的研究，就使用這個方法。早在拜章太炎爲師之前的清華階段，他的《詩騷聯緜字考》就已經是在此基礎上成文的。他也繼承前輩成就，在因聲求義的研究上，精確到了不同聲韻族類與不同意義的對應關係上去。比如他認爲"凡從午之字皆有憤撻故物之意，其聲又與武怒撲突敂忤等相通"④。在對詩騷聯緜字的考察中，他認爲一個聯緜詞由音轉而滋生出的多個聯緜詞裏，聲音的强弱清濁之別，與意象的大小之別裏面，其對應關係有一定的規律性（參考本書《踟躕、驅馳轉語考》）。這真是很精微的語言理論。就今日學界的一般認識而言，這類漢字音義之間的關係已是不可否認的事實。并且不同字音具有不同意義乃至意味，已深入到我們中國人的直覺層面。

---

① 姜亮夫《史學論文集》，第 81 頁。
② 姜亮夫《成均樓文録》，第 8 頁。
③ 姜亮夫《史學論文集》，第 402 頁。
④ 見《干支蠡測》，姜亮夫《史學論文集》第 114 頁。

　　與章太炎不關心字形、不承認甲骨文不同的是，姜亮夫對二者都很有研究。這顯然是王國維的傳統。文字學方面，姜先生在傳統的“六書”之外，創造了“象事字”這個概念。本書的《名原抉脈》一文對此有簡要説明。更詳細的闡述，見於姜亮夫《古文字學》一書的第三章《漢字結構分析》①。簡單一些説，象形和象事的區別是前者以物形表“一語”，後者以物形表“一概念”。後者裏面動詞和狀詞居多，一般由兩個以上的形狀組成，并且到了小篆的時代變爲形聲字或會意字。他對“轉注”這個傳統概念的理解，也被學界重視。他在文字學上，還總結出了一些很細微的規律。比如他認爲在甲骨文象形字中“凡靜物皆横寫之，能動可動之物皆側書之”②“凡動物中之能急行者，皆圖側形”③。也就是可變化、正在變化的物體，象形字描繪其側面；反之則描繪正面。又比如他注意到了古文字有許多“同形不同義”的字，實際上不是同一個字，只是在造字時代造成了相同或相近的形狀。這種字可以根據後世系統性的演變來觀察其不同字義系統，也就是此字形的某種意義在後世發生字形變化的話，則所有與此意義同源的意項在字形上就一起變化。這是一種很重要的類推的研究方法，是文字演變的一個重要規律。（具體見本書的《干支蠡測》等文章。）在宏觀方面，他根據甲骨文的文字系統，總結出了造字時代的中國人“現實而不爲空想”“推理而不爲妄作”“有系統”“多和平安雅”等思維特點，④也是很值得注意的文字學理論。

　　傳統的小學包括文字、音韻、訓詁，上面這些內容對應到小學的話，多在文字和音韻層面。但姜亮夫是先受了嚴格的小學教育，才又瞭解西方語言學的。對他來說，訓詁學的應用也得心應手，并且同樣重要。他在研究當中對“故訓”的使用，就有代表性。這方面的例子很多，限於篇

① 這一章由姜昆武研究員在姜先生指導之下執筆大部分内容，並經姜先生審定。
② 二語見姜亮夫《“東西”臆斷》一文，姜亮夫《古漢語論文集》第277頁，《姜亮夫全集》第18册。
③ 見姜亮夫《名原抉脈》，姜亮夫《古漢語論文集》第222頁。
④ 見姜亮夫《名原抉脈》，姜亮夫《古漢語論文集》第229頁。

幅，就不一一舉例了。

（二）古史方面

根據上文的探討，姜亮夫先生的古史研究，有其鮮明的"框架設計"。他晚年回憶自己早年在古史方面的學術計劃是"以《尚書》《詩經》兩'新注'及'三代異同'綜古史"。其中《尚書》新注曾經完成草稿，但只有一篇流傳下來。《詩經》新注沒有完成。"三代異同"，也就是對夏商周三代制度與文化異同的研究，我們從他現存的文章裏還能看到不少成分，甚至仔細勾勒的話，還可以在一定程度上看出其整體框架。"三代異同"在學理上是繼承了王國維。姜先生確定下來要以古史爲研究中心，則是在章太炎勸他讀史之後。他這方面的學術，有對兩位前輩大師的共同傳承。

三代異同之辨，東周諸子就已經開始。孔子就很熱衷，所謂"行夏之時，乘殷之輅，服周之冕""周監於二代，鬱鬱乎文哉，吾從周"（《論語》），都是例證。古人說《墨子》一書是繼承夏代之道，也是很有意思的說法。現代學術當中，王國維的商周文化因革研究，開了古史研究中的一條路途。姜先生原打算寫《三代異同考》，如今只剩下卡片數百張。他這方面的文章，尚存本書所選的《三楚所傳古史與齊魯三晉異同辨》《夏殷兩民族若干問題匯述》等。前者成於晚年，經常被歸入楚辭學研究，因爲文章所用的楚國材料主要是屈原、宋玉的文學作品。但本書將其放在古史部分的第二篇，因爲此文在論述楚史的時候，涉及他對夏商周三代文化因革的很多思考，可視爲姜先生的"晚年定論"。《夏殷兩民族若干問題匯述》一文是年輕時的作品，以夏爲西方民族，殷爲東方民族，並認爲南楚、西北地區民族皆爲夏族分支。這可視爲他一個階段的學術成果。這裏面根據文字學和古音學對"鬼方"的考察極爲精彩。此問題亦見於《曲局字形原衍》一篇，並還另有專文探討。《三楚所傳古史與齊魯三晉異同辨》《夏殷兩民族若干問題匯述》相對比的話，早年之作更強調周民族及多個地方民族都是源自夏代，而晚年之作更強調楚國文化與夏商的同質性，及其與西周的差異。

從三代異同的問題再往上追溯的話,姜先生對遠古階段的中國文明也很有興趣。他認爲中國古史裏面很多問題,因爲後世文獻記載都是染上了後世的因素,反而變得模糊不清。因此需要剔除那些因素,探討遠古的真實。這個原則,在他的《堯典新議》裏看得很清楚。這裏介紹他從語言文字學出發的兩個命題。一是"光明崇拜",二是"大石文化"。集中論述"光明崇拜"的有《日月光華之頌》等文章。具體觀念上文已有提及。這個觀念他應用得很多,本書《堯典新議》《三楚所傳古史與齊魯三晉異同辨》,皆有涉及。"大石文化"的問題,可詳參本書所選《示社形義説》一文。他根據國外人類學和國內考古資料,認爲"示""社"二字本義都與早期人類的大石文化有關,可以從原始宗教的角度去研究。姜先生思考這兩個問題主要在三四十年代,後來的想法也基本沒有改變。這兩個問題的探討,用到了許多西方社會學和人類學的知識。

有一些文章,其性質介於古漢語研究與古史研究之間,如本書所選《"東西"臆斷》《數論篇》《干支蠡測》等文章。這種文章看起來都是在考釋字詞,却由此而進入上古名物、社會、歷史的各方面。其文章的組織方法,與《示社形義説》是一致的。這種文章的共同特點是,已經不能説成夏商周三代的研究,而是遠及造字時代乃至語言產生時代的民族社會心理。遠古之事本就茫昧無徵,因此這類文章中的有些結論,姜先生自己也不敢認爲是定論,學術界對其接受的程度,也沒有他的楚辭學、敦煌學那麼高。本書注重收入這類文章,是因爲這些文章很符合姜先生自己的學術思想,他自己是看重它們的。并且它們的學術啓發性,也不容忽視。

另外,姜先生還有若干很專門的史學著述。如《歷代人物年里碑傳綜表》是歷史工具書,《護國軍志》是以傳統史乘格式立史,都爲世所稱。

姜先生在晚年寫過一篇《中國學術原衍闡微》,中間提出了一些對中國早期思想學術的系統解釋。如他把學術產生的社會條件分爲"因生活需要而有的社會組織"和"因宗教感念而生的意識"。[1] 這是他的古史研

---

[1] 姜亮夫《成均樓文録》,第22—23頁。

究中未曾展開但也值得注意的説法。

（三）楚辭學方面

姜亮夫研究楚辭是始於王國維投湖自盡的震動。他的第一部楚辭
學著作是《屈原賦校注》，1931 年成書。此前他的《詩騷聯緜字考》，也與
楚辭相關。他後來稱，《屈原賦校注》是他語言與文學相結合的研究階
段。《屈原賦校注》參閱歷代屈原作品版本（包括敦煌寫本和多種典籍、
類書所引的屈原作品）進行文字上的詳細校訂，並提出了"個别分析，綜
合理解"的研究方法。這八個字，今日廣被學界傳頌。從本文第二部分
的分析，可以知道這種研究方法是受王國維的直接啓發。此書涉及語
言、文化、歷史各方面，是一種很重要的屈原作品注本。不過晚年的姜先
生對此書不甚滿意，覺得它還沒能真正綜合各學科進行深入研究（所以
又有《楚辭通故》之作）。八十年代此書增補重訂爲《重訂屈原賦校注》，
加入《二招校注》（作者考訂《二招》爲屈原所作），重新出版。1948 年姜亮
夫還寫有《屈原賦今譯》一書，對屈原作品進行了白話文翻譯。作者在翻
譯的時候，注重屈原作品的文體、語法、詞彙、用韻等方面，形成了自己獨
特的白話翻譯方式。在表現屈原語句原意和譯筆流暢之間，寧願選擇前
者。[1] 所以兼具了學術性與通俗性。

姜先生研究楚辭的單篇文章很多，八十年代彙編爲《楚辭學論文
集》。内容涉及屈原的身世，和屈原各代表作品的創作年代、思想内容、
語言規律、所涉及的楚國歷史文化背景等等。其中有許多是學術名篇。
《説高陽》《爲屈子庚寅日生進一解》，分別從上古宗教和天干地支的考察
出發，提出了前人所無的新説。他認爲高陽是楚民族的神。庚寅能成爲
吉日，也與原始宗教有關。又如《敦煌寫本隋釋智騫楚辭音跋》一篇，體
現出作者的文獻功底。他在楚辭學上的具體觀點，又如他根據楚人來自
西面，對屈原作品裏的"西方"神話想象作出解釋。通過考察屈原的身

---

① 《屈原賦今譯》的這些特點，參考《姜亮夫全集》第七卷出版説明。

世,認爲他的愛國情懷是和家族血緣有關的,屈原所擔任的官職實爲"莫敖",此職爲屈氏世職。根據楚辭語法特點,説明《國殤》裏的"凌余陣""躐余行"是主語後置的倒裝句。他進一步研究楚文化與夏商周三代文化之間的關係,由此進入古史領域。本書所選的《天問問例》,則是他應用哲學方法探討屈原思想的一篇文章,在姜亮夫的楚辭學文章裏是很特殊的一篇。姜先生自稱"鈍根人",一般是從文獻出發治學。他還説自己"於諸子素少究心"①。但其實他對《楚辭》一書的思考,有時已深入到很複雜的哲學層面。楚辭的《天問》一篇,素稱難讀。此論文從屈原問問題的方式、思考問題的方式去推測屈原自身的思想,方法和結論上都很值得注意。

姜亮夫學習王國維先生做學問先編工具書的辦法,編有楚辭學目錄書《楚辭書目五種》。此書 1933 年已經初成,又經過了近三十年的補充、修訂,於 1961 年出版。全書分楚辭書目提要、楚辭圖譜提要、紹騷偶録、楚辭札記目録、楚辭論文目録五部分,共録圖書二百九十五種,篇章、札記、專論等一千四百餘題。其中原書序跋、版本叙録等內容,甚爲詳備,是一部重要的楚辭學參考書。

1979—1980 年,姜先生承擔教育部開辦的"楚辭講習班"。十二位學員將講課録音整理成書,姜昆武女士又加以增寫詳注,這就是我們今天看到的《楚辭今繹講録》一書。此書深入淺出地介紹了楚辭學的基本內容、基本方法,個中精神,仍是他一以貫之的綜合研究、重視語言與古史等。

姜亮夫在楚辭學上部頭最大也最重要的著作,自然是成書最晚的《楚辭通故》。全書二百餘萬字,考釋了與楚辭相關的字、詞、人名、地名、書篇名等近三千六百詞條。這些詞條分爲十類:天、地、人、史、意識、制度、文物、博物、書篇、詞。之所以要以詞條考釋的形式成書,原因有二。一是此書起源於一本楚辭學詞典的約稿。姜先生覺得詞典的體例不足

---

① 見姜亮夫《論餘杭先生學與徐一世三書》,《成均樓文録》第 5 頁。

以發揮,便保留詞條形式而擴充内容,成爲《楚辭通故》。第二個原因,是姜先生這種以語言學爲基礎的學術路徑,本來也適合用這種辦法著述。他的許多單篇論文都是這種形式。此書涵蓋了姜亮夫楚辭學的方方面面,是一部總結之作。此書也超出了楚辭學本身,以楚辭爲綱,對上古名物、歷史、文化等有着廣泛的涉及。姜先生的學術遭受過很多文獻損失,此書的成書,是他晚年十分欣慰的一件事情。他自述這部書的學術方法:"一、窮源盡委,以明其所以然之故;二、自整體推斷,不爲割裂分解;三、以比較求得真象;四、自矛盾或正反之端以求其真實;五、以實証定結論,無証不斷。"[①]有學者稱此書中"每一條目,實際都是一篇多學科相結合的論文"[②]。

(四)敦煌學方面

　　敦煌學對姜亮夫來説開始得最晚,可以説是他學術思想和方法成熟之後的一種學術實踐,因此其著作也最容易梳理清楚。他在抗戰期間以三年之力撰成《瀛涯敦煌韻輯》,這是他的第一部敦煌學著作。這也是學界首次對海外敦煌卷子中的韻書加以整理研究。此書的功績,是恢復了陸法言《切韻》系統的面貌。此前王國維先生已經指出宋代刊刻的《廣韻》相對於陸法言《切韻》的變化或者錯訛,並希望恢復切韻,但當時的文獻資料不足。王先生一直以此爲念。所以姜氏此書可説完成了他老師的遺願。此書成書於抗戰間,難免有些疏漏。後來他八九十年代出版的《敦煌學研究文集》和《瀛涯敦煌韻書卷子考釋》對其多有補訂。姜先生對敦煌韻書的研究十分豐富,除專著以外,在《敦煌學論文集》裏有多達十三篇關於音韻學的文章。本書所選《吳彩鸞書切韻事辨及其徵信録》就是其中精彩的一篇。其因緣亦奇,是姜先生在巴黎所藏一張敦煌韻書卷子上,發現一點胭脂色。於是聯繫到唐宋人盛傳的女子吳彩鸞抄《切

---

① 姜亮夫《成均樓文録》,第287頁。
② 劉躍進、江林昌《姜亮夫先生及其〈楚辭〉研究》。

韻》卷子傳世之事（據説她後來成仙），對之作了歷史學眼光下的考訂。

另一部大部頭的敦煌文獻著作，是《莫高窟年表》。此書草就於抗戰期間的大後方，時間僅比《瀛涯敦煌韻輯》稍晚。1955 年定稿，1985 年再次補訂。作者根據歷代與莫高窟有關的資料，和收集到的莫高窟經卷、藝術品之有年代可考者，對莫高窟作了詳細富贍的編年史。"正表"部分起於公元 290 年，終於公元 995 年。此書體大思精、對多種材料的使用可謂觸類旁通，涉及經學、史學、語言文字學、藝術等各方面。這次《姜亮夫文存》所選的關於"瓜沙曹氏"的兩篇考證文章，可看作這類研究的產物，在對唐宋"歸義軍"的研究上意義甚大。

五十年代，姜亮夫根據自己撰寫的《敦煌志》寫成一部通俗性的著作《敦煌——偉大的文化寶藏》。此書不但介紹了敦煌藝術和文書經卷的内容、價值，還介紹了幾十年來中外學者的敦煌研究成果。在對敦煌寶藏的分類上，分爲造型藝術、佛教經典、道家經典、儒家經典、史地材料、語言文學材料和科學技術材料七類。此前敦煌學雖有幾十年的歷史，却沒有這樣系統的學科概論性的著作出現。① 因此，這本小書受到了國内外的重視。八十年代姜先生爲教育部開辦敦煌學培訓班，講義整理爲《敦煌學概論》，1985 年出版。這實爲五十年代那本書的敦煌學科構建的繼續。由於當時的培訓班是爲了培養學術研究人才，《敦煌學概論》又專門有研究方法的部分。

姜亮夫生前出版的最後一本敦煌學著作是 1992 年的《敦煌碎金》。此書是姜夫人陶秋英女士所初創，姜先生作了校訂。内容包括《敦煌經卷壁畫中所見釋氏名録》《敦煌經卷題名録》《敦煌經卷所見寺名録》《正俗字譜》等部分。書名爲"碎金"，是覺得這些内容都比較瑣細。實際上這些都是很有利於後學的研究整理。關於正俗字，敦煌學雖然不像上古史研究一樣關係到那麽多的文字學，但古人手抄文獻裏的文字問題，也是非常複雜的。姜先生在敦煌經卷的文字方面具有很完善的研究方法，

---

① 此書在敦煌學理論建設上的意義，參考《姜亮夫全集前言》。

現在已有研究姜亮夫的學人注意到這個問題。

(五) 近代學術史

　　這個方面上文已有比較詳盡的論述,此不贅述。這次《姜亮夫文存》選入的《思師錄》《論餘杭先生學與徐一士三書》《孫詒讓學術檢論》三篇文章,尚能體現姜先生在這方面的一些思考。其中第三篇是他晚年補訂完成的用意之作,除梳理近代學術的中的一家以外,還有提點當時學界如何認識近代學者的用意。他把孫詒讓這位一般人心目中簡單的"小學家"解釋得極具學術系統性,並關注其不同年齡段的變化,很能體現姜先生對學術史的體察能力。

　　另外,姜亮夫先生在大學階段的文學方向,後來並未完全放下。他1929 年前後曾教授文學概論課,後根據學生的筆記整理成《文學概論講述》一書,由北新書局出版。這實爲那個年代一本體例完備的文學概論著作,也兼具一定的文學史性質。三十年代,他給清代張皋文編的《詞選》作注,成《詞選箋注》一書。書前有《自序》,書後有附論《詞的原始與形成》,皆文學論文。傅杰教授整理校訂的姜亮夫《北邨老人文輯》中,也有數十篇討論文學的短文。其中 1931 年給姜夫人的《中國婦女與文學》作的序說:"我們的文學批評家呵! 請你們不要把什麼文學的規律,文學的神韻,來推斷婦女文學,請你們注意下她們的'真'!"①這話裏除主張婦女解放這樣一般層面的進步意義以外,也有與西方女性主義相通的理論思考。他在 1935 年去巴黎的船上,也不忘思考文學。船上的日記寫道:"從前我覺六朝詩不'熟練',今天我覺得六朝詩就好在一個能生……'能生'其實是'較近自然'……"②他在船上還讀當時的大詩人黃節的《蒹葭樓詩》,比較黃節與同光體大家陳三立的異同。這些日記就是本書中的

---

① 姜亮夫《北邨老人文輯》第 685 頁,《姜亮夫全集》第 21 冊。
② 姜亮夫《回憶錄》第 132 頁。

《歐行散記》，本身是很好的白話文學作品。姜先生在四十年代曾以多個筆名發表白話的時政雜文，可惜這部分雜文都已散佚。後來他作《陸平原年譜》《張華年譜》，雖然是體例是史學的，但給文學研究者提供了很多便利。《張華年譜》自序寫道："當時在朝，實多彬彬有文法之士，諸如陸機兄弟、顧榮、束晳、賀循、陳壽、范喬、劉頌、閻纘、摯虞、左思之儔，皆華爲之左右，史稱其好人物，誘進不倦……"①對西晉文學概貌和張華的文壇作用，表現出了敏銳的文學史眼光。就自身的文學創作而言，姜先生後來在詩詞上用力不大，但是文言文寫得極好，學術文章大都以文言寫成。私以爲他的文言筆墨可以用"古奧、雄直、瑰麗"來概括，取法於左傳、漢書、六朝駢文，基本上不學唐宋八大家的散文筆法。② 這是章太炎的路數，也是"古奧"之所以來。雄直，也是章氏文章的氣質，又與姜亮夫自己有些"憨直"的個性有關。瑰麗則是來自姜亮夫的楚國文學、文化、古史研究，有一種和後世文章很不相同的奇光異彩在裏面，不像章太炎又往奇僻方向發展。

四、本書的編纂

最後説一下本書在文獻和編纂方面的問題。姜亮夫先生的著作，以雲南人民出版社 2002 年版《姜亮夫全集》爲文獻之大成。此書把能搜集到的姜先生所有著作都彙編在內，王元化先生爲其定下了"求全存真"的原則。這部書由姜昆武研究員全程參與，雲南人民出版社也花費了大量的人力、物力來完成。姜昆武曾説，自己校對《全集》時常用上海博物館的古文字拓片校對古文字，可謂用力至勤。

選本方面，八九十年代姜先生自訂的成均樓論文集四種（其中完整編成三種），皆可視爲專門選本。後人編的選本，約有三種。一是 1999

---

① 姜亮夫《張華年譜》第 407 頁，《姜亮夫全集》第 22 册。
② 姜先生的這一文章學路數，姜昆武女士曾向筆者面授。姜昆武女士也能作此風格的文章，讀其《詩書成詞考釋》書前的自序可知。

年雲南人民出版社的《姜亮夫文錄》，此書出版比《全集》還要早。在篇目選擇上，能充分照顧姜先生學術的各方面，又兼顧面向讀者的通俗性，所選以學術隨筆和序跋居多。二是浙江大學出版社 2008 年的《國學叢考》。此書所選篇目的學術性較強，大部分是姜亮夫先生在楚辭學和敦煌學兩方面具有開拓性的學術論文，另有少量語言學和古史學方面的論文。此書還對姜先生的相關篇目進行了重新校對。三是浙江大學出版社 2017 年的《敦煌學論稿》，專選姜先生在敦煌學方面的論著。

由於姜亮夫學術自身的面貌，人們給姜亮夫先生編選集，可以有多種不同的思路和側重。本次選編《姜亮夫文存》，是作爲清華國學院院史工程的一種，我們的選編思路與以上三種選本皆有區別，那便是注重他與清華國學院的關係。這個關係，又分兩方面。一是直接與清華國學院相關者，如他在清華的論文，他回憶清華的文章等。二是他的學術之中與他在清華所受教育息息相關者。這一點要想突出，就不是個簡單的事情了。我們的辦法是如上所述，回到他三四十年代對自己的學術設計，從"語言和古史"這條脈絡出發，來選擇篇目。這些篇目就學術原創性而言與浙大版《國學叢考》類似，但是楚辭學和敦煌學的比例小，而語言和古史方面的比例大，兩書也正好可以互補。更重要的是，我們希望借此把姜先生的學術設計中更大、更完整的"可能性"表現出來，以啓發後來的學人。與一般的學者選本傾向選擇被廣泛接受的文章相比，《姜亮夫文存》的篇目，或許會給讀者以"生新"之感。這是我們的一次大膽的嘗試。

在本書的選編過程中，姜先生的哲嗣姜昆武女士起了重要的作用。本書的選編思路和篇目選擇，是得自她的直接啓發。她在姜先生生前長期擔任其助手，在姜先生身後又長期整理其著作。[1] 她的《詩書成詞考釋》一書，也是在延續着姜先生曾經設計過卻沒能親自完成的"《尚書》

---

[1] 那個年代的學者助手有時要在學者的觀點框架之下代爲組織成文，與抄胥之類不同。《姜亮夫全集》中便有一些這樣成文的文字。

《詩經》兩‘新注’”計劃。她曾向選編者口傳姜先生所教的古文學習次第，個中章太炎一派的特點還清晰可見，甚至她的音容笑貌，也與姜先生的行文語氣之間有一種奇妙的相通。當時筆者便感覺，自己與王國維、章太炎、姜亮夫這些智慧的頭腦之間不再只是紙面上的關係，更通過短短一兩代人的口傳心授，有了更直接的關聯。那種體會，真是無法用語言描述的。

在文獻來源上，本書的前二十八篇文章都來自雲南大學出版社《姜亮夫全集》，並以之爲底本，其中部分篇目參校《國學叢考》本等其他版本。又部分篇目中的外文校對，蒙北京大學外國語學院楊帆女士帮助。第二十九篇《贈清華大學圖書館〈杭州大學圖書館善本書目〉題詞》，是選編者委托馮立昇教授從清華大學圖書館尋得。姜亮夫先生的年表，最早有他的《自訂年譜》，至 1950 年而止，是爲第一譜。浙大出版社《國學叢考》書後所附林家驪先生《姜亮夫先生年譜》，由姜昆武提供材料，是爲第二譜。林家驪在《中文學術前沿》上發表的《姜亮夫先生年譜》，在第二譜的基礎上增添了很多材料，是爲第三譜。本書書後的《姜亮夫先生學術年表》是參合這三譜，又結合《姜亮夫全集·回憶錄》《姜亮夫畫傳》等材料而成，非爲獨創，這是要特別聲明的。書首的圖片中，《杭州大學圖書館善本書目》題詞由清華大學圖書館提供，另外幾張摘自《姜亮夫畫傳》。姜先生的文章校理難度甚大，這本《文存》定然還有許多疏誤，其文責皆屬選編者。

參考文獻

《姜亮夫全集》（其中參考《史學論文集》與《回憶錄》最多，並參考編委會所撰前言與各分卷出版説明），雲南人民出版社 2002 年。

《學林留聲録——姜亮夫畫傳》，徐漢樹，浙江大學出版社 2012 年。

史學論文集序

我一生治學至雜，但也有個不太明顯的中心——古史，往往被楚辭、漢語、敦煌、文學等沖淡〔一〕，而史學的問題自"五四"以後，非常龐雜；學說紛起，新材料也時時發現。我在這潮流中，追逐不已，爲許多科學性强的學說所震撼。在前一階段，曾發願作詩人，被林山公、王靜安、梁任公指教，我不是詩人材料，把四百來首詩焚掉，下决心走樸學道路，與史學正式接觸。曾發願注《後漢書》，但王先生昆明湖之痛第一想到屈原，所以廿八歲寫成《屈原賦校注》，從此對古史接觸多了，于是才擴大爲古史學的研究。當時我年已近三十，又有過一些狂想，自二十九歲起發奮仿裴注《三國志》注《宋史》，因《宋史》蕪雜，所以大部分精力放在讀漢魏以來至宋各時期的文集雜記之類，貪得無厭，又把筆記小說（以文明書局出版的《筆記小說大觀》及《類苑》《說郛》爲主）分類剪貼了兩大老式白皮箱，主要分爲社會、經濟兩大類。我在河南大學教書時，請了一位誠懇樸質的書記，爲我抄一切資料中的碑傳，共得十六至十八册，後來把這些材料中生卒可考的人，用補吳榮光《疑年》及六種《疑年録》，編成《歷代名人年表》賣給商務，成爲我去歐洲的重要費用，而其餘鈔的、貼的東西，放在寶山路寶興路，日本第一顆炸彈炸東方圖書館，我這些資料一掃而光〔二〕。河南大學所藏的幾百種叢書（這是我所見過的大學藏叢書最多的一個),後來嵇文甫君見告已全毀,張邃青、李雁亭兩位都大哭了,我也不容易地哭了,其中還有我指導十二個同學(我在河南大學教《左傳》,有十二個學生選課,我組織他們以纂《左傳集釋》,由學校供給紙筆,成書八十餘冊,聽說河大因抗戰遷鷄公山之後,此稿已失——一九八二年一個白鬚滿面的人來杭訪我,一見面才知道是這十二個人中之一的孟志昊君,他告我這些情況)協力作的《左氏傳集解》八十冊送在圖書館,也毀了。一直在夢寐之中,還常常夢見在叢書書庫裏亂翻書之樂。

後來我又開《尚書》課(我注《尚書》即開始于稍前),因講《泰誓》爲一位同事所指責,于是兩人大鬧。他提了八個問題要我答,其中有兩問,我把握不定,立刻寫信去問太炎先生,十天之內即得答,于是在校長張仲魯與教授郭紹虞調解下,算是無事。我這些時候,全學正統派史學,加入點疑古成分,後來經與張天放君談起,我說:"現在疑古的'古史辨'只是'古書辨'(但此語頡剛聽了並不怪責,此其量視余爲寬)。"天放大喜說:"很對! 這只是校勘學的餘技。"已印行的八冊《古文辨》中,雖也有若干篇是"史辨",而不是校書,但主帥及大部分則是古籍整理,此時我主張讀莫爾干《古代社會》,所以我釋禹爲夏民族的宗神(圖騰),而我對古史的民族問題,也漸見成熟,我第一次提出"龍"、"鳳"兩大系,即夏、殷兩民族的說素,把日本學術界過分吹捧禹無其人的話,塞著了嘴,國內第一個反應,承認禹是圖騰之說,是中央大學的黃文山教授。

河南之前,我爲《民族月刊》寫了一篇五萬字的《夏殷民族考》,具體提出夏殷爲中土西東兩民族的說法來。後來山東大汶口文化已足夠證明殷民族的大概。近若干年,我們考古工作大發達,我這篇文章,只是些文獻上的材料,而且有大漢族主義色彩,所以刪爲筆記。我此時雖然已讀了不少古代社會史的書,而此文不無一些影響,然大體說來,只是有些文化人類學的踪影。

即在此時,我對漢語文字語音之學,也不廢掉。我也爲同學開古文字學,借學生之力編成《甲骨吉金篆籀文字統編》,由河南教務處精寫石印,而且也印了葉玉森《殷契考釋》。我寫了一部分古文字研究的論文,爲我後來寫《文字樸識》的基礎。還寫了一本《甲骨學通論》,至今未發表。

在去河南前一年,我曾因祖母喪事,回到昭通老家,父親把我寄家請教的稿子,全部批示裝袟,我帶了半部胞弟直清爲我抄正的《尚書新證》與全部《屈原賦校注》,又回到上海,繼續將未完的《尚書新證》,補繪了《禹貢圖》十二幅,一直到河大工作中繼續未停。這是我想從一些具體材料,說得率直一點,是把自然科學許多說素尤其是材料引入人文科學(詳後),來對文史作一些具體分析,先從事《詩》《書》《楚辭》三書,但工作過重。二年後,我胃病至重,醫學院李院長勸我浮海休息〔三〕。我賣了一些稿件,到巴黎。此行對我一生的工作作用影響極大。我看了巴黎的四十多個美術博物館,倫敦的大不列顛博物館,加深了我如何用科學方法研究古籍的想法(我在《八十自述》中已詳載)。最使我有益的是法國人對殷周青銅器上紋樣的分析,與中國陶瓷博物館的分期評斷。〔在國內用科學方法搞古史料的,我所知只有王季良(璡)的青銅器化學成分分析〔四〕。近來這條路日益加多,這是可喜現象〕。法國人還舉辦一次"中國畫中的水文展覽會",說也奇怪,這些許許多多的故事是說不完的。我當時主要是閱讀國民圖書館寫本部藏的敦煌經卷,有空就跑美術博物館,見到故國文物,就記錄攝影,約有千多件,寫成《歐洲訪古記》,送交天津的《大公報·國聞周報》,後來才知道此時《國聞周報》已移上海,《海外訪古記》遂不知飄落何所。這是我研究古史同文物接觸,人文科學與自然科學相經緯的最多最具體的事象,在羅馬、倫敦、柏林也都學到了一些研究古史方法,此處不多說了。

我在清華從王國維先生學古文字,後來又從章太炎先生問聲韻之學,都是我的真正的根柢之學。

綜合了上面各點,我回國後,才打定主意,終身以古文獻及敦煌學〔五〕爲治學方向,可惜爲時已晚,而且八年抗戰、三年解放、十年"文革",所有平時搜集的資料已全損失,而雲南解放後,我又被托派分子投機分子所排擠,一直至一九五四年來杭定居,已近三十五年,"文革"中資料卡片又大半成灰燼。略計一生研究工作，實在無幾，但此心此志雖未必能完成，而思理體制上也想留予後人，女兒也仿佛走我的老路。我願意在古史與敦煌兩課題盡其所有交與人民。

我的《古史學論文集》，我儘量整理，想使它能保留一些斷片——未必可作樣版——我這兒只想極系統地說說我對古史的思想體段（我不敢用體系一詞，因爲有體而未必成系也。但有許多篇已采入我的《屈原賦校注》、《楚辭通故》及《古漢語論文集》中）。

中土史前的問題很嚴重。我到法本意想學學考古學，跟着到希臘、埃及去考古發掘，但非三萬佛郎不可。我以一個教書爲生的窮教授去國的，當時的庚款委員會，我也想對那相識二三人求求他協助，但求不得，因爲一得補助，便成了被"俘"之"虜"，我一生是"寧爲鷄口，不爲牛後"的思想很嚴重的（這是我一生孤僻少交際的根源），所以我還是尋點其他地下的殘粒度度日子。去年，五十年相知故友饒宗頤教授來杭，會面時我對他說笑："你的堅苦、實樸的學問，我是大不相及的，你天天吃的肥羝牦牛，我只是吃點陳倉敗穀。"即是此義，所以不由不作此想。因而中國考古——尤其史前史 Prehistory 我不去深求〔六〕，只在古籍史中深思熟慮，生方設法去尋點踪迹，從社會發展史必由之路，選了幾個重點，我把一些可能是靠近從無史轉到有史時期中的殘骨剩肉拾起，先從日月光明自然之力對人類的引發，作一個"光明崇拜"的考索，而把"日月光華"一詩作爲我們祖先的最早的歡逸之情，作爲夜幕已開、衆庶歡騰之象，與近人的解釋不同，也大大突破漢儒經生之說，這是我最大膽的體認。又從"甲子"這一詞，從物理（自然科學）編組事理（人文科學）的所謂社會功能一條路，推闡了文字本義變義使用的功能與光明關係，從而把古禮祀天地日月等禮制用"民俗"、"禮俗"相轉化這一學說來解釋，這也是我提出的，說明統制者登上臺，他這個氏族或民族的風習，統治者不能不保留下來，加以紋飾，遂成禮俗。日子久了，或別一個民族來統治了，于是去舊社，立新社，則舊的習俗，可能只流傳在舊氏族民族中，由禮俗轉化爲民俗。這是個中國社會發展的規律，甲子使用的歷程，也不過如此。許叔重以漢代的民習去解古代禮俗，如何能說得合于社會發展呢？這是我的《干支蠡測》之所由作。這篇文章，可說是光明崇拜的中柱，我又在文獻中發現"明德"一詞，最初的含義，實與天德有關。女兒昆武寫了一篇《光明崇拜及其在封建政治中的遺痕與作用》，把"明德"一語，自最早在《詩》、《書》中的使用情況，到春秋戰國時期的變革，作了闡述，大概愈到後來，"明德"使用的範圍不僅僅是"天子"的修養教條，已成爲一切入仕者的教條〔關于"明德"在《小戴記》《大學》篇）"大學之道"一章言之極詳，所以也作了附錄。後世的郊祀及民間的許多迷信、廟宇，也都是此一事象的分化〕。

在中土的許多禮制中，有兩件大事，應是光明崇拜後的社會發展，即"祖宗崇拜"的"祖"，與生命攸關爲氏族群居及食物的五穀食事相關的"社"。"社"與"祖"爲中土第一階段的大變革，我的古史把這兩事提到社會發展的重要領域之中。

"示"字《說文》說"天垂象見吉凶，所以示人。從上從小，日、月、星也"。從甲文金文來看"川"並非日、月、星，而且兩旁是⼆或⼆，這是水、雨、血符號。所有示部的字，絕大多數是與人世、人事相關的，而確切與日、月、星相關者，幾無一字。這即是大石文化的靈石：所謂靈石，即父母死了，子孫把身上的血，滴一滴在石柱上，于是遂成靈石。子孫得此保祐而免于禍災。這靈石現在東北、山東、湖北、陝西，尤其是四川、廣西、雲南，還保存有（近年有人說中土靈石，傳入南洋印尼一帶云云，不無理據），則匠即此禮之物證。我寫了一篇《釋示》，論證頗詳。到後來帝王陵寢的豐碑，民間的碑，與宋明以後的靈牌子，都是其遺制。這些碑與靈牌子，都作且形，此即祖字之由來（三四十年前有人以爲是生殖器崇拜的象形字"且"，我也曾陷入此一說之中。其實這是皮相之言，不足一信）。本來我寫過一篇近三萬言的《祖與社》論文，"文革"前還在，"文革"後似乎也未失，但至今百尋不得，所以這裏稍詳盡一點的談談，因爲"祖"與"社"我作爲是"光明崇拜"後的第二階段的社會發展。

祖、示在甲骨、金文中，都以"且"爲主形，祖是小篆以後才定性的。

祖是從大石文化的靈石轉化而來，大概在農業時代的人類，已知道人與父母的關係（中國有過母系時代，文字中的姓字從女旁的最具體，而女媧爲帝，見《天問》。女媧與伏犧爲血族婚姻時期的遺痕，也是證據。國內論此事的文章還很少。文字中的“也”象女陰的怪說，其實倒有真理，吳檢齋先生已有所論，我也作過補充，此處不說了）。而祖字的聲韻，也貼不上男根的底，而却與示字瓜葛很多，此所以祖從示來也。

民俗史的舞臺上有記錄祖宗之祀，在夏已有可述，如禹爲圖騰，即其明徵（詳《釋禹與冀》）。社會歷史的發展，到殷人祀祖與妣的風氣大開，這是說明宗廟建立已成定制的好榜樣。卜辭大量上祭及用牲之多，是很驚人的，這說明宗廟祀祭，似已達高峰，“左祖右社”也已見于殷商禮制之中，而且非常詳盡。

殷商的祀祖，宗教意識多，而反映現實的含義也已開始，但社會發展還未進入政治社會制度化階段，而東方民族已近老化，與周民族相比，是落後的。到了周武王得了天下，把西岐的民俗帶到了東方，而“祖”的制度爲周公太公所吸收，社會發展，已把周世傳的農業社會的風習，轉移了殷民族的社會基層結構，宗廟轉化爲宗法制度，上升成爲“國策”的正派嫡傳。宗法制度實質是以親子關係擴大到五服，大宗把國家的繼承與經濟的繼承混一起來，成爲“傳嫡以長不以賢”的天定法則，于是王位（乃至于有封邑的大夫之位）與“王權”、“王的土地所有”都全部掌握在大宗手裏，保證了周家八百年的國祚。這也正是由游牧漁獵社會完全轉入農業社會的必然程序，這不僅保證了周家的國祚，而且也成了中國幾千年農業社會家族基礎的根源。

周家的宗法社會不僅于“左祖右社”，而尊尊親親的“國”“家”的統屬也定于此（我過去寫過《讀王先生殷周制度論》一文，其中恢發此義最詳盡）。姬周與姜姓的世代婚制這個紐帶也是宗法社會的精義之所由，兩姓成了甥舅關係，所以呂望輔武王誅紂，而大姜正是姜尚的少女，武王是姜尚的快婿，比父親還有權力。成王是外孫，輩分更小了。

用姓氏與婚姻爲紐帶，把一個新興農業社會掌握得如此堅實，不搖動,成了中華民族永保安全、不會爲他族所滅亡的保證。

祖廟裏還有二三件事也應提一提。

一、昭穆問題　昭穆一事,實含兩義。一爲世代相傳的次第安排,而實質是婚姻從屬的差別。昭是第二代,穆是第三代,以兩姓互婚的安排,則昭一系以父姓爲主。穆一系則是第二代的女兒所生的,而穆一系的子孫,則是倒流回來的女兒所生。故昭穆成婚姻排輩的安排。所以"君子抱孫不抱子"、"祭祖以孫爲尸"這些制度聯繫起來,則昭穆的精義即在于此。這雖是起于殷代,而實定于周代。殷商銅器中有子抱孫登于俎之圖,即此事。(我在舊作《金文圖像》考之最詳,可惜全稿已毀,記憶只是大概。)

二、墓葬問題　古籍傳說中,不僅夏代有墓葬,即神農、黄帝、堯、舜等都有此傳說,但在考古發掘中,至今還未發現真實可信的證據。《吳越春秋》載《獵詞》"斷竹續竹,飛土逐肉"之歌,漢儒以爲孝子不忍其親之暴尸而以彈弓逐鳥獸,則漢儒已知其義。從歌詞的分析來看,也只有此說能會融其含義。但殷代的墓葬,則發掘出來的已非少數,在近代的考古發掘中,墓葬的研究成爲必要,成爲一個專科研究的主題(喪服之制也是宗法社會重要產物,這在中國學術史也是個不小的問題,似乎也是牛角尖,我也不能鑽,也不去鑽了)。

比較一下殷墓殉葬的器物,尚有古陶器,而周墓則飾墓之物,除鐘鼎等器而外,一切禮器都全備,飲食器、炊爨器都有,而且也很考究。鐘鼎上的刻辭也日益繁夥,許多大篇之作,曾侯乙墓的編鐘,信陽出土的編磬,還不是宗法社會下的產物嗎? 到秦始皇陵的兵馬俑,可說是極盡其偉大之至。

從漢以後的墓葬,已成爲老百姓也得做的一件大事! 現在許多風習,我們都可以追索到上古,此其所以爲民族文化之見證。我已失去的《祖與社》一文關于祖的問題,還不僅此,此處不應多談。

現在開始來談一談社制。社字從示從土,從甲骨金文中字形看,是 🏛若🏛,正象土塊形。而有關原始社字及後來社事,都是人群在家庭組織上一層的社會制度。從示是《說文》所定，它是有一種宗教性能的組織，與土地有關的社會組織，有如"井""中"等類似。不過井水是人群飲水集中的地方，中（當作🜨）則是日中爲市的象形結構，而社則爲人類聚居之地，這個地方是因土地之宜而人群集中作爲住所的，如《天問》裏"或環穿閭社，爰出子文"的閭社（不過閭社是社制進步以後的制度）。其原始形態大概是某處某地有一片大森林，所在一定是某種農事最宜的地方，于是某一氏族或部族，就聚居在此，稱爲某社。某地其森林爲松者，曰松社；爲柏者，曰柏社；爲栗者，曰栗社：如此而已。如此一來，則社不過是一個分別居住區氏族部族的標記，成爲後世的鄉鎮城邑來源（參本書《哀公問社辯》一文）。

這種選擇，還有許多便于民衆的好處，譬如可避洪水猛獸，乃至烈日大雪。這正是古史所傳有巢氏構木爲巢的時代，這與神農氏以耕稼而得名，是同類的事物發展的一種規模。因此，我想到一個問題，即《史記·五帝本紀》以古的帝王都稱氏，而氏與"示""社"都同聲，可能是一事的分化。凡古稱氏者，多半有一種造物的事物原始含義，除上舉有巢、神農外，和堯稱陶唐，可能是陶器世家，黃帝是軒轅氏，可能是製造車馬的世家。所以女媧氏成了生人之始。這從《莊子》與《通鑒前紀》細細分析，我以爲沒有矛盾。又呂望即姜尚，于是後世姓氏混亂得弄不清楚，在司馬遷的《史記》裏稱某某氏姓某某，至顧亭林才被加以撥正。這個姓氏問題它只是透露一點古代社會的組織，所以太公爲姜姓呂氏，姜姓者母姓也（古姓都從女），姜即所謂"西羌牧羊人"，而呂則其氏族的稱號。後世這些專業化的"氏"既降爲"百工居市"的平民，所以全以姓傳了。關于社的原始形態及其含義，在本書《哀公問社辯》一文中已大致說了，此處不再詳說，請合參。

總之，古代氏族或氏族聯盟與部族等組織，依森林爲居是非常普遍的現象，不必更舉歐美古代社會之說，即以我們自己材料，也足以說明此事之非虛構。一直延用到現在，民間墓葬上都必須種點松柏之屬，即其遺俗，不必再去問統制階級的陵墓了。帝王將相的墓規模之大，秦始皇兵馬俑已足誇一代,即如唐代的六駿馬,法國甚至複製了展出在國家博物館呢!

人類的進化,不僅表現在衣食住行等生活必需分工愈來愈細,即社會結構的發展也是日益增細,分職分工社集是農業時代初期即已發生的,後來農業農事也愈發展,而宗教信仰之事也愈來益增,譬如"稷"與"社"一連又成爲一種禮俗,這中間也有一段歷史根源。有些古帝王名號以職業工藝爲名者,正反映其時代社會的殊象。后稷稱"后",這與后禹、后羿同一體制,后也是古農事的開發者。稷字從禾,正爲五穀之長,他是西方的先祖先王,是姜嫄之子,《詩·生民》即咏此事。姜嫄正是西方(今甘肅、新疆一帶的古代民族),名稷是後起的,周的史家所傳頌,其從夐與東方農事長老的舜同列。舜即《山海經》中的高祖夋,甲文夋夐雙聲,夋上形之"厶"即夐上形之"田",其本形當作✦若✦,夋的厶,也都作✦,上出兩角,即《招魂》中所謂的"其角觺觺",後世所謂"頭角崢嶸"也從此來。姬姜兩民族奉稷爲農先,故《詩經·大雅》裏乃有"厥初生民,實爲姜嫄"的傳說,實最爲尊崇的傳說,也可能是周民族的圖騰,到周有天下,奉稷爲九穀之長,乃與社相配而稱社稷。但此事到周之中末以後,大一統的形式已成,則讀虞夏商書者,也有了社稷傳說,而資料則從周初全備。故稷的始生,還帶着一些"祖"義,即是宗教與人間世的過渡所必有的現象。其實一切從天而生的帝王傳說都如此,這是社會發展的本能現象,我在河南大學講《詩經》曾寫成《生民詩解》,當時邵瑞彭以爲是野狐禪〔七〕,但太炎先生却說"有新義",呂思勉先生也極爲欣賞,以爲是新學說之助。這點意見我在《祖與社》一文中發揮得更廣更深(此文曾應《東方雜志》之約,送去而未登,後來葉作舟君告我,忌諱有關,不宜)。我在我的《楚辭通故》中也有些文,與此義有出入,那是以《楚辭》材料爲主而寫的(我始終以爲楚民族文化與中原不全同,自有其歷史根源,所以比較平實一些)。

關于社稷的傳說,歷代討論者甚多,大體依(一)時代的演變,(二)學術的差別,(三)方域的差別,而各有不同,我只能從它的發生與發展方向爲說而已,這當然不會完備。

到有文字記載以後,各時代都各有些因革變化之異,這是我的《三代異同考》與《詩經廿論》〔八〕之所由作,三代異同是文獻所具載的一些制度、一些風習、一些禮俗民俗之變,作爲三代異同的"所以然",這本來是我的古史研究的重心,而我使的力也最多。到"文革"中,我僅存的自抗戰幾次搬家剩下來的筆記殘葉及一些寫好的文章全部被抄了,一部分被掃除了,當廢物傾入垃圾箱中了,一部分被一位系領導命人燒了,現在僅存餘一篇《哀公問社辯》,這是因偶然的機會幸存的。在"文革"後開了被封的小屋,我在殘紙片中收起了不及百片的資料,已不可能成篇了,這是使我傷心的一件事,目前也無人有這興趣來繼續這不急之務。《詩經廿論》被小將們取去,以思想內容爲主要的佐料,所以是衡量三代異點坐標尺度來意識"社"與"祖"具體材料的,想借此作一個途徑。在"文革"末期,叫我們去清理沒收去的書籍,馬驥先生爲拾得三五張殘照片,如此而已(我的兩個助手郭在貽、張金泉兩人合我抄的《經籍纂音》的約四十萬張卡片,是"文革"後期才被領導指令一個青年教師燒毀,但現在卻正式提出來要重做,教育部已同意撥款,同山東大學的殷煥先教授同力合作。依年齡說,我未必能看見此書之成,但已有繼承,算是一件大心事有了着落,可謂幸矣)。

《詩經廿論》,只有女兒昆武的《詩書成詞考》中還留存點影,而"明德"一詞,她用力最勤,所以本書把它附在"光明崇拜"詣篇之後。

在我的古史研究中,只剩餘下夏、商、周、禹、冀、華夏及一些不太重要的短篇,其他散入《重訂屈原賦校注》與《楚辭通故》中的短文,基本不錄,有幾篇與刊行時有異的,都于文前有所說明。

總的說來,治史是我的治學目的,而今已全被淘汰,這是抗戰與"文革"的結果,非人力之所能防,然其中還有些思想根源與變遷的過程,可改變了一些系統、一些觀點與方法,關于這一點,在女兒爲我七十五歲時整理核對過的一個著作目裏,有一段話,說得簡潔扼要,姑且節錄如下,以當息壤。《三代異同考》目下的叙錄,亦頗扼要,亦附之。

……今觀此目,一生業迹,不過如此,從頭認取,則全乖始願。志趣所在,主于古史與近世史。古史植基于語言文字,而以爲璣衡者,大抵不出穆勒利爾、恩格斯、莫爾干、馬林確斯特、羅維諸家之説,近代史則以學術藝術爲主,全部治學樞軸,一以《尚書》、《詩經》兩《新注》及"三代異同"綜古史,二以《文字樸識》綜古語,三以《四先生學譜》綜三百年來學術,三者各有成業,中經抗戰解放諸役,喪亂宏多,所餘無幾。今檢此目,則皆三者枝葉扶疏,非大本大根矣。其已成而毀者固爲不幸,其非得已而爲之者,留在人間,供人揶揄嘲弄,其亦未必爲幸,然不敢浪其生涯,搖唇鼓舌,爲清客大賈,爲稗官小言,而至于荒淫無恥,以虧其生,則亦差自幸也。丙辰大雪七十五叟亮夫識。

三代異同考昆武記

僅餘卡片數百葉。老人自言,爲最後寫定中國古代史之具體準備工作,主要以夏商周損益,論中土政治社會發展變遷之史迹,與別一稿《詩書叢考》相配。《叢考》已全失,老人頗自傷也。

上面所述,似以西周初年爲下限,自東周至戰國秦代社會與政治交錯的發展史的問題益多,但一則史籍多在,一則歷代論者極多,我想獨創是更難了。而其中最重要的一事,是文字障礙至多而大,因此我多從甲文金文入手,多作些校勘文字之學,多半收入《古漢語論文集》之中。寫過《史學十論》分《釋史》、《史德》、《史官》、《史識》、《史制》、《史論》,而以《釋史》總攝爲綱,後來丹徒柳先生的《國史要義》出版了,我覺得我的《十論》實無妄灾棗梨之必要,只把甲骨金文《史官》擷入我的《讀書樸識》中,本書中僅采入《諸子古微》一篇。

秦代史中,我只寫過一小本《石鼓文小考》及一篇《詛楚文釋》,《詛楚》已入《楚辭學論文集》一書之中,《石鼓文小考》後來散入《讀書樸識》去了。

兩漢到近代的零斷論文。

　　兩漢以後的社會政治學術文化等方面，歷代論者甚多，即以"《史》、《漢》優劣"一個小題而論，我同金鶴望先生有過討論，因搜集一下過去的討論，即得文至卅多篇，而一切分別專科如《地理志》、《河渠書》、《藝文》、《食貨》等研究的論文也實在不少。我有過一本《讀書樸識》，《史》、《漢》的摘記爲多，但都是語言文字考證爲主，我已收入《商舊錄》中，所以本書只收了與捷克斯洛伐克的鮑格洛教授討論的《桓譚疑年的討論》的論文，並附鮑氏論桓譚生卒的前後兩篇（由我妻陶秋英教授譯出）。還有《國策論》上下兩篇，主要是說西漢以"孝"治國，加深了中國家庭的牢固性，東漢末以義氣相尚，一方面成英雄割據，一方面也成爲義氣相尚的民風，乃至于後世江湖義俠之所由，這本是我的一個設想，如唐以"文"治，明代重"士"也重孝等，有的是國策，有的是民風，此兩文爲鼠所傷，把大部的上半段吃光，本來還可補足，在"文革"中被小將塞在個北向的一小間屋裏，所有卡片文稿都走了墨（藍色自來水筆寫的），這一類的論文，仔細思索，大概也有二三十篇。魏晉以後殘存一篇《曹子建與洛神賦》，金先生說"思路奇古，未必服人之心"，不知何人說與季剛黃先生知道，他見我時說："你學胡適格式，他以類書爲文，你連類書都未翻遍。……"這是我一生受嚴師最大的一次教誨，從此以後，不依靠類書，也知道了類書對做學問的限度。不知爲何，近年來一位河南大學的同學把原稿送還我，我第一次重見此文，近來想想"嚴師爲難"，決定連這稿也燒掉，以求心之所安。故魏晉之間，只有《王羲之疑年辯》一文暫存。此外還有劉彥和、謝康樂年譜，也移入《商舊錄》中去了。（《陸平原年譜》事實上是我妻陶秋英的原本，我爲之補全，不能算我的。）

　　新安張鈁伯英千唐石與于右任、李根源諸老的存石墓文，我曾以之證兩《唐書》的得失，這即是當時所謂金石證史這一思潮引出的。大篇有五六篇，也損失在"文革"中小將之手。但這些文章多半是文學的補充，與評論陸機、二李（白與商隱）、杜甫等的論證文章等，將來準備編輯成《文學論文集》，但此願只好留予女兒或門下良士了。

　　宋元明時代，我只爲我的《歷代人名年表》考得百餘人的《疑年錄》及

《宋元刻工姓氏録》，都只是過録點點材料，不足爲論文。清代三百年，我有十多篇文章，大體是上海編教科書時寫的，淺薄不足數。此外只有孫仲容、章太炎、龔向農輩回憶録，如思師録、忌年録、同學録等等，此外又有關于古籍整理的五六篇。這些文章，除古籍整理是"治史"重要文字，其餘都是我某個成稿遭難後的殘餘，尤其是章、梁、王、龔、林等先生，全是我的《四先生合譜》一書的殘餘。這些都是近代史人物（我本有部《三百年學術年表》，上起最早的廖先生，是《四先生合譜》〔九〕的附録，"文革"中也扯散了，只存一部分，要是可能，還想補全，以總結幾千年封建社會的舊學術。）

上海古籍出版社同仁也認爲自《思師録》以後，不屬古史。一個作者，必須與出版社相互商量而後決定，他們提的意見是有情分道義的，不動撕林大斧的，所以本想委曲說明一些苦衷，我年已八十六了，在八十歲時本想寫一篇自述，把個人一生業迹與當代社會相切礦，也反映一些社會情況，但寫了才到青年結束期，我已病倒，而近四年來每年有八九個月的病，剩餘時間，只够應付一些研究所等事務性的精力。我本想把一些希望自己不能實現的東西說出來給下一代，要是有用，也是對國家民族的涓埃之報。自己詛咒自己，好似在作遺囑樣的行徑，其實是在作孽。我並不畏死，但時時以未盡所懷，對不起國家民族父母的養我，至于是非問題，我並不想與人爭。

以下即本此義，附寫一點希望。

一、古代人民生活圖史　這對人民說是一種直觀教材，對文化史說，是一切事物的總結。我已録取歷代對某一事物的圖說（如聶宗義的《三禮圖說》及《營造法式》、《古人的服制》、《九旗九穀》等專門著作不論，而程瑤田的《考工創物小記》等則應有人修補訂正。我的原書曾把清人文書中有關之衣食住行器用之文的目録寫下，請人作圖，注在圖末，此書的文目尚殘存大半。法國、德國的史家極重視此一業迹）。

二、古地得名録　這本是内子陶秋英教授在讀《史》、《漢》時想出來的題目，她抄了卡片近兩百張，我想這些可以看出民族遷移與文化傳播的遺痕。

三、民俗與禮俗　我在史學領域裏覺得有許多民俗與禮關係最爲密切，有如父子兄弟一般，借禮俗可知民俗，借民俗可知禮俗的根源。

四、職官令儀考　這也是讀史者所必明知的事。我曾寫過卅餘事，如除、真、代、署、理、儀、加、命、儀同、使持節、員外、封、實封等。我曾聽過一位教授對學生講"使持節"爲"呈遞國書"，"開府儀同三司"讀成"開府儀""同三司"，有學生問一位權威《瀧岡阡①表》歐陽公挂的頭銜，致使這位教授宗師不能不說"我不懂"，于是他的對答，成了大笑話。這現象是不少的，其實這中間只要知其然，也就能知其所以然了。可惜此稿也已扯殘。

這一些書，我以爲有續成之必要。但當續之作至多，這些僅指我有部分殘稿，將以賜諸女兒或門下士之可托者，如斯而已。

附《四先生合譜》目下女兒所爲之提要。

四先生合譜

廖季平、章太炎、梁任公、王靜安四先生皆老人所曾師事者，又皆與近百年學術關涉至大之學人。全稿章、王已全，梁、廖已編年，近百年學藝著作，亦分別附見四家文中。解放初，因受批評，自憤焚毀，今僅存章先生部分讀書筆記與同光以來學人著作及王、廖兩先生著作目。全稿在昆明時有人借讀，可能有摘録。

本來成均樓論文四種，是以漢語、古史、敦煌、楚辭爲序的，最後決定是倒轉過來，因爲古史、語言兩論牽涉到史學思想與語言邏輯思維的問題，而這四個論文集都是解放前寫定的，我的思想可能追不上時代——尤其是關于史學思想——所以打定主意要細細審核一番，不意突然從上級指示了一些更重要的事要我做。我爲了一點責任心，一點從寂寞中解放出來的事——主要是敦煌學與先秦文獻兩課題——于是無法放下的

----

① "阡"底本作"汙"，徑改。

一些事務,一些新的學術教育的安排,把身體弄垮了,與古籍出版社的約期已過,在無可奈何中,在醫生同情的監護中,勉力緩緩地核校,而目力再也不能翻書作細緻的刊謬補缺的工作。我的妻子也因積年的不快,要"賭博""開刀",女兒三頭扯亂(她有一個十分可愛的五六歲女兒),又在爲我校《昭通方言疏證》,已苦困不堪,所以仍由我來做。我只能把每篇文中認爲欠妥的段落語句删掉,並未做到滿意,只做到少些大錯而已。怎麼辦? 八十六歲了,目力只能看頭號字了,新知識、新材料已不能學習了,而且還有一大串尾巴要做呀! 一九八六年三月在浙江醫院一病區自志。

現在已是八七年三月了。上年九月我又做了一次大手術,割除一個三千餘 CC 大的肝囊腫。這一割冒的風險,是不得已的事,幸得安全過去,而元氣大傷,目力更到了連自己的手掌紋路都看不見了,所以只好委之女兒、女婿們去搞。亮夫補記。八七年三月四日。

註:

〔一〕我一生治學,約可分爲三段。入大學時想做個文人,尤其是詩人,于是集小詩社,分韻課詩。到了大學三年級下,已得詩近四百首,送請林山公指教,結果被批評一頓,只留了五六首絕句律詩及十多聯句子,勸我作文習小學。到清華後,又把這小集子請任公指教,說我有理障。送王靜安先生看,說我:"哲學史學味重,而詩情畫意太少,這是天秉,無可如何。不宜于爲藝人,而宜于爲學術工作。……"這份教誨,對我最深。我猶豫感慨一個時期,一梗火柴,全部燒了! 從此一心鑽樸學,是爲第一階段。于是趕做小學工夫。在王先生昆明湖之痛後,讀屈原賦,思爲"發潛德之幽光",開始大量的與史學結了緣,語言學與文學相切磋,是爲第二階段。見了太炎先生,教我讀史。歐洲數年,得了些史學方法,于是第三段是以語言學爲史學根柢,而以近世古代社會之學爲觀點立場,取其于國史有用者而上下左右之,是爲最後一階段。我這樣的三變,是好是壞,我不可知,但不似卅左右那樣傍徨、那樣亂,是較好的。在七十多歲時，女兒爲我編著作目時，我妻子說："你其實是個更適合作自然科學的!"我到近來，體會這話有道理，所以我自"文革"後，教人擇業先從深切瞭解自己入手，就是這個教訓。

〔二〕我編《歷代人物年里碑傳綜表》最初是在中華書局竹簡齋《廿四史》上，摘録一些生卒年里，以便自己個人教書用的，後來覺得這是一種工具書，清儒多爲之，王先生的《兩宋金文録》、《國朝金文録》也是同類的書，細細想來，我們的歷代前輩先生爲此者也很多。這不僅是利己，也是利人的事，所以我從此對這工作，是經常性在搞的。而且作這種工作，對擴大個人的知識面也有極大的好處，但自到杭州後，我曾受到過不少的侮辱性的打擊，但這些人，都是不讀書、或只讀一半書的人，我也就心平氣和，不去管他了! 不過後來北京中華書局要我把卒于民國以後及歷代帝王與高僧都全部删去，當時雖有所辯說，明知非義，但出版在他們手中，也無法可設。

〔三〕到歐洲進修，對我讀書方法，有最大的好處，正文已說過，但也因此而發生了一件一生愧恨的事。原來去歐前，我把我從河南攜回來的書，全部寄存在蘇州公園圖書館。這批書都是我積年累月、省吃節用買得的珍本善本書，近三年的時間，我借一個在蘇州教書的朋友處庭前曬書，並將買得的藝術珍品，一同去曬。八月十九，蘇州被炸，空城逃竄，這位朋友逃回老家。我不能不到西安去就職，托中國旅行社設法，也匯了錢，請代幫忙。他不給中國旅行社取書，也不回信，後來率性說被炸了。我愛人在上海時，得在舊書攤上發現了，才知道他們就是蘇州干將坊買得的，其中還有些將完未完的稿子，這好比一個木工的工具，全部損失，這只好算我的大不幸，但到了杭州以後，在杭大圖書館發現善本書中，有六七種有我的印章及我的批語，也算是得到一小點安慰得見故物。

〔四〕在歐洲參觀博物館美術館時，經常碰到一些經整理或研究的表解，以巴黎各美術館爲最多。大致我都抄下，大片的我就照像，如"中國陶瓷的分類表"、"中國青銅器的紋樣分析"及"銅器所含金屬分析"等。在國內我只看過王季良先生中國青銅器的化學分析表，拿來兩相比較，則王先生作的,精美得多,和一切樂器與兵器食用器等,金屬成份是大不相同的。到一九五五年,我在浙師院與王先生相遇時,他邀我去談談,則他還有許多未發表的,這在當時,只把它當作"西爲中用",而不知這是真正的科學方法。到季良先生遇難後,我才悟當時不曾抄下,這是我們老一輩留學生對祖國文化的重視。他如劉紹光先生化學分析中藥,王蘇宇先生中西藥物的比較,醫事優劣的比較等等,都是我們此後所必由之路。但是我們這些搞人文科學的人,拿不起來燒鍋、燒瓶,而研究自然科學的朋友也很少聽見用西法爲中土文物服務的人,這只好寄望于中國科學界的朋友了!

〔五〕以古史學、敦煌學爲此後治學方向,這句話是從歐回國後許的願心,現在看來,又將成泡影,即以《古史學論文集》稿來看,只不過是"殘破金盞留人間"而已,得胞弟正夫爲我托人帶來的兩包書,全是我的一些殘稿,久已不知去向,也不再去回憶的《尚書新證》,還有"禹貢揚州"一段兩張小地圖,雖已無用,倒也引起了我許多遐想,原來我把《禹貢》與《山海經》、《周禮·職方》圖合而研究之,稍有點頭緒,把《山海經》與《禹貢》,作爲西東兩族的輿地之代表,而《職方》、《天問》作爲東西合和的代表,也算是三代異同說之一種。這個意見,友人中只王以中、嚴虛心完全同意,徐旭先生同意一半,而李玄伯卻又覺我太膽小。

但因此而遂想到補寫些義成文,則已不可行。八十七歲了,況更有病,即使不致促其生,每天還能做四小時工作,對此事從重積原始材料,參攷歷來舊說,結合原敦煌志着手,再來完篇,估計也得三年,則已九十,到此便關涉到敦煌學上去,我要辭去所長職務,算是不得已,但我不得離休或退休,所以自動提出修訂我全部敦煌學爲十書,現第一種已交去,其他九種,計劃在三至五年完成,已報部,這是賴不了的,如何還能再弄古史,但腹中的古史規劃,最爲具體而切實。萬不得已,將來寫出這份計劃,現在借此申說一下也好。

〔六〕我譯《史前人類》是到巴黎後,原想學點考古學。在國內時,我早已讀了一些古代社會的書(尤其是莫爾干的《古代社會》及穆勒的《社會進化史》等,而且不時也用其說來協助我瞭解中國古代史),所以到了巴黎,即購求了莫干的《史前人類》一書,作一點學習考古學的準備,但此書具體材料極富,我譯時也得翻翻參考書,才弄得通。于是連參考資料也譯出,作爲此書注子,于是成了四十多萬字的譯著。這使我對考古"深固難移",對一些事物的綱目有了一些更具體的知識,以作我研究古史的思想指導。譯好後,寄到國內,請王以中爲接洽出版處,開明承受了這個稿子。但抗戰第二年,我從四川來上海向開明瞭解,王伯祥先生見告,他們一船稿件文書在船行到馬當被日軍炸沉。在翻譯中,虛心同我說笑話:"你不是吃翻釋飯的。"想想也好笑。

〔七〕關于一些婚姻家族及感生等事,我大體襲用了這些古代社會的學說而襲張仲實所譯的《家族私有財產和國家的起源》及馬克思的《哲學筆記》中的讀莫爾干《古代社會》,揭示中國古史上的問題。在河大教書時,有點起閧,主要是一位姓段的教唆邵次公,借講《泰誓》,引起說我是野狐禪,但李玄伯君却覺得還不夠徹底,而嵇文甫則但曰"難得"。這是他評論我講中國文學史論從社會發展史的角度講,只把新說作注脚。我此時是好之而未能深入,後來被十餘年的敦煌研究割斷,遂倒沒有進益了!

〔八〕我的《三代異同》本是受《論語》"殷因于夏禮可知也,周因于殷禮可知也,雖百世亦可知也"的影響而來的。從一些具體的禮制思想、物質建制,把先秦全部資料抄下,也選着一些後人子家之注及六朝唐人義疏之作,都抄齊,依類排比,依時論斷,譬如《論語》曾有的哀公問社一端,即是一例。全稿弄齊,大約是六七十條,我以爲是具體而又有實在性的中國古代史(社會史)發展的一個重要的方法,算是我懂得一點點新學說的對礦實踐。《詩經廿論》是以陳望道所譯《共產黨宣言》爲體系,將《詩經》中全部史料,凡可用劃一的思想來聯繫的一條條類纂而解說之,也是《三代異同》的一部分,大體是在西安東北大學時寫的。還未寫完,得知我女友陶秋英已逃回上海,匆匆東去,到婚後返蜀,而敦煌研究占據了全部時間。我自抗戰開始搬了十四次家,亂離中散佚的書籍稿件,不計其數,那時不敢惋惜,國難重于家仇,所以也就算了。

〔九〕四先生是我親業的大師。這四位先生可說是中國學術到西洋文明侵入中國以後改變中國傳統文化時期爲傳統文明作總結的四位大學者。我借他們總結近三百年學術的主帥,也是一切舊傳統文化的總結,把這百年來舊人有發現發明學藝人才的作品,同這四位先功挂了鈎,分別表明其異同大小,區分其派系衍化。這本是我近代史研究的一部系統性的結論,而且牽涉的範圍也極廣。但可惜非凡!在雲南解放時,一位領導學習的人,指我爲王、章封建學者肩大旗的人。當時風聲極緊,我這個參加起義的人,也歸入了反動分子之列。晚間回家,把一切稿件都燒掉,這部書是最爲慘重的一種。但近代史在我腦裏是有一定的分量的,所以在我訂古史論文集時,忘其所以,把近百餘年的學術藝文、政治社會史一齊放進去,當時正是我大病住院稍蘇之時,覺得這個文集也許是最後一個了。所以一齊拉入。到去年六月二日,我妻子病亡,我年長她七歲,自度也不會長了。所以第二次修訂時,把雲南光復後一段歷史也録入。九月我動肝内臟手術,危險萬分,居然成功,回到家休息了兩個月,寫第三次總目,更加狂肆,出版社編輯,看看不對了,所以提出原意是"古史學",許多朋友,尤其是女兒,贊成删除,將來另行編個集子,把《楚辭學論文集》出版後的文章,及此次删弃的,都可合爲一册。到底去年腦子活絡,我采納了,所以一切删去,幾全部同意上海古籍出版社編輯的意見。這是大不同于北京某出版社大撕我的《莫高窟年表》與《人表》的閥閲式的作風。

還有一點贅言不能不言。今年二月,胞弟從老家替我寄來一包舊稿,一看十分高興。第一頁便是我的《尚書新證》的《禹貢篇》與豫州的一段同三頁地圖。翻下去是評李頓率國聯來中國發表的意在調解中日爭端的文書。我對此的萬言評論,十分不客氣的評了一頓的全文及我當日告全國同胞書的單篇宣言,赤裸裸罵了蔣政府。此後是在大學編的講稿連著文有一小段《洪範》,其後是我的《中國文學史講述》第二册全稿,而《禹貢》、《洪範》等文只有片羽零爪,令我非常失望而引起無限傷感,在上海寫的指桑罵槐的政論文及抗戰期間在昆明每周一篇的社會教育民情風俗的批評文，大約三十多篇，集爲《揮戈集》。又寫了許多蔣政府時期的一切不法不道德的文章，是應當留下來的，後來也投進燒大鍋飯的火爐裏燒了。那時只要活，燒掉的史學方向的文章不少，因爲要好的朋友相勸，不要留下來使人指爲借古諷今。雲南我編古史論文集時經常想到的觀點都一掃而光，倒也清爽。在這兒不過是記一筆備忘，其實也是多事。

三楚所傳古史與齊魯三晉異同辨

　　本文以屈、宋文中所傳古史爲主，以較齊、魯、三晉之所傳。三楚古文，不盡在屈宋文中，則以小概大，恐詒人以口實，然屈、宋達人，上與楚統治階級有宗親之誼，下與齊民有協和之情，則其所言，必不遠于故實，退而論之，則傾向性必不相違，是可斷言也。故余所論，蓋斟酌情實，較量輕重而定之耳。偶亦以他籍爲補充。

　　《左傳》昭十二年，楚靈王謂楚左史倚相"能讀《三墳》、《五典》、《八索》、《九丘》"，其名至吊詭。孔安國、賈逵、張衡、馬融諸家，各以意說之，既不一致，亦無當于事理。杜預以爲"皆古書名"，從"讀"字立義，稍能就範。蓋"左史記言，右史記事"，史之所職，自在典籍也。然其書久亡，莫由達其意，其可斷言者，必楚方俗之書。要不出楚事、楚故、楚言、楚物之類，皆史之所司也。惟左史倚相能讀，他人皆不能讀，齊、魯、三晉諸儒必不能讀。從可斷言，楚自入春秋以後，求與中原諸姬相調遂，而又與江介之間諸姬相滌蕩，國故銷亡久矣。然禮失而求諸野，國故銷爍，而民習未必卽澌滅無遺。楚人承受于周之宗法之制至疏，而保抱民族之舊則甚嚴（詳下文），故與北土諸家所傳者，及可于間隙叢脞中見之。其事似瑣尾，而其義則至精微。余以檮昧，昔遭世昏亂，驚懾于屈子之蹈江自葬魚腹之悲，悲其情而壯其事，故三復其書，而細爲磨礱。知不能以儒言爲驚衡,鈎稽其言,論其同異有無,以窺楚人利鈍之機虞。蓋有不能已于言者,因著之篇。

一 楚舊史考

四十餘年前,余爲《夏殷氏族考》,以夏起西方,與東方之殷族相對。國中屬而和者有之,執異義者有之,而東西之分,終始莫能摧折。此義既定,則龍鳳之分,九、六數字之分,三代異同之分,皆以此爲機衡。國人之無派性、家數之成見者,亦無詞以動余說。文中以楚爲夏後,蓋亦以爲西方民族也。

然周亦夏後,而其文化發展,與楚人頗不同。蓋周沿黃河東來,與殷族交于伊雒之間,楚沿漢水而東南行,至江介之間,與三苗文化相切礪,大本雖一源,而支派則各自揚鑣矣。故楚文化,不僅有別于殷商,亦與齊、魯、三晉之傳不同。茲得更論之如次:

(一)楚舊史之一

言楚史之異于齊、魯、三晉者,早始于春秋之時,《左傳》昭公十二年云:

> 楚左史倚相趨過。王曰:"是良史也,子善視之。是能讀《三墳》、《五典》、《八索》、《九丘》。"

此楚靈王與子革之言,且贊倚相爲良史,則其言必非虛構。然墳、典、索、丘四名,說者不一,《正義》云:

> 孔安國《尚書序》云:"伏羲、神農、黃帝之書,謂之《三墳》,言大道也。少昊、顓頊、高辛、唐、虞之書,謂之《五典》,言常道也。八卦之說,謂之《八索》,求其義也。九州之志,謂之《九丘》。丘,聚也。言九州所有,土地所生,風氣所宜,皆聚此書也。……"賈逵云:"《三墳》,三王之書;《五典》,五帝之典;《八索》,八王之法;《九丘》,九州

亡國之戒。"……延篤言:"張平子說三墳、三禮,禮爲大防……三禮,
天、地、人之禮也。五典,五帝之常道也。……"馬融說:"三墳,三
氣,陰陽始生,天地人之氣也。五典,五行也;八索,八卦;九丘,九州
之數也。"

按疏引漢師說,略備于是,歷世無新說。以《正義》所引諸說觀之,皆就
墳、典、索、丘四字立說,各以意言,殊無徵驗,杜以爲"皆古書也",此自經
文"能讀"一語體認而得,是也。然墳、典、索、丘之言,恐不得以常語訓詁
之法錄之,疑與楚方俗之語有關,而諸家之說,不論爲孔、爲賈、爲馬,皆
以儒家經典中恒用之政治、經濟、道德、風習等熟語,以求楚故,則說之益
巧,恐失之益巨。文字通假引申,固爲釋古之一法門,而不能視爲唯一法
門。有當在牝牡驪黃之外者,采術不能不多。徵驗或在常識範圍以外。
余綜覽虞夏之書,雖亦孔子所修飾潤色,而大義固亦應有若干不能否定
之史影于微隱之中。余以爲此三、五、八、九之質,當與《禹貢》、《洪範》兩
文相涉。三墳者,墳即《禹貢》分土地質素之三等九則也。《禹貢》言土質
凡分白、黑、赤墳三色。墳者《周禮·草人》所謂"墳壤用麋"之墳。此三
代傳習之言,周人亦承之者也。馬氏謂"膏肥",則讀爲膚,與墳實轉注字
也。土質不過三,故曰三墳。九丘者,孔安國、賈逵皆以爲九州。分州爲
九之說,始于禹,禹湮洪水,定高山大川,分天下爲九區,以便治水施工
也。則其傳說,必在人間,而禹一生事迹,皆在漢水、江水流域之中,當即
爲楚史之所本。志其山水、土地、原隰之宜以爲至治。

至五典、八索者,蓋本之《洪範》。《洪範》者箕子爲武王所陳治道,所
謂天所賜禹之"洪範九疇",本夏家世傳之大猷。典者,《洪範》"協用五
紀"也。歲、月、日、星辰、曆數,所以曆象日、月、星辰以授民時,所謂天事
也。八索者"念用庶徵",雨、暘、燠、寒、風、時、休、咎也。斯二者皆治民
之本,則三、五、八、九皆所謂天時地利之道。此皆三代至治之要,皆本之
夏政,而五、八爲思想指導基本。故五行、五福、皇極之說,皆"心術"之教
訓,非實施之綱領矣。以今世術語定之,則皆觀點、立場之指導思想,而

非立法、建國之大要。思想立場異時而變，惟大猷則爲民生之本。《洪範》所陳，或重在對武王之訓教，而建國方法，固當以民生爲本，此三代不易之大法，而爲夏人創爲之建國立家之基本制度。又《洪範》所陳，有五行明言水、火、金、木、土，此當爲殷周哲夫充類之言，屈、宋文中，不見此事踪影。鄭玄亦云：“行，順天行氣。”其言諒矣（鄭亦不以爲金木等五品也）。必非夏道，斷可知矣。要而論之，《洪範》爲夏政，箕子所以推始“禹湮洪水”，則倚相所能讀者，正楚史之本色，故此一史籍之探索，當從歷史之發展認識之，不必糾繞于文字語言以爲認識問題之方也。

（二）楚舊史之二

次復，不僅左史倚相之所談，孟子亦言之，《離婁》篇曰：“晉之《乘》，楚之《檮杌》，魯之《春秋》，一也。”趙岐注：“檮杌者，嚚凶之類，興于記惡之戒，因以爲名。”焦循云：“史記以檮杌名，亦鑄鼎象物，使民知神奸之例。”云云，亦苟言之耳。此說僅見于《孟子》，其他無徵。趙岐則本之《左傳》文十八年：“顓頊有不才子，不可教訓，不知話言，告之則頑，舍之則嚚，傲很明德，以亂天常，天下之民，謂之‘檮杌’。”注：“謂鯀檮杌，頑凶無儔匹之貌。”《左傳》又云：“流四凶族，渾敦、窮奇、檮杌、饕餮。”則此本爲鯀之惡名。鯀者，禹之父，而顓頊之後，爲惡之所歸，此北土諸士之說也。而屈子于鯀事迹，僅言“婞直”，而非頑凶，其治水，亦已“蒲葦是營”，亦不湮洪水。則南楚人，不受此惡稱也。孟子于南人，動多肆言無忌禁，則以檮杌爲楚史之名，直辱之而已（王充以爲“人事各不同也”。亦遁辭，未詳求證驗者矣）。然檮杌爲顓頊之後，又爲鯀惡名，則固楚之人先矣，其稱謂未必全無史影，則其書蓋多突兀怪迁之說，言不雅馴，縉紳先生固難言之者乎？考《韓非子·備內》有云：

> 故《桃左春秋》曰：“人主之疾死者，不能處半，人主弗知，則亂多資。”

桃左者，左當即《說文》訓斷木之梠，形近而誤，梠者，樹無枝也。檮者,《說文繫傳》云:"惡木也。"桃與檮同音之訛,則桃左即檮杌矣。《說文》訓檮爲斷木,引《春秋左氏傳》曰"檮杌"。吳玉搢曰:"今本《左傳》文十八年作檮杌,《玉篇》:'杌,木無枝也。'"杌、杌音義近,後人多見檮杌,少見檮杌,故誤爾。檮杌爲斷木,則以狀史如斷爛朝報,爲惡札,雖亦非美名,亦非辱及先人之謗辭。且韓非子尚見之,則楚史在戰國,固有可徵,依此立說,則楚史固多不協于齊、魯、三晉之評斷者矣。自孔門之徒遍天下,而儒士得以專橫自恣,删夷史册,篡亂文典,以求合于世主大酋之欲,而方國無遺册,古史遂亦不可知矣。王充言:"太史公稱《禹本紀》、《山經》所有怪物,余不敢言也。"則三、五、八、九、檮杌而外,尚有《禹本紀》多志怪,其義亦與漢師所傳檮杌志怪之說同。

二　屈子傳夏史最具,亦楚舊史也

屈原賦二十五篇中,所傳三代史實,殷周二代與儒書所傳略近,而夏代史實,則大有溢出儒書者,于夏初尤甚。鯀、禹、啓、益、太康、少康、乃至羿、澆、寒促,動多周史所不載,或評騭不相中者,余則別有文詳之。甚至殷之先公、先王在夏後氏之世者,亦復所在多有,足以補《殷本紀》。此亦必本之《檮杌春秋》之傳以爲定也,則楚史或爲三閭世掌之籍。

不僅此也,齊、魯、三晉之書,必求雅馴,孔子"不語怪力亂神",而屈子言之最多。上通于天,陳辭于舜,迎宓妃,求二姚,逐日月,使西皇,無處不怪,無在不亂,則其史必多鬼神之事,爲縉紳先生所不言,必欲揚弃而後快。其合于民習者至多,《九歌》之肆情無隱,《天問》之放言無忌,《遠游》之浪漫無涯,《卜居》之牢騷不隱,二《招》之侈陳不諱,皆非北學之所許。孔子不言祈禱,而屈子則靈氛、巫咸、詹尹,皆《洪範》之"明用稽疑"也。孔子"未知生,焉知死",而屈子專與死人爲伍,凡此種種,皆由民習決之,非關理論之是非然否也。

余本此以論齊、魯、三晉與楚史之異同,其說皆創爲之,未必能起信于世,而論三、五、八、九諸端,又不根故說者,以自屈子而後,老成多謝,故籍殘缺,以其過而信之,不如紬繹新知,以立新說,知我罪我,所不敢辭。年來病目益劇,不能細檢故籍,以深吾說,是有望于世之與吾同道者耳。

三　論史實之異同

(一)論三皇五帝

儒書言封泰山者七十二代,《史記》起五帝,《禮記》、《大戴記》、《世本》下及孔安國、皇甫謐、賈逵諸家,皆各有說。司馬彪《補三皇記》,至司馬光、劉恕采諸書作《通鑒前記》,而上世帝王益詳具,其說大抵張皇幽渺,有爲而作,或且出于文人游戲。至明清以來,治古史者,漸疑其非真。吾人試照以屈、宋所記,則無三皇之說。伏羲者乃生日之神,語源于晨曦,或爲日御,在《尚書》則爲天官,司日。而女媧以生月之神,語源于常儀,而登立爲帝,亦與儒言不協。核以《山海經》則羲媧本日月配偶之神,固初民所崇敬者也。又以血族婚姻,則氏族前期之初民社會風習爾。屈子所言五帝,乃天神,非人王。《遠游》言軒轅,亦天神,不曰黃帝。高陽乃楚之始祖,不曰顓頊,顓頊亦見《遠游》,乃北方之帝,虛星之一。則顓頊非高陽可知。且高陽亦稱曰氏,凡古史曰氏者,或爲圖騰名號,或起方國殊語,伏羲、軒轅、顓頊、帝嚳、赫胥皆是也。然楚史所傳,不爲虛構之辭,屈子雖言之,不以爲人王。北儒五帝,楚人僅有堯、舜爲人王(《離騷》有高辛與有娀故事,此詩書亦傳之,曰高辛,不曰帝嚳,二字至奇僻,其事依《山海經》諸書定之,與舜蓋一人之分化,且亦用氏字,則亦方國稱號矣。若依《史記》說,則與高陽爲一宗,安有後世子孫,思配先祖之禮,足見楚史所傳有異矣)。

堯舜傳說,屈子言之最悉,然不言政迹,"堯、舜耿介"、"遵道得路"之說,與僞《堯典》近,蓋戰國南北通說也。曰耿介,耿介者,光大之義,即

《堯典》"克明俊德"之說也。俊德乃僞輯《堯典》者所易,即《尚書》、《詩經》以來所傳之明德也。明德者,古以狀大酉之頌辭,言有明如天日之德,即儒家"大學之道,在明明德"之謂。乃古初光明崇拜下規于人王之頌。人王需有如天之明之德,斯足爲天之所生,以臨民者矣。輯《堯典》者不甚了了,遂易明爲俊,而以明爲動字,一字之差,遂定作僞之迹矣。

三皇者,人立于天地,初民自覺在兩大間,蓋爲一有組織、極自然之邏輯思理。

三皇之說至雜,而總其義,不外兩端,一通言指天、地、人(或曰天、地、泰),二則指人王,不出伏羲、遂人、神農、黃帝、祝融、女媧。雜見《尚書大傳》、《白虎通》,孔安國《尚書序》、《帝王世紀》及緯書《河圖三五歷》、《春秋通斗樞》等,皆漢人臆說。以人群進化核之,則《尚書大傳》"遂人以火紀,陽尊,故托遂皇于天,伏羲以人紀,故托羲皇于人,神農盡地力,種穀,故托神農于地"云云,以三皇配天、地、人,義雖近于調停,而頗得人群進化之實。蓋初民所至感者,同類之人與上天、下地兩大——爲人所依附者耳。而人之意識,有所覺醒,故天、地、人之爲三大端,即《甘誓》所謂"有扈氏威侮五行,怠弃三正"之三正。天時,地利,與人之生活息息相攝受,故怠弃三正,爲不事天,不敬地,不事于人(《孔傳》"怠情廢弃天地人之正道,言亂常"說最可取)。故在政治制度漸爲社會組織之一大事,依兩大而生此一邏輯組織,至爲自然,必爲自發之情理,此三皇之由也。

北土重實用,南土存原則,故屈、宋不言三皇爲人王,而未嘗不言天、地、人之相攝受,此又異中存同者也。

至五帝之說,與五行相涉,南土無五行之說,故不以人王配五方,然又未嘗無東、西、南、北之方神(詳下),此亦異中存同者也。

(二)論夏殷史實

屈、宋之作,詳于夏、殷,而略于兩周,與戰國時代"法後王"精神不協,而夏、殷史實,又多出入。如于鮌,則儒家以爲四凶之一,治水無功,被殛于羽山，然《離騷》謂"鯀婞直以亡身"。鯀湮洝①水，終之見囚于羽，"夭乎羽之野"，夭猶夭遏，即壅遏也。《天問》則謂其"川谷成功"（原誤"順欲成功"，依余校），"咸播秬黍"、"莆雚是營"非無征勞，又言三年不施刑，非即殛殺，蓋多寬恕之詞，不作爲元惡大憝也。儒者以禹爲大聖，而《天問》則以娶塗山爲快一朝之飽，不無微詞矣。《天問》論啓、益爭帝，啓殺益，而卒得位，《孟子》則謂益避啓于箕山，而人民歸啓不歸益，"曰吾君之子也"，云云，則夏之傳世，乃由民心之歸，何其盛也！是此時之民，已能定國，其誇誕可笑。《汲冢書》以爲益爲啓所殺，則北土之傳，多有爲後世所緣飾者矣。啓與益爭國，且見囚于益，而能逃歸，則亦一時强梁，故屈子記其屠母之非，淫昏于樂之行，則啓亦非賢智矣。至夷羿，射河伯，妻雒嬪，射封豕，淫娶純狐，澆求丘嫂，少康逐犬，女岐縫裳，顛易逢殆，覆舟斟鄩等，夏家初期數世之亂，爲儒家所不詳者，皆見于《天問》。其事或見于《竹書》，或見于《山海經》，則三晉所傳，略得與南楚相仿矣。

至有殷一代最突出者，莫過于先王中之王該、王季、恒、昏微諸世事實。《史記·殷本紀》記其名號，而羌無事實，自王靜安先生《先公先王考》出，而《天問》該、季、恒、昏微四世之義乃明，足補歷世史家之缺略。則屈子所傳殷之史事，與甲文相中。其人既相中，則王該"弊于有扈"，爲牧牛羊之故事，王恒得朴牛，"往營班祿"，昏微之世，"有狄不寧"，而三世爭牧之故事，原原本本，載無遺策。且其事至樸質，有合于三代初期社會情實，而北土皆削而不載。

屈文記成湯事亦至詳盡，大體合于儒言者多，而湯能求得伊尹一事，渲染極其生動，記尹摯書十餘句之多，其中殷人尊食尹于湯之宗緒一事，又爲儒書所不言。蓋儒者受周宗法制度之影響至深。尊食于一宗，事出非常，與宗法制觀之，實多抵觸，南楚不受宗法制之拘束（詳後），故一一載之，不稍隱諱，非不知隱諱，特無需于隱諱耳。伊尹生于水濱，浮于空桑，以鼎俎干夏湯，爲有莘小臣，媵送新婦，儒書皆無隱諱，獨于尊食宗緒

---

① "洝"字據《國學叢考》改。

一事,避而不言,各爲其社會政治制度立言,理所必然者也。

殷高宗時,夢得傅説,《離騷》、《九章》與"呂望鼓刀""遭周文而得舉"相提並論,尹、説爲殷兩巨臣,儒家皆有所記載,惟屈子所傳説,事與《尚書》、《孟子》無差池,且至要者惟"武丁用而不疑"一語,爲最切直,兹不詳言之矣。

湯以後殷事所論亦極少,而"玄鳥生商",亦至爲炫耀,然與《詩·玄鳥》同,此又異中求同者矣。

(三)論與周史之異同

屈子所傳周史,依近詳遠略之例,應詳于夏殷,而細審屈、宋之作,周家史實,反多簡略難明。如《生民》言姜嫄生后稷,而《天問》僅言"稷惟元子",而不及聖母姜嫄,至太王、王季,乃不得一顧,凡周人所艷稱者,多略而不言。周初惟文王與呂望故事及呂望佐武王克商故事,與《詩》略同,而呂望鷹揚威武明達,乃在姬旦之上。"武發殺殷,載尸集戰,何所急?"與儒家之稱頌武王者大異,而言周公則曰"到擊紂躬,叔旦不嘉",至使周命諸嗟,責之者可謂切直,與儒書之稱周公大聖者,已大異,甚且于紂之亡而曰"反成乃亡,其罪伊何"?自儒者視之,不其顚之甚耶?叙武王之武功,乃曰"伐器"、"並驅擊翼,何以將之",則武之伐紂,乃無一是可稱也。周家之後,則"昭后成游",所得不過白雉。"穆王巧梅,夫何索求?"其譏彈之義深矣。

春秋一代之事,如齊、晉、秦、徐偃、管仲、介于、百里、申生、子胥、包胥,皆與北土所傳無原則性之差別。惟有齊桓、晉獻、秦繆公,而不言五霸。大體自周以來諸史實,與齊、魯、三晉差距較短。豈春秋以來,已沃中原文教漸深,而又不在《三墳》、《五典》、《八索》、《九丘》等左史所讀之書中者歟?此自可長想者矣。

四 論政治社會異同

《堯典》言"克明俊德,以親九族,九族既睦,平章百姓,百姓昭明,協和萬邦。黎民于變時雍”,此先儒總結儒家政治組織之精義,所謂大學之道者也。九族者,宗法中之皇親國戚也。百姓即百官,此百年來學人所論定之義也。百官亦貴族,各有姓氏,故質言之則曰生,因生以賜姓也,古姓氏多以官、以封,即此義也。曰平章者,姓有階有級,因材而用之,故曰平章。百官以治,則依以調協黎民者,曰協和萬邦。萬邦者殷周以來,天下大小諸邦,皆臣服于國之小邦族也。故所謂大學之道者,周家宗法既成,分土建國之事既定,爲天子者,所宜依以行事之建置也。此爲中土政治上一大關鍵制度,讀史者所萬不可忽視者也。此爲齊、魯、三晉之所從同,而在屈、宋賦中,則九族不具(即三族亦無之),百姓不純爲百官。《哀郢》“百姓震愆”,即“民散相失”可證(參《通故》百姓、衆庶諸條)。楚自文王以後,受姓者至多,不僅于百官也。黎民一詞,不見于屈、宋文,黎民當爲業農之民,黎即犂之分別文,楚在江、河、淮、海、雲夢、九澤之間,其民非盡農也,故楚人不言黎民,而曰衆庶、衆、人,則此等人稱,楚皆不完備,則其社會制度,與齊、魯、三晉皆異也。

(一)遷國屢見之習 遷移國都,輕去其民,亦楚之故習也。春秋戰國之世,惟楚動輒去國遠徙,雖多爲避敵,然齊、魯、三晉,非不避敵。輕去其國,動遺其民,則他國之所不見。遷國莫如東土,而湯九遷,最爲突出,且新邑往往被舊名,故郢分南郢、鄢郢、都郢。若更益以都郢以前史實,則去國如弃敝屨,覥而不悔,此非剽急一語所能說明者也。

(二)少子繼世之制 其與東土習性相近者,有一事,則其繼世多在少子,此亦殷制也,《左》文元年,令尹子上對楚成王言,“楚國之舉,恒在少者”,又昭十三年“楚國有亂,必季實立,楚之常也”。此與當時通行立嫡以長之宗法制,完全相反,蓋殷人繼世之遺也。立嫡長爲周之宗法制度精義所在,而立少則爲以牡盛爲貴之制,此亦民族社會之正常現象。楚不受(或少受)周宗法制之限制,本其故習,實多在少者,故與三晉、齊、魯異矣。

(三)官制之異 楚官以令尹、司馬、莫敖爲三公,皆以其公族子弟爲之,與春秋以來諸國皆不同。其他與他國異同,亦至多,程公說《春秋分紀》、顧棟高《春秋大事表》皆可參證，茲不詳載。

（四）有世官而無世室　令尹、司馬、莫敖，皆以公族子弟，若王者之
寵弟，若公子爲之，其庶官或不盡然。然莫敖一官，歷考諸史，皆屈姓之
士，且有父子祖孫可考，則其爲世官無疑。此在諸國，或偶有父子兄弟一
時相繼，而無歷世相承之習。依余所考，則莫敖即屈子所言之左徒，亦即
屈子所掌三閭大夫之擴大。莫敖有似漢以後之宗正，掌王族之專職也，
故其名至奇詭，則楚先世之舊語。至戰國以後，日求翕于中原，乃有左徒
之名，此如歷世無分土之封，至春申君而有受土分封疆（鄂君、勾亶王等
偶有之，見後）。此其世變之一例。

五　談天說地

屈子《天問》篇前半言天體、天庭、組織等事，後半言歷世帝王、將相、
賢人、志士、聖女、妖姬及諸淫昏之迹，而以天道論之。天道所持理性，與
齊、魯、三晉不殊（詳下），而天體、天庭之言，與《墨子》之迷惘者亦有異，
即稷下談天之說，亦無《天問》之擘理分肌，幾多有合于後世之所討論。
宇宙之生成（銀河系統）、發展、變化，天體之結構、層次、分野，天象之顯
晦，日、月、星辰之分布，天地之攸關（斡維），地則之變化，補天、地傾東
南，山與原隰、藪澤之遠近，及四夷、地望之出入，約略可以《山海經》相核
對，而特別詳于西北。昆侖、玄圃、黑水、三危、玄趾及諸怪談奇聞，林林
總總，儒徒所不言，鄒子所不及，實古世界傳說之一大總匯也。然而《職
方》、《周禮》所載，則皆無一言及之，言天不同于齊、魯，言地復殊于夏、
周。則所詳者，必在倚相能讀書中，而其日、月、星辰諸神話，照以《九
歌》、《遠游》之文，亦得上通于墨翟之書、三晉之籍，其非屈子所自創，必
爲楚人故習，蓋無可疑。故奇葩異卉，幽篁[1]曾枝（《橘頌》），皆非北土盛
産之品，《周禮》雖載橘枳，而爲量微矣，至"二招"所致，四方珍怪，有至今

---

[1]　"篁"字據《國學叢考》改。

不能得其仿佛者，使無屈、宋，則三楚故物之可考者微矣。

六　意識形態審識

此節所論，皆以具體事物之象爲據，以闡明楚故、楚事、楚言中關涉意識之端，不必爲詞面所表識，其幾微皆在有無、厚薄、深淺、大小之間，細爲籀繹，可得而言者，約六七事。

(一) 屈子所涉及之道德

五倫　《尚書·堯典》言五典，又言五品，或又言五常、五教，皆即《孟子》之所謂五倫，或以爲家族之義，《孟子》指父子、君臣、夫婦、長幼、朋友。其目爲親、義、別、叙、信，或又言母慈、兄友、弟恭。王充《論衡》總孔氏之教，爲仁、義、禮、智、信。所立條目，皆有內蘊，皆表現人對社會組織之一種意識形態，皆各各依其社會發展之異同而有差別。屈子最重言義，不論對社會，對國家，對君王，對人世，皆以義爲準則。其言曰"誰非義而可用"。其他道德條目，以"耿介"爲最高，偶亦曰仁、曰孝，而決不言禮、言信。五常中，不言慈、友、恭等，其無五常意識至明。

忠貞　忠貞二字，屈子所用以對國家、君王之專用詞。"所非忠而言之兮(非原作作)，指蒼天以爲正"。又曰"屬貞臣而日娛"，貞臣即他詞言忠臣也。忠本夏、殷之教，《伊訓》所謂"爲下克忠"，《孔傳》："事上竭誠也。"周人亦倡言之。《周書·謚法解》所謂"危身事上，險不辭難曰忠"，其義亦竭誠之發展也。屈子譬言"設若所言之不忠"，即言不誠，則欺罔之行矣。考忠即中之分別文，中者日當午，則旌影止，故作🔲，上🔲爲旌，下🔲則旌之投影也，故中有中正、平、直、不阿之義。此就心理引申，則衣得其正曰衷，事君竭誠曰忠，其本義似與齊、魯、三晉不殊。然周人引一孝字，與忠對立，其國家、社會組織系于宗法，則"事君不忠，非孝也。戰陣無勇，非孝也"。正爲宗法制之反映。而南楚保有氏族組織之基調，故即使言孝，更無以孝制約忠之含義。故伍員爲吳暴楚都，敵也，而屈子仍稱其忠于吳，正氏族社會意識之典型也。

貞者，《易·乾》卦"貞固足以干事"。按屈賦貞字，初見于《離騷》："攝提貞于孟陬兮"。貞訓正，訓當，皆貞固之引申。古籍言貞，多正義，貞、正蓋一聲之轉，則忠貞即忠正，亦即"耿吾既得此中正"之中正，則忠本有正義。凡誠者必中必正，忠、正、貞、誠四字雙聲，又正、貞、誠叠韻，則蓋古之同族語矣。據四字含義以狀忠貞，無所隱晦，此蓋道德之純一者也。屈賦別有純粹一詞，其意識形態，亦一類也。凡純粹者，必剛健、中正，中正剛健，必光大。

耿介　屈子贊堯、舜以耿介，此行健之德也，即《堯典》之"光被四表"。古以天之行必健，乃能四時順遂，風雨調適，爲統治階級之所深切殷望者，而其源實爲天德。《易》言"天行健"，儒言"在明明德"，明德即大德，亦即天德，儒以爲大學之道，特差別其類而分言之耳。介與固一聲之轉，則耿介與貞固，又一語之變，統言之，則忠貞、貞固、耿介、耿著、介介、忼慨，皆自一語之相貿。人之純德，無逾于正大光明，而其非德，無過于陰謀詭詐，三代以來，惟楚人能堅持此德，漢承秦統，不發揚此義，而以孝爲治，獨承周家宗法之統，遂致吾民衰敝柔靡。吾謂民氣之暗弱，實宗法一制作之俑，而漢人以孝治天下之法，爲之羽翼，"明德新民"之精義銷亡。夫漢以孝治天下，其德旋回于家族，父子之間，此亦歷史發展之必然，非必漢人自創爲之。蓋自周人制爲宗法之制以後，天子之責，多一重含義，即一方面爲天下之共主，而一方又實際成爲諸侯之大宗，統治之方法，已不純爲受天之命（或受天之命已爲具文），亦祖若宗之蔭也。寖①假而天不足迷（子產"天道遠，人道邇"之言，及《孟子》王無罪歲之說，爲最具體），祖益當依，于是以孝治天下之義，已全取三代以來"明德"之歸之義。明德者，夏、殷之統治者，必依天志，乃能臨民（此《墨子·天志》之所由作也），至周而大衰，至漢而遂廢，此其大較也。

《大學》言"在明明德"、"在新民"，此政治體制上之兩端。能明明德

---

① "寖"字據《國學叢考》改。

者,必能新民,此中有一內在有機之聯繫,故"天視自我民視,天聽自我民聽",天人相與,不可分離。新民者,依明德、天德而定,時易,事易,則所以新之者必異。自明德之道不存,而新民之義亦亡,中土歷世統治無術,惟日以控制、壓迫、搜括、作僞爲事,並無實質性新民之道。自人君不言明德,而對民亦不言新民矣。

屈子未明言明德,而最高之德爲耿介,爲純粹,皆明德之一端也,其名雖異,而實則類,此亦同中存異之一端矣。

(二)詩無楚風

《詩》三百篇,無楚風,此爲語言差異之一事實。楚人之詩,其遣詞定調,與十五國不同,此稍習戰國以來至漢初文學者,皆可明晰指陳之事實。《三百篇》者,周家詩樂語音也,其體纏綿重沓,古人以"溫柔敦厚"狀之,情實在虛,而《候人》、《越人》之歌,篇章單行,語句明快,多五、七言,至屈、宋而裒[1]然爲一大流,其流汪洋自恣,上天下地,遠通域外,罩及鬼神,神天神地,生天生地,語楚語也,調楚調也,習楚習也,事楚事也,史楚史也,無一而非楚,其方國種性至强烈,其氣象,其言語,其情調,皆與《三百篇》不同。《三百篇》者,河域英靈之作,屈、宋賦者,江漢南金之文,其情實兩異,則兩不相涉者,其正也。詩無楚風,宜乎! 宜乎!

(三)有陰陽之說無五行之義

五行者,世以指金、木、水、火、土相生相剋之學。或以爲起《尚書》"有扈氏威侮五行",則在夏殷之間。近世儒家,或以爲五常之行,然推其極論之,則戰國生勝之五行,久行于齊、魯、三晉之間,蘭陵一老《非十二子》亦責子思、孟軻"按往舊造說,謂之五行,甚僻違而無類,幽隱而無說"(楊倞注以爲即仁、義、禮、智、信五常之行,至謬,子[2]思推闡五行,最具,

---

① "裒"字據《國學叢考》改。
② "子"字據《國學叢考》改。

荀子勘天,故不信五行,楊倞失之率),而屈、宋獨無一言及之。不僅此也,凡與五行相涉之事、物,亦不一言。物質之相生勝克伐,無一言終始五德之說。屈子兩使于齊,必聞鄒衍餘緒,而無一語及之。茲姑舉落落大端,以見指歸。如論天,不言五星(即五行也)、五紀(日月星辰也)、五風,諭地不言五方(有四方之敷叙)、五嶽,論政不言五等之封,不言王者城郭之五門、禮義之五禮、疆域之五服、喪禮之五服,乃至五霸僅得其三。又人身之五官、五臟、五臭、五聲、五音、五聽、五味,與人世攸關之五倫、五常、五材、五典、五性、五法、五品、五教、五義,及物質界爲春秋戰國以來大量使用之五牲、五采、五靈、五木等亦不言及。余之所列,雖近于誦數,而集芥子以成須密,固亦論意識者之所許。

然屈子非不知物質有遞遭勝剋之理者,故其文中亦時言陰陽,以陰陽之道,論物質界生滅,而論心理上之升降。明言陰陽,衍之則言自然、精粗、内外、質體、形實、真僞等相對之素質,非不論物自體之情實者也,且亦言變動、生化、靜止,並非空虛不本于事物之唯心主義者可比。則五行生剋之理,非蒙昧無所知,特不言而已。此自亦楚人固習如此,無舊蓄種子,斯不必據之以爲生發之機爾。陰陽之說,實爲中土三代以來舊傳,語其學,蓋古人所謂天學也,出日官推天象以衡人事,而又引之于人事者也。爲一切古學之基本,史人初亦掌天事。屈氏世在宗姓,蓋亦通于天人之際之學者也,故亦推陰陽之說以論世。而五行,則古之地學也,以水、火、金、木、土五物質之基,皆地之所生也,至切于人事,儒、法、農、兵皆宗之。以其切近人世,故後多衍其學其術,實爲中土物質科學之一基礎,惜爲術者所亂,多加翳霧而離道本。

(四) 有甲子宜忌之習與宗教迷信

以干支紀日一法,最早見于禹娶塗山,辛壬癸甲生啓一事,而殷之先公先王及諸王王后,皆以甲子日爲名,明其爲某甲子日生也。記日、記時,爲人類生活中必不可少之一法,在古代迷信較重之時,卜吉宜之日,亦爲解惑釋疑之一法,故殷墟所出龜甲獸骨,乃繁富如此。羅振玉考得鑄鐘以丁亥日爲最宜,皆可爲徵。屈子《離騷》記生日,有攝提孟陬,庚寅而降之說。余自兩周金文中,細爲鈎稽,知“庚寅”爲楚人宜吉時日,故屈子自記之,以爲“內美”。如是,故文以正則名之。正則者,謂其貞固不遷也,此案一定,則確有可據。此楚民俗之實,非必屈子個人迷信也。其爲民間風習者,又可自《九歌》證之。《九歌》者,崇祀之作也,開篇即曰“吉日辰良”,此擇日而祭之徵,辰良即良辰,爲協韻而倒言之也。篇末又曰“春蘭兮秋菊,長無絕兮終古”,謂春秋祀祭也,則必以春秋二時之吉日而祭,固楚人風習如是也。

迷信之在初民社會,亦自有其社會使用功能之一端。而其用干支者,干支與日月傳說攸關,爲最原始之一民習,則齊、魯、三晉與楚民,皆在此歷史傳統影響之下,無可疑慮,然齊、魯、三晉,是否皆與楚同以庚寅爲吉宜,則余未曾詳考。

(五) 屈子對西南兩方之重視

在全部屈子作品中,對四方皆有敘述,以西南爲最多而切實,東北最少而無甚深義蘊。大體西方爲屈子憧憬神往之所,含情而道,或稱道先人,或論說先聖,或控訴于重華,求入帝庭,或神游閬風,稅駕玄圃,如孺子之孺慕,如信士之衷誠。余細爲推校,蓋楚人自認來自西方,西方乃其發祥之地,非等閑之四方也。至言南土,則多實指冀望之詞,蓋楚之南,爲百粵象郡,正楚族南面拓地之域,目南方物產豐贍,民生其間者,易于生殖,爲國家開疆拓土之國策所規劃,則宗子微臣,能不悉力以符其策,故言之切實,有希冀而不憧憬,固其宜矣。

至東、北兩方,則文中所不能不言,爲理性之布置。故東方以日之所出,而言日事爲多。北方以祁寒所在,述山川異狀爲多,各各有其必不得不言之理。

楚人不言五行,故僅有四方與四方神,而不以中央爲一方所,亦不言中央之帝,故所述各有其現實意義。

（六）神遊與交神

《詩》三百篇，皆悃質無華，其稍涉宗教性者，無非“神之來格”、“履帝武敏”，決無作者與神交往，上下天地四方之思。而屈賦二十五篇，幾無不上交天神，馳驅上下。《九歌》描寫神鬼栩栩如生，且與生人相愛戀。《離騷》則陳詞重華，帝閣開關，求佚女，問二姚，乘雲車，馳天津，召西皇，使飛廉，入昆侖，游帝圃。《遠游》則叙天庭爲最詳，“二招”述四方爲最惡。總而觀之，則怪力亂神，無不具備，非病魔，即夢囈。置之齊、魯、三晉文學之中，不幾爲中風狂走之病人，而在屈、宋文中，正其浪漫面表暴最爲真摯之端，實爲騷歌創作成份不可或缺之點。然此情又非由屈、宋個人自創爲之，蓋楚人信鬼，而事之誠篤。凡楚之神，在男則莊肅靜穆，在女則輕盈飄渺，與人世之生活性習相調遂，而非劍拔弩張，面目獰猙，橫眉髯額，與人世風習大不相調之凶神，則楚人之所謂巫風，正所以欽動民情之歌舞樂劇。北神使人畏其威，楚神使民慕其祥，故詩人于心情凋敝、面目憔悴之候，乃能于飄渺雲天之中，得所以解慰，所以自救，所以抒暢其情思。無楚故習之美，不可能有屈、宋之文，無屈、宋傳真抒情之文，不足以見楚風之麗。吾人試詳參《騷》、《游》、“二招”之文，以與《三百篇》作一實質性之比較，則《三百篇》誠溫柔敦厚，而《騷》、《歌》之生氣勃勃，使之以鼓舞吾民吾族者，余寧先楚而後齊、魯、三晉。近世論楚騷者，以爲現實主義與浪漫主義之結合，就文藝論之，自得其要，而其所以如是者，則歷史因力，不能不爲一種重要之考索。

除屈、宋而外，更就其他政術與學術思想而論，尚有數端，可爲上來諸所陳述補充推闡者。

（七）無河圖洛書之說

楚人雖傳“洪範九疇”之說，而不言河圖洛書。“洪範九疇”，相傳爲箕子爲武王所陳天所授禹之治道，其實此正夏、殷兩族間政治哲學之一篇總結。齊、魯、三晉之士言治世之要，雖亦多在其中，而實爲三代所共宗之典範。大義蓋始夏人，然楚之君臣、士夫，乃無一言及《洪範》者，蓋楚人但吸收三代以來相傳之"用"，而殷周之哲理本體大要則事殊也。《漢書·五行志》引劉歆說云："禹治洪水，賜《雒書》法而陳之，《洪範》是也。"故《洪範》與河圖洛書，自來傳說相關至切，南楚不傳洛書，故戰國以前，楚亦無術數之學。然五行、《洪範》皆在中國學術史居領袖地位，稍習歷代政治學術史者，類能知之。以此論周、秦、兩漢以後之政爲最切，而楚政不相涉也。

（八）無黃老之學

黃老之學，不似楚學，楚人言黃帝者，始見于《莊子》外篇，外篇者，戰國西漢間黏付之書，不足信也。楚史無黃帝，黃帝者，太行左右之士，依五行之說，配五方五色而爲之。司馬遷本具鄉習，爲《五帝本紀》。漢人昌言黃老，黃老者，陰謀變詐之術，與太公陰謀皆漢初利祿之徒詭異之說，亦略采五千言之旨，專以陰狠取勝，于道爲最濁。齊、魯之士所不言，光明磊落之士亦不言，其心術與楚學亦不相中，則楚人不習黃老之術諒矣。

（九）楚有飛升之說

楚人有飛仙，此與神游天地四方，蓋一脉之演也。神游之說者，其感情之發舒也，而自理智推之，飛仙之義，此王喬之流也。齊人亦有言之者，其關係如何，今不可必，然雲夢烟靄，洞庭飄忽，冉冉足以助人神思，目其地易得資生之物，自與神仙綿緲相攝受。寖假而爲治氣養心之術，爲出世之思。能上升于天爲仙人，亦自有下墜于地入地獄，此皆自一源而推演之邏輯發展，自在意中。

（十）有治氣養心之術

《遠游》已有飛升之義，其義乃與"吹呴呼吸，熊經鳥伸，治氣養心"之學相成。《遠游》蓋亦屈子浪漫面之一法，而莊周亦善言之。莊周具義于

《大宗師》，屈子則其義根于《悲回風》，而成于《遠游》。《悲回風》者，原則理論之基礎，認識論之說也。《遠游》者，自修養之方術與成道之形象也，其義非入于悲感，乃所以樂生之一途也。

（十一）已存在天堂地獄之設想

由治氣養心以健其神，精誠可得飛仙，此演生之義也。與神游天庭，上交天帝，是曰釋階登天（演于人世，則爲三公，九卿之任）。見旬始，觀清都，則登天而與神居，則人自可升于天，而天庭高人，與印度、西方極樂世界之義會之。此非取之印度，實吾楚之學者自發之義。然楚人不自言天堂，而天堂相類之義之思理，則至爲顯豁。

楚人亦不自言地獄，然"二招"所陳上下四方可怖之情；至爲詳切，且其語直而情迫，以人世聲、色、飲食，宮室、苑囿、珍寶、奇玩以賄神，則天地四方，不可居之地，不更幽暗可畏乎？不過印度地獄之象，無他群生之類，而"二招"則純以惡物、怪獸、惡水、凶山爲象而已；佛說純以心理現象爲據，而"二招"則以現實疆域內外所傳之物象爲據。皆出于設想，而佛以主觀願望爲基，"二招"則以客觀存在爲基，此其異也。

（十二）特有之出世思想

齊、魯、三晉之儒，其思理皆以現實爲歸，不務空言，不語怪力亂神，不以生死縈其懷（"未知生，焉知死"），日惟以不虧其生爲事，自政理以平之，修德以養之，耕稼以存之，乃至兵爭以取之，權謀以得之。士以達生爲主，以樂生勉其民，其意念堅實、樸厚，汲汲然爲治而已。然南楚達人，以世事爲禍患，尊榮富貴爲小道，乃至以生命爲贅疣，此等超現實思想，自非聰睿特達超然物外者，不足語于此。荷蕢之流能爲之，而莊周爲巨子。周之學，自析形名，審比量、考物性、等是非，以求息天下之不齊，終之爲遁世于無悶。其說足以導平上智之爭，而不足以平齊民之望，此志士之雄略，而聖哲之息壤，然非黎象之所能歸依，故歷世有此一脉之傳，而不能爲應徵之理，歸于山林而不歸于城市。

然此種思想,何以不發達于北土?北土之樸質,推其極,不過如秦世仙真人,求長生之樂而已。蓋南土有其歷史因依之種子,與方國因依之地質。南土始終以氏族社會爲基,有此千祺不變之基,其民得于自由者多;北土自宗法興,而人群之間相關連,乃至相煎迫之結構爲多,思理有所羈系,國以是治其民,父以是教其子,困頓于宗法社會縲絏之中,不能自拔。此其一也。南土氣候溫燠,物產豐贍,而五湖、江漢之沃沃,求生至易,雲夢、洞庭之浩浩,狂想足樂,冬不用重裘,夏得任情裸浴;北土則河朔風塵,赤地千里,三春不雨,則九穀不登,瓠子一決,則萬姓滅頂,即在素日,亦且未饑而先籌糧,未寒而先補裘,碌碌一世,逃生且不易,又安得閑餘之日,以樂其風土,故其教在以現實態度,以求無虧于生。此其二也。南北風習地方之異而決其學術思想之趨向,所謂存在決定意識,于此得其徵驗矣。

七　總結

上來所陳二十許事,楚學與齊、魯、三晉之別,固已彰明不疑,然東鱗西爪,不成片斷,南腔北調,不相協會,有如百衲之衣,似非千腋之裘,而語無顯證,事近張皇,薰蕕同器,不成家數,則恐不免于粗惡之譏。余爲自解曰:凡所論列,多據余《楚辭通故》及諸所論撰。若章摘句擷,則與他專文相雜沓,此如九鼎之饌各嘗一臠,而又五味調之,遂成新盂。而此新盂,實爲新和,新和者,甚深微義,意謂南楚社會結構與齊、魯、三晉殊科也。比一微義,請自兩端明之,一則三楚社會結構保存氏族社會之形態,而北土則以宗法之家族爲社會結構之基也,二則更由諸宗教性之禮制以證成之。

然此兩義,亦即上來分疏之二十許事。換言之,此二十許事,皆一一可攝之于此兩義之中,或分別攝照,或總體攝照,其至爲明白可見之事。如陰陽五行、說明德、論九族、百姓,解五方、五帝、天體、天庭、職官、職方、河圖、洛書、伏羲、羲和、女媧、常娥,時俗吉宜,皆與此有內在生機。

即如西方、南方之說，遷都、出世之事，似爲政治措施與學人思理，亦莫不與此甚深微義相涉，即使形名不純，亦不過如百衲之衣，雖所集雜絲麻、布帛，五色紛糅，而其爲衣，自各有其襟、袖、袂、衽之制，則固非虛構空談，此余亦差自能信者。信其有據，非誇誕誣罔之說也。

其一事總爲義曰三楚社會結構保存氏族制形態較多，此分六端論之：

（一）圖騰遺義。史載楚姓羋，此以羊爲圖騰也，即是"西羌牧羊人也"之姜姓，是西方一大族。但楚自鬻熊以後，其君名號，皆以一"熊"字爲名，此爲一極可探索之問題。古今解說，似皆"皮相之論"，余以爲此圖騰之遺義也。楚以爲大酋之尊稱，熊者西北方之雄獸，既以爲楚君世世相延之號，則非尋常祝頌之詞至明。且楚人不食熊掌，熊掌者，齊、魯以爲美食，而楚君乃願食熊蹯而死，圖騰忌，不能食，此其遺義之證，吾已于他文論之悉矣。又楚有莫敖一官，皆以屈氏爲之，且世傳不易。其名至吊詭，歷世皆釋以大幕，此恐不足以服人心。余疑爲屈姓之分屬圖騰，敖或即獒①之省（三苗之後，以盤古爲犬圖騰，三苗本居江介，則或與楚爲氏族聯盟，而留居不西遷者耶），或者莫敖急讀，音得通苗，則敖氏至少當爲與熊氏族聯盟，因得世襲盟中第三號偉人要職。又特設爲專司，以理昭、屈、景三姓，則說敖亦圖騰之遺，與楚史、楚習、楚風皆能脈調矣。圖騰乃氏族社會組織最重要之紐帶，而楚人始終保有熊、敖兩物之稱號，不以圖騰釋之，終無以當于事實而解其疑。

（二）楚階級制（或用等別制度更切）不嚴。余讀楚史及漢人所傳楚地民情風習，即使在後期，亦不見有甚深之等級差別，即在統治者與齊民間，亦不似齊、魯、三晉之嚴肅。反映于若干制度之中，亦可窺見其情，如無五等制，三圭重候，雖最尊顯，亦不過在朝職事官，令尹、司馬、莫敖三卿爲最尊矣。其疆域至博，設欲爲五等之制，依周禮爲之，亦寬綽有餘，而終不如是。且令尹、司馬、莫敖有罪則除，其法與齊民無殊，此亦氏族

---

① "獒"字據《國學叢考》改。

組織之常則。又賞爵之制，所以崇有功，褒有德，寵其所寵，此爲政治上崇飾之端，而楚亦不重之。

（三）楚不分封。既無五等之制，故不分封（惟熊渠封子康爲勾亶王，紅爲鄂王，執疵爲越章王，惟此一例），然存一事至爲可異者，則楚爭分器之事，《楚世家》載之至詳，而楚靈王與析父問對之辭爲最顯。《左傳》載此亦極詳。茲摘《楚世家》如次：

〔楚靈〕王曰：“齊、晉、魯、衛，其封皆受寶器，我獨不。今吾使使周求鼎以爲分，其予我乎？”析父對曰：“……齊，王舅也，晉及魯、衛，王母弟也，楚是以無分，而彼皆有。”

按《左傳》定公四年載周初分封周公、康叔、唐叔三叔，除土地、人民而外，最要者尚有車旌、玉器、弓、矢及官司彝器，所謂“昭以分物”者是也。其事即靈王之所言，得土地、人民，以成其爲國。分器之用，其含義蓋有兩端，一則宣揚國家文物，一則使受封者子孫見物而思其宗主，未嘗不以周爲終始。則分器者，血緣宗視之制也，而其表現之場合，則爲祭祀，祭于宗廟，則陳鐘、鼎、玉器，皆禮器也，此所謂“藏禮于器”之義也。因之，春秋一代，列國以器爲賄，爭奪入宗廟之器遂爲勝敗利鈍之最大象徵，如魯取郜大鼎納于太廟之類，知者以爲非禮，而圖强圖霸者，則以爲樂觀，此正宗法制度下之一種行事，而靈王乃曰求周之分器，非其子姓血緣宗親之屬，則分器自不相及，楚不得祀祭太王、王季、文、武王、周公，分器更有何用？又春秋以來，傳三代建國，皆移上世大鼎，以爲徵象，則靈王求鼎，直欲移周之祚。自周之子孫視之，豈不悖亂？然此亦有說。分器自爲分封子姓之宗法制度，而在氏族社會之時，則族內有公共財產，成員亦得私其工具。公共物品，自可傳世，私有工具，亦得傳之子孫。則人有其私，久已爲組織中常態，楚之君臣，其土地蓋與臣民分有之，故世室之欲强其宗者，往往與公室爭土、爭民。公室亦然。在私有財產之意識，則靈王爭欲得周鼎者，亦自有其傳世之地方風習者也。

（四）世官、氏族社會時期，知識逐漸專門化，于是分工之制，反映于政治組織則爲官職。初則巫、史、祝、卜世襲之，百工皆有主司，斯百官亦得世襲，政治制度益精詳，則用人惟材，而世職之制度，以中國而論，大致廢于周以後。楚之莫敖、令尹、司馬三卿，就其歷朝考之，莫敖必爲屈氏，而司馬多爲昭氏，令尹一職必爲公子，或國君之介弟爲之。其他官職一時不易料理。則僅遺此三職者，以皆軍國宗族之大事。周朝無此例，則政理異也。

（五）家族之制極疏。然周室有派往諸侯之官，而江漢諸姬，又盡爲楚滅，則其國必不能無宗法遺痕。然戰國以前，楚之世室至弱小，故公室世室之爭，無魯、齊、三晉之烈。此非必公室獨强，實爲家族組織不盛，此其一也。次復國都屢遷，不聞抗行，楚材多走他國。此正反映其定居之思想不嚴，家族之紐帶不强也，此其二。又《離騷》有"何所獨無芳草"之咏，以屈子之忠愛，而爲是言，必當時有此風習，而此風習，亦正足以明家族之不固，此其三。又《九歌》諸神，遍及山、川、藪澤、原隰，而獨不言祖宗，是無祀祖之禮，則吾謂周人重廟祭，而楚人重社祀（見下），此其四。尤有一事宜爲吾人甚深思慮者，伍員以報讎而入吳，以吳人入楚，而暴平王，此楚人之悲也。而屈子屢以忠贊子胥，而悲其死，此其義古今論者皆不得其解，吾人果就氏族社會與家族制度在意識形態之差別考之，則正見屈子依社會道德而爲之說，而非以周之宗法之制論之也，此其五。

（六）人神形象之差別。余在《楚文化與文明點滴鈎沉》中論楚之諸神，其形至安雅可親。山鬼乃以華衣若英之女性當之，司命義最嚴，其貌亦只莊肅，蓋皆以之托感，非祀之以爲求佑助，與人間相去不遠。而北土之神如司理、司士有角觡，而又依人世道德律令裁決人世美惡臧否，人之祀之者，求佑及求護其生。其場面如犴狾，如屠場，如伽僧祇劫，與南楚大異其致。此異由民族之別與？由社會發展之異與？由上列諸端以衡騭，則當亦氏族社會之遺徵，有以啓之，故發之于此，以求世之達者。

夏殷兩民族若干問題匯述

小引

此文本是一九三三年我在上海爲《民族月刊》社寫的《夏殷民族考》一文改編的摘録。大體是把一些有時忌的段落、語句删削而成的。現在收入論文集,似乎是多餘的,但"敝帚自珍"雖是略與"自私"相近,不過,一則個人一生治學有這末一段經歷,"是非"也很難定,時代變遷的因子經常是得失參半的。二則當時寫《夏殷民族考》時,有一段因緣,也是年輕人對世情國家的一番"苦"戀。自錮于"學術"這領域裏,只有用這一方式——寫寫文章——來把一種情緒升華,也是一種安慰。把此文保存下來,似乎也反映了一點時代信息。三則當時有幾位前輩先生也頗有贊賞:吳江金鶴望先生明指爲"別有痛心"。四則也有人把此文與我的另一篇《評國際聯盟李頓爵士的調查報告》聯在一道,說我是有什麼背景?五則後來童書業君續編顧頡剛先生的《古史辯》第八册,也收了進去,而學術界也有人認爲把中國古代史的民族,以夏殷兩民族統紀之分明如是,是我的創見,但也有認爲是謬説。總之,在那時我精神弄得非常不自安,遂成我一生走的路向的一個仿徨時期,覺得世情佾張,這纔使我遠揚,益加使我走向更加"學術性"的路子上，以爲非此不足以自寧靜暫時。用"學術"來徹底替代了一腔熱血。

寫此文時，正是"九·一八"、"一·二八"接踵而來之時，在上海生活的艱苦，還耐得住；而租界的鳥氣，隨時親身經歷，倒氣憤懊惱時時遇到，發發牢騷也不可能，寫詩無人要，小說太渺茫，戲劇未寫過，還是從個人稍稍有些修養、有點把握的史學考論入手。此文發表後，本來計劃寫"民族性"、"民族文化特點"，更不自量，想第四卷寫"民族貢獻與今後出路"，但民族文化特點，用"龍"、"鳳"兩字爲引子而再深入，問題愈來愈多，以至于大病。醫生勸我作海上旅行，于是到了巴黎，中間游覽了羅馬、倫敦、柏林等處，訪問了許多博物、圖書館，把中土文物、卷子、書籍攝影記錄起來，到"七·七"事變前七天，回到北京。在四川住了五年，回到昆明。我的心情抑制不下去，又寫了許多"星期論文"，後來編爲《揮戈集》，解放初全部焚毀。又時時想到這篇《民族考》，但一直到抗戰結束，纔在上海訪求得《民族月刊》，此時我發表過一篇呼籲黨派退出大學的文章，被全國許多報紙轉載。這可又成了問題，老家的省黨部有我的材料，又促使我搜集"民族特性"、"文化"、"龍鳳"等的資料，寫了不到五千言，淮海戰役開始，我又回到昆明。在雲南解放後，一位領導同志突然說夏殷一文是大國沙文主義，看情勢我又得向外省跑。從此以後我斷了這一問題的深入探求。

近三十多年，我們考古學上的發現，非常的豐富，我這是故紙堆中資料，實無一點價值，但在"四人幫"垮臺後，學術界對中土古代民族，又提了出來，而且又熱呼起來，有人主張夏爲東方民族，與我的舊說恰相反，但也還未統一或有什麼一致的傾向，又纔想到我舊說的這些材料，也許還有一顧的必要。這些材料，似乎有點東扯西拉，但也不無一定的系統，所以把大國沙文主義有關之處全加删削，不作爲一篇論文，只作爲是些零零散散的資料，留了下來，並不一定就是大錯，而且也是個人學識進退的一個痕迹，也是使這分過失不是見不得人的。如此而已。此外在同一個雜誌上還刊載我的舊稿若干篇，本想也加入這個集裏，但以我現在的認識來看，雖也有些意思，畢竟是一時有感而發之作，所以也一並捨弃。

一九八三年六月，亮夫自識于保俶塔初陽臺階前

一　前言

追探三代的民族問題，自然並且也是很應當的要從民族由來的問題着手。但史前的問題，一大半是要待鋤頭考古學有了大量的成績以後，纔能着手。中國的鋤頭考古學，方纔整裝，此時當然談不到。過去雖已有人在那兒試探，如丁謙、劉師培、蔣觀雲、夏曾佑、屠孝實、拉克伯里（T. de Lacoupecle）、基爾什爾（A. Kiscres）、巴克斯（H. Peskes）、摩爾敦（Samuel George Morton）、哥比諾（A. de Gobineau），以至于在中國成名的安特生諸人。但外國人一定要把它說是從埃及、巴比倫、印度來的，不過是要顯示他們西方人是優秀民族，中國人自己不會有文化罷了。中國人又多震于西人學說之新奇可喜，而妄肆穿鑿，結果是不會有什麼成就的！倘若要把幾個文字，一個陶器，一件古史學家近于神話的故事，便輕輕易易把這問題得到結論，這不僅大膽，簡直是妄誕！所以我們不必爲這些東西來多費唇舌，還是孔老先生一句——"闕疑"，最爲妥當。

不僅如此，甚至于我們現在還可以做翻案文章。一九二五至一九二七年周口店發現的北京人，明明在這些試探的人所用的材料之前。這即是說，在那些用來證明中國民族由外來的這些材料未發生以前，中國已早有人生存着了！

原來據人類學家的考察，在第四紀之更新統中，在歐洲爲冰河期（Glacial period）。冰河前期（Pregla Cialpes）的人類，已在爪哇發現，名曰"猿人"Pithecan thropus（Prinil ape-man）。冰河初期之 Eoanthropus（Piltdown man）及 Palacanthropus（Heidelberg man）在歐洲已發現。在中國與此等猿人相近的人類，也已發現！

當一九〇三年德人 Dr Habera 在北京藥鋪購得脊椎動物化石極多，經孟興大學教授 Dr Mox Schlosser 研究的結果，擬定爲類人猿。後來斯

丹斯基 Dr Otto Zdansky（奧國生物學大家）一九二五年在周口店采得臼齒兩枚，亦以爲人類之一種。到一九二七年，北京地質調查所又在周口店掘出臼齒一枚，經過北平協和醫校解剖教授步達生 Davidson Black 的研究，考得臼齒粗大，有很厚的牙磁，齒冠、齒端都比較短，而齒根很長，並斷定這種人的下顎骨很粗大，犬齒不過較一般牙齒爲長。步氏依此等特點，定其爲一種新的古代人類。因定名爲北京人（Sinanthropus Pekinensis）。其時代介于猿、人之間，與現代的真人相距甚遠。

從上面的發現看來，中國在冰河初期，已有人類居住了！

在一九二二年法國學者 Tetlhard de Chardin 與教士 Licen 二人，在河套及陝甘發現一臼齒，又經 Black 研究的結果，確定這臼齒爲 Mousterian 時代之人類齒骨，其發現的沙層，與黃土層相當。可見中國黃土層時代也有人類了！

簡單一點說，在第四紀更新統的第二間冰期第三冰河時代，中國早有人類居息，至少與皮爾當型（Piltdown form）海得爾堡人（Homo Heidelbergensis）差不多同時，至少在五十萬年前已有人類。安能以在不知若干年後的材料來作比擬呢！

由這點看來，中國人種由外來的話，已不可靠，所以這個問題，我們還是祇好闕疑！

原始民族，既是問題多端，我們只好以待將來；現在祇能從文獻上、書本上清理出一些線索。這些線索，也許不大可靠；也許將來鋤頭考古發達以後，證明其全非。但是也許探索得一點不錯！誰能知道！

我的研究以爲中國古代有兩大民族，都在江以北，一在山東、河南、直隸之南一帶，一在東三省、蒙古、新疆、直隸、山、陝、甘肅諸地，這即是東土民族與西土民族之別。東土民族以殷爲代表，西土民族以夏爲代表。後來有周、吳、楚等。到後來兩民族接合起來，成爲周以後的新興民族，組織成大中華民族。這正是本文所欲討論的問題。現在分講如下罷。

二 夏錄

中國稱爲"華夏"，四季稱爲"夏"，朝代稱爲"夏"，這類夏字的意義，是否從一義而引申？抑從一語而假借？似乎是有趣味的問題。但是一個朝代、一個民族的命名，決不會是借用一個"音"，尤其是較早的民族，必有所指的實物，這差不多是世界原始民族的通例。則朝代民族的夏，必定不是虛借的字。

然則《說文》訓夏爲"中國人也"的話對嗎？照許氏的分析，這個字是一張面孔，兩隻手，兩隻足。其實這並不能單代表中國人，凡人莫不是面手足俱有的動物，許氏爲後來的歷史觀念束誤，所以纔有此說。戴侗、阮元諸人又以夏爲舞容，謂夏時夷狄始入中國，謂中國人爲夏人，意思好似惟中國人能舞，其實這又錯了，這不僅從字形上無根據，而事實上也不僅中國人能舞。

夏爲民族的專稱的企圖，既已失敗，那末我們是否能在用作四時的夏字裏，尋得一點消息？那我們只好先認識四時中的夏字！

認夏爲春夏本字的事，是從朱駿聲起。他說："象人當暑手足表露之形。"這在小篆前後的形體上，似乎也說得過去，金文的右戲鬲、秦公敦也勉強說得過去，但是與甲文不相合，並且與春秋冬不相應（詳後）。《說文疑疑》說得更新奇一點：

> 夏者四時之一也。從臼，手有所持也；從夂，足有所躡也；象農夫之夏月治畦也。

他更巧妙地把夏代的名稱拉上說：

> 夏者禹有天下之號也，從臼，手有所持也；從夂，足有所躡也；象神禹之八年治水也。

這種話顯然又是穿鑿附會得可笑。過去的人，解來解去都不能成說。其實夏既爲四時之一，則其意義當與春秋冬有統一性。春秋冬都各以其時的一種物質爲代表，如春爲草初生，秋爲禾稼成，冬爲枝果折落的樣子。則夏也得是說一件事,指一件物,這件事丹徒葉玉森氏曾從甲文中考得🐛🐛🐛🐛🐛🐛諸形,以爲是夏字,這真是一個大發現！但他說此諸字"並象蟬之綏首翼足形,蟬爲夏蟲,聞其聲即知爲夏",我以爲不當。因爲照葉先生的話來看,則不足以說明那特大的足。表示蟬的特徵,無論從什麼地方去說,都沒特大其足的理由。並且照葉先生的話來看,更無法說明金文中🐛🐛的體系,這決不是個蟬字。我以爲以甲文的形體看來,🐛像頭,其下半截像身。這身軀的畫法,與龜電一類的字完全相同,則這個字,一定是個爬蟲類的東西,所以足大,背有文,頭大,都是爬蟲類的特徵。他與"冀"、"夒"等字,必定是一個系統中衍化出來的幾個字;是個戴角、大頭、龜身、電足的蟲。爬蟲類的動物,也一樣是夏天所易見的動物。借爲四時之一,是事實上可能的。夏民族的傳說,是以禹爲宗神,冀爲生息地的(詳後),禹冀亦即龍蛇龜電一屬的東西,因而也命其族爲爬蟲子孫。與漢家之自命爲龍種,作用全同。從他的文字系統上看來,這一定是種水中的怪蟲。

冀爲爬蟲類字,證見後。夒《說文》訓貪獸,小篆作🐛,與夏爲一形之衍,金文、甲文無考,夔字小篆作🐛,《說文》訓"神魖也,如龍,一足",其形與"夏"、"夒"皆相似,而與甲文之"夏"更近。"夔"爲水中之怪,其肥足者蹼也。"夏"、"夒"、"夔"三字,必爲一屬無疑！

這正與夏民族的許多傳說相合,所以夏族當是以水怪爲族徽的民族的總稱(詳後)。

關于夏字的解釋,尚有許多方面,從本義到引申義,從本形到衍形等等。但因此文不能過長,與印刷之不能多刻原字,故祇能述說旨要,而不能條列論證。余另有《九夏篇》一文,將來當謀機會刊刻,求正通人。

三　禹爲夏之宗神

中心代表地是冀,差不多夏民族一切神話的傳說,都結集在這兩個中心代表之上。祇要分析這兩個代表,很能得到一些具像！

這兩個問題在我的《釋禹與冀》一文說得較透,請參閱該文,此處遂從省略之。

四 冀爲夏民族的根據地

照第二分的話來看,證明禹爲夏民族的宗神,理由已很充分,但是即此便要證夏民族爲龍鱗傳說的中心民族,理論還嫌薄弱,現在再從地理上來看看夏民族的根據"地"如何。

夏民族中心傳說地點是冀州,這與殷民族的中心傳說地是豫州,是僞九州說中最可靠的兩州。這兩個字,都是象形字,"豫"字下文再去說,"冀"字據我的考查,也是個鱗介的字,這正顯示了鱗屬民族所居地之特色,亦且顯示其民族之必爲鱗介屬。其詳請讀《釋禹與冀》一文的後半,此處從省,以略節篇幅。

五 夏民族爲龍屬民族

這一分衹是上二分的結論而已。但是上二分是從文獻上尋到的證據,這一分只想從旁的事實上推論出一點影像!

原來一種民族的傳說,總要有些物質的根據,便是後代的所謂制度文物,也離不了這個因子。夏民族是以龍爲族徽的民族,我們尋得到些物質的因素嗎? 曰:"有!"一是洪水的傳說,一是考古學家在北方一帶(即夏民族栖息之地)發現多量的爬蟲二事,請聽我道來:

洪水的傳說 中國古代北方之有洪水,是決無疑義的事。這不僅是歷史的記載,還有地質上的確證。依常識來說,蒙古的大沙漠,山、陝的黃土,都應當是大海的遺影。又據最近的地質學家如 Richthofen Wellio Blackwelder 諸家調查與研究中國北方的地勢,從古生世的亞爾艮紀(Algonkian)到寒武紀(Cambrian)、奧陶紀(Qrdovician)、志留紀(Silurian)、泥盆紀(Devonian)、葭蓬紀(Carboniferous)、二叠紀

(Permian)。

據最近的考查，中國北方無志留紀與泥盆紀的巖層，此處爲系統關係，故亦列入！

這個時期，直隸、山西、陝西、山東之一部，皆淹沒海底，即川西在西台期（爲亞爾艮紀中五台紀亞爾艮紀又分五台、南口二紀之一期，五台紀分三期，下爲石嘴期，中爲南台期，上爲西台期）也沉沒海底的。甚至在奧陶紀的終期，即古秦嶺及南山一帶，也有一部分沉入海底。大概侵占到長江流域，再由西川到雲南一帶，都是一片汪洋，當時的大陸，大約在中國的東南方，中間雖經過葭蓬紀初期的地勢變遷，北方暫時成爲大陸。到葭蓬紀的末期，又成了寒武奧陶紀時一樣，成了一片汪洋。到了中生世來，地勢纔有顯然差異的變化。中生世初世的三疊紀（Triassic）時，北方的海，成了東北淺而西北深的樣子。到中生世的第二世即株羅紀（Turassic）時，北方祇存在一些不甚深的潮沼。到了新生世的更新紀（Pliocene）中國北部的海，漸漸涸竭，氣候漸漸變乾，塵土飛揚。于是秦嶺以北，大部分漸埋沒于黃土之下，直至今日仍是如此。

以上多取材于北平《地質調查彙報》。

根據上面的引證來看，所謂洪水，當即北方的大海的遺象，是無可疑的。則以一種生息于可怕的洪水涯涘的民族，而崇拜水中的怪物，是最爲順理成章的事！

考古學家的發現　從上面這一節地質變遷的歷史看來，北方既是大海，則當然産生海裏的動物。又據近來考古上的發現，如美國亞洲考察團之于蒙古，袁復禮君之于新疆，師丹斯基、安特生、林斯頓等之于山西、直隸、德麥純斯、葛利普、譚錫疇之于山東，克利世之于黑龍江，都發現許多爬蟲類的化石，這都是無可逃避的證據。

以上各證亦詳《地質彙報》及《古生物志》。

從二三兩分的文獻證據與這一分的科學證據看來，我們說夏民族是以鱗介屬爲其崇敬之物，因而自命爲龍族子孫，是無可疑了。不過這一個龍字，却得要申明一下，我並不能指出他是鱗介類那一屬的動物，即是一個專門的生物學或古生物學家，也指不出來。因爲那種生物之有否，不敢斷定，他當然不是中國《本草》上所說的龍。《本草綱目》釋龍爲"頭似駝，角似鹿，眼似鬼，耳似牛頂，身似蛇，腹似蜃，鱗似鯉，爪似鷹，掌似虎"。也不一定是古生物學上所說的恐龍。不過龍在中國古代的傳說中，實在太神奇，太重要，而以之以言夏民族所崇敬的物象，一則可與事實相切，一則可與傳說相切，這是我用龍字的平凡意義。

上面都是討論夏民族"本幹"的問題，現在我們要來討論一下他的支與流裔。

六　周爲夏後說與周之地理

夏、殷兩民族勢力的擴張，夏民族東南向，殷民族便西北向。當他們第一度的接觸時，是殷民族以高文化戰勝了夏民族。于是夏民族向西北退去。後來殷民族漸漸衰敗，大約是被酒糟透了罷，于是夏民族再打將轉來。這是夏民族中周民族這一部幹的事。這次似復仇樣的，把殷民族想方化合，後來成了中國民族的本支，這便是夏、殷兩民族的迭相交長的痕迹。

不過"夏"字後來做了朝代的代稱，而"周"自勝了殷後，也以朝名代表族名。夏的話祇殘留在一些可捉摩與不可捉摩之間。但我們要知道，周朝也即是夏民族，這請容我從三方面證來：

(一) 周人自稱爲夏

《尚書·君奭篇》說：

> 公曰："君奭，在昔上帝，割申勸寧王之德，其集大命于厥躬，惟文王尚克修和我有夏。"

《立政》說：

> 帝欽罰之，乃伻我有夏，式商受命，奄甸萬姓。

這都是明明白白周人自稱爲有夏的證據。在《詩經》上，常常稱述禹的功德，及周家之"續禹之緒"，儼然亦以禹爲其崇敬之神。如因"宅是鎬京"而思及：

> 豐水東注，維禹之績。四方攸同，皇王維辟(《詩·大雅·文王有聲》)

因韓侯受命于梁山，也想起了禹來：

> 奕奕梁山，維禹甸之。有倬其道，韓侯受命。(《詩·大雅·韓奕》)

而封于山東的魯，在自述其先王之大德，以及"如何受天而生後稷"之後，繼着推本于"續禹之緒"。這不是更爲明白嗎？

> 赫赫姜嫄，其德不回。上帝是依，無灾無害。彌月不遲，是生后稷，降之百福。黍稷重穋，稙穉菽麥。奄有下國，俾民稼穡。有稷有黍，有稻有秬。奄有下土，續禹之緒。(《詩·魯頌·閟宮》)

這與《尚書·呂刑》的"乃命三后，恤功于民。伯夷降典，折民惟刑。禹平水土，主名山川。稷降播種，農植嘉穀。三后成功，惟殷于民"意思相同。

這還不够明白嗎？而周公之戒成王的目的，是要"陟禹之迹，四海攸服"，《立政》說：

> 其克詰爾戎兵，以陟禹之迹，方行天下，至于海表，罔有不服，以覲文王之耿光，以揚武王之大烈。

你再看當他與殷民族相殺的時候，周家是喊着爲夏復仇的樣子！譬如在《詩經·蕩》篇把殷人罵得狗血噴頭之後，以"殷鑒不遠，在夏後之世"，好像說，你殷家攘奪了夏家天下，你現在留心一點，我也將你收拾夏家的方法收拾你！而殷人說："天命多辟，設都于禹之績。"意思是說：我殷之聖王(多辟)，受天之命，在禹績去設都。這好似義帝命漢高、楚霸王先到關中者王之的意思。

還有一篇最奇怪的文章——《洪範》，明明是周人的政治原理，而偏偏也要托之于禹。(吾友劉子植證《洪範》爲戰國時作品，其證甚確。然古書之僞，非必當時突然而創造爲之。其先必有若干本質，故必有若干真的史影存于僞的文獻中，但視人之是否善于識別也!)

從上面各例看來，周人自認爲夏後，是無可疑的了。但我們還得尋點證據。

(二)周制多與夏制合

周人喜用"伯"與"后"二字，這是夏制，近人已有說明，此處不再說了。

傳子之制。殷人自成湯以前的傳說，多半是傳子；成湯以後，完全是傳弟(詳《史記世表》及王靜安先生《古史新證·殷先公先王考》)。而夏代的傳法，從《史記·夏本紀》考察下來，惟有太康崩，弟中康立；帝不降崩，弟帝扃立；帝厪崩，立帝不降之子孔甲。三世是立弟，其餘都是立子。然中康之立似乎還是鬥爭而得的，帝扃、帝厪之立，是否有他故，不得而知。然夏爲立子，似無可疑。周的世系，也是立子，與夏全同。

上一事及伯后二事，是周制與夏制相同的三事，不過夏的文化，實在太渺茫，有許多地方無法認其真假。不過周的制度確有與殷不相同的地方，從《禮記》中《表記》、《明堂位》、《王制》、《內則》、《祭法》、《祭義》諸文參照來看，其中除了殷制的一部分而外，餘一部，都也與傳說中的夏制相合，如田制之徹法，是調合夏之貢、殷之助而成的(詳《周禮·考工記·匠人》鄭注及孫詒讓《徹法考》)。田制本身，也似夏、殷的調合(詳《孟子》趙岐注，顧炎武《日知錄》)。其他如職官、封爵、關市、宗廟、祭祀、鬼神以及學校、用具，都莫不有調合夏、殷的痕迹(余另有《三代因革說》以詳之)。

(三)周之地理說

倘若周民族生息的地方，與夏全不相干，則上面二證都成了無根的浮萍，怎樣立得起系統來呢? 所以周的地理，我們不能不詳求求知。考傳說中的周民族的始祖后稷是堯、舜的農官，其母有邰氏女，曰姜原。今陕西栒邑縣有姜原河，其子不窋失官，奔戎狄之間。公劉乃自漆沮之間（陝西邠縣西）渡渭，子慶、節乃居豳，即今邠縣。這是周的以前的地理（《詩·綿》、《公劉》、《皇矣》、《七月》及《周本紀》）。緩緩地周家向東進，到了文王以後，更向東土，自岐下而徙都豐（詳見余所著《周建國別考》）。

由上面的地理看來，都在今山西、陝西一帶，與夏民族所在的地理全合了（以上言周初地理，皆一本舊說，蓋以足爲上文之佐證也，然以余所考，則周地理，尚在稍東，約在今山、陝相交一帶，鳳翔、岐山皆非周民族聚居之中心地也，與舊說大異。然證例紛拿，非一二言所能明。余舊作《周建國別考》，約二萬言，非此篇所能容。案往舊說，已足證此文，故不另爲之解也）。

從上面各說證來，周之爲夏民族，當然不成問題。但我們要知道兩個民族的接觸。再他是怎樣的相異的民族，祇要時間稍久一點，無有不相化合的。周自滅了殷商以後，把殷人、殷地分配給了他的子孫、功臣，兩民族的化合，已是從大勢上而斷定了。何況周家早已與殷人通婚呢！（即摯仲任氏是也。）所以在周初以來，兩民族之勢，已不存在。況且夏民族本身也各自有許多分裂，周也不過是他那分裂分子中之一而已。不過經過了周以後，在冀、雍、豫一帶的民族，因了大自然之優厚而大進步。于是其他那圍繞着的西北民族，漸漸成了四夷。到周中葉以後，冀、豫民族，更南向而得樂土，文化的發展益有南向的趨勢，于是中國民族初以文野而分，既則因分而各自立異，再則真正成了種族之分。漢人呢？是受了柔弱的與自大的儒家思想的民族，已近于衰朽。邊民呢？還保存得有原始時代殺伐的習氣，而性近于粗魯，于是推演了這三千年（從周算起，取成數）相殺相斫的歷史。

周家之戰勝殷民族，算是東西兩民族的史籍上可考的第一次大滲合，這一次的滲合，結果得了春秋戰國的澎湃的學術，要算是新興民族之最光榮的時期。然而從此以後的鬥爭，成了雙重的現象：在對四夷是種族，而在中國則爲政治。此是後話。

七　吳越爲夏後說與其地理

中國長江以南的民族，是從北方南遷來的呢？抑是從馬來半島北上而來的？似乎成了問題。他的根本的解決，當然不是些不完全的文獻所能判斷的。但從許多方面的暗示，似乎是從北方南下較爲可靠。但他不是殷民族，而當是夏民族。何以言之？譬如從名義上來看，曰"蠻"、曰"閩"、曰"蜀"，都是蟲種，曰"苗"、曰"髳"，又都與"蠻"、"閩"同聲，又夏與匈奴當爲一語之分化，夏古收半摩音（即 M 音），則"蠻"、"閩"或亦由夏之分化與？又據下面各事看來，更足以爲吾說之佐證，請一二言之。

南方民族中更爲顯現一點的夏民族是吳、越，先從吳、越說起。

吳太伯、越主句踐是夏民族，這是《史記》已說明的了（詳《吳太伯世家》、《越王句踐世家》）。但這是封君的記載。其民族是否夏後呢？《吳世家》說：

> 太伯、仲雍二人，乃奔荊蠻，文身斷髮，示不可用。

《越世家》也說：

> 文身斷髮，披草萊而邑焉。

這當然是一種近水的民族，《集解》引應劭曰：

> 常在水中，故斷其髮，文其身，以象龍子，故不見傷害。

這話之是否真確，他書不見。但到現代來，閩、廣尚有文身爲龍之習，則應說當不誣。此中頗透出一點宗教的意味。但這證據，自然薄弱得很，我們還得尋其他的證據。

民族的遷徙，往往帶了他老家的文物去異域。這其中最易考見的，莫過于山川地域的名詞。中國全國的山川地域之名，差不多有很多的可以指出是從古冀、雍、豫即今河北、河南、山、陝幾省搬了去的。這其中是由政治的力量而搬去的，差不多考不出來，一大半都是民俗的稱謂。

我們現在來看看吳、越的山川地域的名稱如何？

開始要說的便是"句吳"一語。吳即"虞"字，"虞"即今山西安邑縣南平陸縣東夏縣西南的虞阪，又名吳阪，因虞山而名。虞山又名吳山。至于"句"字呢？顏師古以爲是夷之發聲，實未得其義。句字與鬼方別族之稱呂猶者作用相同，當爲種族之名。句容、句余、句屋皆其餘稱，實即表示其爲夏民族之意。句字有糾繞的意思，本來是從九屬字推衍出來的。關于"句吳"一事，在我的《呂猶爲鬼方考》一文論之最詳。

> 太伯南奔。自號句吳，豈猶存夏人之風乎？爲越亦然，蓋越亦夏後也(例證不錄)。故古以吳、越連稱，而越亦日甌越，甌蓋句之聲變也(例證不錄)。句吳或單稱曰干(例證不錄)，音轉爲工，字或作攻(周金有攻敔臧孫鐘、攻吳王鑒、攻敔王夫差劍)。然句吳之稱，始于《史記》，周金所存，不名曰句。《左》、《國》、《公》、《穀》，亦不一載，此可信乎？曰：不徒吳之爲句吳也，凡今以"句""仇"名者，皆在臨淮而下，今江蘇、浙江之地，皆昔吳、越之宅也。浙之會稽，爲禹傳說最廣之地，其以句與仇名者，亦特多，如句章、句無山、句餘山、仇山、仇溪皆是。江蘇又有句曲山、句盧山。而江寧迄西之句容，至今民間風氣，尚異于人。此中當與吾人以一暗示，決非偶然之現象可知！

句吳既已明瞭，我們來看看其他山水。譬如江蘇句容的茅山，當本于平陸的茅津。江西鉛山縣的汭水，當仿自山西的汭。江西的汾水嶺，江蘇的汾湖，當本于山西的汾水。江蘇臨淮的呂猶，當本于山西之盂(余別有考)。浙江鄞縣的姜山，遂安縣西北的姜灣山，當本于陝西的岐。這一類的例，非常的多，舉不勝舉。後來吳、越民族又向南遷，到了百粵，這類事，益加顯明。現在閩、粵、桂三省的山水之名，差不多都與河北、河南、山東、山西、陝西等有關。

關于這個問題的詳情，將來我想另爲文以詳之，因爲此處篇幅有限，只能寫某本于某，而不能將他的所以然列舉出來。

還有浙江的會稽山，也是禹的傳說的重要地點，這也明明是遷徙民族對他的祖先的憧憬！

但是吳、越的歷史，比較其他民族後得多。《史記‧十二諸侯年表》，始于周簡王元年。有了歷史以後，也不過與楚發生的關係多，所以以冀爲政治中心的古代，對于他的事迹，也不甚詳備，所以我們祇能簡略如是。

本來我們根據吳、越兩《世家》，已够證其爲周後，然而僅僅這樣做，便要弄錯，爲什麼？民族不是等于封君！

然而中國歷史的大病，是記載人民與社會的地方太少，記載政治領袖的太多。所以有許多事，祇都在理想的結構中去尋判斷。倘若吳、越不直接與夏相通（其來路當沿漢水而下，先至楚，然後又四方分布，其沿江而下者，爲吳、越，吳、越亦稱荊蠻，當因于此，遂繞殷人之南、西、北三面，故周滅殷後，殷人無所逃，遂與周人化合也），則周家初代的疆土，在殷之西北，太伯虞仲，何由通過殷人而南奔。若非夏後，必爲殷族，則殷人必不能讓他安處下去。這是理論上可以推得的一點。現在的閩、粤民族，是從吳、越遷去的，歷史上明明載着，如今廣西尚有關于禹的傳說。閩、粤山川地區之名，亦多本于冀、雍。古書上所載的吳、越民俗，如斷髮文身之事，也見于閩、粤。一切一切，與殷人皆毫不生關係，這也足以反證吳、越之爲夏後。

但是吳、越既爲夏後，而在周一代，爲甚與中國聲息毫不相通呢？大概是這樣：夏、殷兩族的交爭點，是在太行山左右，與吳、越相距太遠，又以大江之隔，因而斷絕。又中原南通的道路，似乎是從漢水而來，先過荊楚。大概到壽夢前後，纔打通了與中原相通之道，渡江而北。于是纔加入中國的政爭。

從上說各情看來，我們斷定吳、越爲夏後，不是向壁虛造之語了！

八　楚爲夏後說

楚爲夏後的證據，似乎很多，但很零碎，現在也零零碎碎的引證如下。

《大戴禮·帝系》云：

顓頊産老童，老童……産重黎及吳回，吳回産陸終，陸終娶于鬼方氏，鬼方氏之妹謂之女隤氏，産六子，孕而不粥，三年啓其左脅，六人出焉。……其六曰季連，是爲芈姓。季連産付祖氏，付祖氏産內熊，九世至渠婁。鮌出。(?)熊渠有三子，……季連者楚氏也。

《史記·楚世家》：

季連之苗裔曰鬻熊，鬻熊子事文王，蚤卒。其子曰熊麗。熊麗生熊狂，熊狂子熊繹。……周成王……封熊繹于楚蠻，封以子男之田，姓芈氏，居丹陽。……熊繹生熊艾，熊艾生熊䵣，熊䵣生熊勝。熊勝以弟熊楊爲後。熊楊生熊渠。熊渠生子三年。……熊渠卒，子熊摰紅立。熊摰卒，其弟弒而代立，曰熊延。熊延生熊勇。……勇十年卒，弟熊嚴爲後。……嚴卒，長子伯霜代立，是爲熊霜。……霜六年卒，……少弟季徇立，是爲熊徇。……徇卒，子熊咢立。……咢九年卒，子熊儀立。……卒，子熊坎立。……卒，子熊眴立。……弟熊通弒蚡冒(眴)子而代立。……(通)曰："吾先鬻熊，文王之師也，早終。成王舉我先公，乃以子男田令居楚，蠻夷皆率服。……"乃自立爲武王。……武王卒……子文王熊貲立，始都郢。……卒，子熊囏立。……其弟熊惲……弒莊敖(囏)代立。……滅夔，夔不祀祝融、鬻熊故也。……(子)商城以宮衛兵圍成王，成王請食熊蹯而死，不聽。

《離騷》云：

帝高陽之苗裔兮，朕皇考曰伯庸。

《國語·鄭語》云：

夫荊子熊嚴，……重黎之後也。夫黎爲高辛火正，以淳耀敦大天明地德，光昭四海，故命之曰祝融。……融之興者，其在芈姓乎？

上面引的這些材料，楚的先人，是顓頊高陽，其爲夏後無疑。而重黎

即祝融，也是西方民族中所傳的先人，楚爲西方民族，亦從而可知。芈本
羊鳴聲，當即與姜同爲羌的別族（羌實即姜字之分化）。陸終娶鬼方氏之
妹曰嬇，鬼方亦夏後，可能是亞血族婚制的遺說（又嬇即媿字）。季連之
生，是由母脅，又何其與禹之生石紐，啓之剖母腹而生，其神奇乃相同如
此！至于子事文王的鬻熊，可能也是祝融的分化（乃至于娶鬼方之女的
祖先陸終，在聲韻方面也無非祝融叠韻之變），然鬻熊是否可說是"育熊"
之化？意思是說到周之初，已有以熊爲族姓的楚族，這不與鯀化爲黄
"熊"的"熊"有關嗎？所以他的子孫，于是都以熊稱。這到底是因生以賜
的"姓"呢？是自稱爲熊後的姓？不得而知。然以後來成王請食熊蹯而
死的傳說，是有一定的關連的。氏族不能侵犯他的族徽，故食者必死，必
不是"熊掌亦所欲也"的饕餮行爲。所以"夔不祀祝融、鬻熊"，而必然遭
到大宗楚的滅亡呀！

　　但有人說你這些證據，都祇能說明楚的統治者，而並不是江介之民
爲夏後的證據。其實楚故地的居民，在古史傳說中是"三苗"，再沒有別
人。三苗也即是夏後呀。《史記》說"重黎爲帝嚳火正"，曾誅共工。黎當
即九黎，爲三苗之祖。韋昭說：

　　　　三苗九黎之後。高辛氏衰，三苗爲亂。

此即《楚世家》誅重黎的故事：

　　　　共工氏作亂，帝嚳使重黎誅之，而不盡。帝乃以庚寅日誅重黎。

《後漢書‧西羌傳》說：

　　　　西羌之本，出自三苗，姜姓之別也。

此亦楚爲夏後之證。

　　又《史記‧五帝本紀》"三苗在江、淮、荆州，數爲亂"。《帝王世紀》
說："諸侯有苗氏處南蠻而不服，堯征而克之于丹水之浦。"稱三苗爲南
蠻，而在荆楚，楚亦自稱曰"我蠻夷"（蠻夷猶蠻人也），則三苗必與楚先有
關，又克之于丹水，與《楚世家》之"熊繹受封于丹陽"同。三苗姜姓，是楚

之祖先姓氏地望皆確然爲夏民族無疑。這應是夏民族最先移殖于南方的重黎之證。

從地理來說，楚在夏水之南，與夏民族根據地原壤相接，古代民族向南方的流徙，則沿漢水（即夏水）而南，是易而近的事（《楚辭》尚有此路線之痕迹可尋，如曰"去故鄉而就遠兮，遵江夏以流亡"，"過夏首而西浮兮，顧龍門而不見"。其憬然于夏水者尚多）。楚又當大江之中，西望巴蜀，亦夏禹傳說最多的地方（《楚辭》每好言西方，而登昆侖爲猶明切，殷人無西方與昆侖之傳說也）。再以楚的山川地域之名看來，其本于山、陝、河南者更多，則其爲夏民族之流徙甚明！

又《春秋左氏傳》所載的楚職官，與周家以外其他中原之國皆不同，但與周的官號確有相同之處，如以"尹"爲稱號，《周書·立政》有"尹伯"，《顧命》有"百尹"，《周詩·小雅》有"師尹"，而《皋陶謨》有"庶尹"。周是夏後，則"尹"稱其爲夏號無疑。

我們在《國語·晉語》裏尋到一段楚與周關係至密的材料，爲數千年來所遺忘的。

> 昔成王盟諸侯于岐陽，楚爲荆蠻，置茅蕝，設望表，與鮮卑守燎，故不與盟。

《經義述聞》以"置茅蕝"爲習儀，"設表望"爲定位。其實守燎一事，必與楚的世職火正有關，故以此重要職，使熟習其儀的楚人守之。這不僅證明楚爲祝融之後，而且世守其職，而且與周家的親密關係也是很不淺的。

此外還有一件事是周公曾因避二叔之患，逃來過楚國（事見《史記·魯世家》及《蒙恬傳》），可見周初周、楚的關係已是很密的了！又晉封國于大夏，爲夏民族中心之地，其官制與列國不異，而武職特密，豈所謂"啓以夏政疆以戎索"者與（《定》四年）？可惜楚自鬻熊而後，便與中國相絶，自桓公六年武王侵隨，始見于《左傳》，此後事迹，纔略可考，則其略于東土諸侯，是當然的事，遠流有本，自當與人相異！

九　匈奴爲夏民族說

匈奴也是夏民族，《漢書·匈奴傳》說：“匈奴其先夏后氏之苗裔，曰淳維。”而樂産《括地譜》的話，更爲章顯，其言曰：“夏桀無道，湯放之鳴條。其子獯粥，妻桀之衆妾，避居北野，隨畜移徙，中國謂之匈奴。”是也。但匈奴之名，實戰國以後秦、漢之間的名稱。當爲獯鬻、玁狁一聲之轉。實即《易經》殷高宗所征伐的鬼方。鬼方的鬼字，是怎樣來的呢？是否也是中原人蔑稱他們爲“鬼”的意思？這便錯了！鬼即九字的聲變，鬼方即九方，也即是《詩經》所謂的仇方，也即是三家分晉的“魏”，也即是晉地大姓的“隗”，也即是山西盂縣的㕙猶，也即是楚祖的昆吾，也即是甲文中的𡷪方，這些這些，都應當是夏民族之在北方與西北方面的各部族，請稍爲分析：

鬼即是九，這不僅是同聲，並且鬼侯即是九侯，是史有明文的。又《史記·殷本紀》以西伯昌、鬼侯、鄂侯爲三公，這似乎也可以說是殷民族對夏民族的政策（鄂即邘，亦即甲文之𡃫，即《左傳·隱六年》所謂晉人逆翼侯于隨內諸鄂之鄂，蓋古唐國，亦夏族，故鬼、鄂、周三人，特以“公”封，而九侯、鄂侯皆爲醢脯，文王亦囚羑里，蓋夏、殷兩族之鬥爭也）。

九亦即《詩》所謂的仇方，我在《㕙猶爲鬼方考》篇，論此最詳。

《詩·大雅·皇矣》：“帝謂文王，詢爾仇方，同爾兄弟。以爾鉤援，與爾臨衝，以伐崇墉。”按仇方，毛、鄭皆以爲鄰匹之邦，雖亦可通，而實未允。“仇”字從人從九，正夷字從大從弓之義，仇方蓋即指周家世好之姜戎。文王以妻族父黨，以臨天子重臣，周之詩人，欲飾仁德于侵伐，遂托微詞于天帝，詢舅同弟，儼然上天之意，毛、鄭以爲鄰匹，蓋非其朔也。仇方之地，當在今甘肅東南，今成縣西北有仇池山，《三秦記》本名仇維，其上有池，故曰仇池（仇維維字蓋音之衍）。而成縣臨左之徽縣，其南又有仇鳩水，《水經注》所謂發鳩溪是也。鳩與九一聲，則九鳩實爲叠言。徽、成二縣皆在天水之南。以昆夷栖息之地，而得仇池、仇鳩之名，蓋又情實之必然也。至周之東也，夏族亦東遷,故《逸周書》載伊尹朝獻,有仇州之國。《左氏傳》載宋閔大夫有仇牧其人。又古傳說中有伏羲生仇夷(《開山遁甲圖》)之語。諸此例證,皆足以顯現夏民族與九之關係。又秦有九方皋者善養馬,蓋又西土遺迹之可尋者也(《莊子》作九方歅,《淮南》作九方垔)。

爲什麼即是三家分晉之"魏"呢!我在《厹猶爲鬼方考》篇論此也頗詳,茲節如下。

《史記·魏世家》曰:"畢公高爲周同姓,其後絶爲庶人,或在中國,或在夷狄。其苗裔曰畢萬,事晉獻公,獻公伐霍、耿、魏,滅之,以魏封萬。晉獻公卒,四子爭立,晉亂,而畢萬之世彌大,以其國名爲魏氏。"按司馬此文云云,不知所本,細繹文意,魏地先畢萬而有。然余疑萬或本爲鬼方隗氏子孫,仕于大國,不改姓魏,魏蓋"鬼"之聲借,故晉因其地與勢而魏之。至悼公時,山戎請和,魏絳遂儼然以上國大夫,倡言和戎五利,蓋亦不忘祖國之意乎?史公以國名爲魏氏之說,當爲肊測之詞矣。

爲什麼也即是晉之大姓的"隗"氏呢?這事在王靜安先生的《鬼方昆夷獫狁考》中言之頗詳,這是普通都應當讀過的文章,此處爲節省篇幅計,不重錄了!

爲什麼也即是山西盂縣的厹猶呢?這是我的《厹猶爲鬼方考》一文所詳論的,現節錄一段如下。

按厹猶古國名,魯昭二十八年始爲縣,其史實不見于他書,惟智伯鑄大鐘,仇猶除道納之一事,遍載戰國、秦、漢人書中(《國策》、《呂覽》、《韓非》、《史記》、《淮南子》等書)。當爲戰國時國際間盛相傳語之事。高誘注《國策》與《淮南》,以爲近晉之狄國。

按厹字從九從口,當爲此族之氏族名,而九即其圖騰也。從口者蓋有方位之意,以限其爲方國也。

以下則舉《易》高祖伐鬼方,大、小盂鼎,以證其地在山西盂縣,文長不録。

爲什麼也即是楚的"昆吾"呢？昆吾與昆夷一聲之轉，楚又爲夏後，則昆吾當然也是傳說中的人，在《詩經》中，以"韋顧即伐，昆吾夏桀"對言，則昆吾之與夏蓋不能無關矣！《國語·鄭語》說："昆吾爲夏伯矣。"愈可證。

爲什麼也即是甲文裏的𦎫方呢？𦎫字友人葉玉森君釋苦。甚確，不過葉先生以爲是即"惟箘簵楛三邦底貢"的苦國，則非，因爲在甲文裏的𦎫方，似乎是遭殷人征伐的一國，我曾從"𦎫方牧我示棘田"、"戊辰卜賓登人乎往伐𦎫方"、"員勿乎𦎫伐𦎫"三文，證其爲戰國時中山國邑之苦陘，仍爲匈奴故居，而"苦"與"鬼"、"九"皆一聲之轉，故苦方當亦夏後之匈奴。

諸上所證，都是指明這些瑣瑣碎碎的地與姓氏，是匈奴民族裏的分支，而他們也都是夏民族的支流，以證明匈奴也是夏民族。

至于他的地理，大概是在陝西、山西、直隸的迆北一帶，再以前後《漢書·匈奴傳》的話看來，則山、陝、直以北，至內外蒙古，皆爲此族根據地，換言之，今蒙古及山、陝以北的民族，都是夏民族的一支。不過夏的本部的民族（即古中原民族），自與殷民接觸後而混合，文化日進。而蒙古一帶的四散之夏族，不曾與漢人有關係，又因了地理上的缺點，文化無進步，遂被中原民族所排擠，演成中國歷史上幾千年來的鬥爭，追其遠祖，其實與漢人正是兄弟呢！

但在傳說中有以鬼方在南者（僞《竹書紀年》），有以鬼方在北者（干寶《易注》），有以鬼方在西者（宋衷《世本注》），其實夏民族本繞在殷民族的南西北三面，傳說自然可以遷移，並不足怪，不過確指應當在北方與西方，南方衹能算是遷流過來的傳說！

關于匈奴的問題，王先生《鬼方昆夷玁狁考》論之最詳，此處不具！

十　西域爲夏後說

葱嶺以東，今新疆、青海一帶，外人所稱爲中國土爾基思坦者，亦當爲夏後。中國漢時稱之曰西域，或曰西胡，直至魏、晉間亦然，或亦簡稱曰胡。按胡當爲夏之聲轉,西胡言其在中土之西,至于西域,則又以一個實義(域即國字,猶言西國)字代了一個借聲字。故西胡好似西夏——或者後來的西夏國竟是西域的後影,也說不定。

這種民族,大概是由甘肅一代漸漸向西去的,太古時代的事,雖尋不到的證,但以稍後一點的歷史來較量,大概也相差不遠,這事我們引王靜安先生《西胡考》的話來作證,他說:

> 自來西胡之地,凡征伐者自東往,貿易者自西來,此事實也。太古之事不可知,若有史以來,侵入西域者,惟古之希臘、大食,近世之俄羅斯來自西土,其餘若烏孫之徒,塞種之徒,大夏之徒,大月氏之徒,匈奴之徒,嚈噠之徒,九姓昭武之徒,突厥之徒,回鶻之徒,蒙古之徒,莫不自東而西。

以下是把玄奘《大唐西域記》裏所分的三種中窣利、覩貨羅二種,雖已在蔥嶺以西了,而仍是從東徙去的史實,鈎稽了出來。從王先生的考索看來,西域遷徙的情形,是很明瞭的! 而中國自山、陝以北爲夏民族生息之地,則此等之爲夏後,似不待證便可斷言了。但是緩點! 我們還要來點證據,這句話纔有說頭呢!

漢時西域凡三十六國,孝武以前都役屬匈奴,匈奴呼衍王領其地,置僮僕校尉,事詳《漢書·西域傳》。但都是漢以後的事,我們此處不能多所徵引。不過在漢時的陝西、甘肅境內,有許多地名還保持得有漢代西域諸國的名稱(此事徐君中舒言之最詳)。也許本是西域諸國的老鄉土,這一方面證明西域諸國之爲自東西徙的民族,一方也證明其民族之祖先必爲夏民族,這是值得我們來特別提供的一件事!

其中有個顯然用到夏字的部落,即是大夏,從後來之有西夏看來,這決不是字的偶同,現在我們得加以說明。

大夏在西域諸國中,是較大的一國,他從東方遷徙過去的,王先生已詳言之,他在東方的根據是怎樣呢? 王先生說:

> 大夏本東方古國,《逸周書·王會解》云:"禺氏、駒騟、大夏兹白

牛、犬戎、文馬。"又伊尹獻令云："正北空桐、大夏。"空桐與禺氏（即
月氏）、犬戎皆在近塞，則大夏一國明非遠夷。《史記•封禪書》云：
"齊桓公西伐大夏，涉流沙。"此本《管子》佚文。《呂氏春秋•古樂
篇》："伶倫自大夏之西，乃至阮隃之陰。"《漢書•律曆志》、《說苑•
修文篇》、《風俗通•音聲篇》同紀此事。阮隃皆作昆侖。昆之爲阮
聲之近（《說文》自部阮讀作昆）。侖之爲隃，字之誤也。綜此二說，則
大夏當在流沙之內，昆侖之東，輸周初王會時，已稍西徙，《穆天子
傳》云：自宗周瀍水以西至于河宗之邦，陽紆之山，三千又四百里。
自陽紆西至于西夏氏二千又五百里，自西夏至于珠余氏及河首千
又五百里，自河首、襄山以西南至于舂山、珠澤、昆侖之邱七百里，
是西夏西距昆侖二千又二百里，與《管子》、《呂覽》所記大夏地望
正合。

關于大夏的源流，此節話可算最爲暢爽了！我們所當注意的是：大
夏原來是在陽紆、河宗之西，陽紆爲秦藪，河宗據《趙世家》"奄有河宗至
于休溷"的話看來，當去趙不遠。這些地方，正是夏民族栖息之地呢。

大夏自被月氏逐後，纔逾葱嶺而西，遂廢漢名，而用語音爲名，即《西
域記》的覩貨羅，也即《後漢書》的兜勒，《大智度論》的兜佉羅，《魏書》的
吐呼羅，《隋書》以下的吐火羅，都是大夏的對音。

後來的遺迹即是西夏，西夏的基本民族當即是黨項羌（參吾友王靜
如之《西夏國名考》一文）。"羌"當然又是夏民族。西夏之地，在今四川
西部，松州、雅州、打箭爐一帶，來又曾徙于寧夏，此是後話，權且不說（其
詳見王靜如先生《論四川羌語及猼㺇語與西夏語》一文，載歷史語言研究
所單刊甲種之十一《西夏研究》第一二集中）。

另外還有一個可認爲夏民族的月氏，月氏即《逸周書》的禺氏，何秋
濤《王會篇箋釋》說：

禺氏在西北，月氏亦在西北……禺月一聲之轉，禺氏蓋即月氏。

王靜安先生《月氏未西徙大夏時故地考》言之更確，說：

周末月氏，故居蓋在中國之北，《逸周書·王會解》伊尹獻令列禺氏于正北。《穆天子傳》"己亥至于焉居、禺知之平"，禺知亦即禺氏，其地在雁門之西北，黄河之東，與《獻令》合。

《史記·大宛傳》也說："月氏是居于敦煌、祁連間。"

關于月氏爲夏後的話。從地理上已足够證明了，因爲在雁門、敦煌一帶，不會再有第二種民族居息。

總括起上面五分——自第五分至第九分——來說，現在的山西、直隷之北、陝西全部、内外蒙古、新疆，凡今日中國北部、東北、西部都是夏民族生息的地方；換言之，這些地方都是中國民族生息的地方。從文獻上已足够證明了！更從近來考古學上給我們的證據，以坐實此說（詳後）。

但是不幸得很，在過去的歷史上，北與西北的紛爭，是繼續不斷地開演着，在相殺相斫中，造成了民族感情分崩的現象。自己的分裂，這四方面——東、東北、西北、北——都時時受了外族的利用，都是緣于民族先有罅隙。追懷往昔，時切孔懷之誼，瞻屬來朝，豈僅同舟之憂！

十一　從考古學上證明北中國民族爲同種即同爲夏民族說

上面五分的材料，都是得之于零零散散的文獻之上，要來證明，自然很够，但要一齊推翻，也未嘗不可，因爲中國史書上的材料，全是矛盾、相反、含混、歧出的多，從反面說，也未嘗無確證，這是我們這一章所以要特别加上的。

中國考古的成績，差不多僅是近十餘年來的事，當然沒有許多的發現。而年來的考古，又都趨重于北方——東北、西北及黄河流域，關于南方的知識，因了傳說的啓示太少，還很少人注意，所以我們也僅能從北方說起。

安特生《甘肅考古記》(J. G. Andersson: Archaeological Research in Konsu)所定的中國古代文化的六期，似乎是近十年來考古學上的標尺。這六期之中，又以仰韶期的文化分布爲最廣，現在所知者，已有甘肅、陝西、河南、山西、直隸、山東、奉天諸省，這幾省，恰恰是我們上面所說的夏民族分布的地方。

在這六期的發現中，有兩件事可以做成我們的"北中國爲夏民族"的假設，一是人骨的考查，二是鬲環之屬，現略說如下。

關于人骨的遺骸問題，是河南的仰韶與奉天的沙鍋屯，是同在仰韶期的文化裏的同派的人種，並且與現在華北居民的體質同派。故步賴克（北平協和醫校解剖教授）說：

> 從我們比較研究的結果，頗不易避去"沙鍋屯仰韶居民體質與現代華北居民體質同派"的結論（見前農商部地質調查所印行之《古生物志》一號三冊，步賴克著《奉天沙鍋屯及河南仰韶村之古代人骨與近代華北人骨之比較》一文的結論）。

他又在《甘肅史前人種說略》一文中也說：

> 在我國的沙鍋屯及仰韶遺骸之報告中，我當證明那兩組骨骸所代表的人民的體質，與現代當地居民之體質，同屬一派。假如所證果實，則仰韶、沙鍋屯居民之體質，與史前甘肅居民之體質相似，蓋三組人之體質均似現代華北人，即所謂亞洲嫡派人種也。

我們所要注意的是：自奉天至甘肅，凡於整個的仰韶文化的遺骸，是同一個人種，仰韶文化是與小屯文化相對立的，小屯即我們後面要說的殷民族，他與仰韶顯然是兩個文化，兩個民族。以古代中國的北方民族來看，殷民以外當然衹有夏民族，而其遺骸的地理分布又恰相合，則北中國爲夏民族，從考古學上有了證據。

現在來看"鬲"、"環"之屬：

在仰韶及沙鍋屯的器物中，有三足陶器，極似周代的銅鬲。又如石環，與周代的玉瑗相似。據安特生與袁復禮兩君的研究，認爲"其間有遞嬗演化之迹"（詳《中華遠古之文化》）。周是夏後，則此種爲周器先導的土鬲，當然也是夏之遺物無疑矣！《左氏傳》的有鬲氏當爲遺迹，大概是産鬲或用鬲的地方罷。《漢書·地理志》"平原郡鬲"下注"平當以爲鬲津"，這怕與安特生所斷定的"鬲是發源于山西、河南的交界處"大概不相遠罷？

說到這兒，似乎有一個問題，要得稍加辯論的是：安特生根據了仰韶中的著色陶片，斷定中國民族自西方來，更引阿恩 Arne 爲同志，但他所列舉的證據與理論，都可以反過來說："中亞文化是東方去的。"並且他始終都無法回答的第一個難題是："爲什麼河南陶質優于甘肅？既從西來，爲什麼現象顛倒若此？"第二個難題是："若中國文化是自西到東，爲什麼祇有河南有鼎鬲屬的陶器，而甘肅倒沒有？"所以安先生的結論，不一定可靠，而吾人前所證明的征伐由東去的話，似乎還更可靠點！

十二　夏民族之氏族略論

這一分的意思，是想從古姓氏與古封國中，列舉一些夏民族的支流，這事自然不必即很周密。因爲姓氏的紛亂，多不可定，而姓氏封國，是否即可完全代表民族，也不無疑問。但我們要知道這一點，古代民族的組織，都是有血統關係的，而所謂封國，也不過是民族中的部落，決不會是相異的民族。以一民族而受統制于他一民族的特殊階級，是很後很後的事，早也得在封建制度的初期纔有，所以我們以姓氏與封國來分配夏、殷兩民族，並不是太大膽的方法，現略考如下：

崇國　禹父伯鯀的封地。殷有崇侯虎，大概是夏民族的叛徒，故文王第一件事便是伐崇，後來春秋時又有崇國，地在陝西鄠縣東。

姒姓　禹姒姓，其後姒姓之國有：

(一) 觀，(二) 扈(見昭元年《左傳》)，(三) 斟灌，(四) 斟尋(二國見後)，(五) 越(少康之子)，(六) 鄫(見《僖》十四年)，(七) 杞。其詳或見後文，或見顧棟高《春秋大事表》，又《夏本紀贊》所列見後。

皋陶國　禹臣中以皋陶最老，歷事三朝。也惟皋陶是夏民族，夏民族大概是使用陶器的民族,這在近來仰韶期發現的陶器上可以看出。又《呂氏春秋》亦言"昆吾作陶"。昆吾爲夏後亦可證皋陶頗可疑即堯的"陶唐"。今山西霍縣東有陶唐谷。又《左傳·閔二年》有皋落氏,"落"在來母,與透母的"陶"爲雙聲,或即皋陶之變,其地在今山西垣曲縣。《人表考》偃姓又名咎繇,當即"咎猶"一聲之轉。

塗山國　禹娶于塗山,按"塗"、"陶"不僅聲轉,而義亦相關連,塗山地說者不一,其實皆未必是。

陶唐國　《左·哀六年》"惟彼陶唐,有此冀方",是陶唐爲夏族,相傳堯爲陶唐,實則皋陶、塗山、陶唐等的集中人物。

許國　《史記》,封皋陶之後于英、六,或在許,春秋許國姜姓,伯夷之後,亦夏後。詳後。

有扈國　有今鄠縣,啓所伐也。

有窮、有仍、有鬲、過、戈國伯明氏　《左傳》魏莊子曰:"昔有夏之衰也,後羿自鉏遷于窮石,……而信用伯明氏之子寒浞,……后緡歸于有仍生少康,有夏之臣靡,自有鬲收二國之燼以滅浞而立少康。少康滅澆于過,後杼滅豷于戈,有窮遂亡。"(此事《帝王世紀》載之較詳。)

斟灌、斟尋氏　《左傳》澆滅斟灌氏及斟尋氏。《帝王世紀》"帝相徙于商邱,依同姓諸侯斟尋",按斟灌、斟尋皆姒姓,見前。

豢龍氏、劉累、御龍氏氏　見《夏本紀》。

有男氏、彤城氏、褒氏、費氏、杞氏、繒氏、辛氏、冥氏、斟戈氏氏　見《夏本紀贊》。

有邰氏國　后稷母家,姜姓。

姬姓　周、夏後,姬姓。其封國有(一)魯,(二)蔡,(三)曹,(四)衛,(五)滕,(六)晉,(七)鄭,(八)吳,(九)虞,(一〇)虢,(一一)北燕,(一二)祭,(一三)極,(一四)邢,(一五)郕,(一六)凡,(一七)息,(一八)郜,(一九)芮,(二〇)魏,(二一)隨,(二二)巴,(二三)荀,(二四)賈,(二五)滑,(二六)耿,(二七)霍,(二八)密,(二九)頓,(三〇)管,(三一)毛,(三二)聃,(三三)雍,(三四)畢,(三五)原,(三六)酆,

（三七）郇，（三八）邘，（三九）應，（四〇）韓，（四一）蔣，（四二）茅，（四三）胙，（四四）沈，（四五）焦，（四六）揚，（四七）犬戎，（四八）驪戎，（四九）鮮虞。以上四十九名，見《左傳》，其見于《歷代紀事年表》者，尚有冀、項、唐、陽、州、來，亦姬姓國。

以上皆姬姓之國。又從姬姓分出來的：

從周分者有：

（一）周氏，（二）召氏，（三）祭氏，（四）原氏，（五）毛氏，（六）成氏，（七）單氏，（八）王叔氏，（九）甘氏，（一〇）劉氏，（一一）儋氏，（一二）黨氏，（一三）王氏。

從魯分者有：

（一）衆氏，（二）展氏，（三）柳氏，（四）臧氏，（五）郈氏，（六）施氏，（七）仲孫氏，（八）子服氏，（九）南宮氏，（一〇）叔孫氏，（一一）叔仲氏，（一二）季孫氏，（一三）公鉏氏，（一四）公父氏，（一五）東門氏，（一六）仲氏，（一七）子家氏，（一八）叔氏，（一九）顔氏，（二〇）郳氏，（二一）公儀氏。

從蔡分出來的有：

（一）朝氏。

從衛分出來的有：

（一）甯氏，（二）孫氏，（三）世叔氏，（四）北宮氏，（五）子叔氏，（六）公叔氏，（七）公孟氏，（八）南氏，（九）文氏，（一〇）司寇氏，（一一）司徒氏。

從晉分出來的有：

（一）欒氏，（二）祁氏，（三）韓氏，（四）游氏，（五）羊舌氏，（六）楊氏，（七）郤氏，（八）狐氏，（九）賈氏，（一〇）續氏，（一一）魏氏，（一二）令狐氏，（一三）呂氏。

從鄭分出來的有：

（一）祭氏，（二）原氏，（三）子人氏，（四）罕氏，（五）良氏，（六）游氏，（七）國氏，（八）駟氏，（九）印氏，（一〇）豐氏，（一一）孔氏，（一二）然氏,(一三)羽氏。

從齊分出來的有：

(一)管氏。

從楚分出來的有：

(一)黨谿氏。

姜姓　周的世誼,其封國則有(厲氏亦姜姓,然厲山之後也。又逢爲商時姜姓國)：

(一)齊,(二)許,(三)申,(四)紀,(五)向,(六)州,(七)萊,(八)口江,(九)姜戎。

從姜姓分出來的氏則在齊有：

(一)高氏,(二)國氏,(三)隰氏,(四)崔氏,(五)宴氏,(六)慶氏,(七)東郭氏,(八)蘆蒲氏,(九)欒氏,(一○)高氏(兩高氏)。

姒姓　按姒姓于古有杞、鄫、越三國,《左·僖三十一年》杜注"杞、鄫夏後",《越世家》"其先禹之苗裔,夏后少康之庶子也"可證。又有觀、扈二國見前。

從姒姓分出來的氏在齊有：

(一)鮑氏。

在晉有：

(一)辛氏,(二)董氏。

在魯有：

(一)曾氏。

在越有：

(一)歐陽氏。

祁姓　《左傳·襄二十四年》士匄曰"匄之祖自虞以上爲陶唐氏,在周爲唐杜氏",則唐、杜爲祁姓二國。又有"鑄"國,亦堯後。"彭"爲白狄別種,亦祁姓。從祁姓分出的氏在晉有：

(一)士氏,(二)范氏,(三)劉氏。

嬴姓　嬴姓以秦爲大國,其他則有：

（一）黄，（二）梁，（三）葛，（四）江，（五）徐。

從嬴姓所分出的氏在晉則有：

（一）趙，（二）耿氏，（三）邯鄲氏。

于徐則有：

（一）徐氏。

巳姓　按巳當爲姒之原字，古以字作㠯，與巳同，加女以表姓也。又姒與姬亦當爲一字之分化。從巳姓之國有三：（一）自莒，（二）郯，（三）溫。而從巳姓分出之氏，僅一在周之蘇氏。

偃姓　偃氏見前，從偃姓之國，有（一）舒，（二）英，（三）六，（四）蓼，（五）舒蓼，（六）舒庸，（七）舒鳩，（八）桐，（九）存鬲。而從偃而分之氏，則尚無考。

妘姓　從妘之國，有（一）鄅，（二）夷，（三）偪陽。

曹姓　從曹之國，有（一）小邾。從曹分出之氏，有曹氏。

羋姓　從羋之國，以楚爲大，其餘尚有“夔”，證已見前。從羋分出之氏，于楚有（一）鬭氏，（二）成氏，（三）蒍氏，（四）孫氏，（五）屈氏，（六）陽氏，（七）囊氏，（八）沈氏。

熊姓　從熊之國有羅，從熊之氏則未有聞。

歸姓　歸姓之國有胡。

媿姓　愧姓之國有（一）白狄，（二）赤狄，（三）廧咎如。

允姓　允姓之國有（一）小戎，（二）陸渾。又襄十四年杜注“姜姓之戎別爲允姓”。

以上自姬姓至此，皆本顧氏《春秋大事表》，一切例證，除有新解外，皆在顧書，故不詳列。

以上國名氏族的考查，祇是根據春秋以前的載記而列的，自然是不完全的東西，甲文裏有許多國名（現可考者略二百四十五字）。金文裏的國名與氏族名，都很不少。但這些東西，都還未得確實可信的考定，所以我們都不曾引入。近來我正著手一文曰《金文氏族疏證》，是繼續着我的《詩書氏族考》而作的。待將來全稿寫定後，若有發現，再爲補入。所以此處只好簡略如是！

十三　殷商錄

《史記》諸書解釋殷、商兩字，都以爲殷契始封于商因曰商，盤庚遷于殷乃曰殷，其義以爲商、殷二字都是地名，與周之本于周原，因國號曰周是相同的。但自契至湯凡八遷，契居蕃，《世本·居篇》。昭明居砥石，爲什麼又不名曰蕃曰砥石？並且盤庚以前殷民族已曾居殷，《今本竹書紀年》云："帝芬三十三年，商侯遷于殷。"《山海經》郭璞注引《真本竹書紀年》有"殷王子亥，殷主甲微"。皆可爲證。爲什麼又說盤庚始稱"殷"呢？並且遷地則易名（國名或族名），即在原人時代，也不曾見到這種例子。殷民族已是具有"國家"這種意識形態的民族，而謂因遷徙而易名，恐也不全是吧？況且《尚書》、《詩·頌》諸書中之稱殷人，或單言殷，或單言商，或連言殷商，毫無一點分別似的，這又作何解釋呢？再說進去一層，即使殷也商也，真是地名，其命名之原義，也容得我們來試探一下。因此我覺得殷、商兩字，得加一番考查纔行。

我所得到的結論是：

（一）商即商邱，也即《論語》"宋不足徵也"的"宋"字一聲之轉，故宋人亦自稱曰商，《商頌》即宋詩。此本王靜安先生說。

（二）殷爲族種名，即《說文》"夷東夷之人也"之"夷"的分化字，如矢、吳、虞皆爲一源之分化之例，後人用爲地名。

總合上面結論，可作一個假說。如下：

殷爲種名，商爲地名，後因而並用爲國名。

商爲地名，這是舊說。祇要看看《殷本紀》與《史記索隱》、《正義》及王靜安先生《說商》諸文，便知其詳。至于殷爲種名，也即是東夷的夷人，這是我個人的意見，是否的當，尚求研究古史的人，加以探討。其詳見《釋殷》一文，此處從省略，以節篇幅。

但在《春秋左氏傳·昭四年》裏說：

> 夏桀有仍之會，有緡叛之。商紂有黎之蒐，東夷叛之。

又昭十一年傳：

> 桀克有緡，以喪其國；紂克東夷，而殞其身。

《呂氏春秋·古樂篇》也說：

> 商人服象，爲虐于東夷，周公以師逐之，至于江南。

這些東夷，好似與殷人作對的民族，其實應當是殷民族後來的分化。殷民族攻伐的東夷、淮夷等，或者還是殷之先民，也難說定。殷之稱或者竟是與夏民族接觸以後纔有的，也說不定。

又甲文、銅器中有多量的"征人方"的記載，自孫詒讓有"人"當爲"尸"、"尸"即"夷"之說以後，"人方"即是"夷方"之說，因而成立。在銅器中，如史懋壺、師酉毁、宗周鐘、丁巳爵、殷作父乙獻都有"征人方"的記載，甲文中所載尤多。詳董作賓《甲骨文斷代究例》一文。這些"人方"的"人"字，是否真真即是"夷方"的"夷"字，權且不論。即退一步言，真是夷方，則依董作賓氏的考定，其征夷在帝辛之時，已與我前面"夷方爲殷民族後來的分化"之說相合。又其所在之地，董氏以行役所到的地方考之，皆在今山東境內，則至小限夷人必不爲夏民族，至小限甲文中之"征人方"，不是征西方的外族可知。

總之《左傳》、《呂氏春秋》所載的"征東夷"，銅器中甲文中所載的"征人方"，都是殷末的事，其民族應當是殷民族的分化分子，不足以爲殷人即夷人之說的妨礙。

我們要知道古代社會的推衍，其所需的年代，要比我們現在的社會長得多，所以我們研究古史，不要僅僅企圖湊合聯絡，更不要僅求同類的歸納；應當深思去求異類的分析。相反相衝突的材料，或者在過去是相同相應的也難說。這也應當是個慣例。

"殷"字的解釋似已完了，至于"商"字呢？還是一個地名，即是所謂商丘。王靜安先生的話完全可信，此處不多說了。詳《觀堂集林·說商》。

十四　殷爲農業民族與其農神

我們要考訂殷民族是否爲農業民族，我們先來看看殷代的農業情形是怎樣。殷民族的社會進展，也應是從游牧漁獵而進至農業的，其脫變的時期我們無法考定。《史記》、《國語》以及《尚書》諸文所記載的殷人的歷史，成湯以前，多不可靠，《史記》載湯以前“殷人不常厥邑，遷徙往來無定處”，這似是游牧民族所有的現象。但從他方面考來，又非事實。而這節歷史對于殷民的形成關係較少，所以我們略而不言，從成湯起。

成湯以後，殷民族已完全是農業社會，到盤庚時，形態已定。所以盤庚要遷于殷，而民衆大加反對，這已足顯示當時農業社會安土重遷的現象。這早是農業社會已完成的樣子。

在殷契裏這件事更表現得真切，譬如我們在《殷虛書契前編》的四十八頁、七十四頁有這樣的記載：

> 己酉卜，即貞：告于母辛，屰農。
>
> 癸亥卜，員乙出屰屮囗農彭。
>
> 己酉卜，員告于屰農。

這都是爲農而卜的。又在上面我們所舉過的羅振玉氏的事類統計裏，卜告卜年卜風雨三事，都顯然與農業有關。譬如：

> □□卜，賓貞：翌庚子之告麥，允之告麥。
>
> 翌乙未，亡其告麥。
>
> 貞于王亥，求年。
>
> 貞求年于羔。
>
> 壬申貞，求年于妣乙。
>
> 帝命雨正年。
>
> 受黍年。

> 庚申貞,我黍年,三月。
>
> 甲辰卜,商受年。
>
> 弗受之年。
>
> 今月其雨。
>
> 今二月,帝命雨。
>
> 癸未卜,茲月有大雨。
>
> 貞,不其雨,在五月。

又如雜卜中的:

> 觀黍,歸井。
>
> 其觀黍,不歸井。

都可以認爲是與農業有絕對關係的材料。而其中所列的卜年的三四十條,全都是農業的卜。可見農業在當時的社會,實占最重要的地位。在《尚書》裏的《商書》中說到農業的地方也很多。《盤庚》上篇說:

> 若農服田力穡,乃亦有秋。……惰農自安,不昏作勞,不服田畝,越其罔有黍稷!

這是可信的史料。

但這些直接的材料,似乎尚不足以說明,再從他方面來看:與農業有關的事,大概可分爲(一) 種植的類別、(二) 生產的物品、(三) 農具、(四) 奴隸四事。這四件事,我們都尋得到的證,請聽我道來:

(一) 種植的類別

種植的類別,在殷契上已尋得出"埶"、"耤"(甲文作讀☒,舊釋掃,非)、"秉"(手執禾形)、"焚"(燒田也)、"田"、"疇"、"園"、"疆"、"囿"、"圃"、"穡"(甲文作啬作☒)等,而"年"字即是一個手執禾形,意謂禾一熟爲一年。"男"的組織,是力田,都可以看出農業發達的情實。

（二）生產的物品

再從生產方面來看，此事更爲明白，黍是契文中最多見的字，他如"禾"、"米"、"稷"、"來"、"農一"①、"粟"、"糠"等，都是農業要產。不僅如此，"桑"也是農業的附產。按"桑"與殷人的關係最多，其故事中如桑林、扶桑、窮桑、空桑、祥桑等皆是。絲也產得很多。器物之用絲制者，在文字已屬不少。又與耕稼相關連的工藝品，則有酒鬯。酒鬯用于祭祀，有多至一百卣之例。王靜安先生也以爲殷代飲酒之風最甚，傳世酒器，如尊、卣、爵之屬，十之八九是殷代的，可見釀酒的黍禾，產量之多。

又農家還有一種最重要的附業，是沿襲着畜牧時代的"畜牧"。在甲文裏已完全有了。後世之所謂家之六畜馬、牛、羊、鷄、犬、豕等，這些東西，常常在祭祀的時候，會成百的用來祭祀，可見其產量之大！而用牲的方法也很多：有烄、有埋、有沈、有卯、有俎。除了祭祀外，還有以畜牲爲服御之用的。並且這些畜牲，也好似人樣，有了一定的居處，如牛之有牢，羊之有宰，豕之有圈。這都可以證明當時依附農業而產生的生產品，非常之完全，除了文字的證明而外，殷虛發現的物品中，也常有牛骨豕骨，而契文尚多有以牛骨刻者，這也是種的證。

（三）農具

從農具方面來說，安特生在仰韶等處曾發現過二眼石鐮，德日進及桑志華二君在熱河林西採許多石器，其中有與安氏在宣化所得者相同，經美、法專家研究，斷定爲農具。可見殷人在石器時代，已有農業——這當然是一種粗耕。這種農具，應當是一種耙耕的農具，是農耕最原始的方法。耙耕農具裏，有僅用一枝木棒爲工具的，這即是後人所用的長鑱的來源。後來在文字中的所謂耒耜的耒，即是此物進化來

① "農一"二字不可通訓，底本如此。

的,形象當爲:

（耒作父乙彝）

（耒毀）

小篆作,當是誤于形與誤于從木之義而造的字（耒之初以木爲之）。耒是殷人特有的農具,直至殷亡,尚沿用于東方諸國（與西方諸國之用耜成對比）。在武梁祠石刻的"神農氏因宜教田辟土種穀以振萬民"一圖,手中所執的農具便是耒形,圖如:

正與金文相合。釋耒各說,略本同學徐中舒《耒耜考》,見中央研究院歷史語言研究所《集刊》第二本第一分。又文字中的、麗諸字,據徐中舒君的考證,當即是所謂耦耕的意思,所以後人以麗爲偶,字變作儷。

（四）奴隸

還有一種與農業最有關係的人,便是奴隸。奴隸在殷的社會裹,也是很爲重要的一種制度。因爲據奴隸的多少,可以判定農場的大小。

奴隸制度的發生，本當在游牧時代，而奴隸的來源，則爲俘虜。其中與農業關係較重的，當然是男子。"男"字便是男奴，所以從力從田。意思即是"田奴"。"男"字即是"虜"字。如吳字即是"虞"字，"乎"字即是"虖"字，都是甲文繁省之例（小篆中的"處"即"処"字，也是例）。所以俘虜的根本原因，即是虜來做田奴，從文字上，已足夠證明了！（初繫罪人爲奚，既爲家奴則稱虜。）其他尚有稱爲臣妾俘僕等者。大概是分別爲田主服役戰爭或爲犧牲的人而已！

殷契中關于奴隸的記載，舉幾條重要者如下。

> 甲寅卜，貞：三卜用血，三羊。册伐、廿卲、卅牢、卅及、二□于妣庚。（《殷虛書契前編》七卷十二葉）
>
> 癸未卜，御妣庚伐，廿卲、廿卅牢及三三口。（同上，四卷八葉）

及即俘字，這是以俘爲犧牲的。

> 貞，叀卜：臣令衆黍，一月。（同上，六卷三十葉）

這是用作耕作的。

> 乎多臣伐呂方。（同上，六卷三十一葉）

這是用爲兵役的。他如：

> 貞，汝𤔔不其奴。（《藏龜拾遺》八葉）
>
> □戍俘隹奴帚𤔖。（《前編》四卷三十一葉）
>
> 王亥妾。（《藏龜》百六葉）

這類記載非常的多，這顯然是奴隸制發達時的情形。

由上面的直接材料，與同農業關係密切的四事證來，殷的社會是農業的社會，這是無可疑義的了！但是殷的民族是否即能算農業民族呢？這當然不能混爲一談。不過有了社會的形態做基礎，再來搜求一些傳說中的證據，來說明殷爲農業民族，是比較更有根據的論證法。現在我們說到殷爲農業民族的本身問題來了。

自然,這又是一種從峽縫中尋出來的天地,祇好細心的推求,與大膽的假設。

現在請列八證以明之。

(一)從支干之使用,以證殷爲農業民族。

(二)從文字上表現之土田制度,以證殷爲農業民族。

(三)從殷之先祖的傳說,以證殷爲農業民族。

(四)從殷之風俗的傳說,以證殷爲農業民族。

(五)玄鳥之傳說,以證殷爲農業民族。

(六)服象說。

(七)帝舜、帝俊、帝俈說。

(八)豫爲農耕之本,用爲地名說。

這八證之中,第七八兩證,另有專分討論,此處祇說前六分。

(一)從支干之使用以證殷爲農業民族

我們把《史記》的《三代世表》翻開一看,夏、殷、周三代的帝王,有個顯然的差異,是:夏、周各帝的命名,毫無一點系統與類屬可言,而殷自湯太子外丙,直至帝辛,無一個不用十干爲名,而再加以大、中、小、外、祖、陽等區別字,似乎都有一貫的統一性。不僅如此,依《史記》湯以前六世,自上甲微後至湯,亦用十干,其始祖高辛亦爲十干,而上甲微之父,《史記》作"振",依殷虛契文的考據,即王亥,與支干也有關係。又亥以前曰季、曰王吳、曰昌若、曰相土,亦與農業有關,詳後。在甲骨文中所考見的祖妣的名字,也完全是用十干,妾也用十干。這種直貫數十世的大而久的系統,是個什麼原因? 這祇有兩種解釋可通。一是殷人已有了國家世襲的觀念,而自始便定出一個近于法規的命名系統來,一是本之于民族間的一種風俗習慣。這兩種解說,以殷的社會來看,第一種爲子孫立百世之法的事,不僅不能相合,而且近于笑話。因爲通古今中外,尋不到這種法規。則當然祇有第二種可以解釋,並且支干的本身,及大、中、小、外、陽、祖等字,決不含有一點階級性,甚至于一點宗教色彩,而通于各種人——男女——更足以顯示其爲平常的民俗習慣。

這種民俗習慣是什麽？應當是《左傳》申繻對魯桓公的“以生名”的一類。生于甲日者名曰甲，生于乙日者名曰乙。按此頗與先師王靜安先生之說相違。

好！這兒我們要插進一件事去，什麽叫做甲日、乙日？原來殷民族是個最重時日的民族，他們以十干紀日，十日爲一旬，三旬爲一月，禾一熟爲一年。差不多中國“曆”是在他們手裏，便弄定了的，簡直可以説他們是曆的發明者。而每旬必卜，每年必卜，每事必記，日曆之用可謂精密而普徧。這當然是有了悠久歷史纔能有的現象。參郭沫若《甲骨文研究》、《卜辭通纂》，董作賓的《卜辭中所見之殷曆》諸文，不過我自己是不大相信中國太陰曆與蘇末人(Sumerian)有什關係的。

我們知道曆在一切民族的生活方式裏，是適應于農業時代而生的。世界上一切曆的來源，都莫不是來自農民，因爲四季的寒暑，與雨季、風季、月盈、月虧等，與農事的關係大，所以在漁獵游牧諸社會之下，不會產生曆。而且中國支干二十二字，差不多全與農具、農事有關。余另有《釋干支》一文詳之。而十二支之得自天文上之十二宫，也决無疑義。農業是產生天文學的必要基質，這也是一般所公認的。而“置閏”、“四季”、“大月”、“小月”、“日食”、“月食”諸法，更非經多時的經驗觀察，所不能規定。這些事，在甲骨文裏又都普徧的用着，這不知已經過了若干年月的推衍進步而後能至于是。由此看來，在甲文已前，已不知經過了若干年月，纔有這樣現象，則殷民族自有史已來，便已是農業民族，從這一件事已經可以推得了！

(二) 從文字上表現之土田制度以證殷爲農業民族

甲文中表示地點的字，用“□”、“一”、“∪”、“∩”最多。但倘若是表示一件農藝有關的字，不論其爲田制或田事，莫不從田，田字不必説，他如田官之畯作，《前編》卷四第二十八葉。疆界之疆作，《後編》下第二葉。服田之男作，《前編》卷八第七葉。嗇作，《後編》下第七葉。囿作，《前

編》卷四第五十三葉。圖作 🔲，卷一第三十二葉。有所封樹曰邦，作 🔲，卷四第
十七葉。又作 🔲，《書契菁華》第九葉。一晦之畂的畂，作 🔲，田疇之疇形稍
變作 🔲（當是遠視的樣子）。造字這樣有系統，當然是有所承受。這個承
受，也許是社會的組織原來如此，來源必也很古。我們從田字本身，也可
以看出，田字的四周與中間的界線，應當是溝洫與堤埂，這是表明他們已
知道灌溉的方法，不必完全仰仗于天雨。這即是表示已脫離了初農的耕
種方法，至小限已進入于犁耕 Plough Culture 時代了！證以甲文中的
耤、耒諸字，是完全相合一致的。但是農業社會的進步，是一切社會組織
中最遲緩的社會，殷民族在傳說中湯以前至舜，不過十四世，每帝在位的
年代，不論其傳子、傳弟，平均三十年，至多也不過三百多年四百年光景
（孟子說自堯、舜至湯五百年）。若以其有史以後的時日來推算，短短三
五百年，決不會便有這等進步的田制，則我們在歷史上所考得見的殷民
族，實爲農業民族無疑。

（三）從殷之先祖的傳說以證殷爲農業民族

上面所列兩證，很容易令我認爲是"殷的社會，不能算殷的民族"。
其實在原始時代的民族，無論如何，也較後世爲單純。社會也與民族相
接近。所以許多社會問題，也可以視作民族問題，這是上二節之所以成
立。至于這一節以後至第八節呢？比較是更純粹一點的民族問題了！

從《史記》的《三代世表》看來，殷人以支丁爲名者，起自微之子報丁，
報丁以前與報丁以後顯然不同，其中的關鍵在上甲微一人。這，我們要
用王靜安先生的話來解釋。《殷卜辭中所見先公先王考》上甲一節有
言曰：

> 《魯語》："上甲微能帥契者也。"……凡祭告皆曰"自 🔲"，是田實
> 居先公先王之首也。又曰："辛巳卜，大貞：之自 🔲，元示，三牛二示
> 一牛。十三月。"又云："乙未貞，其 🔲 自 🔲。十又三牛，小示，羊。"
> 是田爲元示，及十有三示之首，殷之先公稱"示"，主壬、主癸卜辭稱

> 示壬、示癸，則田又居先公之首也。商之先人王亥始以辰名，上甲以
> 降，皆以日名，是商人數先公，當自上甲始。

這段話是從許多紛亂的甲文中整理出來的，是一種大發現。另外先生又
在《先公先王續考》中以祭禮證明上甲微之所以特殊，這都是確當不易
的話。

但王先生的話，祇是能指明用支干始于上甲微的事實，這事實中顯
然蕩着一個歷史與社會的差異在。此事郭沫若君解得最好：

> 殷之先世，大抵自上甲以下，入于有史時代，自上甲以上，則爲
> 神話時代，此在殷時已然，觀祀典之有差異，即可判知。(《卜辭通
> 纂·世系篇》第七十四頁)

這都是最恰當不過的話。我們知道神話是解釋民族最好的資料，殷民族
之爲農業民族，待我們從這些材料一一加以推考。

王亥

上甲微的父親，據《史記·三代世表》、《殷本紀》兩處，以爲名振。"振"
字《索隱》引《系本》作"核"，《漢書·古今人表》作"垓"，若依得附會的話，從
"辰"從"亥"已有支干的成分存在。以傳說來看，王亥爲始作服牛的人，詳
《山海經·大荒東經》、《楚辭·天問》、《呂覽·勿躬篇》、《世本·作篇》、《御覽》引宋
衷注等書。已是毫無疑義的。《管子·輕重篇》亦言殷人服牛馬，而甲骨
卜辭裏對于王亥之祭，也特別隆重，又稱爲高祖。大概也是"以其爲制作
之聖人，非徒以其爲先祖也"。王靜安《先公先王考》中語。

又求年亦貞于王亥，如：

> 貞于王亥，**盉**年。(《後編》卷上一葉)

> 庚□卜，**敝** 貞于王亥，**盉**年。(《戩壽堂殷虛文字考釋》卷一第
> 三葉)

由此看來，以一個始爲服牛又司年之豐欠與農業有密切關係的神，
爲殷民族所特敬的高祖，則殷民族之與農的關係說不密切不可能了！

關于王亥的考釋,詳王先生文中,此處不重錄。

王恒

在甲文裏,王亥與上甲微之間,據王先生的考察,尚有王恒,即《天問》"恒秉季德"的"恒"。卜辭恒字作𢀜,從𐃐,從二。𐃐即月,取象于月弦,這又是以日月爲名之例。而《天問》說:

> 恒秉季德,焉得夫朴牛? 何往營班祿,不但還來?

則恒名與月有關,事與牛有關,其足爲農業民族之祖宗,大概不成問題。

季

依《史記·三代世表》來說,振的父是冥,冥的父是糧圉,糧圉之父是昌若,昌若之父是土,土之父是昭明,昭明之父即殷之始祖的契。這一串名字中,糧圉與土,不必說與農業有關,即昭明、昌若、冥皆含朝暮明晦之意,取象于日辰,與支干爲名之例也是一貫的。以宗教來說,可解爲日月崇拜;以社會來說,日月崇拜之例,又何嘗不是農業民族的風習呢?

但這些名字,除了土而外,其餘在甲文中與《史記》不同,甲文中除昭明、昌若無考而外,如冥爲季,糧圉爲王吳,契爲𦥑,皆宜分辯,而舜嚳即俊佶,又爲殷民族之宗神。

按《天問》說"該秉季德,厥父是臧",則季是該之父,即冥是也。季字從禾從子,已有禾稼之意,而四時之季,亦即此字。

王吳

卜辭有:

𡉉于王吳,□二犬。

丙𡧀,𡿺吳。

郭沫若氏釋爲吳。他以爲王吳即糧圉,即《天問》篇"吳獲迄古"之吳,這個考證,是不錯的。"吳"字當即與殷民族之宗神的虞舜之"虞"有關。而"虞"字後來用爲山林之官,與農業也不無關係。

土

卜辭中的土，即《史記》的相土，《詩‧商頌》、《春秋左氏傳》、《世本‧帝繫篇》皆同。與土爲名，當然與農有關，而《世本‧作篇》有"相土作乘馬"，《荀子‧解蔽篇》"乘杜作乘馬"的傳說，在卜辭中，則單言"土"，其複言者不作相土，而作邦土，當爲形近而訛。邦本有封樹之義，則邦土已有開闢土地之義，且卜辭中亦載"奉年于土"，《鐵雲藏龜》一二六葉。"奉年于邦土"的事，邦土還不能算殷民族的農神嗎？

從上文看來，殷自上甲微以前的神話傳說中之各先王，從命名與事迹上考查下來，都與農業有關，則殷民族自始的傳說，便是一種農業民族的傳說，要我們不承認他是農業民族，不可能了！

(四) 從殷之風俗的傳說以證殷爲農業民族

周人罵殷民族說：

> 民罔不盡傷心，惟荒腆于酒，……弗惟德馨香，祀登聞于天，誕惟民怨，庶群自酒，腥聞在上。(《周書‧酒誥》)

殷民族自己也說：

> 我用沈酗于酒，用亂敗厥德于下。……天毒降災荒殷邦，方興沈酗于酒，乃罔畏畏。(《商書‧微子》)

這可以看出殷民族的好酒。又今傳世的殷銅器，也以酒器爲最多，這種種現象，雖然都只是殷之末年的風氣，然而在甲文中關於酒名、酒事、酒具的字，似乎都很完全，這當然不單是殷末纔開始的事，並且殷人祭祀要酒，宴賓有酒(如"召"、"鄉"、"享"、"僕"等字)，更可見酒是殷民族普遍而長久的風俗，不過末年更甚罷了。

從酒，我們自然會想到釀酒的黍禾。這樣大量的酒的消耗，自然要大量的黍禾，正足以反映出農業的發達。而釀酒方法之發明，也不是個非農業民族的人所能爲的。殷的歷史，連上甲微以上的神話時期算起，也不過四十餘代，也不過祇有千餘年，千餘年的歷史算得了什麼？尤其是原始時代,其進步益緩,以一千年的原始人的力量,來發明一個釀酒方法,也不算多呢!

> 貞:受黍年。
>
> 甲申卜,貞:黍年。
>
> 庚申卜,貞:我受黍年,三月。
>
> 乙未卜,貞:在龍囿谷受之年,二月。
>
> 貞:不其受黍年,二月。
>
> 貞:弗其受𤮺年,二月。弗其受黍年,二月。
>
> 癸巳卜,𣪊貞:我受酉年。
>
> 觀黍。

這上面都是求黍年的卜,𤮺依郭沫若說釋酉,熟也。"我受酉年"或"黍年"者,卜以二月,或三月,亦有卜以十月或十一月者,則爲受來年之黍。周人祈年,歲有三社。《月令》"仲春之月,擇元日,命民社",這是"春社";《周官·春官·肆師》"社之日,涖卜來歲之稼",此秋社;《詩·周頌序》《載芟》,春籍田而祈社稷也",《良耜》"秋報社稷也",即春秋二社之詩;《月令》又有冬社,云:"孟冬天子乃祈來年于大宗,大割祠于公社。"現在從上列的卜辭看來,則三社之禮,自殷代以來,便有的了!周人是沿襲殷人之制而已。

因爲祈年是要求豐收,有關于風雨晦冥等,所以卜辭中以風霾、雲霓、月蝕之類,多視爲灾異。

從上面三件民俗的事——飲酒、祈年、風霓——看來,無一不與農業有直接關係。又無一不是須經過長時間的進化而後能成的事。則我們把他歸根于殷民族爲農業民族的話,不至于大錯吧。

(五)玄鳥之傳說以證殷爲農業民族

按《史記·殷本紀》說:

> 殷契母曰簡狄,有娀氏之女,爲帝嚳次妃,三人行浴,見玄鳥墮

其卵，簡狄取吞之，因孕生契。

司馬遷這段話，當有所本，當本之于《詩》“天命玄鳥，降而生商”。這是一個民族來源的絕好傳說。我們讀《呂氏春秋》與《禮記‧月令》，在春二月裏，有一段話，說：

> 是月也，玄鳥至，至之日，以太牢祀于高禖，天子親往，後妃率九嬪御。乃禮天子所御，帶以弓韣，授以弓矢，于高禖之前。

《月令》，蔡邕、王肅以爲周公所作，鄭康成以爲與周制不合。我們不來討論這些，我們衹覺得這是一件故事之合于典禮者。這個典禮，應當是本之于古有的傳說。祭玄鳥于高禖，以求祥嘉男女，與吞玄鳥遺卵而生子，還不算一個體系裏的事嗎？所以鄭注《月令》即以高禖之高爲高辛氏，這是頗可繫思的一點。

這種祭于郊野的事，其實就是一種在神前舉行性交的風習。這並不是一種親子觀念的作用，因爲原始人尚無親子觀念。這也是一種求年的意思，印第安民族現在還有一種風氣，欲其瓜果禾黍結實豐盛者，則在田中舉行性交。聞友人言，今貴州某縣亡其名尚有此種習俗的殘遺可尋，中國似乎還有“春季二月，以紙做一對生殖器，送在郊野去燒了，以求年”的例。這種例子，在現今的民俗中，尚時時有他的殘迹可尋，玄鳥似乎即是農事之神。今民俗農間多構燕巢于梁間，以燕之多寡以占年之豐歉，亦其遺意。又今印度有穀是燕子銜來的神話，似亦不無消息可尋）。殷祖既自稱是玄鳥之卵而生的，則其有農業民族之資格，似已不成問題了。

至于“乃禮天子所御，帶以弓韣，授以弓矢”，或者有人會解爲求男之祥。這大概是本之于《王居明堂禮》及《詩》“乃生男子，載寢之床”章。其實這是一種傳說的象徵。弓、矢是男、女生殖器的象徵，所以祠高禖一事，即使在周爲求子與嘉祥男女的典禮，其原始也必是祠農之祭。而事實恰恰從生殷祖的簡狄始，這並不是偶合，乃是一種故習的傳誤。殷爲農業民族，這也是個有力的證據。

（六）服象說

服牛的事，起于王亥，這我們在前面已經說過了。王亥以前服牛的事不曾見。

從文字與傳說中，知道殷人有服象的事，這也應當是農業民族的遺說。何以故？請聽我道來。

先從文字來說：

按甲文有：

羅振玉先生釋"爲"，並且說：

　　"爲"字古金文及石鼓並作，從爪，從象，意者古服象以助勞，其事或尚在服牛乘馬之前。

這話與古來的傳說，如舜之象耕，《呂氏春秋》之服象等，是相合的。以理論來講，服象不一定即是耕田。但以字形而觀，則"爲"字是人牽着一隻象的樣子。倘若是服役于爭戰，用不着牽，應當是騎。倘若汲水傳薪，今雲南迤南及安南人尚有服象之事，象可爲汲水、傳薪、運糧等用。更用不着牽。牽着牛耕田，是近世還存的風習，則以手牽象的服役，已與爲舜耕種的傳說相合。《堯典》"平秩南爲"的"爲"也是指夏時的農作可證。所以"爲"字一定是種的意思。

又"爲"字之用甚廣，差不多一切人爲的動作都可以謂之爲。倘若這不是民族中第一件重要的事，爲什麼不用"爪"、用"手"、用"足"等等來代表動作，而獨獨有取于牽象而耕之"爲"，可見農耕在當時的民族意識裏，實有頂高的地位。

因爲以象而耕，占民族的意識之最要地位，所以象也得了最高地位，譬如"御"字，差不多與"爲"字之用有等量的資格；從飲食衣服乘騎馬駕車，甚至于床榻閨房之事，都可以謂之御。而御之形，也曾用過如下之體來表示的：

這是一幅驅象的圖形，手在前牽謂之"耕"，手在後驅則謂之"用"。文字之組織上，不也有了顯在的指示了嗎？

並且一切有形無形的事物，又都以"象"後加人旁作像。來代表，這還不夠證明象的重要嗎？而中國古代北方，又曾產象，從古生物考古學及中國舊有的文獻上，都可以指出實例，這還不夠解釋服象之說爲象耕之意嗎？再加上前面的各條，即後面的"舜"與"豫"等的傳說，還不夠證明殷民族爲農業民族嗎？

本分裏所列的前六款，到此大概可以結束了。至于七八兩段，讓我們在分三分四兩分裏去講。

十五　舜爲殷之宗神

我們在第二分裏，論列殷爲農業民族這個問題的本身所列舉的六件事，偶一不慎，便會弄成"殷民族之農業社會"去了！這是我寫時最擔心的一件事，也是對于讀者所最擔心的事，所以我竭力避免使用一切叙述與說明的材料，僅僅抽出一些現象，而加以透視地說明。但在這一分與下一分，便比較不易誤認一點，因爲這是一種傳說，多與上六項不同，是比較易于分別的問題。

按舜當即《山海經》的帝俊，這是郭某已經證明的了！詳《卜辭通纂》。而帝俊即帝夋、高祖夋，即帝嚳、帝俈，這是王靜安先生已經證明的了。詳《先公先王正、續考》二文。則帝舜、帝俊、帝夋、帝嚳、帝俈都是一人的別稱，但這中間，"嚳"是"俈"之形近，"浩"又"俊"的形變，"俊"又"夋"的分化，其實祇有夋與舜二字。這兩個字，從字的組織上來看，一個似乎是顯示人的原始的形態，而一個則顯示着"農的原始者"的傳說。以同一個人，有兩種原始時代的傳說，又是表明人種與社會，則在他統系以下的民族，便可想而知了。現在請聽我一一分析道來。

按甲文"夋"字作作，實即《說文》夒字，《說文》："夒貪獸也，一曰母猴,似人。”夔之古文與夋形相近,故形誤。以形觀之,則母猴之說,最像,我們雖不敢以“猿人”爲之比擬,但這字爲殷民族的高祖,與傳說中最早的人——甚至于是第一個——是明載卜辭,而其傳說又明載《帝王世紀》、《山海經》諸書,似非偶然的牽合,即使殷人不是自認爲猴之子孫,而其傳說也與猿人不無關係。

“夋”即是“舜”,“舜”字乃是一個農神的寫像,何以言之? 按“舜”字小篆作,古文作,許訓爲草,“楚謂之葍,秦謂之藑,象形,從舛,舛亦聲”。按許氏之說,更無他據,古書絶無以“舜”訓草的說法。按《禮記·中庸》:“其斯以爲舜乎?”注:“舜之言充也。”朱駿聲以爲充者允之誤字。《風俗通·皇霸》:“舜者,准也,循也,言其准行道德,循堯緒也。”又《白虎通》:“舜猶僢僢也,言能推信堯道而行之。”又《廣雅·釋詁三》:“舜,推也。”又《風俗通》引《書大傳》:“舜者推也。”從這些訓准、訓循、訓推的意思看來,則“舜”字之從爪,不是與字義無關的,則小篆不僅訓僞,而形亦僞。但爪下所從是什麽呢? 我以爲這中間是經過了兩次變形。逆推上去說,是從小篆訓“豕走也”的“彖”字變來。“彖”字作𢑚,“舛”與“夅”相近,當即楚公蒙鐘的“豙”字,而“彖”字又是“象”的形異,這中間有民俗的傳衍與社會的進展關係在。詳拙撰《家之起源與古代士庶廟祭考》一文。所以舜字當即一“爲”字的變。

按邾公華鐘爲字作,冒毁作,周𡨦鼎作,散盤作,皆與舜形近!

舜所居曰嬀汭,亦是一證。以音來說,則“爲”當即“虞舜”的合音。“虞”“爲”雙聲,“爲”“舜”爲支、真陰陽之轉。

這樣子的證明,似乎有點附會,其實倘若我們注意一下舜的歷史,則上面的説法,並不是附會之辭了!

以舜的本人來看,他有風雨弗迷的傳說。《尚書》。這應當是土地之神,而他的妻子是羲和,即常娥、即甲文的“羲京”,這明明是與月神爲配,而他的兒子是禺號,是季釐,是摯。禺與夋是同類的動物,季釐又與農有關,摯又與藝黍稷有關,他又是相傳爲農神的后稷的父親。《山海經》。這些都是足以暗示舜與農業關係之密切。並且《帝王世紀》說：

> 舜葬蒼梧下，群象爲之耕。

《史記》也記"舜耕歷山，歷山之人皆讓畔"。顯然舜與耕與象的關係甚爲密切。以身外的事來說，有弟曰象，而其後有嬀氏，《史記·陳世家》。怕還不是使象的民族！春秋時尚存的蔦、鄢等，怕還不是嬀民族的所在地！而《舜典》之命后稷，也說"黎民阻飢，汝后稷播時百穀"，也頗令人尋味。

在甲文裏，他是一位被殷人求黍求年的尊神，又稱之爲高祖夋，所以殷人禘舜而祖契，《魯語》。"殷人禘嚳而郊冥"。《禮記·祭法》。

由上面種種傳說看來，舜爲殷民族傳說中的農神，應當是有本有據的話，不是我個人在此私自編造的了。

關于舜爲農神的種種，在我的《家之來源》一文，已說過許多，此處不再詳列了。

十六　豫爲殷民族的根據地

夏民族的根據地是冀，殷民族的根據地是豫，這都是從文字上可以看得出來的。冀爲夏民族的圖騰制的字，則豫也當與殷民族的傳說有關。

按"豫"字小篆從予，從象。從予當是邑的形僞字，至于從象呢？直接當因豫地古時産象，而間接可以補正舜之服象，當是有根有據的傳說，請聽我一一講來。

按豫字所從之予，當爲邑之形變，譬如邦字

彭（陳侯午毀）彭（晉公盒）

其偏傍"邑"，與"予"相近。在兩足布的邑字，則作

ꝺꝺꝺ

與"予"全同。又如《春秋·隱三年》"徐人取舒"的"舒"，《玉篇》引作"郐"，皆其證也。則"豫"字的組織，乃是表明一個地方的意思，與"郐"、

"邡"、"郁"、"扈"、"鄳"、"鄭"等相同。

中國古代北方確曾產過象,這是近今考古學已證明的事。詳余《家之來源》一文引。又以舜耕歷山及所居嬀汭當在今河東蒲阪即春秋之虞,舜弟封有痹,即今營道縣鼻亭等看來,再加上春秋時的"鬲"、"鄅"諸地,都是與舜有關的地方,則"豫"必爲殷民族的根據地,不辯而可知了!

再以古書所傳的地域來看,則《爾雅》說:"河南曰豫州。"河即黃河,黃河以南,即今湯陰以下之地,正是殷民族游息之所,正與冀州對峙于河之兩岸。其詳請參胡渭《禹貢椎指》。這並不是一個太難認識必需分析論證的問題,爲節省篇幅計,這兒不多加辯說了。

以上釋"豫"之當從邑,即歷山、嬀汭、有痹諸說,多本于同學徐中舒先生,學者可參考。

十七　殷民族之氏族略論

關于殷民族的氏族問題,很難搜討,戰國以後的材料,多半不一定可靠。除非我們在殷契中去發現些甚麼,不足爲憑,但在殷契中也一樣都得不到,要是使用推論法來尋,也未嘗不是一法。譬如從殷契中的人名、官制以及什麼"王在某"、"步于某"、"王往某"、"入于某"等地名,加以分析,以合于後來的姓氏,也未使不可尋得一些影響。但終于是影響而已。所以這種探源的功夫,直是無法下手,我們還是祇有根據《尚書》、《春秋左氏傳》、《國語》、《史記》所記載的姓氏,與其他間接一點的材料,加以探討而已。其他未能確定的材料,還是待到材料增多以後,細心的再來討求吧。

不過《史記》諸書的材料,也不一定有什麼系統可說,現即所知,隨錄如下。

(一)子姓　《史記》:契爲子姓,其後分封,以國爲姓,有殷氏、來氏、宋氏、空桐氏、稚氏、北殷氏、目夷氏。

《索隱》引《系本》,此殷氏作耄氏,又有時氏、蕭氏、黎氏。

《春秋大事表》所列，其爲殷氏族者，有：

宋氏，蕭氏，《左傳·成二年》有"蕭叔同子"，賈逵注"子姓"。權氏，詳《春秋大事表》。孔氏，華氏，樂氏，司城氏，戴氏，出戴公。皇氏，出戴公子司徒皇父。老氏，同上。仲氏，出莊公。魚氏，出桓公子司馬子魚。蕩氏，出桓公子司城蕩。鱗氏，出桓公。向氏，出桓公。靈氏，出文公子靈。石氏，出共公子石。邊氏。出平公。

以上爲子姓所分之氏。

（二）嬀姓　唐、杜，襄二十四年傳，士匄曰："匄之祖，自虞以上爲陶唐氏，在周爲唐、杜氏。"陳，轅氏，亦作"袁"。夏氏，出宣公子少西。孔氏，詳《春秋大事表》。陳氏，齊陳也，詳顧《表》。田氏，詳顧《表》。孫氏。詳顧《表》。

以上爲嬀姓所分之氏。

（三）任姓　太任爲殷人，任姓之所自。薛，《左·隱》"寡人若朝于薛，不敢與諸任齒"。謝，章，舒，呂，祝，終，泉，畢，過，《世本》皆以爲任姓。黨氏。詳顧《表》。

以上任姓分出之氏。

（四）曼姓《歷代紀事年表》"曼姓出自商"。鄧鄧曼，杜注"曼，鄧姓國"。

（五）陶，唐，虞，吳，由舜來之姓也。商（舜子）。

（六）《左傳·定公四年》：殷民六族：條氏，徐氏，蕭氏，索氏，長勺氏，尾勺氏。

在《左傳》、《史記》諸書所能考者，大概不過是此數而已。其有疑問者，概未列入。

古人得姓的方法，有以祖父的字而得者，有以封地而得的。我們根據了這兩點，把殷契中的人名與地名，列在下面。這裏面當然也有不少的殷民族姓氏。

（一）人名　這是根據了董作賓氏的《甲骨文斷代研究》一文而列的。

賓　屮　戉　务　嬛　吾　亘　殷　韋　永
簇　大　旅　即　行　口　兄　狀　彭　宄
叩　专　寧　逆

至于《殷本紀》上的伊尹阿衡、傅說諸人，此處皆不録。

（二）地名　這是根據林泰輔《甲骨文地名考》一文而引的。不過"王田某"、"王征某"以及"某方"等類，以語氣來判斷，不應當仍是殷人，故此處不録。

亳　大邑商　罒　鵃　苗　向　澡　尤　林　白　杞　載　八　桑　樂　函　泉　陴　杞　申　糞　盂　雝　淮　射　洹　栗　京　杞侯　比侯　北子　奠　反　攸　房　畢　糞　黎　霍　鳳　谷　夫樂　宫　辈　毁　豕　侯　豐　溼　𠬝　系　逢　休　先　魯　先侯　比侯　兒白　霍　畀　亥　洒　朝　香　木　𥿚　樹　分　汰　潢　瑪　珪　旮　虎　臭　𩰍　廪　𠷎　莧　匡　辰　雀　攸　沌　汤　寧　帚　余　棄方　戲方　屮方尹　侯　崔　子白　䢦白　涼　萬

以上所列，當然是頂不完全的東西，不過我這兒的意思，祇是想指出一個方法來而已，容後緩緩地去探求吧。

十八　夏殷民族之同異與交流

夏、殷兩民族的同異，文獻所載者已不少，舊文獻雖不可信，而史影總得存在一些，我們當然不能廢弃。但從考古學上看來，也顯然有所差異，這是論夏、殷文化者所不可不知的。在上文雖然已把各族的特點分別說到了，但既不完全，並且仍不能看出其異同之點。下文的旨義要從文獻與考古學上來兩兩比照一下。

從文獻上說。

夏、殷兩族的好尚與風習，《禮記·表記》一篇論之最詳，其次是《說苑》的《修文篇》辭長不録。大體說來，殷民族的文化較高一點，即是後人一文一質的意思。這從墨子所述"腓無胈，脛無毛"的禹之道，與墨子所主張的節葬、短喪、非攻、天志、兼愛等，以及卜辭的殺人牲以殉的不節葬，三年的不短喪，見郭沫若《古代社會》與《卜辭通纂》。動輒幾千人的征伐之不非攻，卜辭之不見天志，卜辭所祭皆人鬼而非天神。這都是夏、殷兩族的大差別。再從《商書》七篇，《詩·頌》五篇分析民風，也多與卜辭相應；與相傳的夏道與墨子不相應，這在我的《三代因革論》裏，言之頗詳，此處不多說了。

因風習之不同而禮制亦異，譬如以曆來說，則夏建寅，而殷建丑，夏曰歲，而商曰祀。見《爾雅》。以授田與賦稅制度來說，夏人授田五十，殷人授田七十。

《孟子》："夏后氏五十而貢，殷人七十而助。"

按五十、七十之分，以顧亭林"五十、七十、百畝特丈尺之不同，而田未嘗異"之言爲最通。

其他尤異者，則殷民族祭祀之盛，遠非夏民族所能及。從卜辭可見其事之盛，從《商頌》可見其禮之隆，《商書》亦多宗祭祀。田獵亦非夏人所能及。飲酒似爲普徧風習。殷彝器多飲器等。這些都是與民族直接有關的事。其他關係較淺者，如學校之制，色澤之尚好，以及官制、廟制等，皆各有大別，此處不詳列了。其詳見于《禮記·明堂位》、《禮器》、《檀弓》、《表記》、《周禮·考工記》、《夏小正》、《孟子》、《左傳》、《國語》等書。

從考古學上說。

這便是安特生先生的小屯與仰韶兩期文化的差別，這也是我們在前面約略說過的。從用器與人種各方面，都似有差別。現在再從上面所未說到的各方面說說。

關于這個問題，追根究底，當然是安特生君的話很重要，詳見于《甘肅考古記》、《中華遠古之文化》諸文。但李濟之先生在安陽發掘後，得到一片帶彩陶片，因而把小屯與仰韶連起來說，徐中舒君再來一篇分析比較的文章。這兩篇文章恰恰合上了我這兒的需要，所以用了他們的材料，茲分條載明如下。

一、比較小屯與仰韶代表兩種文化全體的內容，有幾點重要分別：小屯所代表的殷商文化爲有文字的，用銅器的，仰韶文化爲無文字的，無銅器的。

二、仰韶期陶鬲有帶一耳的，在殷虛中尚沒有發現。

三、小屯出土的圜絡鬲，亦爲仰韶文化中所未見。

四、簇也是兩文化期所共有的，它們的分別很大：小屯骨簇形制變化極多，大多數是仰韶文化區所未見過的，尤其是那雙棱帶刺式的銅簇。

五、仰韶區不但有對稱的石斧，兼有不對稱的石錛。小屯出土者有石斧、石錛，却沒有對稱的石錛。

六、殷商文字的鳥獸形皆作側面二足，仰韶器物的文飾則作正面四足。

七、仰韶回紋與雅典滴比龍式相同，而與殷商銅器上的雷紋及連續回紋不同。

八、仰韶發現多豕骨，而小屯則牛骨多于豕骨。

其他不同的東西尚多，但我們以時的觀念作比較，則：

1. 仰韶與殷虛所共有的實物中互相比較時，殷虛出土的演化稍高，如簇箭貝飾。

2. 殷虛器物與歷史期間的實物較之仰韶期與歷史期爲近，例如一切銅範及石器。

3. 殷商陶器形式較仰韶爲多，共有的鬲亦以殷虛出土者較進化。

4. 殷虛有仰韶式最名貴的實物，仰韶無殷虛名貴實物。

從這四事比較的結果，我們很易于成爲這樣一個判斷："殷虛文化與仰韶文化是一脉相承而演化的。"這便是安特生的主張。

但這個結論是錯誤的，因爲這都是從形體上的比較而得出的結論。但是差別兩族用具的重要點，是在做的方法、圖的紋飾、質的鬆緊等，而不在形體，因爲形體是可以仿造的。而做法、紋飾、質地則各不相襲。所以那一脉相承之演進的說法不足成立。李濟之再用彭裴萊推究安諾各期的年代的理論，證明其不爲相承的文化。他說：

> 殷商文化之代表于小屯者，或爲祇有一種來源，仰韶與他的關係，最多不過像那遠房的叔侄，輩分確差，年齡確甚難準定。

大概夏、殷兩民族的同異，集合了上中兩篇所說以及這一分的排比,大體上已很明顯的了。我們祇要細心推求夏、殷之爲兩民族,是無可疑的。

但是我們這種議論,祇是從"傳說的神話"歷史,到居然有史可徵。這個段落中着眼的,真真史前的問題,現在發現尚少,還談不到,因而夏、殷兩族的原始形態是不是兩種,抑是一種的分化? 我們還不能斷定——從文獻上說,我初步認爲黃帝是共祖,見前——簡單一點說,我們所知道的夏、殷民族,從有神話可考以來便是分開的,在這前面我們不知道。但他們後來是混合了。混合的時期是歷史上所傳的周之開始。混合的結果,一方面是完成了漢,一方面是分出了所謂四夷。其混合而成爲漢者,容我在第四分種流說去講,這兒要說說那要混合或分化的交流時期,這個時期我假定在遷殷頑民以前。

在安陽發掘所得的遺物中,有一片與仰韶一致的帶彩陶片,這與殷虛之全爲單紋或黑色或白色的陶片完全不同。這無論其爲外貨,無論其爲殷商時的古董,總可以看出夏、殷兩民族早有交通往還的痕迹,因此我們用來作證明文獻上所傳的殷初與夏的交往的根基,是切當而可信的。

在文獻上可以指爲夏、殷兩族交往的事很多,我這兒祇提出幾件來說說。

商民族原始發祥地大約是在山東,我們從契至湯八遷一事都在山東可以看出。湯遷于亳在今山東曹縣,仲丁遷囂在今鄭州,河亶甲遷相在今黃縣,祖乙遷耿在今順德,盤庚遷殷在今安陽,似乎是漸向中部移動的樣子。這種自東向西的遷徙,當然不是鄭康成所謂的避水禍,但也不一定僅是單純的游牧。從《尚書》、《詩經·商頌》、卜辭等看來,頗有殷民族以戰勝而西進、夏民族以敗退而西北退的樣子。但自湯以後的遷都,當然可以認爲是殷之君臨天下以後的事。但在湯以前夏、殷民族的接觸又是怎樣的呢? 最早的我們可以舉舜之流四凶、禹之遷三苗,但這都是神話時期的傳說。其次是夏啓之伐有扈,這大概是很可信的。有扈即有易,有易爲殷民族游牧之地,即《易經》上"喪羊于易"大壯、"喪牛于易"旅的易,也即是《天問》"胡終弊于有扈,牧乎牛羊"的有扈,在《山海經》、《真本竹書紀年》都載着這種事,這是王亥之爲上甲微的父親,即《史記·三代世表》的"振",與夏啓的兒子仲康同列的事,依《三代世表》的時間算起來,當然是相符的。有扈應當是夏族是殷族,我們且不問,總之這是一塊夏、殷接觸的地方,是無可疑的了。

其次是仲丁之征羲和,其事見于《尚書·胤征》,此又雖是僞籍,然羲和是殷民族傳說中的日時之神,而其罪名又是"酒荒于厥邑"等等,性質與殷民族合,至少保存得有些史影。

再其次便應當是殷高宗的伐鬼方這事,在《易經》、《詩·大雅》、《竹書紀年》及卜辭的征"苦方"等等皆是。這是殷中葉的一件最大的軍事。鬼方亦夏民族,這也是夏、殷民族交流中的現象。

後來兩民族的交流益甚,竟自由戰爭而通婚了。《詩·大明》篇說:

> 摯仲氏任,自彼殷商。來嫁于周,曰嬪于京。乃及王季,維德之
> 行。太任有身,生此文王。

這是文王的母親是殷家的女兒,並且文王自己似乎也曾娶過殷家的女兒,還是公主呢!《詩經》說:

> 文王初載,天作之合。在洽之陽,在渭之涘。文王嘉止,大邦有
> 子。大邦有子,俔天之妹。文定厥祥,親迎于渭。

這應當是《易》泰卦六五爻辭的"帝乙歸妹"那件事。帝乙的年代恰與文王相當,而文王當時又是商之重臣(不如說跋扈將軍),娶個公主,正是再適合沒有的事。

大概到文王止,夏、殷兩族都祇在交流着,尚未混合。混合是周人滅了殷後。

十九 夏殷民族之混合

夏、殷兩民族的混合,開始于周公之遷殷頑民,周家對于殷民族的方法,大概有兩種政策。對于貴族是通之以婚姻,如王季文王之娶于殷見

前,武王以元女大姬之嫁于陳。見《左・襄二十五年》,及《國語》《國策》等書。對于平民百姓,則設官爲之統制。分封太公、伯禽、武庚、祿父、管、蔡等皆是。一方面承襲了殷民族較高的文化,以統治階級的力量滲合殷族。自管、蔡既誅之後,周人更經營洛邑以遷殷民,又使武功最高的太公于齊,周公于魯,撫鎮東方,又使自己的親人收殷遺民以封武王少弟,封爲衛康叔。《史記・本紀》。殷民族到此已成分崩離析的樣子。

《竹書紀年》成王八年春正月,王初莅阼命,魯侯禽父、齊侯伋遷庶殷于魯。

所僅僅剩得的只有一個微子所封的宋,舜後所封的陳。後來周公又"東伐淮夷、殘奄,遷其君薄姑"。

《史記・周本紀正義》:"《括地志》:泗水徐城縣北三十里古徐國,即淮夷也。兗州曲阜縣奄,即奄國之地也。"按徐、奄皆殷別族也。《正義》又云"《括地志》云:薄姑故城在青州薄昌縣東北六十里。薄姑氏殷諸侯封于此,周滅之也"。

殷民族到這個時候,已是整個的破碎了。

即以宋來說,自微子之卒,其弟衍立,是爲微仲,似乎還有殷人傳弟的舊制。微仲之後也一直是立子,中間湣公共卒,弟煬公立,而湣公子鮒祀弒煬公而自立,曰:"我當立。"似已根本亡了殷人的家法了。在有周一代,宋人毫未出過一點頭,似乎是衰頹得不象樣子,除了還保存一些禮樂制度外,民族的根本上已與周民族無甚差別了。而那些在齊、魯、周、衛的殷之頑民,更是碌碌無所表現,以戰國這樣的紛亂,崛起的小國也不少,終不聞尚有殷民的國家。這樣情形,殷民族不僅衰落,怕根本便不自知其先之異于人了。孔子時還知道,孔子自稱殷人,但也無仇夏的心理。宋襄公敕鄭將戰,子魚諫曰:"天之弃商久矣,念無仇周之意。"到了齊湣王與魏、楚伐宋殺王偃,遂滅宋而三分其地。《微子世家》。殷民族在文獻上已無脉絡可尋。秦始皇統一天下以後,黃河流域的民族已經完全化合。漢高祖統一天下後,黃河、長江兩區域的民族,全體混合,漢家勢力遠播,于是此等混合的民族有了新興的名詞曰漢,把那些退處在蒙古、遼寧、新疆、西藏的夏、殷原始民族反而諡以四夷之名。混合的漢族文化日益增長，退處的夏、殷民族文化始終無甚進步，因而自誤爲漢、夷不同種，于是成了這幾千年來相斫相殺的歷史，剛好讓帝國主義者用爲分化華夏民族，以割取搶奪華夏土地的口實。中國不是正在那兒像走了水的船，漸漸一線一線地被深海吞去了嗎！嗚呼！嗚呼！

示社形義說

　　漢字之主要類別，不外兩大部：以物以事。以物爲名者，象形、指事也；以事爲名者，會意、形聲、轉註也。此五者可囊括甲骨、金文、小篆等諸體變動之大要。然所謂事者，亦依形而衍。此漢字之所以爲象形文字之本柢也。而言形則必以實物爲基，所謂“依類象形”，以今論衡之，可謂“唯物”的。更析論之，則不外“近取諸身”與“遠取諸物”兩大類。身者，人之身也。就全部文字歸納論之，則取於身又見其爲最根本之“動力”。頭、面、耳、目、口、鼻、舌、齒、手、足，取于人而通于一切物，不爲鷹鴟造目，不爲象造鼻，不爲禽類造口、齒、手、足，故命曰“人本的”。即如天地不可象圖，乃以人之顛頂喻天（天本人之頂），以人之尾閭喻地（《說文》訓“也”爲女陰）。又如一切名物使用爲動詞則加口、走、辵、止、又、十、手、行等形。又如以 𠄌、匕兩形附于一切動物，以別陰陽性及牝牡、雌雄。不僅此也。即以有關宗教神靈之事而論，吾土習以祖、社兩祀爲中心。祖即 且 之繁文，社即土之後起字。土者，人民資生之所由，又與祖相繫（或曰對待更洽），古韻同也，其初文蓋相同一形之變也，又皆增“示”以爲內在生機。示者，大石文化之靈石也，物質也，似“遠取諸物”者矣。然其立意則本諸寄寓祖先之靈神者也。則宗教源起之社與祖，亦人本之延也。于是而天神地祇、祝福機祥、禮數祭祀，皆經此（示）立義。

天地神祇之崇奉，亦出自人先，出自祖宗。故中土于天地神靈，亦皆"人"化，寖假而"人格化"。天人相與，複雜不可方物。軒轅、顓頊，爲人先爲天神，紛不可理矣。此中隱微，亦可自文字見之。一民族之文化，必有其不相雜厠之統一體，此固吾族獨立人世之根本素質，亦各族精華之所在，姑攄"釋示""釋社"諸文爲之例證云爾。

釋示

《說文》云："天垂象，見吉凶，所以示人也……三垂，日月星也。"按此說至陋，由甲文作〒（前一）、土（同上）、丁（同上）、示（同上）、王（同上）、土（後上十）、示（林一一九），金文作示示（福祭等字偏旁），不作三垂可以知之。示部所從諸字，皆主于神祇，而非觀示之意，則部首不以觀示爲意矣。王録友疑爲地祇字，而未盡其妙。按示疑如後世栗主，所以書祭神之號者也。豐碑之屬所由放。其原始制度，與歐洲古代之大石紀念物 menhir，塞爾特（Celtic）民族之墓標 Dolmen，或英格蘭人古時之 Cromlech 相同，（參諸 J. de Molgen 氏之 I. ' Humonlted Prehrougue 一書）。當即《呂氏春秋》"殷人社用石"之制。《禮記》云："天子建國，左廟右社，以石爲主。"則社主與廟主皆用石矣。此等制度，推其元始義意，蓋以此等石或樹木爲祖先靈魂托居之所。美洲達果他人（Dakotas）稱塗血之石爲祖，撒謨耶特人（Samoyĕdes）以塗血之石，圍以紅布，名爲祖先，皆其遺制（參 Achelis la religiom des Peuples Primitifes 一書）。民有事，則以爲祭台，即猶太人之所謂聖石也。祭祀之時，洒血以盟，求神靈之固結。此等血初爲主祭者之血，後則以牲血易之。中土于墓上立石，即此制之蛻變，更衍而爲廟中栗主。栗主者，以適子之血，書主號，求先靈之常在，又易于移徙，以求祖先之隨身護衛也。武王伐紂，載文王木主以行，固儼然上世遺風。而禮家文飾仁孝，實爲向壁虛設之辭矣。甲文作丁〒爲原形，即象大石碑，作示若示即象洒血之形，蓋確然可據者也，然其朔必于郊或社立之，以其在郊也用石，及宗廟明堂之制興，而石示乃易爲木主。即禮家所謂“虞主用桑，練主用栗，用栗者藏主也”。《左氏傳》：“使祝史徙主祏于周廟。”又曰：“反祏于西圃。”皆指木主言。木主而又爲石函以藏之，禮家謂爲防火災。實則古本以石爲主，既易以木，遺意未忘，爲之石函，略存典型。此固民俗蛻變之常態也。然左氏古說，猶存大夫以石爲主之制云。

形變爲𡈼若王王，即後世用主字所由。《論語》“哀公問主于宰我”，《管子·山至數》“君人之主，弟兄三世”是也。甲文中之主壬主癸，即《殷本紀》之示壬示癸，亦兩字相同之一證。又甲文言“大示”、“小示”、“元示”、“二示”、“三示”、“九示”、“十示”、“十示又三”、“廿示”等，及“父乙示”（前三七）、“兄□示”（鐵五三）、“……中示鹵”（前四）、“喜示……”（林一）、“𦘔示十牛”（林一），及郭沫若《殷契粹編》五三九之“燕示”，一四〇以下至一五〇一之“帝妾示”、“妾示”、“帝㚤示”、“帚妌示”、“帚喜示”、“帚賓示”、“帚𠁁示”、“帚笑示”、“龜示”、“雲示”、“類示”、“邑示”等稱，自來說者，皆未安其處。細繹此等句語，示上諸文，皆婦與臣屬之名爲多，而先公先王之名絶少。此蓋以祭于主所在之地，因而名之者也。禮家言妣無特立之廟，爲常例，殷功臣，見于祭者，亦只言示不言宗。蓋亦不立廟，無廟則祭于葬所，或禘祫大合祭時，遷其主以就先公先王之廟而禘祫焉，故曰某示，猶後世之言某主矣。至父乙祖乙者，親盡廟毀，藏主石室，遷而祭者與？則示爲祭主之名，蓋無可疑矣。

字孳乳爲宔：宗廟宔祏，蓋尤郊社之俗，變爲廟堂之儀，故字益以宀，經傳則多仍用主字。

甲文有𥄂（前六三）、𥄂（同上）、𥄂，皆石之省。示函于石、即摯虞所謂“廟主有石函，名曰石祏，函中匰，做以主”也。小篆變作示，許曰：宗廟主也。周禮有郊宗石室（即石函，唐人于廟西墉爲石室，距地四尺，容二主，非古制也。古遷主藏廟之西墉，墉中爲坎，坎中有石函，是爲祏，亦得名石室，祏中有匰，以藏木主）。

一曰大夫以石爲主（此許更言別一義也，謂匰中之不以木而以石爲之也,以别于上說)。《管子》"君人之主,兄弟三世,則昭穆同祖,十世則爲祧",郊祀宗祀所祭之主,其廟已毀者,皆藏其木主于石函,納大祖廟坎中,即《左氏傳》所謂徙主祧于閟廟也。

蓋示爲原始象形字,而 🔲 祧則後起分別文,于六書爲會意兼形聲字也。

主得孳乳爲宝,故示亦得孳乳爲宗,尊祖宗也。蓋主遷于廟曰宗。《周禮·肆師》:"凡師甸,用牲于社宗,則爲位。"鄭注:"宗遷主也。"是也。《周禮·小宗伯》:"大師立軍社,肆師師田祭社宗。"社宗者,社主與遷主,皆載于齊事者也。又《殷契粹編》四八八片云:"宗三示宝用。"宗三示者,一廟而有三主,則宗爲遷主于室,蓋足徵于殷禮矣,又按古無廟字,宗即廟也。《殷契粹編》有曰:

己未卜,其 🔲 交庚舞 🔲 于宗。(三二二)

甲子卜貞,武乙宗丁其牢。(三五六)

丁亥卜,即宗。(四四)

……于宗,王受又。(四七三)

丁亥卜,其萃年于丁宗。(五二七)

辛亥貞……在祖乙宗。(五九七)

庚寅卜,在宗。夕雨。(六六八)

諸言宗,皆指廟言。武乙宗即武乙廟,丁宗即丁廟,祖乙宗即祖乙廟,皆確證也。又六八五片云:"其即于右宗,有大雨。"則居然後世左右廟說之所由矣。

又甲文中有"匜""匚"等名,即《殷本紀》之報丙報丁,此王先生所發明,余以爲匚當即《左氏傳》昭十八年所謂"使祝史徙主祧于周廟"之函也,何以變爲報者?按匚今讀府良切,古無輕脣音,則匚報蓋一聲之轉矣。繁字則 🔲。《鐵雲藏龜》六卷二二六片云"先 🔲 🔲",《殷虛書契後編》一六頁云"王 🔲 高妣巳",《續編》卷一四四頁"于丁 🔲 于丁",林氏卷二十頁云"酒 🔲 🔲",皆言"祭 🔲",或祭 🔲 于某某,則直以 🔲 爲廟主矣。

又卜辭中有一先公曰"⊞"，王先生以爲即上甲微，是也。上甲蓋即《大荒東經》郭璞引《竹書紀年》之主甲。殷史自上甲微以上，其神話分子最多，而先公先王亦最神，故報丙以下，常在祀典；惟上甲或已毀廟遷主也與？匸者，象建主位之之象，而□，則藏主之象與？藏主故曰主也！

又《說文》有"匜"字，宗廟盛主器也。《周禮·司巫》："祭祀則共匜主。"《廣雅》："匡匜，筥也。"蓋廟有石室，室中有祏，或亦以石爲之。又祏中有匜，則以木爲之者也。衛宏《漢舊儀》曰："已葬收主爲木函，藏廟太室西壁坎中，去地六尺一寸，祭則立于坎下。"是漢人主函，亦以木爲之，則匜者示，祏後起分別文也，以其物既殊，故別爲一音，遂于匚形加音符以別之也。統而言之，示者大石在郊之形，字變作主，宗與室，則在廟之稱；祏則藏主石函；而匜則漢以後以木函藏主，而後制之分別文矣。然藏主之器，其形當以匸爲翔[①]也。

又今《說文》示部之字皆即神示之義而得意，小篆以爲形聲符者，往往即義之所在。故示部諸文，皆可謂示之孳乳。古神祇之事至繁頤，其字遂以類爲屬，故以專屬之稱，付以神示之旁。此小篆差別文字之一法。而推其朔初，則甲文金文皆省示旁云。《華陽國志》二："蜀有五丁力士，能移山、舉萬鈞，每王薨，輒立大石，長三丈，重萬鈞，爲墓志。今石筍是也。號曰筍里。"又三："成都縣內有一方折石，圍可六尺，長三丈許，去城北六十里，曰毗橋。旁有一折石，亦如之。長老傳言，五丁擔土擔也。公孫述時，武擔石折，故治中從事任文公嘆曰：噫！西方智士死，吾其應之，歲中卒。"

石筍在蜀地所傳頗多，如榮縣、青神縣、邛州、通江、馬邊等地皆有之。此顯然爲大石文化之遺迹。《華陽國志》所謂爲墓志云云，與余說全合。中國大石文化遺迹，以蜀郡爲最多，他如廣西、陝、甘、遼、吉亦有之，而較少。故舉《華陽國志》爲例。

---

① "翔"疑爲"朔"字。

釋社

《說文》:"社,地主也,從示。《春秋傳》曰:共工子句龍,爲社神。周禮二十五家爲社,各樹其土所宜之木。"寅按:許以社爲地主,其說是也。然其朔義,當自土得。祀土之祭,亦謂之土,後世祀神之祭,皆增示旁表其義,土遂孳生爲社矣。《詩·大雅》:"迺立冢土。"傳云:"冢土,大社也。"《商頌》"宅殷土茫茫",《史記·三代世表》引作"殷社茫茫"。《公羊·僖三十年》:"諸侯祭土。"何注:"土謂社也。"皆土社一字之見于載籍者矣。又《殷虛書契前編》一卷二十四葉:"貞𡚾于土,三小宰,卯一牛,沈十牛。"又卷四第十七葉:"貞勿奉年于邦土。"先師王君曰:"邦土即邦社,亦即祭法之國社。"又中央研究院所購甲骨有一片曰:"乙卯卜,王奉雨于土,丙戌烄。"此奉雨于社也。《書契後編》上:"己未卜,乎雨于土。"亦于社乎雨也。《鐵雲藏龜》二·一六一云:"貞奉年于土,九牛。"《殷契佚文》九二八片云:"其又奏亳土,又雨,惠羊,王受年。"求雨于亳土,即《春秋·襄四年》之亳社也。《殷契粹編》第二十片云:"于亳土邻。"二十一片云:"亳土惠小宰。"二二片云:"弜其又亳土弜。"諸亳土皆即亳社,此社即土之證見于卜辭者也。又如《戩壽》卷一,一頁之"癸亥卜又土奏羊一小宰圏",又二頁"其奠于土",《鐵雲》一卷十四頁之"辛□瓜沈于土牢",五卷二一六頁之"貞,求年于土,□□牛",又卷六,二二八頁之"貞勿奠于土",《簠室》二卷一頁之"貞奠于土,一牛俎牢",皆同。不僅此也,社字古音亦讀同土。《甘誓》"用命賞于祖,弗用命戮于社,予則孥戮汝",《左傳·閔二年》"間于兩社,爲公室輔",《漢書·叙傳》"布歷燕齊,叔亦相魯,民思其政,或金或社",《禮記·郊特牲》"簡其車賦,歷其卒伍,而君親誓社,以習軍旅",《邴原別傳》"長老爲之頌曰'邴君行仁,落邑無虎;邴君行廉,路樹成社'",諸書叶韻,社讀爲土,則社本讀土音矣。凡茲所證,土社爲一字,皆無可疑。《郊特牲》疏引《五經異義今孝經說》曰:"社者,土地之主,土地廣博,不可偏敬,封五土以爲社。"又引《大司樂》"五變而致介物,及土示，土示五土之總神，即社也”云，則社即土義而爲祭祀者矣。申其祭祀之義則曰社，此亦與《白虎通》“社不謂之土，或變名爲社，別于衆土也”之義全同。蓋土即社之初文，祭事亦謂之土，亦如福本酒器，而以酒祭，亦曰福矣。故社亦稱土示。鄭駁《異義》：“五變而致土示，土示五土之總神，即謂社也。”此即《禮記》、《外傳》所謂“社者五土之神也”。又《大宗伯》職曰“王大封，則先告后土。”注云：“后土土神。”此與《禮記》、《外傳》之説同，則土社爲一事，蓋不待辯而已明矣。

雖然社者祀五土之神，非即祀地也，故不專爲地祇，此義休寧戴君言之已詳。則土未必謂土地，按甲文土字作 🜨 、卷五第十葉。🜨，卷六第六十一葉。金文盂鼎作 🜨，散盤作 🜨，召尊作 🜨，太保敦作 🜨，並不類土地之形。余疑古大石文化期之獨石也，或謂之石柱（menhir）。蓋古大石之制有二：一爲立二石以上至四五石駢置之，而上覆以一大平石即所謂 dalmen 也，即吾土文字中之示字（詳示字下）；其特立一石而上不加平石者，則曰門海（menhir），即土字是也。此等獨石，其用意亦與 dalmen 相近，亦爲祭祀祈福之靈石。dalmen 即《郊祀志》所謂“武帝祀泰山下，止石閭，方士言仙人居也”之石閭，亦即齊有三石山，名石社之石社也。menhir 即《穆天子傳》“乃駕鹿以遊于山上，爲之石主”，後魏太平中“大社石主遷于社宮”之石主。歐洲古代有之，中土古代亦有之，今日遺迹，尚見于四川、遼寧、山東、山西、陝西、廣西等地，與示蓋爲一類，故又稱土示，見上引鄭駁義。示之形變爲主，故土示亦曰土主，此許氏地主之所由來也。其稱地主者，許以土即土地字，故易詞以明之，其實未允。

社之制，蓋建大石立于郊野山阿，此《郊特牲》所謂“必受霜露風雨，以達天地之氣”，又曰“唯爲社事單出里”，注“祭社于都鄙”是也。《大宗伯》以血祭之社稷，則祭必以血矣。甲文之作 🜨 若 🜨 者，正象洒血示上之形。以血祭社，蓋後世文飾之言，古初蓋子孫輸血于此靈石，以此爲先人常在阿護其族之意，此大石之一般通性如是，其後變而以人祭。《左僖·十九年傳》：“夏，宋公使邾文公用鄫子于次睢之社，欲以屬東夷。”又《昭十年傳》：“平子伐莒，取鄫獻俘，始用人于亳社。”是也。卜辭言人祭亦極多，茲不詳引。寖假則以牲血爲之，此固民俗演進之常例，凡古之質野者，後世皆文飾之，一以文其事象；一以傳其習俗。故夷爲禮家血祭之儀，初以爲呵護其族者，繼且爲祈福告變之所，以故軍事禱于社。《閔二年左傳》"帥師者受命于廟，受脤于社"，《定四年左氏傳》"君以軍行，祓社釁鼓，祝奉以從"是也。踐位禱于社，《管子·小問》"桓公踐位，今釁社塞禱"是也。火災禱于社，《昭十八年左傳》"鄭子産爲火故，大爲社，祓禳于四方"是也。然周以來所傳社事，多與男女遊樂相涉，即《墨子·明鬼》所謂"燕之有祖，當齊之社稷，宋之桑林，楚之雲夢，此男女之所屬而觀也。"《莊三十三年左傳》："公如齊觀社"，《穀梁傳》云："以是爲尸女也。"尸女即陳女而觀之義，此蓋即禮家所傳仲春會男女，奔者不禁之義。而齊有男女相屬之社合，或公社制度《魯語》齊弃太公之法而觀民于社。尚存于春秋之世而名之曰社。在燕則異名爲祖，宋則行之于桑林，楚則行之于雲夢也。此事之咏于詩者，有陳之《宛丘》、《東門》、《衡門》、《月出》及諸桑間濮上者皆是也。其見于他書者，則《左氏傳》稱社爲淫昏之鬼，《左·僖十九年傳》："夏宋公使邾文公用鄫子于次睢之社，欲以屬東夷。司馬子魚曰：'……今一會而虐二國之君，又用諸淫昏之鬼，將以求霸，不亦難乎？'"《地官·媒氏》云："凡男女之陰訟，聽之于勝國之社。"蓋社之初立，本在郊野，爲男女之所屬而觀者，爲男女幽合之地，古人多野合，合于社必且爲習俗之所不禁，而農業時代，穀物之繁昌且有借男女之合以媚神爲祝禱者矣。故魯公得觀社之尸女，社制是否如歐洲之所謂聖林，尸女是否即歐洲古代之所謂聖妓，無他文獻可徵，不敢必。然野合于社必不爲習俗所禁，則無可疑。而《周禮》亦得憑靈神以斷男女陰私之訟也。蓋社本獨石，突然而立，尊奉先人之義，本與男根崇拜之義相關連，故遂以社石爲男性之徵象。男子之欲媚于女者，冀爲繆毒，取象獨石；女之冀得子姓者，亦思匹雄俊：此男女之所以屬而觀矣。此蓋一切社事中所暗示之一事，及邑市之制興，人口益繁，舊時置社之所已爲居室環繞之區，男女之防漸嚴，社之舊制自野人之禮升爲國家廟堂之儀：左祖右社，儼然典則，于是男根之崇拜，遂分化爲高禖之祀。高禖者，《月令》云：仲春之月"是月也，玄鳥至，至之日，以太牢祀于高禖。

天子親往,後妃率九嬪御,乃禮天子所御,帶以弓韣,授以弓矢于高禖之前"云云,固儼然憫妃匹合,厥身是繼,此在天子則爲典禮;夷在齊民,則爲通淫矣。晉束晳曰:"漢武帝晚得太子,使立高禖之祠。高禖者,人先也,故立石以爲主,而祀之太牢也。"《通考》郊社者十八引。高禖建石,蓋社之建石之遺矣。詳余《社考》論高禖節。

《尚書》言"受賞于祖,弗用命戮于社",《墨子·明鬼》亦有此說。《周禮·小宗伯》言"建國之神位,右社稷而左宗廟",《匠人》亦言"左祖右社",此周人廟制如是,其地蓋在中門之外右邊。見《大司徒》賈疏。此禮文美備之說,非必朔義也。然周禮多郊社對舉,郊爲祀天,社則祀地:則社者又北郊之祭矣。故周祀于新邑,先用二牛于郊,後用大牢于社也。如其說,則郊外國中皆有社,皆可曰社,凡經傳稱郊社者,皆指祭地之社言;凡言國中之社大社王社國社侯社置社者,指中門之外之社而言。此中蓋有二事,宜爲分疏者。一則周禮社有二處,一在郊,一在國。在郊者專屬之地祇,在國者則變易爲民祈報之所。一則在國之社,與祖同例。"郊社"國中之社與祖判爲三事矣。社之別爲二,即社制之分化也。而社之與祖,《墨子》亦謂燕之有祖,當齊之社稷,是燕祖與齊社蓋同,蓋亦一源之分化也。蓋社之初,其含義至多,即禮文美備,神格全具,一神不能理二事,屬之大地之事,仍在郊行之,是謂地神。屬之祈報之事,則移于國,謂之社稷之神。神曰后土。而屬男女匹合之事,又別爲高禖。至人先祖孫之感,又別爲祖廟。其源本一,支別爲四。

何以謂祖社亦同一源?案祖即且後起字。且爲土繁文,而形與男根最似,引申爲人先。古父以上之父皆稱祖,是也。加示者,蓋祭祖之義。《周禮·校人》:"秋祭馬社。"鄭注:"馬社始乘馬者。"則馬社猶馬祖矣,是社猶祖也。此與《世本》稱相土作乘馬,作乘馬曰相土,則土亦猶祖矣。又且與妣對文,蓋父曰且,母曰妣,而甲文以土傍作男姓,如牛父曰牡,羊父曰羘,豕父曰豭,此與人之父曰且,其例正同。則且土本一字明矣。又且土古聲相同,則形聲義皆有相因之證,其必爲一源之分化,分化而不能全離其宗,此燕祖與齊社之所以相同也。《墨子》所謂燕之馳祖,其制不可聞。

俞正燮引《說苑·臣術篇》云：魏翟璜乘軒車，載華蓋，黄金之勒，約鎮簟席，如此者其駟八十乘。時以閒暇，祖之于野，以爲即馳祖。男女屬而觀。按俞說至碻，今存世初民，有爲男根之形盛飾野游，以致福祚者，豈即馳祖之類與？

土之孳乳則爲封。《說文》："爵諸侯之土也。"《周禮·封人》："凡封國，設其社稷之壇，封其四疆。"注云："封國建諸侯，立其國之封。"褚先生《書史記三王世家後》云："所謂受此土者，諸侯王始封者，必受土于天子之社，歸立之以爲國社，以歲時祠之。"云云，是封者，分天子大社之土，歸而自立爲社之義，禮家無闡釋其精義之所在者。按靈石本祖先憑依之所，而子孫以爲護佑乞福者也。分封之子若孫必分先祖精靈之所憑依，相隨而去，則精靈呵護，可以享國、建宗，此亦大石文化與圖騰社會下所必有之事象。所謂受土于天子之社者，即分享先人之精靈之意也。後世禮文美備，乃飾爲封于東方者取青土，封于南方者取赤土，西方白土，北方黑土，云云。見《春秋大傳》。則五行五方之說起而文飾之義，非其本矣。是故封者，分族以建新邦之義，以其事言曰封，以其事之既成言則曰邦。邦者，封建新社之既成，有疆域以立國之義，故亦爲土之孳乳。

土之孳乳又爲圭。《說文》："圭，瑞玉也。上圜下方，公執桓圭，九寸；侯執信圭，伯執躬圭，皆七寸；子執穀璧，男執蒲璧，皆五寸。以封諸侯，從重土。楚爵有執圭。珪古文圭。"按五等爵所執異制，此禮家美備之說也，兹姑不論。然以封諸侯云云，其義蓋亦本之古說。按《春秋·定八年》"盜竊寶玉大弓"，《穀梁傳》："寶玉者，封圭也。"范云："始封之圭。"《左·襄十四年傳》："司馬致其邑與珪焉而適齊。"杜注："珪，守邑符信也。"守邑符信，當爲後起之義。始封之圭，宜是朔義，蓋分族以建新邦。或因族大不能容，則分族別尋新地。又或因發現新地，自本族以分出一部移住爲新封。則放舊社（土），爲新社（土），使巫祝頌之，人牲祭之，分其先祖之靈，以呵護新邦子孫。此所憑以爲精靈寄在之物，稍小于原始聖石，而名曰圭。故上琢人頭身之形，或正面或反面。又或琢爲人四體之形，蓋皆祖先之擬像也。此先祖關係所在之地，即爲同族子姓繁昌之所。及王朝政治既立，遂以爲封建之符。民俗故習，遺爲儀則，初義亡而不可知矣。然社又所以合男女也,故圭之制亦有合男女之義。應劭曰:"圭自然之形,陰陽之始也。"以圭爲陰陽之始,則又居然男女匹配。或男根崇奉之遺義,蓋圭上圜下方,終葵之首,形又類男根,《方言》訓龜爲始,蓋本圭字之引申義也。本自土若且分脉,故亦存其形義。然古說多亡,後世遂無以爲解說矣。此非固爲譎說以欺世,凡古禮制無不由初民之宗教兩性及諸鬼神之事分化推移文飾而來,故求載籍,僅得仿佛者;求之神話傳說,異族古史,往往能得真像,此類是也。關于社祖示圭封邦國都市高禖宗廟諸制度史實,余別有《社考》一書詳之,此不具。

堯典新議

　　戊辰己巳間，丁福保先生欲爲《群雅詁林》，以凡例徵詢下走意見，因附說丁先生爲《十三經新疏》，此本新會先生原意也。丁先生因詢其目。余略舉清三百年諸經師所爲，爲學術界公認者，下及瑞安孫氏、井研廖氏、儀徵劉氏、長沙王氏之書以對，而于《三禮》以爲不足，《尚書》以爲必需新作。三古文物、兩周彝文、戰國以來繪畫，可補馬、鄭諸家之缺，而證其誤者，必依此爲之圖，以佐胡、孫、朱彬、黃以周之書。而《周禮》官制，出于氏族時代或國家制度成立初期之百工，必非妄列。宗法制度，與廟制、喪服之制，各有其根株，不能相混。亦可于古文物得其俞脉。凡此皆宜有新書，以廣胡、孫之作。至于《尚書》，于諸經中爲最雜而多端，商周兩《書》之文物、禮制、文法、詞匯，宜依甲骨、金文及古文物以爲證驗，已非江、段、孫、皮、王氏諸家所能盡。所涉方國、地名，有須依于考古者至多。至虞夏之《書》，多出周以後之追述，其中孰爲史實？孰爲史影？孰爲附益？孰爲層累？決非僅持戰國以來資料所能解決，即排比戰國資料，亦當知所慎擇；知其爲某家托古之言，換言之，虞夏之史，固在《尚書》及先秦典籍之中，而何如扒疏以求其原坯而得其真際，非僅恃考據、排比、核對所能了。甚至考據、排比、核對益精，而其去真際益遠，蓋諸子各以其學之要旨，以托于唐堯、虞舜，因而屈堯舜之往迹，以張其學說之風

162

勢。于是齊魯三晉楚南之說大異,孟子言革命,而墨子莊子言禪讓,此中糾紛,遂不能驟理!自近世初民社會研究之學大興,于史前人類之史實,已得至多規律,人類大齊不相遠,以南美北非諸初民社會,證中土三代史實,多緫理可尋。即如以洪水傳說說大禹《禹貢》,則不疑禹之存在,而《禹貢》中孰爲近真真史?孰爲儒者文飾之理想?以酋長制說堯舜禪讓,則舜與丹朱等有爭立爲帝之傳,亦可得其事由,時余方讀莫爾干(摩爾根)《古代社會》、恩格斯《家族私有財産和國家之起源》、法人莫干之《史前人類》等書,稍稍有會于心,遂不自量,于辛、壬、癸、甲之間,發憤爲《尚書新證》,虞、夏、商《書》之部略備,《周書》至《多士》而止,遂以授于中州上庠。甲戌夏初而大病,醫者勸其遠揚以散發情致,遂束書去國。至丁丑夏歸國而抗戰軍興,寒齋書籍稿件,隨國人之死者以俱毀,此半就之作亦全毀。辛巳奔先君之喪,葬事粗畢,理家藏舊籍,忽于壁櫥中得《虞夏書》及《洪範》、《泰誓》各篇稿本,則壬申奔祖母之喪,余弟正夫爲手録,而先君略有批注者,既傷其昊天罔極之情,復喜殘稿之幸有殘存,後遂以此以授上庠諸生。一九五三年來杭,《舜典》以後各篇及《禹貢圖》二册,遂失所在。年來病目至劇,三十年前舊業,不可復賡(《禹貢》重在圖說,已全失,存《洪範》後段,《盤庚》下篇余二小段,《洛誥》存末三語,惟《堯典》以正夫弟寫一清本得存,吉光片羽,亦云幸矣)。弃之可惜,遂稍删其繁瑣浮言,易以今名存之筴笥,此中新說極多,非注經體例,容有與古今人說大異之處,然足以具體說明余治古史之途術,如斯而已!然舊說一依《尚書》書式,有標題、序說、正文之分。今則一以一義爲主,不存書式,以明其爲散葉論著,非全書箋釋也。惟年來雜寫古史新證,略有引發,多擷新義,略約徵録,然亦不欲更張舊義,所以爲進學之驗云爾。六二年十月亮夫志。

一　篇題三議

(一)議《古文尚書》

　　按今存《尚書》,實晉人篡亂之本,所謂《古文尚書》是也。則原本宜有"古文"二字。考宋刊本《尚書正義》仍題"古文尚書",則穎達爲疏,亦未改廢。又巴黎國家圖書館藏敦煌卷子 Pelliot 二五四九號《尚書》篇亦題曰"古文尚書虞夏商周書目",日本東京內野氏皎亭文庫舊藏鈔本亦題"古文尚書堯典第一處書孔氏傳",是唐以前本皆如是。自衛包改隸古定後,遂廢"古文"二字。唐石經依之。後人乃據以刪改《正義》,此于衛包以後之本宜然也(詳余《巴黎藏堯典釋文殘卷跋》一文)。自魏晉以來之所謂今古文,實完成于晉人,段玉裁謂漢魏人無言歐陽、夏侯《尚書》爲今文尚書者,其說極塙。而所謂古文者,實又魏晉以來好奇之士,集諸變異奇書而爲之者,讀敦煌諸本,略可審知。至漢人之所謂今古,其可見者惟石經。石經無古文二字,則石經以漢隸寫之也。孔安國所傳古文,是否顯題古文二字,無他證,不敢必,而漢實有真古文,則遺說存者多矣!

(二) 議《虞夏書》、《唐書》

虞,舜國名;夏,禹國名。唐,堯有天下之號。《正義》引馬、鄭《別錄》題皆曰"虞夏書"。此漢師古文說也。《尚書大傳·堯典》之前,題曰"唐傳",以後題曰"虞傳夏傳",則伏生書當以《堯典》爲《唐書》。又《說文》引《堯典》"假于上下"、"平秩東作"、"五品不遜"、"朞三百有六旬"言《唐書》。《論衡·正說篇》曰"唐、虞、夏、商、周者,土地之名。皆本所興昌之地,重本不忘始,故以爲號,若人之有姓矣。說《尚書》謂之有天下之代號,唐、虞、夏、殷、周者,功德之名,盛隆之意也"云云,是漢人皆以《堯典》爲《唐書》,此漢師今文說,亦漢初人舊說也。段玉裁引《左傳》以"慎徽五典"六句系之《虞書》,以"敷內以言"三句系之《夏書》,則孔子時以《堯典》爲《虞書》,《皋陶謨》及《禹貢》爲《夏書》,此春秋舊說也。

按段氏所疏說最簡明,然今本《尚書》乃漢人所傳儒家舊說。戰國諸子除儒家外,惟墨子誦習三古典籍爲最詳切,其所見本略與儒家不同,雖未必爲真虞夏所傳之舊,而舊說足以明儒家所傳書式外,別有一本,則其事至可貴。《墨子·明鬼》篇曰"《尚書》、《夏書》,其次商周之《書》"云云,此以《尚書》與夏、商、周並列,明《尚書》者唐虞之《書》之專稱,指《帝典》

二篇，舊作《九共》九篇。《稾沃》、《大禹謨》、《皋陶謨》、《益稷》等十六篇，言蓋十六篇皆當世帝王遺書，故篇首皆以"稽古"發端，此于今本《尚書》書式全可協調，實勝儒徒之所增損也（大禹、皋陶、益稷皆事堯舜，本亦《尚書》帝王之舊屬，夏史尊顯之，故亦曰"稽古"矣）。

（三）議《堯典》

○堯，祁姓。《左》襄二十一年《傳》：范宣子自稱陶唐氏後，欒桓子娶于范宣子曰欒祁，則祁系陶唐之姓無疑。

祁在春秋時爲晉祁奚封邑，在現山西，距唐不遠。

封于陶唐，唐者，《詩·桑中》："爰採唐矣，沫之鄉矣。"《毛傳》："唐之蒙女。"唐乃祁支圖騰團。

《風俗通·皇霸》篇引《尚書大傳》："堯，高也。"《說文》同："古文作㚋，唐帝號也。"《史記·三代世表》說同。按堯舜之稱，有以爲謚者，古文家說也；有以爲名，死後即以爲謚者，此今文家說也。詳《尚書大傳》、《白虎通·謚》篇、《史記索隱》等書，諸家書解多引之，茲不具。按《禮記·檀弓》："死謚，周道也。"自殷以上未有法。甲文所載殷先公先王，無一謚，早期金文亦未見謚，則《檀弓》之言諒矣。是今文家以爲名之言爲近似。按中土社會，在夏以前不得有正式國家形式，堯、舜皆氏族時代之酋長，舜者以其有耕稼之神迹，故號曰舜。別詳。與以其傳薪則曰燧人，以其構木則曰有巢，以其服農則曰神農，以其狩獵則曰伏羲，皆所謂質直之稱也。《書》始《堯典》，而堯、舜、禹相禪，則先秦傳說蓋以堯爲大酋，浸浸乎有君臨諸國之象。古大酋必居于高地，後世宅京必依高丘，即其遺制。故以堯命之。堯者從兀，兀即元之省，上從垚，與兀上加一爲元，文字之組織意象相同。從一者指事，從垚者會意。堯元又雙聲，則聲義同族也。故世遂以居于高丘之大酋曰"堯"命之爾！中土歷史，自黃帝而事有可考，自堯而制度可徵。故《史記》起《五帝》，而《尚書》始《堯典》也。又余疑《舜典》之稱元首，元首即堯之合音。

○典，《說文》：五帝之書也。從冊，在丌上，尊閣之也。莊都說，典大册也。按甲文作🈪，《前編》四卷三十七頁。象兩手執册，至金文乃作🈪。古典與册實一字，周以來乃別爲二也。漢制六經，《尚書》長二尺四寸，《孝經》長一尺二寸，《論語》長八寸，《說文》云大册者，別于册之小者爾。《帝典》曰典，初本質稱，義謂堯之册、舜之册耳。蓋囊括堯、舜一生之事爲一册，以夏、商以下之因事名篇，事各有屬者大異。故謨訓之類，規其篇義；而《帝典》爲名，則概其全稱，《尚書》惟二帝名典，蓋古書傳本堯舜二篇實最尊尚，即墨子所傳《尚書》之義，欲尊閣之，故分言曰典，合言曰《尚書》。

二 議堯三事

（一）議帝堯名號

日若稽古帝堯曰放勳

曰，若，皆辭也。曰字聲通作粵。《逸·武成》："粵若來三月。"又《武穆解》"粵若稽古照天之道"是也。金文中則用"雩""粵"，其形譌也。《小盂鼎》"雩若翌乙亥"是也。字又作越，《召誥》"若翼日"又云："越翼日。"《漢書·律曆志》引《武臣》"若翌日"，僞《武臣》作"越翼日"是也。連言之爲"曰若"，單言之則曰越、曰粵、曰若，並與金文惟、維字同，皆發聲字，不有專字也。其用于文中者，則爲亏[1]之借字。《召誥》"若翌日乙卯""越翌日戊午"，謂"亏翌日乙卯""亏翌日戊午"也。《呂刑》"若古有訓"即"於古有訓"也。

按"曰若""粵若"皆周以來發端詞，此西周文章例也，甲文無之，則二《典》非唐虞史官所爲，亦不得爲夏商史官之書，直周以後史官追叙矣。

○稽古，馬融訓爲"考古"，按王先謙《孔傳·參正》曰："《漢書·武紀》詔、《郊祀志》、《律曆志》、《董賢傳》、《王莽傳》、《後漢書·章帝紀》、《范升傳》、馬融《誣奏李固疏》、班固《東都賦》、張衡《陳事疏》、黄瓊《請舉

---

[1] 此句中"亏"疑爲"于"字。

籍田禮疏》、《桓榮傳》、安帝《策夏勤文》、《郭丹傳》、蔡邕《和熹鄧后謚議》，趙岐《孟子題詞》，荀悅《漢紀》，《續漢律曆志》，《劉寬碑》引用稽古之文，並作考古解。"按王說是也，是蓋兩漢諸儒之說也。又《洪範》："明用稽疑。"《盤庚》曰："卜稽曰其如台。"是稽乃卟之借字，《說文》："卟，卜以問疑也，從口，從卜。"敦煌本《古字尚書》及《皎亭文庫》舊鈔本作乩者，魏、晉人依《說文》所改也。

按文中言"曰若稽古"，則爲後人追叙之詞，與周人所傳《周書》同，則謂《堯典》作于堯時者，真瞽說也。

○帝者，按《尚書・虞書》稱帝不稱王。《夏書》以後稱王不稱帝，則帝王二字，必當有別。漢人以帝王爲功德優劣之別，其說恐未當。考《曲禮》云："措之廟，立之主，曰帝。"《注》云："同之天神，五帝德盛，故生時稱帝，至夏、殷生稱王，入廟稱帝。"此說不知所本，然釋帝義則最確。蓋唐、虞史實，皆後人追述，堯、舜絀滅，久不可知，從後錄之，故神其稱，謂尊之如天帝，而號之曰帝，異于夏、殷今王之稱。緯書稱"帝者天號，王者人稱"，《璇璣鈐》即此義也。《春秋繁露・三代改制質文》篇所謂："存爲三王，絀滅爲五帝，下至附庸，絀爲九皇，下極其民，雖絶也，廟號祝牲，猶列于郊，宗于岱宗。"云云，蓋與《曲禮》入廟稱帝之說，大相發明。此是漢人舊說，亦爲唐、虞稱帝之的解。

按帝即"蒂"之初文，形作^图。"帝"爲鄂不已具之象，"不"則草之初生，作^图，"不帝"，即"胚胎"同族語，在草曰"不帝"，在人曰"胚胎"，人以觀察草木之象，神異其迹，遂以始生之異，歸之神靈，因而申引爲上帝。甲文、《詩經》中皆用此義。然甲文稱上帝主宰風、雨、禍、福、年歲、征戰、城邑者，皆指帝俊或高祖俊言。俊即舜也，爲殷人至高之宗神。則帝得爲祖先宗神之有功德者，堯爲黃帝系之一支。余疑爲夏氏族之所宗祀，故亦得稱爲帝也。又按《尚書》凡稱帝皆指堯、舜言，或又曰皇帝，見《呂刑》。則帝又爲堯之尊稱，則又爲夏、商、周三代之所宗，祀之如上帝也。《小戴記・大學》引"克明峻德"稱帝典，亦帝爲堯尊稱之證。至漢儒辨別帝王二號之尊卑時之諸問題，其實皆各以其政治理想，強爲之說，義益紛亂，無益事實，徒虛聲勢而已。

○放勳，《說文》引作"放勛"，一字異體也。《釋文》引馬融說："放勛，堯名，一曰堯字。"按堯名或字曰放勳，他無可考，《孟子·萬章》篇"放勳乃殂落"，《滕文公》篇引"放勳曰"，是戰國時已有此說矣。按此亦如舜名重華、皋陶名庭堅之比，皆後世文飾之說，殷人尚無二名也。

（二）議堯德業

欽明文思安安，允恭克讓，光被四表，格于上下四語言堯德業也

○欽明文思安安，漢人多作"欽明文塞晏晏"，塞又作寒，皮氏引之詳矣。《釋文》云："馬融說謂威儀備謂之欽，照臨四方謂之明，經緯天地謂之文，道德純備謂之思。"《書疏》引鄭玄說："敬事節用謂之欽，慮深通敏謂之思。"其說明文二字與馬同，然鄭解思字，又與明字義複，皆甚不妥。餘詳下。

按"欽明文思安安"六字，皆見《謚法解》，則起于周世矣。餘詳下。

○克讓，今文家作克攘，見《漢書·藝文志》。《說文》："攘，推也。"今文用本字，古文用借字也。

○光被，一作廣被，一作橫被。按光、廣、橫，蓋一形之衍也。伏生本原作橫，橫從木，黃聲，黃從田、芡，芡即光字，故橫偏桄。《說文》："桄，充也。"桄又省作光。《正義》引《釋文》"光，充也"，此言堯德充滿四表，至于天地，即《後漢·陳寵傳》所謂"聖德充塞，假于上下"也。然《漢書·宣帝紀》、《蕭望之傳》載黃霸、于定國等議，皆云："聖德充塞天地，光被四表。"漢人不盡以光訓充，則橫之訛爲光，蓋所起甚早矣。故鄭玄以爲"堯德光燿及四海之外"也。表，《廣雅》方也，則四表，猶四方矣。

○格，漢人皆訓爲至，此古文說也。《詩·楚茨》、《抑》《毛傳》："格，來也，至也。"此其證。《方言》有徦字，訓至，當爲格字之所從出。徦亦後起專字，初文當爲各，各上𐊛即止，表來至之意。𐊛向口爲至，與𐊛背𐋎爲出，立意相同。故甲文、金文皆以各爲至也。加彳者又繁文，甲骨吉金從彳、從止之字，往往任意增省，故《師虎敦》各作徦。更繁則爲《庚羆

卣》之佹矣,聲與徦通,故假徦爲之。《說文》引作徦,是也。此在《詩》已然,字又作徦,故《後漢書‧明帝紀》、《順帝紀》、《陳寵傳》皆引"徦于上下",作徦者,今文也①。

按《大戴記‧五帝德》孔子答宰我問堯,曰:"其仁如天,其知如神,就之如日,望之如雲,富而不驕,貴而不豫,黃黼黻衣,丹車白馬。"此與《論語》贊堯"巍巍乎惟天爲大,惟堯則之"義同。其仁四句,即欽明文思之義。欽有敬義,"敬事而信,節用而愛民",正是儒家爲君極則,故曰仁。有明察之知,故曰如神。文者焕乎其有文章也,思者來萬民之思也。貴而不驕二語,則所謂允恭克讓也。此兩相關之史料,孰前孰後?雖不必細問,而其爲儒家對堯之稱述,則無疑義。然就語言發展角度論之,則"欽明文思安安"已凝固爲一最高概念,爲後來謚法之所本。而《五帝德》之言,尚在形容描繪語氣之中,未達概念化之說,則無寧謂"欽明"等句後于《五帝德》矣。

(三) 議俊德、九族、百姓、黎民四詞

克明俊德,以親九族,九族既睦,平章百姓,百姓昭明,協和萬邦,黎民于變時雍

〇"克明俊德",《大學》引《帝典》俊作"峻"。《漢書‧平當傳》亦作峻。《小戴》與夏侯《尚書》同師,當習歐陽《尚書》,是今文有作峻者,《史記》作能明馴德。徐廣曰:"馴古訓字,言堯自明其德,以訓九族。"按鄭康成以俊德爲賢才兼人,蓋言堯能明揚賢德之人,以親九族也。其說於文似暢而實非。

按"明俊德"一語當爲集《堯典》者自錄之語,于古無徵。依本文上下句語以定之,則俊德當即《小戴記‧大學》篇之明德,而修者未曉知明德之基本含義,遂于明德中妄加一俊字,遂使作僞之迹,昭然若揭而不可逃遁。明明德,親九族,平章百姓,協和萬邦,即《大學》"明德新民"之義。

---

① 此段底本"假""徦"二字混用不分,今以義區分"假""徦"。

明德即內聖之道,新民即外王之道。明德者,帝王得之自天明明之德也。其源起于古人對光明崇拜之宗教思想,爲中土上古政治上至高至要之一概括,亦即政治上對帝王至高道德標準之要求,古書言明德者至多,儒家經典無不言之。《詩》、《書》、《春秋》三傳、《逸周書》、《周易》、《禮記》乃至《國語》、《國策》、《荀子》、《孟子》,甚至如《墨子》、《韓非子》、屈原賦莫不有之,而每言此詞,皆至莊肅祇敬。歷其踪迹,則最初僅能于受命之皇王用之,以爲爲君者當敬謹修治之大德,尤以夏商以前爲重,至春秋之時,降而周之諸侯,亦得用之,春秋之末,大夫亦言明德矣。此政治制度由神統變爲王統之自然趨勢也。修治《堯典》者,已不知此義,故隨意增益,遂使俊德之言而存明字以爲動詞,遂使此古而專用術語,降爲修飾詞句,存一俊字,顯爲一大破綻,供吾人揶揄矣。詳余《中國古代光明崇拜考》一書。又甲文有𡘆𡘜字或作𡘳、王靜安先生以爲即舜,至碻不可易! 則俊德即舜德矣。

○九族,《書疏正義》曰:"九族謂帝之九族。……知九族非民之九族者,以先親九族,次及百姓,百姓是群臣弟子,不宜越百姓而先下民,若是民之九族,則九族既睦,民已和矣,下句不當復言協和萬邦,以此知帝之九族也。"其說是也。果如是說,則此九族猶他書言九宗,此氏族社會時代族內之成員言其成員亦略有層次(即後世所謂輩分),如所謂姓九宗之類,此九字或當爲先秦以來言多數之義,不必即爲九數也。然今古說之者至繁賾,不可不一辯。

按今古說九族不同。《書疏》引夏侯、歐陽等以爲:"九族者,父族四,母族三、妻族二,皆據異姓有服。"《古文尚書》說九族者,自高祖至元孫,凡九,皆同姓,馬融、鄭康成皆同。按自許叔重《五經異義》以喪服之制解九族,康成又援之以駁許說,于是族制與喪制糾結不解。其實喪服之制,乃春秋以後禮文美備之說,決不能以說三代也。然以理論言之,則以今文家說爲優。何以故? 自高祖至元孫之制,始于漢人。春秋以前,父之父曰祖,祖以上皆曰高祖。卜辭、《詩》、《書》、葬器刻辭,有高祖、太祖、烈祖、皇祖、文祖等稱,而無曾祖之名。子之子曰孫,孫以下或曰曾孫。《爾雅》:"孫之子爲曾孫,曾孫之子爲玄孫,玄孫之子爲來孫,來孫之子爲罤孫,罤孫之子爲仍孫,仍孫之子爲靈孫。"然春秋以前無玄孫以下諸名(《金縢》:"史乃册祝曰:惟爾元孫,遘厲虐疾。"武王非太王元孫也,此元者猶《左傳》文二年微子啓帝乙之元子,同例,猶言長子也。又僖二十八年《左氏傳》有"及其玄孫",此玄是誤字,古無是稱也。故蒯聵禱于文王,自稱曾孫,實文王之二十世孫,哀二年《左傳》。則曾孫一辭,自孫以下皆稱之矣。《周頌》:"惠于文王,曾孫篤之。"鄭注:"曾,猶重也。"自孫之子而下事先祖皆稱曾孫。)歷數皆不至于九,故古文家說實漢以後禮文美備之論。按族字甲文作,前四第三二頁。金文作,皆象旂旗之下,矢之所集,太古戰爭之事極甚,蓋以同一旂幟者爲一族,一族即一軍(春秋尚有族軍),立一旂幟,告人疾集如矢,因而聚居同邑者亦曰族。然古代村社之制,非有血緣或婚姻關係者,不得同居,此近世研究古代社會者共同之結論。後世同姓稱族,蓋即此一義之申引。然中國古代原有母系社會之存在,則母党親屬 clan kindred 必爲紀認宗親 kinship 之嬗遞之一部。此即于古代親屬稱謂屬母黨者亦極豐富,約與父族相等一事,可以見之,則族中之必有母黨明矣。然家庭組織乃一普通單位,父系母系云者,皆非切然兩不相關之組織,故親子對家庭之關係,原始即爲兩面宗親 bilateral kinship 而非單面宗親 unilateral kinship,此又近世研究古代社會者所得之成說,則舉同族必父族母党同舉,蓋毫無疑問(此不僅血緣婚姻爲然,即亞血族婚制亦然)。然《易》曰:"有夫婦然後有父子。"則一夫一婦,又實爲家庭之中心,而古代社會,從婦居之制,並不少于從夫居,周人"爰及姜女"是其實例,並觀于《生民》、《玄鳥》諸詩,蓋可知矣。則父輩有母黨,子輩必有妻党,是妻党之必譜入族中,是又非向壁虚造之說矣。故今文家言九族連父族母党妻党言者,實爲最得實際。《白虎通·宗族》篇曰:"族者凑也,聚也,謂恩愛相流凑也。生相親愛,死相哀痛,有會聚之道,故謂之族。"使如古文家同姓九族之説,元孫必無及見高曾祖之理,則聚何所聚,生死愛痛何所及邪?然今文家又必以父四母三妻二分配九族,恐亦未必得之,今文亦言據異姓有服。按桓六年《孔疏》引《異義》:"今

《禮》、《戴》、《尚書》歐陽說九族乃異姓有屬者,父族四,五屬之内爲一族,父女昆弟適人者與其子爲一族,己女昆弟適人者與其子爲一族,己之女子適人者與其子爲一族。母族三,母之父姓爲一族,母之母姓爲一族,母女昆弟適人者與其子爲一族,妻族二,妻之父姓爲一族,妻之母姓爲一族。"云云。然喪服于母之母姓,及母女昆弟適人者兩族,及妻之母姓一族,皆無服,其不合已甚顯;且喪服于父之姑緦麻,孫適人者小功,而今文九族中又無之,其不可通益明。九族猶百姓萬民,皆極言其至而已。(堯爲夏先,夏以龍爲圖騰,九即龍虬本字,此九字或即龍虬之義,指堯之親族與?)

○"睦",《後漢書·班固傳》李《注》引鄭云:親也。《說文》:敬,和也。

○"平章百姓",《史記》平作便,《索隱》一作辯,班固《典引》作辨,《白虎通·姓名》篇作采,《說文》采讀若辨,平、便、辯、辨皆同聲通用,鄭注:辨,別也;章,明也。

○"百姓",先師王君曰:"'辨章百姓'句,極可疑,後人之疑《堯典》者,亦多因此句。因古書中無姓字,而姓氏之制,至周始成,且皆女人用之,惟金文中多生字,此百姓亦當作百生。百生者,百官也。此與下'黎民于變時雍'百姓黎民對文。按《伯吉父盤》:'其惟諸侯百生。'《史頌敔》:'里君百生。'又《逸周書·商誓解》:'昔及百官里居。'又曰:'百姓里居。'居即君字之訛,是百姓可爲百官之證。"按師說至允。生與姓實一義之分化,而字形又爲一字之孳乳。然釋百姓爲百官,實自孔《傳》而然《盤庚》:"汝不和吉言于百姓。"孔《傳》責公卿不能和喻百官,是其證。而孔氏《正義》更爲之申說,百姓即百生者,即《左氏傳》隱公八年所謂"天子建德,因生以賜姓"之義,而百姓即百官,以《尚書》全書考之,則頗有不盡同者。按百姓二字凡十一見于《尚書》,融會觀之,皆當作聚居都城之貴族解。蓋古之大都,居者皆爲邦君子姓與百官宗親,其範圍較村社爲廣,此制至春秋時猶然。皆有姓氏可稽,或受自先人,或得之賜與,其非貴族之齊民,則皆居息于郊野,無姓氏之別,統稱曰民。故百姓者,實與齊民異之貴族階級。春秋以後或混言之。然百姓可稱曰民,而民仍不得冒百姓之稱。此制至春秋時猶存者,別詳余所著《春秋村社都邑制度考》。《孟子》二畝半在邑之說,僅指村社之小邑言,非大都也。故孔《傳》以百姓爲百官,實未全當,即以平章百姓而言,立官所以佐天子理萬機者,安得在親九族之後,方爲之平章,此其不可通,蓋已甚明。且上言明揚俊德,即選賢授能之意,何用更爲平章百官,辭意俱複,語無所施矣。且以姓若生解爲官職,於古絕無可徵,更就全《尚書》論之,則命契之辭曰:"百姓不親,五品不遜,汝作司徒,敬敷五教在寬。"司徒之設爲民,非爲官也。百官必賢俊而後在職,若有五品不遜之徒,必不致在職而後施之五教,其非百官,蓋已極明,則百姓必爲在都之貴族明矣。《盤庚》上篇:"汝不和吉言于百姓,惟汝自生毒。"按《盤庚》上乃盤庚告百官之辭也。汝即指百官,言汝百官不能和喻百姓,是汝百官自生荼毒,則百姓非百官明矣。又《盤庚》下曰:"今予其敷心腹腎腸,歷告爾百姓于朕志。"按《盤庚》下爲盤庚奠殷後告居于亳殷之貴族之辭,言非己欲震動萬民以遷之意。上言"歷告爾百姓于朕志",下言"今我民用蕩析離居,罔有定極,用降我凶德,爾謂朕曷震動萬民以遷"云云。爾即指百姓,百姓與民分言,則百姓非齊民,亦非百官——以告百官已屬上篇故——可知矣!按《盤庚》三篇分告百官、民衆與百姓,語義極顯,則百姓非百官,亦非黎民可知。余以爲貴族蓋無可否認之理。又《牧誓》言商王受牧內"四方之多罪逋逃,是崇是長,是信是使,是以爲大夫卿士,俾暴虐于百姓,以奸宄于商邑",上言大夫卿士,下言百姓,則百姓非卿士大夫明矣。"暴虐于百姓"及"姦宄于商邑"兩語實一意,則百姓必爲商邑之百姓,此余所謂百姓爲大都之貴族,即其證也。又《酒誥》曰:"越在內服,百僚、庶尹、惟亞、惟服、宗工,越百姓里居,罔敢湎于酒。"百僚、庶尹,即百官也,越百姓里居,越又也,居當爲君之訛,里君當爲居于鄉里之長,爲齊民之領袖,百姓次于百僚之後,里君之先,則百姓非百官,而爲大都之貴族,又得一證矣。又《君奭》周公稱殷德曰:"商實百姓,王人罔不秉德,明恤小臣。"此言商之貴族,以至王家,無不秉德,以恤小臣也。又《呂刑》言堯時"士制百姓于刑之中,以教祗德",此言即《堯典》命皋陶之辭、制百姓而教之以德。百姓非指百官,亦如上文所辯"百姓不親,五品不遜,汝作司徒,敬敷五教在寬"之語。依上十一例而觀,實無一例以百姓爲百官之義,而釋爲居大都之貴族,則無往而不條達。又《善鼎》"善作宗室寶尊,唯用錫福于前文人,康綏共屯,余其用名我宗子雺百姓",宗子百姓連文,則百姓必爲宗子以外之同姓庶宗無疑。《沇兒鐘》"用盤飲酒,和會百生",飲會,則"燕爾兄弟",亦貴族矣。讀書當觀其通,其此之謂邪。

○百姓昭明,今古文同,昭亦明也。

○協合萬邦,此古文也。協作叶。《史記·高祖侯功臣年表序》,《漢書·宣紀》、《成紀》、《地理志》、《王莽傳》,《法言·先知》篇,《東觀漢記·和帝賜彭城王恭詔》,引皆作"協合萬國",此今文也。按邦國義近,或漢人以諱而改邦爲國與?明雝當是韻,以古文爲是。

○黎民於變時雝,古文也。《漢書·成帝紀》詔曰:"黎民於蕃時雝。"此當是今文。黎字漢儒皆訓衆。《爾雅·釋詁》亦言黎庶,衆也。按黎字本義,實不訓衆,友人楊筠如先生以爲即九黎之民,"《楚語》其後三苗復九黎之德,堯復育重黎之後,使復典之,即黎民於變之事,嗣後乃沿用爲齊民之誼"云云。爲說較新。然上文言九族,言百姓,皆廣泛言之,此不宜特指九黎。黎民句承上萬國言,則黎民即萬國之民,堯所時雝者,決不僅于九黎。按黎當即犁之本字,而犁、黎又利之後起專字,古初實只一秾字,黎民即農民之義。《三公山碑》"羣犁百姓",《桐柏廟碑》"黎庶賴祉",《韓勅后碑》"□□莉民"。又《城壎碑》"黎首"作"藜首"。《漢書·匈奴傳》"莉庶亡于戈之役",宋本作莉。顏《注》"莉"古"黎"字,是黎本非正字,而初文實只一莉也。請得略言之,按秾即利字,從刀者,後人誤以"勺"或"勿"爲刀也。利實得聲于力,則從力爲是。甲文秾作𥝌或𥝌,金文作𥝌,《師遽尊》若𥝌,《利鼎》與許書古文合。利即《盤庚》"若農服田力穡,乃亦有秋"之力,本象耒耜之形,形如力,所以爲耕銍者,加禾即力穡之義。力田力穡,皆農人之事,漢人以力田指農夫,即古義尚存之證。增黍與增禾同義,而別構爲犁者,則後世牛耕之朔也。故黎民當即力田之民之義。自力、利、秾、黎、犁、莉諸文紛然而起,力之原義既廢,而他文亦因以不得其說。漢人以黎民在萬國下,遂有衆民之訓,實非其本矣。

然當堯之時,是否即有農業,此又不得不一言者。按《尚書》之結集,至早當在周代,夏、殷以前之史事,固不能無有,而集者因時坿益之辭,亦不能必無。周之時,農事已盛,撰集《堯典》者,不意以當時社會情態,入于邃初傳說之中,此吾人讀古籍者,所當分別而觀者也。何以必單言農民,而不言及衆庶?此亦有說。按全世界各古代民族之社會組織,當其在耙耕時代以前,實無專務工商業之人民,工商業即農民自爲之,故農民得爲全體民衆之總稱也。且此時代之社會現象,僅呈兩極大對立之形態,一爲統治階級,一爲奴隸。凡邦君、地主、百官、貴族,皆屬統治者,即《尚書》所謂九族、百姓也。而一切農民,皆爲奴隸,亦即,一切奴隸,無不是農民。參《詩・七月》可以知之。農民可概一切,是黎民即所謂萬邦之民矣。九族、百姓、黎民,即皇親、貴族、平民三階級也。

〇於,猶爰也;時,王引之說於是也;雍,和也,言黎民因而變化,于是雍和也。

按自"欽明文思安安"以下,至"黎民"一段,實爲儒家修、齊、治、平之思想也。自"欽明文思"至"格于上下",此言堯自修之德,其德至于光被四表,格於上天下地,格上天下地者,可以配天而爲天下王。"克明俊德,以親九族"者,謂齊其家,親親相推,自父母妻子而至于宗親,此齊家之義也。"九族既睦,平章百姓"者,治其國人也。百姓以下三句,則平天下,故曰萬邦也。《大學》曰:"古之欲明明德于天下者,先治其國;欲治其國者,先齊其家;欲齊其家者,先修其身。"《中庸》曰:"子曰博學近乎智,力行近乎仁,知恥近乎勇。知斯三者則知所以修身。此與欽明四句義同。知所以修身,則知所以治人。知所以治人,則知所以治天下、國家。"《孟子・離婁》章亦曰:"言人有恒言,皆曰天下國家。天下之本在國,國之本在家,家之本在身。"修、齊、治、平之道,即使不爲儒家所獨有,而結集者不能不爲儒家,此自其學術系統而可推知者也。則《堯典》之作,其在孔子既卒之後與?雖然,此就思想之結集而論也,若就事實而論,則氏族社會向政治制度推進而完成其一統之思者,固至遲,然族之百官、奴隸(農)固久已存在矣。則九族者,指堯之氏族。百姓者,指聚居大邑之貴族。黎民者,則郊以外之耕奴佃奴矣。有此三級之史影,然後配以修、齊、治、平之四進,此《堯典》之所以能結集,而爲春秋、戰國以來儒家之寶典。古書之僞誠多,而史影之存,亦不可忽,要在人之善讀之矣。

三 議授時、定歲

(一) 羲和議

羲和議

乃命羲和,欽若昊天厤,象日月星辰,敬授人時

○乃命羲和,乃字,凡《漢書》引經者皆作迺,羲字《論衡·是應》篇引作曦,皆今之別字也。孔氏《傳》云:“重黎之後。”按《尚書·呂刑》:“乃命重黎,絕地通天。”孔《傳》云:“重即羲,黎即和。”是今文家以爲即下分命之羲仲、羲叔、和仲、和叔,皆掌天文之官。又治民事者,亦本之孔《傳》也。他如《史記·曆書》,《法言·重黎》篇,《漢書·成帝紀》、《百官公卿表》、《古今人表》、《律曆志》、《食貨志》、《藝文志》,《論衡·是應篇》,《後漢書·質帝紀》皆是。惟馬、鄭注以羲和與四子爲《周禮》六卿,四子即是四岳。蓋以重黎司天地,近似天官、地官。四子分主四時,近春夏秋冬之官。按此仍以今文說爲是。下文分命羲仲、羲叔、和仲、和叔之事,即“欽若昊天厤,象日月星辰,敬授人時”之事,此特總提言之也。又羲和之爲義,有三說。漢儒以羲和爲司天之官,即《成帝紀》所謂“昔在帝堯,立羲和之官,命以四時之事,令不失其序也。”而《楚辭·離騷》、《天問》王逸《注》、《淮南子》、《潛夫論·愛日篇》、《廣雅.釋天》,則以羲和爲日御。揚雄《河東賦》、李尤《漏刻銘》則以羲和爲掌日之官。皮錫瑞謂羲和本日御之名,黃帝取其名以立是官,以司日。堯命羲和,蓋亦因于古耳。按《史記·夏本紀》“帝中康時羲和湎淫,廢時亂日,胤往征之”云云。則羲和爲天官,至夏猶存,此古傳說之不可廢者,故皮氏釋羲和變衍之迹,大致不差。然據《漢書·律曆志》,則顓頊以來掌天文之官爲南正重氏,火正黎氏,而不名羲和。而鄭康成氏亦以羲和爲重黎之後,是今古文家亦有不以羲和之官歸之于日御者矣。按《尚書》“欽若”“曆象”之事,多與《楚

辭》、《山海經》、《淮南子》諸書之說相合，實皆得之傳聞，吾人解書，固不當以後世爵祿既判，官制既定之事，以相比坿；亦不當心存成說，以事穿鑿，以羲和爲六卿之天地官，故爲坿會。以羲和之名，得之日御者，亦是以後求合之辭，皆非其朔也。按羲和一詞，與日月之傳說極密，或即爲古傳說中光明崇拜之神名。《天問》曰："羲和之未揚，若華何光？何所冬暖？何所夏寒？"（《離騷》："吾令羲和弭節兮，望崦嵫而勿迫。"此羲和亦是日神，不必爲日御也。）此以羲和爲日神，語較各處爲顯暢，而《山海經》曰："東南海外，有羲和之國，有女子，名曰羲和，日浴于甘浦。羲和者，帝俊之妻，是生十日。"郭璞《傳》："羲和者，蓋天地始生，主日月者也。"故啓《筮》曰："空桑之蒼蒼，八極之既張，乃有夫羲和，是主日月，職出入以爲晦明。"此以羲和爲生日之神，是生十日云云，即《左氏傳》、《淮南子》、《呂氏春秋》所傳堯時十日並出，焦禾稼殺草木一事之分化。此說來源蓋極古，與殷人十日爲旬之制，實同一源。《山海經》列于《大荒南經》之中，南爲炎方，故日說極甚，則決非誕說，必吾古先之舊傳，是羲和爲日神之名，蓋無疑義。《堯典》之羲和，當爲屬一系統之傳說，漢儒必拘之以爲官名，既不能申明古義，而亦不足以條理衆說，不足據也。然各家以羲和爲天神，或以爲人官，而《山海經》獨以爲女子，豈亦有說乎？曰：以羲和爲女子，猶以月神之常儀爲女子也。按羲和與常儀或同一語根衍化之詞，蓋日月乃夫婦神，余別有文論之。集《堯典》者，欲以日神分配于春、夏、秋、冬四時，遂以羲和爲兩姓，而四時各爲一官，于是一名而遂分爲四人，更以四時配方位（參後附曆象授時說一文），而天與地之義通，因而可合于以天道治人事之政治哲理。《詩》、《書》爲儒家經典，即非孔門之後之所假造，亦必分析其與儒家學理不相違離者用之，此分命羲和之職，可以見之矣！所以變更舊傳，以合于其政治理想者也。後儒不審，又必以春秋以後之制度求其本義，本義不可得，而雜說起矣！又按羲和一名，極其怪僻，故言久絕，難于探索，余疑爲古南土言日之方音。余學擯陋，苦無廣證，然求之故言，則曰昫、曰旭、曰曉、曰晨、曰晳、曰昕、曰晃、曰皓等字，皆喉音曉匣類字，與羲字雙聲，而和字音亦爲喉音，凡聯綿字下字爲喉音者，多爲上字一音之緩言，羲字古音當讀義，義音如俄，故緩言"羲"則爲"羲和"。又《離騷》"陟升皇之赫戲兮"，此亦指日初升言，稱曰"赫戲"，亦即羲和之例也，則羲和不過古狀日出之頌語，此亦如常儀爲月神，實則即"朔"字一音之衍耳！在昔本爲質直之語，以歷史變革，附以新義，遂使古來傳說，愈益神祕，古史遂益難明矣。余言雖不敢必其爲是，而持此以衡古史，固往往能裕然而理順云。

　　自戰國以來，羲和之音分化爲伏羲、女媧，即《天問》女媧育體，亦即《山海經》羲和爲帝俊妻，生十日之女媧，亦即和音之變，變而女媧與伏羲兄妹合婚，而分主日月神，和合而生日月，遂爲重慶沙坪壩及西蜀、新疆一帶出土之羲蝸交尾圖，寖假爲山東孝堂山之石刻，于是生十日之羲和，音變爲常儀，遂獨爲月神，雜揉《天問》、《山海經》、《離騷》、《淮南》遂至于爲《尚書》之羲氏、和氏四族，由日神而日御，降而爲政治上之日官，此其含義之演變，蓋與神權、政權相表裏，自語言之角度論之，其分合之迹可得而言矣。表如下：

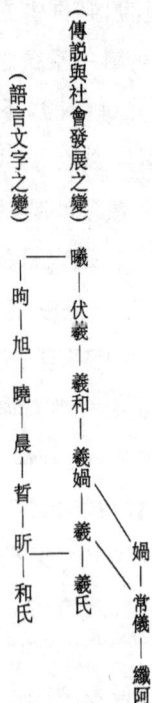

（傳說與社會發展之變）

（語言文字之變）

曦—伏羲—羲和—羲媧—羲—羲氏

媧—常儀—纖阿

昀—旭—曉—晨—晢—昕—和氏

（別參余《羲媧說》一文。）

○欽若，《史記》作敬順，以訓詁字易之也。欽訓爲敬，《爾雅・釋詁》文。

○若訓順者，按甲文作𦦵，《前編》第三卷第三十七頁。𦦵卷五第二十頁。金文《毛公鼎》作𦦵，《文母敦》作𦦵，象女子舉手而舞之象。中象發，女舞必柔曼，故引申爲柔順之義，古語曰"亞若"，見石鼓文。曰"沃若"，見《詩》。音轉爲婆娑，後世專以婆娑爲舞姿，而若意遂晦。《說文》訓爲擇菜，于古無徵也。

○昊天，今文歐陽說"春曰昊天"，然分命羲和，欽若昊天曆，總勅四時，知昊天不獨指春解。孫星衍引古文說曰："古文說天有五號，各用所宜稱之，尊而君之則稱皇天，元氣廣大則稱昊天，仁覆閔下則稱旻天，自上監下則稱上天，據遠視之蒼蒼然則稱蒼天。"說亦可通。

○曆字當屬上昊天讀，《史記》作數，訓詁字易之也。"欽若昊天曆"，謂敬順昊天之曆，自來讀者皆屬下爲句，而異說紛紛矣。

○"象日月星辰"，《史記》曆象作數法，王逸注《懷沙》亦云"象法也"，《大戴禮・五帝德》："帝嚳曆日月而迎送之。"是漢人皆以象爲德，說自可通，但以今語譯之，當釋作觀測，謂觀測日月星辰之象，即《易繫辭》所謂："天垂象見吉凶，聖人則之"之則，即測字之通義，"象日月星辰"，即下文分命四仲之寅日、納日及四星等觀測之事，而敬授民時，亦即"其民因"、"其民燠"等等事也。此兩語總提下文，古經生多不諳文法詞氣，說之多不可通。《魯語》展禽曰："帝嚳能序三辰，以固民。"與此"象日月星辰，以授民時"之義正同。按辰者，漢以來儒生多據《左》昭七年晉侯與伯瑕問答之詞，所謂"日月之會謂之辰"爲解，皮氏、王氏兩家，引之詳矣。日月之會爲辰，乃二十八宿測步時代之說，遠在春秋以後，實無當于此文。按辰之用，在中土古代至廣，而用于觀測天象者，則或以指大火，或指參伐，或以指北極，以觀測之地區與時代而異其名。參伐者，商所用之辰也；大火者，夏所用之辰也；則北極者其周人所用之辰與？詳下。日人新城新藏以《堯典》之辰指大火，大火即指氐房心，其名甚古。《左》昭元年謂："遷閼伯于商丘,主辰,商人是因,故辰爲商星。"云云是也。然自甲骨文字觀之,則十二支第五爲辰,五月之星爲辰,與《堯典》"日永星火,以正仲夏"之說合,則辰指大火而言,其事更在商之主辰之前矣。蓋辰大火爲夏時傍晚見于西方之赤色一等星,西洋謂之天蠍座第一星阿爾法星 α scorpii,然《堯典》天文中無二分二至與中星之言,則此辰字雖可指大火,而實爲通稱,即指觀測日月星之現象之事而言。新城之說,猶落第二義諦也。此事既明,則所謂"象日月星辰"者,即下文分命四仲,觀測四星之事也。

○人時,漢、魏人引書皆作"民時",今作人者,唐衛包所改,蓋避太宗諱也。

(二) 議羲仲東作

分命羲仲,宅嵎夷,曰暘谷。寅賓出日,平秩東作。日中星鳥以殷仲春,厥民析鳥獸孳尾

○羲仲、羲叔、和仲、和叔即上文羲和一名之分化,中國曆法最古,由今所知,至少殷商已行四分制,而司日之神只一,不能配以四季,故後之集撰者,乃以"羲和"一詞,各二分之,配以仲、叔,遂成四人。按以仲、叔命名,事起于殷之季也,而盛于兩周,殷以前未見先例。則羲和司日定四時成歲之事,必爲舊說中原有之分子,而以仲、叔分配四時,則累積分化而成者,此吾人讀古史所當分別而觀者也。

○宅嵎夷,古文也。宅,漢石經作度,今文也,當作厇,即宅字異文。《楚辭》騫公《音》今本宅字亦作厇可證。《大雅·皇矣》"與宅"《論衡·初禀》寫作"予度",則漢時已然。厇宅同以乇聲,則二字同聲,今讀宅如擇,古讀如度也。《漢書·韋玄成傳》師古《注》曰"古文宅度同也",是其證。詳參余《敦煌本尚書釋文》。則宅嵎夷者,謂度擇嵎夷,言自嵎夷而度擇之也。亦即"定"四時成歲之定義,則不僅擇定于京邑也。參下文。然此義自史公已不明,故《史記》譯爲居,則直宅爲居宅矣。

○嵎夷,今文作嵎銕、嵎鐵、嵎鑯,見《說文》、《釋文》引《尚書考靈耀》、《正義》卷二引夏侯等書。《史記·堯紀》作郁夷。《說文》土部作堣

夷，山部作堣銕。按嵎、堣、堣同字，郁、禺一聲之轉，夷、銕同字。堣夷者，《禹貢》"海、岱爲青州，堣夷既略"，蓋指青州以東之地而言。《僞傳》所謂"東表之地稱堣夷"，《史記·索隱》"按《今文尚書》及《帝命驗》並作禺銕，在遼西"，皆是也。寅按三代以上稱山以東之民，北迄于遼西而止，皆曰夷，即所謂引弓之民。夷字從大、從弓，大者人字之正寫。孔子所欲居者，在山以東者，則曰東夷。《小臣謎毀》："伯懋父以殷八師征東夷。"又云"伐海眉。"又云"遂征自五齵貝"是也。別詳余《夏殷民族考》。萊夷、淮夷、徐夷皆屬之。堣夷者，馬融以堣爲海隅，說與《小臣謎毀》之海眉同。夷爲萊夷，其說極確，然《說文》以爲在冀州，而《後漢書·東夷傳》又云"昔堯命羲仲，宅堣夷，曰暘谷"。蓋日之所出也，則以堣夷爲朝鮮地。蓋山東半島、遼東半島，在古代同在海隅，故皆曰堣夷，非說有別也。然"迎賓出日"，自當于正東之青州王鳴盛說也。

○暘谷者，《說文》云："暘，日出也。"一作崵谷，見《說文》崵字下，今文也。云"崵山在遼西"。一作湯谷，《史記索隱》云："舊本作湯谷。"《楚辭·天問》、《遠游》、《淮南》、《山海經》皆作湯谷，皆爲聲借字。《楚辭·天問》"出自湯谷"，王逸曰："言日出東方湯谷之中。"詳余《屈原賦校註》。

○寅賓，《史記》作敬道，以訓詁字易之也。寅訓敬者，夤之借。《說文》"夤，敬惕也"。《尚書》古本多作"夤"，敦煌本可證，則寅者借字。賓者《釋文》引徐音儐。《說文》"儐，導也"。按"寅賓出日"者，《周語》內史過曰："古者先王有朝日夕月，以教民事君。"《魯語》公父文伯母曰："天子大采①朝日，與三公九卿，祖識地德。"《大傳》云："古者帝王躬率有司百執事，而以正月朔迎日于東郊，以爲萬物先，而尊事天也……迎日東郊，謂春分迎日也。"云云。按此在後世禮文美備之時，爲一種禮制，在初民，則爲一種對宇宙之宗教信仰，一切原始民族，皆有拜日之風。《尚書》以羲仲分掌四時，而迎日、致日、納日皆與二氏主之，與後世天子

---

① "采"字底本誤，徑改。

親躬率百執事而爲之者，其說有異，則輯者未悉其義，而混同之，此亦史影記録恒有之事也。《集傳》謂出日爲"方出之日，蓋以春分之日，朝方出之日，而識其初出之景也"云云，則已知測日影法以後之事，與此有甚大距離，不可從。

〇平秩東作，平秩《史記》作便程。皮氏曰："蓋歐陽《尚書異文》，非訓秩爲程也。"按平便、秩程聲近相假也。《大傳》作辯秩。《白虎通》作辨秩。平、辯、辨皆一聲之轉，如辨章之或作平章也，辨別也。秩《說文》引作䄷，段玉裁以爲"壁中古文如是，孔安國以今文讀之，乃改秩"云云，此亦不能决。按平秩一詞，春、夏、秋三季皆用之，而胥指農事言，冬已收藏，則變言曰平在，則秩字其有農事之義乎？考秩字從禾，失聲。字從禾，則當爲禾事明矣。《管子·國蓄》篇："故人君御穀物之秩相勝。"《月令》"命四監大合百縣之秩芻。"《吕覽·季夏》同。《左莊十九年傳》"收膳夫之秩"，注"禄也"，則當爲秩之本義。《說文》訓"積"，亦謂積禾爲秩也。則平秩者，謂辨別穀物也，春則辨種，夏則辨其秧苗，耨刈其草，秋則收其實物，冬已入藏，無事于禾稼矣。

〇東作者，皮氏云："趙岐《孟子注》：東野人東作田野人，書云"平秩東作"，謂治農事也。"按《漢書·王莽傳》"每縣則耕以勸東作，每縣則薅以勸南僞，每縣則獲以勸西成"。又《後漢書·質帝紀》言"方春東作"，應劭《漢書注》云："東作，耕也。"是漢儒皆以"東作"爲耕，此疑古說如是。按作即乍之後起字，今作"作"者，甲文、金文皆作乍。《說文》"乍，止也，一曰亡也，從止，從一"。許說形義，於古無徵。按《盂鼎》作。《頌鼎》作。《遷伯晨敢》作。此字以形言，當從匕，從乚，匕即耒耜之初文，即後來演變之耜字。《韓非》、《淮南》皆有"禹王天下身秉耒耜"之言。乍、耜一聲之轉。初文者所以指其動作之象，于文字結構，爲指事符號。凡文字中表動作符號，視其力之所向而定。如䚡從，從冂，冂所以表理治之力所向也。牽從，從冂，冂所以表牽牛之力所向也。稍後如《姞氏敢》作，《仲鐮簋》作，則加攴以表動意，爲古文衍變之一例。此就形言也。就義而論,《周禮·稻人》"以涉揚其芟作田",注"猶治也"。則乍固有治田之義矣。引申之,則爲"爲",見《爾雅·釋詁》文。爲"行",見《詩·常武》"王舒保作"箋。爲"用",見《周禮·羅氏》"蜡則作羅襦"。爲"使",見《儀禮·郊特牲》"作相爲司正"注。又有生也、與也、起也、長也諸義,皆由耕作一義引申。吾人細爲分析,則"作"字在古代使用,與"爲"字略相近,爲,爲象耕,耕種爲農業時代主要作爲,則以"作"、以"爲"爲一切作爲之義,亦自有其社會現實根源也,實爲時代特有之現象,則東作者正爲東方耕作之事也。然何以耕作而曰東,則所以配夏之南,秋之西,冬之朔也。

○日中星鳥,日中者,《詩·東方未明疏》引馬云:"日中,宵中者,日見之漏,與不見者齊也。"又《書疏》引馬云:"古制刻漏,晝夜百刻,晝長六十刻,夜短四十刻。晝短四十刻,夜長六十刻。晝中五十刻,夜亦五十刻。"惟計數之法有二說:馬據日出、日入之時爲限;而蔡邕又以星見爲夜,日入後三刻,日出前三刻皆屬晝,晝有五十六刻,夜有四十四刻。鄭玄以日見之漏五十五刻,不見之漏四十五刻。見《月令疏》引,說與邕相近。是漢儒說之不同也。按此以二十八宿測日法發明以後之分,在《堯典》似僅約略言之。詳下。

○星鳥者,謂朱雀,南方之宿。皮氏曰:"《大傳》曰'主春者張昏中',則鳥即張也。《天官書》云:'張素即鳥之嗉也。'高誘《淮南子注》云:'三月昏張,其星中于南方。'按仲春何以星值南方,《正義》曰:'天道左旋,日體右引,故星見之方,與四時相逆,春則南方見,夏則東方見,秋則北方見,冬則西方見。'"按上引各說,多據春秋以後曆法推論《堯典》,恐非其朔。《堯典》不言昏、旦、半夜等,則以漏刻計之者,附會之說也。又有謂"日中星鳥"者,《僞孔傳》釋星中爲"七宿畢見",謂不獨指某一星見也。蓋四方之星,各爲一集體,此集體畢見,即可定爲某節令,古觀測無漏刻時計,僅憑肉眼。七宿畢見,則其象至明顯。若單指某一星,則不明已甚。此《堯典》言曆之實際,後人紛紛附會,愈詳爲之解,愈失之誣。七宿畢見于各方,一年僅得四次,此即《左氏傳》之所謂"四維",《史記·天官書》之所謂"四象",即天文學史上之所謂"四陸",測日之術也。然《堯典》

不立"四象"等名者,一切文物制度,立名皆爲一事成熟後之總結。總結
與以最高概念曰"名"。堯時觀象之法尚幼稚,故無可名也。若依《天官
書》二十八宿定之,則所謂星鳥者,實得柳七張翼四宿。

○以殷仲春者,殷《廣雅》正也。仲《史記》作中,蓋舉仲月,以統一
時也。

○厥民析鳥獸孳尾。厥《史記》作其,以訓詁字爲之也。《釋言》厥,
其也。析者,孫氏云:"高誘《注呂覽·仲春紀》引經說之云'散布在野'。"
按春夏秋冬四時,用析、因、夷、隩四字,指民情,皆在農事中星下立言,依
文義當亦指與農事有關之情。當依《仲夏紀》"耕者少舍"高《注》"皆耕在
野,少有在邑者也"之言,不得單言"散布在野"。《史記·司馬相如傳·
索隱》如淳云:"析,分也,言使民分散耕種。"云云,此漢儒舊說,亦所謂授
民時之事也。

○鳥獸,舊無說,按當指民間所畜禽類獸類而言。堯時即使已入農
耕時代,而狩獵必尚未全廢,春方育種,不得狩獵,雖爲傳說,亦王者以時
入山林之義。

○孳尾者,《史記》作字微,古通用字也。《說文》"孳汲汲生也","字
孳乳而寖多也"。尾者,鳥獸交結曰尾。微者,尾之借字。《論語》微生高
《國策》借尾爲之,是也。按孳尾,謂鳥獸春情發動,呼誘而合,因以成孕。
此當爲古方言,今俗尚言生曰"長尾巴",其遺意遺語也。

(三) 議羲仲、南爲

申命羲叔,宅南交,平秩南訛,敬致、日永、星火,以正仲夏,厥民因,
鳥獸希革

○申,《爾疋·釋詁》"重也"。

○宅南交者,《史記·堯紀》作居南交,今文南交或作大交,說詳段氏
《考異》。南交者,《墨子·節用》、屈原《天問》、《韓非子·十過》、《淮南·
修務訓》、《說苑·反質》、《大戴禮·少閒》篇,皆有堯南撫交阯之文,則
"交"即交阯也,與嵎夷等對文。

○平秩南訛,對東作、西成言,字一作便程。南訛《史記》作南譌。按作爲是也。爲者,甲文、金文皆象服象之形,本耕作之意,與東作之作相對爲文也。按《殷虛書契前編》五第三十葉作𤓰,《後編》下十五頁作𤓪,《䣄𡕢鼎》作𤓪,象手牽象之形,石鼓文亦然,此中土古代象耕之遺也。農業時代,耕爲重事,故耕事謂之爲,引申則一切作爲皆用之,以耒爲"乍",以象耕爲"爲",事類一也。故作爲二字,義極近,其引申之義亦全同,然作者始耕以來,故用之春時,故字有始義。爲者深耕以象,不合始義,故用之夏時,則東作、南爲與後文秋時之西成,皆古時農作之成語矣。

○日永者,《書疏》引馬融曰:"日長則晝漏六十刻,夜漏四十刻。"鄭與馬義異。按《堯典》無二分二至之說,此特舉夏日已長而言。馬、鄭以漏刻定之,已近創,而宋以來以夏至說之,其說益誣矣。

○星火者,《夏小正》"五月初昏,大火中"。《傳》曰:"大火者,心也。"是心火即大火。按大火爲夏日昏時見于西方之赤色一等星(見前),俗名Antares,然在《堯典》應指七宿畢見之時節言。以二十八宿定之,當指亢、房、心、尾而言,在十二支中取象龍之辰字,用爲第五月之主星,則亦單指大火,然非《堯典》之所謂火也。

○厥民因者,《史記》厥作其。因者,孫星衍云:"《釋詁》'儴因也'。《說文》'漢令解衣耕謂之襄',蓋謂民相猶而助成耕耨之事。"(馬融《皋陶謨》注:"襄,因也。")按孫說較孔傳爲塙。

○鳥獸希革者,鄭康成曰:"夏時鳥獸毛疏皮見。"按鄭以希爲疏,則《說文》稀之借字也。《漢書・晁錯傳》:"楊、粵之地,鳥獸希毛,其性能暑。"即夏時希革之義。

(四) 議和仲、宅西

分命和仲,宅西曰昧谷,寅餞納日,平秩西成,宵中星虛,以殷仲秋,厥民夷,鳥獸毛毨

　　○分命和仲，今古文同。《史記》作申命和仲。孫氏曰："申重釋詁文，以和仲即羲和之和，承'乃命'云'重命也'。"王先謙曰："案孫說是也。羲和即四子，故夏、秋、冬三重命，承乃命言之，羲仲司春，居首，特冠分字以明上總下分，非有異義，經文簡而義見。蓋歐陽本與夏侯異，較以二分承二申言者爲長。"

　　○曰昧谷者，《史記·集解》引徐廣曰："一作柳谷。"《大傳》作柳谷①。《吳志》虞翻傳注："昧古大篆作𡖱。"是古文本作𡖱。鄭玄讀爲昧。按今文作昧者，蓋同《僞孔傳》，以鄭音而改之。《史記》本亦作栁谷，改書者並改《史記》也。原文當作𡖱。詳段玉裁《考異》。𡖱本古文酉字，栁從𡖱聲，而鄭讀爲昧，與柳音似甚相遠。故虞翻指爲鄭注《尚書》違失之事，而徑讀𡖱爲柳。然《淮南》有"蒙谷"，《天問》有"蒙汜"，皆日入處之稱，則音以昧爲是。段玉裁求𡖱昧音不得，遂以爲"壁中書必作𡖵，𡖱、𡖵二字形近而僞"云云，頗足爲鄭氏功臣。然𡖵、𡖱二字，古實一字也。《散氏盤》"至于邊柳"，柳字作𣓀，石鼓"維楊及柳"，柳字作𣓀，均從𡖵，不從𡖱，此一證也。甲文中多𡖵幾牛之辭，謂殺幾牛，即《說文》訓殺之劉，劉𡖵專別分化字也。漢人稱劉爲卯金刀，則字本從卯矣。是𡖵𡖱一音之證，二也。《詩·小星》"惟參與昴"，與下文稠猶韻，則𡖵、𡖱、劉、柳，古音本近，故得通用矣。《天問》、《淮南》作蒙者，亦聲借之字。別詳余《天問校注》。

　　○寅餞納日，《史記》作敬道日入，以訓詁字易之也。《集韻》、《群經音辨》餞作淺，送也，滅也，當本馬融說。《釋文》："餞，賤衍反，馬云滅也。"則馬本作"寅淺納日"矣。納日，《大傳》作入日，段玉裁謂納當爲內，其誤已久。內讀入聲。凡古文出內字，今文多作入。"内于百揆"作"徧入百官"，"内于大麓"作"入于大麓"、"出内朕命"作"出入朕命"，"出納五言"作"出入五言"，"内錫大龜"作"入錫大龜"，見《史記》。皆今文本如此。

---

① "谷"字底本誤，徑改。

○平秩西成,《史記》作便程西成,《大傳》作辯秩西成。按西成者,謂穀物大成,秋熟故曰成。引申爲收穀物登場之意,今北土及西南農間,謂秋收曰收成,即其遺語也。

○宵中者,《史記》作夜。鄭康成曰:"夜中者,日不見之漏與見者齊。"按《堯典》雖不言二分二至,而以後世觀象比之,亦可得言秋分。

○星虛者,鄭《注》:"虛,玄武中虛宿也。"亦言七星皆以秋分日見。按《爾雅·釋天》:"北陸虛也。"又《左氏傳》昭四年甲瑩曰:"古者日在北陸而藏冰。"杜《注》:"日在北陸,謂日在虛危。"則星虛可指北陸,則當指虛、危、室、壁之間。又《僞傳》以秋分日見,義同日永。

○厥民夷者,《史記》作其民夷易,《僞傳》:"夷,平也。"孫星衍申諸說云:"讀爲《泰誓》夷居之夷。《謚法》:'安心好靜曰夷。'時無農功也。"說最率直,亦近牽强。秋正農忙未暇之時,何得言無農功,由未能以析、因、夷、隩與農事相連,而但從字面求之,且以夷易爲治民極則,故有此誤。夷當讀成十三年《左氏傳》"芟夷我農功"之夷。芟夷同義,《說文》:"刈,芟草也。"則夷爲刈之借字,此言秋時農功收穫也。

○毛毨者,毛,《周禮》司裘注:"毛作毨。"《釋文》音毛。段氏謂此壁中書。毨者,《說文》:"仲秋鳥獸毛盛,可選取以爲器用,從毛,先聲。"司裘鄭《注》"毨,理也,毛更生整理",義與毛盛可選近。謂鳥獸毛初生,茸茸然盛,蓋厚毛晞革,而秋之毛方盛細也。

(五)議和叔宅朔方

申命和叔,宅朔方,曰幽都,平在朔易,日短星昴,以正仲冬,厥民隩,鳥獸氄毛

○宅朔方,古文也。《史記》作居北方,訓詁字也。按四方之地,惟東嵎夷、南交有專名,西北兩方,皆無專名,則北方不當變言朔,疑《史記》作北,原爲經文。《大傳》于朔易之朔,爲之訓曰:始也。而不爲朔方之朔作訓,則《大傳》亦必作北。

○曰幽都者,古今文同。《墨子·節用》"古者堯治天下,南撫交址,

北際幽都"，《淮南·修務訓》"堯北撫幽都"，皆是。他如《說苑》、《大戴》皆同。按下文：流共工于幽州，《莊子》、《淮南子》作"幽都"，即幽州也。《淮南·地形訓》："西北方曰不周之山，曰幽都之門。"高《注》："幽，闇也，都，聚也。元冥將始用事，順陰而聚，故曰幽都之門。"按古于向北之天象方位等之傳說，皆含幽暗之義。《天問》："西北辟啓，何氣通焉？日安不到，燭龍何照？"此言地也。《淮南子》"北方曰玄天……西北方曰幽天"等皆是。蓋朔北氣寒，于古爲尤，爲人之所不樂，故北爲凶方。而方位天時之所以常相配爲言者，疑亦以冬寒似北，夏暖如南，春秋似東西，因而相牽合者。故《堯典》得因天象而與地氣人事相配合也。

○平在朔易，《史記》作便在伏物，《大傳》作辯在朔易。按上言東作、南譌、西成，皆以天時配四季四方，則此似不得異字。北方何以稱朔，字義無可解，疑從蓋闕。然《大傳》、《史記》作伏物者，《尸子》、《大傳》同云："北方，伏方也。"此以雙聲求北爲蓋藏之義，亦非其朔。按朔字從屰，凡從屰得聲之字，皆有逆惡之義。中土北地寒冰，接近河漠，風塵暗天，有險惡之象，則以逆惡命之者其亦民俗應有之事象歟？則伏與朔義可相通。今文亦以訓詁字易之耳。古文作易者，鄒漢勛謂當作昒。昒、昧、蔑、微，一聲之轉。《廣雅》："昒，冥也。"《王莽傳》"北巡以勸蓋藏"，與冥伏義近。按鄒說亦不可通。古文作易者，當爲物字形之譌，史公作伏物者，非無據也。

○日短者，馬融曰："日短晝漏四十刻，夜六十刻。"按日短義亦與春夏之中、永同，皆約言之，不得以漏刻計也。

○星昴者，皮氏云："《考靈耀》曰虛星爲秋候，昴星爲冬期。"按《爾雅·釋天》："北陸虛也，西陸昴也。"依春夏例之，則《堯典》之所謂昴，亦指西陸言之也。《左》昭四年杜《注》："西陸之奎星，朝見。"則西陸不僅指昴宿也，以二十八宿定之，疑在昴、畢、參之間。

按四仲四星之說，余辯之如上所陳，其義謂上古天文之發展階段，其初期表暴之現象，可能爲《堯典》之真實史料，雖有經後人文飾之詞，而其坯型，固不容否認。其辯說要點，要在不入于文字魔障，不入于數字迷網,亦不入于科學之嚴格推求之中,世之人將以余爲迷古,爲古觀,乃至于爲詭變,則科學家有如墨睹斯特 Medhurst 等人之說,亦非不科學,亦有可採,且亦足以張吾軍。墨氏之說曰:"自春分日沒之南中星鳥,在一八〇〇年,距春分點五十六度又三分之一,以春分點每年移動之度數除距春分點之度數,可追溯春分正午鳥星在南中之年代,約爲四千零五十年前,減去一八〇〇,爲二千五百年。與堯之時代相合。"又雪萊遮爾 G. Schlegel 亦謂:"《堯典》之天文知識,早存在于堯之前。"而西曆一九〇七年之《通報》載索緒爾 Saussure《中國天文學之起源》一文,自星座之命名,十干,十二支,二十八宿及歲星之知識,主中國天文學之起源,始于堯時。又倍奧特 Biot 之言,推堯即位之公元前二三五七年,其二分二至之點,春分在昴宿一度二十九分四十四秒,夏至在星宿二度二十三分三十秒,秋分在房宿前零度二十二分十四秒,冬至在虛宿六度四十五分三十四秒。與《僞孔傳》之說衡之,與當年實際情況相合。又:"就北緯三十五度求得日落之時刻,得春分昏時爲下午七點十五分,夏至昏時爲下午九點另二分,秋分昏時爲下午七點十五分,冬至昏時爲下午六點二十五分。"且謂冬至之昴,與《堯典》記載會合,春夏秋一至二分,則相差頗多。因謂《堯典》所記,係本冬至而推得其他三點云云。此與竺可楨之說適相反。此精密之科學推算,亦非全爲子虛烏有,則吾人認四仲四星說,確爲初期曆象之所實有,當不甚誣矣。但余必申言者,《堯典》並無二分二至與中星之說。此即所以構成其爲初期曆象之真象,而後世之解說,莫不以此二事爲立算之基礎。則錯綜複雜之象,應由使用二分二至中星說之人士自己負責,《堯典》不任其差誤之咎也。試更張言之,假如《堯典》中事象,全爲周以後人所假造,則春秋中葉以後,十二次推測乃至于行星測步之術已明,作僞者極不難依當時所知歲差,以推堯、舜時代之中星,何必留此差誤,以爲吾人攻訕之材料。春秋、戰國之學人不爲此,兩漢學人似亦尚不知此也。

〇厥民隩者,《史記》作其民燠。厥,其訓詁字,隩作燠者,段玉裁以爲《史記》當作奧。後人因馬融訓加火傍。《釋文》引馬融訓隩燠也。按段說是也。奥者《廣雅·釋詁》："藏也。"《蒼頡篇》："隩，藏也。"則奥隩本通。厥民隩者，民至冬而收藏其田事所得之物也。

○鳥獸氄毛者，《説文》褻下引作褻毛，毹下引作毹毦，蓋壁中古文如是。《漢書·晁錯傳》作毳毛，皆異文也。《説文》："毳，獸細毛也。"又："毹，毛盛也。"《書·釋文》引馬融説："氄，温柔也。"曰細、曰盛、曰温柔，義實相成。

（六）議定四時成歲

帝曰諮汝羲暨和，朞三百有六旬有六日，以閏月定四時成歲

○帝曰諮汝羲暨和者，《史記》及《漢書·律曆志》皆無此七字。段氏曰："女者對己之詞、假借之字，本如字讀，後人改爲汝字，非也。女爾雙聲，古爾音近禰。今俗用你字，見《玉篇》，即古爾字。經籍中絶不用汝，自唐開寶兩朝荒陋，《尚書》全用汝字，與羣經乖異……"云云。按段説極是。敦煌寫本《尚書》卷子，依余所見者，言凡今作汝者，卷子皆作女。

○暨，段氏曰壁中書當作臮，以許引"臮咎繇"知之。蓋亦漢人以今文讀爲暨，臮字罕識，故易之。按敦煌寫本卷子中，凡《尚書》暨字皆作臮，則改爲暨者，當爲衞包。而敦煌寫本，皆《僞孔傳》，則不必爲壁中書矣。

○朞三百有六旬有六日者，朞《史記》作歲三百六十六日、《漢書·律曆志》作歲三百有六十有六日。朞《説文》作稘，"復其時也"；旬，十日爲一旬；有，又之借字。按三百六十六日稱三百六旬有六日，實甚誤。蓋旬字用法，三代不如是，《史》、《漢》易旬爲十，雖以訓詁字相代，而仍未審也。旬字之義，在殷虛卜辭中，爲自甲至癸十干之總名，非以泛指十日爲一旬。則旬之本意，非指十日。日人新城新藏以旬爲十日之名，其始十干似專用之于旬，小月廿九日，則以壬而終，其翌日仍以甲始，爲説極精，則不足十日亦爲旬矣。更足爲余説之助。詳見新城氏所著《東洋天文學史研究》一書之中。則六旬之言，必爲周以後人所更訂。然不能因此一字之更訂，遂否認三百六十六

日之說。何以言之？按堯時是否能推算一年爲三百六十六日，乃至能更精密定爲周天爲三百六十五度又四分度之一，因而六日一詞，爲堯時推知之真數？抑爲舉成數？《尚書正義》孔穎達舉王肅云："四分日之一，又入六日之内，舉全數言也。"或言六十六日，爲便于置閏而取此整數。此爲近人某引湛約翰之說，原文余未見。凡此爭論，似皆求之過深，反而有失原義。余謂堯時既能以四星定四仲，則其觀測天文之能力，已有若干準則。而一年爲三百六十餘日，爲一切原始民族漁獵耕稼所必不可少之知識，此一知識，可能由經驗集累而成，前于堯之時代。依周口店猿人例，則在四十九萬餘年前，曾謂此四十九萬餘年之時日，尚不能由集累而得此極簡單之周天循環現象乎？故此一年之大數，不必懷疑。而爲六日？爲五度又四分日之一？甚至爲五日又二四二一八七五？則以時推移而進步，吾人不能固持此四分日之一，或二四二一八七五，以爲衡量也，明矣！

〇以閏月定四時成歲，《史記》定作正，訓詁字也。定從正，故可訓正也。近讀牟廷相《詩切》"定之方中"句解，中謂文公遷國正居中央，四方道里均也。《釋天》營室謂之定，蓋營室二星，其上有離宮，六星似鉏頭，故謂之定。釋器所謂斫斸謂之定者也。則定乃天文上之專名矣。（八三年附記）

〇以閏月定四時成歲者，《史記》作以閏月正四時，定作正者，訓詁字。《公羊》隱元年《傳·疏》引鄭氏云："以閏月推四時，使啓閉分至不失其常，著之用成歲曆，將以授民時，且記時事。"按閏餘之制，堯時是否已有定制，不可必。近人多以爲起自周初者，即新城氏以長曆推之，亦云至春秋文公時能大概合于十九年七閏之原則，然在甲骨文發現之後，吾人知殷以前早已存在，惟不定以月計，有置閏一旬、二旬者，如卜辭：

　　　　癸巳卜，矣□：旬亡畎，七月。

　　　　癸卯卜，矣□：旬亡畎，八月。

　　　　癸丑卜，矣□：旬亡畎，八月。

　　　　癸亥卜，矣□：旬亡畎，八月。

癸酉卜，矣□：旬亡眣，八月。

癸未卜，矣□：旬凶眣，八月。（明義士《殷虚卜辭》77.689）

八月一月有四旬，則非解爲置閏不能通。又《師兑嗀》云：“隹王元年五月初吉甲寅。”《師兑嗀》云：“隹三年二月初吉丁亥。”兩器同爲一人之作，年相近而事相類。以曆譜推之，元年五月朔在丁未甲寅間，則三年二月朔當在丁卯甲戌間，則丁亥乃月之十四至二十，決非初吉。若閏一月，則三年二月朔在丁酉甲辰間，更無丁亥。若置閏不爲一月而爲十日，則三年二月朔在丁卯甲戌間，丁亥乃初四至初十，正是初吉也。又《克鐘》云：“隹十又六年九月初吉庚寅。”又《克嗀》：“隹十又八年十又二月初吉庚寅。”兩器亦年相近而事相類也，決爲一人之作，以曆譜推之，則十六年九月朔在癸未庚寅間，則十八年十二月朔在庚子至丁未間，無庚寅日。若閏一月，則十八年十二月朔在己巳丙子間，庚寅乃月之十四至二十一，決不得言初吉。若置閏二十日，則十八年十二月朔在己卯丙戌間，庚寅乃月之初四至十一，正合初吉之時，是殷、周之際，閏法不以一月爲定制，而仍有閏一旬、二旬之事矣。以上所記，不惟無閏名，亦且不以月計。然甲文金文中多有十三月之稱，如十八年安陽所出龜版，純用爲卜旬者。

癸酉卜，戈貞：旬亡囚，十月。

（癸未）□，糸□：旬亡囚，（十一月）。

癸巳卜，賓貞：旬亡囚，十一月。

癸卯卜，岜貞：旬亡囚，十一月。

卯丑卜，䏁貞：旬亡囚，十二月。

癸亥卜，䏁貞：旬亡囚，（十二月）。

癸酉卜，㕞貞：旬亡囚，十二月。

（癸未）（十三月）

癸巳卜，岜貞：旬亡囚，十三月。

癸卯□，□□：□亡□，一月。

癸丑卜，貞：旬亡囚，一月。

（癸亥）卜，□貞：□□□，一月。

癸酉卜，出貞：旬亡囚，二月。

癸未卜，出貞：旬亡囚，二月。

十三月卜旬兩次，則“歸餘於終”，不竟爲一陽月或陰月也。此十三月之記載，直至周而不衰，如《牧敦》“隹王十年十又三月既生霸甲寅”，《受尊》“隹十又三月既生霸”，《小臣靜彝》“隹十又三月王宅莽京”等，此例尚多。此十三月云云，皆于年終時置一月爲閏，而閏時不定足一月之日。按此種現象之爲初期觀測推算甚明，殷雖不立閏名，而其事適與後世之閏同，遂因而閏之。然此一進化之歷程，必甚久遠，決非殷人所突然發現，其事又較純任觀測爲難，則謂其事久已起於虞、夏，似亦歷史推進之所容許。則堯時不必有閏之名，而亦不能排斥其必無閏之實，至後世纂定《堯典》者，根據舊時不完全或殘破之史料寫定《堯典》，而以周以來世所習知之事以說之，此亦如康成說《禮》，多擬今制者，其義蓋同，吾人不能因此而遂定其全非也。

　　○定四時，謂春、夏、秋、冬之四時也，即援上文四仲而言。按四時之名，甲文中已全具，董氏考之詳矣。四時爲農耕至要之一端，四仲之說可信，則四時正四仲之基，勿庸詳辯矣。

　　○成歲者，鄭氏曰：“以閏月推四時，使啓閉分至，不失其常，著之用成歲曆，將以授民時，且記時事。”按釋成歲義可通。《爾雅·釋天》：“載，歲也。夏曰歲，商曰祀，周曰年，唐、虞曰載。”殷商謂年爲祀，甲文已證明無誤。周曰年，凡金文與《尚書》周稱年亦可證。虞曰載，則據《堯典》爲說。《堯典》有“九載績用勿成”、“朕在位七十載”、“三載汝陳帝位”、“五載一巡守”、“二十八載帝乃殂落”、“三載四海遏密八音”、“三載考績”及“在位五十載”等，則此變言歲者，或別有義蘊。按歲字從戌、從步，新城氏以甲文戌戌爲一字，殷人以十二支命月，戌星在十一月，歲字從戌，取戌月至戌月爲一年之義。說雖近巧，然較歷世所說爲辯。然殷人不曰歲，周人不曰歲，而歲之爲字，又甲文中所有，則其指周天之義，恐非依《爾雅》說夏曰歲，不足以解其惑。堯本夏之先人，周亦夏後，故周詩亦多以歲爲年歲之稱。此亦唐堯史影之可考者也。

按自"乃命羲和"至此,即儒者所傳觀象授時之事,爲儒家治民之一要政,新君即位之一大事,亦爲禮制之一大典。毫無疑義,民以食爲天,故新君即位第一事,即當改正朔,以求適于社會需要,即《易經》所謂"君子以治曆明時"。君子即古君也。而農業時代之所謂正朔,即依農業生產關係而定,即治曆以明時之意。蓋四時之節叙不明,則東作、南爲、西成之事俄空不能具,此事理之必然,亦儒家政治理想之當然也。孔子于堯稱之曰"惟天爲大,惟堯則之",而于堯禪舜之大事,則有"堯曰諮爾舜,天之歷數在爾躬,永執厥中"之言,故《堯典》之輯録,正所以規模此一儒家聖哲所理想之政治,而爲之安排。此《堯典》新立第一件大事,所以必爲觀象授時矣。然則此段史實,其全爲儒家之虛構? 曰:非也,非也! 其中却有若干史影,爲吾人所不可否認之事實,而四仲四星之說,即史影之不可否認者也。何以言之?

按天文學發達之大勢,其始爲利用月光法之太陰曆,其次爲利用四時變化作成太陽曆或太陰曆、三則爲星占學、四則爲宇宙觀及五星運行之天文學,此天文學發展之次第,東西土莫不如是。以中土而論,在土圭觀測法未發明以前,僅恃肉眼觀測,日人新城新藏氏《東洋天文學史》分《太初曆》以前之天文學爲三階段:

一自上古至春秋中葉(公元前二千年——前六百年)爲按辰而觀象授時時代;

二自春秋中葉至戰國中葉(公元前六百年——前三百六十年)爲制定曆法前之準備時代;

三自戰國中葉至太初元年(公元前三百六十年——前一百零四年)爲制定曆法之時代。

堯時爲按辰而觀象授時時代,故其重在"辰"。《左》昭七年"何謂六物? 對曰:歲時日月星辰是也。公曰:多語寡人'辰',而莫同。何謂'辰'? 對曰:日月之會是謂辰,故以配日。"此以二十八宿視日月交會之點爲辰,此在周初用辰之義如是。然《公羊傳》昭十七年云:"大火爲大辰，伐爲大辰，北極亦爲大辰。"何休《解詁》云："大火謂心星，伐爲參星。"大火與伐，所以亦民之早晚，則日月之會爲辰，乃周以後之說，周以前之辰，尚有"大火、參伐、北極"之說。蓋古初無所謂曆法，而一日之昏明，即日沒以後、日出以前星象之狀態，以推時節之早晚，以定農事之日程。此爲世界各民族所同，在中土即以此所據以測時之"星團"，稱之曰"辰"。以時、地之差，所見有異，或大火，或參伐，或北極，皆可曰辰也。此曰辰云云者，指一"集體"之星宿，而非指一特定之星名，如曰火，則當指大火"七宿畢見"而言，虛則指虛星"七宿畢見"而言，因古初曾憑肉眼，不能更細爲分別也。

又當堯之時，觀測之法未密，則二十八宿學說已起後之所謂二分二至，亦必不能詳分，則"七宿畢見"，乃初期觀測必有之現象也。故自馬融、鄭玄以來諸家，以春秋以後（即新城氏之第三期之說）乃至漢以後之說解之者，實不足信。然漢儒釋經，本爲漢人讀書而設，則其二分二至、二十八宿等之說素，皆不過爲達此目的而設，未必即真爲《堯典》作如是解也。至宋以後，乃至清人近人，皆勉強依據漢儒解說，而不必求其真。真不可得，發現矛盾，遂否定《堯典》本文，壓縮曆象授時之時代，此繩《堯典》本文以就春秋以後遺說之範圍，範圍不可就，遂至否定《堯典》中極其真實之史事，皆由未達考證之界限，與制約之功能。故其考訂愈密，而所得愈遠。即如四仲四星，在《堯典》不可能單獨指鳥、火、虛、昴，而應依《大傳》"七宿畢見"之言，作討論基礎。但歷來各家，皆據二十八宿以後學說以爲解釋，已誤人不淺。即至近世科學家更據近代極爲進步之天文學，精加推算，于是而異說益多，乃至更加精細，依地、依時，惟恐一絲一毫不入科學規律。其精神至爲可佩，其推論亦至爲准當。然古初識力，實去此至遠。于是以銖兩悉秤之衡量，以論粗枝大葉之古人知識，則古之人難乎其免于顛亂訛誤矣。又如國內史學家，以"閏"字、"朔"字所起至晚，固定《堯典》爲戰國乃至兩漢之所僞造，乃至于堯、舜一段古史，亦決然推翻，其研究之精神，雖不無可取，而一切以近代人之思維方式、近代社會之組織方式、近代學理邏輯之推論方式，以論斷古史，其不爲誣妄者蓋寡矣！考論古史，應以古人之思維方式爲思維，古人之社會組織爲社會，古人之邏輯推論爲推論，方不至厚誣先人，淆亂是非。吾人試思，若陳壽之《三國志》及三國以來之典籍，皆已亡佚，近人乃據羅貫中《三國演義》以考定武侯之忠貞必妄、曹孟德之詐欺必妄，某某人必無某某事，爲後代之傳，某字見于後世某文，某事始于後世某代，而不知《三國演義》中大有羅貫中時代背景，乃至個人主觀存在，因而否定三國之存在，諸葛、曹、劉之存在，豈不至爲可笑乎？故考訂愈密，而其去真象愈遠矣。

近年國內學術界于《堯典》四仲中星說之解釋，時有新學說，足以爲吾人啓發者，以竺可楨先生之說最爲可信。略謂此爲春分、夏至、秋分、冬至四節氣之名，初昏觀測南方中天恒星之記錄，其測地爲堯都平陽（北緯三十六度），與晨昏蒙影時刻，求得二分二至南中星赤經，再從一九二七《天文年曆》查出觀測星之赤徑，復據歲差常數50″02得出《堯典》所記四仲中星，除"日短星昴"以外，餘爲殷末周初（即三千年前）所測天氣。今年又得讀《科技史文集·天文學史專輯》，中所載趙慶益先生據《堯典》本文所載四仲中星非在一地所測，而是在暘谷（山東東部）、明都（湖南長沙以南）、昧谷（甘肅境內）與幽都（北京一帶）四個地方觀測所得，並用類似方法計算四仲中星構成一個系統，屬距今四千年以前之天象，即夏初年之天象云云。則與《堯典》時代亦益相近矣。故特錄之，以補余說之不足。一九八三午七月亮夫。

四 議允釐百工庶績選能治水得舜諸事

允釐百工，庶績咸熙

〇允釐句《史記》作信飭百官，《漢書·律曆志》作允釐百官，皆以訓詁字易之也。王念孫訓允爲用。釐者，《詩毛傳》"理也"。工爲官者。《魯語》"夜儆百工"，《詩·臣工》"嗟嗟臣工"皆是。按工，《說文》"巧飾也，象人有規矩也，與巫同意"。朱駿聲曰："橫即句，豎即股，凡工之事，一規矩盡之。"此申許氏規矩之說,以工爲指事字。按工實象古石器之斧形,爲石器時代人類所使用之最早工具。氏族時代,以熟練一器物者爲一工。《曲禮》所謂:"天子之六工,曰土工、金工、石工、木工、獸工、草工。"即《周禮·考工記》所謂"審曲面執,以飭五材,以辨民器,謂之百工。"中土官制,即由此熟練一事之百工演變而來,則《堯典》稱官曰工,猶存古遺說歟?又中土典籍所載,無言堯以前有職官者(黃帝有"史"蒼頡,惟或說蒼頡爲帝)。舜始有司空、后稷、司徒、士、共工、虞、秩宗,典樂、納言諸命官,則堯時稱曰百工,亦近乎發展之歷程,故必爲史影之一。

○庶績咸熙,《史記》作衆功皆興,《漢書·律曆志》引作衆工皆美,皆以訓詁字易之也。熙字揚雄《劇秦美新》作喜。按《史記》所謂衆功,即百工之所事也。功字亦從工、從力,爲轉注專字。

帝曰:疇諮! 若時登庸

○《僞傳》:"疇,誰也。"按《說文》:"𤕝,誰也。"疇即𤕝之借字;諮,嗟嘆之辭;若,順也;時,是也。登庸者,皮氏曰:"張守節《正義》'言將登用之嗣位也'。以'登庸'爲'登用'。嗣位,蓋本漢人舊說,三家今文之遺。揚雄《美新》云:'陛下以至聖之德,龍興登庸。'此今文說,以登庸爲登帝位之證。"按皮說極塙,然皆漢以後之證。按登即《楚辭·天問》"登立爲帝"之登。庸讀爲《詩·皇矣》"以伐崇墉"或《良耜》"其崇如墉"之墉。《說文》以爲"城垣",其實尚未允,"墉"與"京"、"邱"同義。古宅京必選高丘,故屈子以朝無賢人爲高丘無女,則"登庸"即周金中之所謂"在京",後世之所謂"臨朝",此亦古遺語也。

放齊曰:胤子朱、啓明。帝曰:吁! 嚚訟可乎

○《史記》作放齊曰:"嗣子丹朱,開明。"按放齊詳四岳下,爲堯八伯之一。丹朱或以爲堯子名,或以丹爲封地,又或以練字易朱,單名曰練。見《淮南子》。異說至多。惟《皋陶謨》有"勿若丹朱傲,惟慢游是好,傲虐是作,罔晝夜額額,罔水行舟,朋淫于家,用殄厥世"云云,是文不見《皋陶謨》,見于《夏書·益稷》,稍異。"勿"作"無"。如此見爲正,下文馬國翰之引題亦當改。與此篇之嚚訟可乎,情狀相似。自馬國翰以爲《皋陶謨》之丹朱爲南

蠻大酋,非堯子之說出,見《目耕貼》。異說遂紛紛矣。至鄒漢勛《讀書偶記》以"驩兜、驩頭、驩朱、鴅吺、丹朱五者一也,古字通用",其糾紛遂不可轉理。大抵以聲韻通轉說古史名物,亦非泛濫無所歸,應根于故實,故實傳衍,應純之以家數,拼合齊、魯、三晉、南楚之說而一爐治之,其事至險,而近于戲謔。漢以前傳說,無不可歸其宗者,此本儒家經典,當以儒言爲斷,則《左氏傳》"昔帝鴻氏有不才子,掩義行賊,好行凶德,醜①類惡物,頑嚚不友,是與比周,天下之民,謂之渾敦"。帝鴻者,堯也,其義與此篇實同,則《皋陶謨》不爲孤證矣。且亦不止此也,《韓非子》亦云:"其在記曰,堯有丹朱,舜有商均,啓有五觀,商有太甲,武王有管、蔡,此五王之所誅,皆父子兄弟之親也。"《說難》《莊子》亦云:"堯殺長子。"《盜跖篇》法家莊生,且甚而言誅矣。餘詳《堯典》及《皋陶謨》諸篇。《釋詁》:"肎,嗣也。"《史記·正義》引鄭氏云:"帝堯肎嗣之子,名曰丹朱。"《漢書·律曆志》:"堯使子朱處于丹淵,爲諸侯。"則丹又爲地名。朱又作絑,見《說文》。段以爲壁中書,或然。

○嚚訟,按僖二十四年《左氏傳》:"口不道忠信之言爲嚚。"訟,馬本作庸,古通假。《說文》:"訟,爭也。"《史記》作頑凶。按《益稷》"無若丹朱傲,惟慢游是好,傲虐是作,罔晝夜頟頟,罔水行舟,朋淫于家"云云,則丹朱之惡,非僅于惡言爭訟而已。《史記》作頑凶,嚚、頑、訟、凶,皆一聲之轉也。

○可乎,先師王君曰:"《堯典》中有乎、哉等語助辭,此亦疑問。古書中不見此等字。此等字自《四書》始多用之。《詩經》則以韻文,須協均,故間或用。其他散文,此等虛字極少。後儒于此,約有二說。一說古有此等字,後因書于竹帛不便,故省去之。一說古無此等字,後人所加。今亦未能遽加判斷。雖然,乎、哉疑問詞感嘆詞,古書中尚亦有之,惟也、矣等尾詞,古書中直未嘗見。"按此《堯典》結集成篇,自文法上論其至遲之證。

---

① "醜"底本誤,徑改。

帝曰：疇諮，若予采。驩兜曰：都！共工，方鳩僝功

○《偽傳》"采事"。按《皋陶謨》"載采采"，《史記》作"始事事"。"疇若予采"，誰能敬順余①事也。

○驩兜，《偽傳》"臣名"，《史記》作讙，今文也。

○都者，《釋詁》"於也"，《偽傳》"嘆美之詞"。

○共工，堯臣。張衡引《春秋緯》云："共工理水。"《史記集解》引鄭氏云："共工水官名。"《書疏》引鄭云："其人名氏未聞，先祖居此官，故以官氏也。"按共工與鯀爲分化詞，詳余《四罪考》一文。

○方鳩僝功者，《史記》作旁聚布功。《說文》作旁遹僝功。段氏曰："凡《古文尚書》作'方'，《今文尚書》作'旁'。"《廣雅》、《釋詁》："方，大也。"《史記》以聚易鳩，勼之借字。勼，《集均》"聚也"，古作救，通作鳩。僝，《釋文》引馬融說："僝，具也。"與《說文》合。

帝曰：吁！靜言庸違，象恭滔天

○靜言庸違者，《史記》作共工善言其用僻，以善訓靜，以用僻訓庸違。按《漢書·翟義傳》：莽詔義兄宣"靜言令色，外巧內嫉"。靜言以令色相對，則靜言猶巧言，即《論語》"巧言令色鮮矣仁"之意。又《皋陶謨》"何憂乎驩兜，何遷乎有苗，何畏乎巧言令色孔壬"。巧言句即指共工，靜言即靖言。《漢書·王尊傳》引此作"靖言"。《公羊》文十二年《傳》"惟諓諓者善竫言"。《九嘆》引《尚書》"諓諓竫言"《即秦誓》論言。《楚詞·九辯》王《注》"靜言諓諓而無信"。故靜言或又作靜譖。《左》文十八年"少皞氏有不才子，靖譖庸回"是也。

○庸違又作庸回者，回、違音近義同，《詩·大雅》"厥德不回"，《傳》"回，違也"是其證。庸，下也，凶也。庸違，凶下而回邪也。《文選》李注曰："邪，僻也。"又庸違即康回，庸、康形近。《詛楚文》"今楚王熊相康回無道"是也。又《天問》："康回憑怒，地何故以東南傾？"即指共工觸不周山事。餘詳《天問校注》。

---

① "余"底本誤，徑改。

○象恭滔天者,《史記》作似恭漫天。按改象爲似、改滔爲漫,皆訓詁字也。《詩·蕩》"天降滔德"《傳》云"天君滔慢也",是其證。揚雄《司空箴》"象恭滔天",《白虎通·壽命篇》"又欲使民務仁立義,無滔天,滔天則司命舉過",皆用《書》說。王先謙謂"蓋謂共工皃似恭謹,而其橫肆不敬之心,彌漫充滿,上極于天"。近世孫詒讓以滔爲謟若慆之借。《爾雅·釋詁》"謟,疑也,謂象爲恭敬,而不信天命"云云,說雖較暢,亦非其本。按"象恭滔天"四字連文,實不辭之甚,以滔天二字無主辭,又無轉折語助字,又不能指象言。依各家大義,則滔天指其心行,無論如何,無此等省略文法。故林之奇、朱子、蔡沈皆疑"滔天"二字涉下文而誤。然據《史記》及諸漢人所引,皆與《尚書》若合一契,則不能謂爲相涉而誤,而上言巧言凶邪,亦必不能象爲恭順,故此四字,仍不可解。請師蓋闕之意,以俟達者。按驩兜、共工與上文之放齊、下文之鯀,《堯典》之所謂四岳也。除放齊外,又《舜典》之所謂四凶之三也。鄭注《尚書》云:"始羲和之時,主四岳,謂之四伯,至其死,分岳置八伯,皆王官,其八伯唯歡兜、共工、放齊、鯀四人而已。其餘四人,無文可知。"《荀子》云:"堯伐驩兜。"《五帝德》云:"放驩兜于崇山,以變南服。"按驩兜事僅放逐一端,見于《孟》、《荀》、《五帝德》。共工之說,南楚所傳爲具。然依《堯典》此文,則二人者皆羌無故實。帝曰"疇予采",究爲何事?"驩兜曰共工方鳩僝功",究爲何功?是輯堯事者于此二人所知不多,此儒家之所傳如是,共工則姓氏且不明。鄭康成以爲"共工水官,其人名氏未聞,先祖居此官,故以官之也"云云,此則據《周語》太子晉"壅防百川,墮高堙庫,以害天下"云云爲說。其實依春秋、戰國諸子所陳共工事,皆與鯀同。故余于《楚辭校注》、《夏殷民族考》諸文中,直證共工爲鯀之分化。而《堯典》必與放齊並列者,所以完成其爲四岳之義。明王者必居中國。猶言"中土""中原""中央"也。"惟天爲大,惟堯則之",堯爲諸侯共主,則五服之外,宜有方伯,且驩兜、共工與鯀古又有爲諸侯之說,故爲此調停之義。其實此就儒家思理而爲此臆斷之說也。果以初民社會論之,則堯者或爲群雄中之巨擘,爲群雄所擁戴,或即所謂部族聯盟之大酋。若以堯、舜即位、在位年齡而論，又似一種老人政治 Gerontocracy 皆無由深知。但此中必有一真實史影，爲儒家理想化之政治制度所融，必非專憑臆造而得。漢儒已不能詳知，吾人但能提出個人推論之根據，以俟達者。餘詳《舜典》篇。

帝曰：咨四岳

〇諮一作詻，岳一作嶽，見《白虎通·稱號》篇、《史記·堯紀》、《漢書·首官公卿表》。按孔氏以爲“四岳，羲和四子，分掌四岳諸侯”，則四岳是王官。《漢書·百官公卿表》以“四岳爲四方諸侯”。韋昭《國語注》“四岳官名，主四岳之祭，爲諸侯伯”。《史記集解》引鄭云：“四岳，四時官，主方岳之事。”又《周禮疏序》引鄭云：“始羲和之時，四岳謂之四伯，至其死，分岳事，置八伯，皆王官。其八伯惟驩兜、共工、放齊、鯀四人而已，其餘四人，無文可知。”其說至紛雜，不可理。按四岳即《堯典》“班瑞于群后”與“群后四朝”之“后”，亦即下文明言之東后，與未明言而可推知之西后、南后、北后也。皆分據一方之諸侯。堯使舜“巡四方”，“四后肆覲”，則與羲和四宅之義相合。《孔傳》之說是也。稱岳者，古大酋長所宅，多依高丘，則四岳猶言四君，亦即《孔傳》所謂“分掌四岳諸侯”，意謂其四方群侯之大者，故又可曰四后、曰群后也。然此時之所謂諸侯，並非由天子封建，天下分若干方國，各有其長，更進而服于最大之一后，則堯不過爲衆諸侯之盟主。故四岳實非王官。然當時諸侯，度不能僅于四，而稱四岳者，疑亦五服之制既興後之說。蓋大一統之思，本自周人，天子于王畿之外，建四方諸侯，以爲拱衛，此亦周公封建之精義。夏、殷以前，實無此說。集書者以當前意識，混入古代傳說之中，此亦吾人所當置辯者也。餘說詳下文及《禹貢》篇。

湯湯洪水方割，蕩蕩懷山襄陵，浩浩滔天

〇《史記》作湯湯洪水滔天，浩浩懷山襄陵。《石經》洪作鴻。《皋陶謨》、《夏本紀》同。敦煌卷子寫本，巴黎藏三三一五號卷子，割作刉，懷作褱，襄作襄、陵引古文作䧙、浩浩引古文作灝。按臧琳謂：“《論語》‘君子坦蕩蕩’鄭《注》‘魯讀坦蕩，今從古。魯論從今也’。是古文蕩蕩，今文作湯湯，《古文尚書》‘蕩蕩洪水’，《今文尚書》‘湯湯洪水’，孔本不當別出湯湯。蓋懷山上誤衍蕩蕩二字，俗人欲區別之，因據今文改上蕩蕩爲湯湯也。"按臧以懷山上誤衍蕩蕩二字，其說極是。至謂孔本不當別出湯湯，及湯湯爲今文之說，則非也。敦煌本《釋文》四岳下有湯湯、洪水、刨襄、襄陵、浩浩諸語相次，則孔本本原作"湯湯洪水方割，懷山襄陵，浩浩滔天"也。《史記》特删要言之。

○湯湯，孔《傳》"流皃"。洪，《說文》"洚水也"，又"洚水不遵道"。按《孟子》"洚水警予"則作"降"，爲本字。方，《廣雅》大也。割，《大誥》"天降割于我家"。《釋文》馬本，割作害。懷，《漢書·地理志》作襄，《說文》：襄，俠也；《孔傳》訓包，義亦近。《西京賦》"襄岸夷途"，襄岸與夷途對文，則襄亦有夷義，夷即刈之借，則襄亦有刈夷之義。《爾雅·釋言》訓爲除，是也。

下比其咨，有能俾乂

○三三一五號卷子其作開，有能作又耐，俾作卑。《說文》斁字引《書》作乂，作"有能俾斁"。

○咨，嘆也。俾，使也。乂，治也。

僉曰：於！鯀哉

○三三一五號卷子鯀作鯀，哉作才。《漢書·古今人表》及《開母廟碑》鯀作鮌。

○僉《孔傳》："僉，皆也。"鯀，崇伯之名，朝臣舉之。《釋文》："鯀，馬云禹父也。"

帝曰：吁！咈哉！方命圮族

○咈，《說文》："違也。"方命圮族，《史記》作負命毁族，以訓詁字易之也。三三一五卷子方作冗。《漢書》傅喜、薛宣、朱博諸傳作放，《群經音辨》作匚。惟《孟子》、《說文》與今本同。《孟子·梁惠王》篇引晏子言"方命虐民"，趙《注》："方猶逆也。"按《論語》"子貢方人"，鄭玄本作謗人，方、謗，一聲之變也。圮者，《釋詁》"毁也"。圮族謂毁其族。

按《離騷》言"鯀婞直"，即所謂方命圮族，依字義解之，當即殛于羽山之謂。然此在舜攝以後，此處不可言圮。此輯者之偶疏。又三楚論鮌無大惡,而儒者多極言之,故《舜典》曰"殛",而《楚辭》曰"雝閼"。《墨子》亦言鯀治水僅能疏浚,非有大失。此先秦諸子論古之異,即其政治理想之差別也。餘詳余《屈賦校注》。

岳曰:異哉! 試可乃已

○《說文》:"異,舉也。"引《書》與今同。《釋文》引鄭氏說音異。段玉裁以爲"四岳聞堯短鯀,輒驚愕而嘆"。按《夏紀》云:"岳曰,等!未有賢于鯀者,願帝試之。"則異哉不作驚愕詞解,而以爲異于堯之所言。《史記》說于義爲長。試可乃已者,即不可之急言,顧亭林已言之,此言試之而不可用乃止也。《孔傳》以爲惟鯀可試,則讀試可爲可試,實誤。

帝曰:往! 欽哉! 九載,績用弗成

○三三一五號卷子往作徍,引古文作逞,用作⿰𠃊𠀀,弗作⿰弓㐄。《後漢書·張衡傳》、崔駰《尚書箴》弗皆作不。《史記·堯紀》作"九歲功用不成"。

載者,蔡邕《獨斷》云:"三代年歲之別名,唐虞曰載。載,歲也。言一歲莫不覆載,故曰載也。"按此臆說也。

按鯀治水不成之說,先秦各家多異。而《墨子》之言爲最平實。別詳《禹貢》篇。

帝曰:咨! 四岳,朕在位七十載,汝能庸命,巽朕位

○《史記》咨作嗟。朕,馬云:"我也。"汝能,三三一五號卷子作女耐。巽,馬融訓讓。《史記》作踐。按古㦬聲與選近。《史記·仲尼弟子列傳》,宓不齊字子賤,任不齊字子選,是其證也。《史記集解》引鄭云:"言汝諸侯之中,有能順事用天命者,入處我位,就治天下之事。"

按四岳爲當時酋長中之最大者。部族選舉之制,當由前任推薦,然後以詢于民,告于天,此氏族或部族社會之常則。後世飾爲禪讓之說,亦政治理想之一端也。《莊子》亦言"堯讓天下于許由",皆爲一種政治理想之傳說。《書》言"丹朱昪,用殄厥世"。丹朱殄世,則虞賓失位可知。《論語》言"昪盪舟,不得其死",說者謂昪即丹朱,而不得其死,則禪舜之事,亦足奇矣! 本蒙文通氏說。而《汲冢書》云"舜放堯于平陽",則舜且有攘奪

之傳矣。《周書·殷祝》稱桀三致國于湯，一徙于不齊，再徙魯，三徙南巢。然後湯即天子位。而儒家言湯放桀，則堯舜禪讓，豈不與桀湯之傳類乎？故說麗雜而莫能斷，則所以斷之者，不竟在故言之中矣。餘詳《舜典》誅四凶下。

岳曰：否德！忝帝位

〇否德，《史記》作鄙德，三三一五號卷子作否悳。按否、鄙古音通，否德實不德也。忝《釋言》：“辱也。”

曰：明明揚側陋

〇三三一五號卷子揚作敭。側作仄。《文選·宋書恩幸傳論》“明敭幽仄”，李善《注》引《尚書》同。漢人引側皆作仄。《考工記注》“故書仄爲側”。《史記》“悉舉貴戚及疏遠隱匿者”。段玉裁以爲悉舉訓揚，貴戚，疏遠、隱匿訓側陋，爲說稍疏而又顛倒經文，然足以發人思理，漢儒固當如是也。按《釋訓》：“明明，察也。”揚猶舉也。側者，《廣雅》：“陋也。”此但言察舉隱陋，不必分貴戚與在下言也。

師錫帝曰：有鰥在下曰虞舜

〇三三一五號卷子師作師、錫作錫、虞作虞。《史記》鰥作矜。

〇《偽孔傳》“師，衆也”，《釋詁》同。又，“錫，與也”，《釋詁》“賜也”。賜與之義同。古人樸質，上下同稱，故可曰賜也。《孟子》：“老而無妻謂之鰥。”《王制》同，鰥作矜。矜鰥古同聲通用也。虞，舜封國名，今山西虞城縣是其地。舜者，《書疏》引鄭氏云“虞氏舜名”。《風俗通·皇霸》篇亦以爲名，惟《釋文》引馬融以爲說。按《國策》“宋人有學者，三年反而名其母。其母曰：‘子學三年反而名我者，何也？’其子曰：‘吾所賢者，無過堯、舜，堯、舜名。’”云云，則爲義甚古。馬以爲謚，非也。餘詳《舜典》篇。

帝曰：俞！予聞，如何

〇三三一五號卷子俞作俞，聞作聲。

〇《史記》作：“堯曰，然。朕聞之，其何如？”俞，《釋言》“然也”。予聞二字作一讀，言己欲得一聞其人如何也。

岳曰：瞽子，父頑、母嚚、象傲、克諧。以孝烝烝，乂不格姦

○三三一五號卷子瞽作瞽，傲作𢓗，烝烝漢人有引作蒸蒸者，乂，《石經》作艾。

○瞽子，《史記》作盲者子。按瞽盲訓詁字，言舜之父爲瞽盲無目者也，此說恐不甚確。《僞孔傳》似已見及此，故云：“舜父有目不能分別好惡，故時人謂之瞽，配字曰瞍。”按汪榮甫謂《周禮·春官》有瞽蒙，《周頌》謂之矇瞍，舜父謂之瞽瞍，皆樂官名，其說較可信。《鄭語》：“虞幕能聽協風以成物生樂者也。”《左》昭八年“史趙對晉侯言，自幕至于瞽瞍無違命”。又《呂氏春秋》“堯時瞽瞍采五弦之琴，命之曰大章”云云，則虞氏蓋世爲典樂之官，則瞽子者，猶言樂官之子，與下文頑意雙而詞不重。舊訓爲盲者之子，盲目不必盲于德，與下文頑實不相涉，故汪氏說最爲有據。

○頑，愚也。以史趙無違命之辭論之，舜父疑頑愚不明，而無損德。

○嚚，《說文》：“語聲也。”

○象，《史記》作弟，古今文之異也。按象，舜弟名。傲，《說文》“倨也”。倨傲今常語。克諧，《史記》作能和，《釋詁》：“諧，和也。”烝烝，《魯頌·泮水》“烝烝皇皇”，《傳》：“烝烝，厚也。”《廣雅》：“烝烝美也，又治也，安也。”格姦，儀徵劉氏以爲扞格一聲之轉，而倒言之。《學記》：“發而後禁，則扞格而不勝。”按扞格猶今于抵觸，即解後、邂逅、結構，一聲之轉，“乂不格姦”言舜能安定其父母兄弟，而不至于相抵觸也。

○王引之曰：“克諧”句、“以孝烝烝”句、“乂不格姦”句，以下更引蔡邕《九嶷山志》及《列女傳》爲證，其說至確。又曰：“經言以孝烝烝，烝烝即孝德之形容，謂之烝烝者，即孝德之厚美也……漢人多以烝烝爲孝者。”下文引《新語·道基》，《論衡·恢國》，《漢記·靈紀》，《後漢書·章帝紀》、《鄧后紀》、《張禹傳》、《馬融傳》，蔡邕《胡公碑》等以證之，其說皆是也。王先謙《參正》亦引漢人有以“烝烝乂”爲句者，然王說于文法爲順。

按舉舜事，《呂覽》、《韓非》亦同有此說，謂堯以讓舜。然又云：“鮌與

共工强諫,有得天道者爲帝,得地道者爲三公,今我(鮌)得地道,而不以我爲三公……"云云,則堯之禪,尚有一段爭執。按四凶之誅,鮌與共工或即以爭立而死,《尚書》不言爭立之事,而誅四凶亦無顯罪,則此中有隱諱者矣。此欲成其盛世之美而然也。按即《呂覽》言鮌爭爲三公之言,雖不必有其官,則試舜云云,實即以三公而攝堯事。此亦選舉承繼者之一過渡措施,爲一切初民社會所恒有之事也。

帝曰:我其試哉!女于時,觀厥刑于二女,釐降二女于嬀汭,嬪于虞

○三三一五號卷子刑作㓝,嬀作嬴,汭作内,嬪作㛤。

○《書疏》云:"馬、鄭、王本説此經,皆無帝曰二字。"此當是古文本如是。惟《史記》、《論衡》則有帝曰堯曰字。皮氏曰:"直以我其試哉爲五岳語,殊不可通。王充以爲試者試之以職。《後漢紀》楊賜《疏》云:'昔堯用舜,猶尚先試考績以成厥功。'賜與充説同,無四岳試舜之事。"按皮説是也。《書疏》引鄭氏云:"試以爲臣之事。"王肅云:"試之以官。"鄭、王皆以《舜典》合于此篇,故指歷試之事,充此試哉之言也。本王先謙説。

○女于時,觀厥刑于二女者,友人楊筠如曰:"女字因下兩女字衍,于時猶是也。使如舊讀,此女如女妻之女,則下文降嬪皆贅複。"按楊説極是。觀者,《周禮·考工記》"槀氏爲量""嘉量既成,以觀四國"[1],鄭《注》"以觀示四方,使放象之"。又《書·益稷》"予欲觀古人之象",《僞傳》"欲觀示法象之服制"。《漢書·宣帝紀》"觀以珍寶",師古曰:"示也。"是觀有示意。刑,型也。《説文》:"鑄器之法也。"與《詩·思齊》"刑于寡妻"、《文王》"儀刑文王"之刑皆同。觀厥刑于二女者,言堯以其型儀示告其二女,即上文我其試哉之意。舊説皆非。

○釐降二女于嬀汭,《史記》作舜飭下二女,以飭下易釐降。《五行志》谷永對云"昔舜飭正二女",與《史記》合。按《史記》以釐降句自舜言之,尚主不得言降,段氏已明言之。皮氏以爲"舜時在嬀汭,其父母在虞。

---

① 此處依《周禮》,對底本引文有改動。

舜以理飭下二女于嬀汭"云云，欲以調停今文家，猶穿鑿不足信。釐降二字，實自堯言之，言堯乃下降二女于嬀水之汭，以嬪于虞。此極順遂，而今古文家皆好作曲解，甚可怪也。釐降者，按釐讀爲《詩·大雅》"其僕惟何，釐爾仕女"及"釐爾圭瓚"之釐，《毛詩傳》："賜也。"降者，《後漢書·荀爽傳》："降者，下也。"嬪者，婦也。

○嬀汭者，《水經·河水注》："河東郡南有歷山，舜所耕處也，有舜井。嬀汭二水出焉。南曰嬀水，北曰汭水，西經歷山下，《尚書》所謂'釐降二女于嬀汭'也。"嬀汭爲二水名，按《水經·河水注》引馬云"水所出曰汭"，依此篇文義，不得言嬀汭二水。故宜從馬說，于文爲順。按虞，今山西虞城縣。

抗戰初期，曾節九族百姓黎民及四仲中星作短文，刊之成都所印《責善經世》及《志學》等雜志中。

名原抉脈

　　華夏文字邈哉邈矣，不知其伊始。蒼頡創契辭之説，與佉盧梵同其
荒渺，世多知之。鄭樵《通志》，推本結繩，或者又援繫辭之説，建始八卦。
儀徵劉師培及法人拉克伯里復推闡其説。理名原者，百口相承，不知其
誤，是不可不辨。結繩之説始于《莊》《易》，皆謂帝王目之理事，不言目之
理名言。劉氏《七略》鄦君《説文序》，下至六朝唐人，義皆相同。鄭氏誤
讀故書，妄生繆説。夫人具官賅，四肢常動，持莛畫形，拾礫摹象，爲點爲
線，本於自然。若謂筆劃必昉于結繩，是則天地之穹籠，津河之委它，天
成曲直，反謝短於蔂葛矣。且太初文字，固有不盡爲線文者矣。卜辭爲契
刻，故多線文，吉金則多塗染之字。若謂字形即是結繩，名繩之義，已近創聞。
即目鄭、劉兩君列舉之證而觀，亦無結迹。展轉膠柱，弦終不調。《周易正
義》引鄭康成曰：大事結大繩，小事結小繩，蓋終爲千百年不渝之論矣。
且結繩治事，今秘魯 Peru、夏威夷 Hawaiian、巴羅泥印第安 Paloni
Indinas、阿布羅 Arbrah、遮補司 Jebus 諸民族，及嚴如煌《苗疆風俗考》所
記之苗俗，若林勝邦《涉史餘聞》所記之琉球諸民族，至今尚行之。取證
當時，其則不遠。鄭、劉之説，無異噓枯。

　　秘魯諸民族結繩爲治之説，詳 Thomes A. Joyce：South American
Archaeslogy 及 Waltu James Haffman：The Beginning of Writing 諸書。

苗俗結繩,往于印泉丈案頭見《百苗圖》,亦記此事。宋元人筆記中,亦往往所有此記載。

八卦爲文字之説,始于易緯。蓋因緣卦名,而粘提比附之。象象繫辭文言雜卦之屬,皆無是説。説卦又目之爲六畜、人倫、百骸之種種象,使易緯乾天坤地之説若可信,則乾爲天,不當再爲口、爲父、爲圜、爲玉、爲金、爲寒、爲諸色馬、爲衆木果,是知卦者,萬有萬無之象徵,應隨所召,名隨所占,變動不居,周流六虛,挺挏天地,無所偏執者矣。且即目天地山風八字而論,惟☵爲水,于形稍可方物。

按甲文中象形字,凡動物中之能急行者,皆圖側形。獸類惟牛羊馴于人,故牛羊作來形曲角廣顙。水亦能奔者,故水亦側形。舟,水所載也,故舟亦側形。一切從水之字皆作𣲙,惟小篆益字之水作☵,與坎卦近。然甲文益字亦作𤏡。故益字橫水之形,所起甚晚,果必以☵爲字,適足目證其後于甲文矣。詳拙撰《甲文象形例》。

他字皆無證驗,《乾鑿》成書後于十翼,其非舊常,蓋可知矣。

八卦不僅不爲初文,且初文叒遠在八卦之前,何目言之? 夫《易》爲卜筮之書,然有筮無卜,則其書必後于殷虛龜甲矣。

按卜筮之法,最古目卜,中世目後乃有筮。詳胡煦《卜法詳考》。殷虛卜辭全用卜而無筮,而《易》則筮而不卜,故《易》必後于甲骨也。又龜卜、骨卜之法,與原人較近,今非洲土人及廣西徭人、臺灣土人尚有雞骨卜、魚骨卜之法,蓋漁獵時代之遺習。而以蓍爲筮,則已近于農業時代矣。

孔、老、孟、墨之書不言《易》,《易》必後于孔、老、孟、墨矣。

按《詩》與《春秋》不言《易》,無所用于《易》也。《書》已多卜筮之辭,然不及卦爻一語。《左氏傳》之有卦名,爻辭者,蓋其成書在戰國時。《易》或已先有《易》之初形,本爲卜筮之籤語,爲陰陽五行家所採,雜湊成籍。左氏浮誇,兼及流俗,不足怪也。《論語》五十目學《易》,可以無大過。今文魯論《易》作亦,不作《易》也。又下論有不恒其德,或承之羞二句。在今恒卦,然不言出自《易》,或即本當時流行民間之籤語。且下論之真實價值本在上論之下，不足據爲典要。孟子亦喜侈談性命，而七篇中無一語及《易》。至《荀子·非相》、《大略》二篇，乃引《易》一二短語，然荀書多纂亂之迹，亦不足據。故荀子以前儒家，皆不言《易》。又《爾雅》詁各經幾徧，獨無《易》詁。蓋漢初儒者，尚不目《易》爲儒家典籍也。

老、墨成書當與孟、荀不遠。老書短絀且不論。墨子動引周書故籍，又好言鬼神，且曾受學于孔子之門人，亦無一語及《易》。

是八卦之晚于《易》，且近千年。且初民思惟之遵循，徵象必晚于徵實，故象形必先于象事。

詳見 Beginning of Writing 及 Gustane Gloty 氏之 The Algcnan Civilization 二書。

徵之于史既如彼，斷之目理復如是，文字之不本于八卦，豈復待辨哉。然則言《易》者何始？曰自《莊子》始。

《天運》篇孔子謂老聃曰："某治《詩》、《書》、《禮》、《樂》、《易》、《春秋》六經。"按《論語》屢言："子所雅言。詩、書執禮。"又曰："興于《詩》，立于《禮》，成于《樂》。"蓋儒者乃拘文守禮之士，裒衣博帶，故夫子言性與天道，不可得聞。惟《詩》、《書》、《禮》三書，爲儒士誦習之故言，《春秋》或爲孔子雜録之紀聞。《樂》則有譜無詞，《莊子》此言，疑是戰國人所纂入。

雖外篇諸文或多雜説，而觀其大較，尋其幽隱，目《易》爲孔氏之書，無寧謂近于老、莊陰陽之爲得也。大抵卦爻之辭，舊流民間鬼神祝禱之事，瞑邈無際，易于附會陰陽五行之流，采撮其言，托目--而目十翼敷陳其説，于是流俗籤籙之語，侈爲天功物化之書。義使老莊五行之説，雜然紛陳。漢承秦火之後，天子卿大夫皆爲黃老五行之學，而陽爲尊儒，于是韋編三絶，《易》義爲仲尼心法之書矣。

《莊子·天下篇》謂《易》目道陰陽。陰陽即對待之名詞。《易》之全體大用，即由此推出，卦爻對舉之名，與莊生齊物之義，相反而實相成。《易》言變與動，又陰陽家之説，其言相剋相生，則《洪範》五行之流亞也。余別有《〈易〉爲戰國雜學説》一文詳之。

然則八卦何由而生，何由而成，曰卦生于爻，爻分陰陽，陽奇陰偶者，生于人類思想行爲中之比較作用 Comparison。陽比陰長，陰爲陽之倍數，自比較作用目推得相反概念 Contrary Concept 與矛盾概念 Contradictary Concept，又心理行爲最易發現之書。

《易》説惟虞翻最能得其旨要。王弼雖巧辯而實陋。宋人言《易》，更是茫昧不堪。清儒胡氏《易圖明辨》，稍具條母。余獨以毛奇齡仲氏易爲善于用思，其説與虞義，皆頗足明余比較作用之説。

目正反即《易》之陰陽統天下之至賾至動。凡思想行爲所能及之一切，皆目一描其意象。此一切意象各自相配，于是天地、父母、夫婦、男女、吉凶、禍福、否泰相應而生。此相反相生之變易哲學，即《易》基本思想之所在也。爻目三者，三成數爲中土民族數之觀念之基礎。余另有《釋數》一文詳之。錯畫陰陽兩爻目成三叠，其數止于八。因其純陽純陰而重之，數至六十四而止。六十四卦者，通一切無窮量 Apeiron 之意象非實非法，亦實亦法，彌綸天地，酬酢神明，仰觀俯察，無所不可。

總攝諸義。卦爻之不爲文字，文字之不源于卦爻，其義至明。二千年來相承之舊説，無人疑之。此余之所以不惜費詞而道也。

文字進化之軌轍，始于繪畫。繪畫所目表事象，非疏説不能明。寖假則求此疏釋之單簡而具象，遂由繪畫而省其繁飾，留其特徵，此繪畫進入文字之一大限。寖假則此僅留之特徵，變爲象徵之符號，于是文字遂與繪畫截然分爲兩事。

文字與繪畫之區別，余曾爲文道之。舉形、聲、義三事，一一爲之分擘，目申加貝侖氏之説。蓋加氏所舉，皆歐洲衍音之文字也。

世界一切文字之進化莫不如是。而中國文字之足以準繩此理者，惟近世出土之殷虛龜甲卜辭，甲文之學自劉鐵雲之集印成書始，至本師海甯王先生之研治而益昌，試抉其俞脈，按其鰓理，則其可目推原文始者，蓋有三焉。

一　甲文多象形字

大抵甲文中字，凡器世界一切有形者，無不隨體圖畫。鳥必象其喙羽,獸必象其頭角,蟲它屈曲,龜黿曼胡,人則垂臂而僂形,母則俄坐而露乳。其有形不可象,則假托他物。故塊然在地者爲土,目上加飾者爲眉,豕爲廢蹄之豕,則貫矢于腹,晝乃日出之象,則四射光茫,蓋亦象形之屬矣。

甲文中象形字,小篆多變爲形聲、會意字。如帝、示、祖、雞、箙、罟、彈、黽諸字,甲文皆象形,小篆皆形聲。中若介、行、虎、帚、席諸字,甲文亦象形,小篆以爲會意。

其形不可象,而假托他形者,如天字不易象,則繪一正形之人,有覆于其首纍纍然者,形作🖾目象之,指其褱然在人端頂目上之物也。其音則與頂、顛、端、題、定、先、前、元等爲類。又如鬼字不易象,則繪一大頭于人之上,纍然而紋者,形作🖾目表之,謂其異人也。

土字甲文作⬆。●即土形,而加一爲地目表之,使異于主,異于水滴。眉字作🖾、🖾即象眉理,而加目以示其居目之上,使異于🖾。甲文龎字作🖾又作🖾,小篆作🖾,從互,從二匕,不知所云。甲文晝作🖾,四周象日光也。小篆加聿爲形聲字。

二 甲文多象事字

甲文與繪畫俞脉之密榥者,其爲象事字乎! 繪畫者,集若干物形目表一語 Sentence 者也。象事字者,集若干物形目表一概念 Concept 者也。象事字可誦讀,繪畫則否。余所用象事之詞,與班、許、鄭諸家説皆異。詳拙撰《中國文字組織論》甲文中象事字特多,凡述事之字,多集兩形三形目表之。在小篆則變爲形聲、會意字。如福、薙、逃、得、僕、賓、浴、沫、澡、洗諸字,《説文》皆目爲形聲字者也。祝、各、正、御、與、執、戠、出、往、邑諸字,《説文》皆目爲會意字者也。

🖾 《説文》畐聲。按此象手持酒器以祈福之形。

《説文》薶。從草，貍聲。按《説文》蓋後字。起甲文象薶牛坎中之形。

《説文》逃字，兆聲。此象兩人偕逃之形。

《説文》得行有所得。甲文象手持貝形。

《説文》謝辭也。甲文象人持席爲謝。

《説文》僕，業聲。甲文象罪人侍酒食之形。余別有《釋僕》一文。

《説文》賓所敬也。甲文象主人迎賓於門。

《説文》浴，谷聲。甲文象人浴于槃。

《説文》沬洗面也。未聲。

《說文》澡洗手也。

《説文》洗洗足也。

《說文》祝，從示、從人、從口。甲文象灌酒致祝之形。

《説文》異辭也。從口，又。按甲文象入自外之形。余別有《甲文中止紋之研究》一文詳之。

《説文》正字，亦詳《甲文中止紋之研究》。

《說文》御字。

《說文》與，黨與也。甲文象授槃之形。

《說文》執穜也。甲文象形。

　　⚘　《說文》鼉，礙不行也。甲文象二人列戟守土，其一人欲進而不能之形。

三　甲文形體不定

　　羅氏《殷商貞卜文字考》舉馬、牛、羊、豕諸字目説甲文象形字字形不定之例。卓越之識，千載不渝。然甲文異形之字，不僅象形一類，即目一字而論，亦有形同而移易繁淆不定者。

　　牡牝字有從牛、從羊、從鹿、從犬之異。逐字亦或從豕、從犬、從鹿，此亦形不定也。移易者如：

　　祝作⚘。品作⚘。卜作⚘。得作⚘。𩇩作⚘。

　　繁淆者如：

　　⚘作⚘。⚘作⚘。⚘作⚘。⚘作⚘。

　　木或從屮，人或從女，口或作一，而從口、從止、從皿諸文，或增或淆，皆無友紀可尋，事異小篆，蓋創制未艾中之情實也。

　　上來所陳，自同形之異、與異形之變，皆確然見其去繪畫不遠。則吾目甲文爲文字之始，其説當不甚誣矣。

　　雖然世界一切象形文字，及其末流，無不變爲標音文字。而中國文字，仍滯留于象形者，其故何邪？吾人試一分析中國文字之創造心理行爲，其所目歷千襟而不廢者，蓋有四端。

　　一曰現實而不爲空想也。

　　據形而衍，即爲現實之絶高表現。陰陽、道德等玄遠之字，在古初皆平淡之表實字，而馬、牛、雞、鳥，皆效其音。言事物之布露，則曰分披、劈歷。言點滴之音，則曰適達、町疃。皆狀物之發音。故一切形、一切義、一切音，莫不目實物爲之楷型，其無想像蓋可知矣。

　　二曰推理而不爲妄作也。

　　如從⚘各字，目⚘形之正反，定其義之正反。如⚘爲出，故止向穴外。⿱ 爲至，故止向穴內。①⿱ 爲往，故止向穴。⿱ 爲復，故止像返復之形。⿱ 爲拱衞，故于口圖止圖之。詳拙撰《甲文中止紋之研究》。

三曰有系統也。

甲文已多有偏傍，則其爲有系統也甚明。又如凡義同音通、音同義通、形近義亦通諸事，皆有系統可循。

四曰多和平安雅之字也。

甲文太少，不足爲據。小篆九千文，其表像以義言凡六百餘。其屬于和平性者，四百五十餘文。余又以色澤與溫度字證之，凡赤色字不及十文，黃綠青等幾至四十。言寒、暑者各三五文，而言溫暖者十餘文。余又目文武兩字證，凡言文者十五字，言武者十一字，而文多兼好義，武多兼惡義。皆民族意識之寫像也。

夫現實則適于民用，推理則切近事變，有系統則易于記誦傳習。神州當大陸溫燠之區，殷人已營耕稼之業。余往爲《殷周文化史》曾詳論之則此等心理行爲，與其人之性習，及地之攸宜，皆相契符。又得數千年一脈不亂之文化，爲之孚育，其能綿衍萬禩，百變不去其宗者，蓋在乎是。安得有所謂蒼頡其人，獨啓上天之秘者哉！

---

① 上兩句底本"止"字皆作其他古文字形，不可通訓。今以意改之。

踟躕、馳驅轉語考

此余《詩騷聯綿字考》中之一篇也。全稿凡五百餘篇，寫定于四年前。上海事變，失其三之一。年來多故，未遑增補。前年奔祖太夫人之喪，禮闈無事，因命諸弟，擇其不甚煩苛者七十篇，分繕上石，印數十部，分贈諸友，其相與同調者，惠我之好，商量所及，至于遠西扶桑之士，然余近有煎懷之疾，恐拾遺補缺之爲亦所不能，則全書之問世，更不知其在何年矣！

踟躕，躊躇，蹢躅，彳亍，躊著，踟跦，蹢躅，跢跦，踟躇，踶躕，躑躅，蹢躅，蹢跦，峙躇，峙躇，峙躇，𩢂躅，跮踱，跮跎，跔躅，蹲峙，痴瘝，“躇”，次且，趑趄，趑趄，欨趄，趑趄，趑睢，恣睢，拮据，趌踑，斟酌，趻踔，趻踔。惆悵，佗傺，周章，首鼠，首施，猶豫，猶與，容與，鼀䵷，蜘蛛，嫡嬡，趚隧，遵遁，遵循，蹲循，逡遁，逡巡，逡循，逡遁，踆踆，逡逡，蹲蹲，循循，遁巡，局蹐，詰詘，積稛，朱儒，蠲蝓，蠾蜍，蛛蝥，蛛蟊，蚰蜒，馳驅。

《詩‧靜女》：“愛而不見，搔首踟躕！”《毛傳》：“言志往而行止。”止字或本作正，誤也，當從岳本作止。鄭箋申之云：“志往謂踟躕，行止謂愛之而不見。”《釋文》：“踟直知反，躕直誅反。”按《文選》張平子《思玄賦》：“攦若華而躊躇。”李注引韓詩曰：“愛而不見，搔首躊躇。”薛君曰：“躊躇蹢躅也。”向子期《思舊賦》：“心徘徊以躊躇。”王子淵《洞簫賦》：“躊躇稽詣。”嵇叔夜《琴賦》：“或怨嫭而躊躇。”左太沖《招隱詩》：“躊躇足力煩。”何敬叔《贈張華詩》：“携手共躊躇。”諸躊躇字，李注皆引韓詩“搔首踟躕。”又《鸚鵡賦》李注引《韓詩》作“踟躕”。今《外傳》亦作踟蹰。或後人據毛本改之者耳。是毛作踟蹰，而韓作躊躇也。按焦氏《易林·師》：“季姬踟蹰，結衿待時。”又同人謙渙“季姬踟蹰，望孟城隅，終日至暮，不見齊侯”用踟蹰，或本齊魯詩。蓋踟蹰與躊躇同音通用也。

考許書有彳亍二文，彳音丑亦切，訓小步，亍音丑玉切，訓步止。音義皆與踟蹰同。自徐鼎臣金楚兄弟以來，皆爲許君所誤；而諸家又强爲解析，皆說不安處。故邵英《群經正字》薛傳均《說文答問疏證》皆以彳亍即蹢躅，餘杭章先生亦以蹢躅爲彳亍之變，實則彳亍不成字也，何以言之？凡今彳部中字，在龜甲吉金中，多從辵，如德之作𢔌《叔象父匡》，後之作𢔨《書契前編》卷二二十一頁，傍之作𢔃《書契》卷五四十二頁，《仲啟父敦》，皆是。其證一也。又復徖，徥，□諸字，尚仍存辵字之形，豈得復認爲從彳，其證二也。許君又曰：“彳象人脛三屬相連。”按彳形古皆作𢓭作彳，决不象人脛相連之形。則許説亦誤矣，其證三。又凡從彳之字，皆以行爲義，而不以步爲義。其證四。故彳亍乃行之偏旁，即有從彳從亍之字，亦爲行字之省，而不能以爲字也。自來説者皆誤，故不惜廢詞而爲之辯。然則彳亍二字，當爲何字之變耶？曰，按踟蹰爲雙聲兼疊韻之連語，在古當爲一字之衍音，當即《説文》之辵字。請一二證之。《説文》：“辵乍行乍止也，從彳從止，讀若《春秋》、《公羊傳》曰‘辵階而走’。音丑略切。”按此當云：“從行省，從止，止亦聲。”凡許書彳亍兩部字，皆行省，《殷虛書契後編》有之，當即辵之本文，形省則爲𥅓，卷一第一頁爲𥅟卷三第二十一頁，反之則爲𦐇𦐈。卷一第四十九葉，按此字後變作小篆之延，實許書誤舛。彳𢓭皆行之省，𰀁者象四達之衝，人所行也。字正作𢖫《殷虛後篇》下二頁。變作𢔅。許氏作𢖫，全失原意矣。辵正是延延行于道中之象。或又重止作𣥐，按此即後來小篆之徙字，許訓徙爲迻也，意與辵亦相近。特許君不知辵徙爲一字之繁省也，凡小篆所分歫徙延三字，在甲文金文中，皆爲一字。此字形衍進之常例也。益見延延之意，字既從止，故得讀爲"躇階"之躇也，申舒其音，遂爲跙蹰矣。然歫之所以廢而用跙蹰者，蓋自小篆析歫延徙爲三，原形原義，已不復存。而徙音又變正齒，公羊歫階之説，且遭淺人竄亂，歫形既失，而其聲又不能廢，遂造爲新字，惟止字自小篆以來，已不爲足止之義，遂□意於足。遂使今日所見跙蹰一系聲衍形衍之字，盡存足旁矣。文字變遷，萬途千轍，苟不得其會通，無不迷失道左。本義既明，則馳驟萬端，皆有所繫矣。

跙蹰躊躇，皆後起分別之字。本爲步趨前却之意。王延壽《魯靈光殿賦》"西廂跙蹰以間宴"李注："跙蹰相連貌。"《玉篇》："跙蹰行不進也。"相連與行不進，意相通也。語心之容亦曰跙蹰者，引申之義也。《淮南·俶真訓》曰："所斷差跌者，而内濁其清明，是故躊躇以終，而不得須臾恬儋。"言其内既濁，不得消遙恬憺，故心有不安，躊躇以終也。《廣雅》亦曰："躊躇猶與也。"《詩》言"愛而不見，搔首跙蹰"者，言隱而不見。《説文》："僾，仿佛也。"引《詩》作"僾"。《方言》郭注引《詩》則又作㚟，《詩·蒸民》傳"愛隱也"，愛者蓋僾字古字假借。心有不安，放搔首以前卻，即《神女賦》"立跙蹰而不安"之意。後起之專字則作懤箸，《説文》心部："懤懤著也"。

字或作跙蛛跢跦，成公綏《嘯賦》："逍遙攜手，跙蛛步趾。"李注引《廣雅》曰"蹢躅跢跦也，跢跦與跙蹰古字通"是也。又作跙躇。《古樂府》"使君從南來，五馬立跙躇"是。又作踶蹰。《禮·三年問》"蹢躅焉，跙蹰焉"，《釋文》作蹢躅踶蹰，曰"踶音馳，或作跙"是。音稍變則爲躑躅。《文選》張平子《思玄賦》："摭若華而躊躇。"李注引《韓詩》曰"愛而不見，搔首躊躇"，薛君曰："躊躇躑躅。"又《鸚鵡賦》注亦引薛君章句曰："跙蹰躑躅也。"鮑明遠《舞鶴賦》："躑躅徘徊。"言徘徊不進也。字亦作蹢躅，蹢躅，蹢躖。《楚辭·九思》："待天明兮立躑躅。"注曰："一作蹢躅。"《荀子·禮論篇》："躑躅焉，跙蹰焉。"此如《詩》之委蛇委蛇，《上林賦》之罷他陂陀一例，皆一聲之衍也。《三年問》作蹢躅、跙蹰。《說文》亦曰："蹢，蹢躅逗足也。"逗足即不進之意。《易·姤》"初六羸豕孚蹢躅。"《釋文》"蹢本亦作躑，躅本亦作躝,古文作踐"是。又《説文》"趏行貌,且千切。""趏行貌,之欲切。"亦踟蹰聲轉而後衍之字也。

字或變爲跱躕爲跱躝,又爲跱蹓。《説文》:"峙,躇也。""躇,跱躇不前也。"《類篇》:"跱躇行不進也。"《長笛賦》"氣噴勃以布覆兮,作跱蹓以狼戾"是也。字又作騠驪,跮踱,跮跳。《易是謀》:"物瑞騠驪。"鄭注:"騠驪猶踟蹰。"蓋亦音義相通之別字也。又《史記·司馬相如傳》:"跮踱輵容以委麗兮。"張揖注:"跮踱,疾行互相却也。"《玉篇》亦曰:"跮踱,乍前乍却也。"《類篇》:"踱或從庀作跎。"又曰:"踱與躇通。"按跮踱亦踟蹰一聲之轉也。又《史記·淮陰侯傳》:"驥騏之跼躅,不如駑馬之安步。"跼躅亦踟蹰聲轉也。局與踟爲同位。踟在澄母跼在群①母。得相變,故踟蹰可轉爲跼躅也。跼躅亦即局曲之變,詳局曲條下。

亦可倒言,嵇叔《夜賦》"寬明弘潤,優游躇跱"是也。李注"蹜蹜竦跱",誤。

長言曰踟蹰,短言則曰蹰,《楚辭·九思》"握佩玖兮中路蹰"是也。此即《説文》訓歰爲乍行乍止之意。

音轉爲次且。《易·姤》:"九三②,臀無膚,其行次且。"象曰:"其行次且,行未牽也。"按《新序·雜事》篇引《易》作"趑趄"。《釋文》曰:"馬融本次且,次亦作趑,或作欳,鄭及《説文》則作越。"按作趑,作趦,作欳,作越,作趄,皆後起之專字也。音轉爲越睢,恣睢,拮据,詳拮据條下。雙聲之轉則爲踖踔,《文選》陸機《文賦》:"故踖踔於短均。"注:"今人以不定爲踖踔。"《廣雅》亦曰:"踖踔,無常也。"按踖踔猶今言斟酌,謂斟酌審量于短均也。字亦作跲踔。《正均》:"跲丑錦切,同踖。"《莊子·秋水》篇:"吾以一足跲踔而行。"一本作跂踔而行注"且前且却也。"亦作跂踔。《海賦》:"跂踔深□。"注:"波前却之貌。"

心之猶豫曰踟蹰,由其旁紐雙聲之轉,則爲惆悵。説文:"惆,失意

---

① "群"底本作"郡"。
② 底本"姤"作"垢","九三"作"三九"。徑改。

也。""悵，望恨也。"《九辯》"憫悵兮而私自憐"是。又轉爲"佗傺"。《離騷》："忳鬱邑余佗傺兮！"王注："佗傺，失意貌，"又轉爲周章。《魯靈光殿賦》"俯仰顧盼兮東西周章"是也。各詳該條下。

古音舌上與正齒易混，江慎修氏證之。尤韻之字，一部與支韻合，段玉裁江晉三王念孫諸氏證之。故踟蹰轉爲首鼠。《史記·灌夫傳》："何爲首鼠兩端。"注："首鼠，一前一却也。"《文選》沈約《齊故安陸昭王碑》："首鼠疆界，灾蠹彌廣。"《集韻》解同《史記》注。《埤蒼》謂"鼠性疑，出穴不果，能持兩端者，謂之首鼠。"此與後世釋猶豫爲獸名者，同一望文生義之弊，不可從也。"首鼠兩端"，猶言踟蹰于前後也，亦不決之義，音或轉爲首施，《後漢書·鄧訓傳》："雖首施兩端，漢亦時收其用。"注："猶首鼠也。"《西羌傳》注同。又另有首尾二字，別爲一義，《春秋左氏傳》文十七年："古人有言，畏首畏尾，身其餘幾。"此首尾皆以畏義相連，詳《後漢書》西羌、竇融傳，《淮南說林》等處此首尾猶言始終，與首施音雖近而實不同。《淮南說林》高誘注即以畏始畏終釋畏首畏尾也。又《漢書》："東萊張霸采《左氏傳》本序作爲首尾，凡百二篇。"此又與畏首畏尾之義別。

踟蹰與猶豫爲叠韻之轉，《廣雅》："躊躇，猶豫也。"王念孫之說猶豫字或作猶與，又與容與相通，詳猶豫容與諸條下。又蟲名鼁鼄蜘蛛，亦言其徘徊周折也。

《說文》又有嫡嬨字，聲與踟蹰通，《集韻》："嫡嬨，女謹順貌。"又《說文》"趑趄輕薄也。"趑趄亦踟蹰一聲之轉，輕薄者，言舉動輕率也。

陽聲之轉而又外舒其聲，則爲遵循，《亢倉子》"荆君北面遵循稽首"《靈樞經》"黃帝避席遵循而却"是也。《說文》亦云："遵，循也。"遵與逡同，如蹲即踆字之例。與蹲通，循即遁字，又與巡通，故字或作逡，作蹲，作巡，作遁。《莊子》："忠諫不聽，蹲循勿爭。"《漢書·雋疏於薛平傳》："當逡遁有恥。"《叙傳》："逡遁致仕。"《鄭固碑》："逡遁退讓。"《游俠傳》："萬章逡遁甚懼。"《外戚傳》："逡遁回讓。"逡遁即逡巡，《說苑·善說》篇："林既逡循。"《聘禮》："三退三逡遁。"《晏子春秋》："晏子逡遁對于管子，桓公蹴然逡遁。"然蹲巡皆清聲，蹲在從母，而逡則在清母，遵則在精母，循巡皆在邪母,亦次濁聲也。而跚蹒皆爲濁聲,聲既有清濁之差,義遂見强弱之別,故跚蹒有前却之訓,而逡巡有委退之容,凡《禮記》中諸遵巡皆訓退音義相縮之妙,有不可言喻者。又自遵巡之引,則踆踆爲大雀之有容《西京賦》注,逡逡爲退讓之德風《史記·游俠傳》,蹲蹲舞也《詩經》,另詳,循循順也《論語》,又變作徇徇,作恂恂作輴輴,亦同,詳蹲蹲條下。又遵循疊韻而兼雙聲者也,故時有謰亂,《過秦論》"九國之師,遁巡而不敢進"是也。

行事退却曰遵遁,兩足不前曰跚蹒,兩手不屬曰拮据,事不申舒曰局蹐,語不通利曰詰詘,樹不伸發曰積秖,皆聲義一系之語也。步行之短拙曰跚蹒,人之凡短曰侏儒,梁上之楹,其木短小亦曰侏儒,合言之曰椳,或又曰梲蓋皆疊韻之變也。故竈黿亦變爲鼅鼄,見《方言》十一,疊韻之變。爲蠨蛸①,一字之衍。爲蛛蝥,見《賈子·禮篇》。蛛蝥之變爲蛛蟊,見《廣雅》,爲蚰蝚,見陶宏景《名醫別録》。

行且欲曰次且,曰跚蹒,小走曰踟躕,大走則曰馳驅,《鄘·載馳》"載馳載驅,歸唁衛侯"是也。其意像有小大之殊,其音亦隨之而有强弱清濁之別,馳驅皆最濁之聲,吐氣言之,踟躕皆次清澄母字,不再吐氣言矣,至次且則皆清聲清母,三語者,皆自重濁遞嬗而清,故其意像亦由大而小,音理之妙,有關天籟,蓋非偶然者矣。

---

① 編者注:底本作"蟱"作"蛑",據上文改。

曲局字形原衍篇

曲字原變。曲形之衍。凹即凵之正形。匚亦曲之衍。

凵字一系。衍爲乚爲勹爲局。九爲虯本字。丩衍爲句。形變爲呂。呂猶爲古國。正許説之誤。呂猶爲鬼方別族。呂爲其圖騰。許氏指呂猶在宿遷。蓋流遷後之名。非其朔也。呂鬼一聲之變也。

《采綠》：“予髪曲局。”《傳》：“局，卷也。”按曲局隻聲兼叠韻謰語。就語言，蓋一語之分化；就字形言，則又一形之分化也。凡曲局、句、九、丩諸文，皆從乛く乚字來。試略爲言之。

《説文》：“曲，象器受物之形。”古文乚，亦象曲形。篆文作凹。按古文乚當即く乚諸文之變。乚訓匿也。象迆曲即拮據一聲之轉。隱蔽形。後孳乳爲區詳後。く訓水流，水流必曲也。乚く蓋兼會意。而作乚者，當爲純體象形。故乚く皆以表事，義近動詞狀詞。而乚則以表物，是爲名詞，所謂畫成其物也。

其形再衍則爲凵，凵即坎之古文。《説文》訓張口，蓋誤。從王菉友諸人説。坎訓陷，從土，欠聲。蓋後起之形聲字。用于器物則曰凹。蓋即許氏所謂受物形也。然則凹字究何所象乎？曰即許氏去字所從得聲之厶字也。此有四證，一許氏曰：“凵，凵盧，飯器。以柳爲之，象形。”厶盧猶

222

言窋籠，言器之有孔可容。正與許釋曲爲象器受物之形之義合，一也。
囷字正是編柳爲器之形，全形爲囷，省形爲屮，一爲全寫象，一則寫象而
兼寫意，固文字孳生例也，其證二。又公伐郐鐘有乚、乚字，當即古文
乚形之異。乚可作乚，則囷亦可作屮，其證三。屮字或從竹去聲，作
筁。即《呂覽》具栚曲筥筐之曲。爲筁之借字。《廣雅》："筁，席也。"其證
四。有此四證，則屮爲曲礭矣。然飯器之説，經典無可徵信，大抵許氏充
類之言，雖不能無疑，然目形定義，當不甚相遠。

曲字橫書則爲匸，許亦訓受物之形。卜辭中則作匸，籀文則作匚，
與曲之作乚、作乚、作屮、作囷例正同。故匸、屮爲形雖倒異，而實爲一
形之變也。然《說文》匸形之字，本有兩作，一作匚，下曲分而不連，許訓
受物之形，讀若方。一作匸，下曲連而不分，許訓衺徯有所夾藏，讀與徯
同。其實兩形即一字。古初文字，決無此等分別也。夾藏與受物之器兩
義正自相同，許立二部，既無當于義，而方徯二音之分，更無所據。凡今
兩部之字不訓爲受物器者，皆即有匿藏之意，故二字當即一形之變，其音
讀當目徯爲是。目從屮曲諸文推之故又甲文中言先公先王者往往有加匸者，如
乚匸，此爲示敬之號，非字也。曲匸皆爲象形字，其後起之象事字當爲區，
《說文》訓踦區，藏匿也。從品在匸中，會意。按《左傳》昭七年，"作僕區
之法"，服注："區，匿也。"《荀子·大略》："言之信者，在乎區蓋之間。"楊
倞注："區，藏物處。"是訓藏者，蓋區之達詁。小篆從品，蓋象藏匿之物，
不必定爲何品，若所藏爲矢則爲醫。《國語·齊語》："兵不解醫。"《説
文》："醫，盛弓弩矢器也。"所藏爲女則爲匽，匽匿女則令人安，故匽即燕
安也。自後因形與聲之用，則曰匵、曰匪、曰匣、曰医、曰匵、曰匬、曰匰、
曰匲、曰匠、曰匲、曰匼、曰匵，皆爲一切可匿可藏之物矣。

區既爲匸曲之象事字，故其音同。故《春秋》桓十二年之曲池，即《汲
冢書》之區蛇。《公羊》作毆蛇，亦同。《文選》陸機《漢高祖功臣頌》五臣
《注》："曲，音區句反。"故顧炎武、江有誥皆目區爲曲之平聲，故凡二字訓
義皆相通。

　　總上所陳，自匕く之衍，則爲匚、爲Ｈ、爲匸、爲匼、爲匽、爲匿、爲凹、匕く爲意象字，Ｈ匸爲普徧之象形字，匽凹匼爲實指象形字，而匸又衍爲象事字區，凡此皆曲字一系之變也。

　　自一畫而委曲爲用者曰曲。結二畫而相糾纏者則曰丩、曰九。衍爲句、爲局。作用既同音讀亦通。曲形之變，已見上方，請一析丩、九諸文。

　　《說文》：“九，陽之變也。象其屈曲究盡之形。”按《漢書·律歷志》：“上九者，究極中和爲萬物原也。”是九爲陽數，蓋漢儒舊説，皆陰陽五行家充類之言，皆非目明文。原許氏于十干數名，皆取此説，皆非其朔也。按九即丩之形變，亦即蚪龍之本字。蓋象形。蚪則形聲字也。茲一一證之。

　　《說文》：“蚪，龍子有角者，從蟲。丩聲。”《廣雅·釋魚》：“有鱗曰蛟龍，有角曰龘龍。”《抱樸子》：“母龍曰蚊，子龍曰蚪。其狀魚身如蛇尾。”按龍爲初民所最神禮之物，神天神地，生天生地，今雖無徵，而古有其物。此有待于古生物學者之考究。故《周易》著元眚之吉，《離騷》有負熊之説，方其類屬，當似蟲蛇，故《瑞應圖》謂爲身黑無鱗，《抱樸子》謂爲魚身虵尾。今按九字甲文作〔古字〕、作〔古字〕、作〔古字〕，金文作〔古字〕《者污鐘》、作〔古字〕《盂鼎》、作〔古字〕《利鼎》、作〔古字〕《曾伯簠》、作〔古字〕《□〔古字〕伯敦》、作〔古字〕《齊鎛》。皆象曳尾糾婉之形。其三出如山者，與它字之頭相當。然曰龍子，則其形不具，故龍字作〔古字〕，《鐵雲藏龜》百六十三頁，作〔古字〕《殷虛書契》卷四，五十四頁。形變爲〔古字〕《書契》卷四，二十九頁，爲〔古字〕《書契》卷四，十六頁。皆從〔古字〕。以形言，爲今〔古字〕字，爲後來龍字所從出。然余疑〔古字〕爲頭角之屬，詳余所著《甲文中〔古字〕字之研究》一文。九爲龍子，爲象形字，自諸般證之，要非虛構。又《易·乾卦》以龍爲九象，當從字義推衍而得。將另爲文以明之。又秦漢人室飾多作九龍，當因九字已爲數名之後，又緣舊習而誤爲九條龍也。因字誼故附及之。又九與丩本一形之變，而蚪乃後起形聲字。故數名之九，當即蚪之本字矣。自借九爲數名，其本義遂癈，自有形聲字蚪，而人無識九字者矣。

蟲之盤曲婉轉曰九，事之盤曲婉轉則曰丩，受聲于盤曲故聲相同，受義于蜿蜒故形相禪。秦艽，藥名。《廣韻》作秦芁，亦其證也。蟲名白九，瓜瓠結曰丩，其義一也。故九、丩實爲同族。九本龍子，後觛爲虯而九義沒。丩本瓜瓠滕羅，更觛爲糾而丩義癈。丩有糾義，九亦有九聚之義。後又觛爲勾字，借鳩字爲之。《尚書》："方鳩僝功。"《莊子》："九雜天下，與及九合諸侯，以鳩其民。"皆勾集之義也。丩繚之形衍爲句，《説文》："曲也，從口丩聲。"篆作。按許言丩聲，實誤。句字正承丩字，當亦有丩義。苗夔、朱駿聲改爲從丩，較爲得實。然二家又目口爲聲，亦誤。蓋句本爲古東方命蛇之國，即《説文》之峾猶①。因字從九，遂假爲句曲字。句亦讀九音，見後。峾又誤作厸猶句之誤作勾也。於是句峾厸分爲三字。此中糾紛，遂不易董理矣。請一一辯之。

《説文》厸部部首訓爲獸足蹂地。引《爾雅》其跡内，又目爲篆文作蹂。蓋許氏見禽、離、萬、禹諸文無所附麗，遂妄爲立部。安丘王氏目爲此部諸字，皆全體象形，雖已明知許氏之誤，尚爲調停之説，蓋猶有所蔽矣。按《詩·小戎》"厸矛鋈錞"，《傳》："厸，三隅矛也。"其形製如何，雖不可知，然其晉刺必搏，柲矜必長，無可疑也。三隅者，猶三邊，謂矛端有三鋒也。蓋其形製必本于物，目象其犀鋭。按古兵器之形，多本于動物，此前人已有言之者，予往爲古兵形製考，亦稍有發明也。然此字當爲假借之義，其本義當爲峾猶國名。厸字從厶，與峾字從口，當爲一形之變。卜辭中、金文中從厶、從口之相訛者，不可勝數。

《説文》："峾，高氣也。從口九聲。臨淮有峾猶縣。"音巨鳩反。按許君高氣之説，最爲無徵。凡許君説字，好目小篆形體，强爲牽合。高氣之言當因從口氣而曰高，蓋本于九。許目九爲陽數，凡陽皆亢，故曰高氣，實乃肊説。惟峾猶爲此字本訓。按峾猶古國名，魯昭二十八年始爲縣。其史實不見于他書，惟智伯鑄大鐘，仇猶除道内之晉兵隨而滅之一事，遍載

---

① 底本作"厸猶"，據上下文及《説文》改。

戰國秦漢人書中。《國策·西周策》、《呂覽·權動》、《韓非·説林》、《史記·樗里①傳》、《淮南子·精神訓》等。當爲戰國時國際間盛相傳語之事。高誘注《國策》與《淮南》，目爲近晉之狄國。而《國策》鮑注目爲夷國。其他《呂覽》、《韓非》、《史記》諸注，皆大同小異。字或變爲仇首，見《西周策注》。又變爲仇猶，見《史記》。爲夙繇，見《呂覽》。爲仇酋，見《呂覽注》。爲仇由，見《韓非子》。或又作仇吾，則聲之變也。仇與爸爲同族字，同從九。猶、由、繇本相通也。然爸由當爲一民族 Nation 中之一氏族 Gens 之名，因而爲國名者當即夏後之匈奴部族 Tribe 之一部即鬼方別族也。

　　按世界一切民族，在母系時代，皆有目母系爲中心之氏族組織，此等民族，皆有一共通之祖先。而各氏族間各有其相爲區分之名稱與圖騰 Toten。此等名稱之命名方法，皆目動物或無生物爲名，而無人類爲名稱者，此固近代古史家之所普遍承認者也。（詳 Lewis Henry Morgan's Ancient Society）按爸從九從口，當爲此族之氏族名。而九即其圖騰也。從口者，蓋有方位之義所目限定其爲方國也。此口非口舌之口，當爲許書之□字。音讀如方。意即爲方國。亦如或之加□爲國，韋之增□爲圍也。或即國字，人多識之。而韋即衛圍字，人則不識也。按甲文中衛字有作 𢓈，見《前編》一卷三頁。作 �，四卷三十一頁。作 �，《後編》下二十三頁。作 �，二十六頁。皆變口爲方。則口有方義、方讀明矣。目六書言，爸爲會意字。然余又頗疑爸爲九方二字之合書，卜辭中本有此例，而目方稱者，更巧歷不盡，如三封方、馬方、井方、羊方、虎方、人方等，九方，當即《詩經》之仇方。亦即鬼方。詳後證。蓋方乃對他國而稱之辭，即後來方國之意。余另有《甲文中之口、皿二形之研究》一文目詳之。爸民族目地望史實字義言之，皆確知其即與夏爲同一民族之鬼方，而爸猶即因緣族名而得名之地，蓋在今山西盂縣東北云。詳證見後。

　　然一民族之遷徙，往往緬懷故國，命新疆目舊名。此例在中國舉②不勝舉。夏民族南遷，于是臨淮亦有爸猶之縣。許氏所指，蓋非其朔矣。

---

① "里"字底本誤，徑改。
② 底本"舉"字上有"與"字。

226

不但此也。叴與句既爲一字，于是遷流之地，亦遂目句名矣。此與虞吳遷徙之例正同。丹徒柳氏言之。太白南奔，自號句吳。周亦夏後。詳《周本紀》。而《書·康誥》需肇造我區夏之言更爲明白。又《詩》之雅即夏歌，王伯申之説也。而雅爲周詩，亦可證。豈猶存夏人之風乎。顏師古《漢書注》句音鉤。夷俗語之發聲也。不知所本，其實誤也。古有稱句吳爲干者，見後。干句一聲之轉，則句非發聲，章章明矣，詳證見後。爲越亦然。《史記·越世家》"斷髮文身，披草萊而居焉"，《墨子·公孟》"越王句踐剪髮文身"，《漢書·地理志》"粵地文身斷髮，目闢蚊龍之害"云云，諸書所言皆是也。蓋越亦夏後也。《史記·越世家》：越王句踐，其先禹之苗裔，而夏后少康之庶子也。《吳越春秋》：少康封其庶子於越。故古目吳越連稱，而越亦曰甌越，甌蓋句之聲變也。見《國策·趙策》句吳或單言曰干。《荀子·勸學》篇："干越夷貉之子。"楊倞注："干越猶言吳越。"《莊子》："刻意干越之劍。"《釋文》引司馬云："干，吳也。"《淮南·原道訓》："干越生葛絺。"高誘注："干，吳也。"皆是。音轉爲工字，或作攻。周金中有工盧王鐘、攻吳王夫差鑒、攻敔王原厥劍，諸工盧攻敔，皆句吳聲轉也。然句吳之稱，始于《史記》。周金所存，不名曰句。《左》、《國》、《公》、《穀》，亦不一載，此可信乎，曰不徒吳之爲句吳也。凡今以句仇名者，皆在臨淮而下今江蘇、浙江之地，皆昔吳越之宅也。浙之會稽，爲禹傳説最廣之地，其目句與句仇名者亦特多，如句章、句無山、句餘山、仇山、仇溪皆是。江蘇又有句曲山、句盧山，而江甯迄西之句容，至今民間風氣，尚異于人，此中當與吾人目一暗示，決非偶然之現象可知。且句亦有九音矣。《淮南·墜形訓》"句嬰之民"，高誘注"句讀爲九，北方之國也"是也。其音讀既如此，其事實之暗示復如彼，則吾目句爲夏族南遷之言，非向壁虛舡，則句叴爲一之論，當無所疑焉。

然余謂叴猶爲鬼方，其何目明之，請辯證如左：

按叴與九爲一字之變，既如前述，故叴實即目九爲圖騰之民族，目表其方國之義，更無待他證矣。九與鬼聲相變也。《史記·殷本紀》目西伯昌、鬼侯、韓侯爲三公。《集解》引徐廣曰："九侯亦作鬼侯，鄴縣有九侯城。"《正義》引《括地志》曰："相州洛陽縣西南五十里有九侯城，亦名鬼侯城，蓋殷時九侯城也。"《禮記·明堂位》則作鬼侯。按九侯是否殷時叴族之在王朝者,目無他書可證,不敢必。若紂封三公中之鄂侯,一作邗,當即今河南沁陽縣地。又甲文有罨,當即鄂字,日人林泰輔氏目爲古唐國亦稱鄂。《左傳》隱六年所謂晉人逆翼侯于隨,内諸鄂謂之鄂侯云云。其説亦疑鄂有兩地,一在河南,一在山西也。《左傳二十四年傳》:"邗晉應韓,武之穆也"云云,是邗亦夏周民族,豈所謂姬姓之國四十人者與! 疑九鄂文王之封三公,蓋殷對異族之制,故九侯醢而鄂侯脯,文王亦竊自歎焉。是鬼九一聲之證也。又九頭鳥名曰鬼車。見《本草》。又《續博物志》"郝氏夜祠佛,鬼車乘燭光而下,翼長丈餘,九首互相低昂"云云。今民間尚有此傳説。實物有否,不敢必。《説文》"芫,遠荒也"。引《詩》曰"至於芫野"。《詩·蕩》篇毛傳亦曰:"鬼方,遠方也。"與許氏芫義全同。蓋芫亦乭之孳乳字。而鬼九可通,又一證也。然欲確明此氏族之爲鬼方別族,固不得因九字之音與鬼通遂證成其説。鬼方既爲夏後,則九族與夏亦必有若干關係,吾人苟能證明九與夏民族之關係,則不僅九爲鬼方之説成立,鬼方爲夏後之説愈益確定,即夏民族若干制度傳説,亦必有若干之新的佑定。請一一言之。

"東西"臆斷

(一)

漢語語言之富贍，今知其爲人類語言中之最。古代如先秦典籍，漢儒已多闡發，然時代愈後，材料（素材）益多，皆散在十一億人的口中，所以漢語"方言"之學，正待吾人開發、收集、整理、分析，爲極端複雜之事，余在整理《昭通方言疏證》之時，即已深切感到，勉强收録了若干則，但有大多數是屬于全國性的，已不可以一方限之，後在寫若干條後，漸漸覺得不是不可爲，但一定要把全部漢文化學史，乃至全部文化學所包含之學理、技能、效力等一齊考慮，乃能有所得。其中關于"東西"一詞用力較多、牽惹較繁，寫出後想請教學術界知者，但三十餘年來只請陸維釗先生一讀，笑曰："這像'活捉王魁'，終于抓到了，但我擔心讀者稍不留意，便會滑過某一環，則全體大都白花了……"余願讀者注意陸先生之言，把紛亂如麻之博證、微證，乃至外證、邪證都看過，然後爲我觀點意見敬請拜嘉。

（二）

自先秦以前一切文獻及漢人整理之書，如儒、道、名諸家之書，甲骨金文之刻辭，乃至許慎之《說文》，所謂周公之《爾雅》，劉熙之《釋名》，其中漢語言學資料之豐富，學[①]世無其匹，其中至今尚不能的知其本義、本音、本形者，指不勝屈，即如《帝典》四兇之歡兜、鯀、共工，《史記·五帝紀》之軒轅、帝嚳、顓頊，《爾雅》歲陽、月陽之名，《山海經》所載帝王、名相、名物之特殊稱號者亦至多。此等人物奇稱及不易解之名物，歷代學人，皆各有說，而論之能明其所以然者無多。此中消息，度不過二三事，一則方俗異言之入中原文獻者，一則四夷稱名之異譯，而其中當以民俗習尚有關，多不爲吾人所了知，乃至于注意及此者亦多難解。比如饕餮當即西人所謂之圖騰，則以兩者所指事象得相繫也。又如犀比師比頭[②]與鮮卑（皆見屈賦），則可能爲民族名之異稱。近人有猜軒轅爲金文中之天黿者，伏羲爲伏犧者，鯀即共工之分化爲二者，亦時見一二，則學術界固不少人對此作推究者。在民間俗語中情況更嚴重，如杭人言“莫老老”，人或以爲“無慮”之變，似矣而實未達；滇西人言“狙松”，解者以羵牛切之牛狙同聲，義亦相似矣，亦恐皆爲知其然而不能其所以然之類。

（三）

余旅食南北，以全國同用之東西一詞指事物，求之通人，不得正解。數十年來注意此事，則前人固多推論之作矣！人類思想不甚相遠，故借助于他民族，他學科之成果以相對照、相比附，亦往往能得新義，而解古所不易知之事物，如借圖騰之說說禹爲夏圖騰，禹從虫、從九，即糾龍耳，與禹一生事迹及其傳說皆得俞脉。又如示字，《說文》以爲“天垂象，見吉

---

① “學”當爲“舉”字。
② “頭”字疑誤。

凶,所以示人",吾借大石文化説解爲靈石,而示主、宗石,乃至殷先公之石礜形,而推知報丙、報丁等,皆得理順辭正矣。蓋綜合多學科、多層次以作科學分析,爲近世紀新發現之科學方法,余雖冥頑,然尚稍習諸文科學術,故往往得一妙義,爲諸先功所不能得,此《東西》一文之所以敢爲繁説也。

以東西一辭爲事物之借詞,古今論之者頗多。翟灝《通俗編》曰:

> 明思陵謂詞臣曰:"今市肆交易,止言買東西,而不及南北,何也?"輔臣周延儒對曰:"南方火、北方水,昏暮即人之門戶求水,無弗與者。此不待交易,故惟言東西。"思陵善之。

此詞臣敏捷之對,于詞義詞旨一無所得也。《齊書·豫章王疑傳》顧武帝壽百年,帝曰:

> 百年亦或可得,但得東西一爲,于事亦濟。

說者謂物言東西,亦猶四時有冬夏而魯史名《春秋》,與東西一詞組合方式相似。此于語言學爲同類之比。然《春秋》本魯史之名,則自魯之方言取四季兩字紀時,于事理得通,語言中自有此例。此漢語詞之一例也。(詳後)然其事至切而義至暢,紀事必有時日,即以四季之名爲書題,初不過一種省便。不過此省便最爲合于邏輯爾,不得以比東西也。又案《公羊襄十六年傳》"君若贅旒然"注:

> 以旂旒喻者,爲下所執持東西。……就壻爲贅壻,亦是妻所持挈,故名之云爾。

又或以酒器曰玉東西,以今語徵之,則其語又多莊肅,有似後世隱語謂隱物曰東西,言男女穢器曰"那東西",(猶滇蜀間指男根曰"那話兒")糞便與壞食曰臭東西,細體物性,大體非巨形之物,而可供玩樂之物,有如俗語所謂"玩意兒"。然此語亦非純爲貶辭,亦可曰好東西,如精美字畫、雕刻、飲食、衣著、帽鞋等,亦皆得"好東西"之名,即使無惡稱,亦不得爲贊嘆欣賞之件,皆略帶輕浮不莊肅或非正道之義。故此詞最初當爲市井流行語，近人以古市集東西兩市爲貿易之區，百貨所集，故以東西釋之，然此亦有説：古南北亦有市一也，二則東西一詞，不盡指物，亦可指事、指人言之，亦不得單以貿易言也。

古今説此詞者，略不過此數義，似皆非其朔。漢語雙音詞匯之訓釋，主要者不外以字形字音二途以窺其初義變義。如晉人言"何物老嫗，生此寧馨"之寧馨，解者自馨字着眼，則曰生此佳兒，自寧之音論之，則近於今時吳語之"嫩亨"，如言此物。又如晉人言"阿睹"，有人以指目，有人以指錢帛，皆無非就形音爲斷爾。然其中必有一字一音可爲探索之傳導。而東西二字，習俗本指其四方之二，語其意不得離四方總攝之義爲斷，此亦與春秋本四季之名，故沾此不得逾四時總攝之，義此可斷爲魯史之名，當其別義，則別義不得遠離本義矣，是則求索"東西"當亦不得越此疇域也，今請得論述之：

中土原始時代有光明崇拜之習（參余《光明崇拜蠡測》），日月運行規律遂早爲吾先民所熟知（《堯典》已見"四仲中星"，據竺耦舫先生科學地考證，確然不誤），日晨升而夕墜，初以爲十日並出（大約在地初形成時期），後此則曰十日代出（詳余《重訂天問校注》及《楚辭通故》二書），有升有降，似首有尾，有明有晦，似爲正反兩極，此爲一顯然矛盾，而晨昏中正，熱力懸殊，升則漸熱，降則漸寒，亦一矛盾，然晨升夕墜，循環而無端緒，則一切矛盾皆統一于此循環之中，此爲一對立統一現象，爲宇宙之最高的對立統一（或對立統一之主體），一切自然界之現象皆不離此統一而得全生（或整個過程），生物之有生死，有初壯衰亡，亦如日月之運行，然則人生一切事物無不據此以得"生卒"，以平衡群生，一切以反覆循環一切，故日之東升西墜，實與一切生物之生老死亡及一切事物之生滅全爲同步同軌，物質世界如此，思維方法亦如此，此全同之義即日月運行而可知之，故以東西表事物，遂成爲最爲理致、最爲自然、最合邏輯之一反映，大哉，"東西"之爲德矣。吾土吾民實最能體認宇宙原理、原則之偉大民族，余頗願就此撰一《東西哲學本源與發展》，然余于哲學所知至少，恐遺笑于專門之家也，嗚呼！（上世有論此一哲理者，即方以智《通雅》中之

"東西均"一文,"東西"即物質宇宙之對立,"均"即對立統一。然余説此僅以明此一術語之由來,故簡略之而已。)

中土大地皆在赤道以北,三大河流皆在溫帶,又皆自西往東,故中土文化皆與此有關,此即與近世所謂地理決定相近,故東西所鍵以氣候,皆大同,自東海、春申、渤海至極西之拉薩,自極東之長白,至極西之天山,溫差則亦相同也。日光自東升而落于西,日日如此,有朝暮之變,而無大暑祈寒之殊。古宅京之地,皆在北流群山之麓,面臨洛汭,物不因東西之異而變其種性。桔逾北爲枳,鸜鵒不逾濟,故物莫定於東西。凡物燥濕則變,寒暑亦變,則變者南北者之方也,東西者不變之極也。

復次旭日東升而西沉,此自然之運行也,故以日定曆時,亦成人世生活中之一大事。且不問寒暑,日日如此,月月年年如此,千百年如是,而以人類生活相禽合之天象變化,亦以日月星辰爲作息生藏之節度,則日月運行直接與生活相關。此亦東西最爲人所仰望之行徑、而穀物果實之生長成熟枯萎,亦日月主之,故東西兩象遂與生活不能分離。

復次中土地貌,凡大山大川之主要者,皆自西東走,則沿山順水,視越山度水爲便利,而日行熱射,亦稍偏南,故曰古帝王宅京民衆建屋,亦以坐北朝南,便村老曝日,漁父曬網,農民曬穀,皆知在屋南取日近,故民習遂以南面爲主。自各種習慣論之,則東線以受日月光照,最爲平靜,有利于生殖成物,因之則東西者,生發成物之線也,事與春秋時日相類。春生夏長秋成冬藏,故民習指過去事實言曰"春秋",而當前事物言則曰"東西"。"春秋"已上升爲文人習用恒語,成爲書面語,而"東西"始終流行于廣大民間,未曾上升爲書面語而已。

抑又不僅此也。農耕亦重東西畝,以其受日光易也。

自以上諸端定之,則吾先民以東西爲事物生成之自然體認,蓋可知矣。而定四方之則,蓋主于其地南面北背左東而右西爲吾民之舊習,而此舊習自有其自然之特定點爲基礎,故其事所起至早,甲骨金文之四方風名已明示吾人。許慎説十字曰:"十,數之具也,一爲東西,丨爲南北,則四方中央備矣。""一"爲東西,"丨"爲南北,則固以一爲東西線也。(至

"四方中央備矣"一言，古今似無確解，蓋中土它字結構，凡靜物皆橫寫之，能動可動之物皆縱書之，如尖、犬、水、木等皆以動而生長，動則變，變則生，故縱以表動象，縱橫交錯，則生新事物，此其義也。故許氏以縱橫相交爲四方中央備也，以説明其數之具，東西靜態則視爲物之所。此義別詳余論古文字有動靜牡牝之則諸文，此不更具。）

許氏釋"十"，所言大啓人思考。以橫爲"東西"，縱爲"南北"，"四方中央備矣"者，縱橫相交則四方皆通達無礙，故曰"備矣"。使無此一"中央"，則物皆不備，此正三代以來陰陽參合而生物之義。此如兩岸爲橋、橋墩已備，而不施橫梁，則爲不備，不備則下不通舟楫，上不通車馬，能成其用？此如《易卦》陰爲——而陽爲一，使陰陽相交則爲十，故得陽成物，是爲東西。日自東出而入于暘谷，物已成不變。陰爲南北，爲使四方必備之象也，亦爲余上説之一補證，其詳余陰陽參合説。

由上來所陳，則人世習以東西爲物事生發苗壯之徑，因而以之爲事隱語，似已可爲定則，而非余一個人之説矣。

要而言之，"東西"之解非文字、聲韻、訓詁所能臧事，而歷代用之不疑，則其説之非由一端也。余思維再四，故綜合地貌、天象、方位諸端，以求其大較，似可爲定説，然未必爲能服人之心，但願世有達者能詳之。

然"東西"爲辭形式，與"春秋"一辭方式相近或相同。然"春秋"之義顯而"東西"之義晦，請更引端論之。

以東西相屬者有南北，南北一義已略論之，大較爲事物變易之義，有本體，有變動，斯得爲全備之論，然南北之論，在歷史上自有其引發之論。

在中國文化史上，各時代都有所謂南北之異。春秋以來言南人，戰國時代言合縱連橫，（爲東西南北之合）漢代之所謂楚聲、南越、南閩，魏晉以後之南北朝，而習用之文化藝術者亦至多，如南學北學、南宗北宗、南派北派，語言有"南北是非"，繪事有南畫北畫，至民俗中之天南地北、南轅北轍，南方之强，北方之强，而實際之地象，則北多童山，南多綠青，北地亦多平原，南地水鄉，言南北之異者，無處不在，乃至"桔逾淮北而爲枳"、"鸜鵒不逾濟"等，則以越境而變其質，凡此皆足以反證余上文所説南北表動象、東西表靜象之義，乃至北水曰河曰水，南水曰江，皆畛如兩事，則四方分職本中土地理所決定而爲民俗，而資借則以東西指事物，亦立基于此。然南北之殊至顯，故其事象極多，東西之殊幾近無，故僅存一二于民間。中土政治自周秦以後皆以大一統爲歸，而主之者爲東爲西一詞，僅于民間，東起長白，西起天山皆用此一詞，其類別雖至少，而其爲量實至博。此吾人所當知者也。

（四）

漢語中此等遺留傳播之詞匯似尚不少，如罵人曰"烏龜"（太湖區則寫作"五車"，則音當爲"五車"也），亦全國通用之辭，到今亦無確定解釋（白下胡小石君以爲龜頭似男根而多縮入甲內，則妻子有外遇者必皆夫不能入道，故嘲之曰"烏龜"云云。胡公妙語至多，將來當可錄之）。此由男性器亦稱龜頭推及，而民間有秦漢以來，皆以龜爲壽徵，則相去又甚遠矣。故此語亦皮附不確，當別有解。又如南北各地皆言"明堂"，以"什麽明堂"一類爲最流行，依字形論之，明堂乃古昔祀神朝議之所，清人論之至詳，王靜安先生《明堂考》最精審，蓋即夏殷以來所謂亞形之變，依此以求"什麽明堂"皆不相中，此"明堂"猶今俗言"玩意兒"，不得以明堂辟雍之制附合之，其必有他根株之自，而字亦未必即今"明堂"二字，然余以聲韻通轉求之，皆不可得，又索其史迹，以元明以前未曾見，則或爲近代民間俗語而流傳之，廣披于全國，此亦當如"東西"之當具別解別有所自無疑。又如男以女裝侍宴侍寢之人，俗名之爲兔子，吾鄉昭人有之（昭人又有"東惜"一詞），蜀郡成都有之，上海、北京亦有之，且能見于文人學士文中，其在吾鄉，則中學同學中有面目端正膚色紅潤者，亦戲以此詞稱之，未有不大怒而至于爭吵者，其義亦無人能解。余教授東北大學時同仁有謂兔子四肢長短不齊以唆男而女者也。此亦意必之言，羌無故實者矣。此等通俗特語，各地皆有之，果能合而求其朔義，亦吾土吾民文化生活中之一要事趣事。如西南一帶以講故事爲"擺龍門陣"，蓋故事必有奇聞，且必長篇巨制爲主,吾友陶亮先生以《聊齋》、《子不語》諸書爲"龍門陣"。又如昭謂人嘮叨不休且多穢詞邪語曰"罵花鷄公",余《昭通方言疏証》錄此,亦説之不詳。成都巧語至多,余昔曾一二記之,與蘇州俗語摘記之《廣韻中蘇州方言》得册許事,後以求之吳江金先生,先生雖贊其用力之勤,亦無以解其惑,故終始不敢以問世。吳檢齋先生嘗注意此事,命余條錄,將爲考,此後則見其《釋也》、《釋寧馨》諸條,而其他皆未得解。今余以"東西"一詞略次其義,探討考證,説明方法,聊爲發其義于此,此亦漢語研究之一要務,不得以其難成不易得而忽之也。

　　附説:清儒言"東西"詞義者,尚有數家,了無精義,均不錄。黃季剛先生所言,無科學根據。惟焦里堂《易餘籥祿》以爲東西之合爲"的"之言,不合於無限使用之事物,亦多可商,僅作事物用,餘則不外爲上語之代詞,成爲事物則然,爲他義則礙,皆不完備。蓋"東西"一語,別含隱義,至爲顯明,如"什麽東西",則"東西"有輕慢之義;又如"這真是了不起的東西",則"東西"有褒義;凡此皆"的"字所不能代,故不用。

數論篇

《說文》釋一曰:"惟初太極,道立于一,造分天地,化成萬物,凡一之屬皆從一。"四十餘年前,余嘗作《數論》,釋一至十諸數,引許説以證其引端生發。以之求教于吳檢齋先生。先生曰:"理論甚佳,然許説只得問題之一面,似未周恰。凡事皆須轉到其對面一遭,方得全具。然此事至難,願努力爲之。"十餘年後,余就食于滬,又遇張天放君,相與商量數理。張君曰:"許説僅以小篆六書立數,于甲骨未能悉究。段玉裁或理料以金文,覆核以《尚書》《周易》,然猶有其限。欲建立數之理論,實至難行,即體系而言,恐亦僅得其形式;至其思理哲學,未必能當。且就漢方言他文,或尚可爲。就'一'之數言,則更不易矣。"以後又請教胡僕安諸君,所遇通人,雖多新義,並未得其肯綮。太炎先生則曰:許説或有所據,然漢籍妄失多矣,故不論其然否。又如干支定年,是何含義,今亦妄能深悉。則玄談怪説,難自圓者必多,又得何如自解?今余"成均樓"四書,只留此漢語卷急欲交稿出版,故以三五月功力,補爲此"數論篇",雖通其所未必通,願達者教之云。

一

自魏晉以來,談玄説理之文亦時見一二。如子建《洛神》、劉勰《文心》、淵明《閑情》。然其於數,皆未論及。趙宋以後,涉數之文漸多,如東坡之諸作、張有之《復古篇》、王荊公之《字說》;凡此,雖各具條例,而于於數仍仿佛蒙昧(荊公尤多偏妄)。明清以還,則有方以智、顧亭林諸家,于數亦皆各有說。他邦學人則有日本高田忠周之《古籀篇》,尚多妙喻。于前人學說,余雖不無所取,然終不願碌碌依人步,故以自創究實爲歸趣。(雖自創,而於重讀時又覺其未妥。然人生不過百年,余今已九十有一,爲日無多,但以俟之後生友好。)其推集舊說,膚受之文,亦自出心裁。雖或語近誇誕,而自辭每語皆不欲同于人,亦不求和於人者也。

"太極"一詞,已含全部通義。"道立於一"之"一",不過爲許氏獨立自創系列之一端,與二三四五等不相從屬切磋;遠非"太極"宏洞含蓋、生天生地之規模。蓋"一"字太陰歸"數"系而不得歸天地剖判一系列義。試以史籍推集言之,則自秦刻石以上,凡二戴,三傳,四始,老聃"五千言",韓非"說難",管子"名刑",稷下之鄒衍談天,孔子之"論語",《尚書》之典謨訓誥,墨子之"天志",屈子之"天問",等等,皆言及天地剖判,而無一語及"立一"之義。具體論之,則老聃言"道可道、非常道;名可名、非常名","有名天地之始,無名萬物之母"。老聃玄言至多,而以一"道"字了之。以"有名"爲天地之始,以"無名"爲萬物之母。意即萬物之生,並無定則,草木自有萬種,牛馬亦百類,並非皆爲其胚胎所遺。則此言之妙,已盡千百年人類繁殖、草木鳥獸蟲魚生長之道,又何賞昏昏人手自爲之?

試以屈子《天問》證之,其言曰:

> 遂古之初,誰傳道之?
>
> 上下未形,何由考之?
>
> 冥昭瞢闇,誰能及之?

自來解此文者,皆誤于一"誰"字,以爲此指人事言,曰誰傳說稱道。非也。傳說稱道,不一其人,何能言誰? 其實,此"傳"即"轉"之分別字,"道"則與"導"通。傳道,即流轉導引也,猶今言變化。"遂古之初,誰傳道之"意謂往古太始之元,盧廓無形,又何如變化也。上下,指上天下地。

考，成也。此言天地未分，混沌無垠，則上天下地又當如何形成。冥昭句，王逸指日月晝夜，亦非。此但言天象之幽或明。冥昭指天象。瞢闇者，謂其爲明爲昭，皆晦闇不可方物，故下文承以"誰能及之"之言，其義與《周易》之"天地絪縕、萬物化醇"類。要之，《天問》數言，皆指宇宙生成轉化過程如何，而不以"立一"立言，則許氏以"立一"釋"造分天地"，其謬自可推知。

自古言天地剖判者多矣，而"無極生太極，太極生萬物"四句最爲完具，而無言"立"，墨子言"天志"，亦無所"立"，任何一大家皆無言"立"，更無言"立一"者。"立一"實許氏胸中一時妙想，遂成此千古奇談。故不得不費辭而反覆言之，余不得已也，豈好辯哉？

贅言一則：

《論語》言孔子登東山而小魯，登泰山而小天下。泰山東可臨海望日出，北可見黃河，西可見雲夢，故曰小天下，意謂能見天下之大也。余昔游青島，每日早起去海邊觀日出。初雲上，起聲如"翁"音，繼而轉聲如"阿"音，最後收聲如"轟"音，而太陽于是乎昇於天。此三聲恍惚朦朧，似有所悟，而難述其意。馬叙倫先生曰：此蓋即天地生成之音也。余細細推想，似與印度佛學之言天地宏洞之"南無阿彌"者相同。

馬叙倫先生又言，以"⌒"爲指日出而天地皆現，至于"⌣"並未表明與其爲地平線。余東至青島，西及武漢，所見地平線皆作"一"或"⌣"。香港朱水灣作"〰"，巴黎海濱浴場作"⌐"，西班牙海濱作"⊢"。其間雖不盡相同，而無一作"⌒"者。由此觀之，則"⌒"不能作地平線視之明矣，則不得以"◯"遂指爲天地。

大抵地貌視水面兩側所阻比形而定，而不得以"⌣"所爲。則余必曉之不絕一口，余率直所言，願讀者諒之。

二

余唱言反對許說，主立《周易》，◐爲太極之初義，《周易》立此並非督說。此一⚊實含陰陽二義,爲一整體。天地萬物無單能從一面而可見其全者,即如薄木如紙屑,亦由兩面組成。萬物皆然。此理至簡,有甲面乙面方能成物,此《周易》之有陰陽也。故兩面成一物,而此兩面質性必相同乃能周合一全。且兩面之同值,決不能以人爲成之,必由天地自然爲之。恰如中國竹紙固不能與西方鎊紙爲合。因而萬事皆必依天之自然而成其全,生成之理天定也。⚫太極圖中陰陽同居,亦即天之所成。且此一圖不論世人從何處剖之,皆成陰陽兩面,質性不異。此即後人所認識之"天理""天德"也。天象之重要,使人所無以反對者矣。此爲人類所受于天者之普遍真理,在中土然,在英美德法日意諸國亦同。若有人欲抓一面以高自鳴,必至墮死。無疑《易》以陰陽二語表之,亦不過一種代辭而已。

三

茲舉一物以明"一"數之不能與"二"數諸端相推揉。如某年某月某日正午十二時,在杭大校園內花壜北面約二尺許,亦不知其經緯度爲何。天大熱,無雨,忽生一桃。此桃生後爲余所得,而余並不知其本末枝葉與過去一切。以數之哲學義觀之,此一桃即爲此獨特之一桃,世上不能同時同地再有此第二桃,過去沒有,將來亦無。吾人之生亦復如此,天下再無第二。

大千世界無殊,千百萬年以來,一切生物,其陰陽皆特有,則世界之物千百萬,豈一桃之喻所能盡,則求似之喻在今日爲至極之法矣。

尚有一事亦當明斷一語,以正世惑。即哲理之說,非以爲用,特以便于參合耳。然焉駔大師乃以"⚊⚊"或"∣"爲數之始。此爲偶疏,並非不知也。此當說明之一事矣。故余以⚫易之,非立異形。以此說之六通四闢,無往而不利矣。

四

　　十數之本源，各氏族解釋理解自有不同，故雅非可言。其中有以
"六"之數爲系列者，有以"七"爲數列者。中土以"十"。此"十"數成一系
列，當以何物爲揣，謬說極多，余無暇一一列之。今余以人體爲十數系列
之本源，說之如次：

　　吾土數字以"一、二、三、四、五、六、七、八、九、十"爲一系列，俱以人
首加四肢爲其基本因子。一、二、三、四，橫右掌即可得之。食指、中指、
無名指、小指共爲四籌碼。再加大母指則爲五，其形當爲⍦（🖐）。

　　六：六字以四肢爲因子，其形作 六，其中"丨"爲人頭，"⌐"爲雙臂，
"八"爲下肢。合之則爲 六 耳。

　　七：七作"ㄟ""フ""へ"諸形，此"乂"之異也。乂爲世界宗教普
用之符號，或表乞福禱告之意，或表兩人相擁抱成歡快之象。在中土，余
以爲即《尚書·堯典》"在璇璣玉衡，以齊七政"之意。璇璣即七音之切。
下言七政，則無不關男女歡快者矣。故余以此而注《尚書》，老生舊儒皆
搖首稱怪。余則以系列同類之觀點證之，故曰"七"即"璇璣"。又後世稱
男根曰"玉衡"，如《金瓶梅》中時見，正由此生發也。不過此爲別一事，不
必雜入此中具論矣。

　　八：十數系列中以八字最爲明快，即像人舉手臂張開之狀。遂得故
說八爲雙臂橫舉者，人皆無異說。

　　九：九像彎手屈臂之象，即孔子《論語》所謂"屈肱而枕"之態。其中
應以乂爲曲肱而枕狀。掌必有所扶掖，故以乂（九）表之。

　　十：十則數之全，如兩手交叉胸前，如 ㄓ，爲數已盡，故把雙臂以示全
備而已。

　　十字系列以人體爲主，此一定則無可異議。中土基數以十，十以上
爲百、千、萬、億、兆、京，大多皆假借，說之不成類列，讀之亦不得其義。

今余以鄰國文化考之,以爲突厥文音譯中或大抵可得,然此事說來至繁,此不能一一評說矣。

又此十數字,古今亦多借爲別字者,如"五"與"午"同音而用,"八"則借爲"牡"爲"北","九"則以"虯龍"字爲同形共享。文字至繁,今實有不可理義者。

干支蠡測

一　十干爲日名作十數用之說不合社會發展程序論

《左》昭七年《傳》：芊尹無宇謂楚王曰：“天有十日，人有十等，下所以事上，上所以共神也。”杜注“天有十日”曰“甲至癸”。《正義》無說。又案《史記索隱》引《爾雅·釋天》云：“歲陽者，甲乙丙丁戊己庚辛壬癸十干是也。”《廣雅》亦云：“甲乙爲幹①，幹者日之神也，寅卯爲枝，枝者月之靈也。”按《索隱》、《廣雅》以《爾雅》太歲所在之日言之，非也。《爾雅》言太歲在甲乙之日爲某某，不謂甲乙，即太歲也。《索隱》、《廣雅》之說顯誤，當以杜注爲准。甲至癸爲十日者，言天干甲至癸爲十個月之名也，然後世有以甲乙代表日數，甲爲一日，乙爲二日，丙爲三日等。此種說素似亦無甚不通，其實乃一割斷歷史發展、純由主觀想像之說。蓋天干十日即承襲自古天有十個太陽之傳說而發展之，每個太陽給與一個稱名，此自人類思維發展之規律，亦即歷史發展之定則。此天干十字所以爲日名之故，是否可從文字立義，余不敢肯定，而亦未嘗深究。但自社會發展之一

---

① “幹”底本誤作“乾”。

定程序論之,則必非以代數字,而必有其反映當時之物質,以日有十個爲其思想意識之基礎,對日之觀念仍是宗教迷信的混然不可分析,而決不可能有最高概括之次第,此十個日必非第一個爲甲,第二個乙,第三個丙等言。即數理之概念,必不能混于宗教觀念,而視十日爲平行或直行安排——以十日傳說,並無差等故(質量、體積等差等)。換言之,其設想當爲圍繞大地之十個同等之日(參考近世出土之墓道壁畫畫磚畫帛等扶桑樹所圍繞之十日圖)。故對十日運行之社會功能亦平等,無絲毫差別(十日不得並出,若十日並出,則一切皆焦爛之傳說可證)。此一意識形態之基礎,即立義于此一物質基礎設想之中。此其一。

二則數字爲另一種意識,與十日毫不相涉。因之若以甲乙代表十數,則古說日曆算有一月之三十日,一年之三百六十日,或直以數日之計度言之,豈不省事? 而必以天干十日反復用之,古人愚不至此,亦不至不憚繁瑣至此。此一推論即證明此兩事:天干與數字決非同一事象,亦壓根兒未曾會合爲一,必如此乃能合于此一事象發展之規律,方能說明此一事象之歷史變遷規律。此其三。又《易》言"七日來復",又言"先甲三日"、"後甲三日"、"先庚三日"、"後庚三日",此七日傳說亦至早,禹娶塗山有辛壬癸甲之說,則先甲三日何不曰八、九、十、一,後甲三日何不曰一、二、三、四,更省言之,則曰自第八至第四,然而無以解禹之辛壬癸甲也,必言辛日、壬日、癸日、甲日,然後禹之勤勞事象乃成語句(詳後文"七日來復"夾注)。若以一、二、三等配天干十字,則古籍中用天干者,皆不可通,又不僅爲十日傳說之歷史功能辯證發展所不容矣。此其四。

上來四點皆由歷史唯物論之觀點定之,可爲此說作理論根據者尚多,吾人果欲是認天干十日爲記數之字,則六十甲子適爲二月,則每兩月必有一甲子。今試以殷卜辭證,則祖庚祖甲時卜辭有曰:

　　　　丙申卜,□貞:今夕亡囧,在十月。

　　　　丁酉卜,旅貞:今夕亡囧,在十月。

　　　　戊戌卜,旅貞:今夕亡囧,在十月。

己亥卜，旅貞：今夕亡囚，在十月。

庚子卜，旅貞：今夕亡囚，在十月。

辛丑卜，旅貞：今夕亡囚，在十月。

壬寅卜，旅貞：今夕亡囚，在十一月。

癸卯卜，旅貞：今夕亡囚，在十一月。

十月辛丑與十一月壬寅二日相連，則辛丑必爲十月二十九日或三十日，壬寅必爲十一月一日。然一日爲壬寅而非甲，十日是否爲辛丑雖不敢定論，但其必不能爲癸日，則可以確知也。

囚申卜，行□：今夕□□，三月。

乙酉卜，行貞：今夕亡囚，四月。

三月甲申與四月乙酉二日相連，則甲申必爲三月二十九日或三十日，乙酉必爲四月一日。然一日爲乙酉而非甲，十日是否爲甲申，雖不敢必，但其決不能爲癸日，亦可無疑。又：

庚午卜，旅貞：今夕□囚，□十月一日。

辛未卜，旅貞：今夕亡囚，在十二月。

癸酉卜，旅貞：今夕亡囚，在十二月。

十一月庚午與十二月辛未二日相連，則庚午必爲十一月二十九日或三十日，辛未必爲十二月一日，然一日亦爲辛而非甲；庚午雖不必即爲十日，但十日亦決不能爲癸日也（以上自祖庚、祖甲時至此録用胡厚宣說）。得胡氏此一明證，則吾人所建立之理論爲確不可易。其實人類社會發展自有其一定之歷史歷程，甲文時代不得以十干爲表十數，爲思維邏輯發展之必然現象。此現象不僅其自身合于一定之内在規律，且與殷代帝王王妃日名之作用相合。

二　十干說

劉昭注《後漢書續志》，引《月令章句》云："大橈探五行之精，占斗綱之建,于是始作甲乙以名日,謂之干。"按《說文》載十干,首字取象陰陽之義,即蔡氏所謂探五行之精也。後載一說,謂取象于人,如 ⊕ 象人頭,⟨ 承甲象人頸,⟨⟨ 承乙象人肩,⊕ 承丙象人心,戊承丁象人脅,己承戊象人腹,⟨⟨ 承己象人斋,⟨⟨ 承庚象人股,壬承辛象人脛,脛任體也,⟨⟨ 承壬象人足。此《易》所謂近取諸身也(臧鏞《經義雜記》)。自先秦至近世,說甲子本義者無慮千餘家,而有一定之立場、一定之體系者當以許叔重《說文》爲可注意。臧氏此一段文字分析條理許說要點,至爲精審,而概括爲五行與人身兩點尤爲扼要,得許氏立說之祕,得許氏學理之統,勝逞臆私說、荒耖無宗主者遠矣。然按往舊說,則五行所起至晚,不僅大禹之辛壬癸甲,無以解其義蘊,及殷虛卜辭,亦無此張皇幽耖之義,而近人取諸身之說,亦不能比對,如形影相隨,則此亦不過許氏一家之言,用以足成其自力自建之哲學體系,而與十干本字本義,蓋緲不相涉者也。

世界各民族之歷史文化,其天文歷數中所用之術語,皆假之于民間日常所崇敬之人物,或最不可缺之事物,此中外之所同(其實凡與宗教迷信有關之事物莫不皆然)。如斗杓箕尾、牽牛織女傳說、嫦娥等,無一而非其的證。此吾人所當知之要義一也。

次復,文字之發生發展轉化作用,各各有其內在因素,而以時推移之外因,必需與其內因有相聯繫之素質,而此內外相依之素質實所以反映其社會功能之具體表像,故因此社會功能之表像自其內在之有生機能,以探索文字發展之規律,以得其發生之本質或本義。則此一術語發生發展之規律既得以闡明,而其爲宗教迷信中所依托之物質基礎,既得到不可分割之有機聯繫,而不與其現實之意義相違離。

十干本義之推測,外此兩義則必不能有所得。

然此兩要義,前者爲宗教的問題,後者爲語言問題,前者爲歷史上之現實存在問題,而後者乃爲其本質、本體問題。故余論究語言學方法以分析十干各術之性能,而以社會功能爲之基礎云。

說甲

甲字形體有兩系：一爲十，一爲田，而十系只見于甲文，田系則自甲骨文、金文至小篆，皆以之爲母型，而又有變化。最早爲田，爲甲，爲中，爲𠁁。細爲分繹，則十當爲最早形體，亦即最原始之本字，而亦脫誤作丨（見《書契前編》一卷二十頁）。而田當爲帶有祖先崇拜之宗教性，附益之外圍，與乙丙丁三字之作𠃊匚匸者同爲郊宗石室之制，其原始作用蓋來自大石文化時期之 Dormor①（說詳後）。而其衍變之中𠁁等皆各有其歷史變遷之作用，而又與"十"字之內在有機聯繫者也。此當于下文詳之。

就其義言之，則一爲十日之首名，二爲植物之榖甲，三爲始也、長也，四爲甲第，五爲兵甲、甲冑，六爲鱗甲、爪甲。其中四五兩義皆聲借字，而與字形之○若⟳相關涉，亦與莩甲有其有機之內在聯繫者。其一二三三義皆自相關涉，自相撏扐者也。

就其聲言之，則皆讀爲古狎切，古今無異讀，從甲得聲之字亦無例外，且其字與夾通。凡從甲與從夾之字古或爲一字，如匣、篋；或聲義相通，如柙、梜、狹、狎。而十日曰挾日，亦即甲日矣（詳下）。

就形音義三者論之，甲字之音古今無大殊，其事至簡單。而語音爲語言言語之基本素質，則謂其在語言中之關係最爲穩定，足以反映此一字本義之穩定及變義之必爲有機聯繫，因而能得知字形之原始內涵矣。下文不再爲語音一件多費筆墨。

考上文所陳甲字六義，除第一義諦，當于下文更言之。先考第二義，以次各義。

莩甲、鱗甲、爪甲、甲冑乃至于兵甲，諸義皆有一共通之基本涵義，即包被于外表，以衛其核心之義，鱗、爪、冑皆是。凡可以爲保衛者，必強

---

① Dormor 疑爲 Dolmen。

固,故兵甲亦此義内涵所必備。總此諸義,皆可歸之于草木之莩甲。甲者,幹枝之外層,或曰甲垞,垞者即墻字,墻即乇字。凡上有所承受者皆曰乇(今俗作托字),能承受則强固矣。是諸甲義皆得之于莩甲也。《説文》訓陽氣萌動,從木戴孚甲之象,此當爲舊説。惟小篆作⊕,其字形蓋誤,從木已缺略。段氏曰:凡草木初生或戴種于顛,或先見其葉云云,體會至深(惟以上象孚甲下覆釋∩恐非)。此字當依甲文第一形作十。丨者幹枝也,一者指其外延之孚甲也。于六書爲指事,與本、末、朱字之"一"作用全同,故其形或又作十,横畫使短狀,則指事義更爲明白。

甲字之原始意義既得,更進而論引申諸字義。

其引申諸義,即社會功能之發展所孳生之義也,曰始,曰長,曰吉,曰善等,凡此諸義皆孚甲之引申也。孚甲既見,則爲始生之時。五行者,所謂陽氣萌動者矣,始生爲衆生之長,故引申曰長生。乃佳吉之事,故引申曰吉,曰善。《書·多方》之"甲于内亂"(始也),《國策》之"臣萬乘之魏而甲秦楚"(上也),乃至於《周禮》之司甲,司甲兵也,盾官之長者,後世之甲第、甲科、令甲,無不皆是。

在農業時代,草木之繁孳爲民命之所寄,故其意識形態以樹藝農事有關之事物表之。帝者花蒂,得蒂則果實可望,故遂以稱天帝。春者,草木必然而生之日,亦農事方始之時也,故以春命歲始,則衆庶見草木莩甲而出之歡,足以欽動齊民,而以之爲日之始,亦理論之所許也。則所謂甲日者,猶吉日矣(詳後)。

然上來所理,足以明十。而甲字自甲文後,兩周金文以來皆作田,又將何辭以説之? 曰:此一歷史因力足以闡明文字與歷史之發展,而損益爲例,至純稚可觀,余得更端以明之,更得求其内在之生機以明之,事之至足樂者,無過于此類。

考甲字之初文爲十,而加外殼爲田、田乃至于⊕等形,當以田爲最原始。田者,殷人以命其先公先王,《史記》所謂"微"(《索隱》言"字上甲"),其名又見于《漢書》、《國語·魯語》、《竹書紀年》等。甲文則作上

甲，上甲即主甲也(見郭璞注引《紀年》)。考《史記‧殷本紀》殷之先曰帝
嚳、王振(即甲文之王核)，八世稱名極具，而自微至湯六世，其名號乃始
用甲、乙、丙、丁、壬、癸諸日名爲號，卜辭有之：

乙卯卜，貞：求年月，上甲六示牛，小示亢羊。

《殷虛書契後篇》有辭曰：

乙未酒䟒旹，上甲十，報乙三，報丙三，報丁三，示壬三，示癸三。

其言與《史記》所載同，則所謂六示者，即上甲、報乙、報丙、報丁、示壬、示
癸六世也。合自契以來先公先王計之，即《國語》所謂"玄王勤商十有四
世"，甲骨、《史記》皆相合無間。此六世以甲、乙、丙、丁、壬、癸爲名，今謂
商人自上甲始以日名名其祖矣。然甲文上甲作田，報乙等三世作匼匚
匚，《史記》作皆以報字釋匚。《國語‧魯語》云："上甲微能率契者也，商
人報焉。"韋昭注"報，報德也，祭也"，則報乙、報丙、報丁用匚，而上甲獨
以□者，□亦匚也。凡此皆宗廟中石主，即所謂郊宗祐室者矣。祐亦即
示，亦即主，皆古大石文化之遺痕(Dolmes①)。□即盛主之石函，猶後世
之靈位矣。乙丙丁之爲報祭無疑。上甲亦爲報祭，而□與匚異者，報祭
以上甲始，表其涵義之重，故圖以正形，以異于乙丙丁之側形耳。則□
者，乃宗教性寫實之附加形體。十干本以表崇敬日德之事，而甲又爲之
首，則乙丙丁者其名已不傳，湯乃以此爲序而建其廟制，或且建其昭穆，
如周人之禮歟？故春秋以來，譯田爲上甲，曰上者別于匚之爲報也，故
田初讀爲兩字，乃爲一種特定制支②下之殷先公先王，此其創也。

然莩甲者，草木外殼也。十以指事方法造之，其義稍隱，于是變田
爲田，寖假而爲甲，爲申，至小篆而譌甲。申說者遂重在〇，于是而忘
其本形本義，至訛。十爲丁微，則草木之義亦亡矣。

甲字、甲字形之演變至此，而始若發覆，然就其社會功能而論，則始

---

① Dolmes 當作 Dolmen。
② "制支"疑為"制度"。

長爲首之義雖已具足,而吉祥美好之義則尚有說。

考中土古文之發展尚有一自形體而來者,有形同形近而各爲義者,如□字可作口舌、方國、圍繞、果實、器用、莢筍、石涵①及甲骨、金文中之名詞變動詞符號,此各就其組織作用而可知者也。有因形同形近因而集多義于一字者,如一中形,古有四義:一爲日中之中,一爲伯中之中(後作仲),一爲中的之中,一爲置籌算之器。後世合其義于一字,而中之用遂至繁賾不可理矣(別詳余釋中)。此例自王菉友《釋例》發之,近世多已能言之者。孚甲十字形之十,與數字之十相同。中土數字始于一,變于五,而終成于十,故許氏曰:十者數之成也。累十則爲百、千、萬。許以爲一象東西,丨象南北。此說字形至爲安妥。考人類一切初民皆共享一代表幸福嘉吉之符號,或作卐,或作㊙,省之則作十,西人某氏(Mackerzie)之書論之詳矣。直至近世而其用仍不衰,至成爲宗教中之神符。佛教徒用卐,□教用㊙,而耶教用十。演爲耶穌死十字架。中土宗教事象有其用而不甚分析發達,遂僅見于日常生活中必不可少之計數字中。數字本身自初民視之,自具一種神祕之魔力,遂爲宗教巫術所利用。其實自理性之發展以認識之,則此一字之象徵作用最爲多方,如可象徵天地四方、左右上下、陰陽錯綜、人之身手、樹之幹枝、田疇之縱橫(田畾二字)、飛鳥之身翼、都邑鄉遂之大道溝洫,若此段文字論之,則日光四射(如仰韶之日作㊉)、輻轃于轂之車輪交集之材(如構字作※)、構畫成文之象(文字作夊、一切界畫(界作㒼,畫作畫②),而十字之交點有力學上之特殊作用,則璇璣玉衡之象,車轂載軸之機,桔橰之起伏,弩機之射擊,弓矢之作用,屋宇之結構,稱取義于力之支點(以中點爲支點),傘蓋及蓋天(天保)之取義于複射,乃至于考工之旋磨,工器之鑽鑿,此種事物物理,皆初民日常用具與最早發現之理論,無庸懷疑者也。即以純理性之哲學論之,如《易》之太極兩儀,四象陰陽之和合,天人之交感,正反之相成,矛盾之

---

① "涵"疑爲"函"。

② 此處疑有訛誤,原文如此。

轉化，對立之交變，常變之相因，禍福之相依，吉凶之相待，生死之不替，無在不可此縱橫相系，以爲象徵之說明。更就生物生人之事象論之，則牝牡之和合，雌雄之追逐，男女之擁抱（❀爲表男女性愛之符號，常見于舉世初民社會之中），夫婦之好合，數之不能終其事（佛教以卍字爲吉祥之符。唐譯《華嚴經》云：如來胸臆有大人相如卍字，名吉祥海雲是也，後世讀如萬者臆說也）。即以從十諸字論之，如協材十人也。升有隆義，十合爲升，升不成其量也。《詩》“如日之升”，義至明。早者，《說文》：晨也，日欲出在陰陽之交時也。如卓，高也，早上爲卓（卓即 之後起字，日 爲 ）。協，衆之同和也，古文作叶。又戡，《說文》：戡，盛也。又卙，《說文》：詞之集也。又博，《說文》：大通也。又古字，《玉篇》：始也。《說文》從十口，識前言者也。又本《說文》，進趨也，從十猶兼人也。又如章，樂竟爲一章，從音在十上。樂竟者，樂成也。此外，如直，如針，如汁，如槤，如槤①，如計，如什等，不一而足。總計此等字，皆與初始長成、嘉吉美盛義協。則又大體爲轉注字，故以功能論，甲十二字有相成相調內在之有生聯繫，乃極其自然之勢，非余向壁虛造之說矣。

此義既定，則古傳十日之說，蓋亦數之成矣。以十日定其成數，以字甲表其字義，則此一傳說之意識形態，蓋有其唯物之辯證基礎與歷史之辯證法則存乎其中，非偶然也矣。

總上所論，吾人得知在古中國農業時代初期，人民之意識形態之現實生活（漁獵與農業）與對宇宙自然之迷惘情態（包括對自然鬥爭之蒙昧與敬畏兩因素爲最重要），反映其對自然界之宗教性，推測自花蒂之生發之觀察，而以主宰萬物之生之神祕，爲上帝語根。由此演爲不帝、胚胎、苯苴，上帝遂爲至上神（詳余釋不帝一文），以草木之屯然而生爲春年稔秋，其神勾芒蓐收，其日扶桑若木柳谷，日與木相成爲東，爲杲，爲杳，日與草相成爲莫。

吾人試一檢《說文》草部、木部諸字，何其表純意識形態與宗性之事

---

① “如槤”二字重出，底本如此。

象之多也，思過半矣。甲者以十爲初文，草木之荂甲也，此其物質基礎。十與今數字之十同形，十字含有一種最高抽象概念或象徵作用，兩相因依，于是甲字遂成爲十日之名之首字，遂亦有領袖群倫之資格，爲光明崇拜之象徵，寖假而爲計日時之天干十字之字，與地支十二字相叙列，遂成爲大撓所作之甲子矣。拆穿來看，不過當時以農業爲基礎之意識形態以求認識自然、戰勝自然之一種企圖所表現之形象而已，豈有他哉。

釋乙

乙字甲文有 ʃ ʒ ʃ ʌ ˥ 諸形，金文亦基本相同，惟有 ˥ 作肥筆，小篆則作 ˥，于形爲最簡。其字義則各家皆欲舍許氏而自立新說，吳其昌以干支全爲兵器，似有立場，而勉强傅會，是所不免。郭沫若置干支含義之歷史價值，舍社會之存在，蔑干支之内在有機聯繫于不顧，但得爲文字游戲，未必有當于社會史之發展。丁山在吳、郭之間，其餘益不足觀。考許氏說天干十字，雖不盡可信，而說甲、乙、丙、丁四字，則含義至富，既切于古初社會功能，亦能反映現實，願爲之疏說，其當者如次：

乙象春草木，宛曲而出，陰氣尚强，其出乙乙也，與丨同意。許說字義、字形，此數語最可取。《月令》云："孟春之月，其日甲乙。"注云："時萬物皆解孚甲，自抽軋而出。"以爲日名，說物理最切。《月令·季春》又云："句者畢出，萌者盡達。"則前此未"畢出"、未"盡達"，益見許說之妙。桂馥《義證》云："與丨同意者，丨當爲中，徐鍇《系傳》音徹，云同爲出也。馥案：中從屮，象草木之初生，屯然而難。"云云，能罔許義，蓋無可議。字與軋通。桂氏引之詳矣。今謂乙之字，蓋有同形者二：其一爲燕乙字，音亦讀乙，此象燕側飛速寫，乃純象形字，與乙實不相涉。其二爲亂、乩、乳等字偏旁，及扎、虬、札等所從之偏旁，其義因所組合之别一偏旁而有殊，如亂之乙，以言絲亂，而乙治之也；乩之偏旁言疑，而乩之，乙表屈疑之義；乳者言孚而有血流出，與毓同意，與㐆之訓流下滴（《說文》涿之奇字）；虬者塊虬不可測也，與疑同意。概括言之，乙形分象形與象徵作用之指事，

《爾雅》以乙爲魚之首,《說文》以乙爲燕是也。象徵類字,又可分爲二:爲乳、乩等之乙,象徵水血等(甲文水有省作乁者可證),或當讀爲水。其一爲亂、乩、圠、軋及甲乙之乙,此類字皆有屈而求申之意象,其讀音似因與燕乙相協,而誤爲乿,其實恐應以屯中屈强爲語根。余因以疑此乙字當即乾之初文。《說文》:"乾,上出也,從乙。乙,物之達也。"則乾以乙爲主義,而倝乃聲符,當爲後增之形體,則乙本當以乾爲聲,讀若乾,與乾濕之乾。《易》言"乾天也健也",乃屈强之本義。"天行乾(今作健),君子以自强不息",即其出乙乙之意,其出乙,乙即自抽乙而出,亦即君子自强不息之義,故乙音當如乾,與其語根語族皆相協。後世讀燕乙者,特字之亂也。

以艸中之乙之日名,與孚甲爲日名,其作用相同,而自孚甲進而爲乙,乙而屈强以自達,益進之義矣。其爲說雖創,而有唯物辯證之雅。

釋丙

《說文》:"丙,位南方,萬物成炳然,陰氣初起,陽氣將虧。從一入門。一者,陽也。"按許說唯"萬物成炳然"句,以炳釋丙,于義爲近,其他皆附會不足據,而說字形尤繆。以内爲入門,蓋誤以爲内字形也。考甲文丙字作:

諸形金文作:

基本母型爲丙,並無上一所謂陽者,而丙亦非從人門。由形以定之,則從丙形之字有兩系統:一即爲兵器之柄,即柄之初文。兵器之下尾入地之處,爲象形。又鼎甗鬲甑之屬有三足支地之器,書時但見二足,亦即此一形也。試檢諸字即知之。

此兩形皆以足柎爲義,而丙丁之丙,當即不字之形義之演,即今蓓蕾之蓓字,初文在花蒂之下,所以承花蕾而持莖者也,不在上(詳不蒂)。此本柯葉敷與之象，萬物成炳然者也。聲與不蓓爲通族。

釋丁

丁字《說文》作↑，說之云："夏時萬物皆丁實，象形。"按許以丁實釋丁，于義爲允，後當申說之。惟小篆作↑，于形則非也。甲文作：

▢▢▭◇◯

金文作：

◉◈且丁尊　▼者减鐘　●師旂◈

當爲本形。晚期金文已變作▽若↑。小篆以後從丁之字極多，無慮數十名，蓋●若▢形，不便寫作，遂以丁行耳。惟就◉本形論之，蓋亦一象徵性之文字，即所象徵，往往以義而別，其用如天元(大乀)之丁指人首，血(皿)之●指血凝之象，星(品若燊)指星之象，咸(𢦏)指砧，指山上之石，諸此◯若▢，與口舌之口等形，雖與丁相同，而各別爲義，多不相涉，而其旁亦決不讀丁。凡讀丁音族之字，其字形皆作丁矣。此功能之因依于歷史發展者也。

綜考數十從丁之字，皆可以成實一義括之，成字亦從丁也。于是可作一新解曰：丁者，植物成熟之象也。果之實曰果，瓜之實曰栝蔞，皆以圓如頭顱，則●者，蓋象徵植物成熟之象，即許氏之所謂↑實。徐鍇申之曰"丁壯成實"，《釋名》亦云"丁，壯也"。因之從丁之字，引申則或以成爲義，或以實爲義，或以壯爲義，如釘(即鑽字)、"訂平議也"、"民所安定曰亭"、"平疇曰汀"、"有所成就曰成"、"芉燊茢也"。引申之，則撞擊曰打，撞曰打，補履曰靪。人人有頭顱，如草木之果實，故頭曰頂，其語族同類，曰顛、曰定，而以象形寫之則曰天(天靈蓋)，更引申則爲蒼天。又凡有成則安定，以正字爲字根。正甲文作𤴓，從止，而成實即儒者所謂知止而後有定也(余舊以正爲征之本字，以●指方國，今謂●亦象徵其有所止而成也)。從正而衍，則有定，亦類額角也，《詩》"麟之定"是也。從此而衍，則爲是、爲證、爲政、爲延、爲整,于是而錠可作釘,鄧俗誤爲燈,鉅定可作鉅阠,於是而庚清諸韻中,凡舌上、舌頭諸字,多與成實丁壯相系。漢語語音之發展與語義相調協之現象,此爲最顯白之一例。因之反以證●之初義以丁壯成實爲通義,而其本于農業時代對農作物之觀察細微而精審,自孚甲(甲)而求申(乙),而萼不,而成實,秩然不亂。因藉以表時日之進展而爲日名,固初民性習之所必然,以一定之物質基礎作內在之有生聯繫而表達一種民間日常之功能,其事豈非至明者哉。

甲、乙、丙、丁四字爲一個系統,與一、二、三、四情勢相同。此郭沫若氏所發見,而必如余說,乃與日有十個及創爲甲子之說方有邏輯上之聯繫,不然,則成爲文字游戲,無往而不可矣。

釋戊

《說文》作㦰,許氏云"象六甲五龍相拘役也"云云,傅會無理致,朱駿聲氏已駁之。考戊字甲文作:

金文則作:

戈父戊甗　父戊鼎爵盉　杏父戊鼎　具戊鼎

金文第二、四兩形當爲本體,其餘則裝柄者也,與斧鉞之屬相似,而必不爲斧鉞(朱駿聲以爲矛字古文,亦非)。此當爲古農用耕耨之器,即古石斧與石鏟之屬,而裝柄以便于田間操作也。從戊之字,僅一成字。成從丁,謂丁壯成實(詳丁下)。則此字亦謂耕作,所謂平秩西成者矣。《詩》"吉日維戊",箋云"剛日也"。《禮記·月令》"其日戊己",《呂覽》注"土日也"。或又以紀年、紀月,而從未有他義。考各家注《月令》、《釋名·釋天》、《漢書·律曆志》及《白虎通》等釋此字,皆云"茂盛或草木豐茂"云云,從戊之字,唯有茂字。茂者,艸豐盛。以其從草,故此猶農字,從辰從林之比。則以工具表事物,蓋此類也。然此當爲農具,而不得爲兵器。從丅形之字,小篆以後,多以戈釋之,其實甚隘。我字作狀、㦰,義字作，豈復含兵戈之義乎？其義引申爲茂，其音亦讀爲茂，則茂者，戊之後起分別文爾。

釋己

許氏曰："己，象萬物辟藏詘形也。"字形作，又録古文作。按如許說，則己實無所象，不過爲一種象徵性符號，恐非。惟字形作，與甲文、金文皆合。惟金文鍾伯鼎作稍異。郭君沫若以爲己者隹之激，此由弟字作、維字作、叔字作若可以知之，說字形可謂得之。其實此即紀之初文，甲文、金文絲部字多省作，古弓矢弋射之繳不過其一端。其實古之所謂繳，不過纏絲。《說文》所謂生絲縷而已。因之凡以生絲繳繞物皆可曰繳，不一定爲矢。言矢則有矰繳，古織機亦以繳織取義，繳則束之使固，繳織則縱橫成理，增偏旁糸則爲紀，紀者後起專字也。凡古用紀字多與天文曆象之事相涉，楚辭用紀字當存此義（別參《楚辭通考》釋詞之紀字條）。《越語》四"時以爲紀"。《禮記·月令》"無失經紀"注："紀謂天文進退度數。"《洪範》"協用五紀，謂歲月時日星辰也"。《呂覽》注"月遇日相會爲紀"，即《月令》所謂"月窮于紀"也。又《晉語》"蓄力一紀"注："十二年歲星一周爲一紀。"《周語》"不過十年，數之紀也"注："數起于一，終于十二，則更故曰紀。"漢人《思玄賦》云："察二紀五緯之綢繆遹皇"，注："二紀，日月也。"又《幽通賦》"皇十紀而鴻漸兮"，注："紀，世也。"依農業時代而定之，則日月五星與農業之關係極大，則此紀當讀如《周語》"紀農協功"之紀，謂綜理農事也。引申之，則爲一切綱紀、紀律，皆治理之義也。

然在天干十字之中，通言綱紀。雖無不可，而其最朔之義，則起于絲理，蓋蠶織之務而用以名日者矣。中土絲織之事所起至早，殷商之世久已有綢繒之屬可爲證。蠶織亦爲農事之一，而桑之傳說與天文日月相涉者亦至多，扶桑、若木、桑林是其徵矣。

說庚

《說文》以庚象秋實，"萬物庚庚有實"，此後傳之說，于文字本質毫無闡發。古說不存，至爲可惜。參甲文庚字作：

金文則作：

史父龜鼎　　　 羊父庚鼎

爲母型稍奇詭者如，父庚鼎作，宰梃角鋻內二銘文之，冊戲作父辛彝尊之，則爲一種美術字。其單以一庚字作器者，蓋以武功得獎而鑄器也（詳下）。

總此諸形，細繹之，蓋象雙手奉干之形。小篆形體基本正確，特許氏蔽于五行之說，無從分析此等文字之義矣。

按今小篆從雙手奉干之形，徐鍇以爲始，今以甲文、金文證，則其來舊矣。雙手奉干，當爲庚字之初文。雙手奉干者，凡甲文從雙手供奉，與從又或手者義相類，而有崇敬之義，奉、龔、共皆是。古言干戈弓矢，皆言執，不言奉，奉之則崇敬之矣。依寅字爲奉矢以祭之例，則庚字當亦奉干以祭歟？

考庚字涉及天文曆象者至多，則其社會功能當即由此一義引申。或以紀星。《詩·小雅》："東有啓明，西有長庚。"傳："日出明星爲啓明，日既入謂明星爲長庚。庚，續也。"長庚即舊名太白星，今名水星也。朱駿聲以爲長庚附日而行，總不離前後二宮，一歲一周天，晨在東方，先日而出，蘇俗謂之曉星；夜見西方，後日而沒，蘇俗謂之黃昏星。或以紀年、紀月。《爾雅》"太歲在庚曰上章"及"在庚曰窒"。又以紀旬。《易·巽》"先庚三日，後庚三日"。又以紀日。《月令》"其日庚辛"。又以配八方四時，即《說文》所載之說也。漢以後或以紀五行，見《淮南·天文》。又以紀行野，亦見《淮南·天文》。又天獸名六庚（見僞《大公陰謀》），鳥名倉庚（見《詩·豳風》及《爾雅》）。庚又訓續，又造爲賡字。又訓償（見《檀弓》"清庚之"注）。又訓爲道（見《左傳·成十八年》"塞夷庚"、《小爾雅·廣言》）。重言之，則訓爲堅强成實。此等詁訓，亦與崇敬之義相協。

由字形推論其本義，當爲奉干以敬事神祇之義。自其詁訓，亦皆與崇敬相協。自其主要含義，皆與天文曆象相涉，而又爲十日名中之一名，先庚後庚與先甲後甲，同其重要，同其爲卜筮者定準之字，則吾人謂庚者祀日之典，當非向壁虛造之詞，不論其五行八方（《說文》所釋之義）如何，則秋實而祭當爲故習之流傳。

說辛

《說文》辛字作 🔣，言："秋時萬物成而孰，金剛味辛，辛痛即泣出。從一，從辛。辛，辠也。"許說此形義皆未允。考古文字中以 🔣 爲母形，而稍稍增益筆劃者，略可得四義：凡小篆以後之言、音、誩、章，皆作 🔣 形，其義爲言語音聲，鳳鳴高岡，龍咏九天，故鳳龍有此符號。此一系也。許說辛辠之辛及辠、豪、辜諸字，及童妾僕等辠人之字，皆從之，其字作 🔣，從干（🔣）、從上（二），若亦上省，皆干上而得辠也（從趙則古說）。音讀如愆。此又一系也。又一系則義爲辨治，凡辤、辭、辡、辜、業、辟、嬖、宰、辧、辨、辯、辮、辯、奇、鑿皆屬此系，其形當爲 🔣🔣 若举，此象古工具以治物者也，即今鑿之初文。治事與治物同，故由治物引申爲治事。此三系字。《說文》及經典皆各有其統紀，吾人但細審之，皆可一一分辯也。至于天干辛字，則甲文作：

🔣🔣🔣🔣 亦或作 🔣

金文則作：

🔣🔣🔣🔣🔣🔣

周伯琦《六書故》曰："辛，木柴也。從木干而去其枝葉。"上則横叠之象形，今謂周說甚似。辛即今薪柴本字，《說文》"薪，蕘也。從艸堯聲"。仲尼弟子有顏辛（今本誤幸），《家語》七十二弟子作辛，字子柳。柳者主草木，見《史記·天官書》，則辛爲木之證也。薪又新之繁文，

“析薪如之何？匪斧不克”，必以斤，故字從𣓤（即金文第五字）從斤，會意字也。《說文》更立𣐺部，不知一字之繁簡也。親等字屬之，薪者柴之大者也。

天干何取於薪？以古凡祭祀必燃柴，《說文》有柴燎禋祀，是其比也。必以木者，蓋有兩義：一則取其光被四表，示崇敬也；一則木有馨香可上達天庭，人神相感之義也。後世祭必明燭，必焚香，亦此習之遺也。

辛之入天干行列，蓋即以其可爲祭品，能發光升香可也。此與地支之未同其用一義，故許訓有“金剛味辛”之言，後世亦以辛爲味之一種，在苦辣之間，刺激性最重云。

因其性質可以祭祀，故辛之用于天文曆象者亦復不少。或用以紀旬。《月令》“其日庚辛”注：“辛之言新也，因以爲日名焉。”《詩·十月之交》“朔月辛卯”。又因以紀年、紀月、紀時。《爾雅·釋天》“太歲在辛曰重光，月在辛曰塞”是也。

辛之味在苦辣之間，故引申爲辛苦、辛辣。《招魂》“辛甘行些”注：“謂椒薑也。”然辛亦有香義。《漢書·馮衍傳》注“辛夷亦樹也；其花甚香”是也。

說壬

許氏解壬字義胥比傅，無用言形體。有數語可用，曰“象人裹妊之形”，又曰“與巫同意”。徐鍇曰：“本與工巫同意。工巫皆規矩也。”《說文》巫下“與工同意”。段玉裁曰：“巫象人兩袖舞，壬象人腹大也。”壬字本義當云何，自以形定，而後能定。許說壬、工、巫三字同形義，至可玩味。考甲文壬字作：

工

金文則作：

工 父壬爵　工 鬲攸從鼎　王 湯弔盤

友人吳其昌曰子壬乙酉爵之王字，與穆公鼎作命臣工之工字全同。又 女壬爵之王，父壬木形鼎之工，兄曰壬勾兵之工，乙壬乙酉爵之工，皆確係壬字，而字體皆作工。是壬與工同形，許氏之說得其證驗。然工、壬、巫三字是否即可依形而定爲一字？則未必是。謂壬、巫二字同象工形，此《說文》中異義而同形之一例也。今謂工、壬二字之下一劃，皆肥如斧，則必爲一種工具，用以攻治物類者。郭沫若氏以爲"即卜辭及銘彝中習見之✿若✿之轉變，卜辭用爲工若攻字"。又云："以聲類求之，當是鑱，謂石針之鑱。"云云，其說是也。蓋工若✿之屬，爲純象形，而書爲壬，中劃以一易之，則有象徵之義，蓋指象形而兼指事。

又巫字亦以工爲結構之主形，而靈字從巫字亦作王形者，王形與王字又相涉，亦即壬、王相涉，故壬字有大義。《詩》"孔壬""孔林"是也。其形或孳乳爲任，《爾雅·釋詁》云："壬，大也。"是其徵。

日名得以壬爲之者，與古初社會相協。蓋石針爲古初民間習用之器，用以名日，正所以取之于日常生活中之一端也。後世遂以爲歲月時日之紀，《爾雅·釋天》"歲陽在壬，月陽在壬"是也。

說癸

《說文》癸有兩形：一作✻，許氏以爲"象水從四方流入地中之形"。此從五行，冬時北方之屬壬癸，水而立言也。又引籀文作✻，從✻從矢。按作癸者，爲侯、闋、戣、湀、揆、騤、楑、睽、郊、睽十字之所本，而✻則自甲文、金文以來之變體也。此當爲象形字，而許義則會意字也。考癸字甲义作：

✖✖✖✖

金文則作：

✖癸山簋　✚保癸爵　✖郘公鼎

小篆之癸與郘公鼎合。按：容庚《金文編》✚字引羅振玉說曰：《顧命》鄭注"戣瞿蓋今三鋒矛"，今✚字上匹象三鋒，下象着地之柄，與鄭說合。✚爲鄭之本字，後人加戈耳。"按羅說碻不可易。甲文作✖✖，省形耳。《說文》所錄籀文，則形之變異者矣。

十日以癸爲名,與古初社會風習相協,故癸爲十日之名。《月令》"其日壬癸",《虞書》"辛壬癸甲"。又以紀年紀月,《爾雅》"大歲在癸,……月在癸"。

《左傳》衛石癸,字甲父;鄭印癸,字子柳。名字相應,皆以干支爲之,取其屬性相同也。

總校十干各字,皆與古初社會相適應,吾人可謂之曰物質基礎。甲、乙、丙、丁四字以植物生發之象爲說,與不帝、胚胎、苯苢等取象語音相協遂。戊己以下有金石絲木之用,亦皆此時代之日常用品。古人以凡物皆爲神造,故以見物則憶其神,斯因物得通其神矣。艸木瓜果造之自天,而日爲之主,故以之配天而神之,因神而名之。戊己以下爲斧鉞弓矢石針柴木之屬,隨其用而次之,遂爲十日之所托,十日者則更原始傳說之神話耳。而甲乙以下十名,即記錄此神話之物質基礎,爲當時社會之所習見習聞習用之事之物。

春秋以來,尚有二三事足以補上說天干功能之說,即郊用辛與社用甲是也。顧亭林曰:"社日用甲。《月令》'擇元日,命民社'注:'祀社日用甲。'據《郊特牲》文,日用甲,用日之始也。正義曰:'《召誥》"戊午乃社于新邑",用戊者,周公告營洛邑位成,非常祭也。'《墨子》云:'吉日丁卯,周伐祝社。'疑不可信。禮外事用剛,日丁卯非也。漢用午,魏用未,晉用酉,各因其行運。潘尼《皇太子社》詩'孟月涉初旬,吉日惟上酉',則不但用酉,又用孟月。唐武后長壽元年制更以九月爲社,玄宗開元十八年詔移社日就千秋節,皆失古人用甲之義矣。"按《郊特牲》郊日用辛,社日用甲,《月令》擇元辰躬耕帝籍,盧植說曰日甲至癸也,辰子至亥也,郊天陽也,故以日籍田陰也,故以辰然。《書·召誥》:"丁巳用牲于郊,戊午乃社于新邑。"而《月令》"擇元日,命民社",鄭注謂"春分前後戊日",則郊不必甲辛,社不必用甲矣。然考之《春秋》則"成十七年辛丑用郊"、"定十五年夏五月辛亥郊"、"哀元年夏四月辛巳郊",則辛日郊乃魯之制。惟《郊特牲》與《家語》皆有"用辛",乃周之始郊日。以至清儒用調停兩可說,以爲"蓋周之始郊以日至,適遇辛日,故魯人輒用之"云云。又《穀梁》"六月上甲始庀牲,十月上甲始擊牲"。《月令》又云"仲春上丁命樂正習舞釋菜","中丁命樂正入學習樂","季秋上丁命樂正入學習吹"。《春秋》"秋七月上辛大雩,季辛又雩"及《易·蠱卦》"先甲三日,後甲三日"、《巽》九五"先庚三日,後庚三日"之類,皆以干。至秦漢以下,始多用支(見前引)。又如"午祖戌臘三月上巳祓除"張衡《南都賦》"于是暮春之禊元巳之辰"。及"正月剛卯"之類是也。《月令》"釋元辰,躬耕帝籍",盧植說曰:"日甲至癸也,辰子至亥也。郊天,陽也,故以日;籍田,陰也,故以辰。"蔡邕《月令章句》云:"日,干也;辰,支也。有事于天用日,有事于地用辰。"此漢儒之說,攷之經文,無用支之證。

三 卜辭義在卜吉忌非以卜吉日

> 戊申王卜,貞:田🔲往來無🔲。王固曰:吉。壬子王卜,貞:田🔲往來無🔲。王固曰:吉。獲鹿卜。

> 戊午卜。🔲受年。

> 壬子王卜,貞:牢往來無🔲。王固曰:弘吉,絲御獲🔲二鹿八。

> 癸巳卜,殼貞:旬亡囚。王固曰:🔲(有)希(祟),其🔲(有)來戠(艱)。乞至五日丁酉,允出來戠自西。沚𢦤告曰:土方正(征)我東啚戈二邑。吕方亦𢦤(侵)我西啚田。

上舉四例卜辭,第一例卜田獵,第二例卜年,第三例卜獵而有獲,第四例卜征戰侵略,有曰弘吉,有曰吉,有曰無🔲。卜辭大例,大略如此。則所謂吉不吉與來戠者,特指所問之事言之,于是乎獲眔鹿受年爲吉事,而土方🔲方侵陵我西鄙戈若于田邑者,乃禍🔲也。其卜問之就事立義,蓋無可疑。此類詞除上舉吉、弘吉而外,有若干熟語,如羊、不羊、即祥。不若、亡岂、不告、亡犬、不佳、亡戾。

> 丙子卜,殼貞:勿羊酹妣乙。(後上二、四、十)

□巳卜，王壬申□，不羊，雨，二月。（前四、四九、一二）

庚申卜，敵貞：王勿正（征）方，下上弗若，不我其受又。（前五、二三、二）

癸未王卜，貞：酌日自上甲至于多毓衣，亡芝，在四月，王二祀。（前三、二七、七）

甲子卜，貞：王今月無戾。（鐵二五六、一）

乙卯卜，即貞：王賓祖乙父丁，歲亾尤。

辛未卜，王貞：今辛未大風，不佳。（前八、一四）

癸卯卜，在上，魯貞：王旬亾戾。（前二、一四）

由上所用熟語觀之，則其卜吉宜禁忌之端，至爲廣闊，而其所用熟語亦以事而有所區分，但皆不以擇吉日爲主。又如：

辛未卜，㞢貞：……（茲）八月，帝圉圉圉貞。……（茲）八月，帝不其會，多雨，丁酉雨至於甲寅旬又八日，九月。

此八月辛未貞本月是否多雨，及至九月，自丁酉以後至於甲寅果連雨十八日也。則丁酉以下至甲寅，似言日矣，其實亦就雨不雨之事立義也。又如：

癸巳卜，㗊貞：旬亾囚，十二月。

癸亥卜，㗊貞：旬亾囚，二月。

癸酉卜，㗊貞：旬亾囚，十二月。

……癸未。

癸巳卜，㗊貞：旬亡囚，十二月。

此爲上旬之末卜下旬之吉宜日，亾囚言此十日中無禍也灾也，宜其爲卜日，曰唯唯否否。此所卜下旬之十日，所問此十日中諸事是否吉宜也，仍從事象立義，而非自癸未後之甲申、乙酉、丙戌、丁亥、戊子、己丑、庚寅、辛卯、壬辰十日之爲吉日否也。因其每旬必卜，則此後之甲申、乙酉、丙戌、丁亥等十日並非從此固定其爲"亾囚"，故不得謂爲卜日。由此推之,則上所陳諸條亦得曰無卜不求其吉日,亦無不可。而終之必以事象立義,方爲正則。更有一事當申言者,余遍檢卜辭所用爲卜日之甲子,雖有多少之殊,而六十甲子皆全備無遺,則謂殷代無事先肯定之吉日,亦無不可。吾故曰:義在卜吉,而非吉日卜也。

此事至春秋時猶然。僖三十一年經:"夏四月四卜郊不從,乃免牲。"又成十七年:"九月辛丑用郊。"此必卜辛丑而後郊也。又閔二年:"夏五月乙酉吉禘于莊公。"文二年:"八月丁卯大事于太廟。"桓八年:"春正月己卯烝。"成六年:"二月辛巳立武宫。"文元年:"夏四月丁巳葬我君僖公。"文五年:"三月辛亥葬我少君城風。"桓六年:"秋八月壬午大閲。"僖二十八年:"冬壬申公朝于王所。"凡吉凶軍賓之禮,無不有卜,與殷虛甲骨廣記事類者全同。細按之,亦無一而非記事,其中吉宜禁忌經文多不出者省也(如成十七年"九月辛丑用郊",必辛丑前已卜此日郊也)。則謂自殷以來之卜法,皆以事立義,而無所謂吉宜日而卜之事。參胡眗《卜法詳考》。

四　卜日之甲子以十干爲主且少用十二支

殷虛卜辭,卜貞時所用甲子以天干爲主,不似戰國以後有用十二支爲主之現象。此事至爲重要,說明上古光明崇拜之實質即日之崇拜,與十日傳說等宗教信仰或宗教意識相吻合,固非等閑現象,此自有其社會發展之内在規律也。

> 羽(翌)辛,王才(在)虎。
> 羽(翌)丁巳,其告麥,允凶。[他詞云羽(翌)余凶其告麥]
> 叀癸酚,又雨。
> 于壬酚,又大雨。
> 于癸酚,又大雨。
> 叀丙酚,又大雨。
> 羽日庚,其乗乃㽅切至來庚,又大雨。

翌日庚,其秉乃🔲🔲至來庚,㞢大雨。

于翊日丙🔲,又大雨。

自今辛至壬來辛,又大雨。

自今辛至于來辛,亡大雨。

辛至壬,其遘大雨。

今日壬巳,大雨

羽(翌)日戊,王東奚田🔲戎,不冓大雨。

以上諸例,甲文中至多,不可計數,故當爲記日。記以天干爲主要方法,然亦有如:

　　　　□□卜,王貞:甲申雨,乙雨大🔲(零),寅大戶(脅)卯大鳳自北。
(佚三八八)

上言甲申,又言乙,則爲乙酉,此爲主要之恒例。下言寅、卯,當爲丙寅、丁卯。按易天干爲十二支,此在卜辭中至爲稀見。余曾讀卜辭近萬條,近日又重讀二千餘條,此例僅二見,此情至爲可異,與民族意識對社會功能之發展不甚調協,可能爲誤訛。即使不爲訛誤,至多亦僅能認爲一種卜時好奇心之偶然事故,卜辭中此等故事,非絶無僅有者乎?

五　十二支之作用在春秋以來發展之點滴

國人對天干地支之說,至近世多主來自印度、波斯、巴比倫等西方古文明國者。其說似皆有徵。凡文化之傳播,大約有兩重要方式:一則爲新生事物之移植,原地本無而自外傳入者;一原有事物因外來文化之感染而發生新變化,英儒馬林確斯特(Malitrost)論之最詳盡。天干地支所以志日月時次之用,爲一切民族所同有,若所依據有相同之處(如依太歲陽或陰而定歲月時日),其本質既同,則稱名制度含德亦將相同,然何以定其爲第一例、第二例? 新生事物至易見,以其在歷史上無可尋之踪迹,至某一時代突然出現,則當由傳播而入,如唐代文化有甚多來自西域,近世中土文明有得之自西洋者。此事易知。惟第二例則歷史上有其土生土長之成分，得新傳之文物而遂大盛，此一例鈎玄拾墜，最爲繁劇。中土干支與西方之關係，即其例也。如十干之說與墨西哥近似，歲名歲陽十二肖屬與印度、波斯相近，然不得遂指爲來自墨西哥、印度、波斯等地也。何以言之？歲名歲陽之月陽月名稱謂，雖得與諸西土古說相比附，而干支之用，自夏商以來已然，則謂閼逢（《爾雅》曰太歲在甲曰閼逢）、攝提格（《爾雅》曰太歲在寅，曰攝提格）、月在甲曰畢、正月爲陬等名，其名義至爲鈎摯，語音與西土可以對應，而中土載籍又至早，僅見于春秋時代，則此等稱謂可能爲得之傳播。然甲、乙、丙、丁、子、丑、寅、卯等名詞，久已見于夏、殷以來文獻，而其用又至廣博，其本字本義雖不能全知，而其對社會功能終不可因不得其解而遂忘之。天干之爲舊物，上來各段已一一指其用途，故其在社會發展史方面之辯證事實，決無可疑。而十二支之爲舊物，似亦不可否認。惟十二支又與十二肖屬相聯繫，于是其發展之辯證史實，遂進入吾人不可忽視之課題中。余于天文曆數之學，素未深研，姑就常識所及，試一一證之。惟余之目的，但在證明其在中國歷史社會上所表現其功能之點滴事實，以辯證其所在發展之事象，足以說明十二支如何進入戰國以後，甲子使用重點漸由天干移爲地支，以證明金文中有顯然表示宜吉日期之十二支作用，而屈子攝提、孟陬、庚寅爲此遺俗之具體表現而已。

（一）說干支之相配必有相同之屬性

干支之用，最早見于載籍者以禹娶妻生子之辛壬癸甲，即《易》所謂先甲三日之吉日也。至十二支之用，無出殷虛卜辭之甲子表者。甲子表者，以天干冒十二支而排列爲一表，以便記日之用。十干爲日名其文字雖多不可知，而古人論天象及宗教性之用字，往往借人世通行之字爲之，而此通行之事或爲實物（實），或以實物之某種用法（業），或爲實物之特點（德）。則就此推之，非不可得其仿佛者矣。十二支之文字亦然，別詳後。則與干緊相密合而配用之，十二支其屬性不得相遠。易言之，其屬性或當相近,或相同。十干爲與日有關之事物德業,則十二支必爲與日月星辰有關之事物德業,當非妄說。而用以表日次則必與數之觀念相涉,故十二支亦必爲曆與數之類屬,此以辯證之意義既定,則吾人研究可行矣。

甲子表之記日,凡六十次爲一輪迴。殷以前,月數以三十日爲基本,卜辭閏月在後。則一甲子適爲兩月,此六十之數爲十與十二之最小公倍數。此一計算,度吾先人必已經歷甚長之時日而後知之,而一年十二月亦累積世世代代之經驗而後證實。至殷中葉以後,乃漸知一年非準三百六十日,而閏生焉。然此基本之曆日與數,當已久成民習,故甲子表者,乃中土上世之曆與數之根本,而表現爲最重要之社會功能者也。

古以十二一數言事理物理者至多,如天有十二神,地有十二州、十二江,樂有十二律,又稱十二和,官有十二卿,而孔門有十二哲、十二經,《呂覽》有十二紀,及後世之十二客、十二樓等,雖有部分有一定之物理根據(如十二律),而大體略近于文字游戲(此中可能含有若干古人之數理哲學,然與本文無關,其與十二支皆無相近相同之屬性(十二律與曆法可能有關,然十二律不用子丑十二字也),然與日月星辰有關者,則有十二宮、十二星次、十二時、十二歲、十二月、十二卯等類。吾人是否可由此一大類中鈎玄提要,以得十二支之意義乎?此余所欲爲而又不無顧慮者也,姑說之以當一解。

按《周禮·夏官》:"馮相氏掌十有二歲,十有二月,十有二辰;十日,二十有八星之位。"又《秋官》:"柞蔟氏掌覆夭鳥之巢,以方書十日之號,十有二辰之號,十有二月之號,十有二歲之號,二十有八星之號,縣其巢上,則去之。"鄭注:"日謂甲至癸,辰謂子至亥。"

《周禮》非周公所作,近人多主爲戰國時人作,然其保存古社會史材料極多,大約爲戰國或春秋以來各國所傳古制度古社會之結集。即如馮相、柞蔟兩氏所言,舉歲月日時星宿總爲一章,此固上古以來歷世所傳天文時曆現象之累積,不爲一時代之代表,而代表初民至有史時代,即自初民經夏、商、周至春秋一長期中人民對天象時曆觀測之發展史實。十日即古傳之天有十日之變，三百六十日即十二月之倍數，此初民所觀測所得最粗之曆時也。十二歲二十八宿則爲近一步觀測累積而益加細密者也。則十二支之必與此故說有相同之屬性，亦即與此有關，可無疑問。則鄭注以十二辰爲子至亥，當爲極有價值之注語。然所謂子至亥是何物，吾人仍不甚明白，則鄭注亦僅得其半。然試爲分析，則十二子至亥不得爲十二歲與十二月，以甲文未曾以子至亥十二字表歲，而一月二月仍用一二三四等數字表之，而十二歲之說顯爲周以後天文學日加邃密後之說素，不得推及干支使用方面。

又《周禮·春官》："保章氏以十有二歲之相，觀天下之妖祥。"鄭注云："歲謂太歲，歲星，與日同次之月斗所建之辰也。……十二歲而小周。"此以月建之十二次相當于十有二歲，故十二支不得當十二歲已明解，何又以十二支當十二月？日人新城新藏《東洋天文學史》主之論之極詳，然十有二歲與月之十二次相當，與十二辰實無關因。《周禮》馮相、䎟蔟兩氏之言，既有十二月，又有十二辰，則十二辰亦不得再以十二月當之，則十二支初不以表月明矣。細繹《周禮》兩文，馮相氏以歲、月、辰、日、二十八宿爲次，䎟蔟氏反之，以辰、月、歲爲次。依常識論之，則年月日時之次也，而䎟蔟氏不言十日，且十二歲月辰有號，則子至亥不幾爲日名乎？何以又有馮相氏之兩日？辰固可以作日解，如金文中之"辰在"即"日在"也，辰在甲子，即日在甲子也。此亦後世演變之例，不得以說卜辭甲子表。然周以來有三正之說，三正即以十二支指月而言也。戰國以後每日又分十二時，則發展史上又有一日中之時之說，則十二支在其發展中，固有表月、表日、表時之過程，此一特殊現象，正足以說明甲子得用十二支之故。蓋三百六十、十二月、三十日等數字，吾先民由觀測即能知之，非有甚深之原理存乎其中，則三百六十、十二月、三十日皆得用以表日曆，各依其時代對天象認識之精粗而不同。殷以之配十日，則表日。殷周之季有春、夏、秋、冬四季之別，則以子、丑、寅表十一、十二、一等三月，其作用皆以限制次數而已。蓋十二支者，乃古初之人對日月星辰時日有關之十二種專名，此十二種專名必與漁牧農業有關，或以祭祝，或以事類，或以吾人尚不能詳知之事事物物以崇敬天神時象者，以作爲記憶之符號而已。

（二）十二支變義之蠡測

上來所陳，從十二支在使用功能方面以窺測其發展之痕迹，主要在證明十二支與十干有共同屬性，乃能相聯繫成一熟語（甲子）。然共同屬性者，非必即爲此文字（語言）之本義，吾人固自知目前古代語言學科尚在幼稚時代，未必所釋即爲正確不易之定則。然果就此中目前作者所能據以推測之知能表示個人意見，亦學術研究之所容許，故吾進而更就此十二字探其本義，及每字在使用功能所表之作用，以得出至戰國時代所使用各義之辯證理論。蓋此一社會功能之使用，不能憑空而降，自必有其發生發展之因力，功能多就外型立說，而其內在因力正爲引出其功能之主要因素也。惟此事至繁，此文僅能略陳大義。而細爲推證，則爲本文體裁所不容許者也。

1. 子

子字殷周以來使用之社會功能最重要而又與日時相涉者，有五事：（甲）三正；（乙）哲人或有術之人；（丙）能力出衆者；（丁）五等侯爵；（戊）子孫。此五事約可得三類。甲類與時日關係最巨，最早見于《尚書·甘誓》，乃夏啓指責有扈"威侮五行，怠棄三正"是也。馬融以三正爲夏建寅、殷建丑、周建子，即以子、丑、寅等爲月名，大約《說文》所釋，即仿佛同于此例。然餘杭章先生不以爲是，其言諒矣。然周初以來，至于春秋世，確有夏周用曆不同之事實存在，此當爲殷之末造周之初興曆日記載演變之事，亦社會功能之一也（可參萬斯同《群書疑辯》中《晉行夏時記》一文）。《論語》亦言"行夏之時，乘殷之輅，服周之冕"，則東魯亦傳之矣。其說不可誣，特其事不得甚早，自社會發展歷史認識之，則謂在殷周之際可也。

乙丙兩類爲周秦諸子所直承之緒，此蓋史前時代之祭長，有史時代變爲巫覡，其字當以甲文之甲子字爲准，即《說文》子字所錄之古文、籀文也,象男覡散髪舞蹈之形。古社會祭司、長司,天人相與之際之事及政治意識制度漸强有力,而代宗教以統治維繫民衆,而後巫覡變而爲史祝之官,成爲政治上之附屬品,失其獨特之作用。此一關鍵,應自殷至周而大定,至周公以宗法敬祖之制代天統,而後此等人地位日低,而至于爲政治權力所奴役,至有暴之殺之者,然其知識領域之能就爲政治所不可全廢,寖假遂成爲春秋戰國以後之諸子百家矣。

至丁類所謂公、侯、伯、子、男者,多爲武功顯赫之封爵,其事亦始于殷末,清世學人討論者至多,皆可參考。

戊類重點在子嗣一義。子所以象子初生之形,即《說文》所録子字,而在甲文中則與辰巳之巳混一,試爲表以明之:

甲金 籀文——巫覡 形省爲 若 辰巳字—— 金文形與子同,周以後遂用爲子。

自甲文金文至小篆一系,字形之變有同形而義異者矣,如 變爲中,則與中的字同,又與中同形①,中爲盛筭之器,此三字金文分別劃然,而小篆以後則三字皆作中矣。其例至繁。

總上五類言之,則巫者所以祀天神者也,與日名之甲字同屬性,故得相配。

2. 丑

丑字僅有三正一用。此字爲械手之形,與乙之爲軋同屬性,故得相配(詳初吉條下)。

3. 卯

寅字已見庚寅一文,不復出。卯者,甲文中以爲祭名,與寮等同類,蓋錐牛羊以祭也。其字當爲一種石器,可以椎殺牲畜者。以兵器告祭,此原始民族之通習也。

貞,士越燎卯。(後下一四·九)

---

① 此句似有訛誤。

辛巳卜，替貞：埋三犬、袞五、大五豮，卯四牛，一月。（前六·三）

丁亥卜，□貞：昔日乙酉，箙武御□大丁、大甲祖乙，百牢百羊，卯三百□。（後上二）

卯爲用牲之一種，用牲主要有四曰袞，曰埋曰沈曰卯曰囷[1]。卯以牛羊爲主，無卯他牲者。卯至三百牛羊，其爲重祭、大祭無疑。錐牛之習，至春秋戰國猶然，則以石錛、石椎之屬殺牲，而後得曰卯也。

周以來祀天地、神祇、宗祖，必有一薦進之玉器。考其原始作用，大抵皆上世漁獵戰爭所用之武器，寖假設飾而爲圭瓚璜琮之屬，天干中之丙、丁、戊、庚、癸，地支中之寅、卯、辰、午、戌等皆是也。卯在古玉器屬何種，劇難斷定，而其大齊必不逾是，則余所堅信者也。

又《禮記·檀弓》杜蕢曰"子卯不樂"，鄭注"紂以甲子死，桀以乙卯亡"云云，此必漢人所傳夏殷兩世之後流行于其民間之佚說，此中存在一滅國亡種之慘事。惟其原始傳說應"甲子乙卯不樂"，今曰"子卯不樂"者，春秋以來十二支之用已占上風，故舉子卯爲言。使依甲文省言之例，則應曰"甲乙不樂"矣。此古傳說漸變之迹，必依于其時代之風習。蓋一切言詞皆所以爲宣傳，若一依古佚說，則當世民習有不能知識者，則其宣傳之效果微矣。近人乃有周以甲子滅紂，則甲子爲宜之說，以駁舊說，殊不知未深研古習，則不能說解古史也。此世變之習既明，則屈子以庚寅爲吉宜，正此一變演中必然之現象，不足爲異，實足爲正說矣。

《墨子·明鬼》云："于古曰吉日丁卯，周代祝社方歲于祖若考以延年壽。"（祖若考原作社者考，從孫詒讓校）案周以子卯爲忌日，《漢書·翼奉傳》云："東方之情，怒也。怒行陰賊，亥卯主之，是以王者惡子卯也。西方之情，喜也，喜行寬大，己酉主之，是以王者吉午酉也。"云云，或以爲吉，或以爲忌，兩說有參差，而皆以十二支定吉忌者也。故自發展以審識問題，則鉤擘者皆可理矣。

---

[1] 此句似有訛誤。

4. 辰

《夢溪筆談》卷七云:"天事以辰名者爲多,皆本于辰巳之辰。今略舉數事。十二支謂之十二辰;一時謂之一辰;一日謂之一辰;日月星謂之三辰;北極謂之北辰;大火謂之大辰;五星中有辰星;五行之時謂之五辰,《書》曰'撫于五辰'是也。已上皆謂之辰。今考子丑至戌亥謂之十二辰者,《左傳》之'日月之會是謂辰',一歲日月十二會,則十二辰也。始于東方蒼龍角亢之星,起于辰,故以所首者名之。子丑戌亥之月,既謂之辰,則十二支十二時皆子丑戌亥,則謂之辰無疑也。日謂之辰者,以十二支言也。以十干言之,謂之'今日';以十二支言之,謂之'今辰'。故干支謂之日辰。日月星辰謂之三辰者,日月星至於辰而畢見,以其所見者名之,故皆謂之辰。星有三類:一經星,北極爲之長;二舍星,大火爲之長;三行星,辰星爲之長;故皆謂之辰。"

十二支中以辰之社會功能爲最多,而與日曆關係最切,且又以說全部十二支爲辰者,茲但毛舉大凡,無事張皇幽眇以說之矣。

一、星辰。見《堯典》、《洪範》、《夏小正》。辰者,星也。

二、三辰。見《左傳》、《國語·周語》。三辰,日月星也。

三、日月之會謂之辰。見《左傳·昭七年》,《周禮》:"保章氏掌天星,以志星辰、日月之變。"鄭、馬皆以辰爲日月所會。

四、北斗星曰北辰。見《論語》、《周語》王鑄無射章。

五、大辰大火也,龍之角也。《公羊傳·昭十七年》。又《周語》"夫辰角見而雨畢,天根見而水涸",韋注:"大辰,蒼龍之角。"

六、通言時日也。《詩·小弁》"我辰安在",即我時安在也。又《駉鐵》"奉時辰牡"、《桑柔》"我生不辰"。

七、或曰[1]辰在某甲子,亦謂時在某甲子也。金文多用之,大體通作日字,有如叔夷鐘"惟王五月,辰在戊寅",又豆閉設曰"□月既生霸,辰在

---

[1] 底本"曰"作"日",徑改。

戊寅"、庚嬴卤"□月既望,辰在己丑"。

八、辰十二日也。《左傳·成九年》注。

九、十二辰。《夏官》:"馮相氏掌十有二歲,十有二月,十有二辰,十日,二十有八星……位。"又《秋官》:䎃蔟氏"掌覆夭鳥之巢,以方書十日之號,十有二辰之號,十有二日之號,十有二歲之號,二十有八星之號,懸其巢上,則去之。"鄭注:"辰謂自子至亥。"

十、甲文有一則云"貞丝邑其 屮圓"。(遺四、九)郭沫若氏讀 圓 爲辰,言即"我辰安在"之辰。使其說可信,則辰字使用廣博,自殷以來已見其端矣。自曆象發展論之,此固非虛說也。考辰字當爲農業時代初期耕作用之石器,若蜃類,爲農業時代最重要生產工具之一,亦爲人類進入文明社會之重要標識,則此劃時代之工具作爲劃時代之社會發展要素,而日曆與農業有最重之關係,因而以此代表其作爲,此亦初民社會歷史應有之現象也。

屈原賦有"吉日良辰"之語,此辰在日後必指一日中之十二時言,春秋以來,尤其是戰國之恒語也。其進展之迹,亦與他十二支相調。

5. 巳

巳字本身有一不易解說之問題,即甲文巳字,諸家皆釋爲"子"字,形與子相同,其說甚似。而由 屮 變爲 巳,乃金文以後之事。往者余以巳之形 屮 並非子形,及余發現巳字與已之相同屬性關係,其意遂堅(詳釋初吉一文)。蓋古 㠯 台己已巳子,其形皆由一個母型所演,又皆在支韻,或轉入最近之咍韻,故通言,則諸字皆可相通。在特定之語言,則必不可亂,如甲子表者是也。然其中實含兩基本因素。一則爲胚胎一屬之衍,子爲其最後成形之字。一則爲它(蛇) 巳 一形之衍,它爲精寫,而 巳 則簡寫,而 屮 則爲表蛇進行之形音者也。甲文金文乃至小篆有一表方向之符號,如牽羉之 ∏,亂之 乛,皆表放射方向之情事者也。屮之乚表蛇形,先屈中節而進一步,再屈再進,故以 乚 表之,通過 乛 之一直,直畫即蛇身也。此在稍闇物理力學者皆能詳之,不必余之喋喋也。此形之變，並非周殷兩民族文化不同之點，實以文字變遷之故也。《說文》則已爲蛇形，最得古義。已古本爲已或矣，桂氏《義證》引之甚詳，茲不贅。

按古初極畏蛇，故行路必問曰有蛇乎，答曰無，乃前進。既畏之，則必以祀之，故祀字以巳祭，無巳也。祭無矣者，長年祀之，隨時隨地祀而已，此祀之本義（殷人謂祭曰祀乃變言）。此義一明，則十二支有巳，亦初民日常生活中必有之事矣。《吳越春秋》言："吳築城，以越在巳地，故作蛇門；吳在辰，故南門象龍角。"此當爲吳越民間舊傳，則十二肖屬以辰爲龍，巳爲蛇，亦來自民間。惜此等材料吾所得尚未全備，不能一一證之矣。

按：邵鐘有𪔀字，王孫鐘有𩔖字，當即辰巳之巳字，巳象蛇形而從龍字偏旁，是巳即龍蛇之屬也。其增𣎳者，以爲聲符耳。巳者，蛇之小者，隨地隨時可見者也。龍者，蛇之大者也，當即吞象之巴蛇。太炎先生《文始》曰："《說文》：巴，蟲也。一曰食象蛇也，象形。《山海經》曰'巴蛇食象，三歲而出其骨'，則巴蛇爲本義。《釋魚》蟒王蛇，《說文》無蟒，蓋本作莾，古音莾如姥，借爲巴也。郭璞贊曰：'惟蛇之君，是謂巨蟒，小則數尋，大或百丈。'惟百丈，故能食象；小則數尋，故人得食之以治腹心之疾。蟒之即巴明矣。"按十二支中與演禽說相合者，惟巳爲蛇。不僅許氏明言之，亦與古說相協。惟巳在古說亦爲龍鱗之屬，爲人民日常所畏敬之物，而演禽家以辰爲龍，于文字結構決無根據。若取之天象，則天文中言辰星者，決不言龍；而言龍各星，又決不言辰。則辰與龍固無關矣。友人聞君一多《周易義證類纂》曰："古書言龍，多謂東宮蒼龍之星。《乾卦》六言龍亦謂龍星。《史記·天官書》索隱引石氏曰：'左角爲天田。'《封禪書》正義引《漢官儀》曰：'龍星左角爲天田。''九二見龍在田'，田即天田也。蒼龍之星，即心宿三星，當春夏之交昏後升于東南，秋冬之交昏後降于西南。《後漢書·張衡傳》：'夫玄龍迎夏，則凌雲而奮鱗，樂時也。涉冬則涸泥而潛蟠，避害也。'玄龍即蒼龍之星，迎夏奮鱗，涉冬潛蟠，正合龍星見藏之候。《說文》曰：'龍春分而登天，秋分而潛淵。'亦謂龍星。'九五飛龍在天'，春分之龍也；'初九潛龍，九四或躍在淵'，秋分之龍也。《天官書》曰：'東宮蒼龍房心，心爲明堂。大星天王，前後星子屬，不欲直，直則天王失計。'是龍欲曲，曲則吉，直則凶也。'上九亢龍'，亢有直義，二九龍即直龍，用九見群龍無首，群讀爲卷，群龍即卷龍。古王者衣飾有所謂卷龍者，《詩·九罭》傳曰：'袞衣，卷龍也。'《周禮·司服》鄭衆注：'《詩·采菽》箋、《釋名·釋首飾》袞義並同。'《說文》曰：'袞，天子享先王，卷龍繡于下幅，一龍蟠阿上鄉。'蟠阿即卷曲之狀。……《海外西經》曰：'軒轅之國，人面蛇身，尾交首上。'以《天官書》'權，軒轅。軒轅黃龍體'證之，是蛇身而尾交首上者即卷龍，其星謂之權者，亦當讀爲卷。蓋東方房心之爲卷龍，亦猶中央權之爲卷龍也。卷龍外環無端，莫辨首尾，故曰無首，言不見首耳。龍欲卷曲，不欲亢直，故亢龍則有悔，見卷龍無首則吉也。"云云，說龍在星宿中至詳切，而無絲毫及于辰，則辰不爲龍至明。大抵十二肖屬中各禽之以地支十二字當之者，乃春秋戰國以後附益之說，爲當時民間之雜集。龍本中土西方與中央各民族所共宗之圖騰，其遺痕蜿然獨存于十二肖屬中者，民間之說非有定則定理者也。鳳爲東土崇敬之圖騰，而十二屬有雞無鳳，則其爲西土傳說之遺迹，固顯然無可疑者矣。故附說于此。

6. 午

午之字象追擊動物之兵器，後世馬策之所本，當爲古初使用最豐富之字，如 𢦏𢍅 卸禦等字。凡從午之字皆有憤撻故物之義，其聲又與武怒扑突敔訐等相通，與天干之庚爲同屬性之字[1]。庚午者，即周以來之敤敤。王家之敤敤，《詩》、《書》金文皆見之。在氏族時代，兵器本至簡，獵取禽獸以充食，撻伐敵人以安族，同用此等最簡單之武器。度其最初形製，庚爲歧頭支兵，即干戈一字之初文。午爲圭形之銳器，用以突入敵

---

[1] 本句文字依《國學叢考》本。

身,大約皆就材枝木杖之屬,形製原樣之可用者而爲之,可謂之曰大衆化之兵器矣。

《詩·吉日》云:"吉日維戊,既伯既禱。田車既好,四牡孔阜。"又曰:"吉日庚午,既差我馬。"此禱馬祖,用午日也。此亦當爲當日風習,必非偶然,則午不僅爲𢀓(卸)御等字之基本條件,與馬皆有關矣。

7. 未

十二支第八字曰未,古今能通其郵者似更少。按未字《說文》訓味,以爲"象木重枝葉",其言至可玩味。按人之于五味,依時而進步。在初民漁獵以前,蓋無所謂味。自畜牧而熟食而後,以羊味最美,于是而一切美味多以羊爲組合成分,因而徧及美善禎祥之屬,皆借用之。此時木上野生之果類,雖以爲人所需要,而味未必甘美,至進入農耕時代,植物對生活上之重要性加强,而末耕樹藝生産之術日漸,于是樹植物入食品藥譜者日益多,至今日吾土吾民遂以植物爲主要食品。以木言,則果種已由野生變爲家種,其甘芳日進,而木之花果種仁枝葉根皮,無不入味。酸甘苦鹹①辣等正味及辛臭等偏味,五官通感,種色日多,而調和五味遂成民間藝能之事。

且其用尤有更原始更神祕而又更周徧于人心目、見之行事者,則祭祀典禮中與木關係之諸端事實也。舉要言之,則燎(甲文作𤊾)柴禋祀,禮家以爲取其煙能上達于神也(其實亦光明崇拜之一種表現)。烟者,焚木之至味也,亦取其馨香芳潔之義云爾。此在印度、埃及、墨西哥之古初社會,莫不有之。而一切宗教必有特用之熏香,此固吾人之所知也。今民間有大祭典,如春節祀神,生日祀祖,禱祝之,皆有燒柏枝及一切香木之習。以西南論,如吾鄉所行,則一大盆盛木炭火,雜以燒紅之卵石及若干鐵器,然後覆以柏樹之枝葉及檀香等木,一人奉之,一人以一小罌盛淨水,一盛醋,同至神前,注水醋若干,盆中蒸氣上升,行且搖之。自神堂、厨房、客廳、臥室周徧而後止,

---

① 底本作鹹,徑改。

名曰打醋炭。謂袚除一切不祥。自東之長白、南之怒江、西之天山南路，無不有之。此亦烄之變也。

故焚木取其光與氣以助祭祀，爲祀奉日月光明神祇之一習。十二支中之有未，當即此一義之遺留。社會功能之作用顯現在曆日計度之中者，有如此。

且十二支與十日之正對者曰辛。辛亦味之一也，別詳初吉解下。

8. 申

十二支之第九位曰申。按申之字，甲文金文與小篆形體相異，關鍵在一中直。小篆作 ，而甲文金文皆屈曲作 。細繹其義，則以爲人身之有屈伸相對爲義，蓋甲文金文象形作用，多義在求其似，此繪圖意識尚在支配文字結構時期，與文字已進入文字意識後義則多含象徵作用，此一變遷，即中有屈直兩形之由來也。申本即身字之別構。身者，純象形。申則謂其身有屈申之義者也，故申字遂引申爲屈曲之狀。《論語》"申申如也"，說者舒遲委蛇之儀容而已（別詳初吉解條）。凡舞容皆委身屈張首施（即尾之義）兩端，前爲起伏迴旋，甲文金文作 皆是也。小篆作 ，義形已不甚明，乃增偏旁作伸以明之。後世從申之字，亦遂別爲兩系，如曳義爲引申，而叓別爲"束縛捽扻爲叓"。申與天干之比屬爲壬，壬與巫同，巫固以婆娑樂神者矣。

9. 酉

十二支之第十位曰酉。酉者，盛酒之器也，即今酒之初文，《說文》所謂"八月黍成，可爲酎酒"是也。酒爲一切原始民族共同嗜好之飲料，中土自夏殷以來，關於酒事之載於典籍者不可勝數，而殷人以好酒亡國，爲周族引爲儆誡之一端，與甲文所載酒事亦相合。其用以奉神祀祖者，無往而不用酒，甲文中且有專以酒爲祭之名字，或作酹。其社會功能之寬博，但觀于從酉之字，甲文至三十餘名，金文益以二之一，小篆而近百名（從酉之字，以酉聲之字合計之）。凡製酒醋之素料、酒之厚薄作用滲合物，至爲分析，在日常生活中較黍稷稻粱等食品更爲複雜，此正農業時代之現象反映，寢假則大酋以酉（豪飲當爲大酋之一特徵），尊卑亦以酒別，福澤亦表之以酒（福字從酉，即今之酒醬子也）。則宗教儀狀中有酒，其事蓋至順適。

10. 戊

十二支之第十一字曰戊。近世說此者多以爲兵器，與《說文》訓滅義實難通。羅振玉曰：卜辭中戊字象戊形，金文戊字亦多作 🀅。葉玉森以爲戊戉並象古兵。惟戉上系○○🀆🀇①，戊字上系🀈🀉🀊形，戊戉非一字。疑戊爲古戚字，《大雅》"干戈戚揚"傳之"戚，斧也"。卜辭戚字正象斧，鋒端平直。按《說文》戉部，"戚，戉也"。王紹蘭曰"戚戉二物。戚又蹙縮，戉又開張，故戉大而戚小。《大雅·公劉》篇毛傳'戚，斧也；揚，戉也'"云云，辯析至爲明白。戊爲小斧，則宗祀以爲祭品，入十二地支，固古習之常也。

11. 亥

十二支之第十二字。古今說此者，非神奇，即鈎擘不易通，余至今未敢推測，姑闕之以待他日。

總上十二字而論，十二字（十一字）之社會功能，無一不與社會發展相調遂，且前十字又皆與天干十字氣類相合，則其所以保抱原始宗教迷信之根源與習慣，皆至爲順遂自然。在此大量事實之發展中，已足够說明天干地支之本質，固吾土吾民之所固有，而其自"辛壬癸甲"、"七日來復"之傳說與殷世甲子表之配比，皆非偶然之事。而周以後之變化多方，促使其成爲戰國歷史中似新生又似舊習之十二支，使用大量發展，寢假而爲吉宜凶忌十二肖屬等之現象，固一一有其歷史之因力在，非可以傳來自遠一筆了之。余非好辯，不過深思細繹而得之者也。至歲陽、歲名、月陽等奇奇怪怪之稱號，或得之自他，余亦非一概

---

① 兩○形，底本、校本皆如此。

反對其說云爾。

六　戰國以後記歲不用天干而用地支之衍變

戰國以後,記時之法已有用支不用干之現象,此足爲十二支之用已强于十干之證,此與周以來人名喜用支一事相調遂。用支稱歲不用干之例,如《離騷》"攝提貞于孟陬"是也。顧亭林云:"《爾雅疏》曰:'甲至癸爲十日,日爲陽。寅至丑爲十二辰,辰爲陰。'此二十二名,古人用以紀日,不以紀歲。歲則自有閼逢至昭陽十名,爲歲陽。攝提格至赤奮若十二名,爲歲名。《周禮·馮簇氏》'十日,十有二辰,十有二月,十有二歲之號'注:'日謂從甲至癸,辰謂從子至亥,月謂從陬至荼,歲謂從攝提格至赤奮若。'後人謂甲子歲、癸亥歲,非古也。自漢以前,初不假借。《史記·曆書》'太初元年,歲名焉即閼字。逢攝提格,月名畢聚,日得甲子,夜半朔旦冬至',其辨晰如此。若《呂氏春秋·序意》篇'維秦八年,歲在涒灘,秋甲子朔',賈誼《鵩賦》'單閼之歲兮,四月孟夏。庚子日斜兮,鵩集予舍',許氏《說文》後叙'粤在永元困頓之年,孟陬之月,朔日甲申',亦皆用歲陽歲名,不與日同之證。《漢書·郊祀歌》'天馬徠,執徐時',謂武帝太初四年,歲在庚辰,兵誅大宛也。《資治通鑒》周紀一起著雍攝提格盡玄黓困敦,亦用古法。自經學日衰,人趨簡便,乃以甲子至癸亥代之,子曰'觚不觚',此之謂矣。"

七　周以來用十二支命名之事已起代十干,以證明十二支社會功能之用之辨證發展

甲文時代,統治階級以十干命名,至爲普遍,而十二支命名之現象,僅有一二則可尋,如:

乙丑卜,子貞:□歸。(龜獸六)

癸亥卜、龜貞:□旬亾戾、在九月、正人方、在番彝。(前二、二)

癸巳卜、⦾貞：由⦾凶。（龜獸一、五）

此以子寅爲名之貞人也。又有以犬彘名貞人：

丁卯卜，彘貞：王往于⦾、不冓雨（甲上五一）

甲辰卜，⦾貞：王賓月禩⦾囚。（殷卜二八）

彘犬爲十二支發展爲十二肖屬之二禽，亦當入之十二支計度之中。又殷之先王有王亥，則十二支之用亦至早云。其見于金文者，如臣辰盂之史寅，臣辰卣之臣辰，師酉簋之師酉，及陳國之陳侯午及婦未于鼎、楚國之王子申鼎、衛國畢氏畢卯、姑姓之尹寅、陳國之陳⦾，別有走馬亥，魯內小臣未生，仲氏之中申、中酉父，金文中用天干名者，其數至夥，此承殷人之舊習者，如乙丙丁辛癸戊己庚等皆有之。又金文中多有以“中”名者，中亦曰中本字，則亦以日時爲名，特未入甲子表耳。又以子名者亦至多。但子字至周以成爲男子美稱之用，故不能更入日時計度之中。更僕難數。左昭時之魯季公亥，字若；哀二十三年齊顏涿聚，字庚。《呂氏春秋·去私》晉祁奚，字黃羊。孔子弟子有曾申。孔子又誅少正卯。孟子弟子有公孫丑。試徵之于《左氏傳》，則周莊王名佗（即它字巳字也），魯僖公名申，襄公名午，閔公名啓，義亦同。晉定公名午，其執政曰荀寅，齊景公名杵臼，杵即午。楚成王時有執政之鬥宜申，共王時執政有公子午，昭王時有執政公子申，宋昭公名杵面，平公時執政有曰戌、華亥，陳宣公名杵臼，成公名午，共公名朔，哀公時有執政曰慶寅、慶虎，蔡國莊公名甲午，义公名申，昭公亦名申，成公名朔。昭公時執政曰公孫辰，曹國悼公名午。程公說《春秋分紀》所載各國氏族尤繁，茲且以《漢書·古今人表》所記摘録之，斯事亦至明矣。

子　陳文子　服子　卞嚴子

丑　鄭共公丑　逢丑父

寅　衛弘賓　中行寅

卯

辰　富辰

巳

午　公孫杵臼　祁午　大戊午

未

申　楚保申　鬥宜申　陳申公　楚申侯　楚公子申

酉

戌　向戌　沈尹戌

亥　朱亥　申亥　秦胡亥

冉伯牛　鍼虎　召虎　司馬牛　司空牛父　司馬狗

甘龍　公孫龍　左師觸龍

巢牛臣　南宮牛　魯豎牛　陽虎

八　卜辭所用甲子以卜事之吉凶非以吉日卜

　　余檢龜甲獸骨卜辭二千二百片，統計其甲子，推究其所卜日期事狀情形，雖不能有巨大之新收穫，而足以充實殷代尚無吉宜凶忌之曆日現象，亦足以說明一定的歷史發展之作用與含義。因自思念，二千餘片雖爲數不多，然已遍及有殷一代之全貌，而非單獨某一朝代之作品，故其大體趨勢已至明顯，因私自計度，即使統計全部龜甲獸骨卜辭，其大要當亦不甚相遠，故得據此以說明問題。茲先將此統計數字表列于後，再加說明云云。

殷虛卜辭二千二百片甲子使用統計數字表

	甲	乙	丙	丁	戊	己	庚	辛	壬	癸	支總
子	20		14		9		9		11		63
丑		17		17		8		14		24	80
寅	9		10		15		11		8		53
卯		24		16		13		22		33	108

	甲	乙	丙	丁	戊	己	庚	辛	壬	癸	支總
辰	21		7		4		12		11		55
巳		14		14		20		18		28	94
午	13		4		16		8		7		48
未		23		10		15		12		26	86
申	22		14		20		20		7		83
酉		19		15		13		22		19	88
戌	5		13		12		8		10		48
亥		11		11		7		6		20	55
干總	90	108	62	83	76	76	68	94	54	150	

一、此表凡六十甲子皆曾作爲卜日，無一缺少。此中並無所謂吉忌可言。

二、各甲子使用次數雖有多少之差別，此中除癸日以必需卜下旬而特多（共一百五十次），此僅爲卜事之現象而非卜吉之現象。

三、天干次數大於地支次數，此因天干反復六次，而地支反復少一次，其平均比差適爲此數。

四、自甲子至癸酉十日，後世所謂初吉，其統計數字爲一二三，而第二輪丙子爲一三八次，以後各輪其次數相差又不甚相遠，則後世初吉爲古宜口之說，卜辭中尚無消息。

九　初吉試解

就上列八段合論之，甲乙丙十字、子丑寅十二字，各各代表一物一事。凡此等物事，皆中土有文字以來之社會存在之物事，且必爲當時最流行、最普遍之物事，吾人得自此二十二字之發展使用即歷代之社會功能，而推知其最原始之字義。此等字義又皆一一與天文曆數之傳說相調協，相吻合，故爲紀日時者所資以爲用，而成六十甲子，作之者不論其爲犬撓族，或爲民間共相發明、共相推移、約定俗成之一種日用熟語，其最初義與日月星辰必有其內在之生機，凡讀吾文者必所首肯。

當余徧讀先秦典籍、殷商甲骨文與兩周金文時，與二十二字相關之資料甚多，而其中初吉一詞，似更爲重要，而自來釋者如毛傳、鄭箋、孔傳乃至近世金文家所說，亦似有可商量之餘地。今謂初吉之朔義，乃用以指說單月之月初十日，其事大體在殷末周初，其後乃擴大其用，而以泛指每月初十日而言。請得一二證之。

（一）甲文無初吉之說

甲文之卜以求吉忌爲主，但一切吉宜凶忌皆決于一卜，故無一定之吉日忌日也。且此一時期雖有六十甲子以爲定日月之時，而朔、望、生霸、死霸等分法尚未定，即一月之四分或三分法尚未確立，不得有月吉。其更重要者，在甲文時期無肯定乃至于固定某些日期爲吉日之意識存在，此吾人終從根本上認識之一關鍵。

（二）《尚書·周書》有生死魄、朔望等稱而無初吉

《尚書》中虞夏商書不見紀月詳說，《周書·康誥》有哉生魄，《召誥》言既望，《漢書·律曆志》載《武成》唯一月壬辰，旁死魄，朔望生死魄者，以月弦分一月爲若干段落之一法，雖與吉宜之說爲別一意義，而總括若干時日之方法則相類也。是周初可能已有宜忌之義，如武王討紂時，《牧誓》言“時甲子昧爽王朝至于商丘牧野”云云，此或出于當時之穆卜，然抑亦不能不作爲一種吉宜日期之考慮，則“初吉”一詞雖尚未正式出現于周初載籍與青銅器，而其作意似已萌芽，不可否認矣。

（三）初吉之出現及其解釋

初吉一詞，《易·既濟》云“初吉終亂”，此與曆日無關。其與曆日

有關者,《詩·小雅·小明》云:"二月初吉,載離寒暑。心之憂矣,其毒大苦。"毛傳以初吉爲朔日,是以初吉爲月相也,恐非。此詩情調蕭索,初吉不爲吉日,則初吉一詞,可能爲通名。《國語·周語上》虢文公諫周宣王行千畝之籍曰:"古者太史順時覛土,陽癉憤盈,土氣震發,農祥晨正,日月底於天廟,土乃脉發。先時九日,太史告稷曰:自今至于初吉,陽氣俱蒸,土膏其動……稷以告王曰:史帥陽官以命我司事曰:距今九日,土其俱動,王其祗祓,監農不易。"此言古籍田時事在立春之日,晨中於午,日月皆在營室(天廟)。先時九日者,謂先立春之時九日,太史告于稷宮籌備諸務,稷以此告王監農不易。則初吉者指立春之日言(韋注依《小明》說爲二月朔,顯誤。朔日不必爲立春日也)。

此兩則資料爲儒書中僅有較早之記載,其含義皆無一定則,初吉當不過是一種混言之詞,是一種大共名而非小別名明矣。至于金文,則形式上似較固定,爲下列方程式:

□年□月,初吉"甲子"。

此初吉一名,可解爲即甲子一詞之限制詞,亦可解爲一種套語,即一種籠統言吉宜之套語。余自二千幾百餘金文銘辭中統計此詞,茲不避繁瑣,列之于次,而後分析之,其語句相同者並爲一條,但記器名云:

　　　唯正月初吉元日丁亥　徐王子斿鐘
　　　唯王命元年正月初吉丁亥　伯和尊　伯和卣
　　　唯王元年正月初吉丁亥　師嫠段
　　　唯正月王春吉日丁亥既望　丁亥鼎
　　　唯王正月初吉丁亥　楚王頵偏鐘　周公華鐘　夆叔匜　陳子匜　王子吳鼎　陳公簠　周段　邢仲簺　女嗣盤　夆叔盤　丁亥盤　晉公盦壺　丑尊　句鑃　郘鐘　者減編鐘
　　　唯正月初吉丁亥　陳子匜　許子簠　應侯乍生牫　姜段　蔡太師鼎　曾子□簠　孟姜簠　王中嬀　緐簠　丁亥段　都中罍

智壺蓋　者減鐘　子叔姜鐘　王孫鐘　鎛鐘①　虘鐘　齊陸氏鐘　許鐘　沈兒鐘　基卭南仲　和鐘　鎛鐘（又一）　璋編鐘　者減鐘（又一）　姑馮句鑃（又一，脫月字）

唯丑三年一月初吉丁亥　師兌𣪘

唯十有二年正月初吉丁亥　虢季子白盤

唯王正月初吉辰在乙亥　邾公牼鐘

唯正月初吉乙亥　大師鐘　伯虘匜　君夫𣪘蓋

唯十有一年正月初吉乙亥　虢季子𣪘盤

唯正□□吉乙亥　曾□□簠（□□二字當爲月初，故列此）

唯正月初吉癸子（子當是巳）　格伯𣪘□（七十九字）　格伯𣪘（五十二字）　格伯𣪘蓋　癸子彝　格伯簋（六十七字）又一器（八十四字）

唯正月初吉庚寅　宴𣪘　宴彝　宴𣪘

唯王正月初吉庚午　公父匜

唯正月初吉庚午　陳公子匜

唯正月初吉庚申　黃韋俞父盤

佳正月初吉日己酉　宜相盂

唯正月初吉日在庚　邻醻尹鉦鍼（又一，無唯字）

正月初吉日在庚　日在庚句鑃

佳十有三年正月初吉壬寅　𣄰𣪘

唯王正月初吉壬寅　𣄰鬲

唯卅一年正月初吉壬辰　𢁷鼎

唯正月初吉壬午　湯叔盤

唯正月初吉甲午兌作文且乙父皇考　季氏𣪘

唯正月初吉辛亥　簷鼎

唯正月初吉己亥　大師鐘　伯俀鼎

---

① 底本"鎛鐘"作"鎛鐘虘鐘"，與下"虘鐘"重出。

元年正月初吉辛亥　蔡□蘆

唯十有三年正月初吉　□鼎

唯正月初吉　殷殼盤　又一器　要君彝　許大宰簠　湯叔尊

唯二年正月初吉　邨段

唯正月初□　**幹**鼎

佳正月初吉丁卯　黽段

唯都正二月初吉乙丑　都公段

唯二月初吉乙卯　乙尊

佳二月初吉丁亥　吳尊簠

唯二月初吉丁卯　丑彝　邑鹵

唯二月初吉丁亥　吳彝

佳三年二月初吉丁亥　師兌段二

惟三月初吉乙卯　趱尊

佳三月初吉辛卯　□鐘

佳王三月初吉癸卯　撫叔段蓋

佳三月初吉戊寅　□甂

佳三年三月初吉甲戌　師晨鼎　師艅段蓋　康鼎

佳三月初吉甲寅　大夫始鼎

佳五年三月初吉庚寅　諫段

惟三月初吉庚午　何段

惟卅有二年三月初吉壬辰　鬲攸從鼎

佳三月初吉丁亥　長由盉

惟三月初吉　格伯段

惟四月初吉甲午　匡簠　效卣　效尊　匡尊

唯四月初吉丙寅　靜卣　繼彝

唯四月初吉丁卯　丁卯段

唯四月初吉丁亥　敔鼎　敔段

唯四月初吉　宰辟父段　正考父鼎

唯五月初吉甲申　御毁　御正衛簠　衛彝

唯十有二年五月初吉□□　□鼎

佳五月初吉丁酉　鄭師㝬彔父鬲

佳五月初吉丁亥　齊子仲姜鎛　仲偁父鼎

唯元年五月初吉甲寅　師兌毁

唯五月初吉　穴盉　鄭臧盤

唯□□五月□初吉□□　齊侯鐘

佳正五月初吉孟庚　蔡侯鐘

唯六月初吉王在鄭丁亥王格本室　穴卣

唯六月初吉丁亥　召仲考父壺　公中考父匜

佳六月初吉丁巳　大毁

六月初吉癸卯　伊彝

□六月初吉丙申　毛㚟鼎

佳王十有三年六月初吉戊戌　望毁

惟六月初吉　穴彝　靜毁　靜彝　象尊　仲侯父方甗

佳八月初吉辰在乙卯　旂鼎

佳王四年六月初吉丁亥　散季毁

惟六年八月初吉己子(子當作巳)　伯碩父鼎

……八月初吉庚寅　靜毁

惟八月初吉庚午　燮□

惟八月初吉庚□　叔朕鼎

佳郜八月初吉癸未　郜公平侯鼎　郜公毁

佳鄧八月初吉　鄧伯氏鼎

佳正八月初吉　寉兒鼎

佳八月初吉　毛伯彝　斑毁　盠尊

佳九月初吉戊辰　丕壽鼎

佳九月初吉戊申　不嬰毁蓋

佳九月初吉戊戌　姜彝

佳九月初吉丁亥　陳公子甗

佳正九月初吉丁亥　僕兒鐘

佳九月正初吉丁亥　鉉太子鼎

佳九月初吉丁亥　陳公子子叔原公甗

佳九月初吉龜午　公叔兇觥　公叔卣　賢彝　衛公叔段　曾伯霝簠　霝彝

佳九月初吉□□　嘉子伯易簠

唯九月初吉　敔□段

唯鄧九月初吉　屯夫人段

佳十月初吉甲戌　彙敦　彙鼎蓋

佳正十月初吉丁卯　鄭中子紳段

佳正十月初吉丁亥　子璋鐘

佳廿有六年十月初吉乙卯　番匊生壺

佳十月初吉庚午　叔朕簠

佳十月初吉辛子　士彝

佳十有一月初吉甲申　命段

佳十有一月初吉丁亥　丁亥旅鼎

佳十有二月初吉辰在丁亥　善鼎

佳十有二月初吉乙子(子當是巳)　叔損匜

佳十有八年十有二月初吉庚寅　克盨　克段　善夫克鼎

佳十有二月初吉丙午　師湯父鼎

佳十有二月初吉丁丑　同彝　同段

佳十有二月初吉　尢段

佳十有二月初吉壬午　貟鼎

右甲子紀日存者凡二百〇一器,茲表列如次,以便述說。

甲子序\月\甲子	1 甲子	2 乙丑	3 丙寅	4 丁卯	5 戊辰	6 己巳	7 庚午	8 辛未	9 壬申	10 癸酉	11 甲戌	12 乙亥	13 丙子	14 丁丑	15 戊寅	16 己卯	17 庚辰
一				1			2				3	5					
三							1				3				1		
五							孟庚										
七																	
九					1		6										
十一																	
二		1		2													
四			2	1													
六																	
八							1	1									
十				1			1			2							
十二				1										2			
總計	1	2	6	1	1		12			2	6	5		2	1		

甲子序\月\甲子	18 辛巳	19 壬午	20 癸未	21 甲申	22 乙酉	23 丙戌	24 丁亥	25 戊子	26 己丑	27 庚寅	28 辛卯	29 壬辰	30 癸巳	31 甲午	32 乙未	33 丙申	34 丁酉
一		1					51		3		1	6	1				
三							1			1	1	1					
五				3			2										1
七																	
九							5		5								
十一				1			1										
二							3		1								
四		1					2							4			
六							3									1	
八			2				1		1								
十	1						1										
十二		1					1		3								
總計	1	3	2	4			71		14	1	2	6	5			1	1

289

甲子序\月	35 戊戌	36 己亥	37 庚子	38 辛丑	39 壬寅	40 癸卯	41 甲辰	42 乙巳	43 丙午	44 丁未	45 戊申	46 己酉	47 庚戌	48 辛亥	49 壬子	50 癸丑	51 甲寅
一		1	2 東庚		2							1		1			
三						1											1
五																	1
七																	
九	1										1						
十一																	
二																	
四																	
六	1					1											
八								1									
十																	1
十二								1	1								
總計	2	1	2		2	2		2	1		1	1		1			3

甲子序\月	52 乙卯	53 丙辰	54 丁巳	55 戊午	56 己未	57 庚申	58 辛酉	59 壬戌	60 癸亥	初吉	總計
一							1			8	90
三										1	12
五	1									1	10
七											
九										3	22
十一											2
二	1										8
四										1	11
六			1							5	12
八	1									4	12
十											7
十二										1	11
總計	3		1			1				24	

（一）計日

一、丁亥七一。二、庚寅一四。三、庚午一二。四、丁卯、甲戌、癸巳六。五、乙亥、甲午五。六、甲申四。七、壬午、甲寅、乙卯三。八、丙寅、癸酉、丁丑、癸未、壬辰、戊戌、庚子、壬寅、癸卯、乙巳二。九、乙丑、戊辰、己巳、戊寅、辛巳、辛卯、丙申、丁酉、己亥、丙午、戊申、己酉、辛亥丁巳、庚申一。

計外一初吉二四。

不見于金銘中干支：甲子、辛未、壬申、丙子、己卯、庚辰、乙酉、丙戌、戊子、己丑、乙未、辛丑、甲辰、丁未、庚戌、壬子、癸丑、丙辰、戊午、己未、庚申、壬戌、癸亥。

（二）計干支

以六甲計之，上甲不見者三，二甲不見者三，三甲不見者四，四甲不見者二，五甲不見者五，六甲不見者六。

六甲中使用干支數次及其次序，上甲二五次（次第二），二甲二〇次（次第三），三甲九八次（次第一），四甲共一六次（次第四），五甲六次（次第六），六甲八次（次第五）。

天干使用次數及其次序：

一、丁八一次。二、庚二八次。三、甲一八次。四、癸一二次。五、乙一一次。六、壬七次。七、戊五次。八、丙、己四次。九、辛三次

地支使用次數及其次序：

一、亥七八次。二、寅二二次。三、午二一次。四、卯一二次。五、巳一一次。六、戌八次。七、申六次。八、酉五次。九、丑、辰三次。十、子、未二次。

（三）計月

卜十二月所使用干支次數及次序：

一、正月九〇次。二、九月二二次。三、三月、六月、八月一三次。四、四月、十二月一一次。五、五月一〇次。六、二月八次。七、十月七次。八、十一月二次。

上半年六月、下半年六月使用干支次數：

上半年六個月總計共一四三次。下半年六個月總計共五四次。

單月（即陽月）六月與雙月（即陰月）六月使用次數：

單月使用次數一三六次。雙月使用次數六一次。

余據上列諸統計數字結合其他材料以探索初吉一詞之主要含義及其發生發展之過程，細爲推繹，就其所得，此時可說明者有兩重要事情：一則初吉乃一普通術語，爲一公名而非專名，與月相之朔望生魄死魄無關；二則初吉最原始之含義，當以上甲十日爲大吉，寖假與先後甲先後庚之說合，最後則爲一共名而非大別名。請得一一爲之證說。除此兩重要問題外，其他次要含義，亦各附說于兩者之中云：

甲　初吉猶上吉，與月相無關

金文記載確以月相既生霸、既望、既死霸名之者，余遍檢兩周金文，不過八十例，不及初吉之半。凡以既望、生死霸記之者，初不言吉，明初吉一語與月相爲非。類此吉義，乃延殷周以來吉凶舊習，與周以後以月相定月時者根本爲兩事。余疑月相之說乃周人自西方攜來者，而初吉一語則殷文化之發展也。

徐子䣄鐘與陳貤毀有"初吉元日丁亥"之說，元日當爲月朔之名未興以前之舊名，丁亥即朔日，則不得更用月相之初吉。此初吉爲通名之證二。

朱公䤘鐘云"初吉辰在乙亥"，齊侯鐘云"惟五月辰在戊寅"，旂鼎"初吉辰在乙卯"，善鼎云"初吉辰在丁亥"，辰在用義與元日相似，言星辰在某甲子，則初吉不過爲吉利用語而非專名。其證三。

善夫克鼎與克盨同時鑄于隹十有八年十有二月，而鼎則書曰"初吉庚寅"，盨則但書"庚寅"，不書"初吉"一詞，則以其通名可省故也。此其證四。

邠仲槃云"惟王正月初吉日丁亥日在庚"，句鑼云"正月初吉日在庚"，郤醻尹鉦同此。日在猶辰在也，省言則曰日甲子，此初吉亦通語，非專門語也。此其證五。

以其爲通語可省，故丁亥鼎曰"唯正月王春吉日丁亥"，柏尊蓋云"唯正月吉日乙丑"（柏盤同），又平姬彝亦用此語。此吉日即等于上引諸例中初吉日甲子同例，初吉可省，則明其非專名而爲通名。此其證六。

又吉日一詞，不僅見金文，甲文中亦有之，而甲文甚多稱之吉，亦可視爲吉日省稱，以其卜即謂事之吉否也。《詩》、《書》亦言吉日，如《詩》"吉日惟戊"等見前，此吉當指一般之吉日或指行事卜得之日言。既有此一般之吉日，復又出初吉，則初吉又必吉日之發展，而又必有異于吉。初有元、始、大諸義，則初吉猶他書言元日，通俗曰始吉、大吉矣。則所謂初吉者，每甲子一輪，天干地支皆以最初見者相配，即甲子至癸酉十日，居六十甲子之首，而曰初吉，蓋無可疑。此其證七。

又周以來典籍有所謂上甲、上丁、中丁、上辛、季辛諸術語，此上甲、上丁、上辛，當即上甲十日所見之丁辛諸日，則六十甲子以甲子至癸酉之初首十日爲初吉，蓋理論與事實皆至順遂，此又初吉一詞必指甲子癸酉十日無疑矣。此其證八。

《穀梁傳》"六月上甲始庀牲，十月上甲始繫牲"，《月令》"仲春上丁命樂正習舞釋菜，仲丁命樂正入學習樂，季秋上丁命樂正入學習吹"，《春秋》"秋七月上辛大雩季辛"，又"雩所舉"，惟《月令》仲春季秋、《春秋》七月三事全與余說合。《穀梁》十、六兩月與原始上甲義不協，當爲春秋後期別國變易之法。

由上八例證之，則初吉不與月相諸名爲類，乃別一系統之熟語，不爲天文學名稱，乃一卜祝家所用之通名。以例定之，別爲卜筮家所用之上吉、大吉、宏吉或《易》所謂元吉相類，純乎其爲宜吉凶忌之術語矣。

乙　初吉原始含義之蠡測

上列長表中所顯示諸統計數字，試更精減之，則計月（一）以一月爲九十次，幾爲全年之半數，爲最多；（二）以單月得數比重爲最大。單月

(即陽月)共得爲一百三十六,陰月爲六十一,爲陰月之倍而强。又以甲子計之,則上甲、二甲、三甲共得一百四十三次,後三甲共得三十例,即前三甲爲後三甲之近五倍。又細計之,則上甲中之二、四、六三月極少見,或無一見,則單月計數實際只一、三、五、九四個月。依此統計數字細繹之,則古人作器似以單月爲主,而單月又以一月爲最要,即一月爲最佳,而實際使用之甲子則以丁亥、庚寅爲最多。丁亥爲三甲之第四日,庚寅爲第七日,亦即爲六甲中之第二十四日與二十七日,此一數字之成立,實有至大意義。合四條件(上辛陽月一月又丁、亥、庚、寅四條件)計之,則顯示于吾人者,吾人得定一假設曰:古人以六十甲子計兩月日數,單月得前三甲三十日,雙月得後三甲之三十日,即單月起甲子至癸巳,陰月起甲午至癸亥,初吉多在陰月者,即以此之故。其事疑在殷周之際宜吉之說爲周人所常用,于是而成爲公式化,遂以前三甲之月初爲吉日,寖假則天文曆象之觀察日精,至共和以後,步推之術不能以刻板之甲子、乙丑定月陽月陰,而原月之初不必爲甲子、乙丑。然其舊習仍未全變,于是殘留一通俗用語于歷史過程之中,使吾人今日得依此以推求其發生發展之迹,而不悖于辯證發展之規律。

若更結合吾上試說地支所謂干支屬性相合之說,有如後世所謂日月合璧之義者,則疑最初之所謂初吉,乃指上甲十日,即甲子、乙丑至壬申、癸酉十日言也,故武王伐紂取甲子日會牧野,非不可能,指爲此一迷信事迹之僅存于載籍者矣。

然何以丁亥、庚寅兩日獨爲世所重,而此兩日又不在上甲十日之中,此則世習之變,而吾人亦得自古籍中得其餘脉。考《易》言先甲三日、後甲三日、先庚三日、後庚三日云云(說已見前),其中丁字既爲後甲之三日,又爲先庚之三日,蓋自甲後數三日爲丁,自丁後數三日爲庚,丁庚兩數實爲一甲之中數,此自十干之重點。至寅與亥,則寅乃迎日之祭,爲統治者與齊民共戴崇奉之事,而亥者蓋取于萬物荄孿之義乎?非余所敢詳知者矣。此自有民情風習在其中,吾雖欲强說之,而不可能,故姑舉是說以求正于世之知者。

　　丁亥之說，顧亭林《日知録》所論亦自有理："《夏小正》二月丁亥萬用
入學，二月不必皆有丁亥，蓋夏后氏始行此禮之日，值丁亥而用之也，猶
《郊特牲》言郊之用辛也。周之始郊以日至，言周人以日至郊，適值辛日，
謂以支取亥者非。"顧氏之義在堅定其先秦以前用支或以干爲主之說最
合于甲子使用之社會功能發展途徑云爾。

史記屈原列傳疏證

　　屈子事迹，戰國無傳之者。漢儒以劉向言之最悉，《九嘆》、《新序》所載是也。然言伯庸爲遠祖，卦卜而得名字，上官、靳尚混爲一，不知椒蘭爲虚構，此其所短也。東方《七諫》規模屈生之義，列《初放》、《沈江》等篇，似若可求，實則影借爲言，羌無故實。馬季長亦言椒蘭，弊同子政，然爲叔師之所本，信息所自，亦不容遂廢。東漢王充所述亦最豐，又皆因襲舊說，以爲辯論。獨司馬遷所爲原傳，列布史實，差得其真，與時事相表裏，讀者便之，然實指子蘭，爲始作俑者，不無小疵，而論《離騷》，放筆肆詞，遂使文不相次，大約爲未加修潤而然。遷傳屈原、夷、齊，不免借古瀉其悲忿，則論《騷》直可作論太史公書讀（與《自序》可相參，自明）。今之疏證，凡足以發明原傳者，必備錄之，其佚誤之訂正，文筆之調理，皆以短文定之。文稍巨、義稍遠者，則爲續考附錄，遂不覺其文之冗長，證之繁瑣。

《史記》列傳卷二十四《屈原賈生列傳》

　　按賈生洛陽少年，而深受知于文帝，擢爲大夫，初似屈子之見任于懷王，及其爲長沙王傅，有似貶謫，亦似屈子之見放，其所謫之地，又適爲屈子生息之所，及其爲賦以弔，則誼亦以屈子自況矣。且學識才力與遭遇，兩人皆有相似之處，而漢代詩賦，實又自賈生開之，故史公合兩人而爲之傳，蓋其宜也。今當判別，故賈誼一傳，刪而不錄。又原傳中錄《懷沙》、《漁父》諸文，已別在《屈原賦校注》，茲亦刪焉。又《史記》傳本至多，諸刻是非，本無定說，本篇義在徵實，無事校讎，故一以宋黃善夫本爲准，願覽者察焉。

屈原者，名平。

按《公羊》昭元年傳："上平曰原。"《說文》原解作"高平之野，人所登"。《爾雅·釋地》："大野曰平，廣平曰原。"則名平，字原，字義相應。又《離騷》："皇覽揆余初度兮，肇錫余以嘉名，名余曰正則兮，字余曰靈均。"正則、靈均皆屈子乳名，而字義亦與平、原相應。然"正則"、"靈均"爲屈子自道之辭，劉向《九嘆》亦本之。《史記》所說，不見他家稱說，遂使後世疑之。王逸《章句》，乃爲糅合調處之說，其言曰："正，平也。則，法也。言平正可法則者，莫過于天。……高平曰原。故父伯庸，名我爲平以法天，字我爲原以法地。言己上能安君，下能養民也。"洪興祖申之曰："正則以釋名平之義，靈均以釋字原之義。名有五，屈原以德命也。"其言皆明快無疑滯。後世樓鑰以爲均亦平也。《懶真子》以爲正則、靈均爲小名小字。都穆本之，以宋進士同年錄皆有小名小字證之。以爲正則合音爲平，靈均合音爲原，則不知妄說者矣。

按《離騷》之文，上言先祖嚴親，次詳生年月日，至爲莊肅。則命名之義，可自此領悟。正則者，所以道其爲國之宗親，而有巧會生辰年月。寅者楚人以爲吉宜時日也。其爲準則，蓋無可疑。平者如準之求平，所以爲一切之平正齊一之法也。父之所揆，所攬者，正在于是，則父名之曰平，無疑。《文選》以原爲名，平爲字，洪氏已非之，是也。古人重生，而平之義，正所以美其生也，不得以原名矣。至靈均之爲原，則俞蔭甫氏讀均爲"畇畇原隰"之畇，至確不可易。靈者，楚人以爲長善之詞，則靈均猶言"良田"、"沃壤"矣，亦取其美備而已，此屈子所以寄其聖裔宗親天則之義，亦以寄其思親罔極之憤，而時有所諱，故隱秀以托其悲，則其事亦至莊肅。戰國以前名極少用兩實字義者，故臨文而用乳名，入仕而正名，蓋事理人情之所許矣。參《通故》"平"、"正則"、"原"、"靈均"及"稱"、"兩"諸條，自能明之。

又《離騷》：“攝提貞于孟陬兮，惟庚寅吾以降。”則屈子生于寅年正月寅日。按鄒漢勛《遺書》言在周顯王二十六年，並據殷曆推定爲正月二十一日（見《遺書·屈子生卒年月日考》一文。又劉師培《古曆管窺》以夏曆推之，與鄒說亦全相同）。而陳瑒《屈子生卒年月考》以甄鸞《五經算術》所載周曆法推之，亦定爲楚宣王二十七年。又近日郭沫若氏據《呂氏春秋·序意篇》言“維秦八年，歲在涒灘”之言，推爲宣王二十八年正月七日。王闓運《湘綺樓日記》光緒八年二月二十四日記云：“《離騷》之攝提是太歲在寅也，依《史記》甲子推之，楚懷元年歲在癸巳，先三年庚寅，先十三年戊寅，當楚宣王二十五年、周顯王二十四年也。懷王元年屈子年十六歲，頃襄元年四十六歲，二十三年六十八歲而沈湘。”與諸家略近，而直據《史記》，亦一法也。諸家說相差極微。按屈子生卒問題應以《離騷》庚寅之說爲斷，本無疑義，惟世出土楚器其所用曆似與北土諸器有別。楚人所用曆法是否與周、魯、齊、晉北方諸國全同，頗有疑問，余以爲應自楚器物中之載有曆日者精加推算，或能得明其真象，然傳世楚器余遍檢群書有銘文者不及二十器，而文中載曆日者僅得楚王頵編鐘、楚仲南仲和鐘、楚余義鐘、楚子簠、楚贏匜五器，曆時既簡略，而史事不能的知，不敢據以推論。年來全國新出文物極多，惜余皆未得見，將來必有闡明楚曆之人，則攝提、孟陬、庚寅以降之說或能得確解。

近年料理青銅器中使用干支風習，因得一結論，知庚寅爲楚民間吉宜時日，此可爲《離騷》內美一詞嘉證。

楚之同姓也。參見《屈原事迹讀考》

王逸《離騷》注：“其後熊繹事周成王，封爲楚子，居于丹陽。周幽王時，生若敖，奄征南海，北至江漢。其孫武王求尊爵于周，周不與，遂僭號稱王，始都于郢。是時生子瑕，受屈爲客卿，因以爲氏。”《漁父》：“子非三閭大夫歟？”（參見《屈原事迹續考》）王逸《離騷序》：“三閭之職，掌王族三姓，曰昭、屈、景。”《離騷》：“帝高陽之苗裔兮。”《史記·楚世家》：“楚之先祖出自帝顓頊高陽。”又：“齊桓公以兵侵楚，至陘山，楚成王使將軍屈完以兵禦之。”《正義》：“屈完，楚族也。”又惠王從者有屈固，又懷王六年楚使柱國昭陽將兵而攻魏。十七年春,與秦戰丹陽,虜楚大將軍屈匄。二十七年昭睢諫善齊韓。二十九年秦復攻楚,殺楚將軍景缺。又考烈王元年,遣將軍景陽救趙。皆三姓名臣,見于史者。他如昭奚恤、昭陽、昭魚、昭鯉、昭常、屈廬、屈宜臼、屈春、景快、景翠、景差、景含鑪等,皆見于戰國以前書。至漢徙楚昭、屈、景三姓于關中,而北疆乃見楚姓。事見《漢書·高祖紀》與《婁敬傳》。又王逸三姓之說亦見《莊子·庚桑楚》:"是三者雖異,公族也。昭景也,著戴也。甲氏也,著封也。"按:"昭景也","甲氏也",兩也字,當讀與《齊物論》"野馬也"、"塵埃也"兩也字同例。此言昭、景二姓,乃以昭穆相承襲而著稱,而甲字則以始封而著稱也。昭爲楚昭王之後,受姓于昭,世系相承,不別爲宗,故曰著戴,戴者戴其首也。《爾雅·釋地》:"途出其前戴丘。"《說文》:"首,戴也。"故戴有承始之義。景氏之先無可考,以《莊子》之義度之,亦楚封君之後也。至甲氏當即屈氏,甲,屈古雙聲,又魚、麻韻近之通轉也。考屈氏,乃楚武王子封于屈瑕之後,以封爲氏,故曰著封也。此三姓見于戰國最早之說,惜以字誤晦矣。屈氏在朝,世爲顯職(詳下莫敖疏),故其後至爲繁昌,馬驌據《春秋經傳》(尤以《左傳》所載爲詳)及杜注爲之氏系。茲稍補遺並錄如下:

武王 — 文王 — 敖渚

```
└ 屈瑕 ┬ 屈重 — 屈完(註) — 屈荡 ── 屈到 — 屈建 — 屈生 ┬ 伯庸 — 平
       └ 屈御寇              屈荡 — 屈申          └ 屈匄
```

(註:屈完或作屈倪;屈申,杜注爲荡孫)

又《離騷》:"朕皇考曰伯庸。"伯庸當是原父之字或號。又劉向《九嘆》:"伊伯庸之末冑兮,諒皇直之屈原。"則以伯庸爲原遠祖。王壬秋本之,以皇考爲大夫祖廟之名,即太廟也。又謂屬詞之例,不得稱父字,說不可通,詞例未洽,不可從。

爲楚懷王左徒。

《正義》:"左徒蓋今左右拾遺之類。"按此說非也。《楚世家》:"楚使左徒侍太子於秦。三十六年,頃襄王病,太子亡歸。秋,頃襄王卒,太子熊元代立,是爲考烈王。考烈王以左徒爲令尹,封以吳,號春申君。"自左徒晉爲令尹,則左徒之職甚崇,非左右拾遺之比也。按原本傳下言:入則圖議國事,出則應對諸侯。蓋近內官,其職頗與漢制太常相似。《漁父》稱原爲三閭大夫,王逸以爲掌昭、屈、景三姓,此與漢制之宗正似。按王莽改太常爲秩宗,而以宗正屬之,莽制多模古,宗正可并太常,則左徒或即三閭大夫之主官,而三閭爲其從屬大夫專掌昭、屈等三姓者與? 惟左徒一名,楚在春秋前無可考,即戰國一代,亦僅一春申君爲之,細繹原傳,並參《左傳》,余疑即春秋以來之所謂莫敖也。何以言之? 按襄十五及二十三年左氏叙楚命官之次,莫敖僅亞令尹。顧棟高《春秋大事表·楚令尹表序》云,楚自桓公六年,武王侵隨,始見《左傳》。其時鬥伯比當國,主謀議,不著官稱,十一年莫敖屈瑕盟貳軫,敗鄖師于蒲騷,時則莫敖爲尊,宜亦未有令尹之號,至莊四年,武王伐隨,卒于樠木之下,令尹鬥祁,莫敖屈重除道梁溠,營軍臨隨,令尹與莫敖並稱,亦不知尊卑何別,嗣後莫敖之官,或設或不設,間與司馬並列令尹之下。[1] 又桓十一年《傳》,鬥廉呼莫敖爲君,屈瑕不或稱屈侯,孔穎達曰:"楚呼卿爲君。"則莫敖亦卿階矣。莊四年《左傳》令尹鬥祁、莫敖屈重相次而言,與襄二十五年屈建以莫敖爲令尹,皆與春申君以左徒爲令尹事相合,此其一。他如昭五年《左傳》亦可爲證,茲不錄。又莫敖爲近內官,入則禁御左右,出則應對諸侯,主爲盟會之事,與原傳"圖議國事,接遇賓客"之語合,此其二。此事極繁,當別爲文以證之,然與左徒所守,幾全合,則決無可疑。又楚自魯桓公十二年之後,始有莫敖之官,直至春秋之末屈瑕、屈重、屈完、屈蕩、屈到、屈建、屈生七世相承爲之,爲莫敖者更無他姓人。春秋以後,載籍殘缺,屈生之後,幾世爲原,楚之官制,是否全仍相襲,雖不可考,而楚無二屈,官制容有小變,不容有大更,則原世其官,本極可能,此其三。又戰國以來楚之爲左徒者,僅原與春申君二人,按春申君亦本楚之近親,《韓非·奸劫弒臣》篇以春申君爲楚莊王弟,又春申君與孟嘗君等稱四公子,見《史記·游俠傳》,則歇爲楚同姓,確矣。則左徒必以親族爲之,與莫敖之制同,此其四也。又令尹爲楚相,《國策》陳軫曰:"令尹貴矣,王非置兩令尹也。"以此見楚令尹爵

---

[1] 此處底本分段。詳文義,不應分段。

位最高,而其歷世爲令尹者又皆楚之公族,則楚制兩重臣,皆以同姓爲之矣,尤足證莫敖、左徒之非左右拾遺也。又莫敖一名,義不甚可解,然楚自熊咢以後,以敖爲號而非名(熊儀始稱若敖),十四王中有若敖、宵敖(熊坎)、堵敖(文王子,又作杜敖)、郟敖(熊員)四君及公孫敖(莊王時蔿艾獵爲令尹,稱蔿敖,或以爲即公孫敖)。而聲得相通有蚡冒(熊眴)、熊咢及郟敖之子幕,此決非偶然之現象。而楚人歷史,自熊繹至熊咢,皆飄渺不定,真史當自若敖始,敖字疑爲含某種意義之楚語,而與宗姓有關。楚莊王九年有相若敖氏,滅若敖氏之族云云,則若敖直爲氏族名矣。杜預以爲楚人謂未成君爲敖,然若敖享國二十七年,蚡冒享國十七年,宵敖享國六年,又何以爲說? 此不可通。又若宵之子叔孫名敖,亦楚之公族,宣十二年《左傳》又云:隨武子曰,"蔿敖爲宰,擇楚國之令典",則亦以公族掌令典矣。而始爲若敖①之官者,即若敖之曾孫,宵敖之孫,而蚡冒之侄。疑莫敖之官比于後世秩宗宗正,皆非甚謬,此其五。敖字又作嚻,見《淮南・修務》及《漢書・五行志》。或以莫敖爲主兵戎之官,恐不確。襄十五年及二十三年《左傳》言楚命官,別有司馬,在令尹之次,則不得更有主兵之官明矣。惟《史記・淮陰侯列傳》言歸漢爲連敖,張晏以爲司馬,此當爲戰國末期之制。合官階制度諸端而觀,則余疑左徒即莫敖,當不甚遠矣。而《漁父》三閭,王氏以爲掌三姓者,蓋極可信。又《楚世家》懷王十六年,張儀至楚,十七年秦敗屈匄,時原年蓋三十二三,則爲左徒當在懷王十六年前。又《新序・節士》篇秦欲吞滅諸侯,併兼天下,屈原爲楚東使于齊,以結強鄰。按當懷王十六年秦欲伐齊,齊已與楚從親,則屈子使齊當在懷王十六年前,屈復《楚辭新注》定屈子爲左徒在懷王十一年,大約不甚相遠,時屈子年二十六也。

博聞彊志,明于治亂,嫻于辭令。

《離騷》:"汝何博謇而好修兮,紛獨有此姱節。"又:"耿吾既得此中正。"又《懷沙》:"文質疏內兮,衆不知余之異采。"屈子蓋不勝其惶惶之心,故自爲表白亦如此。博聞强志者,按屈賦二十五篇,所涉及之歷史、

① 此"若敖"當作"莫敖"。

文化、天文、地理、心理、事物方面極廣,其歷史文化知識與齊魯三晉同者,蓋久習北土諸家之說;其與齊魯三晉異撰而保存古史真面目與風習民情差殊者,蓋即楚左史倚相所傳《三墳》、《五典》、《八索》、《九丘》之類。大體論之,凡與齊魯三晉殊者,可能爲楚故習之所在,亦即楚人所依以爲制度文化之社會實質,別詳《三楚所傳古史與齊魯三晉異同辨》一文。明于治亂者"依前聖以節中兮,喟非義而可服"等句,已足以說明此義。屈子之政治治亂觀,與《尚書》"天聽自我民聽,天視自我民視"相近,自其大量爲民請命之辭皆可推知。此一思想在孔、孟、荀、韓諸家,起自齊民者,易爲之,而在屈,則既爲宗親,又位至宗官,應以天命一類保抱統治階級利益爲主,及以民本爲其治國基礎,損世室乃至公室以益民,"爲先功以照下",爲楚立法制,其制未必如吳起變法抑世室公室之烈,而"怨靈修之浩蕩兮,終不察夫民心",其冀望直詣時君,此其進步明哲可知。而秦之侵略不已,楚政窳朽如此,在其南入辰漵以後,可能爲楚謀開拓南土,以得財力,故各篇文中寄望于南方者實至爲切直。參《通故》"南"、"南人"、"南夷"諸條,自能明之(見《杭州大學學報》一九七八年第三期《楚辭通故選錄》篇下)。

嫻于辭令,此事不必更證,二十五篇,即一最堅實之說明。屈賦不僅爲南楚獨有之最高文學標本,亦中土文學最崇高之作品。

屈子明於治亂之機,自其論三代帝王諸端皆可考見,其是非自有胸中之義,非隨聲附和與世抑揚可比,周拱辰論"武發殺殷,何所悒"二句可參,茲附于下:

"大抵屈原千古猖忠也,其于商周革命之際扼腕久矣。信齋怒忍尤攘詬,一種美人遲暮之思,宛然天王聖明、首陽采薇心事,故于湯伐桀則曰'終以滅喪',曰'何條放致罰'。于武王伐紂則曰'叔旦不嘉',曰'何所悒',曰'何所急',意原所以悼下土之紛攘而願侶彭咸以自沈也。"(見《天問》"武發殺殷,何所悒"二句下,卷三五十二頁後面。)參余《重訂天問校注》自能明晰。

入則與王圖議國事，以出號令；出則接遇賓客，應對諸侯。王甚任之。

《九章·惜往日》："惜往日之曾信兮，受命詔以昭詩。"即此所謂出入圖議也。又《楚世家》懷王十八年，"屈原使從齊來，諫王曰：'何不誅張儀？'"云云，屈子兩使于齊，即此所謂應對諸侯也。莊四年：楚武王伐隨，"卒于樠木之下……莫敖以王命入盟隨侯。且請爲會于漢汭。"又昭五年：楚靈王"以屈生爲莫敖，使與令尹子蕩如晉逆女"。凡此皆春秋以來議事出令接賓客對諸侯之證，餘如屈瑕之盟貳軫（桓十一年），《國語·楚語》之載屈建不以芰祭屈到一文，《楚策》莫敖子華之對威王之言，改典史實、憂社稷，皆掌政令者也，則史公此段文字全與左氏說合，蓋楚之舊傳也。

上官大夫與之同列，爭寵。（參《屈原事迹續考》）

王逸曰："同列大夫上官靳尚妒害其能。"按《史記》張守節《正義》曰"王逸曰上官靳尚"云云，則唐人已誤用王逸說矣。按《史記》"上官大夫與之同列"，又曰"用事者臣靳尚"，明是兩人，而王逸一之，誤也。然劉向《新序·節士》篇亦曰："使張儀之楚，貨楚貴臣上官大夫靳尚之屬。"云云。則有和爲一人之疑。然漢時自有此說。《漢書·古今人表》上官大夫列中中（五等），靳尚列下上（七等），則漢人亦自有兩說矣。蔣驥曰："《戰國策》靳尚說楚懷王出張儀，旋以隨行，爲魏張旄所殺。而上官大夫至襄王時尚存，其爲兩人甚明。"其說極確。《姓纂》楚莊王少子子蘭爲上官大夫，後以爲氏（《通志·氏族略》同）。確否雖不可必，而上官不爲靳尚，亦一證。朱熹《集注》"同列上官大夫及用事臣靳尚"云云，最爲明白、朗暢。考《國策·楚策》二："靳尚爲儀謂楚王曰……""楚小臣靳尚之仇也。"《史記·楚世家》："張儀曰：'臣善其左右靳尚，靳尚又能得事于楚王幸姬鄭袖。'"（《張儀傳》同）曰小臣，則不得與大夫比，曰事于幸姬，則不過爲爪牙之徒，此張儀之所用也。至上官大夫，《史記·屈原傳》"上官大夫與之同列"，"上官大夫見而欲奪之"，頃襄王時，令尹子蘭"使上官大夫短屈原于頃襄王"云云。諸言上官大夫事迹，凡與原相涉者，皆政治上之敵對朝士，其爵位遠在靳尚小臣之上，而略與屈子等，則與靳尚爲兩人諒矣。上官大夫職秩不可考，惟戰國諸侯大夫之名至多，楚秦有上大夫、五大夫之屬，秦更有公大夫、官大夫（即國大夫）之屬，則楚之上官大夫亦大夫階爵之別矣；曰上官者，其與屈子之三閭同爲專職之大夫；上官或亦地名，皆不可知。詳參《三楚所傳古史與齊魯三晉異同辨》一文之職官。近人或有以爲三閭即三戶，三戶亦地名，亦得比附。

而心害其能。

《史記·燕世家》：“諸侯害齊湣王驕暴。”注：“害，忌也。”王逸《離騷序》作“妒害其能”。

懷王使屈原造爲憲令。（參《屈原事迹續考》）

按使屈子爲憲令事，他無所徵，細讀《楚世家》懷王一代事，懷王爲人，貪佞而非庸愚。蘇秦約山東六國攻秦而懷王爲縱長，其人蓋頗有興復楚國之志，則更張國憲，以應政勢，蓋亦必有之圖。此正足補《楚世家》之缺，不得以無證而忽之也。《賈子新書·春秋》云：“楚懷王心矜好高，人無道而欲有伯王之號。鑄金以象諸侯人君，令大國之王編而先馬，梁王御，宋王驂乘，周、召、畢、陳、滕、薛、衛、中山之君皆象使隨而趨。諸侯聞之，以爲不宜，故興師而伐之。”可爲旁參。

楚自吳起變法時，其氏族强盛，蓋有不可收拾之勢。《惜往日》之“明法度之嫌疑”、“國富强而法立”等語，與草憲令之言，可相發明，則受命變法，一則與當時楚之“先功”合，一則與戰代諸國多變法之時代情勢亦合（參《屈原事迹續考》“吳起變法”一節）。則雖無確徵，而略有此一設想，此傳言上官奪草則變法未成，此所謂“遭讒”、“蔽君”、“遷臣弗思”者矣。餘詳下文。

屈平屬草稿，二未定，上官大夫見而欲奪之，屈平不與。

草稿《漢書》作草具。二字惟黃善夫本有，今本多無之。寅按：有二字是也，今從之。然非一、二之二，乃稿字之重寫也。

因讒之曰：王使屈平爲令，衆莫不知，每一令出，平伐其功，曰以爲非我莫能爲也。

按此二令字,指以出號令之令言,非指意令之令,蓋小人藉端構陷也。《左傳》襄十三年:"小人伐其技,以馮君子。"注:"自稱其能爲伐。"

王怒而疏屈平。

《九章·惜往日》:"惜往日之曾信兮,受命詔以昭詩。奉先功以照下兮,明法度之嫌疑。國富强而法立兮,屬貞臣而日娭。秘密事之載心兮,雖過失猶弗治。心純厖而不泄兮,遭讒人而嫉之。君含怒以待臣兮,不清澈其然否。蔽晦君之聰明兮,虛惑誤又以欺。弗參驗以考實兮,遠遷臣而弗思。"與原傳多合,疑亦史公所本之一。《九章》作者即是屈子,故所言當不甚相遠。又《離騷》亦言"初既與余成言兮,後悔遁而有他",亦可爲證,然《惜往日》爲尤詳盡,曰"奉先功以照下",言以先世之功績對照今時,此當指楚悼王用吳起變法,楚威王好法制術數、意圖變法事言,則楚先王變法之意,爲歷世之一政策。又戰國以來諸侯多欲變法,以應當時國勢。變法之制,始于魏文侯之用李悝,最爲有效(文侯始紀元前四四五至前三九六),其次爲秦孝公(起于紀元前三六一至前三三八)之用商鞅;至稍前于懷王者,有韓昭侯(起前三六二至前三三三)之用申不害。其事皆能振動一時,蓋諸侯皆欲其國之富(經濟)與强(軍事),故《惜往日》"國富强而法立",度屈子之變法,略與商鞅、吳起相同,開罪懿親貴族,故使同列大夫能傾之于懷王。商鞅變法,孝公行之,主以尊安,國以富强(見《韓非·和氏》篇)。國以富强,與《惜往日》"國富强而法立"之說相一致;而"主以尊安"一語,于全部屈賦中,表現爲最真切云。當時楚之政治制度,與朝廷民間之情形,當與悼王吳起變法時相同(參《屈原事迹續考》引《韓非·和氏》篇說)。又按此言疏謂疏遠之,非放逐之也。左徒爲守宗之主職,爲近內官,疏之用遠,蓋退守其世職之三閭大夫也。疏者投閑置散之意,非謂去之也。注家不解此意,多以爲原此時已被放逐,誤矣。三閭之職蓋專守宗姓之事,而以教胄子爲主。是原政治上之地位雖失敗,無政治上之權力,而宗姓之職,固未曾替也,則甚尊,故《漁父》得以

"三閭何故至斯"爲問，故謂之疏。考懷王信張儀，而絕齊使事，在懷王十六年，此時屈子年當三十二歲。按後世言此疏即放逐，大誤。其誤蓋始于劉向《新序》："秦欲吞滅諸侯，並兼天下，屈子爲楚東使于齊，以結強鄰，秦國患之，使張儀之楚，貨楚貴臣上官大夫靳尚之屬，上及令尹子蘭、司馬子椒（參《屈原事迹續考》），內賂夫人鄭袖，共譖屈原，屈原遂放於外，乃作《離騷》。"云云。後世誤以屈原放逐在此時，當即子政此文所致。按近人有論之曰："向所爲《說苑》、《新序》，疏謬不可勝辨，而此尤顯與《史記》相乖。屈原見絀在張儀至楚之前，而此以爲張儀來楚之後，一誤也；屈原僅見絀，而此爲被放，二誤也；屈原使齊在十八年，而此移在十六年，三誤也；張儀賂靳尚、鄭袖，在其再來楚之後，而此以爲在其初至之時，四誤也；令尹子蘭使上官大夫短屈原，《史記》在懷王入秦後，而此以爲受張儀之賂，五誤也；屈原使齊，正見疏後事，而《新序》又謂懷王復用屈原，再使齊，六誤也；《離騷》言美人香草多矣，其言椒蘭，亦托物以喻意，劉向誤以蘭爲子蘭，又別造子椒之名，七誤也；且《史記》云'離騷者猶離憂也'，讀其文亦不見有言子蘭子椒之迹，今既誤以屈原于懷王十六年前即被放逐，遂謂《離騷》乃被放後作，八誤也。"

屈平疾王聽之不聰也，讒諂之蔽明也，邪曲之害公也，方正之不容也，故憂愁幽思而作《離騷》。

自此至"雖與日月爭光可也"一段，言屈子之作《離騷》，及對《離騷》之評價。此段以文理言之，似《離騷》作于屈子被讒見疏之時。按此時屈子蓋年三十二三，而《離騷》中多傷老嘆逝、緬懷往迹之語，非壯仕之年所當有。且一時暫絀，非必永廢，即有冤曲，何致忿懟？以屈子忠淳之懷，宜不致躁急若是。則《離騷》之成，當在晚年無疑。史公于忠貞守節之士，如伯夷叔齊及屈原諸傳，皆以蒼茫鬱勃之氣，發爲倜儻自恣之文，不能悉以文章規矩相繩。王怒而疏屈平一語，作者情懷，與傳主遭遇相入，同情之心勃起，遂振筆舒毫，而有"屈平疾王聽……"以下至"雖與日月爭光可也"一段拓蕩湊迫、非常突兀之文，牽連而言之至終。以文理言，"王

怒而疏屈平"一語,當下承"屈平既絀"一段,而屈平疾王聽不聰一段,實
與下文"其存君興國,而欲返之,一篇之中,三致意焉"一節脉絡相屬。自
來解者多不明此,遂多惶惑之論矣。又按,依事理、文脉兩端定之,"屈平
疾王聽之不聰"以下五句,及"離騷者猶離憂也"至"雖與日月爭光可也"
一大段,情詞急激,其思理必不僅惜其見疏。懷王客死于秦,楚人皆怨子
蘭之勸王;國君死于囚徒,遠在敵營,是何等傷心事,何等大事。則史公
激于此等事象,因而引入作《騷》一段。事理既明,奮筆爲之,以《離騷》一
文爲主幹,以總論屈子忠貞之操,文兼《風》、《雅》,暢發其情,且以寄己之
忿懑,理順詞達,則此一段文字,當爲錯簡,應移在"以勸懷王入秦而不反
也"之後,"屈原既嫉之"之前,則文理事迹,兩皆順適矣。然其所以錯出
者,以文中有"屈平既疏"、"屈平既絀"、"屈平既嫉之"三語,句法句義皆
各相似,而子政《新序》又拉扯混雜,遂爲後人所據,因而顛倒錯出,以致
于亂也。然照以《離騷》全文,似無懷王入秦不返之義可說,則《騷》之成
篇,當在懷王入秦以前無疑。史公不過始終其義而立言,固不必論其創
作時日,重在義理,而不重在文理也。大約自漢以來,於屈子事迹多不經
意,既誤于子政之言,又不檢本文,遂爾集累成言,以亂真象。《漢書·賈
誼傳》云:屈原"被讒放逐,作《離騷賦》"。《漢書·地理志》亦云:"屈原被
讒放流,作《離騷》諸賦以自傷悼。"皆其徵也。然就《離騷》本文論之,首
述身世,次言教育,更言性行,又言仕不得意,君王荒唐(浩蕩),因而求教
重華,而帝闍不容(指見疏而非放流),而求女不得,蘭蕙化茅,則己施教
之胄子亦不得相與爲儔,遂至荒凉,而一再使齊,天下非無芳草,然宗子
之義,不得適他國,如當時楚之賢達所爲,留不用,去不得,遂神游四方,
終于昆侖,寄念楚之發祥西土之義,追思先德而已。假日逍遙,忽睨舊鄉
者,正寄念楚之先德,故相從之僕馬,亦爲之悲切。最後結出國無相知之
人,不必懷念故都。故都者,即國人之所在,指郢都而言。又去棄之思,
既不足相與爲美政,當從彭咸之所居云云,所以明以忠于國、忠于民之
志,以死自誓而已。大要如此。合以當時楚之形勢,不過失志放廢,國亂
不可理,而懿親胄子,無可與謀。又恐年衰老,功名不立,如此而已。則

所言僅在失志佗儌之際，與《哀郢》、《懷沙》諸作情懷大異。則其所舉事象，亦不得下限至懷王客死明矣。故余疑此文創始于見疏之後，而完成于將衰（"老冉冉其將至兮"）之年，如此而已。史公特以此文以總屈子忠貞一生之迹，又補以《哀郢》、《懷沙》、《招魂》諸篇也。考鄒叔績《遺書·屈子生卒年月考》以《離騷》作于壯年，辨析至審，不無可采，茲附如次：

> 《史記》屈原爲楚懷王左徒，上官大夫讒之，王怒而疏屈平，平憂愁幽思而作《離騷》。劉向《新序》："秦使張儀之楚，貨楚貴臣上官大夫靳尚之屬，上及令尹子蘭、司馬子椒，內賂夫人鄭袖，共譖屈原，屈原遂放于外，乃作《離騷》。張儀因使楚絕齊。"考張儀去秦相楚，詒楚絕齊皆在楚懷王十六年，則原之見放作《離騷》，必是年也。《離騷》曰："及榮華之未落兮，相下女之可詒。"又曰："及年歲之未晏兮，時亦猶其未央。"又曰："及余飾之方壯兮，周流觀乎上下。"王叔師注，于前曰"及年德盛時"，中曰"冀及年未晏晚"，末曰"願及年德方盛壯"。以是徵之，則作《離騷》之時，屈子年方壯，惟"老冉冉其將至兮"，似非壯年人所宜語。然叔師注引《論語》"君子疾沒世而名不稱焉"，下繼之曰："屈原建志清白、貪流名于後世也。"蓋志士惜日，不覺其年之方富也，況冉冉訓漸漸（見五臣《文選注》），曰將、曰漸漸，皆望而未至之辭，則《離騷》爲屈子壯時作，明甚。屈子之生以周顯王二十六年，下至作《離騷》之年，適三十一歲，《記》曰三十曰壯，則"及余年之方壯"者，正三十之謂也。

按鄒氏之說甚辨，屈子見疏，及作《離騷》，皆必與張儀之入楚有關，以懷王惑于寵姬，而上官之流及在朝諸貴冑，皆無遠謀，故文中言化茅，言求女，皆非唐虞之言也。惟鄒氏引用《新序》之文，未爲得實，已辨之于前，茲不贅。

離騷者，猶離憂也。

離騷謂因見疏而與君國離別而愁思，故其心情悲蕙，語言不次之狀。

夫天者人之始也，父母者人之本也，人窮則反本，故勞苦倦極未嘗不呼天也,疾痛慘怛,未嘗不呼父母也。

《正義》:"慘,七感反,毒也;怛,丁達反,痛也。"

屈平正道直行,竭忠盡智,以事其君,讒人間之,可謂窮矣。信而見疑,忠而被謗,能無怨乎!屈平之作《離騷》,蓋自怨生也。《國風》好色而不淫,《小雅》怨誹而不亂,若《離騷》者,可謂兼之矣。上稱帝嚳,下道齊桓,中述湯武,以刺世事,明道德之廣崇,治亂之條貫,靡不畢見。

《離騷》:"鳳凰既受詒兮,怨高辛之先我。"王注:"高辛,帝嚳有天下號也。"《帝系》曰:"高辛氏爲帝嚳。"又"甯戚之謳歌兮,齊桓聞以該輔"。又中述湯武之武,《離騷》僅有"說操築于傅巖(岩)兮,武丁用而不疑"一語,武指武丁言。然又有"湯禹儼而祇敬兮,周論道而莫差。舉賢而授能兮,循繩墨而不頗",及"勉升降以上下兮,求矩矱之所同,湯禹嚴而求合兮,摯咎繇而能調"兩段言禹事,與下文"明道德之廣崇,治亂之條貫",意更近。疑湯武爲禹湯之誤。《離騷贊序》"上陳堯舜禹湯文王之法",亦言禹湯。唐寫本湯武即作湯禹是也。作禹湯者,疑爲《離騷》原本,蓋言湯禹,則不順也。或湯作大解,亦通。又《文心雕龍‧辨騷》篇,唐寫本"可謂兼之矣",無"兼之"二字。

其文約,其辭微,其志潔,其行廉,其稱文小,而其旨極大,舉類邇而見義遠;其志潔,故其稱物芳;其行廉,故死而不容自疏;濯淖污泥之中,蟬蛻于濁穢,以浮游塵埃之外,不獲世之滋垢,皭然泥而不滓者也!

此言行廉自重,責備至死而不容疏放也。劉勰《辨騷》引無"不獲世之滋垢"句。皭然,徐廣曰:"疏靜之貌。"按疏靜與"泥而不滓"義不相近,按《坤蒼》云:"皭,白也。"皭與皎同。泥而不滓,劉勰《辨騷》作"涅而不緇"。

推此志也,雖與日月爭光可也。

自"國風好色而不淫"至此,當是淮南王《離騷傳》中語,史公錄用之者也。班固序節之。亦見《文心雕龍‧辨騷》篇。自"屈平疾王聽之不聰"一大段,皆就作《離騷》發揮,與事實不甚相屬,當斷爲一章。

屈平既絀,其後秦欲代齊。齊與楚從親,惠王患之,乃令張儀佯去秦,厚幣委質事楚。曰:"秦甚憎齊;齊與楚從親,楚誠能絕齊,秦願獻商於之地六百里。"

按此爲懷王十六年事,屈子年當三十二三。其事,《戰國策》、《史記》頗有詳略。茲節《史記·楚世家》文以佐觀省:

> 懷王十六年,秦欲伐齊,而楚與齊從親,秦惠王患之,乃宣言張儀免相,使張儀南見楚王,謂楚王曰:"敝邑之王,所甚說者,無先大王;雖儀之所甚願爲門闌之厮者,亦無先大王;敝邑之王,所甚憎者,無先齊王,雖儀之所甚憎者,亦無先齊王。而大王和之。是以敝邑之王,不得事王,而令儀亦不爲門闌之厮也。王爲儀閉關而絕齊,今使使者從儀西取故秦所分楚商於之地六百里,如是則齊弱矣。是北弱齊,西德于秦,私商於以爲富,此一計而三利俱至也。"懷王大悅,乃置相璽於張儀,日與置酒,宣言"吾復得吾商於之地"。群臣皆賀。

商於,《集解》曰:"商於之地,在今順陽郡南鄉、丹水二縣,有商城在於中,故曰商於。"按即今陝西商縣。自此至"王之不明,豈足福哉"一大段論秦楚之交鬨。按當時七國形勢,秦在西,而其他六國皆在東,東諸侯合以抗秦,是爲合縱。而秦之對策,則在破此合縱之勢。與秦合,是爲連橫,連橫則可削六國,然六國中以齊,楚爲最強,故齊、楚合,則合縱勢成,而秦必不得志,故秦之數數使張儀破楚策略者,皆連橫家之本意也。楚國內惟屈子始終主連齊,則屈子之不得于國,正中張儀等之計也。參《屈原事迹續考》"縱橫系年"。

楚懷王貪而信張儀,遂絕齊,使使如秦受地。張儀詐之曰:"儀與王約六里,不聞六百里。"

《楚世家》曰:"使一將軍西受封地。張儀至秦,詐醉墜車,稱病不出三月,地不可得。楚王曰:'儀以吾絕齊爲尚薄邪!'乃使勇士宋遺北辱齊王(《張儀傳》作'乃使勇士到宋,借宋之符,北罵齊王')。齊王大怒,折楚符而合于秦,秦齊交合,張儀乃起朝,謂楚將軍曰:'子何不受地? 從某至某，廣袤六里。'(《儀傳》作'臣有奉邑六里願以獻大王'。)將軍曰：'臣之所以見命者六百里，不聞六里。'即以歸報懷王。懷王大怒。"

楚使怒去，歸告懷王，懷王怒，大興師伐秦。秦發兵擊之，大破楚師于丹陽，斬首八萬，虜楚將屈匄。遂取楚之漢中地。

　　按：與秦戰丹陽，秦取楚漢中地，皆在懷王十七年。此段《儀傳》作"秦齊共攻楚，斬首八萬，殺屈匄，遂取丹陽漢中之地"。丹陽他本皆作丹淅，《索隱》："丹淅，二水名也，謂于丹水之北，淅水之南，皆爲縣名，在弘農，所謂丹陽淅是也。"則司馬本作丹淅。《正義》："丹陽今歧江故城。"則張本作丹陽。按《楚世家》及《儀傳》皆作丹陽。《索隱》曰："丹陽在漢中。"則司馬氏蓋未互校，故歧出也。

懷王乃悉發國中兵，以深入擊秦，戰于藍田。魏聞之，襲楚至鄧。楚兵懼，自秦歸，而齊竟怒不救楚。楚大困。

　　按戰藍田仍在十六年。

　　《正義》："藍田在雍州東南八十里，從藍田關入藍田縣。"按即今陝西藍田縣。《索隱》："鄧在漢水北，故鄧侯城。"

明年，秦割漢中地與楚以和。

　　《楚世家》："十八年，秦使使約，復與楚親，分漢中地之半以和楚。"

楚王曰："不願得地，願得張儀而甘心焉！"張儀聞，乃曰："以一儀而當漢中地，臣請往如楚。"如楚，又因厚幣用事者臣靳尚，而設詭辯于懷王之寵姬鄭袖。懷王竟聽鄭袖，復釋去張儀。

　　按秦楚合戰之計，皆由張儀爲秦破合縱之說也。"以一儀"句，《楚世家》無，《儀傳》作："假令誅臣而爲秦得黔中之地，臣之上願。"又《儀傳》靳尚謂鄭袖曰："子亦知子之賤于王乎？"鄭袖曰："何也？"靳尚曰："秦王甚愛張儀而必欲出之，今以上庸之地六縣賂楚，以美女聘楚，以宮中善歌謳者爲媵。楚王重地尊秦，秦女必貴，而夫人斥矣；不若爲言而出之。"于是鄭袖日夜言懷王："人臣各爲其主用，今地未入秦，秦使張儀來，至重王，王未有禮而殺張儀，秦必大怒攻楚，妾請子母俱遷江南，毋爲秦所魚肉也。"云云。即本傳之所謂設詭辨也。《楚策》載此事又爲小異。又鄭袖袖字作偄，又作襃。

是時屈平既疏，不復在位，使于齊，顧反，諫懷王曰："何不殺張儀?"懷王悔，追張儀不及。

按此事《世家》在懷王十九年，屈子時年約三十六。又《儀傳》於既得釋放後，儀復"說楚王曰：'大王誠能聽臣，臣請使秦太子入質于楚，楚太子入質于秦，請以秦女爲大王箕帚之妾，效萬室之都以爲湯沐之邑，長爲昆弟之國，終身無相攻伐。臣以爲計無便于此者。'于是楚王已得張儀而重出黔中地與秦，欲許之。屈原曰：'前大王見欺于張儀，張儀至，臣以爲大王烹之，今縱弗忍殺之，又聽其邪說，不可。'懷王曰：'許儀而得黔中，美利也；後而倍之，不可。'故卒許張儀，與秦親"云云，不言追儀事，似較可信。

按懷王十六年信張儀之說而絕齊，是屈子使齊，不宜後于儀言既入之後。使齊蓋留二三年之久，則史公"王怒而疏屈平"之言，必爲齊使一事無疑。

其後諸侯共擊楚，大破之，殺其將唐眛。

《楚世家》："二十八年，秦乃與齊、韓、魏共攻楚，殺楚將唐眛。"按：眛《古今人表》及《呂氏春秋》作蔑。《考異》以爲古文眛、蔑通，恐非。古無眛通蔑者，疑眛乃眛形之誤。

時秦昭王與楚婚，欲與懷王會。懷王欲行，屈平曰："秦，虎狼之國，不可信，不如無行!"懷王稚子子蘭勸王行："奈何絕秦歡!"懷王卒行。

按此事《世家》在三十年。又：勸王無行，《世家》以爲昭睢之言。然此二語極平常，本不妨二人皆言之也。屈子自懷王十九年自齊使歸，一諫懷王殺張儀，後僅爲朝廷備員而已，不得竟其忠者十二年。《離騷》之作，當在此時期中，而成於懷王入秦以後，此時屈子蓋再諫而不聽矣。

入武關，秦伏兵絕其後。因留懷王，以求割地。

《世家》作："秦因留楚王，要以割黔中之郡。"

懷王怒不聽,亡走趙,趙不内;復之秦,竟死于秦而歸葬。長子頃襄王立,以其弟子蘭爲令尹。(參《屈原事迹續考》)

按:懷王亡走趙,在頃襄王二年。後入秦,死在三年。

楚人既咎子蘭,以勸懷王入秦而不反也。

按:既,盡也。既咎子蘭爲句,言楚人皆以子蘭爲咎。以勸句,則疏釋所以咎子蘭之故。

屈平既嫉之,雖放流,睠顧楚國,繫心懷王,不忘欲反,冀幸君之一悟、俗之一改也。其存君興國,而欲反覆之,一篇之中,三致志焉。然終無可奈何,故不可以反,卒以此見懷王之終不悟也。人君無愚智賢不肖,莫不欲求忠以自爲,舉賢以自佐;然亡國破家相隨屬,而聖君治國累世而不見者,其所謂忠者不忠,而所謂賢者不賢也。懷王以不知忠臣之分,故内惑于鄭袖,外欺于張儀,疏屈平,而信上官大夫、令尹子蘭,兵挫地削,亡其六郡,身客死于秦,爲天下笑,此不知人之禍也。《易》曰:"井泄不食,爲我心惻,可以汲;王明,并受其福。"王之不明,豈足福哉!

井泄四句,《易·井》卦九三象辭,今本作"井渫不食,爲我心惻,可用汲;王明,并受其福。"此段當爲上段楚國時事及《離騷》作品之終結與屈子之沉江兩節之橋梁,言屈原既以子蘭爲咎而嫉之,雖在放廢之時,而心存君國。欲反覆之之心,于《離騷》一篇之中,三致意焉。此遠承上文作《離騷》而言。上文"屈原疾王聽之不聰也",至"雖與日月爭光可也"一段,皆贊《離騷》之語,順"王怒而疏屈平"一語,激其筆鋒,偏於作《離騷》一事言之,即其贊《騷》之言既盡,復反入正文,其脉絡直至"屈平既嫉之,雖放流"云云,乃復顯現,突兀不次,此蓋古人文法未甚縝密之處,或史公雜采傳記未加調整。此固不容阿諱,然遽因謂原傳爲矛盾不成理,亦未免于俗見。自"終無可奈何"以下,至"豈足福哉",又是偏激之筆,不合文律。"卒以此見懷王之終不悟也"句,當直承"令尹子蘭聞之大怒"一段,則脉絡清矣。

令尹子蘭聞之,大怒。卒使上官大夫短屈原于頃襄王。

按《離騷》之成，當在懷王不返，頃襄嗣立，子蘭用政之時，此時屈子近四十七八。聞之"之"字指上文之"一篇"言，即《離騷》也。此何以證之？按屈子以蘭蕙芳草比君子，此通例也，而《離騷》有"余以蘭爲可恃兮，羌無實而容長，委厥美以從俗兮，苟得列乎衆芳"，王逸以此蘭指子蘭言，雖設想，亦自有見。子蘭大怒，蓋國之冑子在王左右者，以蘭喻之，未爲不可，而《騷》中却有蘭蕙化茅之說，疑即指此等處，自受上官之譖，而後放流江南，乃有《漁父》、《懷沙》諸篇之作。

頃襄王怒而遷之。

懷王疏原，不過奪其在朝之位，而未廢其族姓世守之職，此時原固爲三閭大夫如故也。蓋所謂讒害者，乃在朝寵臣，固無以預其宗族之事。即讒害者爲子蘭，得罪國親，務欲排斥誅殺，則世守宗祧之職，亦且不保，故流竄之，使遠離其宗，此史公之所謂遷也。既遷而不忘其宗族之危，故《漁父》之篇鄭重申言，三閭大夫，何故至此！猶言宗親何以相傾而至此云云。蓋政權雖可轉移，而氏族不可輕廢，屈子之所以去其冠而被髮以哭也。國之放臣而亦宗族之罪人矣，能不以死自白！

此爲屈子見逐之始，此後永廢不用矣。屈子放逐，僅此一次。劉向之說，誤解史公之文，又懷王十六年草憲令時疏遠屈子，即爲放逐，後復起用，使齊，至此爲第二次見放，其說實不可通。說參前。

屈原至于江濱，被髮行吟澤畔，顏色憔悴，形容枯槁。漁父見而問之……作《懷沙》之賦。

寅按：下錄《漁父》與《九章》原文，此不贅。按《漁父》一篇，皆忠愛與隱遁相對之詞，王逸以爲"漁父避世隱身"，"欣然自樂，時遇屈原"，"怪而問之，遂相應答"云云，蓋得其情。後世或以爲屈子寓意之作。自洪興祖已不明此義。至崔述乃以庾信《枯樹賦》之稱桓大司馬、謝惠連《雪賦》之稱相如爲假托。夫假托成文，固亦《莊子》寓言之例，而尤爲辭賦家之常事……漁父隱逸之士，以談言微中，高自標舉，爲南楚習見之事，屈子果欲假托，則原身世遭遇之足以借漁父而發其恢者，且十百倍于此，何不用此酣暢透闢，一寫政治之良窳，風習之美弊，人世之屈申，治道之得失，而乃簡短如是，僅爲個人得失之悲乎？且三閭之名，僅見于此，依托假冒，乃至杜撰官爵，以欺後世，史公非可謬托欺者，何以尚錄此文？如滄浪之歌，明載《孟子》，其爲江漢民間流行之曲，能假爲漁父之文，未必不讀《孟子》，且大義與本文了不相涉，又不爲漁者至高境界，則錄此文，正足以見其爲當時真事，不計工巧者矣。《懷沙》今在《九章》，此篇言己雖放逐，不以窮困易其行，小人蔽賢，群起而攻之，舉世之人無知我者，思古人而不得見，伏節死義而已。題名《懷沙》者，《史記索隱》曰"《楚辭・九懷》曰'懷沙礫以沈'"（《七諫》亦有此語），此其義也。按此自漢人之說，史公之意，可能與王褒說同。蔣驥《山帶閣注楚辭》獨以爲"沙"即長沙汨羅之所在也："懷沙者，蓋寓懷其地，欲往而就死焉耳。原嘗自陵陽涉江湘，入辰溆……長沙……熊繹始封，實在于此……若以懷沙爲懷石，失其旨矣。且辭氣視《涉江》、《哀郢》雖爲近死之音，然迂而未鬱，直而未激，猶當在《悲回風》、《惜往日》之前，豈可遽以爲絕筆歟？"按蔣說大體可用，而駁《九懷》說爲尤有見。又王闓運《湘綺樓日記》同治十二年正月二十七日一條云："屈子謀反懷王，頃襄不願，故發憤自沉，此言近理，若無故自死，非賢達之行矣。"說至創，余亦有此疑，而以"南夷"、"南人"諸條爲之綱領，然過奇，不敢定。

于是懷石遂自投汨羅以死。

　　歷來考屈子卒年者，說極紛繁，有以爲卒于懷王入秦以前者，王白田《草堂存稿》主之；有以卒頃襄王十六年或十一年者，黃文煥《楚辭聽直》、林雲銘《楚辭燈》主之；有以爲卒頃襄王二十一年以後者，王夫之《楚辭通釋》、鄒叔績《屈子生卒年月日考》主之。其所根據，皆不出《卜居》"既放三年"與《哀郢》"九年不復"兩語推算。而其關鍵，則在原之被放年代一事，王白田以懷王十六年屈子草憲令被譖見疏，即見放，以九年計之，自沈當在二十四五年間。而以諫懷王入秦一事，據《楚世家》歸之昭睢。然懷王十六年後，屈子固曾出使于齊，不過疏遠，並非放逐。史公又明言子蘭使上官大夫短屈原于頃襄王，則懷王入秦後，屈子尚在朝堂也。王氏又以懷王入秦諸大事，屈子不曾一及，以證屈賦無懷王以後事迹，此論似足聳人耳目，而實不然：屈賦中實無一語正面指述國家大事者，試問懷王十六年前楚國大事有見于屈賦者乎？此說之不足據，蓋不用辯矣。至王夫之之說，則牽合秦將拔郢而楚東北保于陳城，以爲《哀郢》即指郢都陷落而言，因定屈子之卒，在襄王二十一年後。然《韓非·初見秦篇》言"秦與荊人戰，大破荊，襲郢，取洞庭五湖江南，荊王君臣亡走，東伏于陳"，則此時屈子自沈之長沙，亦入秦矣（見蔣驥《山帶閣注楚辭》）。屈子之死，必不如是之後，故王氏之說，亦不足據。按屈子之被放，《史記》明言爲子蘭使上官大夫短屈原于頃襄王，王怒而遷之，則三年九年，自以頃襄王時計算無疑。然屈子被絀，究當在頃襄王幾年，亦無確徵。惟屈子諫懷王不可入秦，而子蘭以爲不可絕秦歡，則子蘭與屈子修怨，在此時當已存在。子蘭以君之寵弟，貴爲令尹，則上官大夫之屬，必以卑鄙惡劣之手法，俟隙以修其舊怨。即《離騷》既成，正與小人以推敲文字之機，蘭蕙化茅，固足以激子蘭之怒而有餘。譖言之出，當必即在此時，則原見放逐，容在頃襄王二三年間，加《哀郢》九年不返之數，當爲頃襄王十二年。然屈子作《哀郢》後，又涉江入辰漵，又由辰漵東出龍陽，遇漁父，往長沙，作《懷沙》，其秋有《悲回風》，後以五月五日畢命湘水。則其間又當有若干時日，故略指其死期，當爲頃襄王十六七年，則以黃文煥、林雲銘兩家之所定較爲相近云。

《水經》："汨水又西經羅縣北。"注："本羅子國也，故在襄陽宜城縣西，楚文王移之于此。秦立長沙郡。因以爲縣。"經："〔汨〕水亦謂之羅水，汨水又西經玉笥山"，"又西，爲屈潭，即汨羅淵"。周聖楷謂今湘陰縣即古羅子國。汨羅一水，流經玉笥山下匯力淵潭，而以汨羅江名者，亦猶湘江之統稱矣。其地在湘陰縣北七十里。

《正義》曰："故羅縣城在岳州湘陰縣東北六十里，春秋時羅子國，秦置長沙郡，而爲縣也。按縣北有汨水及屈原廟。《續齊諧記》云：'屈原以五月五日投汨羅而死，楚人哀之，每于此日以筒貯米投水祭之。漢建武中,長沙區回白日忽見一人自稱三閭大夫,謂回曰:"聞君常見祭,甚善,但常年所遺,并蛟龍所竊,今若有惠,可以練樹葉塞上,以五色絲轉縛之,此物蛟龍所憚。"回依其言。世人五月五日作粽並帶五色絲及練葉,皆汨羅之遺風。'"

屈原既死之後,楚有宋玉、唐勒、景差之徒者,皆好辭而以賦見稱。然皆祖屈原之從容辭令,終莫敢直諫。其後楚日以削,數十年,竟爲秦所滅……

太史公曰:余讀《離騷》、《天問》、《招魂》、《哀郢》,悲其志;適長沙觀屈原所自沈淵,未嘗不垂涕想見其爲人……

附記

昔年余爲《屈原賦校注》,嘗以《史記·屈原列傳》置于卷首,旁搜遠紹,附以疏證。余五十年來,于屈子事迹,集資日富,遂時時增益之,補苴之,刪改之,篇幅增加五分之一,而成此文,並刊於淮陰師專《活頁文史叢刊》第五期。

天問問例述

思維爲人類心理之一種創作行爲。蓋自官能承受外景而儲備"事物之像"，反覆意會，使不失其景，是謂想像。想像者，自追憶而成認識，雜集、組合、類化諸多想像，以得一新的概念。因緣於此"雜集"想像與"求得"新概念，其爲一種創作，蓋爲不可否認之事實。然此一創作之深淺、大小、厚薄、美惡乃至于是非，純由所儲備之"外景事物之像"之多少、正確與否而決定。故思維乃一種知識性的活勁，而又超越于其所感受者也。此爲認識應用之第一步。若其創作而不能"結"，或"結"而不中於意念，則存於心者謂之疑。以語言表之，使人知之，求人爲之懸解，則謂之問。故疑問者，心理創作活動受阻遏，而持續行動，不願停止之心理行爲也。此爲認識過程之再進一步。

然自儲備至于阻滯，其所需事像之多少、大小、美惡不同，所經歷思考之深淺（實質）、長短（時間量）不同，易言之，即取辯乎物之精粗，而原極于他事物之隆污不相等。"是認"舊事物，遂生差異，所創作之新概念，亦相應而不齊一。於是疑問遂有深淺、大小、是非之殊，此皆就心理過程而可徵知者也。此爲疑問之基本差別。

又人類自有文化以來，知識之來源，有非"思維主"自爲自得之，乃得之于父母、親戚之熏陶，師友之教誨，往說之啓示，于是人類思想，遂儲備有大量非親歷之間接知識，而此間接知識，又各各有其時代精神，家世熏習，師說、家法、宗派、系別之染色、烙痕。於是求解答胸中之疑問者，其道多方，儒、墨、名、法，將相家世，中西學派，皆參合於疑者思理之中，往往成爲解答愜心當意與否之主觀願望。簡言之，每一存疑之夫，冀望如其熏染（即儲備之意識形態）之答案以得其衷曲之解釋，此又思維活動之內在因素，爲古今爭衡之一基本差別之所在（或曰因子）。

又不僅此也，在思維過程中，即考慮所疑與解答所疑之行爲中，又存在千差萬別之思想方法。思想方法者，認識論中之一根本法則也。釋家之宗、因、喻"三支比量"，儒家之正名、解蔽，大秦之體、喻（大前提）、因（小前提）宗。墨家復與儒言、印度、大秦異撰。于是其啓疑釋疑之方亦遂大別。此在齊民尚少拘牽，而在學人，則爭持遮撥爲最甚。故一事物當前，使十異學者問疑，亦遂有十不同方法，異說由此寖多。此又思維活動所受于宗派、風習等等舊染不同，而各生差別者也。

試即屈子《天問》一篇論之，每一問，皆足以說明屈子思理之俞脉、友紀、步法。其所以"窮理""盡性"之原則，及其對事物本質之"是認"，此其思想之所在也。吾以此義爲本題之上篇，而自其思想方法立說，以求其繩墨之"斷例"，乃一種純知識性之闡微，或語言的發掘，別爲吾文之下篇云。

上篇　思想性問疑例

所謂《天問》篇中表現之屈子思想者，謂屈子以何種標準，以衡量所提出之問題。就標準言，有一最高原則，就此原則所代表之意識形態言，即"認識事物""評斷事物"之最具體之言語，用詞，最高級而又最簡單之概念。而此概念，實爲對同類事物之概括，而非某一事一物之具體（本質的、性習的、作用的等）說明。換言之，即衡量此一類事物之共性，而非一事物之特性。自余析理《天問》所能概括之屈子思想，其重要者（或根本性）有兩事：一爲天道之"斷讞"，一爲道德之範疇。細繹各文，大體有關政理得失者,多以"天道"論之。有關人世恒情者,多以道德標準論之。而天道道德兩事,自在其"内在"而交融,實最爲有力。此種思理,正足以反映戰國時人民與統治者間之兩極分化。

《天問》中明曰倡立"天命反側,何罰何佑",又曰"皇天集命",此與《離騷》等文之"皇天無私"同一根源。然《離騷》言"覽民德焉錯輔",此與《尚書》"天視民視"、"天聽民聽"之說同,而《天問》則"天""民"不必相涉,似一大差別。然《騷》、《歌》、《章》、《辯》,乃抒情之作,浪漫之什,得反覆多方,盡情吐露,而《天問》則在就事爲斷爲結。"斷""結"不兩義,故凡政理之問,以天命爲權衡,而道德條例,實有機地攝存于其中(天命即天德,亦道德範疇也)。

又人民社會爲問之主旨者,則以道爲之衡,此即"女媧有體"、"孰道尚之"之道。細繹其意,實即《離騷》之"孰非義而可用? 孰非善而可服"之義,義也善也,此道德條目之"義"與"善",蓋非生乎天(即非由天命),實成之于民習。屈子善視其民習,保抱其民習,凡反于民習者,皆非義非善,故"義則可用"、"善則可服",于是衡論人世,即以道也、義也、善也爲準則。然義也、善也,雖非由天授,而其道必上合于天,故衡論雖止于言道德,而道德與天道,實有其有生連繫。然則屈子豈以天統于人者耶? 曰:非也。《天問》不明言"覽民德于錯輔",故夷羿受天命爲夏民除害,此天命也,而夷射河伯,妻雒嬪,道德敗壞,見殺于臣下,此正明示道德昏亂者,天亦不永其命矣。

諸此義蘊,皆一一見之文中。

禹、夏啓與周文等聖君,皆後世隆長,功德在人,天命如是,固其宜也。然禹之聖,何爲而途娶盍山,快一朝之飽,蓋何以卒然遭憂,文王何以有受賜子醢,上告于天之事,又文王秉鞭作牧,何以武王殺殷,如此狂亂,而"伯禹腹鮌,夫何以變化",文王不生聖子,伯鮌乃得聖嗣,后啓能上嬪于帝乃有屠母之亂。子文淫生,而忠名彌章,則天之生人,又何其罰佑之不一,天命之不可爲據歟。則伊尹相湯,而尊食殷之宗緒,勛闔夢生,而能流厥莊,又何其不爽如是。爲善之必得善報,則天命似又可知,于是臚列古時"天命反側,何罰何佑"之事以爲疑。周公有大功,而又有反政成王之德,乃有東征之苦。太白仲雍之得永其祚,箕子、比干、梅伯之不得其死,皆可推而知也。此其一。

屈子推政治之得失,說天命之攸歸,以淫亂者必敗爲最切真。此天命以道德範疇爲斷之一例也。殷之先世,該、恒、昏微,皆能保抱其宗,然而皆以淫昏而死,夷羿不殺河伯妻洛嬪,疑不爲涅所誅①,羿、涅、澆三世之傳,皆以强力,而皆以淫失。桀紂不必論矣。齊桓有九合之功,而亦敗于淫。戰國之時,淫亂相仍,不可方物,則屈子以淫爲切戒,引道德之隆替,爲政治之得失,楚國三世,皆以女寵亂其國,則《天問》以嚴于道德,正與義也、善也,對比立義。其機微所在,不益彰顯也歟。此其二。

道德者,社會輿論之裁決也。凡爲國者,宣之使言,子産不毀鄉校,此中土政治之一優點。社會有指導之道德標準。斯政治有輿論之約束。此《禮記》修、齊、治、平之精義,爲先秦一切政治家之準繩。因之,以道德爲論事之權衡,亦民習之反映于對問疑慮必然之定則。由此定則之含義,可以考知其民風政治之得失者矣。《天問》以此爲的者,如"女媧登立爲帝"而有"孰道尚之"之問,孰道者,孰家之人,孰世之道也。中土立帝無女主,而戒牝鷄,則女媧之帝,所以得爲異問也。

"舜服厥弟,終然爲害,何肆犬豕,而厥身不危敗。"小民報施,乃社會輿論之事,不屬天命,故曰"肆犬豕而其身不敗",若使以天命論之,則孟子所謂"封之有庳,有庳之人奚罪焉"者矣。此其三。

人世常理,亦往往爲認識之基本法則,常理亦或具道德,自有其真際,故違于常理者,必反于道德民習,亦得有疑問思理,"女岐無合,夫焉取九子",人已有夫而後生子,女岐無合,何以有九子之多,此爲社會進化至某一時期之嚴格要求,此以社會風習定道德也。長人何所操守而長壽,彭鏗何以得壽如此其長,此亦社會意識形態(思想)所決定者也,人生不過百年,過此則爲異端。

---

① "誅"字據《國學叢考》本改。

羿射十日，而使金烏解羽，羿何以能陸地行舟，皆爲人之强力所不可到，事理之所不容，凡事理所不容之思想，謂之詭說異詞，詭說異詞，遠于道理，亦遠于道德者也。此其四。

言者人之言也，何以獸而能言，林者木之叢薄也，何以石而成林，此爲物變不可知，而邏輯使用，不得冒用專爲人設之言，專爲木設之林，此當爲思維邏輯之誤，此略近于儒家正名之說也。此其五。

此外則有所不知而疑，疑而問，此屬知識性者也。古說荒渺，不可究詰。此屬迷信者也。如黑水、玄趾、三危安在，地之不知者也。"靡蓱九衢"，"梟華安居"，物之不知也。"十日並出"，月之"顧兔"，此迷信之不可知也。此其六。

凡此，僅足以當問所不知，無甚深義蘊，不必以思想論矣。

尚有一事，與屈子思想關係最大者，思想方法是也。此事不明，不僅對其具體的實質的思想，不能體認，而其致疑、答疑之"斷""結"，亦不能言之正確。舉其宏綱，略有兩事：（一）則屈子體認事物，皆從整體悟入而非從個別單獨事象爲判斷，（二）則屈子剖析事物，皆自其矛盾對立而比較其輕重主次，不爲偏畸之評斷，此兩事，實有最强之邏輯形式與辯證法則，率直言之，其思想方法，實極接近于科學方法也。

其論伊尹也，自"水濱之木"，至負鼎干桀，至湯求小臣，有莘爲媵，至佐湯治國，至"尊食宗緒"，一生事迹，皆囊括無遺，而最後以"尊食宗緒"一語爲定讞，在宗法社會，爲一種至高無上之報施。禹一生自繼父治水，塗娶生子，至治平天下，傳之後世，而以啓益爭國，以定禹後蕃隆，功在天下，爲政治上大一統之第一朝代。又如周之得國，自"稷爲元子"至文王"秉鞭作牧"、至"受賜茲醢，西伯上告"，以周公、太公爲之輔，雖武發驚帝切繳，而終以集德得天下，凡此皆以其人其世之全面顧瞻，以爲論斷之基。此其一。

《天問》百餘問中，舉事物之相反、相成、相矛盾而爲對比之衡斷者，于量爲最多，此足以明示屈子蓋自"比量"以得"結""斷"，此爲邏輯思維與辯證方法，復有何疑。其最顯白者，如"鯀何所營，禹何所成"，言鯀禹治水爲成爲敗之比較爲問也。一人行事之比較，則得必有其道，有其義，失必有其惡。如夷羿受命除害，而其行爲淫昏，故其結爲浞所殺。"桀伐蒙山"，而所得不過一妹嬉，而至于亡國；紂肆情于妲妃，惡其輔弼，至于亡國。"昭后南游"，而所得不過"白雉"，"稷爲元子"，而有"投冰鳥燠"之殃。聖人一德，而梅伯醢而箕子狂。凡此等事像，皆以比量而見義。比量者，亦衡之一法，可概者曰量，無尺度可衡，則以事物之相類者爲之差池，則義在是矣（如梅伯、箕子，聖人也，一德也，而所遭不同，此即比量也）。此其二。

就屈子問疑之思理論，要者有六事，自其思想方法論，則得二端。總茲八則，《天問》問疑之思理略盡之矣。

下篇　知識性問疑例

此篇之例，以說物爲主，物者具有實體，各各有其"物自體"，又各以類相統屬，類與類或爲有機之交織，或爲無機之交織，因而表現其特性與職能。中土哲士，所謂實、德、業三端以組成物之動移全貌。"物自體"者，指其在一定時間內之靜態，因以使各人認識其實質者也。物之有機交織以成其性能，此爲對物質之動態分析，有此分析，而物之全體大用，乃益昭晰而人智可以據之以爲斷治，以爲役使，致人類以進步發展轉化之機，于是而人類之知識，乃臻於完整，故動的性能，乃人所以"役物""裁天"之根本要義，根本法則。

自此動靜兩義，組合爲人類對物世界之真或近真知識。

求知此"物自體"，其動靜之迹象，爲人類最基本之心理活動，而不得以主觀或想像而改變其動靜法則者也。

即此以論《天問》問例，其事如指諸掌，吾且舉八大例以規之。

一、就實質爲問，如："邃古之初"至"何由考之"四句，此問宇宙（銀河系）之生成也。"冥昭"四句，此問天體之現象也。此後凡天式（縱、橫）、天體、天庭、大氣、陰陽、日月、星辰、風、雨、雷、霆、地形（傾東南、川谷、山澤等)、地變(洪泉、洪水)、地象(冬暖夏寒等)、地理(黑水、玄趾、三危、增城、玄圃)、異物(靡莽九衢、枭華等),凡此皆純本質問題,純客觀存在之"自體"爲問者也。

二、就現象爲問,此以物之外形,或物之相涉之現象爲問也。如:"冥昭"四句,"明明闇闇"四句,皆問天象也。又如"日安不到,燭龍何照,羲和之未揚,若華何光",此言日照大地,周遍無隱,則又何以有"燭龍"、"若華",則曰不獨照矣,此所以爲疑也。餘如"何闔而晦,何開而明,角宿未旦,曜靈安藏"四句,"何所冬暖,何所夏寒"兩句,皆就事物相涉之說,以求起信因而爲問者也。

三、就事理之可疑者爲問,如:"圜則九重"二句,"天沓"、"十二"二句,"隅隈多有"二句,"女岐無合"一句,"鴟龜曳銜"四句,"伯禹腹鯀"二句,"九州安錯"四句,"崑崙玄圃"四句,"四方之門"四句,皆言物與物之間之變動不居,而究不得知之傳說以爲問也。此一事象,在《天問》中爲最多,如"一蛇吞象"之說,自古有之,象之大如此,蛇之小又如此,斷無小蛇舞吞大象之事,此屈子所以爲問者。此自屬物理之所在,此種知識,可能爲時代變遷,有所通滯,使屈子而生今世,入西蜀叢山中,則巨蟒十丈以上者,時時傷害行人,又生物學中言蛇之一種,其下腭至張餚,噬吞二三百斤之猪或小牛而出其骨,毫無所難,則蛇吞象爲知識中所有事象,不更有所疑矣,而屈子時則不得不疑也。

四、就事態相反而設問:"禹之力獻(聖)功"而有通女于台桑快一朝之飽之事,聖賢行事,何以相刺謬如是。夏啓、伯益敬恭職事,何以啓既被囚,而反能繼位承嗣,而伯益則其祚不永也。啓既有賓天之佑,何以又有屠母之說,夷羿射河伯,妻雒嬪,天又何以以爲革夏民之孽?羿既有強力,何以又爲其臣寒浞所誅?屈子舉物與事之相反而應者至多,必切直以就古史爲問者,在《天問》中于量爲最多。此其中多與諸說或小異,或大別,蓋皆南土之所傳說,其左史倚相所讀《三墳》、《五典》中之所載耶?

五、就事理問所不知:"崑崙玄圃,其尻安在,增城九重,其高幾里?"此問所不知也。其中並無思理,僅就客觀之不知立言也。昆侖有尻,增城有重,不知者惟安在爲幾里耳。他如"九州安錯,川谷何洿,東流不溢,孰知其故","焉有石林,何獸能言",凡問所不知之物與事,皆直是對此物事之知識有所不明(有所者,有部分不知,非全部不知也),多就事物之整體抽出其不可解知之部分爲問,故九州僅不知其錯置,東流僅不知其不溢,何地有石林,何獸能爲人言,則爲天對者直徑告之,曰:崑崙之尻在何所,增城之高共若干里,九州措置于何所,東流日夜水何以不溢,何處有石林,何獸能爲人言,則其疑遂決。凡知之者皆可爲答,無思理賢智之別也。此當爲一種最樸質、最原始之純知識對問。

六、雖問疑而實爲解說:"惟澆在戶,何求于嫂(原誤嫂),何少康逐犬,而顛隕厥首?"此言澆之死于少康逐犬也。下文又承以"女岐縫裳"四句,則謂何以逐犬而遂使梟勇之澆至易其首,則以少康使女歧同居,以女色敗之也。故非爲問也,實所以定澆死于淫荒也。又如王該秉承其父之德,而弊于有扈者,以其有"干協時舞",淫亂有易之女也。"王紂之躬",孰使之惑亂,蓋由惡輔弼之臣,而以讒諂①爲事也。此正解說紂之敗亡,由近讒而廢忠直之士也。《天問》中,此種問疑法,其實隨處見之,在辭面爲問疑,而辭底正所以對疑者,比比皆是,無庸博徵,在人之善于體認而已。

七、雖問疑而實爲贊賞感嘆:"緣鵠飾玉,后帝是饗,何承謀夏桀,終以滅喪?"此言伊尹負鼎干夏桀,桀不用,終至于亡國,此說伊尹事,而反問夏桀之亡,舉夏以贊伊尹也。"帝乃降觀,下逢伊摯,何條放致罰,而黎服大說",此言湯得伊尹事,何以能放桀于鳴條,而爲黎民所大說也。此借桀亡以贊伊尹也。一而再、再而三言之,其于伊尹,非以爲問,蓋以爲贊賞矣。又如言常儀奔月事:"白蜺嬰茀,胡爲此堂,安得夫良藥,不能固臧",常儀得良藥以奔月,遂久藏于月,且以白蜺嬰茀其身,何以如此堂之長,此亦非爲問,而爲贊賞也。又如"簡狄在臺嚳何宜? 玄鳥致貽女何喜",亦贊簡狄之詞也。"驚女采薇"二句,乃贊夷齊,"勛闔夢生"四句,乃

---

① "諂"底本作"諂",徑改。

贊吳闔閭，"環穿閭社"四句，乃贊子文。語式爲問疑，而作用則贊詞主耳。

八、以問疑而爲譴責："武發殺殷何所悒，載尸集戰何所急？"此言武王載文王之尸而伐殷之事；何所悒，何所急，語法爲疑問，而其義則所悒者至于弒殺，所急者至于載父之尸，此責之切也。下文復申之曰"何感天抑墜，夫誰畏懼"，言武王何爲此驚天動地之事（指殺殷載父尸），又有何人畏懼之乎？一再譴責，與北土之說全異。又如"薄暮雷電"以下至篇末，乃就楚國形勢爲問，而其責之也亦切，大要謂時日垂暮，雷電交加，風雨如晦，吾土吾民，將何所歸往。在位者日以荒淫無度（戴東原釋"厥嚴不奉"句），而干戈頻仍，何能久長？若能悟過更改，則余又何疑何言？吳王與吾爭國，久已勝余，至于環穿閭社丘陵云云，其切直幾可奪全篇主義之席矣。此或爲屈子《天問》之作之用意歟？總《天問》全篇，大抵以戒荒淫、責嬉游、惜忠良、斥宵小爲主旨，至篇末一結，其旨皆全備無遺矣。

又別有一義，應於此申言之者，吾文下篇明標爲知識性之問，而所芼採事物，亦時時不免折中于思想範疇者，心理行爲必有個人立場觀點之烙痕，極不易排除盡淨，又所以別爲八例者，便于疏說，未必八例無絲毫雜側，或外此遂無可立之例，此亦言說者至難純一之端也。

瀛外將去敦煌所藏韻書字書各卷叙錄

余旅歐時所得敦煌經卷，以《詩》、《尚書》、《德道經》及隋唐以來韻書字書爲最全，而韻書使陸法言《切韻》一系之已失墜者重見其本來面目，于事爲最偉。故歸國後，輯成《瀛涯敦煌韻輯》一書，用力最多，而得力于余寫卷時所作評卷之叙錄，爲余書最重要之根據，即撰寫各各考證文字時，皆已一一采入論文之中。"文革"中，此叙錄專册已損失，幸存《韻輯》中。然《韻輯》印行于解放後三年，印數極少（六百部），至使國外學術界欲得而參考之者至迫切，遂爲出版商所利用，大量印行，而不肯運入大陸，使吾人亦能利用之。因思劉子政父子于漢世藏書爲叙錄，後此以爲便。因不自忖，遂由《韻輯》中復錄出以入《敦煌學論文集》中，所以便于習韻學者之求云爾。

《韻輯》所錄計《切韻》、《唐韻》之屬二十三卷，三十二種。屬巴黎國家圖書館者十四種（即用 P 編號者），屬大英博物館者三種（即用 S 編號者），屬柏林普魯士圖書館者六種。巴黎國家圖書館未編號之殘卷，余得王君有三之助，亦得抄寫。大英博物館東方部主任小翟理斯博士語余，英倫所藏韻書，只於此而已。德京所藏，余未能盡觀，問諸柏里和與倫敦大學教授萊慈兩君，亦謂余所得大約已全。是敦煌韻書之流于海外者，余搜集爲最備。昔先師海寧王先生寫英倫所藏三種《切韻》殘卷，于照片之曼滅處偶有失真，又誤以爲藏巴黎。余幸得親訪于彼邦而細校之。以先師精力之勤，因時地之隔限，遂有齟齬差。甚矣，爲學之難也！獨怪劉君半農亦親訪書于巴黎，而《敦煌掇瑣》中所錄 P 二〇一一卷《切韻》卷子，乃訛誤竟至十分之一云。

P 二一二九、P 二六三八、P 二〇一九三卷

P 二一二九卷正面爲《大乘密嚴經》，後面整錄王仁昫《刊謬補缺切韻序》與陸法言《切韻序》兩文。首尾完好，一字無缺，字體亦不惡。余閱此卷時，將急裝入倫敦，不及抄錄，但以秀水唐蘭模内府本王仁昫韻較本卷王序①，以廣韻前陸序較本卷陸序，而別紙記其行款品式紙墨諸端。歸國後，簡札多已散亂，資爲記錄者惟殘餘手册。已不甚全，故行款品式已不能說，與 P 二〇一四、P 二〇一五兩卷尚有數頁未得移錄，同爲此書一大憾事！

P 二六三八凡存陸法言《序》十行半，長孫訥言《跋》七行半，郭知玄題銜一行半，孫愐《唐韻序》二十九行又二半行，"論曰"四行又二半行，共五十五行。始陸《序》"選精切除"句，終論贊"徒拘桎于文詞耳"句。楮白紙，大小以蠹蝕裁削不可度計。板心亦至不一律，以字體不依行款也。高者在二十二三生丁以上，短者不逾二十生丁，字尚剛健，有北魏風韻，然不甚依行款。多者二十五六字，少者二十一二字。無匡格，墨色尚有光澤，然輕薄不甚厚重。行款尚疏朗。

P 二〇一九起陸法言《序》"□□□記經紀博問莫辯"，終孫愐《序》"按《三蒼》、《爾雅》、《字統》"句而止。大約爲未竟之作。"統"字獨得一行。凡二十六行。楮白紙，紙質甚疏鬆。烏絲格。字體與 P 二六三八近而較劣，非出一人手。墨色灰敗，不甚可愛。每行約二十四五字之間。

上來三卷，雖所存多寡有異，而隋唐人《切韻》序文之重要者，已大端

---

① 編者注：底本"王序"作"五序"。

完備，其駢列陸氏、長孫、孫愐三序，當爲唐人孫愐一系韻書之體式，爲宋時重修之《廣韻》所本。然此三卷雖大端與今本《廣韻》相同，而出入之處，頗有重要材料。至王仁昫《序》，則除内府本外，惟見于此卷，亦可謂不世之寶矣。茲舉其要點說之如次：《切韻》《隋志》不著錄，而兩《唐書》所著錄之《切韻》，則有題陸慈撰者五卷。海寧王先生曰“日本源順《倭名類聚鈔》引陸詞《切韻》五十四條，日本僧信瑞淨土《三部經義》引陸詞《切韻》十六條，又作陸詞。日本狩谷望之《倭名鈔箋》謂詞即法言。案詞與法言名字相應。又隋唐間人，多以字行，則狩谷之言殆信。中土書籍，多云法言，罕有云陸詞者”云云，定法言名詞，其辯至細。今 P 二一二九卷題曰“陸詞字法言撰切韻序”，則唐人尚知法言與詞爲一人，與諸書之說皆合。然何以兩《唐書》誤爲慈？抑另有陸慈其人亦撰《切韻》？則又有說。按《元和姓纂》載法言弟名正言。據《姓纂》及《隋書・陸爽傳》、《魏書・陸㮤傳》，則法言、正言兄弟爲爽之子，㮤之孫，順宗之曾孫，後魏征西大將軍東平王陸俟之裔，與《大唐新語》法言爲大同伯祖之說合。大同爲正言之孫。世序彰明無作詞者，而法言《序》中亦稱法言而不曰詞，兄弟亦以言字序譜，疑法言爲陸生原名，故諸史皆據爲稱說。及父爽以請更立皇太子諸子之名之事而見罪；廢黜子姓，法言竟至除名。《切韻》之成，即在次年，法言當有隱諱更名之事，後此殘年，遂亦以變名行世，惟後世官書，則仍其世次而不改。而慈與詞音近，兩《唐書・藝文志》遂又誤以慈爲詞矣。此可補史籍之缺誤者也。他如劉儀同等八人之名，駢出並列（《大宋重修廣韻》牒文列八人名于後，則宋時流行本亦據此書者也），可補今本之缺，亦使 S 二〇五五所載，不爲孤證。而“諸家取捨亦復不同”之句，所以明“支”“脂”“魚”“虞”“先”“仙”“尤”“侯”之分者。今本錯簡，遂使文理不序。今本錯在“今古聲調既自有別”下，與上下文皆不調。所關亦不僅于詞華，其他一字一句之異，有思之百年不能得其妙者，亦韻學上之一快事也。

又 P 二一二九所載王仁昫《序》，明言刊注之本意，可窺陸書之原式，而王氏身世撰者亦由此窺其一斑，當亦藝林之一快事，其舉然大者，余爲抽出如此，全文俱在，學者各玩索而自得焉可也。

陸法言原書韻目跋　P二〇一七

本卷僅存一葉，共三十行，計陸法言《序》文九行，起“支章移文脂旨夷反魚語居虞語具反”句，終“大隋仁壽元年也”。下承《四聲韻目》十七行共一百九十三韻，見卷中韻目計數。及平聲“東”韻韻字四行。前後皆有殘損。首行自“先□□□”以下約殘十二生丁米突，而“東”韻字四行則皆殘下截。麻黃紙，不甚堅實，已灰敗。紙幅已不能計度，版心爲十九又二分之一生丁米突，無匡格，而有摺痕。字妙曼而小，體近衛、王。行爲三十五六字，而行款極精整。爲當時精抄本。

按本卷前後雖已殘損，而《四聲韻目》獨全。敦煌韻書殘卷韻目之完全如此者，實不多覯。且四聲相貫而書，亦《唐韻》之所少見，且唐人定韻，必已四聲相貫爲則，亦即此而知之。前載陸生《序》文，與倫敦巴黎所藏敦煌卷子如 S 二〇五五、P 二一二九、P 二六三八、P 二〇一九及今《廣韻》書前所載陸《序》皆同。雖文字偶有一二之異，亦無庸詳爲考辯。自長孫訥言加箋之後，遂有長孫後加之《跋》語。即陸《序》後“訥言謂陸生”云云以下一段是也。（敦煌韻書載此《跋》者甚多，別詳）今本卷無此《跋》，而即于“大隋仁壽元年也”後承以《四聲韻目》。此當爲陸生原書書式無疑。更以韻目證之，其爲陸生原品，愈益彰顯。試論之如次：

按陸生韻目無完整存于代而可考者，然據 S 二六八三、巴黎未列號之乙、TIVK 七五、S 二〇七一諸卷，及本之陸氏而出入極微之 P 二〇一一卷、二〇五五卷當可推知。試以本卷韻目與諸卷所存之韻目或由韻字所推知之韻目一一加以比較，幾無一字之出入，而與 S 二〇五五卷尤無爽失。S 二〇五五卷爲長孫箋注本，長孫之于陸書，蓋有文字注語之增益，而無韻部聲音之更易，此證一也。又陸氏無上聲“廣”去聲“嚴”二韻，S 二〇七一卷無之，本卷亦無之，是亦保存陸氏原書之證二也。是故凡 S 二〇七一、P 二〇一一諸卷所論韻部之特點，凡可指爲陸氏之舊者，本卷皆一一具備。學者交互參觀，可以詳知，無待論述。然S二〇七一“先”“仙”以下韻目都數之次，另起一二之數，而本卷“先”爲二十七，“仙”爲二十八，承上“山”韻爲次。蓋平聲字多，長孫箋注，增益卷帙，分爲兩卷，因而都數亦另獨立。而陸生原書，雖爲卷亦五，而“删”“山”“先”“仙”之相次，實含音理比鄰類連之作用，決無割爲兩截之理。長孫爲臨文而設，分之固不妨，陸生爲審音而作，必無分立之理。P二〇一一卷尚仍相次，而又四聲韻目駢列卷首，最合音理，其必爲陸生之舊式，蓋無可疑。此其證三也。

然本卷最末四行“東”韻韻字，收字較S二〇五五爲多，如“東”紐多“凍”字。注語有時且較S二〇五五爲詳，如“東”“童”“中”等字是。亦明言加幾，如“東”字是，亦引《説文》，亦正字形等，皆開、天前後韻書之體式，即不爲長孫孫愐之書，亦必爲他唐人紛紛之作。將何辭以釋其必爲陸生之原與？此又吾人考論古事所當分別而觀者也。韻中正字固不妨其爲開、天前後甚至爲晚唐以後之作；而其韻目固得襲用陸氏原書舊次而無更張，兩存不礙。則本卷韻字，即使爲中唐以後人之作，而其韻目，亦不害其爲陸氏之舊矣。又巴黎未列號諸卷之戊，存“選精切除”以下兩殘行，計三十七字，下截有殘，此亦陸氏原序中一段也，因附記于此。

陸法言切韻原書　S二六八三卷

本卷今藏大英博物館，即海寧王先生據柏里和（P. Pelliot）所寄照片影寫之“切一”也。共存三紙，相連爲卷。第一紙起“海”韻“亥”字，止“阮”韻“遠”字，共十六行。凡收“海”韻三行、“軫”韻八行、“吻”韻二行、“隱”韻二行半，“阮”韻半行。第二紙共十六行，起“阮”韻“鰋”字，止“旱”韻“伴”字，凡收“阮”韻五行，“混”韻六行，“很”韻一行，“旱”韻四行。第三紙起“旱”韻“誕”字，止“銑”韻“秊”字，共十三行，凡收“旱”韻三行、“潸”韻三行，“産”韻四行、“銑”韻三行。紙爲初唐普通寫經麻黄，而質不甚細滑，色已灰敗。第一、二兩紙幅寬三十六生丁，第三紙寬二十五生丁半。三紙相連處，今已以另紙搭接，其實寬已不可知。紙高在二十五生丁以上，裝裱時尚有剪裁。版心高二十三生丁半，無匡格而有上下折痕。字體極勁健，類北碑，但不甚豐腴。行款極疏朗有緻，墨色尚佳，惟不甚沈厚。每行置字正文約可十六七，注文約可二十四五，與諸唐初寫《尚書》《詩經》卷子相仿佛。就內容而論，共存上聲"海"以下十一韻。每韻與韻之間大體皆提行另起，然"隱"韻末行僅二字，故"阮"韻不再提行，蓋當時紙張尚不甚易得，故偶或變通以求省節也。韻首字凡提行者皆在上緣折痕之外，而皆不計韻次數目，此與諸唐人書皆異。切語稱反，在注釋之末。有注者不計。又切亦在末。惟注釋極少，往往有但記切語者。每紐都數亦殿注語之末。每于韻首紐首之處，皆以朱識之，色極鮮明。其有誤偽校改之處，亦用朱為之。如第一葉第六行"馬毛譗"三字，"毛"字以朱筆刪，"譗"字以朱筆改"□"形為"㇏"。第二葉第三行"則引"二字，"則"以朱筆加直于"貝"字之上。蓋皆校讎者為之也。又第一紙末行"阮"字之上，"祈謹反一"之下，有朱書之一"兩"字，不知何義，願待識者而別之。豈勘了後之簽署與？

　　本卷以紙質、墨色、書品、字體諸端論之，凡稍翻檢唐人卷子或稍習書法繪事者，一見而可斷知其為初唐寫本。即此而判為陸氏原書，將已無大誤，然六朝韻書存于唐者尚多，而字體紙樣諸端，究不能為絕對之標準，是不能不略為揚榷商量者矣。

　　首要者，本卷收字最少，又為諸唐人韻書所本。按存世唐人韻書如S二〇七一、S二〇五五、P二〇一一、P二〇一四、P二〇一五、吳縣蔣氏藏《唐韻》、內府所出王仁昫本諸書，細玩其內容，如收字、紐首、字次、切語以至于注釋諸端，莫不與本卷相同或相因。增損容有少異，規模實無大殊。即以韻目而論，其演進之迹，亦宛然可指。是本卷必與諸卷相同或相近。更以每韻收字而論，凡本卷所載之字，S二〇七一、P二〇一一等卷，無不一一具存，即其次序亦無顛亂不調之象，則本卷必為S二〇七一、P二〇一一諸卷之所本，已無可疑。又陸氏成書之後，代有為之增益箋證刊補之人，故《切韻》一書，益後而字益增，注益詳。以諸寫本而論，S

二〇七一字較各卷爲少，全卷推得不過萬二千餘。試以本卷所存各韻各紐一一與 S 二〇七一及 P 二〇一一兩卷相較而推論全書，則本卷略省于 S 二〇七一者爲十五分之一，而省于 P 二〇一一者，爲每十字省三個半字強。以此兩數與各該卷之總數較，則可與 P 二〇一一卷之所謂“舊韻總一萬一千五百六十三字”者相近。而與 S 二〇七一較，則略可得萬一千五百字左右。按《封氏聞見記》言法言《切韻》字數（詳 P 二〇一一卷之叙錄），實與本卷甚相合，則本卷爲陸氏原書，其證一矣。《封氏聞見記》又言聲類亦一萬一千五百三十字，則其字數亦正相同，然此書“以聲命字，不立諸部”，是李氏書不以韻部分字，而潘徽《韻纂·序》言李韻全無引據，本引卷書，非李書。

此外則注語最少，合于陸氏書例。又本卷不言字形，亦爲陸書本例。

陸法言切韻殘卷 巴黎藏未列號寫本之乙

本卷殘存僅一葉。共十五行，首尾損剥最甚。首四行塵封過舊，不受刮磨，已多不能移錄。起“感”韻“黲”字，五行而承以“敢”韻，三行而承以“養”韻，至“蕩”而殘。紙色略黃，爲寫經黃麻紙，已塵蝕灰敗，質不甚堅韌。幅寬已殘損不可知，高在二十六七生丁以上。版心高二十三生丁強，並無匡格。墨色尚光潔，然不甚厚重，字體豪勁。稍嫻敦煌卷子者，皆知爲初唐以前寫本。

陸法言切韻增字本　TIVK　七十五

本卷現藏柏林普魯士學士院，在勒可克 Albert august von Le Coq 格蘭委得爾 A. Grunwedel[①] 兩氏所獲吐魯番文書中。余得見其一葉，爲前後二面。前面起上聲六“止”“庢”字，終“語”韻“嫟”字，凡存十行，後面起十“姥”韻“怙”字，止十四“賄”“瘣”字，十一行。其字已全殘者一行。紙幅、版匡大小已不可定。以殘文校之，其所殘上截，略與所存下截相

---

① 底本外文誤，徑改。

等。烏絲格，甚雅潔。字不甚佳，且略近行草。行款尚疏朗，以前面第八九兩行、後面二三兩行、七八兩行、十一兩行四處審之，則每韻皆各提行另起，不連綿爲書。款式與 S 二六八三卷同。此其書式之大略也。

以內容審之，余定爲初唐人寫陸法言《切韻》增字而又增注之本。

隋末唐初增字加注本切韻殘卷　S 二〇七一

本卷今藏倫敦大英博物館，即柏里和 Paul Pelliot 以影寫片寄上虞羅叔言而以爲藏于巴黎國民圖書館者也。海寧王先生已就影片摹寫印行問世，國人亦多已即見者矣。余游歐時得柏里和、戴密微 Paul Demieville' 葉慈 Yets' 諸君之介，訪翟理斯于大英博物館。索觀韻書、字書、《尚書》、《老子》、《詩經》之屬，翟理斯即先以此卷見示。余不禁狂喜，因細錄一過，又影拓版式，更以王先生所摹本一一校讎，得疑訛三百許事。其款式書品，有足述者，謹記之如次。

本卷今存三十四葉，黏合爲一卷，中有裁頭切幅之迹，蓋既歸該館後重爲裝袟①因失原品者也。共存八百二十一行，大體完好，惟第一紙僅存後十二行一小截，第二紙前十一行下截已殘，第七葉當殘去三行，第十八葉前有殘段，十九葉後有殘段，茲詳列各葉品式如下：

葉次	內容			
	行數	紙寬	始字	終字
一	十二	十六又二之一	縫	嬴
二	二十三	三十一	鮍	鮤
三	二十四	三十一	追	轙
四	二十四	三十一	饞	樞
五	二十四	三十一	朱	騠
六	二十四	三十一	褆	錐

---

① 底本誤作"袟"。

续表

葉次	內容			
	行數	紙寬	始字	終字
七	二十二	二十八又二之一	萑	闓
八	二十四	三十一	詵	摀
九	二十四	三十一	根	畢
十	二十五	三十一又十之七	切韻	编
十一	二十五	三十一又十之七	篿	橋
十二	二十五	同上	趰	寠
十三	二十五	同上	鈔	弎
十四	二十六	同上	領	歇
十五	二十六	同上	寐	樫
十六	二十六	同上	廉	臉
十七	二十五	同上	枕	仳
十八	二十六	三十一又十之四	泚	陂
十九	二十一	二十六	緻	祲
二十	二十四	二十九	邇	緜
二十一	二十五	三十一又二之一	䰟	賓
二十二	二十四	三十又十之八	膺	㕹
二十三	二十五	三十一又二之一	賑	塞
二十四	二十四	三十又二之一	謇	袺
二十五	二十五	三十一	哿	愶
二十六	二十五	三十一又二之一	惕	淡
二十七	二十二	三十二又二之一	帚	螢
二十八	二十四	同上	切入卷	譽
二十九	二十五	同上	鵠	踔
三十	二十六	三十一	姑	馘
三十一	二十六	三十一	炦	颺
三十二	二十六	同上	鴛	瞑

续表

葉次	内容			
	行數	紙寬	始字	終字
三十三	二十五	三十	廮	插
三十四	二十四	三十又二之一	甿	綽

紙寬若干以生丁米突計

紙高在二十七生丁以上，重裝時當有截削，大約與巴黎 P 二〇一一卷相近。紙爲唐人寫經之普通硬麻黃紙，較二〇一一卷爲勁健，色亦已敗白。無匡格。板心約高二十四生丁，亦無摺痕，故字不甚拘行款，字體即不甚佳，且多草率，故每行字數亦不甚劃一。

原卷重裝時，且有顛易倒亂之處，如十五"清"後，誤倒入二十一"鹽"後半，及二十二"添"二十三"蒸"二十四"登"諸韻。而十六"青"以下四韻，又錯在四紙之後，蓋英人無真習漢學者，不足怪也。

本卷共存正字七千九百八十四字。其行款因有截削，已不能全知，所可考者，尚有數事。

（一）各卷相承不別爲紙　今存上平、下平、上聲、入聲四卷。上平之末，僅空一行，即起下平韻目。下平之末，即空亦無之，即起上聲韻目。去聲全韻無考，而其爲卷，亦必不別爲一紙，則可即上平而知之矣。

（二）各韻相接不別爲行　每韻與韻之間，但于上一韻之末，空一字，即續書下韻韻字，不別爲提行。如 P 二〇一一等卷款式。其他如"韻首都數"及"每紐計數"字，仍用墨筆，"紐首"字更無標識。皆與他寫本韻書相異。蓋當時寫韻之法，精抄者必細加校讎，增删定誤，皆以朱筆。而標志"韻首"、"紐首數字"，亦于校讎時爲之，其急就者，則不加勘正，便無丹墨分施之事。

（三）每字之下，先注字義，次加切語，最末爲"每紐計數"字，其有兩義以上者，義與義相次，其又音又切在本音之後，不爲"紐首"，則在義後。其分錄字體"亦作""或體""俗書"之類，則在"紐數"之上，無"紐數"者，分錄字體爲最末。惟言"古作"者，則或在字義之前。此釋字注音之例也。

其有"新加"字,則皆在每紐最末。

　　本卷僅書一面,與敦煌他經卷同。其原裝品式,以黏口與他經卷較,必爲長卷無疑。更以第十七葉上聲"韻首"與下半韻末同在一葉,及第九第十二葉黏口審之,則又必全書五卷合爲一長卷無疑。更歷千①禩,鼠蠹之余,葉袂解散,英人重裝,復有裁削,顛亂葉次之事,于是本卷原品,幾于不可識矣。

長孫訥言箋注本切韻殘卷　S 二〇五五

　　本卷共存四葉又半,一百七十九行,起陸法言《切韻序》,終"魚"韻"魼"字。兩面俱書。正面爲陸序及"東"、"冬"、"鐘"②、"江"、"脂"、"支"六韻,至"葵"字而止。背面起"郯"字,前後實相承也。然以黏口餘痕驗之,則其下尚有另葉相承,大約本卷爲倉卒急就之作。或爲當時習字廢紙,非依書式移錄,故自八"微"以後,注語突省,而九"魚"韻竟,亦遂戞然而止矣。

　　楮白紙,質極疏鬆,于敦煌卷子中爲最下乘,類諸戶籍、田籍、借券、雜書之屬。更歷塵蠹,已敗白不堪。紙幅高三十生丁以上,寬四十三生丁,無匡格,版心約二十八、九生丁。行款極亂,墨色亦不勻整,濃則如黔突,淺則如浮塵,字體亦極粗惡,入後益狂亂無友紀。然風格固不能于中唐以後求之也。

　　更就内容而論,前存陸法言、長孫訥言兩序,下承上平二十六部韻目,承以"東"至"魚"九韻韻字,除行中偶有殘損外,大體皆全。其體式則于每韻與韻相承處,皆空一正字,不另葉,不提行。每韻首字皆標韻次。"魚"韻不書"九",蓋急就而脫漏也。紐首字並無圈識,亦不作他符號。蓋此時寫韻,其標識記數諸端,皆于校讎時加之。本卷之記數而不識紐,當亦因于急就,或本爲習字而然也。切語稱反,皆在注語之首。陸氏舊

---

① 底本"千"誤爲"干"。
② "鐘"疑當作"鍾"。

例，反語皆在注語之後，此則長孫氏箋注時移易者也。

長孫訥言別本切韻　巴黎未列號寫本之甲

　　本卷僅得一葉，凡十七行，存入聲“職”、“德”、“葉”、“乏”四部，起“職”韻“杙”“即”諸字，終“乏”韻“歺”“獦”字，而後承以“□□第五”字樣一行。“第五”云云，當爲本書全卷之數，此四聲分爲五卷者也。楮白紙，甚疏松，大小高下及版心尺度，以殘損適當邊緣，已不可計度。墨色不甚佳，字尚秀健，類女子手筆。韻首有計數如“卅德”是也，然無圈識。此蓋未加校讎之本，韻與韻之間，不提行，僅淨一字二字。

　　細繹①此卷，蓋以陸氏原書增正文加“或”“亦”字形之本。且必在開天之際，孫愐成書之前。

王仁昫刊繆補缺切韻殘卷　P二〇一一

　　本卷殘存二十二紙，共四十三面，合訂爲一册。其第二十二紙之前面，爲某氏女祭叔父文，其文凡存九行，末三行僅第七行之“松柏首”三字、第八行之“悵悶絕”三字可識，餘皆漫滅。上六行爲“維歲次辛酉七月□”、“午朔二十二日癸卯姪女□”、“娘子謹以清酌之奠”、“敬祭于，故大阿耶之”、“靈伏惟靈久丞思德”、“養育成人，將爲壽同”、“松柏……”。字極劣，墨色極淡，與本卷決非一人之筆。然紙色敗白，與全卷相近，而緣邊剝痕，亦與第二十一紙相合。其爲與全卷同時貼合之紙，則可無疑云。韻書正文，實止于第二十二葉後面。原裝爲何種書式，已不可考，該館指巴黎國家圖書館，下同。裝帙依用西文書品式，故其次與中土書式首尾顛倒，其尾二十一葉之後面，實爲殘存之首葉，起“支”韻“鸝”“缡”字，終原一葉之入聲“福”、“𥝢”字。楮白紙，色微黃，質稍鬆。前後數片及面口處，因塵濕之浸蝕，殘愈甚而色愈敗。紙幅寬在四十三生丁以上，高在三十一生丁以上（裝帙時大約尚微有截削）。版心寬平均三十九

---

① 底本“繹”作“譯”。

生丁半。每紙多則三十九行，少則二十六行。茲特詳寫校其行款如下：

篇名		應有行數	現存行數					始終字		有無淨邊	備注
原編號	今編號		全有字行數	全無字行數	半有字行數	總行數	殘缺行數	始字	終字		
二一	後 一	二十六	十五	無	一	十六	十	鸝	衰	無	
	前 二	二十七	十五	一	一	十七	十	追反	禰	無	以例推之，全無字行數不應有
二〇	後 三	二十七	十七	無	一	十八	九	夒	諸	無	"夒"字上截不甚明。
	前 四	二十六	十七	無	一	十八	八	菜鱸	圖	無	"菜"扁，第一行僅殘之小注。
十九	後 五	二十六	十七	無	一	十七	九	屠	猠	無	
	前 六	二十七	十七	無	一	十八	九	訓懷	灾	無	
十八	後 七	三十三	二十	無	一	二十一	十二	瓛	糧	無	
	前 八	三十一	十八	無	一	十九	十二	縛	穿	無	
十七	後 九	三十二	二十四	無	一	二十五	七	川	嬌	無	
	前 十	三十四	二十四	無	二	二十六	八	笈	囊	無	
十六	後 十一	三十四	三十二	無	二	三十四	無	哥	腤	有	
	前 十二	三十五	三十五	無	二	三十五	無	妧	黃	有	
十五	後 十三	三十四	十八	無	一	十九	十五	皇	猩	無	
	前 十四	三十三	十九	無	一	二十	十三	猨	㧬	無	

篇名		應有行數	現存行數					始終字			備注
原編號	今編號		全有字行數	全無字行數	半有字行數	總行數	殘缺行數	始字	終字	有無淨邊	
十四	後 十五	三十四	三十一	無	三	三十四	無	郢	璿	有	
	前 十六	三十二	二十九	無	三	三十二	無	櫚	囒	有	
十三	後 十七	三十六	十七	無	十九	三十六	無	攙	凰	有	
	前 十八	三十四	三十二	無	二	三十四	無	愴	養	有	
十二	後 十九	三十七	三十	無	二	三十二	五	排	體	無	
	前 二十	三十四	二十六	無	四	三十	四	脤	睕	無	
十一	後 二十一	三十五	二十九	無	六	三十五	無	堍	輦	有	
	前 二十二	三十七	三十三	無	四	三十七	無	辨	爹	有	
十	後 二十三	三十六	二十七	無	五	三十二	四	抡	廡	無	
	前 二十四	三十八	二十七	無	六	三十三	五	甼	睞	無	
九	後 二十五	三十九	十	無	二十四	三十四	五	閃	曹	無	
	前 二十六	三十五	二十八	無	二	三十	五	賜	芋	無	
八	後 二十七	三十三	二十六	無	四	三十	三	貽	互	無	
	前 二十八	三十二	二十七	無	二	二十九	三	跐	姼	無	

续表

篇名		今編號	應有行數	現存行數					始終字		有無淨邊	備注
原編號				全有字行數	全無字行數	半有字行數	總行數	殘缺行數	始字	終字		
七	後	二十九	三十二	二十五	無	四	二十九	三	筘	寨	無	
	前	三十	三十三	二十五	無	五	三十	三	卹	絆	無	
六	後	三十一	三十一	二十四	無	二	二十六	五	姅	顯	無	
	前	三十二	三十二	二十二	無	四	二十六	六	嗔	堛	無	
五	後	三十三	三十一	二十六	無	五	三十一	無	頤	類	有	
	前	三十四	三十三	二十七	無	六	三十三	無	演	繆	有	
四	後	三十五	三十五	二十	無	十五	三十五	無	謏	灤	有	
	前	三十六	三十三	三十	無	三	三十三	無	卜	紀	有	
三	後	三十七	三十二	二十九	無	三	三十二	無	剝	墾	無	
	前	三十八	三十四	三十	無	四	三十四	無	反又	割	無	
二	後	三十九	三十二	二十四	無	三	二十七	五	騳	蠾	無	
	前	四十	三十	二十二	無	二	二十四	六	笏	暘	無	
一	後	四十一	二十六	十六	無	二	十八	八	擇	胙	無	
	前	四十二	二十八	十六	無	三	十九	九	翩	福	無	

341

此表所列,略以原卷全存之四、五、十一、十三、十四、十六六葉之版心爲準,平均得一全卷當有之版心大小,而以計度各面應有之行數。惟各面行款疏密,不甚一律,又以現存之行數各各與同一之版心計度各面所應有之行數。然恐有時亦但能得一近似之值,而不可確斷。有所謂半有字行數者,多指一韻之末,將提行另起他韻所留之淨空,非指殘剥不全之行數。即使殘剥僅留一字,而確可審知其上下必非脱空者,皆歸入全有字行數中計之。

每行約計可得小注四十四五字,正字三十五六字,行款極緻密,安排則疏朗,綽然裕如。筆迹極詔秀①,剛健猗儺,兼而有之,雖靈飛樂毅諸法帖,恐亦無以過之。世稱唐女仙吴彩鸞書《切韻》事,雖未能定其真妄,然唐世韻書,疑有出女子手筆者。本卷原第十四葉,後面第八行末"眸"字"目"字兩字之間,及原第五葉前面第三十行第二字"購"下"贖"字側皆有胭脂圓點,色極鮮明,大如紅豆,又原第十葉後第五行"疒"字注"□不"二字之側,亦有鮮艷之胭脂小圈。余編宣敦煌獻寶,近二千卷,未見有胭脂所染之迹,且麗濃如是者。則女仙傳言之說,不爲無因。姑付記于此,以當諧謔云耳。又卞永譽《式古堂書畫匯考》書類卷八《唐女仙吴彩鸞楷書四聲韻帖》注云:"徽宗書籤題'韻帖'共六十葉,每葉皆面背俱書云云。"唐人卷子常例多書一面,面背俱書者較少,本卷則面背俱書,則與彩鸞書式相同,雖不必即此以謂爲彩鸞之筆,而亦不失爲須密成山之一芥子。又卞氏所列所謂《唐韻》之目,上平二十六,下平二十八,上聲五十二,去聲五十七,入聲三十二,與本卷亦全相合。

本卷起五"支""鸝"字,終入聲二十四"業""禣""豽"字,凡存字一千一百二十九行,又明可考見之空行二十六,合共一千一百五十五行。其中除每葉之上下前後有殘缺及首尾不全者,及原十八葉後有奪葉一葉外,大約皆全。而上去入三聲韻目,亦全。舉世所存敦煌《切韻》,此與倫敦藏本、故宫藏本可鼎足爭立矣。

每紙皆兩面書寫,如今西文書樣,審其帙,或當與今世所謂旋風裝樣相同,而必非長卷無疑。惜重裝時已折釘散葉,未能保其原品。葉口處空行約得一生丁又半,不見有篇葉號數。凡此皆與敦煌他種寫卷不同。他

---

① "詔秀"疑爲"韶秀"。

種卷子多只書一面，且各紙皆黏合爲長卷。又他卷多有匡格或摺痕者，此卷亦無之。

　　本卷各韻雖各自爲起迄，而蟬連爲書，不另起他紙。即四聲相承處，亦無跳行空首之式，此與宋以後韻書款式略有不同。惟去聲四十八"幼"韻首，與上文連書不提行另起爲異。每韻首字以朱筆標出韻次，皆在匡行之外，列于四聲前之韻目總目，其韻次亦用朱標。而每紐首字亦以朱筆加讀點。反切置于注釋之前，又音又切置于注釋之後。紐數亦在注釋後，而以朱筆書之。此皆與宋以後韻書品式異者。其用朱筆之處，皆于書畢後，斠讎時重加。校字用朱筆，如原十五葉後面第十四行第三字"亨"字，原作"享"，而以朱筆加于"子"形橫畫之兩邊。又如原第六葉後面第二十行"鈿"字，原書作"細"而以朱筆改爲"鈿"字。又如原第十四葉後面第二十一行"穏"字原作"穏"，以朱筆改"心"作"皿"。又原第二十葉後面第九行"魚薺"上原缺一字，疑抄時未寫而校時又遺之也。又原第二葉後面第八行"穵"字下"乙八反穴二"，"二"本數字，原用墨寫，後以朱筆改。又原第三葉"親悉反八"，"八"本數字，原用墨寫，後以朱筆改。則朱注數字，必爲當時成規，而書者倉卒誤筆，朱以加墨，非校時不辦也。又以他經卷如五經佛老各書審之，則加朱者往往另一人爲之。即如本卷，凡朱加之字，皆粗豪不遵行款，與原卷娟秀之體，大不相類，亦其證。則當時寫經之由另一人校讎，亦即此而可知矣。其有奪漏之字，少者則正補于夾行之間；如原第十四葉前面十一行"恬"字側補"甜甘徒廉反四"，原十四葉後面第二十三鄙下補"古姓陽"三字，原卷二十葉前面二行"珠"字上補"朱俱羽反丹七"六字。又原第一葉後面八行"晝"上補"○獲胡麥反六"五字。又原第八葉前面第二十七行"錯"下補"大槽"二字等皆是。其奪漏甚多者，則倒書于夾行之中。如原第十九葉後面，第一行"駕"下"吳"補"帑"以下至"吾"等十二字而倒書之是也。倒書之例，即敦煌卷中亦甚稀見。

孫愐唐韻殘卷　P二○一八

　　本卷共存十三行，前六行後一行之下截略殘損八至十生丁之間。起"東"韻"璁"字，終三"鍾"韻"灉"字，白楮紙，質不甚堅實，已灰敗，前後上下皆有殘損，故紙幅大小已不可考。高在二十五生丁以上，匡心高二十三生丁，烏絲格，極細，字劣，然尚工整。墨色尚佳，然亦慘暗。凡存"東"韻三紐十八字，"冬"韻七紐十三字，"鐘"韻八紐五十九字。以內容而論，共存"東"、"冬"、"鐘"三韻，皆有殘損。韻與韻之間接連而書，不更淨空。首字上亦加都數，如"二冬之二"是也。切"東"①語皆稱反，置于注文之後，無例外。紐首字以朱筆點識，而不加墨圈。唐以前寫韻之法蓋皆後加也，故時有遺漏，如二"冬""彤"上"宗"上，三"鐘""智"上"邕"上，皆未加朱是也。紐數皆在注後，有"加幾"等字樣，或在所加字之下，更明注"加"字，如"東"之"鴸""蝀"，"冬"之"佟"，"鐘"之"佟""鐘""鴽""憃"等字，皆于紐首都數中，既已言加幾，又分別于所加字下更注也。②

增字更定孫愐唐韻殘卷　P二〇一六

本卷僅存一葉，凡二面，共二十七行，前後皆殘損。前面存二十行，起孫愐《唐韻序》"克諧雅況"句，序文六行，承以上平韻目，韻目五行，承以"東"韻韻字九行，至"權""嚨"字而止，後面起"公"字注"公息忘"七行，終"穼"字。楮白紙，質尚勁健，已塵蝕。幅高三十生丁以上，寬不可審知。匡格不具，版心高二十五生丁。字極劣，然尚整飭。行款亦不甚逼仄。墨色枯敗。以內容言，凡存《孫愐序》一段，上平韻目全，平聲"東"韻字亦幾全，韻首僅存一"東"字，字上是否有都數，有標識，已損剝，不能審知。切語稱反，皆在注語之末。"又音""又切"亦同。"又音"有但言四聲者，如"練"注云："又去又上。""桐"注云："又去也。""辣"注云："又去。""商"字注云："又去。"皆是。有直音者，如"辣"字："又陳也。此陳音也。""釭"字注云："又江。此江音也。"而仍以切語爲多，其地位亦在注語之後。紐首字不別加圖識，蓋此爲急就之書，未經校讎者也。每紐都數置于注後，而無加幾之目。

---

① "東"應爲衍字。
② 本段韻目三"鍾"與三"鐘"雜出，應以三"鍾"爲是。

增字本孫恤唐韻　TIL　一〇一五

本卷現藏普魯士圖書館，余僅得見一紙，審其紙質、墨色、字體、風格，當爲五代刻本。凡存十三行，始"寒"韻"盇"字，終"二十七桓""桓"字注。紙質粗鬆，字體極重濁，與二〇一四、五五三一相較，相懸甚遠，二〇一四、五五三一爲蜀中刻本，此疑即敦煌一帶仿本也。行款尚疏朗，以注字計之，約行可四十許字，正字約可二十五六字。四維邊匡甚粗，行線尚細，然多脱節。上下皆已殘破。文中亦有殘迹。今存"寒"韻"盇""難""灘""删""檀""殘""干""瀾""看""濡"等紐五十一字，"桓"韻"桓"紐一字。以内容言，可考者凡兩韻。韻與韻之間無空淨，亦不提行，如"二十七桓"即緊承上"寒"韻末字而書。韻首字除都數外，亦不加圈識。切語稱反，在注文之後。紐首字以小圈識之，小圈中又更加朱墨。每紐都數在注語最末，切語之下，或單計字數，或更加一"字"字，如"看"紐下注"七字"，又"□"紐下注"二字"，是也。于他韻書無此例。

唐末五代刻本韻書殘卷之一　P五五三一

余所見敦煌韻書，不論其爲寫本、爲刊本，朽敗蠹蝕之甚無如此卷者，而特殊奇詭之甚，亦非餘卷所能及，當宣閲時，分釐拂飾，使縐痕略展。以薄利刃拂去浮塵，然後潤指徐拓。字既顯，則别紙疾録。一字非三四拓不能全。一日之力，約可得十行。十日卒業，則形貌俱變，非復故我矣！余非能甚好也，亦不欲以抱殘求名達，惟處强國悍族之中，感觸千萬，殷思其種，即見故國文物，遂以不能自制。爲計雖拙，而慰情實甚痴肥已耳。請略述如次。

本卷爲唐末五代刊本，凡存四紙。以内容論，實爲兩本。自"薛"韻"鼈"至"陌"韻"伯"凡二紙爲一種，今命之曰"第一種"。自"語"韻"唏"至"墅"，自"駭"韻"磢"至"隊"韻"唯"二紙爲一種，今命之曰"第二種"。試分別說明如下。

第一種

共存二葉。第一葉共三十四行，起"薛"韻"鼈"字，終"錫"韻"歡"字，其中惟六、七、八、九四行無殘缺，其餘各行皆殘下截，而三十四行僅餘兩字，以版心審之，此爲一整葉。第二葉起"錫"韻"釋"字，終"陌"韻"伯"字，共存三十行。其中惟廿四行至廿九行六行全存，其餘各行亦各殘下截。而前九行則上下皆殘。每行僅存數字，然以收字而論，則此葉與上一葉兩相密承，必爲一本無疑。兩葉皆楮白紙，質本鬆疏不堅實，更遭塵蠧浸蝕，朽敗已甚，祝指則剝。在諸敦煌卷中，紙質爲中下品。幅高二十六七生丁以上，寬在五十二生丁以外，前後有殘削，不能的審。匡格甚俱，圍線與行線粗細相若，皆極細。墨色已灰敗，然厚重有北宋氣韻。字體精整，奏刀勁秀，在歐、顏之間，較海鹽張氏宋巾箱本《廣韻》字尤高古，以較常熟瞿氏鐵琴銅劍樓藏宋本《禮部韻略》，尤爲剛健猗儺①。行款甚緻密，然配置勻整，殊寬卓有餘潤，非良工不能奏刀也。版心高二十四生丁，寬四十一生丁又半。全葉當爲三十四行，每行以正字計，當在三十字上下，以注文小字計，當在四十五六字之間，行款不可謂不密矣。

以收字考之，兩葉共存"十九薛"後半、"二十雪"全部、"二一錫"全部、"二二麥"全部、"二三陌"前半，共五韻，而全者三。韻與韻相承，不別葉，不提行，亦無空字。如"二十雪"即緊接"薛"韻末字"桗"注之下，"二十一錫"，即緊接"雪"韻"叕"字注文之下是也。韻首字亦無特異，更不作他符號，僅標韻數而已。每紐紐首字上，作一小圈，與今所見諸《廣韻》、《禮部韻略》同。反切皆先于注語，與今《廣韻》異。又切皆後于注語，與今《廣韻》同。每紐都數，殿于注語之後，亦韻書之通例。諸"符號""計數字"皆與正文注語同刊于本，而不另加朱墨。故無丹墨雜陳之象。書爲當時精刊本，不見訛誤，字體亦絕少俗書。雖零紙斷簡，不謂爲世之宏寶，不可得也。

---

① "猗儺"當作"猗儺"。

第二種

計兩葉,其實原樣當爲四葉,即今第一葉自"唏"字起,數五行至"卅板"止爲一葉。自"佢"下數六行至"佇"字一行爲一葉。今第二葉自"燿"字下數五行至"卅二板"爲一葉。自"岜"字下數五行至"潅"字爲一葉。細繹之,當爲"三十""三一""三二""三三"四板之前後剝葉,歸巴黎國家圖書館後,遂兩兩貼合爲一矣。楮白紙,質疏鬆,較第一種稍劣,色已朽敗,幅寬已不能知。高三十生丁,匡格畢俱,邊緣甚寬,而行間則極細。版心高二十四生丁又半。墨色視第一種稍好,光澤尚見。字體較第一種略大,且椎重無姿,體近黄善夫刻本《史記》,而更肥濁,遠在第一種後,即與巾箱本《廣韻》較,氣韻亦殊混渾,然行款尚疏朗。蓋非五代之精刊也。共存二十一行,計"尾"韻存五字,"語"韻十行半,"蟹"韻八字,"駭"韻一行半,"賄"韻七行。其中全者惟一"駭"韻。"語"韻以下至"蟹"韻四韻即殘于此兩葉之間者也。韻與韻間無空淨,于上一韻之末,即緊接下一韻之首:如"十三駭"韻即接"蟹"韻末字屮注之後。韻目之前,亦標韻次號數,如"十三駭""十四賄"等是。惟"十三""十四"兩數字,不上棗梨,而以朱書之爲大異。韻首字亦無殊形特符。每紐"首字"于上加小圈,如諸唐人韻書。切語或在注語之上,如"語""許""巨""煮""灑""ㄐ""駭"諸紐是也;有在注語之下者,如"舉""去""與""杵""楷""翅""瘕"諸字是也。至不一律。注語最後殿以每紐"都數"。其"又意""又切"在紐首者,置每紐"都數"前,不在紐首下者,則殿一字。其正字形,則在釋義之後。凡韻首"每紐都數"之計數,皆與正文同一刻字,紐首圈識亦同,惟更以朱筆填之。色敗不甚顯,而可影響得之也。又"語"韻"筥"字行"炬"字下,有"卅板"字樣,及"賄"韻"纊"字行"頠"字下,有"三十二板"字樣,此乃書記板葉之處,此唐人蝴蝶裝書册之常式。五代猶存唐風,故其刊本亦襲用不改也。

又第二種注語,實較第一種爲多。

試以此卷與二〇一四卷之第二種、第七種較,蓋無一不相脗調。蓋爲同書同板之殘葉也。別詳二〇一四叙錄各節。

唐末五代刊本韻書殘卷之二　P二〇一四附二一〇五

　　二十年秋，余以事北入舊都，于宣武門外殘書堆中得韻書影片十葉。心知其可貴，倉卒南旋。海上有儈夫，聞余得異書，乃爲骪骫，求來訂交，假余所得江慎修手批《周禮》及此影片而去。逾月索之，以失盜報聞，心知其盜自監守，而亦無可如何也。二十五年春，于巴黎國家圖書館觀敦煌卷子，偶得此卷，驚喜逾量，知前此所得影片，即攝之自此者也。即商得該館同意，命工攝製，細爲讎校，又以別紙手自抄寫，然以柏里和氏所列目錄較之，面數得九而葉數只七。原目P二〇一四號共九紙。初疑柏氏九紙之說，實指九面而言，及與柏君觀面，則知本卷與二〇一五兩卷，皆已選其一部送一九三五年十一月在倫敦舉行之中國藝術展覽會。意欲于會畢送歸後，一一補錄。其年冬，重遇柏君于法蘭西高等學院，College France 詢知已送歸柏君寓所。允假淨几一席，任余抄錄。其後柏君累易其居，而余有倫敦、柏林之行，二十六年將返故國，復又謀之，則柏君已來遠東，余不及待。歸國不十日，而七七事變作。間關南下，行裝甫除，而上海戰事起。後此展轉于杭州、蘇州、南京、開封、西安之間，此數頁殘紙，雖幸能相隨，而欲補綴完璧，遂以不可能矣。當時未得錄寫者，尚有一二卷，至今以爲耿耿。

　　本卷大體皆唐末五代刊本，第三葉之背有“清泰五年正月”六字，清泰乃五代唐廢帝年號也。據柏里和目錄共九紙，余所得者僅七紙，而實九面，茲詳爲分記如次。

　　第一種

　　收“一東”韻字二十八行半，止“㺄”字，“二冬”韻字九行半，止“降”字，全，共三十八行，前八行與後十二行爲抄配，雖配抄而與原書品式不殊，知者以後十二行與二〇一五卷相較，每行字數品式皆全同。詳後。且與原刻亦相承。原刻末爲“薑”字，抄配爲“蕪草”二字，故知其相承也。

　　又抄配前半第八行“戶工反廿一”，不數原刻，已滿二十三四文，連原印本四字,實得二十七八字。然原印本所有"矼""吅""颺""矗"四字,"矼"字《廣韻》即收"洪"紐下,餘三字皆從"工""共"得聲,考"一東"從"共""工"者只有二系:一爲深喉,一爲淺喉,則此三字本可讀"戸工反"也。且"颺""颭"二字,義同音同,當爲一字,而"矗"本爲俗借,是"廿一"當爲"廿七"或"廿八"之誤。

紙爲白楮紙,甚疏鬆,抄配兩截,較印片色微新,質微劣,紙幅高在三十生丁,然尚有截削,不能計。版心高二十四生丁,配抄者較原印本略高十分之四生丁。寬二十一生丁。匡格則邊緣粗,行線甚細,而無脫節。墨色不甚鮮明,然厚重有餘。字體勻整,與五五三一之第一種,同爲一體,非良工不能刊也。

前者抄配八行之末有"二板"二字,此當爲一葉邊末,印本第一行"矼"字,當爲第三板之首行。以二〇一五卷"東""冬""鍾"三韻配之,則至"鍾"韻之"茸"字共三十四行,"茸"下有"三板"二字,與上"二板"正相承,則三十四行者,即此卷每板所容之行數也,本卷與五五三一之第一種爲同板本之同韻書。五五三一第一種適亦三十四行,亦當適爲一葉,則此兩種之爲同書,亦得展轉而爲之證矣。三十四行板心之寬,爲五十一生丁。

以收字考之,本卷凡存"東""冬"二韻,二〇一五卷即本卷相承之葉,本卷與二〇一五卷有六行相重,以兩紙相叠,實無毫釐之異,惟二〇一五體略較肥耳。餘別詳。更以相配,凡得"東""冬""鍾"三韻。韻與韻之間,連續不別爲紙,亦不別爲行,韻首、紐首之上,別加小圈識,于每圈識中,更以朱筆漫之。切語用"反"不用"切"。皆在注後。與本卷他種先後不拘者皆異。紐數在注義之末,仍爲刻樣,而非別書。注文較S二〇七一爲詳,而不引《說文》,言族姓而不以五音分。又本卷與五五三一第一種爲同書之裂,更當與之相參。

第二種

此種計存十二行,自"扟"至"煩"五行屬第二十八板,自"池"以下至"啤"七行與上紙面背相承,若以板片計之,當爲二十九板。精加校理,實即P五五三一第二種之前葉,五五三一板數,"三十"、"三十一"、"三十二"、"三十三",適與此片"二十八"、"二十九"兩葉相承,更以紙質、板式、字體、墨色、款行、注語、韻次、標記諸端校之,亦無一不與五五三一第二種合,其爲一卷之裂,蓋決無可疑,惟由本卷,尚得爲之補說者:五五三一用朱筆標識韻首、紐首,迹已不甚顯,而本卷甚鮮明,此可補者一也。又合本卷與五五三一兩卷而觀,明注板片數字之"廿八"、"卅"、"卅二"三葉之殘損在前半葉,而"廿九"、"卅一"、"卅三"之殘損在後半葉,此蓋雙數各葉尾端之面口,舉[1]單數各葉首端之面口相黏合,換言之,即雙數爲一葉前面,而單數爲一葉之後面,遂得殘痕如是也。由是推之,則第一葉之前背必爲書皮,是則此書裝釘品式,必爲蝴蝶裝,甚且爲旋風式之蝴蝶裝,亦得自兩卷合併推究而可知之矣。此與韻似無關,而以書式推斷一書體式,固爲余所據爲探求原書真像之一法也。

第三種

此種共存兩半葉,第一半葉有"八板"字樣。起"魚"韻"菹""沮""胆"字,止"鶵"字。存全字二行,略殘字四行,上截太半已殘者五行,共十二行。第二半葉起"鮞"字,實與上葉緊相承接。止"迂"尪字。存七行,皆全爲"魚""虞"二韻中字。紙質與第一種全同,楮白紙。幅在三十生丁以上,板心高二十四生丁,其寬以殘損過甚,不能推計,其匡格則四維邊線較行線爲粗,無脫節斷緪之弊。墨色尚厚重,較他六種皆鮮潔,字體極精勁,與板式、字體、內容諸端而論,與本卷之第一種及五五三一之第一種,皆爲同一書同一刊本。然此種字體較本卷他六種皆微大,約行廿九字。而亦微瘦,亦更姿雋。余初疑爲另一板本,其實印刷初興,全書未必出于一手民之手,即一人爲之,亦未必能前後無毫毛之差也。即如常熟瞿氏銅琴鐵劍樓藏本之《禮部韻略》、《古逸叢書》中之《廣韻》等諸宋名槧,字體墨色前後亦至不一。此片當爲最初拓本,故筆姿勁健,鋒棱介然,而其與第一種爲同書,則可自內容上定之者也。本葉背面有"清泰五年正月"字樣,寫字而非刻文。此六字于義云何,雖不可知,然其爲後來書寫,則無疑。是此刻本,

---

① "舉"當爲"與"。

至遲不後于五代唐廢帝也。唐之季世，蜀中産紙極多，硬黄、楮白、松花、青苔之流，蓋久與西凉遷貿。蜀中雕刻，斯時亦爲最盛，而小學字書之流，尤爲名高。此卷紙質，雖非麻面、藤骨之尊，庶幾“廣都四色”之類與？唐兩庫皆以益州麻紙寫集賢院御書，蜀紙在唐時極盛。則諸敦煌刊本其爲唐末五代蜀中所刊者蓋無可疑。參《敦煌石室書錄》及斯坦因《西域考古記》諸書。

此紙前八行爲“魚”韻字，第九行以後爲“十虞”字韻目，“十虞”二字與上韻密接，不提行，亦不空字，亦不特寫，惟于“十”字上下刻兩小圈識，又于上圈以朱筆漫之，此與本卷他紙相同者也。他紙于韻首數字下不再作圈識爲異。紐首字亦刻圈，然不以朱筆漫之。釋注之例，則“切語”稱“反”，或在注前，如“胥”“虞”諸紐是也，或在注後，如“如”“閭”“涂”“鋤”“疎”諸紐是也，然在注後爲多。其每紐都數則殿一字之末，其又音、又切皆在注後，凡此皆以本卷第一種及五五三一第一種全同者也。注語詳略，亦與上二卷相若。

又本卷第一種，五五三一第一種每韻中紐次及紐建首字往往與《廣韻》異，每紐都數往往較《廣韻》多，而此片亦皆如是，此亦與上二卷同書之一證。

第四、五、六三種

本卷第四紙，原實兩面，巴黎國民圖書館裝袟時，因其殘損，遂以簿紙糊其一面，而不知所糊者，實最爲重要之前一面，有平聲韻目在者也。潤指拂塵，拓之使顯，遂得抄錄。前面起下平韻目“四十二唐”，終韻字二“仙”“然”字，即爲紙所漫之一面也。凡得廿五行。第二面即後面。第一行殘餘四半字，第二行起“仙”韻“次”“連”字，十一行而下承“三十一宣”，又十四行而下承“三十二蕭”，止“蕭”韻“簫”字。凡存二十六行，其殘者九行，全者十七行。

本卷第五紙，實亦前後兩面，前起“宵”韻“瓢”字，至“肴”韻“膠”字而殘。計存全六行，殘字七行，共十三行。所存爲“宵”“肴”兩韻字。後面起“肴”韻“孝”“狩”字，五行，止“獿”字，有“十八板”字樣。而承以“淘”“嘲”以下六行，止“匏”字。“匏”字一行僅存注文四字，正文殘半字，另五行完整無殘,共計六行。

本卷第六紙,凡存一紙,起"肴"韻"窠"字,六行半而承以"三十五豪",更七行至"柏"字而止,共計全十三行,無殘缺。

按以上四種合計之,共存"二十九先""三十仙""三十一宣""三十二蕭""三十三宵""三十四肴""三十五豪"七韻,韻次實相連也。當爲一書之殘,試更比較各紙之書式、内容等,則知其確爲一書無疑。請分別說明如次。

試就紙墨匡格而論,此三種五葉,皆楮白紙,色已灰暗,而淺深皆同,墨色沈厚,無光彩。紙幅高在三十生丁以上。板心皆高二十四生丁、匡格則四維皆較行線爲粗。第六紙四邊線較第四五兩種微肥,墨色亦較暗,當爲同板而印刷稍後者邪?又且與本卷第一種、五五三一第一種絶似,則三紙之爲一書審矣。

以字體而論,第四紙之前面,與第五紙之前面,皆與本卷第一種字體絶似,必爲出于一人之手無疑。第一種後面,則略瘦,第六種略肥,而氣韻仍不甚殊。第五紙後面,則前五行自"哮""猱"至"敆""轇",與前葉完全相合,字可相疊。其爲同書,益不待辯而可決。以行款而論,此五紙大體皆每行三十字,每二十生丁約得十四行弱,前于第一種時,吾人計每葉全面爲五十一生丁,容三十四行。以此較之,亦適相當,則行款不僅自相同,且亦與第一種相合矣。又第六紙之前五行,自"窠"字起,至"咆"字止,完全與第五紙後面可兩相疊合,無毫釐差異,其爲同種,亦甚明。而第五紙"宵"韻"瓢"字以前之所殘,與第四紙"蕭"韻"簫"字以後之所殘,共爲二十三行,五紙殘二十行,四紙殘三行,又四紙後面首殘六行,未殘三行,說明見後。以今《廣韻》所有字細爲較之,約殘二百七十餘字,本卷每行容字,平均爲十一字強,共需二十四行,此出入一行之微數,當由本卷收字較少,或注語略簡之故,不足病也。是則四、五兩種,以行款殘餘之迹推之,亦可決其爲相承之葉矣。此亦五紙爲同書之一證。

試就内容審之,具爲一書,益無可否認。

就韻次論之,五紙共存"先""仙""宣""蕭""宵""肴""豪"七韻,其韻目除"宵"已殘外,"先""仙""宣""蕭"見于第四種,"肴"見于第五種,"豪"見于第六種,皆于韻目之上記韻次"廿九"、"卅"、"卅一"之屬,韻目數字上,皆有小圈識,而又均以朱筆漫之。

每韻與韻之間,密相承接,不另提行,亦不空字。五紙自相同而亦與第一種相同。

就紐字而論,五紙皆與第一種同,上小圈識,有以朱筆漫之者,亦有不加朱者。

就反切地位而論,有置于注語之前者,如第四種"先"韻之"先""田""淵""牽""賢","仙"韻之"甄""便""鞭","宣"韻之"宣""全""詮""旋""權","蕭"韻之"蕭",第五種"宵"韻之"驕","肴"韻之"肴""茅""包",第六種"豪"韻之"豪""高""敖"皆是也。有置于注語之後者,在第四種如"先"韻之"千""牋""前""天""蓮""邊""蹁","仙"韻之"箋""連""厘""嗎""孱""愆""乾","宣"韻之"鐫""悛""鑴""緣""攣""員"等,第五種"宵"韻之"瓢""妙""腰""蟂""喬""鴞""苗""蹓","肴"韻之"麃""交""鐃""嘲""謆""聊""稍",第六種"豪"韻之"蒿""叨"等皆是,而置于注後者爲多。此五紙相同之一例,亦五紙與第一種相同之一證也。

依上所證,則此五紙之爲一種,蓋已確鑿無須倚張,且亦與第一種及五五三一之第一種爲同類。顧或者曰,此五紙注中以宮商等五音言姓氏,而上二種則不以五音分,此則不當爲一種矣。曰以五音分姓氏,本唐人素說,宋人重修《廣韻》亦未盡删,此諸刊本,皆出唐末五代,則以五音分姓,固爲舊習,不以五音分姓,亦不害爲唐人韻書,則此不足爲全書之一定例,蓋已甚明。且即以此五紙而論,分明五音者固甚多,然如"先"韻"天"字注云:"天曰員蓋,然皃,亦姓,他前反。"又"吷"字注云:"吷咽亦姓。"第五種"宵"韻"喬"字注云:"水鳥又姓。"第六種"豪"韻"高"字注云:"古刀反,出上也,崇敬也,遠,亦姓。"又"皋"字云:"九皋亦姓。"諸皆不言五音,則其不爲一書之定例,蓋已甚明。如是則本卷第一種與五五三一第一種,不以五音定姓,又何害其爲一書。

第七集

此片殘存二斷葉，黏爲一紙，前一斷葉起"侵"韻"參"字，終"監"韻"尖"字，凡七行，惟第七行稍有剝損，餘皆全。葉尾有"二十六板"字樣，後一斷葉與上葉相承，起"黖"，終"菴"，字共六行，皆全。楮白紙，紙質甚疏，不堅實，色已灰敗。板心高二十四又二分之一生丁，紙幅當在三十生丁以上。四維邊線較行線爲寬，墨色尚潤澤，字體較第一種微大微肥重，體式風格略有一二分行書，更以行款、韻次、韻首、紐字、反語、標籤諸論較之，無一不與五五三一卷第二種相同。而其注語視第一、三、四、五、六諸種爲詳，而與第二種爲近，是亦同書之一證也。

又此片前半斷葉之末有"廿六板"字樣，而本卷第二種前半截之"廿八板"，即與此遙遙相接。何以言之？按"五十一鹽"之後，當爲"蒸""登""添""咸""銜""嚴""凡"七韻，以《廣韻》字數計之，共三百三十九字，本卷每行平均容字十一字强，至多不得過三十行，照數字計當爲三十行九字。加上聲韻目七行爲三十七行。益以"董"韻至"紙"韻"枳"至以前，共二百零數字，至多不得過十七行，共爲五十四行。本卷每葉爲三十四行，所缺二葉，共六十八行，所存"監"韻六行，當爲二十七葉，"紙"韻五行在"二十八板"，則所殘爲二十七板之二十八行，二十八板之二十九行，共五十七行，《廣韻》收字實較本卷略多，則本卷或且少於五十四行，則自"鹽"韻以下至"紙"韻"枳"字以前，其爲二十七、二十八兩板，蓋決無可疑者矣。

又此片韻目"五十一鹽"之"五十一"三字，非刻字而爲朱書，與五五三一第二種之"十三駭""十四賄"之"十三""十四"全同。本卷第二種無韻目，而其亦必爲朱識，蓋可自此二片而知之者也。

結論

總揭上舉各卷而合校之，則凡得唐末五代刊本二種，共十四斷片計。

第一種刻本

二〇一四卷之第一、三、四、五、六五種，共七紙。

二〇一五卷一紙，爲二〇一四卷第一種之後面。

五五三一卷之第一種。

第二種刻本

二〇一四之第二種。

二〇一四之第七種,即與第二種遙相連接之殘頁。

五五三一之第二種,即二〇一四第二種之後葉。

雖然上來所陳皆自書式訂其板本,以韻書系統而論,非謂有兩刻本,即成兩韻系不同之韻書也。吾人合此兩刻本與諸唐人寫本韻書及《廣韻》相較則知:

一、諸唐人寫本韻書,其韻系與《廣韻》實有其演變之條貫與釐然相襲之系統。

二、此兩種刊本,其韻系與 P 二〇一一、S 二〇七一、S 二六八三、S 二〇五五及本書所載諸寫本以至《廣韻》皆不同,而實自相同。

韻關辯清濁明鏡殘卷　巴黎未列號諸卷之丁

本卷殘存一葉,共十四行,起序文"得與丹字爲切"三行,而承以平聲"先"等三十八部韻目四行,又承以上聲五十一韻韻目七行。前後及幅下邊皆有殘損。楮白紙,極疏鬆,且已敗朽,大小版心皆不可計度,亦無匡格。字極劣而多誤,墨色輕薄,行款亦不甚整飾。以字體紙質論之,必不前于晚唐,然以韻部論,蓋仍存孫愐以前之舊者。何以言之?案上聲韻目五十一韻,有"軫"無"準"、有"旱"無"緩",則"真""諄"不分,"寒""桓"不分,其爲孫愐以前之舊也。其證一。上聲韻目至"等"而止,而以五十一之數佩下平二十八韻之數,則上聲無"儼"。因可推之去聲亦無"釅"。此亦孫愐以前韻目之舊。其證二。故此書在音學之價值,當與陸書同條共貫。惜全書所殘過多,莫由忖知其體式如何矣。

第三行下截有"韻關辯清濁明鏡一卷"九字側書,字體略小。此當爲本卷書名。蓋序文之後,當爲一卷之端,端首題名,以承總目之上。本卷大略爲學徒習字之紙,訛誤最多,所以書于序文之末者,當爲補寫之故。若更以殘存序文證之,所言正是反語辯清濁之法。此九字必爲書名蓋無可疑。然此書兩《唐志》皆不載，《宋志》有僧師悅《韻關》一卷，守溫《清濁韻鈐》一卷，鄭樵《通志》載僧行慶《定清濁韻鈐》一卷，各得此名之半。師悅、行慶不審為何時人，其書又皆不傳，莫由推知，然定字母辯清濁，唐宋之代，固多淄流為之，則此書或亦遺在方外，而未為采官所錄者耶？又此卷挩誤極多，其舉然大者，如"唐"上挩"陽"韻，"尤"下挩"侯"韻，"海"韻誤在"駭"上，"等"後誤挩"賺""檻""范"三字，"清"字誤"青"，及"巖""謀""虞""限""賠""憨""迴""極"皆為誤字，不難審知者也，故不詳說。

韻書摘字殘卷　P二七五八

本卷共餘兩殘葉，全長四十八生丁，前後皆有殘損。始"喧""烱"等字，終"吒""騾"等字。白楮紙，不甚堅實，幅高二十五又二分之一生丁，無匡格，有折痕，字極劣，類初學小兒手筆，墨不甚濃厚。共存正字四百三十四字。按本卷蓋依孫愐《唐韻》一系之韻書而摘錄者也，其書名不可知，然決非漫然摘鈔之書。

韻書殘卷　巴黎未列號丙本

本卷殘存僅一葉。凡十一行。起"東"韻"鯼"字，終"隆"字。其中九十兩行已殘損，不能審知。第八第十第十一三行，亦僅二三字。前七行下截亦已殘，以正文審之，約殘十牛丁左右。楮白紙，質不堅韌。幅大小不可計，匡格豐腴，行線尚細。墨色不佳。字體極整煉，與澤存堂本《玉篇》字體全同，當為五代精刊本。以內容而論，蓋為唐末五代人編輯孫、王諸家韻書之本。何以言之？收字較諸唐人寫本皆多也。如"蒙"紐二十四字，"雄"紐四字，"弓"紐五字，"終"紐十五字，"蓬"紐在九字以上，皆較各卷收字為多，而"蓬"紐之"韸"，"穹"紐之"邛"，甚且為《廣韻》之所不具。

諸北宋刊本切韻　普魯士學士院藏

普魯士學士院北宋刊本韻書,余凡得四種六葉。起"恩"韻"寸"字注,終"翰"韻"駻"字,凡九行,其後殘,爲一葉。又起"翰"韻"矸"字,終"嬿"字注一曰贊。以下而殘,凡十三行,爲一葉。中惟六、七、八、九四行尚全。餘均殘。此爲第一種,以 TⅡD1ₐ編號。一起"線"韻"面"字注,終"眷"字注,凡八行,其上截與前後俱殘。一起"號"韻"懊"字,終"芼"注,凡三行,其上截及前後皆殘。此爲第二種,以 TⅡD1ᵦ編號。第三種僅一葉,起"效"韻"皃"字,終"棹"字,凡九行,中截蝕剝極甚,以 TⅡD1ᵪ編號。第四種亦只一葉,殘損最甚,僅存"笑"韻八字,其半且有殘防。此四種者,以紙質、墨色、書式、字體、紐韻、反語、符號諸端論之,皆爲一書之散片,決無可疑。故得輯而論之。余細爲較理,因知與巴黎所藏諸唐末五代本當爲同源,而成書益後,且直接爲《唐韻》之母本。因斷爲北宋刊本。

歸三十字母例　S五一二

本卷原藏不列顚博物館。紙色白,不甚緻密,字大而不甚佳。背面有"三十字母敲韻"六字,字迹與前面同出一個人之手。凡存十一行,前八行皆分寫三截,自第九行後,略空半行,起"心"紐以下三行,則僅寫二截。

細爲本卷校理,前八行三截,每截蓋各分爲二組。後三行分上下二組,共八組,每組收四母或三母,以韻爲經,而以聲緯之。第一組爲"端""透""定""泥"四母,而各以"青""唐""先""添"四韻調之。第二組爲"精""清""從""喻"四母,各以"先""陽""鹽""真"四韻調之。第三組爲"知""徹""澄""來"四母,各以"陽""東""清""真"四韻調之。第四組爲"審""穿""禪""日"四母,各以"蒸""陽""真""侵"四韻調之。第五組爲"見""溪""群""疑"四母,各以"侵""庚""元""魚"四韻調之。第六組爲"不"

"芳""並"①"明"四母,各以"先""模""真""魚"四韻調之。第七八兩組各只三母,第七組爲"心""邪""照"而各以"尤""陽""侵""先"四韻調之。第八組爲"曉""匣""影"而各以"青""模""桓""先"四韻調之。其中有誤字率書,可即此例而推之。"磎"紐第三字原寫作"褰",在今"仙"韻,其同列之"犍""言"皆在"元"韻,則"褰"當爲"蹇"字之誤。"群"紐第三字原作"蹇",在"阮"韻,其同列之三字皆在"元"韻,而"元"韻"群"紐無與"蹇"形近之字,或借上聲字爲之。又"邪"紐第三字作"錫",其同列之二字爲"青""清"韻,今"青""清"二韻皆無此字與可與形訛之字。惟卷末《切字要法》與《韻鏡》卷前歸納助紐字,"邪"母用"餳""涎"二字,"錫"或爲"餳"之誤與?"徹"母第四字作"繽",以倒推之,當爲"縝"之誤。"知"紐第二字作"兔","日"紐第三字作"忎",以例推之,"兔"或爲"哀"誤,"忎"則六朝以來所傳之"仁"字古文。見《古文四聲韻》一書引《古孝經》。其他如"天"之作"兂","延"之作"延","墙"之作"墻","忕"之作"袄","晉"之作"替","鹽"之作"塩","京"之作"亰","魚"之作"鮫","張"之誤"詇","珍"之作"珎","鄰"之作"隣",皆當時俗僞,或雜用古今字體者也,無關宏旨,不及一一論證之矣。

字寶碎金殘卷　　P 二七一七

本卷共存一百八十六行,前後皆有殘損,餘皆完好。起序文"較量絹成一卷"句,終入聲"雨霎霎"一辭,凡存序文六行,口語一百八十行。楮白紙,質甚疏鬆,匡格不具,每行皆分寫兩語,成上下截。然亦有三語占一行者,多于下截録兩語,如平聲之"胭項""扚減""頭領""趑趄""慵饞"等皆是。字極劣,墨極薄,行款尚疏朗。全卷以四聲分。所録皆唐時口語或俗語。而于不甚通俗之字,注以反音或直音。一語中有但注一字之音者,有注二三字者。其語今世雖尚有存者,如"瞠眼""穚鳥""齙齬""艭

①底本誤作"并"。

泥”(今讀上聲)諸語,而不可解者爲多。如“面皺風”“屖嗦”“載袋”等,不可勝計。其字亦多當時俗書訛造。如“趫”音所交反。“甈”音西。“噈攑”音七官乃朱二反。“齋”即兮反。“緁”直類反。“律”疋問反。“皼皼”。音膩荅。又如“否”之作“毫”,見上聲。“傘”之作“伞”①,皆當時俗訛或新造之字矣。

張球籯金殘卷　S四一九五

全長四十八生丁,紙幅高二十五生丁半,正面爲《佛說因緣經》,上端雜寫“天意義”等三十三字。其中“殖”字有“音寔多也”,則爲此書之音義矣。背面爲《籯金》殘卷,存“□□第一”、“諸君篇第二”、“諸王篇第三”、“公主篇第四”四小節。起“顓頊”二字,止“訓組”二字,共存三十行。持與P二五三七卷校,篇第相同,當爲張球略出本,而非李若立原本也,余有抄片。

千字文殘卷　P二八八八

寫本。黃紙,字劣,伯氏原注作墓志銘,非也。此《千字文》殘卷也,卷末有“張富通用本”一題,則當時民間習用之書,巴黎、倫敦藏此等卷子極多,余該時多未叙錄。余憶其中有篆書、楷書、行書諸體,且有以藏文對譯者、有加注者,亦一時民間風習所尚之書也。

---

① “傘”“伞”二字應顛倒位置。

吳彩鸞書切韻事辯及其徵信録

　　文簫、吳彩鸞故事出唐人小說。唐之才人于學多陋，徒好文辭，閑暇無所用心，則想像幽悟、遇合、神仙、俠隱、才情、恍惚之事，作爲詩歌、文章，朋從相聚，各出行卷以相娛玩，非必真有其事，謂之傳奇。然龍興紫極宮寫韻軒，宋時尚存，"高據城表，面西山之勝；俯瞰長江，間乎民居官舍之中，特爲复絶。秋高氣清，望見上游諸郡之山，若臨山之玉筍，他處所莫及"。（見《道園學古録》）則傳說之中人心，蓋久而不衰。彩鸞寫韻，賣在人間，宋人傳者極多。《宣和書譜》、《宋中興館閣儲藏》皆載之。《秋澗集・玉堂嘉話》云："吳彩鸞龍鱗楷韻，後柳誠懸（原作懸誠，誤。誠懸，亦一時書家。其《度人經》小楷傳世頗有名，見《道園學古録》。其書至明尚藏項少溪家）題云：'吳彩鸞，世傳謫仙也，一夕書《廣韻》一部，即鬻于市，人不測其意。……數載勤求，方獲斯本，觀其神全氣古，筆力遒勁，出于自然，……其書共五十四葉，鱗次相積，皆留紙縫。'"記之最詳。歐陽公《歸田録》論葉子格謂："凡文字有備檢用者，卷軸難數，不宜卷舒，故以葉子寫之，如吳彩鸞《唐韻》、李命《彩選》之類。"則其書式爲葉子式。《敏求讀書記》亦言："《雲烟過眼録》云：'焦達卿有吳彩鸞書《切韻》一卷，予以延令季氏曾睹其真迹，逐葉翻看，展轉至末，仍合五卷。'"則書式爲葉子式，又得一證，且知其書爲五卷。又《式古堂書畫匯考》卷八，有《唐女仙吳彩鸞楷書四聲韻帖》,注云:"徽宗書簽,題'韻帖',共六十葉,每葉皆面背俱書。"其書式之可考者,又得一事。總而言之,則書式之可考者四:(一)葉子式;(二)面背俱書;(三)共五十四葉或六十葉;(四)分五卷。而字迹可考者,以《玉堂嘉話》爲最具體。而韻部之分合,則以魏鶴山及周公謹所言最重要。按宋本《魏鶴山全集·唐韻後序》言:"余得此書(《唐韻》)于巴州使君王清父,相傳以爲吳彩鸞所書,結字菲美,編次用葉子樣","于二十八删二十九山之後,繼之以三十先,三十一仙,上聲去聲亦然。"(又見《困學記聞》引)則韻部出入,與陸法言《切韻》、宋人重修《廣韻》皆不相合。周公謹《雲烟過眼録》則云:"吳彩鸞所書《切韻》,一先、二仙爲二十三先、二十四仙。"又自不同。唐人增補修正陸韻者多家,則所寫不名一家,自有此等異狀。然不論其韻部之同異如何,而其爲吳彩鸞所寫之傳說則一也。《攻媿集》又有《次韻章樞密賦吳彩鸞玉篇》、《跋宇文廷臣所藏吳彩鸞玉篇鈔》,則宋元人所見韻字書,盛稱爲吳氏手迹者多矣。余于巴黎得敦煌藏唐人寫本《切韻》數十卷,其中 Pelliot 編號之第二〇一一,共存四十三面,起五支鸝字,終四聲①二十四業攝字,依余所考,大約殘六面至八面,與五十三之數相近,字體極紹秀,剛健猗儺,兼而有之,雖靈飛、樂毅諸帖,恐無以過之。行款亦極緻密,而安排則疏朗,綽然裕如,與諸家稱說亦近。原卷平聲分卷分目,則亦爲五卷本,而韻目部數,先即承二十六山爲二十七先,上去聲同。凡此諸端,與上引諸家說皆相同,而原卷第十四頁後面第八行末,眸字、目字兩字之間,及原第五頁前面第三十行第二字"購"下"贖"字側,皆有胭脂圓點,色極鮮明,大如紅豆。又第十頁後第五行"疒"字注"□不"二字之側,亦有鮮艷之胭脂小圈。余遍檢敦煌獻寶,近二千卷,未見有胭脂渲染之迹,且麗濃如是者,則女仙傳言之說,不爲無因。余意唐代婦女習書史者至多,韻書爲當日學士所必備,則璇閨寫韻,以佐良人取富貴,爭功名者,必大有人,而貧家婦女,有寫韻賣之以代織組者,亦意中事。因其字迹紹秀,人爭傳之,以

---

① "四聲"疑爲"入聲"之誤。

爲韻事。而文人虛構才情恍惚之說，以聳聽聞，以傳神奇，固亦當時風習如此而已。此雖小事，亦關一代風習，故余亦因而著之。茲將宋以來彩鸞書《切韻》事迹諸家所記，録之以爲徵驗：

《宣和書譜》載御府所藏唐女仙吳彩鸞正書一十有三，計《唐韻》平上下、上、去、入五卷，又《唐韻》上下二卷，又《唐韻》六卷。故十三卷者，則三種也。其六卷本，疑唐諸家本爲一本卷也。

張丑《清河書畫舫》言："項少溪寶藏吳彩鸞正書《唐韻》全部，鮮于承旨故物，復爲陸太宰全卿所購"云云，則明時尚在人間也，又董其昌《容台集》亦言："柳誠懸小楷《清淨經》，予摹于海上，潘光禄刻之戲鴻堂帖中。"則董氏猶見柳氏書也。至《度人經》，張丑、陳繼儒皆以爲原藏項少溪家，今授仲子希憲云云。

附録歷代各家記載

女仙鸞自言西山吳真君之女。太和中，進士文簫客寓鍾陵。南方風俗，中秋月夜婦人相持踏歌，婆娑月影中，最爲盛集。簫往觀焉。而彩鸞在歌場中，作調弄語以戲簫。簫心悅之。伺歌罷，躡踪其後。至西山中，忽有青衣燃松明以燭路者，彩鸞見簫，遂偕往。復歷山椒，有宅在一焉。至其處，坐席未暖而彩鸞據案如府司治事。所問爲江湖溺死人數。簫他日詢之，彩鸞初不答，問至再四，乃語之："我仙子也，所領水府事。"言未既，忽震雷迅發，雲物晦冥，彩鸞執手版伏地作聽罪狀。如聞謫詞云："以汝泄機密事，罰爲民妻一紀。"彩鸞泣謝，謂簫曰："與汝自有冥契，今當往人世矣。"簫拙於爲生，彩鸞爲以小楷書《唐韻》一部，市五千錢，爲糊口計。然不出一日間，能了十數萬字，非人力可爲也。錢囊羞澀，復一日書之，且所市不過前日之數。由是彩鸞《唐韻》世多得之。歷十年，簫與彩鸞遂各乘一虎仙去。《唐韻》字畫雖小，而寬綽有餘，全不類世人筆，當于仙品中別有一種風氣。今御府所藏正書一十有三：《唐韻》平聲上、《唐韻》平聲下、《唐韻》上聲、《唐韻》去聲、《唐韻》入聲，《唐韻》上、下二，《唐韻》六。

（《宣和書譜》）

鍾陵西山有游帷觀，每至中秋，車馬喧闐十里許，若闤闠。豪杰多召名姝善謳者，夜與丈夫閑立把臂，連踏而歌，惟對答敏捷者勝。太和末，有書生文簫往觀，覩一姝甚妙。其詞曰："若能相伴陟仙壇，應得文簫駕彩鸞。自有繡襦並甲帳，瓊臺不怕雪霜寒。"生意其神仙，植足不去。姝亦相盼。歌罷，獨秉燭穿丈松徑。將盡，陟山扣石冒險而升。生躡其踪。姝曰："莫是文簫耶？"相引至絶頂坦然之地。後忽風雨裂帷覆機。俄有仙童持天判曰："吳彩鸞以私欲泄天機，謫爲民妻一紀。"姝乃與生下山，歸鍾陵，爲夫婦。

（《誠齋雜記》）

仙人吳彩鸞書孫愐《唐韻》凡三十七葉，此唐人所謂葉子者也。按彩鸞隱居鍾陵西山下，所書《唐韻》民間多有。余所見共六本。此一本二十九葉彩鸞書，其八葉後人所補，氣韻肥濁不相入也。

（《黄山谷集》）

裴鉶《傳奇》載成都古仙人吳彩鸞善書小字，嘗書《唐韻》鬻之。今蜀中導江迎禪院經藏中《佛本行經》六十卷乃彩鸞所書，亦異物也。

（張邦彦《墨莊漫録》）

洪龜父朋《寫韻亭》詩云："紫極宮下春江横，紫極宮中百尺亭。水入芳洲界玉扃，雲映遠山羅翠屏。小楷四聲餘翰篇，主人一粒盡仙靈。文簫彩鸞不復返，至今神界花冥冥。"

（吕本中《紫薇詩話》）

樓鑰《跋宇文廷臣所藏玉篇鈔》云："始予讀《文簫傳》，言吳彩鸞書《唐韻》字，疑其不然，後於汪季路尚書家見之，雖不敢必其一日可辨，然亦奇矣。爲之賦詩，且辨其爲陸法言《切韻》。兹見樞密宇文公所藏《玉篇鈔》則又過之，是尤可寶也。既謂之鈔，竊以爲如《北堂書鈔》之類，蓋節文耳。以今《玉篇》驗之，果然。不知舊有此鈔而書之耶？抑彩鸞以意去取之耶？有可用之字略之，有非日用之字而反取之。部居如今本，皆以朱字別之，而三字五字止以墨字書之。次序皆不與今合。不可致詰，輒書前歲所與汪氏詩《跋》于左，庶來者得以覽觀。"

（《攻媿集》）

宇文廷臣文孫家有吳彩鸞《玉篇韻》，今世所見者《唐韻》耳。其書一先爲廿三先，廿四仙不可曉。又導江迎禪寺有彩鸞書《佛本行經》六十卷，或者以爲唐經生書。

（《硯北雜志》）

龍興紫極宮寫韻軒，世傳吳彩鸞寫韻于此，軒以之得名。予昔在圖書之府及好事之家有其所寫《唐韻》。皆硬黄紙書之，紙素芳潔，界畫精整，結字遒麗，皆人間之奇玩也。

（《道園學古録》）

虞集題吳彩鸞《唐韻》真迹後：“豫章城頭寫韻軒，綉簾窣地月娟娟。尋常鶴唳霜如月，書到人間第幾篇。”

（《道園學古録》）

元詹玉題寫韻軒調《桂枝香》：“紫薇花露，瀟灑作涼雲，點滴①勾羽。字字飛仙下筆，一簾風雨。江亭月，觀今如許。嘆飄零，墨香千古。夕陽芳草，落花流水，依然南浦。　正兩兩淩風駕虎，恁天孫標緻，月娥眉嫵。一笑生風，那學世間兒女。筆床硯滴，曾窺處。有西山、青眼如故。素箋寄與，玉簫聲徹，鳳鳴鸞舞。”

（鳳林書院《草堂詩餘》）

彩鸞與文簫遇在文宗太和末，而《法苑珠林》則寫于天寶早間，豈神仙隱顯原非時代之可限歟？

（陳宏緒《寒夜録》）

吳彩鸞龍鱗楷韻後柳城懸題云：“吳彩鸞世傳謫仙也，一夕書《唐韻》一部，即鬻于市。人不測其意。稔聞此說，罕見其書。數載勤求，方獲此本。觀其神全氣古，筆力遒勁，出于自然，非古今學人所及也。時惟太和九年九月十五日題。”其制共五十四葉，鱗次相接，皆留紙縫，天寶八年制。

（《唐子銷夏記》）

項氏寶藏吳彩鸞正書《唐韻》全部，原係鮮于伯機故物，後爲陸太宰

---

① “滴”字不合詞律，檢原詞，當作“商”。

全卿所購,名迹也。雖字細僅若蠅頭,而位置寬綽有餘,全不類世人行筆,當于仙品中求之乃得。

(《清河畫舫錄》)

唐吳彩鸞書《唐韻》一冊。上等天一。素箋烏絲闌本,楷書,並原序二則。上朱書署"王仁煦序長孫序"七字。無款,姓氏見《跋》中。凡三十八幅。第一幅有"宣和"、"紹興"、"乾卦"三璽,又"神品天籟閣"、"長字賢志堂印"、"子孫永保"、"項墨林父秘笈之印"、"項元汴印"、"墨林山人"諸印,又半印二,存"山人"、"世昌"四字,又邊幅有"圖史自娛"一印;第二幅有"墨林父"、"平生真賞"、"墨林"三印;第三幅有"墨林秘玩"、"項子京家珍藏"、"項墨林父秘笈之印"三印;第五幅有"項元汴印"、"墨林山人"二印;第八幅有"項元汴印"、"子京所藏"二印;第九幅有"墨林秘玩"、"靜因菴主"、"子京"三印;第十幅有"墨林秘玩"、"墨林"二印;第十一幅有"子京"、"項元汴印"二印;第十二幅有"墨林山人"一印;第十三幅有"項墨林父秘笈之印"、"墨林山人"、"項元汴印"、"子京"諸印;第十四幅有"項元汴印"凡二,又"墨林山人"、"神品天籟閣"、"子孫永保"、"項子京家珍藏"、"檇李項氏世家寶玩"諸印;第十五幅有"神品寄傲"、"項墨林鑑賞章"、"墨林秘玩"、"子京"、"子孫永保"、"墨林"諸印;第十六幅有"墨林秘玩"、"墨林"、"項元汴印"三印;第十七幅有"子京珍秘"、"墨林"、"項元汴印"三印;第十八幅有"墨林秘玩"、"項元汴印"、"墨林"三印;第十九幅有"墨林"、"項元汴印"各二印,又"子京珍秘"、"子京父印"二印;第二十幅有"項元汴印"、"墨林秘玩"、"墨林山人"、"墨林"、"子京"諸印;第二十一幅有"墨林"一印,又"墨林秘玩"、"項元汴印"各二印;第二十二幅有"墨林"一印,又"項元汴印"、"墨林山人"各二印;第二十三幅有"墨林"、"墨林山人"二印;第二十四幅有"墨林"二印,又"墨林山人"一印;第二十五幅有"項元汴印"、"墨林山人"各二印;第二十六幅有"墨林"二印,又"項元汴印"、"墨林山人"二印;第二十七幅有"項元汴印"、"墨林"各二印,又"墨林山人"、"墨林秘玩"二印;第二十八幅有"墨林山人"、"項元汴印"各二印,又"墨林秘玩"、"子京珍秘"、"墨林"諸印;第二十九幅有"項子京家

珍藏"、"墨林山人"、"子孫永保"、"墨林秘玩"、"墨林"諸印；第三十幅有
"項元汴印"凡四，"墨林山人"印二，"墨林秘玩"印二，又"子京"、"子京珍
秘"、"子京所藏"、"項墨林父秘笈之印"、"子孫世昌"、"子孫永保"、"項子
京家珍藏"諸印；第三十一幅有"墨林山人"、"子京珍秘"二印；第三十二
幅有"墨林秘玩"、"墨林山人"、"子京所藏"三印；第三十三幅有"子京"、
"墨林秘玩"、"子京所藏"、"墨林山人"諸印；第三十四幅有"子京所藏"、
"墨林秘玩"二印；第三十五幅有"墨林"、"子京"、"項元汴印"三印；第三
十六幅有"墨林"、"墨林秘玩"、"項元汴印"三印；第三十七幅有"子京所
藏"、"項元汴印"、"墨林秘玩"、"子京"諸印；第三十八幅有"乾卦"、"御
書"、"廣仁殿"、"政和"諸璽，又"墨林秘玩"印二，又"子京所藏"、"退密"、
"墨林山人"、"子孫世昌"、"賢志主人"、"項子京家珍藏"、"項墨林鑒賞
章"、"檇李項氏世家寶玩"、"神品天籟閣"、"項墨林父秘籍之印"、"項叔
子"、"張羽鈞"諸印。後幅頁項元汴《跋》云："女仙吳彩鸞，自言西山吳真
君之女。太和中，進士文簫客寓鍾陵。中秋夜，見于踏歌場中。伺歌罷，
躡踪其後。至西山，彩鸞見簫，偕往。山椒有宅焉。至其處，席未暇暖，
彩鸞據案治事。簫詢之再四，乃曰：'我仙子也，所領水府事。'言未既，忽
震雷晦冥。彩鸞執手版伏地作聽罪狀。如聞謫詞云：'以汝泄機密事，罰
爲民妻一紀。'彩鸞泣謝，謂簫曰：'與汝自有冥契，今當往人世矣。'簫拙
於爲生，彩鸞爲以小楷書《唐韻》一部，市五千錢，爲糊口計。然不出一日
間，能了十數萬字，非人力可爲也。錢囊羞澀，復一日書之，且所市不過
前日之數。由是文簫、彩鸞遂各乘一虎仙去。《唐韻》字畫雖小，而寬綽
有餘，全不類世人筆，當于仙品中別有一種風度。予偶得此本，遂述其本
末行實，使有所徵云。墨林山人項元汴敬題。時萬曆壬午仲冬八日前。"
有"內府圖書之章"一璽，又"政和"半璽，又半印二，存"秘笈之印"、"世
昌"六字。後有"項元汴印"、"項子京家珍藏"、"子孫世昌"、"項叔子"、
"檇李項氏世家寶玩"、"天籟閣"、"項墨林鑒賞章"、"梁清標印"、"蕉林秘
玩"、"子京"、"墨林秘玩"諸印。又記語有"唐女仙吳彩鸞小楷書四聲韻
項元汴真賞"十七字。前副頁有"蕉林收藏"一印。幅高八寸四分，廣一

尺三寸九分。

(《石渠寶笈》二十八 1)

唐吳彩鸞書《唐韻》一卷。上等宙一。素箋本，楷書，并注，無款，姓名見《跋》中。凡二十四幅，俱正背兩面書。第一幅只書一面，幅前有"文府寶傳"一印，又"吳俊仲傑"一印，末幅有"明德執中"一璽，又"清真軒"、"駙馬都尉"、"王府圖書"、"吳俊仲傑"諸印，又押字一，上鈐"河南書訖"一印，又半印三，漫漶不可識，又宋濂《跋》云："右吳彩鸞所書《刊謬補缺切韻》。宋徽廟用泥金題籤，而前後俱完。裝潢之精亦出于宣和内匠。其爲真迹無疑。余舊于東觀見二本，紙墨與之正同，第所多者柳公權之題識耳。誠希世之珍哉。翰林學士承旨金華宋濂記。"前隔水有"洪武叁拾壹年肆月初九日重裝"十三字，又"裱褙匠曹觀"五字。押縫有"文華之記"一印。後隔水押縫有"政和"二璽，"宣和"一璽。拖尾有"内府圖書之印"一璽，又"吳俊仲傑"、"橫河精舍"三印。幅高八寸三分，廣一尺五寸二分。

按：宋濂《跋》所云宋徽宗泥金題籤今缺，宣和七印亦祗存其四，顧歲月既久，轉屬多人，而廿四幅全韻猶宛然全璧，其世間至寶，真有神物呵護耶？

(《石渠寶笈》二十九 22)

唐女仙吳彩鸞楷書《四聲韻帖》徽宗御書，籤題"韻帖"。共六十葉，每葉面背俱書。帖内小字自注。各有項氏印，不録。

李朱文　連珠朱文　朱文　白文　朱文

《唐韻》卷第　　平聲五十平聲上廿六韻

朱文　連珠朱文　朱文　連珠朱文鳥篆

計一十二葉。

《唐韻》平聲上第一

367

《唐韻》卷第二　平聲下廿八韻

　　計一十一葉。

《唐韻》卷第三　上聲五十二韻

　　計一十一葉。

《唐韻》卷第四去聲　五十七韻

　　計一十一葉。

《唐韻》卷第四去聲

《唐韻》卷第五　入聲三十二韻

　　計一十五葉。

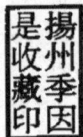 朱文　寓 季氏 白文　陳印定 朱文　紹興 連珠朱文　盍臣

半朱半白文　應召 朱文

（《式古堂書畫彙考·書八·吳彩鸞 2》）

《廣韻》一部

宣和 朱文　九思丹丘柯章 墨印陽文　鑒書博士奎章閣 白文　楊遵 朱文　書印宗道 白

文　三鱣堂 朱文  白文左半模糊

元和九年

正月三日寫　吳王本　珍玩司氏 朱文　□ 白文模糊

合同 紹興 二印連珠朱文鈐縫　□ 模糊　珍藏應召 朱文鈐縫

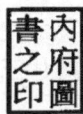白文　大印九曲朱文　中摹玉秘 端本 二大印朱文

右女仙吳彩鸞書《唐韻》真迹。彩鸞之事備載書史。小字能寬綽，此仙之妙於書也。況得五聲俱全，尤爲可寶。奎章閣學士院鑑書柯九思審定。

二印朱文　　白文　　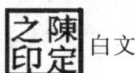白文　　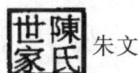朱文

圖書 朱文右二字莫辨

宋徽廟祕府收藏唐女仙吳彩鸞小楷書《唐韻》一部，名人題識，明山人墨林項元汴真賞，其值六百二十金。

朱文　　二印白文

季應召觀　　半白朱文　　二印朱文

外録

《書畫舫》云："項氏寶藏吳彩鸞正書《唐韻》全部。原係鮮于伯幾故物，後爲陸太宰全卿所購，名迹也。雖字細僅若蠅頭，而位置寬綽有餘，全不類世人行筆，當于仙品中求之乃得。"

又云："女仙吳彩鸞日書《唐韻》一部，其字不減十萬，又作蠅頭小楷，位置寬綽有餘，真奇絶也。後惟松雪翁筆法純熟，伸紙疾書，一日僅能楷行三萬字，雖亭勻，而柔媚有愧彩鸞多矣。"

　　彩鸞書《切韻》小楷書，張特義藏。

右仙人吳彩鸞書孫愐《唐韻》凡三十七葉。此唐人所謂葉子者也。按：彩鸞隱居在鍾陵西山下，所書《唐韻》民間多有，余所見凡六本，此一本二十九葉彩鸞書，其八葉後人所補，氣韻肥濁不相入也。山闕字

　　外録

《道園學古録》詩云："豫章城頭寫韻軒，綉簾窣地月娟娟。尋常鶴唳

霜如水,書到人間第幾篇。”

《雲烟過眼録》云:“吳彩鸞《切韻》一卷,其書一先爲廿三先,廿四仙不可曉,字畫尤古。此物舊藏鮮于伯幾,今又屬他人矣。”

《研北雜志》云:“宇文廷臣文孫家有吳彩鸞《玉篇鈔》,今世所見者《唐韻》耳。其書一先爲廿三先,廿四僊不可曉。又導江迎祥寺有彩鸞書《佛本行經》六十卷,或者以爲特唐經生書也。”

《倪雲林集》云:“誰見文簫逐彩鸞,碧山蘿月五更寒。猶遺寫韻軒中迹,留得風流後世看。”

瓜沙曹氏年表補正

　　唐末五代瓜沙地區，張議潮、曹議金兩家世守之，爲北疆强藩。邊圉有金湯之固，中土無烽燧之驚。其功業至偉，而文教亦一時之選。印度波斯文化之交流，西域風習之融會，長安爲中西播轉之樞軸，保乂吾民，通會東西，此一屏障，有大功焉。而兩《唐書》、《五代史》乃缺略不成友紀。近五十年來，敦煌獻寶，史實轉豐。數萬卷之經典文史，數千壁之絢麗丹青，片楮寸麻，在在皆與吾土吾民血肉相呼吸，其可寶不在周金漢石之下。上虞羅氏，先承光耀，理流沙垂簡，補張議潮傳及曹氏年表，有蓽路藍縷之功。即余訪古歐洲，細誦巴黎藏經四千卷，倫敦藏經千餘卷，與王君有三、向君覺民，同旅其地，時時商量。故余得從容擇要録之，或攝影以歸。歸而抗日大戰已起，蟄居蜀中三臺，與家人同桌相對，相與商量。初成《瀛涯敦煌韻輯》二十四卷。讀羅氏書，覺可補者至多。時大戰方酣，自知無益于國，懷信侘傺，乃自錮于殘篇斷簡之中。羅氏兩文，與河西走廊相關至巨，所以懸縈于吾念者亦至切，故用心亦最苦。至庚子、辛丑間，又得諸家露布之文，補曹氏世譜十數事，使全文裕然得其環中。寫以告之覺民。大體以莫高、榆林窟寺中畫壁題銜爲主，參以正史會要諸故籍，以排比經緯。其父子夫婦、家世婚姻，略無遺策。覺民嘆其術之工渺，以爲可補史之缺文。昔新會梁先生言："小販賬籍，傭保雜録，無不可爲史料。"諒哉斯言也,于曹氏世譜見之。願與世之治敦煌學與宋史西北史地諸達者商之。

壬寅四月記于杭州大學。

曹議金,不詳其里貫。梁末帝貞明初,沙州歸義軍節使張議潮之孫承奉絶無後,州人推議金主州事。時議金爲歸義軍長史。

按承奉自天祐二年在州内建號爲西漢金山國,終于何年不可知。然乾化元年迴鶻可汗弟狄銀率兵逼沙州,迫承奉結爲父子之國。則承奉之卒,當在乾化二年(九一二)以後。依王重民先生所考,認爲至早不得在乾化四年以前。乾化五年即改貞明,則《宋史·沙州傳》所謂"至朱梁時張氏後絶"之"時"字,至有斟酌!曰朱梁時,所以明其非初末歟? 則定爲貞明中爲當。又羅氏引貞明六年五月所書《佛說佛名經》卷九後題"敬寫天佛名經二百八十八卷,惟願城隍安泰,百姓康寧,府主尚書曹公己躬永壽,繼紹長年"云云,S四二四〇卷爲《佛名經》卷四,乃曹元進所書,S三六九一之三,爲同經卷第十五,此爲佛典大經。敦煌供養有兩方式:一爲禳災,一爲祈福。凡有大慶,則寫經畫壁以祈福,此爲風習之常則。此經之寫或以議金新主州事,家人爲之祈福。"己躬永壽,繼紹長年",正合新職初得事象。而又有元禮名字,則謂議金之被推在貞明五年,亦即承奉之卒在貞明五年,而皆調遂矣。既主州事,則沿舊稱曰節度使,曰尚書,皆無不可。

"議金"《册府元龜》作"義",奪金字。敦煌經卷及壁畫題名,皆作"議金"。

又《宋會要·蕃夷志》言"張議潮以州歸順,詔建沙州爲歸義軍,以義潮爲節度使,州人曹義金爲長史"云云,亦非。議潮爲歸義軍節度,在大中初,至貞明中已六十五年以上,相距不得如是之久。則爲長史,當在承奉時代。

梁末帝龍德二年壬午(九二二),議金夫婦畫壁供養。

敦煌文物研究所號四〇一窟,柏里和氏一四二窟(即張大千氏二九九窟),洞口男像一身,題名"……□西大王□□曹議金一心供養"。又女像一身,迴鶻公主裝,題名已剝,然此議金妻像也。詳後。洞內東壁有題記一則,云:"壬午年六月五畫畢功記也"十一字。此十一字,必指議金修功德時畫壁事言。全窟畫壁,惟此一區爲五代畫像,其餘皆隋唐間畫也。故知此題應爲曹氏功德之記。此爲曹氏畫窟之最早者,此時距同光二年爲歸義軍節度使,僅一二年事,權尚未大,故僅就舊窟畫壁作供養,尚未自開當家窟也。按本窟有隋唐間塑像,凡分南西北三龕,東南西北壁皆有隋唐畫若干區。

唐莊宗同光二年甲申(九二四)四月,沙州曹義(議)金進玉三團、硇砂、羚羊角、波斯錦、茸褐、白氍、生黃金、星礬等。《册府元龜》卷九百七十二。五月乙丑,以權知歸義軍留後曹議金爲歸義軍節度使,沙州刺史,檢校司空。《舊五代史·莊宗紀》。

按《元龜》九百八十亦言"同光中,長史曹義金遣使朝貢靈武,韓洙薦之,乃授沙州刺史,充歸義軍節度使,瓜沙等州處置使。"

然龍德二年畫壁,已稱曹大王,貞明六年寫經,已稱府主尚書,則曹氏在境內之銜也。此則朝廷授與之職,敦煌自張議潮以來,朝命與自稱,往往不同,亦一時風氣之使然也。

曹氏有禦侮保境之功,民因新命遂多頌之者。

P三一二八卷,錄《望江南》一詞云:"曹公德,爲國記西關。六戎盡作□百姓,壓壇河隴定羌渾,雄名遠近聞。 盡忠孝,向主立殊勳。靜難論兵扶社稷,恒將籌略定妖氛。願萬載,作人君。"此詞亦見S五五五六卷。同卷又一首云:"敦煌郡,四面六蕃圍。生靈若屈青天見,數年路隔失朝儀,目斷望龍墀。 新恩降,草木總光輝。若不遠仗天威力,河湟必恐陷戎夷,早晚聖人知。"第一首稱曹公必爲議金無疑,六戎與六蕃皆曹氏守瓜沙時之六鎮。"萬載人君"者,石室本《曹夫人贊》、《曹良才畫像贊》所謂曹大王之意也。第二首"新恩降"當即指"歸義軍節度使沙州刺史檢校司空"之命也,與曹氏事實無不合,故著之。又第一首又見Ｓ五五五六卷,第二首又見Ｐ二八○九、柏氏誤作敦煌名勝咏。Ｐ三九一一。又按Ｐ三一二八共録詞十五首,其可指爲咏議金事,尚有"好是身沾聖主恩,紫寧初□耀珠門。合郡人心銜喜賀,拜明君。　　謁節盡忠扶社稷,指山爲誓保乾坤。看著風前雙旌擁,賀明君。"此當指議金拜命日初時景象也。又"喜睹華筵戲大賢,歌歡共過百千年。長命杯中傾綠醑,滿金船。　　把酒願同山岳固,昔人彭祖等喬年。深謝慈憐兼獎錦,獻羌言。"此歌曹氏華筵之盛,必曾受獎掖者之辭也。

議金即受新命,遂畫壁以爲慶祝。

　　敦煌文物研究所號一百二十一窟,柏里和第三十二窟(即張大千氏二十八窟),洞口南壁男像一身,頭殘毀,朱衣,後持方箭者二人,題名剝,按此曹議金像飾也。由北壁女像爲迴鶻公主裝,鳳冠已剝,絳衣、窄袖,領與袖口花鳳藍邊,小花緋色內衣,頸間珠翠項圈,臉上貼花鈿,雙手持香爐,女像面相衣飾,與他窟議金妻迴鶻公主像全同,故知此窟爲曹議金窟也。按此窟議金夫婦裝飾,較九二二年一窟爲華麗,而威儀①亦稍盛。然又稍謝于長興二年以後諸像,蓋初敕節度河西主沙州後所修飾,其受命節度後,以慶功求福施功德而爲者與?雖不中,不遠矣。惟此窟本盛唐舊窟,非曹氏開窟,故窟內塑畫,仍唐舊也。疑當時功德,不過于舊像重加裝修而已。故洞內外僅有五代供養人像,其畫佛之屬五代者,又僅洞外左右壁之天龍八部而已。

　　又按Ｐ二六六八卷背,據柏氏言,有同光間佛窟落成記録。當與此事有關係,他日考之。

同光三年乙酉(九二五),涼州節院使押衙劉少晏因吐蕃劫略大饑,

---

① 編者注:"儀"字據《杭州大學學報》初發表版改。

求議金濟粮。

S五一三九涼州節院使押衙劉少晏狀：

"右伏以少晏等，當初惣是沙州本躰骨肉，自從張太保□上政直，河西道路安太，……甘州迴鶻兵强馬裝（壯），不放涼州使人拜奉沙州。……經三五年來，沙州骨子心兒屈鐵，不放，下條城隍，至今全得好在安樂。後便置（值）太保阿郎政直，開以河西老道，使人內外亟歸，進奉來前。……涼府士人，惣是沙州百姓人，數奉佫葺（番）人□□亂劫剗，政此不放，大受饑饉，粮用不足。……伏乞太保阿郎，仁恩照察，……賜乞候良（糇糧）。……"

後署"乙酉年六月日涼州節院使押衙劉少晏狀"，此乙酉即同光三年也。前太保指張議潮，此太保則指曹議金，已檢校司空，故境內侈稱曰太保也。此節所載事實，自張氏時涼州迄未靖，迴鶻吐蕃之侵略未停，惟沙州獨能免于荼毒，則張曹兩家支柱之功，爲不可沒矣。

唐明宗天成元年丙戌（九二六），正月乙酉，沙州曹義（議）金遣使者來。《五代史·莊宗紀》。長興元年庚寅（九三〇）九月，沙州曹義（議）金進馬四百匹，玉一團。《册府元龜》九百七十二。十二月，遣使者來。《五代史·明宗紀》。

羅氏曰：此當是一事，以有九月十二月之殊，姑並載之。

長興二年辛卯（九八一）正月丙子，以沙州節度使曹義（議）金兼中書令。《舊五代史·明宗紀》。議金子元德爲歸義軍節度押蕃落等使，檢校司空，元□爲歸義軍節度應管內□同六鎮馬步□□□□□□檢校司空。是文研所一八窟題名，詳下。

按議金諸子職封，見于題名者，此時僅得二，則其餘已剗，不可知。然以像列中服飾審之，皆宜各有所授，此不能詳矣。

議金因盛爲窟寺，且作《出行圖》于莫高窟，以爲光寵。

敦煌文物研究所第一〇八窟,柏里和氏五二窟(即張大千第三九窟),爲曹氏新開窟,洞口深一丈五尺八,廣八尺三,洞深三丈四尺四寸,廣三丈又二寸。塑本尊一區,高六尺七寸,金身。畫壁計東壁《維摩經變》,南壁《經變》四鋪,《佛傳圖》,北壁《思益梵天經變》一,《經變》三身,《佛傳圖》。供養人像:計東壁尼像四身,女像八身,南壁女像十四身,分在南北兩壁,議金像在洞口南壁第一身,高六尺六寸半,烏帽,朱衣,雙手持曲柄香爐,推金題名云:"敕河西、隴右、伊、西、庭、樓、蘭、金、滿等州節度使,檢校太尉,……□西大□議金供養。"議金妻像則在洞內東壁右壁,自北至南之第一身,迴鶻公主裝,鳳冠,臉上貼花鈿,珠翠項圈,朱衣,窄袖,丹鳳領及袖邊,胸下繫紅帶,雙手持香爐,題名剝。議金像列,隨以子元德,服飾與議金同,手持笏,題名:"敕河西歸義軍節度押蕃落等使,檢校司空,譙郡開國公曹元德一心供養。"以下有男像五身,題名皆剝。轉北壁亦男像七身,第一身烏帽,朱衣,雙手持笏,題名剝。二三身剝落,第四身服飾同第一身,題名約可見:"故兄歸義軍節度應管內□□六鎮馬步□□□□□□檢校司空,兼御史大夫,上柱國,譙郡曹□□一心供養。"以下五六七三身剝。

女像行列:第一身議金妻,以下第二身,鳳冠,簪花,面貼花鈿,珠翠項圈,朱衣,小紅花邊,紅團花胸襟,雙手持一花盤,題名尚得見"……鹿郡索……"三字,依石室例,此爲元德妻。第三身剝。第四身題"故姊第十一娘子一心供養。出適慕容氏。"第五身剝。轉南壁女像十四身,第一身題:"姊第十七娘子一心供養。出適□氏"此皆議金女也。第三身題:"侄女第十二小娘子一心供養。"第五身題:"故侄女第十四小娘子,是北方大迴國聖天可汗的孫,一心供養。出適翟氏。"第七身題云:"侄女第十六小娘子一心供養。出適慕容氏。"第十身題"第十五小娘子一心供養。出適曹氏。"此兩侄女,一女則曹夫人母家侄弟也,其餘皆剝,不可理。

敦煌文物研究所編號一百窟,柏里和氏第六六窟(即張大千氏第四十窟），乃曹議金夫婦新開功德窟。且繪曹氏夫婦出行圖，爲五代畫壁一巨制，茲詳記之。洞口深二丈有三寸，廣八尺九寸，洞內深二丈七尺八寸，廣二丈八尺，塑像五區，新重修。畫壁：計東壁《維摩經變》一鋪，南壁《彌勒下生經變》一鋪，《藥師會》一鋪，《報恩經變》一鋪，西壁菩薩一鋪，文殊師利菩薩一鋪，佛二鋪，十大弟子及聲聞菩薩、天神夜叉等三十六區。南壁西壁像上各有題名。北壁《天請問經變》一，《藥師會》一，《思益梵天經變》一，窟頂賢劫千佛小佛十六鋪，天王四鋪，蓮花蟠龍藻井。

曹議金夫婦出行圖各一圖。曹議金出行圖已多殘毀，其未毀者，尚有二騎持大旆先導，二騎各持木杵稍後，一騎立道上，又後四騎，持旗戟等。旁有二舞蹈者，又二人持大旗，分立道左右，道右大旗後舞蹈人，樂隊等共十二人，道中儀仗十騎，似小臣者十人，朱衣橫列道左，樂隊四人，鼓吹于議金馬前，議金烏帽、紅袍、白馬，後二騎持大旆，二騎後持扇戰旌旗等簇落數十騎，而別殿以四騎。

曹夫人迴鶻公主出行圖：四馬及御者導，次以五騎，左道舞蹈人女樂等十人，勇士五人，道中一朱衣，馬上橫擎一杖，五騎奉服飾于道左，別一人回馬指女樂，若相語狀，迴鶻公主騎白馬，二御者左右之，侍女十餘騎，簇擁于後，公主高冠加笠，右執鞭，左攬彎，女侍後，香亭三座，一婦女騎馬隨之，更隨以女僮七八騎，最後殿以輶車三乘，婦人女僮先後雜其間，步行。

供養人像，皆在洞口。計男像十身，在南壁；女像十一身，在北壁。其題名，男像惟存第二身“……公曹元德一心供養”八字，此與上窟“敕河西歸義軍節度押蕃落等使，檢校司空，譙郡開國公曹元德一心供養”全同。則公字以上即開國等元德官銜至明，其第一身可推知爲議金無疑，其像烏帽、朱衣、雙手持笏，亦議金像也。女像十一身，中一二三尚有殘存，第一身題云：“……聖天可汗的子隴西李氏一心供養。”此議金夫人銜也。第二身題云：“天公主是甘州可汗。……”第三身題云：“女甘州迴鶻國可汗大公主供養”云云，餘均剝落。

長興三年壬辰（九三二），正月，沙州進馬七十匹，玉三十六團。《册府元龜》九百七十二。

唐末帝清泰元年甲午（九三四），正月乙亥，沙州、瓜州遣使者來。《五代史·愍宗紀》。閏正月，瓜州入貢。牙將唐進、沙州入貢梁行通等，各賜錦袍銀帶等物有差。《册府元龜》九百七十六。七月癸丑，檢校刑部尚書瓜州刺史慕容歸盈轉檢校尚書左僕射。《册府元龜》九百六十五。

羅氏原注云："案張氏時，歸義節度領瓜、沙、甘、肅、鄯、伊、西、河、蘭、岷、廓十一州。至五代時，則歸義但領沙、瓜二州，節度治沙州，自兼刺史，長史爲留後，瓜州刺史，則治瓜州，雖統于歸義軍，亦自遣使朝貢，觀史文可知也。而石室本《曹夫人贊》、《曹良才畫像贊》，尚有河西隴右一十一州節度曹大王之稱，則但存其名，非其實矣。《舊五代史·吐蕃傳》謂五代時惟甘、涼、瓜、沙四州，常自通于中國，甘州爲迴鶻牙帳，涼、瓜、沙三州將吏，猶稱唐官，而涼州亦自立守將云云，可爲五代時歸義節度但統瓜、沙二州之確證。惟在後唐時，義金雖帥歸義，而瓜州刺史尚以他姓任之，至晉以後，則主二州者，莫非曹氏之子姓矣。"按羅氏此考至確，以今存敦煌資料證之，皆是也。瓜州刺史慕容歸盈後，史遂無他姓任瓜州刺史者，而曹元德之世，瓜州刺史已爲元忠，後此皆兄弟相參駢，無他姓矣。但羅氏以《曹夫人贊》、《曹良才畫像贊》之稱"大王"，爲但存其名，非實云云，則顯誤。其實自張氏以來，沙州歸義軍在其境內職銜，即高于中朝所命，而儀仗騶從，久已自王一方，則存其名者，乃中朝之名，而自稱乃其實，故僚屬百姓，亦多以其自稱爲號云。

歸義軍節度使曹頒有關佛教文告：

P二七〇三柏里和云"上有沙州節度使印"，全文已印入《敦煌遺書》中。

清泰二年乙未（九三五）七月，沙州刺史曹義（議）金獻馬三匹，瓜州刺史慕容歸盈獻馬五十匹。《册府元龜》九百七十二。

晉高祖天福二年丁酉（九三七）五月，議金府吏陳彥匯羅□□等獻端節禮。

羅氏《石室秘録》右馬步都押衙、銀青光禄大夫、檢校右散騎常侍、兼御史大夫、上柱國陳彥吓，左馬步都押衙、銀青光禄大夫、檢校左散騎常侍兼御史大夫、上柱國羅□□等，端午獻香棗花等牒，卷末題"清泰四年丁酉五月"。文中稱曹議金爲司空尚書，用中朝制，不用地方制也。

天福三年戊戌（九三八）十月，册封于闐國王李聖天爲大寶于闐國王。《舊五代史·晉高祖紀》。

冬遣使于遼。《遼史·太宗紀》。

是時沙州節使事，已由子元德署理，則議金疑卒于此年之前。

按此時晉與迴鶻于闐已通信，十月庚子，册封于闐國王李聖天爲大寶于闐國王，十二月且以大寶于闐國進奉使檢校大尉馬繼榮，可鎮國大將軍，副使黃門將軍國子少監張再通，可試衞尉卿等，此時議金朝貢未絶，而又遣使貢于遼，似不可解。按S四二九一卷，歸議軍節度使牒（原目歸上有敕字，極誤，今不從）其文云：

洪潤鄉百姓張留子女勝蓮，年十一，牒得前件人狀稱："有女勝蓮，生之樂善，聞佛聲而五體俱歡，常慕幽宗，聽梵響而六情頓喜。"今爲父王忌，廣會齋筵，既願出家，任從剃削，故牒。清泰五年（九三八）二月拾日。

使檢授司空兼御史大夫曹元□。

依結衡論之，此曹元德也（見前）。文中有"今爲父王忌，廣會齋筵"云云，此乃批示洪潤鄉女子張勝蓮請求出家之批語。父王云云，固曹議金在敦煌自王之稱，忌日爲卒後民俗與佛教禁忌之日，如七七周年或死後遇生日等皆是。其日爲二月拾日，若爲七七之忌，則爲本年内卒。若爲生忌，或周忌，則或爲上年乃至前年，前年不可能，以七月尚有貢使入朝也。又依結衡論，僅有使檢校司空兼御史大夫,皆散勛,不用職名,則其爲暫署之情,可以推知。此固新喪之變。而又通使于遼者,新喪和鄰之意歟?

天福五年庚子(九四〇)二月丁酉,贈義(議)金太師,以其子元德襲其位。《舊五代史·晉高祖紀》,《吐蕃傳》同。

《文獻通考》及《宋史·沙州傳》,並作元忠嗣,誤。

又按贈太師,本晉帝對議金飭終令典,然議金在境內,固早已用之,如榆林第十窟,議金題銜已有"檢校太師兼托西大王"之稱,又榆林第四窟元德爲其父書銜,則更加"推誠奉國保塞功臣"字樣矣。而元德在境內,此時已自加僕射銜,P三〇四五卷,吳幸通供養《佛說多心經》題辭有"奉爲:龍天八部護隴右之疆場,我僕射福同海岳,永壽無虧。……"云云,可證。

又按議金卒當在天福二、三年間,至此乃命元德嗣也。

議金生時,多開窟爲功德,刻經流通,有功佛教及藝繪事者至巨云。

議金開窟刻經年月日,多不可考,茲匯載如次。

一、敦煌文物研究所編號二七五號,柏里和一一八M窟(即張大千氏二三三號),原爲魏窟中之最早者,經五代、北宋之重修,五代始分窟前後兩洞,前洞崩毀,南北壁有佛龕各一二,龕內有五代人補繪菩薩各二軀,塑像皆經重修,畫壁則南西北三壁皆魏畫,有《佛傳圖》、菩薩等,東壁則有宋人畫佛三鋪,五代畫八手菩薩等二鋪,供養人像,亦南西北爲魏原畫,共男像三十四軀,惟東壁有五代女像七身,其中一身爲迴鶻天公主像,此曹議金妻像也,適當東壁八手菩薩像下,則曹議金妻功德窟矣。

二、榆林第十窟裏洞(外洞爲曹元德窟,見後),供養人像,南壁男像一身,題云:"敕歸義軍節度使,檢校大師兼托西大王,譙郡開國公曹議金一心供養。"像高五尺三寸,烏帽、朱衣、腰笏,手持長柄香爐,後持方箭之屬者三人,北壁女像一身,高五尺,鳳冠、朱衣、手持香爐,後掌扇女侍三人,題名云"北方大迴鶻國天聖公主隴西李氏一心供養", 即議金妻也。洞內塑像一軀, 壁畫東壁爲《牢度叉鬥聖》, 南壁《經變》、《東方藥師變》, 西壁文殊、普賢各一鋪, 北壁兩綠髮鬼, 八金剛, 及《西方淨土變》, 窟頂爲賢劫千佛, 飛天六身, 洞口爲八臂觀音、不空羂索觀音①。敦煌藝術研究所編號四二九窟, 柏里和編號一三五Ｄ窟(即張大千氏二一三窟洞), 原爲西魏開窟, 但窟檐頂有五代畫佛三鋪, 則顯有五代重修之迹, 洞口供養人像, 男像二身, 女像三身, 男像第一身高五尺二寸, 朱衣、玉帶, 手持長柄香爐, 男像第二身服飾同, 雙手持笏, 此議金與子元德也。女像第一身迴鶻公主裝, 手持香爐, 題名亦剝。第二身、第三身鳳冠、朱衣, 雙手持花盆, 此元德兄弟妻也。細參議金各洞自知之。又外檐當亦議金所建, 其南壁有天王像一鋪, 西壁有天王二鋪, 小佛四軀, 北壁有天王一鋪, 至洞內則西魏之作也。

曹氏曾刊刻佛經流通。其可考者, 有《金剛般若波羅密多心經》, 見向達《西征小記》所記任子宜氏藏: "五代過錄寫本,《金剛經》, 及版畫佛像十餘, 有曹氏吉祥牌子, 其書較咸通九年王玠刊本之扉畫, 無其勁秀, 而婉轉圓潤, 殊爲可喜。"

天福七年壬寅(九四二), 沙州歸義軍節度使曹元德卒。

按元德襲父位, 亦遂襲其職位勛爵, 然議金稱太師托西王, 而元德結銜則爲敕歸義軍節度使, 瓜、沙等州□□使, 檢校司徒, 兼御史大夫, 譙郡開國侯, 食邑□□戶, 食實封三百戶。見下。

按《五代史》中之《晉高祖紀》、《吐蕃傳》,《舊五代史·吐蕃傳》皆言"十二月丙子, 沙州曹元深、瓜州曹元忠皆遣使者附于闐使劉再升以來", 則元德此時, 蓋已卒矣。元德庚子襲父議金位, 至是不過三年, 其卒史無明文。然以元深、元忠兄弟名入朝, 則元德已卒無疑。然Ｓ四三六三卷爲歸義軍節度使牒, 署"使檢校司徒、兼御史大

---

① 本段底本"裏洞"作"里洞","鬥聖"作"斗聖","羂索"作"胃索", 皆徑改。

夫曹",則元德也。其時爲天福七年七月二十一日,則卒當在七月後矣。

元德亦佞佛,生前多作功德,增修窟寺云。

今確知其爲曹元德窟者,以榆林第十窟爲最無可疑。此洞爲元德開窟,且在議金既卒,元德襲位之後,當亦開鑿以慶新命,因以祈福者也。其洞口南壁供養人像,男像第一身題名云:"□□□歸義軍節度使,瓜、沙等州□□譙郡開國侯食邑□□戶食實封三百戶曹元德。"像高五尺一寸,烏帽、朱衣,手持長柄香爐。北壁女像十二身,後掌扇女侍數人,殘毀。元德題銜皆蓋承襲議金爵位也。其畫壁四壁,梵天、帝釋、寶花、天女、聲聞、菩薩、天王、夜叉等四十三軀。又東壁口上有藥師七佛,窟頂爲團花三佛,洞口爲賢劫千佛。又北窟分內外洞,內洞乃議金原鑿(詳九四〇年下),蓋就原窟更于外修鑿者也。就先代原窟重修增置,以爲新建,固曹家窟常有之例也。榆林第四窟。上層洞口南壁供養人像,男像二身,第一身題云:"皇考敕推誠奉國保塞功臣歸義軍……王曹議金。"像高五尺七寸,烏帽、朱衣。其第二身題云"施主敕歸義軍節度瓜、沙州……",下殘,此元德題銜也。上曰皇考,則此人不得爲延祿以後之孫輩,元深無此題銜,元忠題銜多加"推誠奉國"字樣,元德實無此功,不過承襲父位,故不得有勳銜也,則其爲元德窟無疑。別有女像一身,已殘剝,在洞口北壁。

(存參)史宕氏編號一七九窟參道右壁底層第一像題名"……節度使……曹□□……",左壁底層第一身題名云"男敕河西歸義軍節度……曹元德一心供養"。

十二月丙子,沙州曹元深,瓜州曹元忠,皆遣使者附于闐使劉再升以來。《五代史·晉高祖紀》及《吐蕃傳》同。

十二月丙子云云,係遣使日? 抑至晉日? 所當辯者。按 S 四三六三卷歸義軍節度使牒,"牒知前正兵馬使、銀青光祿大夫、檢校太子賓客兼試殿中監史□補充節度押衙事。"署"使檢校司徒兼御史大夫曹(押)。"其時爲七月十一日，依結銜斷之，此元德也。七月自理常務，則十二月遣使附于闐，恐不得言到京日，此必元德卒于七月以後，因而元深、元忠兄弟連銜附于闐以入告也。

晉出帝天福八年癸卯(九四三)，正月庚寅，沙州留後曹元深加檢校太傅，充沙州歸義軍節度使。《舊五代史·晉少帝紀》。

開運二年乙巳(九四五)，歸義軍節度使曹元深卒。

按元深卒年，史無明文。然開運三年二月，以瓜州刺史曹元忠爲沙州留後，自唐末歸義軍節度使，皆駐節沙州，自曹氏守之，僅有瓜、沙二州之實。瓜州刺史，自張議潮以來，皆以懿親爲之，而元德、元探皆以襲爵，入自瓜州，則元忠之來，必爲繼元深之卒而然。留後又新授試職，則元深之卒必矣。

又按P三三八八，爲開運年間歸義軍節度使曹元忠爲其兄大祥追念，請金光明寺僧疏，則元深之卒開運二年審矣。

又元深在境內結銜，見于文研所編號五五窟洞口北壁第三身："敕受□□功臣歸義軍節度瓜、沙等州。……"所異者加□□功臣字樣而已。

開運三年丙午(九四六)二月庚申，以瓜、沙州刺史曹元忠爲沙州留後。《舊五代史·晉出帝紀》。

按天福八年癸卯正月庚寅，加沙州留後曹元深檢校太傅，充沙州歸義軍節度使。《舊五代史·晉少帝紀》。至是凡三年，而以元忠繼，則元深之卒，當在上年，或本年正月。史無明言。羅氏曰："考石室本《大聖毗沙門天王像記》稱'弟子歸義軍節度使，特進檢校太傅，譙郡曹元忠'，後署開運四年丁未，又天福十五年己酉刻本《金剛經》後記，亦署弟子歸義軍節度使，特進檢校太傅，兼御史大夫，譙郡開國侯。"所謂開運四年，乃漢高祖天福十二年，其天福十五(十四)年，則乾祐二年也，于時已署歸義軍節度，則是時元深已卒無疑，但與薛史授留後不合,豈在其國中所私署。又日本本願寺所得石室經卷,有《佛說延壽命經》,後題"廣順三年,府主太保及夫人"云云,其稱太保,與《金剛經》後記作太傅亦不合,存之俟考。元深卒年考辨已見上。又曹氏父子夫婦兄弟多信佛,開窟,畫壁,以修功德,般般可考,即在位最短之元德,亦有二三事,乃元深獨爲例外,豈獨不事佛歟? 抑悉遭毀廢歟? 蓋已不可知矣。

元忠夫婦因布施祈福。

S三五六五本文云:"弟子歸義軍節度使,檢校太保曹元忠,于衙龍樓上開龍興、靈圖二寺,《大藏經》一變(旁注請大德九人),啓揚鴻願,設齋功德疏,龍紅錦壹匹,新造經袱貳拾壹箇,充龍興寺經儭,樓綾機壹匹,經袱拾個,充靈圖寺經儭,生絹壹匹,經袱拾伍個,充三界寺經儭,馬壹匹,充見前,僧□。"

又 S三五六五$_2$本文:"弟子敕河西歸義等軍部落使,檢校太保曹元忠,□潯陽郡夫人,及姑姨姊妹娘子等,造供養具疏,造五色錦繡經巾壹條,雜綵幡綵壹條,銀涅幡,施入法門寺永充供養。

右件功德,今並圓就,請懺念。

賜紫沙門(押)。"

右文兩件無年月,然元忠自開運四年,對境內已自稱太傅譙國郡開國公,而此件則但稱太保,爲授新命後最初之散勳,而在開運三午前,則尚無留後之命,則此二件,不得前丁二年,亦不後丁二年,其授新命時所以薦福者歟? 故次此。

後漢高祖天福十二年丁未(九四七)七月十五日,歸義軍節度使曹元忠夫婦,印佛像布施,爲功德,其畫壁開窟爲敦煌現可考最多之一人。

按元忠開運四年造大聖毗沙天王像,下有刻像記九十八字,爲吳縣曹君直藏本,海寧王先生爲之跋云:

古人造佛菩薩像作功德,于范金、刻石、圖繪外,兼有雕版,余見敦煌所出唐人寫經,紙背印有木刻千佛像,是唐刻也。又見日本文原文庫藏彼國僧立證所摹吳越國印造應現觀音像,中畫觀世音菩薩,其中蓮華與足下蓮座,旁注赤字,皆印成後復加采色者,旁畫二十四種應現,下錄真言共二十四行,末云:"天下大元帥吳越國王錢俶印造。"以摹本度之,原本刻畫頗極工致;與此刻之樸素者不同,此開運四年沙州歸義軍節度使曹元忠刻大聖毗沙天王像,在彼刻前,又西陲少良工,頗樸拙,然中國刻像中之有年號,當以此爲最古矣。曩在京師,見法國伯希和教授所得一本,亟錄其後記,以未及影印爲憾。此吳縣曹君直侍讀藏本,辛酉歲暮,假以影印,因裝此軸,惜吳越印像,爲吾浙舊刻,又視此刻爲工,今日意不得見也。

　　雕版之事,肇于有唐,杜子美詩"嶧山之碑野火燒,棗木傳刻肥失真",然是陰識,非陽刻也。陽文之始,自刻書始,唐中葉亦已有之。元微之作白氏《長慶集序》,自注云:"揚越多作書摹勒樂天及余雜詩賣于市肆之中。"是唐代已有雕版書之證。其有紀年可考者,則自五代長興《九經》始。考《九經》開雕于後唐長興三年,竣工于後周廣順三年,其中《五經三傳》及《五經文字》、《九經字樣》先成,成于後晉開運三年,後漢初,田敏使荆南,以新印《五經》遺高從誨,聊城楊氏藏景宋鈔本《九經字樣》前有開運丙午田敏序是也。此像刻于開運四年,即劉漢所稱天福十二年,在丙午後一年,下有刻像記十四行,九十八字,爲現存雕版文字有記年之最古者。元忠又刻小字《金剛經》,今藏巴黎國民圖書館,末署"天福十五年己酉歲五月十五日記,雕版押衙雷延美",則在此刻三年後矣。《觀堂別集補遺》。

　　按羅振玉《石室秘錄》亦有曹元忠造像十餘紙,而不立名,應亦此刻也。所記題識較詳,茲錄之:"弟子歸義軍節度瓜沙等州觀察處置管內營田押蕃落等使,特進檢校太傅,譙郡開國侯曹元忠,雕此印版,奉爲城隍安泰,闔郡康寧,東西之道路開通,南北之凶渠順化,勵疾消散,刁斗藏音,隨常見聞,俱□①福祐。於時大晉開運四年丁未

---

① 此字底本、初刊本皆作"□"。以意改爲"□"。

歲七月十五記。匠人雷延美。"

又上海博物館藏一觀世音菩薩像絹本及觀自在絹本像,前一本題開運四年,後一本開運二字,亦顯明可識,當亦元忠所刻也。

又元忠所開石窟,即今可考者,僅得十餘事,其繫年月者,當分在各年之下。其不繫年者,録之如次:

一、榆林第十二窟,此窟本晚唐開鑿,曹議金時代重修,且有某僧爲議金夫人祈福題記,可能爲議金部屬爲之。至元忠又加重修,在洞口處,南北壁有供養人像,男女各二,男像第一身高五尺二寸,烏帽、朱衣、腰笏,手持長柄香爐,題名云:"推誠奉國保塞功臣,敕歸義軍節度,特進檢校太師,兼中書令,譙郡開國公曹元忠。……"第二身童子,高二尺七寸,花衣,手捧花盆,題名云:"男將仕郎延祿。"女像第一身,高五尺一寸,鳳冠、朱衣,手捧花盆,題名云:"敕受涼國夫人潯陽郡翟。……"第二身,小女子,高二尺五寸,鳳冠、花衣、合掌,題名云:"長女小娘子延鼎一心供養。"此元忠最早時期供養題名也,參後自知。然元忠兼中書令,據《宋史·沙州傳》,在宋建隆三年壬戌,後此尚有十六年,然元忠卒在開寶初,卒後,子延祿自稱留後,則延祿此時,必已壯盛,不然曹氏自議金後,元德、元祿、元忠,兄弟相及,必不容幼艾自專甚明。今第二身像男延祿,乃在童子時,若依元忠加中書令在宋,則去死不過四、五年,延祿仍未成長,未必即能見容於伯叔父兄,而自稱留後。故即延祿畫像,可推知此銜題當在元忠受命初年,即已使用也。且曹氏世襲先職,則元忠仍用父爵,以對境内,亦邊裔當方者之所常見。故次此爲元忠功德最早之一,此事既定,下文乃有可言。

S二六八七云:"弟子河(西)歸義軍節度瓜沙等州管内營田觀察處置押蕃落等使,特進檢校太傅,譙郡開國侯,食邑一千戶曹元忠,潯陽郡夫人翟氏,先奉爲國安人泰,萬方伏款于臺庭,社稷恒昌,四遠來賓于王化,狼烟息焰,千門快樂而延祥,塞虜無喧,萬戶獲逢于喜慶,府主寵祿,膺五岳而長隆,壽比王喬,等五星而永曜,合宅姻眷,俱沐禎祥,内□枝羅,俱沾福祐,已躬康吉,賢聖護持,法界有情,皆成□果。敬造□色錦綉經巾一條,施入宏泉窟,永充供養。于時大漢天福十三年丁未歲十一月壬子朔十九日庚午,畢功記。"

"歸義軍節度使檢校太傅兼中書令憨惶王曹公之凉國夫人潯陽翟氏,敬造五色綉經巾一,施入窟内,伏願一州土地,萬里山河,烽烟不起于三邊,樂業永安于萬姓,皇后天年永久,四海河(荷)霖霖之恩波,大王神笇遐長,七郡布殊常之德化,夫人心願,願王業金枝,衛佑寀寮,宮苑侍女,並皆安樂,百機周星,但是帶含靈,齊登覺路。于時大漢乾德二年甲子歲四月廿二日題記之耳。"

漢隱帝乾祐二年己酉(九四九)五月,歸義軍節度使曹元忠獻硇砂。

S四三九八本文云:"新授歸義軍節度觀察留後,光祿大夫,檢校司空,兼御史大夫,譙縣開國男,食邑三百戶曹元忠,硇砂壹拾斤,右件砂誠非異玩,實愧珍纖,冒瀆臺嚴,無任戰越之至。謹差步軍教練使,兼御史中丞梁再通等,謹隨狀獻到,望伏賜容納,謹錄狀上,牒件狀如前,謹牒。"

"天福十四年五月□日,新授歸義軍節度,觀察留後,光祿大夫,檢校司空,兼御史大夫,譙縣開國男,食邑三百戶曹元忠牒。"

五月十五日,元忠雕《金剛經》印施。

羅氏《石室秘録》,《金剛經》雕本後題云:"弟子歸義軍節度使,特進檢校太傅,兼御史大夫,譙郡開國侯曹元忠,普施受持,天福十五年己酉歲五月十五日記,雕版押衙雷延美。"

羅氏注云:"梵夾小本,每半葉七行,行十四字。"

後周太祖廣順元年(九五一)十月,沙州遣僧興來言朝貢事。《册府元龜》卷九百八十。

羅氏曰:僧興之名,但爲一字,疑有奪誤。五季以降,僧名罕見用一字者。

後周太祖廣順三年癸丑（九五三）正月廿三日，曹元忠夫婦爲亡男寫《佛説延壽命經》四十三卷。

日本橘瑞超《將來目録·佛説延壽命經》，卷末題云："維大周廣頂三年，歲當癸丑，正月廿三日，府主太保及夫人，爲亡男太子早别王宫，棄辭火宅，遂寫《延壽命經》四十三卷，以濟福力，願超覺路，永充供養。"按元忠長男爲延禄，見前後各年，則此亡男，蓋次子以後之子也。惟此稱太保，而上列各窟題名已稱太師，則邊陬方岳，不可以常規論者矣。

周世宗顯德二年乙卯（九五五），沙州節度觀察留後曹元忠遣使進方物。五月戊子，以元忠爲歸義軍節度使，檢校太尉，同中書門下平章事，以知瓜州曹元恭爲瓜州團練使，仰①各鑄印錫之。《太平寰宇記》一百五十六，薛歐兩史《吐蕃傳》、《宋史·沙州傳》、《文獻通考》、《宋會要》。

羅氏曰：薛史周本紀作五月戊子，以沙州留後曹元忠爲沙州節度使，檢校太尉，同平章事，又按元恭作延恭。説見下。

周世宗顯德四年丁巳（九五七）九月。
九月曹元忠妻涼國夫人潯陽翟氏結壇施舍。

P二九八二卷子一紙，正文三段，末有題識云："顯德四年九月□日，弟子梁國夫人潯陽翟氏疏。"按此曹元忠妻翟氏爲亡考薦佛施物疏也。梁字一切窟事功德皆作涼，故據正。其疏頗見一時風習物産，與薦佛規模，且足説明其爲豪酋家眷口吻，姑備録之，以佐參證。

結壇三日，供僧壹柒人，施小綾壹匹充經儭，土布三匹半，充見前僧儭，羊皮兩張充壇主，紙壹百何充法事。

右件結壇供僧舍施，所申意者，奉爲龍天八部，護衛壇場梵釋四五，保安社稷，次願亡過尊考，早游極樂之宮，見在枝羅，長臨福禄之慶。今因壇罷，今遣諸就道場，謁仰慈門，希垂回向，謹疏。

---

① "仰"字難以通訓，底本、初刊本皆如此。

顯德四年九月　弟子梁國夫人潯陽翟氏疏。

周世宗顯德五年戊午(九五八)七月十一日,西川善興寺西院法主貽曹元忠《維摩詰所說經》。

> 北京圖書館藏冬字六十二號,紙背題"大周廣順八年七月十一日西川善興大寺西院法主大師,往西天取經,流與郡主大傅"云云,則此經乃西川善興寺西院法主,因往西天取經,道經敦煌,以此卷貽曹元忠者也。稱元忠以郡主,蓋核實之言也。今殘存七紙百九十二行,始"示行""示行",終"法忍""卷中",蓋《維摩詰》之《佛道品》八、《入不二法門品》九也。

宋太祖建隆二年辛酉(九六一)十一月癸酉,沙州節度使曹元忠、瓜州團練使曹延繼等,遣使獻玉①鞍勒馬。《宋史·太祖紀》。

> 羅氏曰:《續資治通鑒長編》惟曹延繼作其子延敬,按作延敬是也,《宋史》作繼誤。說見下。

> 按元忠此時仍稱歸義軍節度使,而史稱沙州節度者省文也。S二九四七題"二月歸義軍節度使曹請賓頭盧頗羅墮疏",又顯德二年以曹元恭爲瓜州團練使,爲元忠弟而此時已易延敬,不知元恭卒于何時。詳《曹氏世譜》。

宋太祖建隆三年壬戌(九六二)正月丙子,瓜州歸義軍節度使曹元忠獻馬,《宋史·太祖本紀》制:"推誠奉義保塞功臣歸義軍節度瓜沙等州觀察處置管內營田押蕃落等使,特進檢校太傅,同中書門下平章事,沙州刺史,上柱國,譙郡公,食邑一千五百戶曹元忠,可依前檢校太傅,兼中書令,元忠侄延敬爲瓜州防禦使,檢校司徒,賜名延恭。"《宋史·沙州傳》、《宋會要》、《續通鑒長編》。遂造窟爲功德。

> 羅氏曰:"延敬賜名延恭,乃避宋祖諱改。前之元恭當爲延恭之

---

① 底本、初刊本皆作"王"。檢《宋史》,當作"玉"。

訛。延敬之名,一誤作元恭,再誤作延繼,使非《長編》,殆未由是正之矣。"按羅氏所言前之元恭,當爲延恭之訛,恐亦未必可據。史明言以元忠子延恭爲瓜州防禦,而非瓜州團練,一也。史又云"賜名延恭",則延恭之名,始于建隆三年,或得于顯德二年(九五五)之前六年,即已逆知必爲延恭,且既于六年前名延恭,則此延敬,必爲元忠別一子,而又賜延敬名等,則兄弟同名,宋朝即至昏昧,亦必不至于此,則延恭只是延敬,而元恭必不得誤延恭也。又《沙州傳》、《續通鑒》皆作元忠子延敬爲瓜州防禦使,考文研所五十五洞題銜,窟主爲元忠,而第五身"爲侄□□瓜州防禦使……"則延恭也,則史作子者誤,故據正,詳下。

　　按敦煌文物研究所編號五十五,柏里和氏編號一一八號(即張大千氏編號七十九窟),洞口北壁供養人像,爲第一身,"故敕河西、隴右、伊、西、庭、樓、蘭、金、滿等州節度使,檢校太尉,中書令,托西大王……議金供養",此議金像也。其第二身題云:"敕歸義軍瓜沙等州觀□□置押蕃落□□,檢校大尉,御史大夫,譙郡。……"第三身題名:"敕受□□功臣歸義軍節度瓜沙等州。……"第四身題名:"窟主敕推誠奉國保塞功臣歸義。……"第五身題名"爲侄□□瓜州防禦使"(延恭),第六身題名:"□司□□。……"

　　按第二身爲曹元德官銜題識,此可不辨而知者也。第六身當爲元忠子延祿,他窟延祿題名有作"男司馬延祿"者,則此處司字上下即爲"男"與"馬延祿"等字無疑,是則第四身窟主蓋即元忠也。其題銜與他窟全合,則第三身乃議金第二子元深也。第五身之一侄字,□□□州防禦使,當即《宋史·沙州傳》及《續通鑒長編》建隆三年授瓜州防禦使之延敬,而賜名延恭其人也,與此窟至相密合,則史蓋誤以侄爲子矣。因受新職,故又開窟以薦功德,侫佛者常有之事,故次此。

宋太祖乾德四年丙寅(九六六),歸義軍節度監軍使曹延晟施經卷。

橘瑞超《將來目·大般若波羅密多經》卷二百七十四、二百七十五兩卷,尾署:"清信弟子歸義軍節度監軍使,檢校尚書左僕射,兼御史大夫曹延晟,摀割小財寫《大般若經》一帙,并錦帙施入顯德寺者,奉爲軍國永泰,祖業興隆,世路清平,人民安樂。大王遐壽,寶位堅于丘山;寵陰日新,福祚過于江海。夫人仙顏轉茂,魚軒永駕于芝宮;美貌長滋,鸞鏡恒輝于鳳閣。伏爲己躬,後生雄猛,縱意恣情,不覺不知,廣造業障,或飛鷹走犬,捕捉衆生,或大箭長弓,傷他性命。"按晟當即《續通鑑長編》之延晨,太平興國五年以延祿弟延晨爲瓜州刺史者是也。則《長編》誤"晟"爲"晨"矣,此時延晟尚爲節度監軍。又監軍之制,史無明文,此可補缺。

宋太祖開寶元年戊辰(九六八),曹元忠稱敦煌王,見于元忠請賓頭盧疏。

S四六三二卷末題:"乾德六年四月弟子歸義節度使,檢校太師,兼中書令,敦煌王曹元忠疏。"年月上鈐有"歸義軍節度使新鑄印"。此印蓋宋朝所頒發者,朝廷正命也。至敦煌王之稱,則元忠自署。而宋朝在元忠死後,以爲飾典者也。

五月十五日曹元忠妻繪觀音像,爲子延瑞婦難月功德。

南林蔣氏藏,王靜安先生有跋(按葉昌熾《緣督廬日記》及《語石》一皆載汪宗瀚寄贈水月觀音像及寫經卷子,疑即此軸也)云:

"南林蔣氏藏敦煌千佛洞所出古畫,上層畫觀世音菩薩像,下層中央寫繪像功德記,左繪男子一,幞頭黑衣,署曰'節度行軍司馬中缺校司空兼中缺曹延下缺',女子一,署曰:'女小娘子□□持花一心供養。'記右繪女子二,一署曰:'慈母娘子□氏一心供養。'一署曰:'小娘子陰氏一心供養。'記末署:'乾德六年歲次戊辰,五月癸未朔十五日丁酉題記。'按乾德六年即開寶元年,是歲十一月癸卯冬至改元,故五月尚稱乾德六年。據記文,此像乃慈母娘子爲男司空新婦小娘子難月而作,難月蓋產難之月,慈母娘子爲歸義軍節度使曹元忠之妻"云云。按其說是也。先生又謂"男司空則延恭也,時元忠已卒",

此则略有可商，男司空者延瑞也，小娘子者延瑞妻陰氏也。詳余《讀王靜安先生曹夫人繪觀音菩薩像題跋》及《瓜沙曹氏世譜》兩文。

宋太祖開寶三年庚午（九七〇）一月二十六日，曹元忠自稱西平王，重修隋窟，並建窟檐爲功德。

敦煌文物研究所四二七號窟，柏氏編號一三六窟（即張大千氏二一二窟），原爲隋窟，洞內洞口諸塑像畫壁，皆有隋代原作，惟檐壁畫則宋品也。造檐者即元忠，橫棟上有題記二行云："維大宋乾德八年歲次庚午正月癸卯朔二十六日戊辰"，"敕推誠奉國保塞功臣，歸義軍節度使，特進檢校太師兼中書令、西平王曹元忠之世，創建此窟檐，記。"

洞口南壁有男像一身，朱衣、玉帶，手持長柄香爐，題名尚有"平王曹元忠一心"數字可識，又女像一身，鳳頭、花冠、珠翠項圈、朱衣、長帶，雙手持香爐，後張大鳳扇，元忠妻也。檐中題"乾德八年"，其實開寶三年也。

宋太祖開寶七年（九七四）二月，敦煌王曹元忠薦佛施捨。

S五九七二一（2）中一疏云："布三匹充大像，布壹匹充大像，綿綾壹匹充法事。

右件舍施所申意者，先奉爲

龍天八部，擁護敦煌，

梵釋四王，保安社稷。

中天帝王，永□蓬萊，十道爭馳，三邊伏款。

大王祿位等，劫石而洹堅。

夫人花容，同桂蘭而永茂，然後道途謐靜，

田伏行，刁斗收音，干戈殄滅，今日講暢，謁

仰

慈門，伏乞

能仁希垂　迴問，謹牒。

開寶七年三月　　日歸義軍節度使檢校

太師兼中書令敦煌王曹元忠疏。"

又Ｓ五九七三(1)亦爲元忠薦佛疏。

某月歸義軍節度使曹元忠卒,元忠多修功德窟。

元忠卒年,《宋史》、《宋會要》及《續通鑒長編》,皆載之太平興國五年,然羅振玉氏《瓜沙曹氏年表》已據日本本願寺藏曹延晟寫《大般若波羅密多經》題尾及斯坦因所得開寶八年曹延恭施捨疏等卷,疑《長編》有誤,而不能決。至海寧王先生,乃據曹夫人《繪觀音菩薩像》,定元忠卒應在乾德五年。然余就敦煌所得曹氏父母兄弟妻舅材料,比次而觀,無開寶三年以後元忠材料,而延恭稱節度使,襲元忠職,已在開寶八年正月(見後延恭疏),則元忠之卒,應在開寶七年,決無可疑。細繹前文,自能得之。如此則不僅曹氏一門事迹可明,可以補正羅氏之說者至多,及諸史矛盾,亦可借此而冰釋矣。又薦福施捨,往往在疑難憂懼之時,此在敦煌文件中,至爲明白。考本年一、二月,元忠皆有薦佛疏,疑元忠此時病甚,故以祈佛也。此雖推論,而切乎風習,故死於此年,必無可疑。

宋太祖開寶八年乙亥(九七五),元忠卒後,侄延恭嗣爲節度使,遂開窟爲功德,以慶新嗣。

按延恭嗣爲節度使事,見Ｓ五九七三(3)與Ｓ五七九三(4)兩紙,其題銜皆爲"歸義軍節度使、檢校太保,兼御史大夫"。凡兩紙,一爲開寶八年正月,一爲開寶八年二月,又皆鈐有"歸義軍節度使新鑄印"。印爲宋朝頒與元忠者,則此時延恭已以防禦使嗣爲節度使矣。若依正月一紙論,則嗣位尚在上年也。

敦煌文物研究所編號四五四窟,亦即張大千氏編號二二八窟,乃延恭所開窟,四壁畫像,經變、佛傳,牢度叉鬥聖,窟頂之四天王,小佛菩薩等,皆宋初作也。其洞口有男供養人像七身。第一身高六尺一寸,烏帽、朱衣、束帶,持香爐,堆金,題名云:"皇祖敕河南、隴

右、伊、西、庭、樓、蘭、金、滿等州節度使,檢校侍中,兼中書令,□□
托西□□,諱議金,……"第二身、第三身,尺寸、服飾同第一身,當爲
元德、元深像。其中一人乃窟主延恭之父,余疑爲第二身是也。其
第四身尺寸服飾同一、二身,立粉堆金,題名云:"叔父,敕推誠奉國
保塞功臣、歸義軍節度使、特進檢校太師,兼中書令,天册西平王,諱
元忠,供□。"第五身高五尺八寸,持香爐,立粉堆金,題名云:"窟主
敕歸義軍節度瓜、沙等州觀察處置管内營田押藩落等□、□□□中
書令、譙郡開國公,食邑□千百五戶,食實封五百戶,延恭
□□□□。"上四字當是"檢校太保兼"五字,下四字當是"一心供
養"。窟主延恭,稱元忠爲叔,則爲元德子無疑。又第六身尺寸服飾
同第五身,執笏,立粉堆金,題名云:"弟新授敕歸義軍節度使、□□
檢校太保、譙郡開國公,食邑五百戶,食實封三百戶,延禄……"

延禄勳爵,爲節度使署之一職,所缺二字不明。按此窟之開,無
年月可考,但以題銜定之,當在開寶九年前,以延恭題銜中,與九年
窟檐題相同也。以其于曹氏世序言之最明,可爲延恭各題標準,且
足以說明元忠後承襲關係,故著于此。

宋太宗太平興國元年丙子(九七六)正月七日甲戌,歸義軍節度使曹延恭就盛唐窟寺重修,並建窟檐。

敦煌文物研究所編號四四四,柏里和氏編號一二〇上(即張大
千氏二二四號),窟檐橫棟,上有題記二行,云:"維大宋開寶九年歲
次丙子,正月戊辰,朔七日甲戌","敕歸義軍節度瓜沙等州觀察處置
管内薔當爲營田二字合書,押蕃落等使,特進檢校太傅,兼中書令,譙
郡開國公,食邑一千五百戶,食實封三百戶曹延恭之世創建紀。"

按此窟本初盛唐之間所開,洞内塑像、畫壁、觀音普門品左右壁,
釋迦多寶佛,東壁洞口上,此畫旁有初宋于闐國皇太子加題"南無釋迦牟尼佛
說妙法蓮花經。大寶于闐國皇太子從連供養",又"南無多寶佛爲聽法故來法
會,大寶于闐國皇太子琮原供養",此蓋就原畫加書者也,存參。釋迦樹下說

法圖像，入口及窟檐，千佛、三面觀音等，則曹氏所制也。

宋太宗太平興國五年庚辰（九八〇），歸義軍節度使曹延恭卒，三月，弟曹元忠子延祿自稱留後，遣使裴溢等四人入貢玉圭、玉碗、波斯寶氈等。四月丁丑，詔"贈元忠敦煌郡王"，授"延祿歸義軍節度使"，《宋會要·蕃夷沙州》云"太平興國五年四月詔……曹延祿可檢校太保、歸義軍節度使、瓜沙等州觀察處置營田押蕃落等使"。所記爲最詳。又以弟延晟爲檢校司徒、瓜州刺史，延瑞爲牙內都虞侯，母封秦國太夫人，妻封隴西郡夫人。《宋會要》、《續資治通鑑長編》。

按《續通鑑長編》以元忠卒在此年，羅氏據之以爲說，其實誤也。據上列各題識，顯爲追敘之詞。元忠當卒開寶七年，卒後僅延恭嗣位。至此年，大約延恭又卒，故延祿得自稱留後。四月，宋遂以延祿襲議金以來世職，余疑延恭、延祿之禪遞，可能有兩種解說：延恭本元德子，元德死後，以弟及。至元忠依中土舊習，元忠卒則延祿以長子應承襲，而延恭年長于祿，可能以此而得曹氏（尤其是元忠一系）之諒解而得位。然元深無子，故又次及延祿，此其一。又則延恭之立，或有家庭變故，使延祿以童孺受制于人，及是，延祿已壯長，故襲爵仍歸于元忠一系矣。惜無明徵足證余說。

延晟，《宋史》與《續通鑑長編》皆誤晨，惟《會要》不誤，此即題識中之延晟，已辨于前。

延祿及其家人親故佞佛，其所修窟寺，畫壁畫幡，爲宋初敦煌藝事最多最大之一時期。

敦煌文物研究所編號四三一號，柏里和氏編號一三〇號（即張大千氏編號二一四號），前有窟檐一間，橫棟上有楷書題識二，其一爲："□宋太平興國五年，歲次庚辰二月甲辰朔廿二日乙丑，敕歸義軍節度瓜、沙等州觀察處置管內營押蕃落等使，□□檢校太傅，同中書門下平章事，譙郡開國公，食邑一千五百戶，食實封七百戶曹延祿之世創建此窟檐，紀。"其二云："□當是窟字主節度內親、從知紫亭縣令,兼衙前都押衙、銀青光祿大夫、檢校刑部尚書、兼御史大夫、上柱國閻員清。"又洞外有發願文一通,文多殘剝,然依五代以後習慣例之,此應爲閻員清發願文,即就缺文,亦略可斷其與曹、閻關係至密,其爲員清修窟、發願文,蓋無可疑。茲錄如次:

　　□□□北極因同登佛道,神山捧擁百祥所集,五福咸臻,官爵……□成康惟樂,

　　大王端居貴位,大□蒼生,永爲西塞……周狩申嘉慶優,願府主……語方□□以生歡□斯寶……□往仴□妙遍東夏以無□其……客外廠□□傾□至甚□……上善或錄作千古謹就仙岩之谷,遍窟瞻看……之□報莫酬未來之良緣,……而責勤責投真真尋真諱,而意……而同仙衆夘趙時凡千嬌兩臉之中,百……□□□□□□君之大節,公之娘子者……德仁之風,州府暢寬弘之道,若齊鈞……府主仍賜高班,作轅門之爪牙,爲衙迎之中……□即今……上留名能行駈或保作興于渡歗,而又黃沙……□□選久歷要司、懷智德以效官、玄……□□掌同機略于古今,習文史居于……□具惟太原郡閻公吳□□嵩衡稟瑞……于降福,□後運丹青而不……□神化身于此內使……竹樹垂陰茂煩華之……□莫□□□號靈岩飛來……

　　·······················

　　·······················

　　按本窟開于北魏,重修于初唐。閻氏更再重修,遂于洞口盡供養人像,又于像側作此發願文。若此文爲他人稱頌閻氏功德者,則應定爲功德文。然依文義斷之,決爲閻氏發願文無疑。

　　又榆林二十二窟,亦此延祿所開窟,其塑像畫壁(東壁文殊普賢各一鋪,南壁牢度叉鬥聖,西壁佛一鋪,北壁《維摩經變》,窟頂賢劫千佛)皆宋代作品,其洞口有供養人男女像各二身,男像第一身朱衣,持長柄香爐,尚存題識"敕歸義軍節度……"六字,女像第一身鳳冠、朱衣,尚存"大□大于闐□皇"七字,此曹延祿夫婦像,即此窟開

建之窟主也。

又榆林二十五窟，亦曹延祿時代所開窟。其塑畫皆宋時作品，凡分裏外兩層，其外洞施主，有武海山、宋清兒、張安子等，皆曹氏家臣。裏洞施主，皆僧尼及女性，洞口有延祿夫婦供養像，延祿像題云：“敕推誠奉化功臣，歸義軍節度瓜、沙等州觀察處置管營田押蕃落等使，特進檢校大師，兼中書令，敦煌王，譙郡開□□，食邑一千七百戶曹延祿一心供養。”其第二身男像，則延祿弟延瑞也，題云：“節度副使兼瓜州團練使，金紫光祿大夫，檢校司徒，兼御史大夫，譙郡開國男，食邑三百戶曹延瑞供養。”女像三身，第一身延祿妻也，題云：“大朝大于闐金玉國皇帝的子天公主……”第二身：“敕受清河郡夫人慕容氏一心供養。”第三身題云：“敕受武威郡夫人陰氏一心供養。”

按其題銜，較前兩則爲崇富，則非延祿初承延恭後之所爲也，當在太平興國後期，或雍熙之間，以無確年可斷，故附之于此。其有與此窟相近者，有敦煌文物研究所編號四六五號，張大千氏編號三〇九，有延祿夫婦供養像，在東壁，洞門上有題字一方，則延祿妻發願文也。其文至缺損，然亦可得其仿佛。茲錄之：

敦煌王曹□□姬聖天公主……建□□□功德……尋夫真□□□廓□□無……之□開方便之門，□□□□□晨朝虧……涇□□想□貴……漢夢肇睹拊擅之□始譯貫化□□□□風□扇□□迷法……巨炳爲苦海之舟航，覺□辟□……能啓額于空門，乃謂尋真之達士，世隆不……粵有歸義軍節度使，特進檢校太師，兼中書令敦煌□□曹……符咸一以叶半千表六……

（此下尚略有四行全殘損）

延祿妻多修功德，甚且慢曹氏舊窟爲延祿乞福者。

按敦煌文物研究所編號六十一窟，柏里和編號一一七窟（即張大千氏之七十五窟），洞內東壁之右壁起“故母北方大迴鶻聖天的子"一身，以下至北壁第三身，供養"窟主新授潯陽郡夫人翟氏"。此乃曹元忠妻功德窟，即延祿母也。其世次稱謂與窟主潯陽翟氏皆全相應，然東壁之右壁，及南壁之像列，全部稱謂皆就"元"字一輩爲出發點，如第四身迴鶻公主裝者，題云："……聖天可汗的子天公主……"此議金第一妻也。第五六兩身題云："男外甥甘州聖天可汗的子天公主……"此議金女嫁迴鶻所生女也。于元字輩爲外甥。第八身題云："故伯母武威郡夫人陰氏。"是議金兄妻也，故元字輩稱爲伯母。第九身題名云："故母巨鹿郡君夫人索氏。"此議金次妻也，當爲元深之生母。第十身以下則爲姊妹行，與本問題關係不大，故不錄。就此九身論，爲元忠兄弟輩功德窟，決不可能爲議金一輩，更不可能爲"延"字輩，凡稍知曹氏世次者，類能斷之。然必不爲元忠而必爲元德、元深者，又有說：一議金三妻，元忠母爲宋氏，元深當同爲次妻索氏所生，長妻迴鶻公主生元德及數女，一嫁娘家內侄，一嫁于闐國王，北窟有迴鶻與索氏二題銜，迴鶻正妻，不容有遺，且有依豪親爲一家光彩，更不能不書，索氏生母，正所宜爲之修繕功德者也，更無不書之理，不爲宋氏題名，則正元德、元深當權之候，宋氏即使爲議金生時寵妾，未必即爲元德兄弟慈母，故奪其席而與索氏，此如本窟東壁右壁列議金長妻及宋氏而不列索氏者，同一用意。參《瓜沙曹氏世譜》一文。

此窟供養人行列，自第一至第九，皆元字輩之稱謂，則其窟主，應爲元德或元深妻無疑。依位次之即第七身也。乃第七身題名云："大朝大于闐國天册皇帝第三女天公主李氏爲新授太傅曹延祿姬供養。"此題銜在此像列中，與上下全不相調協，此題若真，則上下皆僞，上下爲真，則此題必僞。依余斷之，則延祿既承延恭而立，于是恢復元忠系統，此中必曾有一度鬩墻家鬨，于是于元德、元深一系之所爲，深加殳夷，而延祿妻，悍然不恤，墁弃世母之題銜，冒爲夫主之功德，情實如是，矛盾可解矣。且更可異者，此一題銜方式，既自稱姓氏，又立夫主之名，在敦煌供養人題識中，爲最特殊。其實則事異

尋常，書題亦異尋常，正邏輯自然之勢也。余故不惜詞費而爲之
說也。

延祿妻又盛爲功德，畫絹幡，今尚有存者。

　　敦煌王宗海得地藏菩薩絹像，以貽葉昌熾，後歸南林蔣氏，上畫
菩薩像，題曰"南無地藏菩薩"，下有四小字曰"忌日畫施"，菩薩旁立
武士一、僧一，題曰"五道將軍"，曰"道明和尚"，下層畫一女子，盛
服，持香爐，作頂禮狀，題曰："故大朝大于闐金玉國天公主李氏供
養。"王靜安先生考爲于闐李聖天之女若女孫，嫁爲敦煌曹氏婦者是
也。又以爲即曹延恭妻，則非也。延恭妻爲慕容氏，無娶李氏之說
（見張大千氏編號二二八窟）。又引《曹夫人贊》，言此公主既嫁而
寡，以解忌日畫施，爲延恭死忌，亦未妥。延恭妻爲慕容氏，與此無
涉，則延恭卒否，與于闐公主亦無關，至忌日畫施，不必即爲夫主死
忌，畫中既未明言爲誰，則姑闕以俟他證。然此畫必爲于闐公主畫
施無疑，而于闐公主之爲曹氏婦者，僅延祿妻一人，更無第二人，則
此畫亦延祿妻所爲矣。

宋太宗太平興國六年辛巳（九八一）安再勝等牒報迴鶻、達怛、肅州
聯軍西征，會盟于大雲寺，設誓。

　　P三四一二，爲安再勝牒報，迴鶻、達怛、肅州會盟于大雲寺，設
誓西征，此有關當時河西史實，惟柏里和原錄，誤肅州二字作沙州，
與當時情勢不合，余所錄全文作肅州也。原卷有"太平興國六年"
字樣。

宋太宗太平興國八年癸未（九八三），遣使令狐願德入貢。

宋太宗太平興國九年甲申（九八四），延祿在境內，已襲曹氏故稱，自
稱敦煌王，迷信之甚，爲曹氏之冠。

　　按前列闔員清開窟，于延祿結銜，稱"譙郡開國公"，而發願文
中，則稱"曹王"，是襲先世舊稱，已在太平興國初年。然延祿自稱

"敦煌王"，則始見于 S 四四〇〇卷，此卷爲曹氏鎮宅疏，有中央黄帝、怪公、怪母、怪子、怪孫、風伯、雨師、五道神君、七十九怪、一切諸神等，則迷信遍及中土古傳中之諸神怪，又不僅于佞佛矣，兹附于下，以占一時風氣。

S 四四〇〇本文："謹請中央黄帝、怪公、怪母、怪子、怪孫（缺一句）、風伯、雨師、五道神君、七十九怪、一切諸神，並願來降此座主人□□□□

惟大宋太平興國九年（九八四）歲次甲申二月壬午朔十一日壬寅，敕歸義軍節度使，特進檢校太師，兼中書令，敦煌王，曹謹于百尺池畔，有地孔穴，自生，時常水入無停，經旬亦不斷絶，遂使心中驚愕，意內惶忙，不知是上天降禍，不知是土地變出，伏睹如斯災現，而事難曉于吉凶，怪異多□，只恐暗來而攬擾，遣問陰陽師卜，檢看百怪圖書，或言宅中病患，或言家內先亡，或言口舌相連（?），或言官府事起，無處逃避，解其殃祟。謹擇良月吉日，依法廣備書符、清酒、雜果、乾魚、鹿肉，錢則□飯，是事皆新，致祭于五方五帝，土地陰公，山川百靈，一切諸神。已歿（?）伏願東方之怪，還其東方，南方之怪，還其南方，西方之怪，還其西方，北方之怪，還其北方，中央之怪，還其中央，天上之怪，還其天梁，地下之怪，還其地深。藏怪隨符滅，入地無妨，更望府主之退受（壽），永無災祥。宮人安樂，勢力康強，社稷興□，萬代吉昌。或有異心，自受其殃，妖精邪魅，勿令傷害。兼及城內，喜慶恒康，病疾遠離，福來本鄉。更有邪魔之惡寇，密投欽伏之尚方，今將單禮送神王，□災成福，特請降嘗，伏維尚饗。"

宋太宗端拱元年戊子（九八八）六月乙酉，遼授沙州節度曹"恭順"于越。《遼史·聖宗紀》。

羅氏曰："諸史不載恭順一代，是時節度歸義者，方爲曹延祿。曹氏守土時，兼事宋遼，而比較宋遼兩史所記，大略無甚殊異，惟人名稍有不同耳。獨恭順則于宋史及他史均相矛盾，存疑以俟考。"

按遼史所記恭順，于他書及敦煌材料中，皆絕無可考。而此時統制沙州者，仍爲延祿，P三一八六卷，洪潤鄉百姓請曹大王處分債務牒，時爲雍熙二年，又淳化二年（九九一）有歸義軍節度使之張薩羅贊等牒（見S四四五三卷），更證以至道之加特進，咸平四年之封譙郡王等（皆見後），延祿此時，實主沙州無疑問。則《遼史》所記，必有他故。余疑不除兩因：一則曹氏兩事宋遼，恭順之名，或爲對遼所用，一則《遼史》有誤，必存一是于其間云。

宋太宗淳化二年辛卯（九九一），沙州僧惠崇等四人，以良玉舍利來獻，並賜紫方袍。《宋會要·蕃夷門》。

宋太宗至道元年乙未（九九五）三月，曹延祿遣使朝貢，制"加特進檢校大尉"。《宋會要·蕃夷門》。五月，遣使來貢方物，乞賜生藥、臘茶、供帳、什物、弓箭、鐃鈸、佛經，及賜僧圓通紫衣，並從之。十月，遣使上表，請以聖朝新譯佛經降賜本道，從之。同上。

　　按羅氏專錄此條，當由未檢《會要》也。

　　又按敦煌卷子及壁畫畫軸之有年代可考者，其下限至此年而止，而延祿有關文件，亦僅有淳化五年（九九四）新鄉百姓謝司徒施麥恩牒一件，此後亦絕矣。此當由敦煌經洞封閉在此年之故，其詳見余《莫高窟年表》。

宋真宗咸平二年己亥（九九九）二月，遣使進貢玉團馬二匹。《宋會要·蕃夷門》。

宋真宗咸平四年辛丑（一〇〇一）正月戊子，封歸義軍節度使曹延祿爲譙郡王《續通鑑長編》、《通考》、《宋史·沙州傳》、《宋會要·蕃夷門》。

宋真宗咸平五年壬寅（一〇〇二）歸義軍節度使、譙郡王曹延祿及其弟瓜州防禦使延瑞，並爲族子宗壽所殺。八月，宗壽遣牙校陰會遷入貢，表言自權留後，遣弟宗文權知瓜州。求賜旄鈸，乃授宗壽歸義軍節度使，宗文知瓜州，宗壽子賢順爲衙內都指揮使，妻泛氏封濟北郡夫人。《續通鑑長編》。

　　按延祿被害,不知在何時,史就訃告時書之,上年封延祿譙郡王,在正月,使臣往還,此時仍須繞道,則被害或在四年也。其被害原因,及宗壽兄弟承繼情況,《宋會要》言之最悉,茲録如下,可佐參證:"八月權歸義軍節度使曹宗壽,遣牙校陰會遷入貢,且言爲叔歸義軍節度使延祿及瓜州防禦使延瑞將見害,臣先知覺,即投瓜州,蓋以當道二州八鎮軍民,自前數有冤屈,備受艱辛,衆意請臣統領兵馬,不期内外合勢,便圍軍府,延祿等知其力屈,尋自盡。臣爲三軍所迫,權知留後,兼差弟宗文,以權知瓜州,訖文表求降旌節,制遏蕃戎。……乃授宗壽金紫光禄大夫,檢校太保,使持節沙州刺史,兼御史大夫,歸義軍節度瓜、沙等州觀察處置押蕃落等使,封譙郡開國侯,食邑一千戶,賜竭誠奉化功臣。宗文檢校尚書,左僕射,御史大夫,知瓜州軍事。宗壽子賢順爲檢校兵部尚書,衙内都指揮。妻犯氏封濟北郡夫人。宗壽即延祿族子,養教之也。"宗壽進表所言延祿死事,雖一面之辭,而曹氏宗親之爭固爲張議潮以來瓜、沙兩世家之所同也。

　　宗壽繼延祿後,亦稱"敦煌王",至大中祥符七年,子賢順以留後爲歸義節度,直至皇祐二年,史尚載沙州來貢,自景祐至皇祐凡七貢方物,此後遂不見于史書,則曹氏蓋至皇祐而後絶。羅氏書於賢順繼爲節度後,徵録至皇祐二年而迄,而余所能補正者,以敦煌經卷畫壁爲主,此後皆已無存,故僅能至至道而盡,故余亦即止于延祿之卒云。

瓜沙曹氏世譜

羅振玉《瓜沙曹氏年表》末附"譙郡曹氏世系表",列議金三世及宗壽一系二世,簡略無可取,且訛誤時見。曹氏自朱梁末至宋真宗時,世守瓜、沙,維護邊裔者幾達百年,《五代史》、《宋史》皆簡略不盡,爲習西北史地者之一大憾事。自敦煌獻寶,此百年史迹之可考者多,乃漸見真像,余已著《莫高窟年表》評之,並補訂羅氏《補唐書張議潮傳》及《瓜沙曹氏年表》。然曹氏之守瓜、沙,祖孫父子叔侄兄弟,皆參與其間,而議金祖孫,復結婚迴鶻、于闐,以秦晉之誼,乂西河之地,阻强鄰之略,固邊埵之圍,則其家世與當時政權關係之密切可知。故余爲詳考莫高、榆林諸窟寺題識,及敦煌卷子中之文書跋尾,組織其家人關係以爲瞭解曹氏統治方術之一端,非以爲兒女姻緣之好,當亦讀史者之所不廢也。全部資料全采之題識,無一得之正史者也。

敦煌一切卷子,不論其爲正文,爲附錄,爲題記,莫不有歷史價值,皆可以各各分類組成某一社會、政治、經濟、文學、藝術專篇論文,甚至可補正史之缺,即以本論文集所載張議潮、曹議金兩年表等,皆可爲此事之例證。此其所以爲文化寶庫也。

在許多卷子末尾,與莫高、榆林兩窟寺畫圖、塑像、施主、供養人題名多帶銜稱,又往往夾雜少許教記,亦皆爲極佳之史料,所謂"牛溲馬勃"之類。先人有言"流水帳簿"、"發票"、"請柬"、"車船票"、"傳單"無不可爲歷史資料。莫高、榆林窟寺中,張、曹兩家諸人及其眷屬中題銜之在壁畫中,一一加以分析,居然能組成《曹氏世代譜牒》及其配偶、子、女、甥、侄、妾、媵等,一一拼合,一則可以窺見曹氏家世情況;一則兩家與當時西北若干外族均有關係,因而穩固邊陲,"繼之以婚姻,要之以宗盟",自有其政治上之作用。以婚姻爲政治機契,是歷代傳世政策,此種政治把戲,乃玩弄政治手法者之一種策略也。

曹議金

議金事迹,已詳《年表》,其勳爵職守之見正史者,亦已備于表中。石窟題名有:

> 故勅河西、隴右、伊、西、庭、樓、蘭、金、滿等州節度使,檢校太尉,兼中書令,托西大王。(見文研所五十五洞及四五四洞)

又榆林十窟題云:

> 敕歸義軍節度使,檢校太師,兼托西大王,譙郡開國公。

又九十八洞議金結銜爲:

> 河西十一州節度,管內觀察處置押蕃落度支營田等使,兼紫金光祿人夫,萬戶侯,賜紫金魚袋,上仕國。

此三銜以前二銜爲最尊,後一銜爲最詳。其中有爲中朝所授,有爲地方自稱,此吾人所當分別而觀者也。

議金凡三(四)妻

六十二洞東壁有女像第一身:

> 故母北方大迴鶻國聖天的子,敕授秦國天公主,隴西李氏。

此議金妻迴鶻李氏也。又文研所九十八洞東壁左女供養像第一、二、三、四四身題名：

> 敕授汧國公主，公是北方大迴鶻聖天可汗……
>
> 題名殘，迴鶻公主裝。
>
> 郡君太夫人鉅鹿□索（下殘）
>
> 郡君太夫人廣平宋氏一心供養。

第三四兩身爲議金索氏宋氏兩妻無疑。此洞爲于闐國皇帝功德窟，故稱曰郡君。在女像後爲于闐皇帝夫人題銜，其夫人即議金女，則一二兩身中之必有一爲迴鶻李氏無疑。然依衣飾而論，當爲第二身，迴鶻公主裝，與李氏一切畫像皆然，而必不爲第一身。然以敦煌供養人像列之習慣論之，此第一身除議金妻外，不得爲另一人。按第一身鳳冠，朱衣，持香爐，乃中國裝，而非迴鶻裝，則豈議金別一妻與？考 S 四四七三$_5$ 爲"亡姊國太夫人祭文"，時當"天福六年（九四一）辛丑十二月二十七日，秦國太夫人薨"云云。此爲議金卒後之第二年，此秦國太夫人，在敦煌諸貴胄中，能當此封號者，恐非曹氏不可，則此秦國太夫人，疑即此窟第一女供養人像，亦議金妻無疑，惜尚不知其姓氏。

張議潮爲瓜、沙大姓，人才輩出，即在承奉前後，如張景球、張祿、張大慶等，皆一時名宿，而議金乃得爲長史，繼且主一州政權，此張氏諸婿之所爲也，故余疑議金亦當爲張氏女夫，因之頗疑 S 一一七七卷抄寫《金光明最勝王經》之"女弟子太夫人張氏"，依其稱謂等視之，在光化三年時，已尊享榮祿，稱太夫人，恐非議金妻莫屬。此文爲紀念亡男第三子衙推端公（可能名元端）而作，則元端必次元恭、元祿，而元忠爲議金第四子矣。此張夫人者，恐亦即前卷之秦國太夫人，亦即九十八洞之女像第一人，此時尚無封國。若無他證，姑發其疑于此，以待他日求之。[①]

---

① 作者原注：按端公一詞，《雲麓漫鈔》引李肇《國史補》云："唐宰相相呼曰堂老，御史相呼曰端公。"曹氏諸子有職者，多帶御史大夫之散勳，此稱"端公"，是否亦指御史大夫，不敢必，然出之母氏之稱，則仍以名"元端"爲較當，故不用李氏之說。

嗣議金之元德,當爲李氏親生子。按《曹夫人贊》言其死時事,有"辭天公主,囑託偏照于孤遺別男司空,何世再逢于玉眷"。又《贊》曰:"辭天公主,偏照孤孀,執司空手,永別威光。"此曹夫人即議金第四妻,元忠之母,廣平宋氏也。曰"辭天公主",指元德母李氏,曰"司空男",指元德,故以"逢玉眷"、"別威光"爲說。故所別之男,不得爲元忠,亦不得爲元深,非如元德之有外家强宗爲聲援者,不能也,故斷爲李氏子。

議金妻索氏

文研所六十一洞東壁左女供養像第九身題名云:

> 故母新授郡君索氏一心供養。

此爲元忠功德窟,稱母,則議金妻也。

議金妻宋氏

文研所六十一洞東壁左女供養人像第四身題云:

> 故慈母敕授廣平郡太夫人宋氏一心供養。

此爲元忠功德窟,則慈母乃元忠生母,此慈字爲特加,非禮家所謂"慈母如母"之"慈",故于議金李氏、索氏兩妻,但稱曰母也。

又石室所出《曹夫人讚》云:"夫人者,即前河西一十一州節度使曹大王之夫人也。……廣平鼎族。"此即宋夫人稱廣平郡君也。又述其將死時事云:"辭天公主,囑托偏照于孤遺,別男司空,何時再逢于玉眷。"又讚云:"辭天公主,偏照孤孀,執司空手,永別威光。"據此則宋氏先迴鶻李氏而亡,故曰"辭天公主",而"別男司空",當指元德,故曰"再逢玉眷"曰"永別威光"也,則宋氏之死在元德初當政權之時。

議金女（一）

文研所九十八洞洞内東壁供養人像，自北至南，右壁第二身，鳳冠、珠翠項圈、朱衣、肩圍鳳帶，持香爐，題名：

> 大朝大于闐國大政大明天册全封至孝皇帝天皇后曹氏一心供養。

此爲于闐國王功德窟。其第一身爲于闐國王，此議金女嫁爲于闐王妻者也。此爲議金第二女。亦即六十一洞之"姊大于闐國大政大明全封至孝皇帝天皇后"。明題曰姊：則元忠開窟應有之稱謂也，亦即《議金夫婦出行圖》所謂甘州迴鶻可汗天公主者也。于闐王功德窟有其題銜，即在上題之前一身也。題云：

> 大朝大寶于闐國大政大明天……

"天"以下殘，以曹氏例補之當爲"册全封至孝皇帝……"等字。

議金女（二）

文研所六十一洞洞口東壁左壁，爲元忠窟，其第九身題銜稱"故母新授郡君索氏"，同列之第十、十一兩身，題：

> 故譙郡夫人。
> 故譙縣夫人。

又右壁下女像八身，第一身爲議金迴鶻李氏妻，第二身以下題：

> 姊甘州聖天可汗公主一心供養。（文研所一百洞又稱"天公主是甘州可汗……"）
> 姊大朝大于闐國大政大明全封至孝皇帝天皇后……

第四身爲元忠生母宋氏題銜稱："故慈母敕授廣平郡君太夫人宋氏。"第五、六、七、八四身，皆題"故姊譙縣夫人。出適翟氏、陰氏、□氏、翟氏"。依其像列次序論之,則左壁爲伯母及索氏一系像列,故譙郡譙縣二人,乃李氏索氏子婦。而右壁爲李氏及宋氏二系像列,則各隨其母之姊甘州與于闐兩女,爲李氏所生。而出適翟氏等四氏,爲宋氏所生。可得一表如次:

　　索氏一男,即元深,娶一媳,爲譙縣夫人。

　　李氏男一,即元德,妻爲譙郡夫人。兩女:長女,歸册聖天可汗;次女,婦于闐。次女生女歸元忠子延祿。

　　宋氏生四女,出適翟氏者二,適陰氏者一。

又南北兩壁爲元忠妻翟氏功德窟,所列皆女像。南壁十六身,其第二、四、五、十四身皆題曰妹。一爲譙縣夫人。二爲廣平郡夫人。一剝殘,存"李氏一、供養"六字。第十四、十六兩身爲"外甥小娘子",此當爲南壁諸姊妹之女,于議金爲外孫女。北壁女像十七身,其第一、二兩身稱"故姊",皆譙郡夫人,此兩郡夫人,當爲延恭、延祿妻,與東壁二人同。第四、五、六、七、八、九、十身,皆稱"姪小娘子",延□、延蔭、延□等,則兩譙郡夫人所生女也。

于是得爲議金四妻所生女列一表如次:

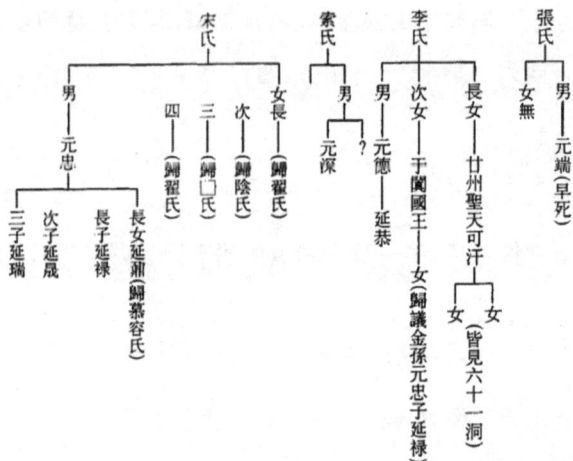

曹元德

議金長子(詳議金下)，嗣議金爲歸義軍節度，榆林第十洞洞口供養人像第一身題云：

敕河西歸義軍節度、瓜沙等州□□、譙郡開國侯、食邑□□戶、食實封三百戶曹元德。

文研所一〇八窟題銜節度下更有"押蕃落等使、檢校司空"數字，元德當爲議金第二妻迴鶻李氏所生，見李氏下。

又嗣元忠之延恭，稱元忠爲叔父，當爲元德之子。

又文研所六十一洞供養人，爲元忠妻窟，北壁女像四、五、六、七、九、十六身，皆稱"侄小娘子"曰延□者四人，全剝無名，而可推知爲延字輩女性者二人，名延蔭者一人，此六人者當爲元德與元深兄弟之女。

元德妻索氏，見《議金夫婦出行圖》，可能爲議金第三妻索氏之侄女。

曹元深

元深爲議金次子，嗣兄元德爲節度，文研所二四四(C二五三)窟洞口北壁男供養人像第一身題名，僅有殘存：

……伊西……度使檢校中書令……

此當爲議金結銜。第二身殘存：

□敕歸義金節度押……國……元氵一心供養。

此疑元深，深字剝存氵旁也。考敦煌榆林諸窟，男像列議金之後爲元德，次元德者別有一人，而其第四身，則爲元忠，次元德之第三身，必爲元深無疑(參文研五十五洞，六十一洞、一〇八洞及四五四洞等供養人像列)。而諸女像列，次于議金三妻後，皆間兩人，而後爲元忠妻。此兩人又多題"譙郡夫人"，則一爲元德妻，其一爲元深妻無疑。則元深不僅有勳銜,且有妻室,惟去世早,而後嗣又不昌,他遂無可考者矣。元深亦爲議金第三妻索氏所生。

曹元忠

元忠嗣元深爲節度使,其結銜以文研所五十五洞(C79/P118F)與四二七窟(C42/P136)爲最崇。

> 窟主推誠奉國保塞功臣歸義軍……
> 敕推誠奉國保塞功臣,歸義軍節度使,特進檢校太師,兼中書令,西平王曹元忠之世。

此窟簽題銜,在宋乾德八年庚午正月二十六日,爲元忠一生最盛之時。元忠爲議金第四子,乃宋氏所出。

按議金三子,承歸義之職,元德、元深、元忠是也。然一〇八洞(C39/P52)北壁男供養人像前四身,第一身爲議金,依敦煌像列例,則第二三兩身爲元德、元深,第四身爲元忠結銜。但此第四身之結銜爲:

> 故兄歸義軍節度應管内□□六鎮馬步□□□□,檢校司空,兼御史大夫,上柱國,譙郡曹□□一心供養。

此一結銜,與元德、元深、元忠兄弟皆不相合,依像列論,屬元字輩兄弟無疑。此銜與元忠尤不相似,則必爲余上文所推議金別一妻張氏之子,所謂三郎者名元端(瑞)之銜。元端早卒,故曰"故"也。姑發一難于此,以待他日之證!

使余言果確,則元忠乃議金第四子也。

元忠一妻,姓翟氏。翟亦敦煌望姓。文研所六十一洞(C75/P117)題銜稱:

> 新授潯陽郡夫人翟氏。

文研所四三七洞(C217/P123A)則題:

敕授凉國夫人潯陽翟氏(榆林十二洞洞口一題同)。

男延祿。榆林十二洞供養人第一身,爲元忠,第二身童子像題:

男將仕郎延祿。

餘詳延祿條下。

元忠長女名延鼐,見榆林十二洞,爲元忠窟。男像二身,第一身元忠,第二身延祿。女像二身,第一身元忠妻翟氏,第二身題"長女小娘子延鼐一心供養"。又榆林二十六窟裏洞口北壁女像第二身題云:

長女小娘子延鼐一心供養(出適慕容氏)。

延鼐于延祿爲姊氏,而延祿第二妻爲慕容氏,當爲延鼐小姑。

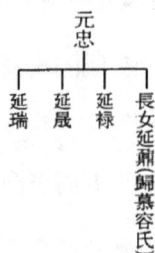

曹延恭

曹延恭嗣元忠主沙州歸義軍。延恭爲元德子(見前),于元忠爲侄。文研所六十一洞窟主爲元忠,其洞口南壁元忠後(即第五身)題名:

侄□□□州防禦使……

此延恭于宋建隆二年所受宋官階職也(參《曹氏年表》)。其嗣元忠後所稱勳銜之最高者,爲文研所四五四洞(C228):

窟主敕歸義軍節度瓜沙等州觀察處置管內營田押蕃落等使,特進檢校太傅,兼中書令,譙郡開國公,食邑□千五百戶,食實封五百戶延恭……

延恭妻爲慕容氏,亦見四五四洞南壁女供養像第四身,題云:

> 窟主敕授清河郡夫人慕容氏一心供養。

曹延祿

曹延祿嗣延恭爲節度使。

延祿爲元忠長子,榆林十二洞第二身題名已可定(見元忠下)。又榆林二十六洞裏洞口南壁第二身童子像題:

> 男司馬延祿

于延恭爲嫡堂弟。文研所四五四洞男供養人像第六身,題云:

> 弟新授敕歸義軍節度使,□□檢校大保,譙郡開國公,食邑五百戶,食實封三百戶延祿。

延祿最崇結銜,爲榆林第二十五洞裏洞洞口南壁第一身云:

> 敕推誠奉化功臣,歸義軍節度瓜沙等州觀察處置管內營田押蕃落等使,特進檢校太師,兼中書令,敦煌王,譙郡開□□食邑一千七百戶曹延祿……

延祿妻爲于闐公主。榆林第二十五洞,與南壁延祿相對之北壁第一身,題云:

> 大朝大于闐金玉國皇帝的子天公主……

此即文研所六十一洞所題:

> 大朝大于闐□天册皇帝第三女,天公主李氏,爲新授太傅曹延祿姬供養。

此即議金次女爲于闐皇后所生之第三女,與延祿爲中表。又同洞同列延祿妻後,尚有兩女像,題云:

敕受清河郡夫人慕容氏一心供養。

敕受武威郡夫人陰氏一心供養。

依敦煌畫壁像列而論，此應爲南壁男像二之配偶無疑。于闐公主爲延祿妻無問題，慕容氏與陰氏必爲延瑞妻亦無可疑。元忠長女歸慕容氏，則此慕容氏與延鼐爲姑嫂。然延恭妻亦爲慕容氏，但此處不得無延恭而有其妻像列也。

曹延晟

曹延晟不知爲元字輩或人之子，乾德四年爲歸義軍節度監軍。見《橘目般若波羅密多經》。太平興國五年，宋朝以延晟（誤晨）爲瓜州刺史。

曹延瑞

曹延瑞當爲延祿弟。榆林第二十五窟裏洞洞口南壁男供養人像列，僅有二身，第一身爲延祿，已見延祿名下。第二身題云：

節度副使，守瓜州團練使，金紫光祿大夫，檢校司徒，兼御史大夫，譙郡開國男，食邑三百戶曹延瑞供養。

與此同洞之北壁女像列，其第三身題云：

敕受武威郡夫人陰氏。

此爲延瑞妻，又見曹元忠妻繪觀音像爲子延瑞婦難産月功德，詳《曹氏年表補正》九六八年下及余所爲《讀王靜安先生曹夫人繪觀音菩薩像題跋後》。

議金外孫

文研所九十八洞洞口北壁有男像五身。其第一身高七尺又半寸，烏

帽、朱衣,持香爐,題銜云:

> 故外王父前河西一十一州節度管内觀察處置押蕃落支度營田等使,金紫光祿大夫,萬戶侯,賜紫金魚袋,上柱國□

以服飾及題銜斷之,爲議金無疑。而曰外王父,則議金女所生外孫爲窟主也。

此窟本于闐皇帝所開,則此外孫其必議金次女嫁爲于闐皇后者所生無疑。又文研所六十一洞洞口東壁左壁下第五、六兩身題:

> 男外甥甘州聖天可汗的子天公主供養。
> 男外甥甘州聖天可汗的子天公主供養。

此爲元字輩功德窟,則外甥者,元字輩姊妹之子,于議金爲外孫女也,此當爲議金長女歸甘州聖天可汗者所生,同列第七身爲延祿妻李氏,則與延祿妻同輩,亦議金外孫之證。而同列之第九身,爲議金妻索氏題銜,文①稱"故母新授郡君",則此爲元忠窟矣。

又同洞南北兩壁,爲元忠妻翟氏功德窟,南第十四、十六兩身,爲"外甥小娘子",此爲上同像列諸女像二、四、五、十、十四諸姊妹之女,亦議金外孫女也,但不知何女所出。

曹乙

議金兄名乙,字良才,見《曹良才畫像讚》。

議金兄良才妻陰氏,見文研所號六十一洞。

> 故伯母武威郡夫人陰氏一心供養。

此洞爲曹元忠所繪,此稱伯母,則議金兄妻也。惟是否即良才妻,尚待考。惟議金無他兄弟,則陰氏可能爲良才妻。又同洞南壁壁下自東至西女像十一身,第一、二身朱衣、鳳冠,題:

---

① 底本"文"作"人",據《浙江學刊》1983年第1期初發表版改。

故婆……

故婆州諸軍事夫人氾氏供養。[1]

故王母太夫人武威陰氏……

第四身以下爲：

故姊十一小娘子。適慕容氏。

故姊十三小娘子。適□

妹十六小娘子。適張氏。

×××（缺）

×××（缺）

故新婦娘子翟氏。

新婦娘子閻氏。

侄女小娘子。適李氏。

依此十一身論之，第三身之王母陰氏，即良才妻無疑。稱王母，則兩婆（一氾氏）者，良才之子媳，與元忠輩同行者也。（此爲一人之兩妻，或兩人之妻不可知）四、五、六三身爲良才之孫女，九、十、十一三身爲良才之孫媳，則窟主乃良才之孫"延"字輩之所爲，故良才一系，得表之如次：

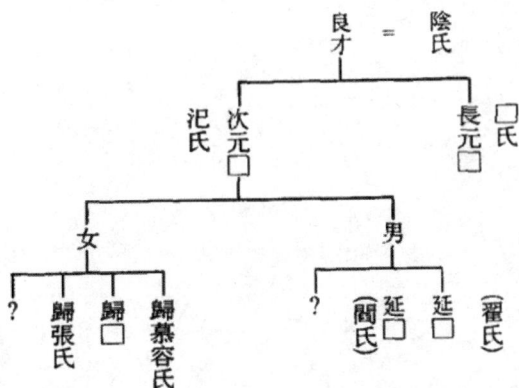

---

[1] 底本"氾"作"汜"，據《浙江學刊》1983 年第 1 期初發表版改。下文"氾"字同。

附:曹氏世譜總表

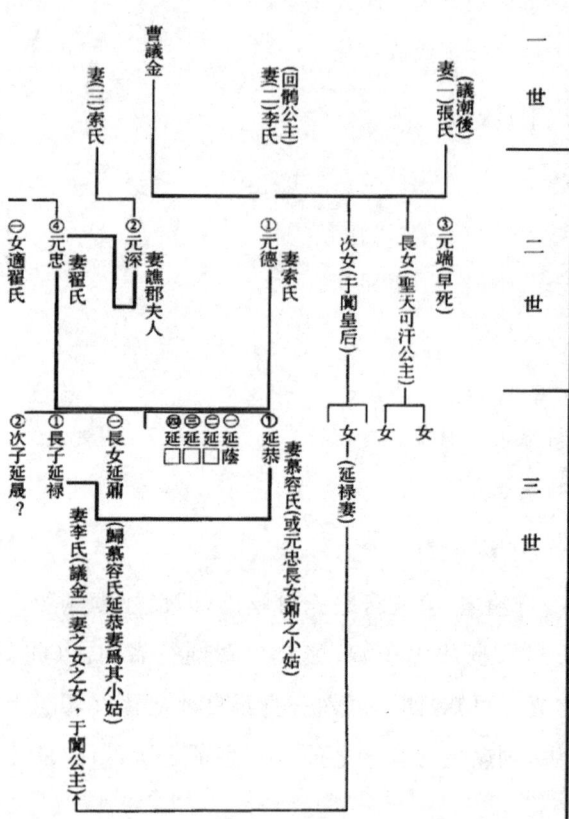

一世　二世　三世

妻(一)張氏(議潮後)
妻二李氏(回鶻公主)
曹議金
妻三索氏

③元端(早死)
長女(聖天可汗公主)
次女(于闐皇后)
①元德　妻索氏
②元深　妻醜郡夫人
④元忠　妻翟氏
一女適翟氏

女　女
女(延祿妻)
①延恭　妻慕容氏(或元忠長女鄭之小姑)
延隆　延□　延□　延□
長女延卿
長子延祿
②次子延晟?

妻慕容氏延恭妻爲其小姑(歸)
妻李氏(議金二妻之女之女‧于闐公主)

妻（四）宋氏

一女適陰氏
二女適□氏
三女適□氏
四女適翟氏

議金兄才良
妻陰氏

①長子婦
②汜氏

①號表男
②號表女

③三次延瑞　妻陰氏
妻慕容氏（或爲正湘之小姑）

男
妻翟氏　延□
妻閻氏　延□

女
①歸慕容氏
②歸□氏
③歸張氏
④歸□氏

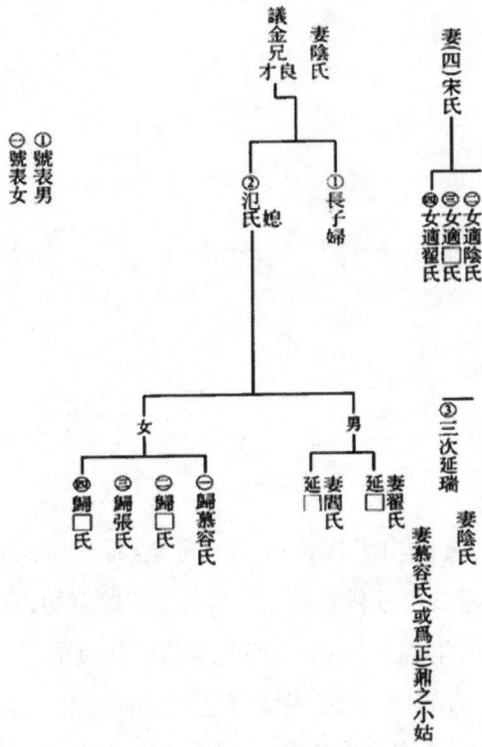

良才生一子或二子不可知，故汜氏但稱媳。

思師錄

荀卿言"通利思師"，余一生無大危難，而蹇產不舒。家君戒其"安于寂寞"，此其所以無通利之業也。然一生求師至切，自就外傳，日漸于小學、史籍行事，年八十，于學似略有所得。回旋而思，皆諸大師之教也。曾爲《四先生合譜》以志之，卻毀于雲南。而片金碎玉尚能追憶者，因急記之，所以志其學之自，亦以悲其學之無成，誠鈍根人也！固當如是。其實如梅貽琦、趙元任、吳檢齋，蜀中之廖公、李公（植，字培甫），初亦在回思之列，而簡澀無以爲說，故姑以林、龔、梁、王、章、陳六先生聲音笑貌之深有存于心者，略記之已耳。

林山腴先生

余以官費與其他三人同抵成都復試，余以第一名錄取，次二日奉召參拜校長吳玉章，以"業精于勤"及"敬業樂群"相勉，此第一次受教。入校後知國文部有林先生山腴授國文課，同學先應置《漢書》一部，遂赴存古書局得尊經閣刊本"四史"。是爲余至蜀購置典籍之始。

林先生講《漢書》第一堂，告諸生各備《書目答問》一册，告以"從頭到尾看過，照我所作記錄入自備册中。立例三圈爲第一等，二圈爲第二等，一圈爲第三等。無圈者不讀可也"。因教以爲求學次第,必先略曉各學內容及派別。《漢書·藝文志》已有蕭先生講授,當讀熟,能記誦。此後則分門別類,有二三年工夫將經、史、子三類重要典籍讀過。參以《書目答問》中所舉第一等書細讀,其餘則以《四庫提要》所有者,細讀《提要》,則規模先具,有此規模,十年後再求專功。開示途術,至爲昭明。此爲余一生得力之基礎,亦治國故者之所當知。

先生講《漢書》,往往命同學"某章即文章,可以圈出,讀了背得"。又"某兩字、某句,可圈"。余至今未能忘者,如謂《李陵傳》,漢使見李陵時,"數數自循其刀環,陰喻之言可歸漢也"。及李陵見蘇武曰"子卿,陵雖辜恩,漢亦負德……嘆曰,老母已死,雖欲報恩將安歸"一大段命圈出。《武帝李夫人傳》載武帝《悼李夫人》全篇圈到底等,不一而足。余至好之,凡命讀熟者,莫不遵命,故喜藉先生書移錄,如"四史"、《禮記》、《左傳》等不論,如姚惜抱《今體詩鈔》、王壬秋《八代詩選》(先生有評語)及竹林寺所刻《華嚴經》等,初亦不覺其深義,民國二十一年返家,于先君書庫中見之,乃深驚其精妙。于修辭、謀篇、傳真多所體會作文之方矣。

先生不僅文采渾瀯,而讀書至勤,校之書至多,且皆小楷精抄,清代校讀諸家,精細似尚少見。余得錄廖寅本《華陽國志》、《杜詩鏡詮》朱校本、《文選》五臣本,《夢溪筆談》(余曾借之友人胡道靜讀之)、翁注《困學紀聞》(校語最多)、《唐文粹》、"四史",余皆有移錄。尤可貴者,爲成都竹林寺所刊《華嚴經》,批校圈發,余以三月時間錄竟,先生至喜。而批《八代詩選》,則以删補爲主。姚惜抱《今體詩鈔》余求刻本不得,則全部鈔錄。後因余南北求食,今皆佚失毀弃矣。

某日余侍先生于霜柑閣,詢余近讀何書,因敬報讀《文史通義》,但多不了了。先生笑曰:"你還老實,讀不懂是應當的,此類書如某某詩話、詞話、史論、經論等等,作者可能是一生心血,而讀者如君輩,則不過助談資而已。'廿四史'未讀過,如何能讀《文史通義》? 工部全集未讀過,如何能讀諸論杜詩之作? 論史論文在學識已深湛者,可能得所啓迪,君輩讀此等書,則一生無成矣。""一生無成"四字,余最吃驚,先生溫語曰:"還是讀完《史記》、杜詩再去看史論、詩話,方爲治學之道,切記切記。"此事切中時弊,至余授上庠諸生讀時,亦益深信不疑。

先生教諸生爲文,不問其爲厚重或清淡,要以辨雅俗爲第一。某君文中,稱成都爲芙蓉城,先生大批:"惡俗!"細繹所謂惡俗者,大體指小說家與報章雜志所用新奇生硬或神怪之詞爲俗。余咏游杜甫草堂詩句"寒鴉樹上喚沙僧",先生改爲"鴉寒如喚上堂僧",頓覺清新有味。又謂詩當有爲而發,個人憂樂,當與時世相關,則自有逸氣,而能歸真返樸,此陶、謝、李、杜之所以上絕千古,故先生多雋永散逸之句。

一次余以"廖季平先生論孟荀學說,以爲荀爲漢學之本,孟爲宋學之本"爲問,先生笑曰:"此語非出廖,乃宋明人義,然一入廖口,則成精義,大抵廖天資特達,四變以後,雖多詭異,然四變以前則多精論,尤以各書凡例,可以見其深湛之思。"

先生詩友與榮縣趙先生最密,論趙詩爲蜀中自東坡後一人而已,而趙亦推先生爲當今祭酒。

先生論日本漢學家學術:"看起來總有點'隔'。"余四十以後乃深體此言爲確論。

先生與陳散原先生至契。抗戰中,寅恪先生以父執拜見,求先生書聯曰:"今日不知明日事,他生未卜此生休。"先生婉勸曰:"何必作此非常語,世事往往如此,放寬心爲最佳。令尊一生亦多坎坷,然詩中自傷者至少。"

抗戰軍興,余入蜀拜于前堂。先生賜聯曰:"十年京國饜肥豽,百花潭水即滄浪。"余敬謝曰:"無問清濁,皆不敢以辱先生。"先生笑曰:"肚子吃肥豽至多,必有可觀。"

楊森戰勝熊克武,入城,稱善後督辦,一日,驂從極盛,乘四人拱杆轎往後宰門拜訪。先生使門者闔門,背坐言:"林先生不在家。"一再推門,至拔閂欲入,先生立堂前,呼曰:"我不見你,請你莫入!"

先生杜詩評點,徐仁甫《杜詩注解商權》采錄其說至十六條之多,均爲未經人道者。如《送張十二參軍赴蜀中因呈楊五侍御》一詩,黃生云:

"楊必爲蜀中諸道使,而張參其軍,此四十字薦書也。"《商榷》引清寂翁曰:"此白山(黃生)誤也。唐觀察節度幕,皆有監察御史,或轉擢侍御史者,仍是幕中。無以侍御爲諸道史者。一代官制,豈可不知。"徐按:"黃說非,林說是。"此詩錢箋無注,仇注引黃生,未糾其誤,今清寂翁指出,則知歷代注杜者對于唐代官制多未深究也。即此一條,可以覘林先生之博雅,其能糾舊注之失者當不少矣。

龔先生向農

舊稿記龔先生略十四五條,今年撰先生傳多已采入,別見《學兼漢宋的教育家龔向農先生傳》。删存其論學語之可錄者。

先生講經學史,最重禮。余請學禮,師曰:"有清一代三禮之學亦盛,然《周禮》、《禮經》究研者多,故成績斐然,惟《禮記》少究研者,君果有意于此,其治《禮記》。"余請其途,師曰:"《周禮》《禮經》以制度爲主,取證古文獻;喪服、宮室,有文獻可取用者較易爲功,然兩書制度,自漢以來諸傳注多臆造,即以孫氏《周禮正義》之博洽,亦以文獻有據者言之成理;文獻無徵,則其語澀苦而少倫類。《禮記》則多推理之論,非古史、古制熟練而四達,則往往乖刺不調。此鄭君之所以必治群經也。"退而習之半年,寫筆記四十條,乃無一條中程。先生笑曰:"君暫將它讀熟成誦,再理!"因條舉五例,爲余導源。

先生講經學史,自編講義,對清儒謬說,多舉正之,于皮氏《通論》正之尤多。余不得爲詩人,年廿四以後,專治小學;三十以後,又轉治史,《禮》學遂廢,及余爲全《三代異同考》,又稍稍理之,而不能專,惜哉! 惜哉! 先生《經學通論》,與林先生《文學史》兩書,余出私費,在昌福公司刊行,欲爲先生《經學史》作注,南北奔走,皆隨身携帶,不意自西安寄寒齋書入蜀,與余他書籍稿件,皆在秭歸上下爲敵機所毀,至今惜之。

先生十四歲時,即輯古佚籍。傳世有《蒼頡篇》,小學湛深,在嚴可均、葉德輝之上;舉正阮氏《經籍纂詁》失秩者百數十條,可謂博洽矣。

先生精嫻司馬氏《通鑒》，余請治《通鑒》，先生曰：“讀書人必當讀，然《通鑒》重在‘資治’，則制度、年表、地圖等參考書必不可少。《綱目》一書，必須置案頭，以事以時而翻檢，然後能叙然而不失當。至學人之治史者，以《通鑒》爲各史綱領，有左右逢源之樂。其‘資治’之論，有不適于各代者，在各人學力之深淺。胡注當細讀。”

先生曾參加全國教育會議，多所建白，廖先生以爲不及。

先生任“川大”校長時，工資發不出，于是售其園林、住宅、器物乃至于日用，可謂毁家興學者矣。故余爲先生傳時，尊爲“經師、人師”，視鄭君爲尤勝。

余所從業兩經師，其一爲吳檢齋，與先生皆能度曲（昆曲），而皆唱大面，亦趣事也。憶抗戰中，余與新婦秋英同入蜀，任東北大學教授，拜先生前堂，適逢成都昆曲同期，因命入座，先生執提版，擊小鼓，唱《游園》。余唱“一生兒愛好是天然”，天字失拍，先生爲席上解曰：“他是搞考古學的，能此已至難。”又贊余妻“吐字清切”，因知爲太湖區域人云。繼唱《林沖夜奔》至“武陵年少”句，座中惟貴州某老合律，先生曰：“此字律因‘年’字音下墜，遂使‘少’字不易協也。”後來余曾以詢之莘田（羅常培）、重華（陶光），陶曰：“溥先生亦有此說。”則先生音律之精可知。

王靜安先生

靜安先生效止水之節，清華研究院《國學論叢》爲出紀念專號，其生平事迹之重大者，學術研究之沉深者，文目皆已備載。余爲《四先生合譜》時，亦已采入。故回憶所及，則其繁苛，未必爲人所需，然魚藻軒前收屍，余與趙邦彦最先到，故一思及此，至今衰老，仍不能禁其不垂泣而道。今之所記，惟二三事，爲諸紀念文中之所無。

先生爲講《說文》，無驚人奇說，而有驚人的證，此最爲難能。同門劉盼遂錄以刊諸《國學論叢》中，人人得而讀之。不僅以甲骨金文爲形證，且能以聲韻爲主證也。

先生治學，往往先集資料，而後爲之，如《兩宋金文著錄表》、《清代金文著錄表》，皆其徵也。因資料足，故證驗多而結論切，且尤有過人者，先生不僅能平列數據，以知其然，且能透過數據，而知其所以然。如《殷周制度論》、《明堂考》、《先公先王考》等，皆爲人所不能及，頗合于近時科學家所謂綜合研究。故所得結論，極爲堅實可靠，鐵錐所不能破。治學雖有機會優劣之分，先生在日本，羅氏大雲書庫，日人靜嘉堂、東方文庫等，庋藏之富，亦機會之要；然使先生年卅前無哲學、邏輯學、心理學等之修養，則智慧未必縝密如是。其比《紅樓夢》于《史記》，"小樓吹徹玉笙寒"爲佛家心腸，亦非恒人所能道。

余數十年來，于遺書中"義無再辱"一語多方探求體認，終始不能得的解。何者爲"第一次"之辱，然後恐其再辱，近年葉嘉瑩女士有中國文化與個人思想矛盾使然之說，此語得其一半，但其義蘊似極隱微，余今爲說之，曰：先生學通中外，《資本論》曾朱墨作記，論《紅樓夢》比于《史記》，則其思想並非頑固不化者比，然半生與羅振玉關係最密，而學術上之成就，亦羅代之力爲多，且絆以婚姻，而薦之勝朝，似皆與先生思想相剌繆，則其行藏，多非其所願。南書房行走，顯爲帝師，而遺老群集，又從而從臾之，勸勉之，强迫之，自年來所見先生與諸友董書，其情景如畫，而中土文化，有"士爲知己者死，女爲悅己者容"之一傳統舊說，故不仕事二姓，爲成學術人品者之所崇視。故先生在清華，仍未剪髮辮，以其在教而不在仕也。良由第一次參與勝朝仕進，其是非當爲中心一大憾事。此第一次辱，則"錯到底"使"肩臂砂嬌"（先生詞中）而所從事，又爲教授立師範以明志，而當時有一同學某君力勸去髮辮，以問馬叔平，馬先生亦無異詞，余則以髮辮無關大事相勸。而促之者，正不知文化體勢之事者也。嗚呼，哀哉！姑發其論于此，以備一格，夫剛正爲人師則，豈有爲人師表，可以朝秦暮楚者乎？一失足成千古恨，個人怨恨事小，關係道義事大，則寧死守道義而不可苟活。如此而已。今人視之，則曰封建遺毒，曰迂闊，皆無不可，故大言曰："義無再辱。"此文化史中之一大是非問題。

　　當北伐軍將至南京時，清華園有小刊物，刊出一漫畫，畫一高筒厚底鞋如朝靴，筒上書"研究系"三字，下踏"研究院"一字。研究系者，黨人稱任公先生一派之政治組織，而清華研究院權柄，任公先生實左右之。任公先生不自安，乃告假歸天津私第，研究院全體師生皆惶惶不知所措，而大小傳單多種，亦時時發現，學校有數位教師赴美國者，學生與北京各大學學生多有南去參與政軍者，清室遺老、富商大賈、大軍閥，有避入東交民巷者，傳說葉德輝被槍決者，全園人心益恐懼。某先生離校，某教授某家預備遷出。忽一夕傳北伐軍已攻下濟南，指日北上，先生在此種氛圍中，益不自安，又無術可避。其現實環境，皆親見親聞，以一專心于學術之老儒，如何不求死所，時沈子培諸遺老，更有同捐軀之議，則安得不死。則此一死悲劇，謂"徇道"，尚足以爲學人歸宿，不能遂決然指爲"徇清"，遺書最後又求葬清華園，死志至明。古官師不同術，師有不事王侯，爲天子所不能臣。則此一死，正狐死正首丘（比擬最不倫，而足以喻人則莫切于此）之義耳。大義凜然，不容誣枉，則先生之死，乃深思熟慮而爲之，非慷慨就義之比也。此其所以"義無再辱"也。余書至此，心如舊創復發，痛徹骨髓，尚有何說！大儒所遭者如是，豈不可哀。然世之高其義者，或以陸秀夫、文天祥、史可法爲喻，其死雖同，而義則大異矣！

　　葬事畢後，吾人在北京紹興會館開追悼會，除學術界外，無一官府人員參加。而當日報載，某元老妻（妾）在上海做六十大壽，派孫科爲代表致賀。不一周而日本、法、德、英諸國學術團體，皆有大會悼念。兩相對照，能不令人悲憤。吾人私議，南京必不能長保。

　　先生視學生如子弟，曾憶一事，蘇聯盲詩人愛羅先珂訪北京，爲《雲南旅京學會會刊》作封面畫，會中決議，責余爲文以章之。余填一詞，求教于先生，自下午七時起，先生爲修正，直至九時方畢。（余側坐藤製書架側榻上，得閱先生所讀德文原本《資本論》，即在此時也。）告辭後，先生必欲親伴余至小橋而後別。余一生得師之恩情深厚者，以餘杭爲易潮衣及先生以余目力弱而送歸二事，終生所不能忘。

梁任公先生

　　任公先生一生行事，已有傳記，而所爲文及專著亦已由林宰平先生編爲《合集》，無所事于余之叨叨。余所能回憶而常在懷者，莫過二三事，故亦書之。

　　余初見先生，知爲滇人，先生曰："研究院還無雲南學生。"因即松坡先生事迹相質，余因陳述："家君曾事蔡公。"先生大喜，囑搜集遺事。此余數年後撰《護國軍志》之所由。先生因問："當時通電討袁，何以不用我所爲文？"聞其文爲唐蓂賡秘書所作。余瞠目不知所答。廿年後，余返昆明，乃得見先生電文原稿，實勝當日通電，此稿今不知在何所矣。（此稿當存省府秘書長處，余見者則爲姚志舟四子純文所示，或當在龍宅也。）

　　面試時題爲《論蜀學》，余以蜀中喜讀楊慎書，爲活泉水。先生贊之，因問："見遇趙堯生先生否？"余曰："趙先生不教書，但與林山腴先生最相得，時聚成都，曾于錦江橋薛濤井一拜見。"先生甚贊趙、林爲蜀近世大家，且問近來作品，余僅有《香宋詞集》，愧無以對也。

　　先生息影清華北院二號，弟子中不無利祿之徒，善承意旨者，故奔競亦甚劇，然先生言"院中同學善讀書多，而能事事者少"，特喜方某，爲介丁文江，設法送日本士官學校，蓋一生不忘政治。亦時評論時政，遂使研究院爲人所揶揄。

　　一日晚餐後，余與同門楊某，行散至圖書館，先生叉手立館前噴池之傍。吾兩人遂趨前，行禮如儀。先生因詢余曰："聞君善政治活動，此亦大佳。"余曰："生暗弱，不敢與人爭勝，惟得諸師長之教，尚能持志，故校中各黨派，皆欲挂其籍，生則自知不善逢迎，故但自甘寂寞。"先生以其誠摯，字余曰："亮夫，爲學當有益于世，非徒潤身耳！"余聆之，汗下謹陳曰："當遵師教，以此自勉。"

　　先生珪璋特達，能五官一時並用。一晨，命僕來召，余往，則謂余曰："叫你來看我寫字，拉對聯。"于是申紙爲余與黃君淬伯及王力三聯。書時,問余孟孝琚小爨近況,忽而梁啓雄告王惠慶有電話。師即囑咐啓雄回王曰:"某事如何,某事如何。"啓雄隨又送來信札數事,先生命念,念畢,即命曰如何回答共四五事,于是與余所談及囑咐之言相雜沓,余惶然恐其寫聯有誤。三聯寫竟,處分信件近十事,無一字一筆之誤,余魯鈍,驚爲天人。因知五官一時並用,並非虛語耳。

先生贈余聯曰:"海燕飛來窺畫棟,綠荷相倚滿橫塘。"集詞,情語也,愛之深者也。贈淬伯聯,則寫"舊學商量加邃密,新知涵養轉深湛",朱熹句也,勖勉之辭也。

研究院每月有同樂會,在工字廳,師生歡聚,各有樂事,趙元任師能聚若干茶杯,別其音階,拷打簡單歌曲。又作游歷趣語,自京沿津滬路,過一地,即操其方言,同學莫不驚服。一次求先生爲之,師爲背誦某狀元大魁試卷,及《桃花扇》餘韻,因曰:"書要能背誦,則有用者多矣。"余一生記憶最差,兒時所讀書,尚能記一二,先生問曰:"你作聯綿字,能背《兩京》、《三都》賦否?"余汗顏不敢對。

章太炎先生

余旅巴黎,得隋唐寫本陸法言《切韻》十餘卷,攝製影片,因欲寄先生請益,未投郵。一日下午,余往中國學生在巴黎所設報社讀《申報》,忽見噩耗,自疑目力失誤,移窗前讀之,不誤,蓋六月十八日辭世也。余大痛而啜泣,含淚歸寢處,不食不眠者二日,自責疏于問候。自余草《瀛涯敦煌韻輯》二十四卷成,自題扉頁爲"以此紀念先師章太炎先生"。雲南起義後,有吳某,新貴也,指余爲替章、王兩人掌封建大蠹之最後一人,而使人入余室檢視。余遂舉一切稿件,投爐火中。吾妻爲余奪取《韻輯》,而他稿悉焚,《四先生合譜》最先燼。以梁、王、章,皆當時所痛詆者也,傷哉!

余章《四先生合譜》,實以太炎先生爲中心,廖平以今文家大蠹,梁啓超以近世史學創建人爲主,王國維以古語文及西北史地主。雲南起義,余爲宵小所厄，遂拉雜燒之，余亦以病廢。四先生中，章公文雖深篤，而政治、學術之交叉最大，經營安排遂爲委順，曲說不當施之于先生，而直說遭時諱爲最大。及余東來武林，孱弱不能事事。三數欲復爲之，而諱忌益難捉摹，然泰山之崇，而紀載所不能損，世多知之著，且亦爲學者所寶，則不復重寫，亦無傷也。惟平日侍坐所聞，及私人小己之私，亦不可不記也。

余第一次晉謁太炎先生于同孚路同福里，弄堂如此小而亂，入門則居室一樓兩間，大爲驚訝，歸而憤激非常。一代大師，一代大革命家，國家社會對之，何其不重視若此？公務人員住公房，雖淑隘而得其平衡，職任教授亦無可議。獨于國家元老、大儒如此，則其政可知矣！自此遂大憤軍政閥閱，毋怪先生亦斥責不能容。及至今思之，則顧亭林教徐乾學"要使物緣漸疏，聲名漸減，可以終老"。大儒行事，自有禮節，君子固窮，則先生之責朝政，正爲民而非爲己。晚年移居蘇州，由友人門下士爲建屋二幢，一自居之，一由湯夫人領親屬子弟居之，先生亦無得色。貧賤不能移，富貴不能淫，道德文章，獨出千古，民族精英，當永祀萬禩也。

余侍坐時，先生言學以讀史相勉，而論杜氏《通典》特詳盡。以爲綜合貫穿歷代全部史迹及制度文史，當以作治國學之基礎，然後視其志之所向，通治專治一二門，未嘗不可。又嘗告此後青年，致力政軍科學必日多，而留心國族命脈者漸少，君其有志于此，誠大佳，以《通典》參《日知錄》則可以不失種性足矣。

先生知余從王靜安先生、梁任公先生學，又曾習聞廖先生今文之學，因大言曰："卓如才智通達，惟繼踵康有爲爲至可惜，康實趨新而不知新，守舊而不能爲老儒，故一生狂肆無方矣。"其言深銳，視駁康氏一文爲嚴。至論靜安師，則曰："王君證《史記·殷本紀》無虛言，說明史公書之可貴，而《殷周制度論》亦能服人心腹。"但謂余曰："你也習甲骨文，此事真僞難辨，食肉不食馬肝，未爲不知味。"又曰："凡大儒之學，以關族性爲圭臬，何必定馬肝？馬肝亦有毒，何必爲此雕蟲小技？"云云。凡所勉勖者，皆期望與鼓勵之辭，而所指斥，皆出真誠，有似嚴父，而愛護之實有似慈母。

某年暑假，余至蘇州請安，至錦帆路，將到先生府第。忽大雨，余藏身門檻中。章府僕人忽開門見余，延入。先生自三樓下來，余三鞠躬後，先生忽撫余肩背，忽轉身上樓，又聞其下樓聲，至則示余："濕衣快換下來，要他們爲你烘乾。"然後以手中所挾馬褂，命余披之，曰："莫受凉。"余旅食四方已廿年，無人相憐，返寓後，余大哭，似慈母愛子心情。至今六十餘年，每一思及，尚不知淚之何從！

先生告余曰："豫才（魯迅字）急越，視惡如仇；檢齋内熟而外疏，恐皆不爲世所容。"所論皆切定終身，周君不得永壽，檢齋至遭死之慘毒。

先生論廖先生曰："好奇善變，然變而不離其宗，宗旨民族德性之本也。"故爲廖先志墓文，獨深許其獨行孝友之德。

余侍先生日短，而每見除請益外，先生多述時政得失，而論白下貴人最嚴。余每歸必詳記之，爲《章訓》百餘則，今此稿亦佚。惟殘憶林森不能人道，坐汽車自到菜場買菜，爲不識大體，而關涉民意者最多。皆可作史料掌故，惜哉！

戴某與某兩人，同戀一女。先生笑曰："他們是聯襟。"

先生六十大壽，諸門下士集資，以"百衲本廿四史"爲祝嘏。先生笑曰："我是洋版出身，讀書能見出錯別字句，則爲真讀進去了，若專讀人校勘完美之本，則無所用心矣。"

先生知家君叔遜先生曾領鄉薦，爲林贊虞所得士，又曾兩次入都會試不中，林公薦任廣西通制不就，武昌起義前，突返昭通，主持光復事，終身不入仕版，故先生集杜詩贈聯云："鐘鼎山林各天性，濁醪粗飯任吾年。"先君得之，盛稱"大儒大德能知人之謂聖"云云，舍弟爲治墓，遂以此聯摹刻墓碑之上。

先生亦賜聯云："多智而擇，博學而祗"；"上通不困，幽居不淫"，云所戒者深矣，切中余病。

鄉前輩曲石李印泉，葬母蘇州小王山，植松數千株，最宜夏居。某年，命余侍先生居墓廬小屋。兩床相對，師生同坐。每晨興舉手過頭，用力上伸屈五六次，然後呼吸吐納四五次，語余曰："莊生吐納鳥申，此安身之術，自然之理也，凡宗儒者，多習之。"因暢論攝生之術曰："身不可疲，必常動，心不可亂，必常靜，善體之可也。"然先生眠食不自知量，酌酒則飲，盛飯則食，故湯夫人常戒侍者，不可多酌多盛云。

陳寅恪先生

余侍寅恪先生日短，而受教則甚深，至今不忘者兩事。

在清華時，余評燕京大學某君論彝器通說，約八千言，先生爲送《燕京學報》。此君大不快，而無以難余，遂退稿，交先生，至爲不平，而無可奈何。間日先生知余喜評騭他人文字，因溫言曰："駁人文，亦花精力，何不以其力，從事自建之業。"余至爲驚惶，因稟告曰："敬謹受教。"此後決心當力戒此習，故余一生自二十四五後，即不作評論之文。

余草佛頂"卍"字，徵引故籍，吾妻亦助爲譯文，時在東北事變之時，余北上讀書于北京圖書館，"卍"字爲一切東方民族表幸福之號，文既成，先生又爲送某某學報，久不報。八年後，先生將去倫敦應聘，兼治目疾。自成都飛昆明，轉加爾各答，飛英倫。余時初得複合維生素丸，以奉先生，瓶口有此號。先生突問曰："你的文章刊出否?"余苦笑不敢答，恐妨先生原意也。先生曰："其實此一問題，至可研討，舉世學人，多已言之。非東亞一隅之事也。惟系出一源，則根何在? 出于多元，則遍布如何? 君試習之。"余惟惟，不敢置一辭。吾妻所爲節譯資料，至今尚保存筐笥中云。

先生學術湛深，汪洋似大海，仰之彌高，以十二種語言繁變字，證《金剛經》文之正否，令人舌咋不能下。而自愧學淺，門下士亦少能受教者。先生治學極勤，自教授清華研究院後，尚從伊鳳閣習滿文，亦從靜安先生問甲骨金文。孫氏《名原》刊本有墨釘，同學朱芳圃、戴家祥、劉節皆有所補苴，而最後由先生審定，則甲骨、金文亦成專門矣。

先生記憶至博，浦江清君在昆明得一扇面，有下款，而不辨其人，以求教于先生。先生以此小名家，亦可觀，其事見某書，遂得主名。

　　任公先生與散原先生有故,故先生恭摯事之。靜安先生則服膺其學,而兩先生皆深重其學,教諸生多請益。然同門外語皆夆陋,故直得益者,乃在大學部之邵循正諸君。

　　先生謂對聯爲中國特有之體。某年清華招生,先生特出楹對命對,諸生鮮能答者,騷然。先生與劉叔雅論之最切直,世無以難之。

　　先生能詩蓋本家傳,而奇放視散原先生之謹敕者不同,而味爲最後。又喜爲聯,傳誦至多。余僅能憶其二三事。(一)先生趣爲院中同學贈聯曰:"南海聖人再傳弟子;大清皇帝同學少年。"既莊且諧,而對仗工整,得未曾有。(二)羅家倫參與科學哲學論戰,先生詞之曰:"不通家法,科學玄學;語無倫次,中文西文。"及被命長清華,就職,爲在校學生所包圍,入夜乃攜嬌妻逃走。先生集唐詩爲聯曰:"畫圖省識春風面(蓋《國聞周報》曾刊羅氏小照也),環佩空歸夜月魂(與妻夜遁入城也)。"

　　叔雅欲注《慈恩大師傳》,問先生外國人對此書著作,先生爲列目,由余轉交,共十余種,余錄附存之,今已失其所在,而叔雅又已物故,遂不復能移錄矣。

　　叔雅謂吸阿芙蓉爲最美妙享受,人有以此告先生者,先生笑曰:"此誾言也。"

　　先生緬懷時事,多傷心語,曾集聯曰:"今日不知明日事,他生未卜此生休。"以不適應昆明氣壓入成都,求山公書之,不可,乃求之王蘇宇。蘇宇白下名醫,活人至多,養狼犬至大,盜賊不敢入門,自號曰"犴",言"犬王"也。與余相嫺,爲余言之,亦謂初不欲書,然旅德時,同在柏林,甚相得,不可却也。

載《學術集林》十三期

附 《四先生合譜》叙錄

　　王先生部分創始于十八年。梁先生、廖先生部分創始于二十二年。章先生部分創始于二十六年。至二十七年乃有合譜之意。三十五年合之爲書。

自鴉片之戰而後，地日以削，勢日以衰，士大夫莫不欲以其學挽當時之弊。爲中夏民族習性者，語不蹈空，事必師古，故其學乃據六經諸子以益恢彊，乾嘉考據之風，已不能繩人思理。放而爲龔、魏、莊、劉之今文，皖學自戴東原後，途術益大，益以浙東之史，放而爲黃以周、俞樾，末有孫詒讓，然諸老先生淫于載籍之功多，而接于政情民理者蓋猶不足。自井研廖先生析孔學爲早晚兩期，大同小康之義明。南海康長素得之，以爲戊戌之變，其弟子梁啓超更益之以新知。自經囿引之史苑，而政理亦自擁君變而爲愛民，是爲今文學。以其學挽當世之弊者，時有餘杭一老，遵《春秋》夷夏之義，唱民族中興之說，坐而言，起而行，身入狂狂，死而不辭。與時雄共復漢土，生死不介于懷，而功成不受賞，介然以學術終老。發古文至微至深之義，履民族至剛至大之德，集劉歆、鄭玄、劉基、王守仁、顧炎武、黃宗羲、王夫之于一身，千古豪杰莫與比將。海寧王君，純德不後于時彥，而所遭獨酷于屈賈。行事雖或落于時後，學思則突在時前，矛盾相伐，抱道四海。而其文史小學之功，曾無愧于學林，且語必徵實，論無因襲，亦學術之魁傑也。四先生者，雖所趣不同，而于近世學術政理，皆各有其繼往開來之功，卓然各擁大纛，爲一時之先驅，而章君爲卓矣。

余自入蜀郡，拜見井研先生于少城，皤皤一老，光光童顏，始教以漢宋古今之辨，而稍窺學術之囿，于先生之學，三變以前，略能仿佛。時成都龔道耕先生授古文經，故于先生之學，不能盡好也。及入北平，拜見新會先生于清華園，相與論蜀學，悔函丈請益時未能專一，而《六澤館叢書》，竟不能全讀。方余之入清華也，覺史學浩瀚難知，乃從海寧問學，初爲《詩騷聯綿字考》，請益之時獨多，業未竟而有昆明湖之痛。余忽忽南奔，寄食吳越間，歎然于文學語言之瑣碎，乃弃而專習史籍與社會諸科，次年而新會先生亦以幽憂病歿天津，不二年而隕兩大師，余爲學術文化而悲，而自悲益深切矣。無以爲函丈請益之所。是時餘杭先生寓滬，其門墙至高，巖岸至峻，不敢以爲請。會吳門有講學會，招余說《易》，先生與侯官陳石遺、無錫唐文治諸老亦各主講一科，騰衝李公乃爲之介，就曲室，執贄爲弟子。後此遂以暇日走同福里問業，乃眴眴如老嫗，字愛之情，忼直無隱，既服其學，亦服其人，十餘年所馨香以祝者，得一二現實。及錦帆路新居成，先生移吳門，余則走大梁。吳中浮少年間先生于吳江金翁，余知之，思爲兩解，讒者知先生重余，亦間之。會有歐洲之行，先生宴于後堂，饌極豐腴，溫語慰之者至切。及余西行，而讒言遂入，余于巴黎聞之，不敢怨而益自勵。次年余得唐寫本陸法言、王仁昫以來《切韻》卷子，方欲寄奉，而噩耗已傳海外。余自此遂悲其爲無師之人矣。方余之入大梁也；思有以報梁王兩先生素日教悔之德者，欲以光大其學，乃邀同門爲王梁學會，不果。然稍稍集錄先生行事文字之不見于《飲冰》、《忠慤》兩集者，爲之年譜，及去國，皆貯之筐笥，歸而敵蹄滿滬壖，毀其所庋之籍。及西入長安與江安周書畬、銅山蔣炳南等會設祭，北望而酹先生之靈，相約依新會《文化史》綱目，分任撰述，以盡先師未竟之志，而敵騎已西至龍門潼關之間，遂又不果。然輯兩先生事狀之念復起，而尤念餘杭之譜不可缺。及入蜀居潼川，與蓬溪蒙文通遇，論井研之學，足當一軍，因思四先生者，會而論之，則近百年學術，開合呼吸之間，宜更彰明，而章梁之政，亦革命啓蒙時期兩大壁壘，皆爲吾族至要之迹業，遂合四先生而爲之譜。三十年奔先君之喪，遂移硯昆明，人事日繁，苦書籍不備，繼則妻病，繼則育女，斗室僅能容膝，無設硯安席之所，不能肆力于此。旋即大戰受降，余送妻歸省，復返五華商山之間，閉門著書，不及一年，而爲妒者所出，密告邊將，欲逮余于獄，又倉皇東去，蟄居浙東者年餘，《四先生合譜》粗有規模矣。三十八年自浙歸而省母，途中崔苻不能行，遂止于昆明。因思章君數十年革命，偉業爲不可及，而其艱苦千萬于余，惟廖翁以著述得高年，是可慕也。遂發憤著書，《四先生合譜》爲所至亟，蓋廿年來余所爲書稍稍可觀者，皆集千腋之裘，而惟此爲能有血有肉，非僅抄胥編絲綴屬之爲也。然四先生者，其事至繁賾，其學至廣博，合譜宜各如其分，則斟酌去取之間，呼吸開合之際，爲尤難理，故勉爲立例曰：

　　一、廖翁齒最尊，故以爲首。梁近于廖，故次之。梁、章學術政見皆極相反,比次爲說,呼吸可通。海寧自成別軍,故以殿焉。

一、綜錄大政,而尤全與章梁相涉者。

一、章翁有《自定年譜》全部入錄,亦略爲疏證補缺,五十五以後,則全出余手。

一、凡政理學術相近之時人,與相近之著作,各依四先生類從附。

一、錄四先生文,或全錄,或節要,視所需而定。

一、凡軼聞逸事之足以說明德業性行者,皆錄之。

一、凡譜主生年事迹皆頂格書之,其文章德業,除錄爲事迹者外,皆下一格書之。

一、按語有二例,一則學術政理,呼吸相關之發明與考證;一則時論之駁議。

一、凡按語皆下文主一字,凡簡短者或爲夾注。

一、時人生卒事迹學術及評論四先生之文又下一格。

一、凡影響于四先生之師友爲詳錄之,或于卒年或隨時隨事爲之注。

一、凡四先生高弟有行誼著作者亦同上例,或作正文,或夾注,無定例。

一、學必有宗有系,散入譜中,則宗系不明,故各爲學案于後,以綜貫其一生學術之要。

一、凡行誼德業文章及軼聞逸事之無年月可考,或不能刊之于正文者,皆爲附錄于卷後,又時論之對四先生者,采其允當者入附。

一九四九年記于金華

論餘杭先生學與徐一士三書

第一書

一士先生史席：頃于《國聞周報》二十五期，讀大文載同門孫思昉君《謁餘杭先生記語》論某公好奇一段，有“今則以今文疑群經，以贗器校正史，以甲骨黜許書，以臆說誣諸子”云云四語，細審文義，覺語氣輕重急徐之間，與不佞所聞于先生者，小有同異，豈弟子退而異言者歟？此四語適爲不佞所曾輕嘗，而三數爲先生所申誡，又爲近來學人所執以爲先生疾者，不敢秘其所聞，一任世俗耳食之言，厚誣先生。然先生自有千秋，亦不敢爲調停之說，以取售于當世，敢舉其平日侍坐所聞一二小事，爲閣下陳之。

一、以今文疑群經　先生于經爲古文家，此舉世之所共知，而壁壘甚嚴，亦舉世之所共知，然于今文家之嚴守家法者，亦未嘗輕蔑。憶井研廖先生既歿，有欲求先生爲墓文者，不佞以此進叩，先生憫然相語曰：“季平墓志，非我亦不能爲。”而于南海立說之不純者，則頗見詆譏。至廖、康而後，先生未嘗以經今文家許人，今人亦實無一以今文家之立場疑群經者。疑群經者錢玄同君，號爲魁首，錢君固先生弟子也。故“今則以今文疑群經"一語，似覺輕重之間，尚可商量。憶初謁先生時，以治經請，先生言以經視經，則宜守家法，不可自亂途轍，雜揉今古。蓋不佞亦嘗請益于井研。故先生以此繩之也。大抵先生于當時說經者，皆病其雜亂抄撮，不見矩鑊。非必如早年于今文家之說，一意作主觀之批評也。

二、以贋器校正史　此事與下文"以甲骨黜許書"二語，大爲當時學人所詬病，蓋先生早年于此，固曾張其撻伐，蓋阮、吳諸家之說，不足以服人，而甲骨出處不明，又無其他有力佐證，當時倡之者，如劉鐵雲輩，又非篤行純學之士，孫詒讓亦謹嚴無他規模，以一融通四會之學人，欲其貿然承認一種新學問，有所不能，亦有所不可，故早年之指陳吉金甲骨之弊宜也。近年來甲骨銅器之出土者日多，研治者途術亦日精。先生早年之說，似已不甚堅持。憶二十二年上海同福里座中，偶談及先生爲某氏跋散氏盤中語，先生曾言許叔重《說文》亦采山川鼎彝，故金石非不可治，惟贋器太多，辨別真僞，恐非目前世人學力之所能及，故以證文字，大體尚可尋其鰓理，以證史事，終覺不安。證史不安云云，則謂先生蔑弃鼎彝，不如謂尊史過甚爲能得其實。先生民族情思最切，近來國事日非，故其緬懷故國之情益甚。晚年以讀史召群弟子，而于含"剛中"思想之《儒行》一文，復數數爲世人倡導，其救民之忱，非嘩世取寵者之所能望其項背。

三、以甲文黜許書　先生早年之不滿于甲文，其原因已如上陳，惟以其所疑，至晚年仍不得解，故對甲骨之態度，較吉金爲嚴肅，而尤不喜人以甲文證古史。憶初謁先生時，先生知不佞爲海寧王先生弟子，即謂治小學當以許氏書爲准。二十二年春夏之交，蘇州國學會邀不佞演講，大意以甲文爲中國較早之文字，推證八卦後于甲文，《易》爲春秋戰國時術數之學。講稿刊布後，先生大不悅，以召同門諸君。即不佞游大梁歸，已傳言唧唧，趙錦帆路拜謁，先生溫語慰之曰："凡學須有益于人，不然亦當有益于事，古史誠荒渺難徵，然立說固與前人違異，亦必其可信乎？治小學爲讀書一法，偶采吉金可也，泛涉甲文以默契于心，出之以謹嚴，亦可也。必以此而證古史，其術雖工眇，要近虛造，不可妄作！"繼則以"食肉不食馬肝未爲不知味"爲解喻。去年有歐洲之行，先生賜之食，又溫語以顧亭林、王而農相勉，復言甲骨不能相信。不侫笑以請曰："倘有的證，足使先生信其爲殷商時物，則先生亦將爲之鼓吹乎？"先生笑曰："但恐君輩終不能得的證耳。"大抵先生于甲骨文因其"來歷不明"而疑之，此固治學謹嚴者應有之態度，世人方以此見詬，蓋不思之甚耳。

四、以臆說誣諸子　不侫于諸子素少究心，故侍坐時亦從未以此請益，惟少歲偶讀《唯識論》後，因以喜讀先生《齊物論釋》，然多不甚了了，嘗一以請教，先生自謙爲"此亦一種說法"云云，他無所聞。孫君所究以諸子，平素所得當較爲多。

要而言之，先生于近日學人，皆嘆其根柢太淺，言經者泛濫雜抄，不明家法，而研習吉金甲骨者，既好立異說，不本于載籍，而又好搆扯正史，既無益于人，亦無益于事，爲治學者所當慎擇。細繹先生晚年言學之趣向，大約有二，一欲救世以剛中之氣，一欲教人以實用之學，而要其歸在于不忘宗邦之危。剛中則誇誣奇觚皆在當砭之列，實用則怪誕詭譎皆在宜排之數。變更舊說不軌于典籍，或有危于宗邦者，皆爲心所甚憂，此其大校也。不侫所聞如是，所關雖不甚大，然亦爲學術上之一重公案。孫君所記，語意有待于疏說處，故爲補說如是，尚乞附尾大著，使世人勿誤解孫君之言，則幸甚矣。途中未以書自隨，故但能舉此以爲驗。俟歸國後當爲閣下再詳之不一。

第二書

前書倉卒，不意有"相網無礙"之譽，愧甚愧甚。孫君更舉餘杭先生自書及親自鑒定之言以存信說，較不侫爲翔實。紬繹文義，幸鄙說之無大違離，于本願已足，不欲更有他說。惟近來讀此文者，頗有誤不侫爲有所折衷。此四語之深淺，本不足爲餘杭損益，然與前書初衷頗異，欲爲誤者一解，用再爲申說，即雜引孫君所引各文爲喻。

一代學人，自有其一貫之學術思想，此吾人所當知者。先生學術之中心思想，在求"救世之急"，《菿漢微言》之所以作也。而其方法在教人不忘其本。不忘本,故尊史,《春秋》史之科條畢具者也,故宗《春秋》。然今文家亦言拯民,亦未嘗不言尊史,則史以何者爲可徵信?《公》、《穀》多雜陽陰怪迂之說,說人世惟左氏最平實,而司馬、班、陳皆衍其系,爲數千年史宗。故凡先生微義,在于尊史,而《左氏傳》爲之俶始,以其不爲怪迂之說也。此十年前讀先生書一得之愚,雖證例未俱,而自信不誣也。此義既明,用以審量茲四語,則前書所陳,不待申言而明矣,茲再謰謱析之如次。

一、以今文疑群經　今文家一般之現象,在雜揉陰陽五行家迂怪之說,《易》、《詩》不關史事(此舉大者言),《尚書》所爭多在字句間,獨三傳異說最爲奇詭,而《公》、《穀》雜揉爲尤甚,以人事推之迂怪,所關更不僅于禮樂制度之間,故自東京以來,三傳之爭最烈,"三統、"三世"之說已令人迷惘,而"素王爲漢制法"之語,實等俗世推背圖燒餅歌之流,實大不經。故先生之辟今文,亦以說《公》、《穀》者爲最(于公羊之說則主弃董、何而存其真。此于侍坐言之),而《尚書》次之,詩三家之異,蓋已不甚過問之(此亦就量言之),是則先生之辟今文者,蓋辟其怪迂不近人情之說,非辟全部之今文。如南海必以一切古文經爲劉歆一人所僞者也。此即以孫君所引先生論漢學一段語,已大可作吾說之證。"吳廣張角"之言,其微義詎不令人沉痛哉!故"以今文疑群經"之語不侫所欲爲申說者,以爲不可以辭害義,必欲明以章之,則或可申其義曰:今則以今文"怪迂之說"疑古史,重在怪迂。一語之真義,往往當貫其學說之全部。世或將以此詞面之言概先生,而耳食不觀全書者,將以此致疑矣。

至思昉君哲語"南海《新學僞經考》出"云一段,爲另一問題,更望閱者勿以與餘杭先生之說相牽合,則幸甚矣。

二、以贋器校正史　先生既尊史而又有所徵信,自不容妄疑信史。本此一貫之主張,則以吉金文訂古史,蓋已違異,大可商量(此不僅于尊史如先生者所以爲不可,即海寧王靜安先生,博涉群書,貫穿金石,其所論列亦甚精慎,但讀《觀堂集林》者,無不能見之)。先生之所甚慮者,恐放者爲之,而忘弃舊史撝扯作祟也。然于吉金本身,亦相當承認其價值,一則曰："以器物作讀史之輔佐品則可，以器物作訂史之主要物則不可"。再則曰："今人欲以古器物訂古史，第一須有精到之眼光，能鑒別真偽，不爽毫釐，方足以語此。"又曰："鐘鼎偽造者多。"（皆見孫君前文）其言之平實近人，雖强佼亦無可辯，孫君所引之證，較不佞前書所言爲猶溫婉矣！大抵世人于先生行事與學術，有一種誤解，少年有激論、中年有激行（即孫君所記廷辱袁項城一類事），而世又傳雅謔之號，因以想像其學爲戈矛森列，又意其爲溫婉平易，不僞不飾之學者也。

三、以甲文黜許書　經古文家多究心小學，故兩漢經古文家幾無一非小學家。先生于小學，沉雄勁偉，貫穿音義，有三百年來過人之處，然于字形則不甚究心。而甲文之要則專在于形體，其事遂大相左。且甲文形體又與秦篆殊，亦因與漢人所重訂之經典文字殊。此事既與尊史之見不相腷①合（以其必改史以就甲文故），又與己所持之音義一貫之見相扞格，而徵之載籍，則"無足信賴"，故先生辟之，語無游詞，而致疑于龜甲獸骨之存在，蓋必有之結果。孫君所引兩文，皆足以證前書"先生疑慮晚年仍不得解"之語，惟鄙說有"泛涉甲文，以默契于我心，而出之以謹嚴"云云，似不甚相合。此或因不佞于甲文偏愛之甚，先生知其集習不能改，故因其器而施之教歟？

四、以臆說誣諸子　此事前書既無所陳，則茲亦無可辯說。

總之，先生除甲文外，其他三事皆決無偏執之意。意有急舒，言有畛界，此不佞所爲仮仮然爭辯者也。上文所陳，皆本于先生之意以立言，是非自當有歸于至當者。不佞于先生之說欣佩無既。然尚有一言不能不爲世人告者，先生治學之趣向（目的），與今世學人不相合，此亦不容爲諱。近世治學之趣嚮，在于求"真"，而先生治學之趣嚮，在求"用"于救民，苟易詞以明之，則求真者在無我而依他起信，而求用者在爲我而求其益損，求用者在不離故常（離故常則不可用故），而求真者或且毀其根株。此中並無絕對之是非。此意不明，則論先生者心不免于誣妄，而擁護之

---

① 底本作"腷"，徑改。

者,亦未必得其本真。此前書所以有綜合先生之學,標舉二旨,曰:"救世以剛中之氣,教人以實用之學"也。此義既明,則一切毀譽皆當,是是非非,各歸于至當矣。不佞嘗謂近代有四學人,其學說可爲過去數千年及未來時日作樞紐者,則先生爲經小學之纛,井研爲經今文之殿,海寧開考古之系,新會啓新史之途。不幸十年來先後辭世,使天禍中國從此而斬,則四先生其將爲華夏學術之殿乎!若黄裔不喪,則四先生蓋必爲後世之宗師矣。俟歸國後,擬合四先生爲《四君學譜》一書,下愚如不佞,不知此志能有成否也。信筆曰布意,不覺其長矣,不一叩候。

著福

第三書

孫君第二次辯論,已見周報三期。近以一小小譯事,書案紛沓,日不暇給,而孫君申辯已非舊時論點,故不欲再有所論列。頃閑再翻周報,仍覺有不能已于言者,再拉雜爲閣下陳之。

前書"求真"、"求用于救民"之言,本爲舉世之紛紛者發,得孫君一揭,使此義益彰,不勝欣快。然果無申釋,則不僅不足以解世人之惑,即孫君久亦未必能相諒矣。

凡有所成就之學者,必有其道之"全",然發言盈庭,不能無因時因地而有所搖演謝短,故吾人之論是者,當先得其"全",得其全,則是非正反真寓之語,厄言曼衍之詞,皆各有其歸向,亦各有其相得之諦。自休寧戴氏以來,其學足以抗代而確有其"全"者,餘杭先生其人也。弟所見餘杭先生之"全",即第一二兩書末段所申之辭,而第一二兩書又皆爲此"全"而分解條析者也,即無一語不爲此"全"辯。然孫君于弟前書條辯分別之言,既已無說,而獨標舉此義,于弟立論之基,似尚有未晰,而引用證據,似又是先生爲某一部分說法之言(辯見後),有所倍申謝短,孫君豈僅見其分而未見其全歟?

且即以孫君標舉之義而論。弟言"求用于救民",孫君裁爲"求用",

似已非本義，今且不細論。

所謂"求用"與"求真"言，其實並非對立之兩事。弟言"求用于救民"，然未嘗言先生"不求真"，惟先生求真之態度，與今世學人異。今之學者爲真以求真，而先生則爲用而求真。苟以俗設喻，則先生先有一副救民之心，而以此心籠照一切學術，近人則只有所嚮往之學術，而不顧其他。此爲推心之論。再以學設喻，舉大者言，又以《莊子》內聖外王之說爲解，先生蓋以求爲外王之思而修內聖之道者也。更以儒言爲喻，愈益明曰，即《大學》格致修齊之義。今人求學爲格物而格物，爲致知而致知，前書所謂依他起信也。先生則意在爲修齊而格致，不關修齊者不必格致，既格既致，即是求真，故不反對求真，且亦擁護求真，弟亦不言先生不求真。其實舉中國數千年來儒者一貫之精神而言（甚至于老莊亦然），便無不是以求用爲趣向，凡稍涉哲學之門，皆通道之。孫君所聞與弟有異，欲以此兩事爲對立，僅爲先生爭一"真"字，而又于第二書中（周報十四卷第三期中之第二書也）"務期有用"之語回惶自護爲第一義諦、第二義諦之言，其實苟即鄙說而裁之，正不必以爲有異也。至謂"而言其異則所謂一致而百慮，言其同又所謂殊途而同歸"云云，則爲文家虛調，而遠于辯章學術之義矣。

更退一步言，以孫君所引先生于王鶴鳴書而論，此先生以古文家之資格，爲經古文作擁護者也，誠有"學者將以求是，有用與否不暇計也"之言，然此時爲經生發，爲擁護古經文之經生發，爲制敵而發，所謂搖演謝短之說也。果必以此而謂不求用專求真，是最真之學莫過于"有規矩繩墨，審諦如帝"，而最疏者莫過于"觀世文質而已"（有規矩觀世三語皆孫君引先生與王鶴鳴書中語），孫君亦將何辭以爲解？弟手中無先生書，不能自爲其說多引佐證，即就此次孫君兩文中所引之言而論，已足大成吾說。如三十六期引論經史……不應……疑一文，于以碑版補正史列傳之缺一事，而曰："此就係小節，無關國家大體。"又曰："研究歷史須論大體，豈暇逐瑣屑之末務？"此豈純以一真字而可辨章者哉？又曰："我能知兩萬萬人之姓名，事固非易，要亦何用。"則明標"用"字矣。

　　此次討論之點，已非前兩書論旨，弟本不欲再答，以災周報篇幅，然此事確又爲前兩書論點之礎焉，且亦即兩人立言所以異之質，故不能不一言。近日事亂如麻，而此行來歐，篋中無線裝書。餘杭叢書不僅續篇不能得，即正篇亦偏覓不得，故不能有所引證。俟歸國後，當更爲文申之，而此次辯論亦請暫止此紙。

孫詒讓學術檢論

　　“文革”中寒齋被抄，除經濟外，以文稿遭劫最重，約計遭毀廢者近百萬言。六二年初杭大語言文學研究室爲孫仲容刊紀念册，推余爲發刊詞，既成篇。後因故未用，慰則謂文太長，即此文也。六六年“革命小將”入室時，匆將此文清册塞入箱底。既三年，取出則毁于濕潮者幾半。因思拙稿《四先生合譜》（餘杭章、海寧王、新會梁、井研廖）于昆明解放亦倉卒投之柴火毁弃，一生精力無幾，故雖一弄①半頁，亦倍珍惜。故遂補其劫紙，遂得保存，而仲容先生著述年表，雖臨時摘録之作，皆余對孫氏學術之一知半解，甚自珍也。故遂相隨而爲輯入史學論文，而四先生學術已不復能掇拾。其傷心乃有不能自已者，傷哉！

（一）

　　一九六三年五月二十二日是瑞安孫詒讓先生的五十五周年忌日，九月十六日（道光二十八年八月十九日）是孫先生誕生的一一五周年。孫先生是晚清浙江一位極有成就的語言學家、典章制度專家。他的成就同

---

① 底本作“弃”，徑改。

442

他的治學方法與次第是分不開的,我仍先錄他的著述,列出年表。一方面可以總結他的成就,一方面可以看出他的治學次第。

一八四八生(道光二十八年)

一八五一

(洪秀全起義。)

一八五三

(太平天國下金陵。)

一八五四

(曾國藩復武昌。)

一八五七

(廣東吏民燒英使館,英人亦燒省城。)

一八六〇　咸豐十年　年十三

《廣韻姓氏刊誤》二卷起草,至同治三年(一八六四)寫成二卷。杭大存初稿卷第一,定稿卷第二。

(英法兩軍破天津、入北京,咸豐避熱河。)

一八六一　咸豐十一年　年十四

作溫州雜事詩數十首,已收入楊嘉輯《籀廎詩詞》刊入《墨香簃叢編》

一八六二　同治元年

(越南割南交趾支那以與法。)

一八六三　同治二年

(左宗棠定浙江,始行新政。主要在軍。至一八八一。)

一八六四　同治三年

(洪秀全自殺。)

一八六五　同治四年　年十八

成《白虎通校補》一卷,曾刊民國《青鶴雜志》,凡刊十二期,前冠孫氏自序一篇。原稿今存杭大圖書館,最近雪克同志亦據原稿過錄,已交北京中華書局;又杭大凡有先生校過《白虎通德論》三部。

一八六六　同治五年　年十九

草《諷籀餘録》未竟。未刊,存孫孟晉先生處。

(左宗棠福建造船,成南洋水師。)

一八六七　同治六年　年二〇

校本《呂氏家塾讀詩記》于方成珪校本外,以宋小字本校。此據孟晉先生《年譜》録入。孫先生于《春秋三傳》及《詩》皆無說,存此片羽,以當吉光。

一八六九　同治八年　年廿二

輯宋鄭緝之佚著《永嘉郡記》一卷。光緒四年復檢勘一遍,寫定,並家刻之。杭大存原刊本一部。有先生朱批題識。

撰《溫州建置沿革表》,據孟晉《年譜》録入;又見浙江圖書館瑞安孫氏關于溫州史料叢著。

《溫州經籍志》起草,至光緒三年成,凡三十六卷。浙江圖書館刊印。

校永嘉鄭伯謙太平經國之書,見《年譜》。

一八七〇　同治九年　年廿三

成《四靈詩箋異》一卷,見《年譜》。

爲薛常洲《浪語集札記》,至同治十年成,凡一卷。見《年譜》。

撰《論語正義札記》一卷,凡二十三條,在原書上朱校,存杭大。

(李鴻章任直隸總督、北洋大臣凡二十餘年之久。)

一八七一　同治十年　年廿四

校滂喜齋本金鶚《求古録禮說補遺》一卷。見《年譜》。按:《周禮正義》中用《求古録禮說》幾全。

(俄人占伊犁。)

一八七二　同治十一年　年廿五

草《商周金識拾遺》,後更名《古籀拾遺》,並附《毛公鼎考釋》,凡三卷,光緒十六年家刊本。原稿存杭大善本部,題《商周金文拾遺》。又庋初刊本一部。按:原書刊本有墨釘。戴家祥,劉節等有補本。

《孔子家語》以鈔宋本校汲古閣本,原稿存杭大善本部。

箋注邵氏《四庫全書簡明目録》,凡五百二十則,分爲二十卷。一九四七年浙江大學《浙江學報》第一期曾移録刊載，稿本存杭大。

鈔宋本《陸子新語》。光緒三年重檢勘一過，十八年再校，十九年三校。稿本存杭大。

一八七三　同治十二年　年廿六

草創《周官疏》。光緒二十三年寫《周禮正義自序》及《凡例》。三十年寫《正義略例》十二則。至是年成書，定名《周禮正義》，凡八十六卷。至光緒三十一年，鉛版鑄成。又自校初印本十六册。存杭大。

檢校傳鈔本長洲馬遠林影宋本《集韻校勘記》一卷（參光緒五年）。原稿存杭大善本部。

校《房玄齡碑》、《宋西岳廟乳香記》、《唐少林寺神王師子記》、《唐易州田公德政碑》，多補正字句。按：先生所校漢唐石刻，有補正字句、有跋識，大半已采入《籀廎》卷八。

一八七四　同治十三年　年廿七

校《吳禪國山碑》、《漢豫州從事孔褒碑》。

《鄧析子拾遺》，與譚仲修合校。得劉履芬重刊影宋本。按：原稿存杭大。又杭大別有鈔本，與《慎子》、《胡非子》、《隨巢子》合一册。《慎子》有錢熙祚校勘記，附逸文。

（日本侵朝鮮。定《北京條約》。）

一八七五　光緒元年　年廿八

《六厤甄微》成，不分卷。原稿存杭大圖書館，凡二册。第一册首頁有殘損。

校《淮南子》。按：先生過録陳石甫宋本校，有跋，凡六册。存杭大圖書館。

校《大戴禮校補》，至光緒二十五年寫定，凡三卷。有民國四年廣明石印局印本。按：先生別録諸家校語于孔廣森《大戴禮補注》原刊本上，又別有朱墨校語。原稿今存杭大善本部。

校《文心雕龍輯註》，按：先生過録顧廣圻、黄丕烈諸家合校，又別加覆校。今存杭大善本部。

（清太后垂簾。）

一八七六　光緒二年　年二九

校《北魏始平公造像記》、《北魏孫秋生等造像記》、《唐胡佺墓志》。

校朱緒曾《曹子建集攷異》十卷，叙錄一卷，《年譜》一卷。原書存杭大。

（俄人取浩罕，訂《煙臺條約》。）

一八七七　光緒三年　年三〇

寫定《漢石記目錄》。按：原稿本今存杭大善本部。

校《漢郭泰碑》。

輯諸家合校嚴萬里校本《商君書》。光緒二十一年重校《境内篇》，寫定釋文。原本今存杭大圖書館善本部。

一八七八　光緒四年　年三十一

校《漢執金吾丞武榮碑》、《北魏劉洛真造像記》。

一八七九　光緒五年　年三十二

校《陳傅良止齋文集》，原本存杭大圖書館。

校方廷珪《集韻考正》十卷成，更以羅以智校本及馬釗宋本互勘（參前同治十二年）。原本今存杭大圖書館善本部。

依張氏《易緯略義》校本，寫定《周易乾鑿》一册。凡校四十餘條。按：先生于易緯多有校記，已載《札迻》中。杭大别庋莊忠棫①《易緯通議》八篇，先生有批文。别存一本題《易乾鑿度殷術》。

校唐人碑十三通，及隋趙芬碑。

（日人取琉球。）

一八八〇　光緒六年　年三十三

得晉泰和磚于蓋竹村。因更廣求晉、宋、梁、陳磚七十餘塊，草記其文字尺寸。爲《瑞安古甓記》。光緒八年重校。廣爲《溫州古甓記》一卷，已刊。後欲摹刻花紋字體，爲《百晉精廬磚錄》，工匠不勝任。按：《溫州

---

① 底本作"摢"，徑改。

古甓記》稿本,存杭大善本部。別存刊本一部。孫氏復有箋記。至《百晉精廬磚録》,各家多誤爲碑録,從永嘉戴家祥說正。

一八八一　光緒七年　年三十四

校唐基公塔、周王妙暉等造像、周譙郡太守曹政樂碑。

校方成珪《于常侍易注疏證》,原本今存杭大善本部。

校漢魏南北朝唐碑四十一幢。

(《伊犁條約》成。)

一八八二　光緒八年　年三十五

草《瑞安建置沿革表》一册。見《年譜》及諸家傳。校《永嘉叢書》刊竟。

(新政第二期主在工業。)

一八八三　光緒九年　年三十六

校補嘉善戴成弼《東甌金石志》十二卷刊本。原本存杭大善本部。

(出兵安南拒法。)

一八八四　光緒十年　年三十七

箋記郝懿行《山海經箋疏》。按:見《年譜》。

校正胡承珙《儀禮古今文疏證》。按:見《年譜》。

一八八五　光緒十一年　年三十八

箋記徐繼畬《瀛寰志略》。按:見《年譜》。

箋記魏源《海國圖志》百餘事。按:見《年譜》。

一八八六　光緒十二年　年三十九

(英併緬甸,馮桂芬著《校邠廬抗議》。)

一八八七　光緒十三年　年四十

(英人韋廉士上海立廣學會,介紹新書。)

一八八八　光緒十四年　年四十一

箋記宋陳祥道《禮書》,按:原書存杭大善本部。有孫氏未校二十二則。

箋記聶崇義《三禮圖集注》。按:見《年譜》。

箋校阮刻文選樓本《十三經注疏》。按：原書現藏杭大圖書館。凡一百八十四本，箋校極多，丹黄紛畜。以孫先生《經迻》稿本照之，可能即《經迻》之底册。

校阮元《考工記車制圖解》二卷。按：原書存杭大善本部，有校記，有浮籤。

校戴震《考工記圖》二卷。按：原書存杭大善本部。

校林喬蔭《三禮陳數求義》三十卷，按：全書凡箋正八十餘事，現藏杭大善本部。

校勘凌廷堪《禮經釋例》十三卷。按：孫氏有批校，原書存杭大善本部。

箋記王宗涑《考工記考辨》八卷。按：凡舉正三十八事，原書存杭大善本部。

（康有爲上皇帝書，請變法。"變成法，通下情，拒左右"三端，與洋務派之專重西法者不同他主從政治上變起，洋務派主從富强上變起。罵李爲"奸蠹"巨害。在對專制政治之變一點。）

一八八九　光緒十五年　年四十二

（廣學會發行《萬國公報》。）

一八九一　光緒十七年　年四十四

撰《宋政和禮器文字考》。按：今附刻《古籀拾遺》後。

校丁晏《易林釋文》。按：原書存杭大。

一八九二　光緒十八年　年四十五

《墨子閒詁》草創于是年春，次年十月初稿寫定。按：光緒三十二年重校，爲最後手定本。宣統二年家刻本成，王子祥爲校刊。王氏拾先生餘論，補掇校語，別爲《墨商》二卷。《閒詁》一書，後商務印書館據家刊本印入四部叢刊，原稿存上海圖書館。《墨商》有刊本。杭大別存畢沅注本，孫氏校識。

一八九三　光緒十九年　年四十六

（法人占湄公河岸地。）

一八九四　光緒二十年　年四十七

讀黃以周《禮書通故》，凡箋正三百數十事。按：見《年譜》，原書不知何在。

輯賈逵、馬融、干寶《周禮》遺說，爲《周禮三家佚注》。按：凡一卷，有家刻本。

（中日戰爭。鄭觀應著《盛世危言》。何啓宜著《改政法論》、《新政變通》。陳虬草《治平通議》君主立憲主以君主輔西人立憲。①）

一八九五　光緒二十一年　年四十八

撰《興儒會略例》二十一條。

重勘舊鈔蘇時學《墨子刊誤》。按：見《年譜》。

（馬關定約。李提摩太呈新政策，言中國維新。康有爲公交車上書，其變法主張，成爲全國性運動。文廷式組强學會，康梁加入。黃遵憲創《中外紀聞日報》。三年內全國設學會學堂報館五十一所。維新派首領之胡燏棻上變法自强疏，求開民廠以造機器，並揭官辦之弊。）

一八九六　光緒二十二年　年四十九

校讀曹奎懷《米山房吉金圖石刻》，及吳式芬《攟古錄金文》。按：兩書各有箋記，見《年譜》。原書未見。杭大存先生《金石萃編》、《金石續編》兩書批校。

校朱右曾《逸周書集正校釋》十卷。按：用崇文本。凡墨校數十則。又先生別有《逸周書》朱墨校數十則。兩書原本均存杭大。

《周書斠補》先成自序。按：全書至二十五年寫定，凡四卷。

（李鴻章締《喀西尼條約》，割地狂潮。譚嗣同《仁學》成反滿。《時務報》旬刊發行。上海《强學》發行，梁先生主之，一時風行。爲中國有報刊以來所未有。）

一八九七　光緒二十三年　年五十

（德人占膠州灣。外患至急，維新人物紛組學會于京中。四月，康發

---

① 此處難以通訓或有訛誤。

起保國會,文悌誣奏康"保中國,不保大清"。陳寶箴、黃遵憲在湘立時務學堂,出《湘學新報》及《湘報》,又立南學會,發揮民族民權等義民主政治已超出君主範圍。時有唐才常、樊錐、皮錫瑞。)

一八九八　光緒二十四年　年五十一

校《顧亭林詩集》成。校文一卷,附《亭林先生集外詩》一卷。按:原稿用苟羕一名,苟即孫同音字,羕即詒讓合音。原書存杭大。

(戊戌政變。《勸學篇》出版。六月光緒頒明定國是詔,表示變法決心。頒除舊布新令,與孫先生政要多相近:除廢八股、廢書院、祠廟、裁營、裁員、滿人自謀生計、布辦學堂、設銀行、礦務、鐵路。)

一八九九　光緒二十五年　年五十二

箋記黃遵憲《日本國志》,得五十五事。按:見《年譜》

校讀張惠言《墨子經說解》。按:見《年譜》。

一九〇〇　光緒二十六年　年五十三

讀章炳麟《訄書》,有批注。按:原書今存杭大善本部。

義和團起義,八國聯軍入北京。上海自立會成立自立軍,唐才常主之。九月上海開中國國會,在張園章太炎剪髮誓別。

一九〇一　光緒二十七年　年五十四

作《九旗古義述叙》。按:次年全書刊成。

草《變法條議》四十篇。按:次年更名曰《周禮政要》,分爲二卷。前一書有民國四年瑞安廣明書局石印;後一書有瑞安普通學堂刻本,上海求新書局排印本。

一九〇二　光緒二十八年　年五十五

清太后歸自西安。

一九〇三　光緒二十九年　年五十六

《古籀余論》成,自爲序。按:原稿存杭大,凡二册。燕京大學刊本。

(俄兵占奉天。)

一九〇四光緒三十年年五十七

讀劉鶚《鐵雲藏龜》。按:先生有箋釋數百事,且有浮籤。全書今藏杭大善本部。

撰《契文舉例》二卷成。按：三十四年覆閱爲最後定本。原稿存杭大，凡二冊。

一九〇五　光緒三十一年　年五十八

撰《名原》二卷成。按：原稿不知所在，民國五年刊杭大存有原刊本，孟晉先生據手稿本勘定。

撰《古文大小篆沿革表》。按：見《年譜》。

一九〇六　光緒三十二年　年五十九

（預備立憲。）

一九〇七　光緒三十二年　年六〇

校《新方言》（此初印本不分篇，非與浙館刊本也）。

一九〇八　光緒三十四年　年六十一

著《尚書駢枝》成。按：民國二年，瑞安廣明書社石印，其後燕京大學復爲刊印。杭大存一部，刊印。有孟晉先生校跋。

《籀廎述林》編成。二巨冊。凡存一百二十七篇。按：民國五年授梓，其原稿本存杭大善本部，有劉恭冕題，及子延釗箋校。又一部鈔本，延釗校識，附勘誤六葉。又一部刊本，有延釗校。又初稿三冊，一題孫仲容先生叢稿。一冊。一題孫仲容先生遺著，凡二冊。

《趞齋藏器釋文》已成。按：此目見《年譜》，原書未見。杭大存《趞齋藏器拓本》，及鄭齋、趞齋兩家藏器拓本各一本，有先生浮籤。

《經迻》。按：此目見《年譜》，未成稿。存杭大有二種：一爲節本，有先生浮籤，或爲最初本；一爲手稿本，照以先生較《十三經注疏》，此稿即依注疏眉間之批摘錄者。故《經迻全書》，當即指此而言。

《史迻》。按：此目見《年譜》，未完，未刻，原稿未見。

《河間樂記訓撰》。按：此目見《年譜》，原稿未見。

校定《傅子》一冊。按：原鈔本存杭大。戴子高有校《傅子》，先生曾過錄之。

《四部別錄》。按：原本存杭大。

校《春秋繁露》。按：原本存杭大。又過録戴子高校本，凡批箋記十八則。

《漢晉經籍録目》。按：原稿存杭大善本部。

《荀子校勘記》。按：原稿存杭大。凡二册。別有先生過録戴望校語一部，亦存杭大。

《商周彝器釋文》。按：杭大存稿本一册，即《古籀拾遺》之一部。以上十種，不知成于何年。

同縣楊嘉輯《籀廎詩詞》一卷，刻入《墨香簃叢編》，時爲民國十一年。

子延釗編寫遺文之出于述林者，成《經微室遺集》八卷，凡存文九十餘篇，詩六十餘首，詞若干闋，載《青鶴雜志》。

陳准輯《籀廎遺文》二卷。按：已石印，杭大存一部，有墨批。

《籀廎題跋》。見《青鶴雜志》。

先生校勘群書，上目所不能盡者，尚近百種。大約條數較少，作時未能考訂。今存杭大圖書館之玉海樓藏書三千册皆是。然細核之，知用力最勤者除《周禮》外，以諸子爲最多。史部除關溫州史地者外，幾無一種。集部有《楚辭》、《文心雕龍》、蔡中郎及永嘉宋儒集。此固經學大師之所宜然。然于《詩》四家、《春秋三傳》、《爾雅》、《孟子》、《說文》諸書亦無一說。漢儒通經，本不以博爲貴，而《詩》與《春秋》乃孟子一派儒者之所必習。此亦可闚知先生治學之趨向，而其成就之所在，思想行事之標準，亦于是乎定。

上面列了孫先生著作八十多種，是否算最完整的，這也不敢肯定。但我們把孫先生一點一滴的著述材料，都收集起來，目前也還有困難，而且也無此必要。這八十多種書，至少是：（一）可以說明孫先生最重要的學術成就；（二）可以說明孫先生最重要的思想情況。我們覺得這兩件事，是與孫先生的一生活動，大致是相符合，也大致能看得出他的學術思想的發展情況的。

(二)

瑞安孫詒讓先生的成就同他的治學方法與次第是分不開的。

孫先生爲學的次第,大概可分兩期。三十七歲以前爲前期,四十七歲以後爲後期,三十七至四十七歲爲轉折點。前期大概以文字、校讎、目録爲主,可以說是全部學術的準備期。文字、訓詁是基礎工,目録、校讎是材料學。這一期是先生專力于學的時候,"某少溺于章句之學,于世事無所解"(《與梁卓如論墨子書》)。到三十七歲那年,甲申中法之戰,法軍到了鎮海、定海、寧波一帶,先生與地方人士合組民防以後,漸漸參與地方事業。到四十七歲,甲午中日戰後,先生成爲地方教育實業等重大設施的領導人物。以後學問也已大成。此時雖是仍以典章制度及《墨子》爲中心,完成了《周禮正義》、《墨子閒詁》等大書,而對古文字的心得,也因劉鶚《鐵雲藏龜》一書之出現,而大大提高,寫成了《契文舉例》、《名原》等重要著作。一生學問到此結穴,"收頭結大瓜"!

從學術領域來看,先生的成就,大概可以分四個方面:一、文字訓詁附帶校勘;二、目録;三、典章制度;四、諸子。這四個方面,我們可以用四種書作中心,來帶動相似的書,簡略說明其要點。從孫先生全部八十多種著作來看,有八種最重要的書:一、《名原》;二、《周禮正義》;三、《墨子閒詁》;四、《契文舉例》;五、《古籀餘論》;六、《札迻》;七、《籀廎述林》;八、《溫州經籍志》。這八種書,恰好可以代表這四個方面。一是文字訓詁,以《名原》爲中心,帶動《古籀餘論》、《古籀拾遺》、《契文舉例》諸書;二是諸子,以《墨子閒詁》帶動《札迻》爲一切諸子學的中心;三是典章制度,以《周禮》爲中心,帶動《九旗古義述》、《周禮政要》等。從孫先生的治學方法來說,這三個中心,三種學問,又恰是相互關聯的學問。以文字訓詁爲基礎,以探索典章制度的實際情況,而諸子也是文學典章的證驗數據,翻過來,又以典章、制度、諸子以證文字,如連環相繞,經常是不能分割的。四是目録學,以《溫州經籍志》爲中心,帶動《四庫簡目箋記》等。

此一書搜羅溫州六縣古今藝文，既精且博，是最有成就的目錄學著作。目錄學是治學的工具，每個學人都得走過。這是先生三十歲前的著作，也應算是他的一種基本功。《籀廎述林》是這四部的小總匯。

這四種學問，其實都是乾嘉以來的學術主流。然而從仲容先生來說，却又有些應當分辨之處。原來永嘉自宋以後，自有其地方治學風氣路子，即所謂"永嘉之學"。而孫先生的家庭，也都是"敬恭桑梓"、以"道經治用"爲風習的。瑞安當時的學風，也正是承襲着這個學派的。更加以浙東大儒如黃梨洲、萬斯同兄弟、全祖望諸家①的宋儒之學，與歷史之學的影響，彌漫着溫寧各地。孫先生在這樣一種氣氛中，一面要遵嚴父的訓式，受地方風氣烙痕，多做一些有關地方文獻之學，一方面確又別開生面，從文字訓詁入手，而成爲清儒主流中最後一位大師。

原來文字訓詁之學，三百年來本是皖學的基礎。浙江治此學者少，而孫先生則承襲了段玉裁、王念孫父子、王貫山、孫星衍，及清末葉的劉心源、吳大澄諸家的路子，而加深加密。《籀廎述林》、《札移》，有如《讀書雜志》、《經義述聞》，其成就無處不可看出。如《周禮正義》、《墨子閒詁》中的解義、訓詁，無不精當，已非淺學所能及。而他在古文字方面，更有些了不起的貢獻，如《名原》、《古籀拾遺》、《古籀餘論》及毛公鼎、克鼎的考釋，超過劉心源、吳大澄，論形更精于王筠。訓詁多能名文字之源，而《名原》一書，是應用金文新材料，企圖建設秦篆以前的漢字結構、《說文》以前的漢字發展，打開近五六十年古文字研究的法門。"以商周文字，展轉變易之迹，以上推書契之初軌"，雖不能算漢字結構發展研究的惟一軌則，而不能不是必經的道路。其他如：(一) 證明文字發展初簡、次繁，最後爲省減的一條規律。因象形文與繪畫通，分別初文與後起字，及象形文變易最多，這是漢字歷史規律，也是開了一條解決甲骨文、金文中奇字研究的路子，使後來研究最早文字中的方法，有了新路向。(二) 李斯小篆廢古籀爲古文字之大厄。(三) 合體字形聲必有所取。(四) 凡形聲駢

---

① 底本作黃黎洲、全相望。

合文無不兼轉註。（五）許慎不見古文，故《說文》多闕略。諸端無一而非新說。一足以破除舊誤，二足以啓發新知，都是些正確而新穎的說法，爲近五六十年來所遵行不替的路子。這雖是新材料發現之所使然，但孫先生能接受新知，是個決定的因素。至于《契文舉例》，創通甲骨文讀法，開了一個重要的法門，即使殷周一代的古史、古社會因之以大明，更是人所已知的事，不用再說了。

至于替許書尋得字源，替五經尋得本字，替許多字尋得本義，更是平常的事，到處可見的事。總之，他對訓詁的成就，深度雖次于章太炎先生，而寬度則不落後。文字形體的成就，僅次于王國維，而是開山大師。《名原・自序》中有這樣幾句話：“今略摭金文、龜甲文、貴州紅岩石刻，與《說文》、《古籀》，相互勘校，揭其歧異，以箸省變之原，而會最次屬，以尋古文大小篆沿革之大例。”這幾句話真是恰如其分，不誇大，也不虛張聲勢。

孫先生關于文字訓詁的重要發現，已如上述，但美中不足也有如下三點：一是對聲韻之學，服習較少，所以他只能以文字形體變遷爲漢文字發展的惟一手法，以求“形”的蛻變類化，而不能以聲韻求其發展通轉交互變化之迹。所以讀起《名原》或《古籀拾遺》等書，覺得與王筠的《釋例》、《句讀》等相似，只是個別解決問題，而不能條理終始，像太炎先生的《文始》、《新方言》、《小學答問》之精沉。二是對甲金文只是引端未發，不能大量使用，求其整體的友紀源變。所以，《名原》一書，讀了使人覺得解決了書中提出的問題，而仍不能在甲金文中顯得有個系統。三是漢字發展的歷史階段，似乎也引了端緒，而仍不能見其能確然劃分，故對各階段的具體情況，未能推闡得出一個條理。這三點又可總爲一個要點，即是對“文字的發展，必然依附于語言的發展”這一點還不瞭解。簡言之，對漢語發展的整體狀況，孫先生不關心，所以形成對文字的心得，也只能是些比較零零星星的心得，不能對漢語有整體的、系統的乃至于綱領性的心得。

附帶說一下他的校勘工作。孫先生校勘的書，遍及群經諸子，但校勘是以版本文字爲基礎的，尤其是判斷是非，離文字無由下手。而孫先生三十歲以前校勘的書，約略統計一下，不下百餘種。其已迻録成書的有《札迻》；未迻録的有《十三經注疏》上的校勘，可能是各家所著録的《經迻》原本。校勘的方法，到了清儒，是多種多樣的。版本、目録、引書，而最重要的是判斷是非。孫先生的方法，是集清代校勘家的大成，而更別有發展。乾嘉諸儒，大抵以舊刊精校爲依據，而以聲韻通轉爲之關鍵，故能發疑正讀，"奄若令符"。但到孫先生來，工作更細膩了。"嘗謂秦漢文籍，詭指奧博，字例文例，多與後世殊異。如荀卿書之'案'，墨翟書之'唯'……淮南王書之以'士'爲'武'，劉向書以'能'爲'而'。"這是較乾嘉諸儒的校勘的内容加深了一步，不僅僅是文字的問題，而且是文"例"字"例"了。即使是文字也"復以竹帛梨棗，鈔刊婁易，則有三代文字之通假，有秦漢篆隸之變遷，有魏晉正草之輥淆，有六朝唐人俗書之流失，有宋元明校槧之屢改。"這分析内容的文字更加精了，而應用考慮的範圍也更加細了。俞樾爲他作序說："精熟訓詁，通達假借。援據古籍，以補正訛奪；根柢經義，以詮釋古語。每下一說，輒使前後文皆怡然理順。"這是一點也不誇張的。總之，他的校勘學，在清代只有王念孫父子差堪比較。

浙東自阮元撫浙以後，出了三位治《禮》的大家：一是金鶚的《求古録禮說》。這是一部以典章文物中的個别具體問題爲題，一篇篇寫成，解決了許多禮制上的個别具體問題，而不是禮的全部，或是有系統有組織的一類的書。其二是黄以周的《禮書通故》。這可算集《三禮》之大成的書。而孫先生的《周禮正義》是三種書中最繁博、最複雜而成就也最大的一種。把自漢以來直至明清學人全部《周禮》著述的精說，都收入書中，折衷漢宋諸儒的是非，博采清儒的精義而外，還把儒家古文經典中所有可以分析的材料，全部用進去。總的說來，在取材方面、方法方面，一是先秦百子、漢師今文經說、兩漢遺文中點點滴滴的材料，可以援據引申，乃至依傍的資料，也用進去，可以校勘疏通全書的典章制度，"用資符驗"，甚至于與《周禮》不合者，也爲之疏通別白，自使不相淆混，有許多推陳出新的說法；二是以實事求是的精神，既不誣賈、馬，也不佞鄭、王，既不破疏，也不厚疏；三是不排斥宋明義理之說；四是吸收清儒精英；五是每說都有按有斷、不爲調停兩可之說，是就是，非就非；六是每說必有證驗證實，亦各有折衷至當之推論；七是對歷代錯誤不合之處，也加分析說明，不爲不負責任的攻擊；八是全書用八法貫穿起來，攝其血絡，至爲分明。

從上述八點，孫先生治學方法已較清儒大大前進了一步。乾嘉諸儒的注疏之學，謹守家法，大抵疏不破注，更不破經，做到了爲賈、馬、兩鄭之說，闡發無遺，今古分轍之迹顯然，更不用說漢宋之別，不容混淆。至于百子證經，也不過用至孟荀兩家之說而已。而既不破注破經，則不可調停牽強附會之說，不一而足。陳奐《毛詩疏》且不用說，即以《禮》中胡氏《義禮疏》拘牽可笑之處，在在可真。孫先生新疏，其篤實認真之處，一本漢師精神，而爲疏的方法，則既精且博，綜合三晉、南楚、齊魯諸說，以爲《周禮》作證驗，不但在以馬、賈還馬、賈，以鄭、王還鄭、王，而且在追索本經的體系，有自己的見解發明，從上面的八種方法中，已可以看出。

這當中不僅是方法問題，而且關係到一個思想問題，一個認識問題。原來孫先生以爲《周禮》是周公致太平之書，在周家曾經行過，而且不是周公憑空造出來的。"蓋自黃帝顓頊以來，記與民事之命官，更歷八代，斟酌損益，因襲積累，以集于文武。其經世古法，咸粹于是。"則不僅爲周世大法，而且是三代典制的總匯。因此孫氏此書的目的，不僅在于疏通證明經中的大義，而且在于廣徵群籍，甄其合者，用資符驗，在歷史上找證據，在群書中爲周禮早已行使找證據。他有一套歷史觀點，自有其思想根源。故一方先秦兩漢典籍，以證其爲周公文治之書，而孫先生已有一個三代之隆的歷史看法，故折衷衆說，把《周禮》做成一部放諸百世而皆准的大法。三代政治之基，爲王者百世之法。我們從他對各個典制的折衷處，可以看出這個微意。這是以乾嘉治經之法與永嘉通經致用之說的精神相結合的成果。所以，後來發展而爲《周禮政要》，正是此一線學風之綿延呵！所以他這部書，不僅是漢儒家法的承襲，永嘉致用之學的具體表現。他不僅在爲《周禮》作疏，他是在通過對《周禮》的條理終始，來表現對古典制的選別。他不僅在作疏，而是在"著作"。這是精神之所在。

　　至于這部書的缺點，我以爲有三點：一是不能利用兩周金文中典制材料作證。金文中這項材料極多，而且確確實實是一時典制最可靠的數據——第一手數據。不論是職官、官職、建置、氏族、方域、典禮，乃至于車、馬、服、御、酒、食、財、用等文物，都非常豐富，大可作《周禮》之證。而孫先生個人又是對金文有一定深度的瞭解，有許多解釋的篇章，而不能引用進去，或者是對金文的信心不足，或者是以其非聖經賢傳而不用。雖不可知，總是一個缺點。二是地域觀念不够認真。孫先生的歷史觀念極强，這是古文學家的常態。而孫先生能發恢光大，證實至于三晉、齊、魯、南楚諸子，是學術上極重要的發展。然而，齊、魯、南楚諸子，有其地域方俗的差别，及諸子自己的依托。以之證驗儒家的典籍，不能不分别而觀。在《周禮正義》中，孫先生對這一點，似乎還未察覺，不無遺憾。因而百子群籍中，還有許多可用的材料而未用到。三是孫先生的特點，而也是缺點之所在，即過信。《周禮》曾是周代用過的典制，這是孫先生思想的一個中心，是所以成其爲“著作”，而不僅于疏證經傳的一個中心。但這個中心，是有問題的。我們即使不用清代學人所說過的瀆亂不經之書的話，未①作評語，然而，要彌縫《尚書》中的《周書》、《逸周書》及《左氏傳》、《汲冢竹書》、《大小戴書》等差殊，也是非常吃力的事，時時不免要屈爲之說。即使是集芥子以成須彌，到底也有些不自然呵！

　　清儒以治經之餘力，來治諸子，其所操的方法，也大致是校勘、考據、疏通、證明一類，各視其工力的深淺，所得也有深淺。《墨子閒詁》一書，是孫先生晚年的著作，集清儒三百年墨學的大成，而加深加高，不僅于訓詁、名物、制度及校勘字句。俞樾序其書說：“整紛剔蠧，�‖摘無遺，旁行之文，盡還舊觀，訛奪之處，咸②秩無紊。自有《墨子》以來，未有此書。”所提出來幾點，都很說得對。其實，《墨子》書的注釋、校勘，自是一功。而

---

① “未”疑當作“來”。
② 底本作“或”。

刊正錯簡奪誤,訓正義類,在先秦諸子中,是最難的——至少不下于《管子》。仲容先生把一切校勘考證的方法都用了出來,使我們初步能讀文本,是一大功。他又能從學術源流方面着眼,論定真偽。譬如說修身、親士、當染諸篇,能辨其爲偽,這便不是清代諸家所能及的了。其附錄後語兩部分,有篇目考、佚文,傳略、年表、傳授考、緒聞、通論、諸子鈎沈等,則考訂流別,搜討異聞,更是向來治子書的所未曾做過的事。這是他歷史觀念較強,治學既精密,又宏闊,至《經說》大小取諸篇,能引入新科學,以求舊解釋。這雖是時代之使然,也是孫先生能接受新學說的進步現象之一。

《墨子閒詁》一書的精金美玉,真是多不勝數,然而也不能無歷史時代的局限性。孫先生的儒家中心的學人,對墨子只是讚賞他堅實刻苦的精神。故此書疏證之功多,而闡發之功少。在《經說》大小取中,雖已用了些科學知識,但中國的舊科學知識,孫先生服習者少,而西洋新科學知識輸入者尚少,因以不能有完備的解說。又中土舊"名學"的工夫,孫先生下過的工夫怕也不大,《墨經》中有很多"名學"、"邏輯"學的事,是些推論的術語,似乎也還未能分清,這都是歷史與時代的局限性使然。

目錄學是漢以來學者考鏡源流、辨彰學術的一個重要課題。但其中有若干階段,從純粹書目、版本而爲目錄分類,再進而學術分類,更進而各家派別,最後是審諟各家派交互攝受排斥之精微,而論定各家之是非得失。孫先生的目錄學,是做到了最後一個境地的。其成就之大者,如《溫州經籍志》、《四庫簡目箋記》。在清代的目錄學中,像《溫州經籍志》這樣的書,幾乎沒有第二種。至《四庫簡目箋記》,不僅于箋記故本,而且在補四庫遺漏,及略指學術源流之言,也是不可多得的。

其他八十多種著作,無非是圍繞着這四種中心著作,及與鄉土有關的《溫州經籍志》等而來的。有的是擴大加細,如《述林》、《札迻》;有的材料整比,如《白虎通》、《大戴禮》、《周書》、《十三經札記》等,都與這四種書的輻射線相乘除。

孫先生的成就在文字訓詁、周禮、諸子的整理與目錄學四方面,其實乾嘉以來的學人，也都離不開這四個路子，而孫先生所以成爲一代大師，似還應更加分析。

我們覺得這四條路子是三種工夫：目録學是基礎工，文字訓詁（包括校勘考證）、典章制度是材料工夫，而八種重要著作，是建設工夫，孫先生在三十以前全部做的是基礎工，四十左近全部是材料工夫，八書都成于中年以後，乃至于是晚年。這正是這位建築大工程師的業績之所以偉大——他的前兩步工夫走的深，所以成就大，這是有道理的。

何以說前兩步工夫走的深，成就會大呢？

目録學自向、歆父子以來，經過魏、晉到鄭樵、章實齋，成了治學的一個總開關。他主要的任務是八個大字："辨彰學術，考鏡源流"。通過這個基礎工，才能掌握學術系統、源流、派別、家法，異同分合知道得愈深。所以孫先生的每個著作，都能細細分析宗派流別，有嚴格的論據，有明快的判斷，有的地方是鐵證如山，不可動搖；有的地方是涇渭分明，不亂清濁。這種現象，在《周禮正義》中，在《墨子閒詁》中，是隨處可見，不必舉例的。而且派系一明，綜合的力量自顯，所以成其爲明快，爲果決。如言《周禮》不除政教兩科，以"八法"爲全書綱領等，使一部千頭萬緒、紛拏不可捵理的書，俞脉叙然，有條不紊，這都是這一基礎工下得很深的緣故。

文字訓詁、典章制度，是材料學。深深的認識材料，是建築學最重要的工夫。每塊材料的方圓，輕重、負荷能力等，知道的愈深，建築物愈能高大，版築的牆，決不能成千百丈高樓。從孫先生一切著作來看，這一套材料學，是非常熟練的。就在材料的本身，他也有驚人的有機化學的分析，所以能成爲《名原》、《契文舉例》等等。

至于建築學所體現的，是思想的邏輯的結構，是高度的技術，乃至于是一種藝術，更恰當的說，是思想邏輯的綜合，這雖也借助于基礎工夫材料工夫的熟練，因而生出來的"巧"，然而畢竟是思想意識的綜合結構。

文字訓詁是語言學的内容，語言學是思維與邏輯的配搭。所以治文字訓詁的人，近于儒家之所謂"正名"之學。其中是含有一定邏輯思維作用的，是比較科學的。孫先生以此爲根柢，其學謹嚴，當從此中濾出來，孫先生著作的結構精嚴,這仍是屬技術性的訓練。《周禮》這一書的流派關係,更爲重要因力。這兒想就此更分析一下。

《周禮》是儒家經典之一,也可以說是漢以前真實的與虛構的典章制度的總匯。在儒家流派中,屬古文學。古文學與今文學的分歧點,是今文多義理、多理想、多推論,近于哲學,古文重人事、重實際、重因襲,近于歷史。孫先生要肯定《周禮》是歷史存在的典制,是周公致太平之書,是三代以來相沿襲的大經大法,因而古今時異的歷史觀點强,這是古文家的家法,而典制更是體國經野爲政爲教的大法,要絲絲入扣。"八法",就是使整部《周禮》絲絲入扣的經緯——在古文學中,是最爲嚴整的一種。于是這種歷史觀點的家法,與典制之不可或紊的態度二者與上面文字、目錄的邏輯性相結合,使孫先生成了一位有極其謹嚴、極其精細、極其系統的方法和立場的一位經師,其成就是從根柢基礎與辛勤的數據比勘來的。

(三)

孫先生的治學方法與觀點立場已基本明白了。我們現在要轉入一個更細緻的分析。

這些學術成就,自然是很宏偉,承繼前人的業績而發恢光大之,對于後代開創了許多路子、許多法門,其功至不可沒! 應當肯定是一位大經師。

但是看起來,他這樣一位有成就、有威望的大師的一生與行徑,似與當時的社會實際不太調和,也太矛盾。在第一次鴉片戰爭之後六七年生,正當着太平天國起義之時,接着是中法之戰、中日之戰、馬關條約、義和團運動、八國聯軍入北京,清政府簽定許多喪權辱國的要約⋯⋯這一連串憾天震地的大事,加以清政府的腐化昏庸,全國正鬧着變法維新運動,康有爲等公車上書,成立强學會,到戊戌政變及孫中山的革命運動的掀起,而張之洞等人,正承襲着曾國藩之所謂强兵之策,有中學西學之議,造軍械、造鐵路、造船等的設施,學術界正是康梁承襲莊魏龔的公羊張三世之說,章炳麟所代表的《左氏春秋》"外夷狄"的民族思想立論,談的都是政治改革、民族主義乃至革命運動,王韜等人的漢語、漢文字改革運動。一方面殷墟在出龜甲獸骨文字,黎庶昌、楊守敬在日本大搜古書,斯坦因、伯希和在盜敦煌文化寶庫,歐美漢學家在西北考察,日本漢學家在滿洲考古,從假歷史考證來分化滿蒙民族,法德漢學家在搞南洋、新疆、蒙古、雲南、西藏的史地研究等等。學術上也是些驚天動地的事情。每個讀書人,都在談新學、談考古、談西北西南史地、談中國民族,乃至于談改革、談民族主義、談革命,也有人在談保皇,而孫先生既不以先輩的關係,同張之洞、李鴻章去應招做大官,以禮學大師,也不去做禮學館總纂,也不學王闓運、俞樾周旋于權貴,也不去同康梁公車上書乃至于保皇,也不參與章炳麟的排滿,更不去同孫中山革命。似乎是個入定的老衲,坐關僧。然而中法之役,他又作了溫州民防總監,馬關條約後,思以興儒教救國,戊戌政變、義和團運動,他也有些對時勢的意見,倡儒學會,似近乎文廷式的強學會,到光緒二十七八年,索性寫了《變法平議》(即《周禮政要》)四十篇。晚年辦地方教育、實業,做了浙江教育會會長、溫州學務處的總理。似乎也不像王先謙辭國子監祭酒,回長沙老家著書,做劣紳,過安閑生活,更不像廖平、張森楷、曹元弼、戴望、楊仁修等人,作一個老衲式的經生。這裏面是有些矛盾曲折隱微的。其實要評價孫先生,便應當從這些矛盾曲折隱微中來求統一,求真相。

原來孫先生之父親即是"晚清特立之儒"的孫衣言,是一位史學文學名家,也是一位以永嘉經世致用之學爲根柢的學人。弟名鏘鳴,也是一代學人。與同縣的黃體芳、黃紹箕、紹第父子兄是師友姻婭關係。黃門也是一時學術名流,而且是"剔歷中外"的一時名臣。衣言先生又與張之洞、李鴻章的關係極深,孫黃兩家又都是以"道義相切磨氣節相矜尚"。孫先生從小便隨着到江寧、安徽、湖北,任中結識了大江南北的許多學人。這些家庭和社會關係,使孫先生在父兄的蔭蔽、親友的切磋下,一方面有着優越的生活,一方面又有嚴父良友(如戴望、王咏霓、張文虎、劉恭冕、蕭穆，尤其是黃紹箕）的影響，醖透浸潤在學術之中。三十左近，學術已有成就。甲申甲午之間，正是他《周禮正義》緊張撰述、《墨子閒詁》也開始之時。中國的歷代學人，都有以撰述爲千秋事業的思想。此時他是以撰述爲惟一職志，雖也有參加一點地方事業，如民防等類，其思想上升並未接受當時撼天震地的變革的大影響，只不過是儒家"敬恭桑梓"的一套。從實際來說，此時只是以"貴公子"而學人的一個路子。一般來說，也不可能有甚大的違離歷史因素的思想的可能。這說明他不可能走孫中山的革命、章太炎的排滿的道路。這是從他的家庭成分與社會關係來分析。

要是進一步從他的學術來看：他是承襲着父親永嘉經世致用之學而稍有更張的，自小從文字、訓詁、目錄之學入手，接着搞典章制度，而《周禮》爲中心工作。自同治十三年，便開始了《周禮正義》的研究（其實從同治四年的《白虎通校補》已開始）。這一條路子，決定了孫先生一生治學的路向，也決定了他的思想體質的根源。這話如何說呢？說來話長。

原來自孔子後，"儒分爲八"，而孟、荀實爲儒家兩個大派。孟子是從《詩》與《春秋》入手的，所以"言必稱先王"，所以主"湯武革命"，多一些民主成分，多一些理想成分，情緒激昂一些，思想勇猛一些，"夷夏之辨"也分明一些，而荀子則重在"辨名"與"學"，"學至乎禮而止"，他不法先王而法後王。後王是誰？是周的統制，是當今的統制者。故承認現實，由現實而求治平，主張"克己復禮"，以禮來分配、差別、限制，用禮來作教育、政治乃至于一切改革的手段。禮即是制度，是治國經邦的大法（這又與儒家別一派的喪服、宗廟、宗法等大異其趣。宗廟、喪服等，只是一些禮的儀則，是日常生活中的小節）。而《周禮》則有合于荀子經治的要求，又是後王（周天子）的"教典"。典章制度，是種實實在在的東西。孫先生既承認《周禮》爲周公致太平之書，所以他的思想，只是從典制上來建立自己的思想方法，乃至于觀點立場。典制是非常現實的一種學問，再與他的文字、訓詁之學的治學方法相結合。他只有按部就班的來用思想，純尋邏輯來用思想。教他如何能跳出這個歷史因力的局限呢？而他一生又不曾對《春秋》三傳用過力,所以他不能用《春秋》家的"夷夏之辨"來否定當時的政治,像章炳麟那樣從根柢上來否定當時的政治,來排滿,來革命,也不能跟公羊家的康梁來變法,來維新。

古人學問的趨向,也就是"思想"、"行爲"、"事業"趨向,孫先生是位誠篤的學人,以誠篤的態度治學,因而也以有根有據的觀點來處事。但是晚年以後,他終于關不牢門,一方面受現實的大風大浪激蕩,一方面接觸的學術領域日寬,西洋、東洋的學說,科學、藝術的書籍,思想漸漸打開,到開明的路子上去,使他一生,不僅是一個謹嚴治學的經生,畢竟轉變成爲有現實意義的學人。這我們只要從甲午以後,他一方面完成他不朽的大著作,一方面參加了許多社會活動,如民防、教育、學會、實業、興儒會變法平議等事業中,可以看出他是在穩步的前進,一點一滴的進步。從發展中來看問題,我們肯定這位學人在學成以後的"學以致用"思想指導下,確確實實是走向進步,而且表現出一種崇高的品質。可惜他享年只有六十一,走了些改良的路子,還未能有大的收效,便齎志以歿,痛隱矛盾,亦以此結束。我們再也看不到他的更進一步,這是不能不令人深爲嘆惜的。

我們如何發展地去看問題。

我們第一步要承認他在甲申以前(即卅七歲)是在專心于學術,而且是做"基礎功"、"材料學"的時候,這可謂之曰求學時期。甲申中法戰爭,他初出社會,參加了一次地方防務工作,隨即又回到書房裏。此時他的兩個大著,《周禮正義》、《墨子閒詁》的籌備工作已成熟,而且也開始撰述。直到甲午中日之戰(他四十七歲),他又參加了地方防禦工作,而且做了總董。這十年算是過渡時期(有的傳記裏說:"拳匪之亂,東南震驚,縣之馬嶼,土匪蠢肆。詒讓芒鞵短服,操刀登陴,與士卒共守衛。"云云,此事恐未必真,即使有此事,也不會在他十五六歲以後。這是幼年時代矇矓行爲,並非成年以後行事)。在這時期中,大量接觸東西洋的學術思想,乃至于科學技術,當然也接觸了許多政治、法律、經濟的書。這時他已四十七歲。從此以後,他不斷的參加社會活動,有許多政治思想與行動的表現,一直到他六十一歲,戊申五月廿二日去世。這可以算是他的後半生。自甲午以後,他的學術已成就,此後正是他承襲永嘉學派的"經世致用"的時期。讓我來分析一下這位大師的思想發展吧!

甲午(一八九四)中日之戰起,沿海戒嚴,他從書房裏走到縣城。城裏的地方士紳,籌辦城鄉團防總局,是受朝命組織的,要他出任總董。從他的建議書中,看不出與當時爲大清皇帝服務的一切公私組織有什麼分別,難怪他一再提到"會匪"、"粵匪"等字樣,說明還不知道反封建的人民武裝鬥爭的意義。放寬尺度來看,也許是"敬恭桑梓"的思想——尤其是孫先生對地方事業的熱忱,却有此思致。但這確實是爲地主階級保全利益的事業!

到了第二年乙未(一八九五),他四十八歲了,中國戰敗,《馬關條約》訂立,全國人士無不憤慨。康有爲在北京搞公車上書,續請清帝變法。而孫先生則提出一個以儒教救國的計劃,名曰興儒會,這是在辱國喪權的大震撼中,一切稍有血氣的人,都在爲救國出主意,這應當是孫先生的主義,是孫先生此一時期的政治思想的表現。其具體辦法是通儒碩學組合起來,全國省府州縣的士大夫,一齊動員。(一)廣訪利弊;(二)推舉賢才;(三)興辦實業,(四)派人東西洋宣傳孔教。其條例綱舉目張,有計劃,有步驟,體現了他《周禮》的典章制度之學之成熟。這個計劃的本質,是在維持封建統治的主權,而且是從學術思想方面來尋得根據。借賢人來協助政治,構通上下,至多是種賢人政治的改良主義。但這裏面是有些進步作用的:(一)雖承認大清皇朝的統治,而也說明當時政治腐化,不能依靠官吏,而要依靠賢人是某種意義的"民主";(二)興辦實業,是從傳統的"奇技"、"淫巧"解放出來的,接受了資産階級的改良主義。至于派人出洋宣傳儒教,把儒家作爲一種宗教,本也是魏、晉以來的老話,但他是有抵抗基督教來中國的企圖吧!況且其總的目的是在"攘夷保華",這是一種愛國主義的精神,很有些民族感情的感性醒覺。此時的"攘夷",當然指的不僅是戰勝的日本,連甲申的法國,乃至于鴉片戰爭以來的英國也在內。這是不成問題的。至于"保華"一詞的"華"字,從歷史意義來看,這裏面有個屈折複雜的問題。當時一般宣傳用"保國"、"救國"字樣,不用"華"字。"華"、"夏"都是指漢民族言,所謂"夷不亂華"的華,不可能把大清皇帝的滿洲族包括進去,孫先生是知道的。雖說一字之微,却可能體現孫先生一種民族歷史的選擇。這不會是我們的咬文嚼字。總之,興儒會的條文,顯然比團防總局的建議書的思想確有其進步的表現。

按:興儒會的思想體系可能受馮桂芬《校邠廬抗議》的影響。馮書"以中國倫常爲本,輔以諸國富强之術",興儒會的具體內容,極與此相近。孫先生在三十八歲一年,即甲申後一年,曾細讀此書,有批語二十多則。

此時孫先生與外面全國聲氣相通,接交當時各派人士,如梁啓超、章炳麟、汪康年、陳虬、夏曾佑等進步人士。《周禮正義》、《墨子閒詁》,也漸漸完成,精力用在地方教育事業者日多,于是先後成立了專修算學的書院(即後來改名學計館),接着又成立方言館(專修外語),更成立一個瑞平化學學堂。到光緒二十七年,合並擴充爲普通學堂(等于後來的中學)。又辦蒙學堂(等于後來的小學)。到光緒三十二年,又成立德象女學。三十一年(一九〇五)更擔任了溫處學務分處的總理,于是兼辦了浙東兩府的教育。在他手裏,大約兩府十六縣共添設了三四百所學堂,同時又選高材生至國外留學,一直到浙江教育界選他做全省教育會會長。同時,因了他的熱忱精勤負責,與學術上的威望,許多地方實業,如瑞安農學會、溫溪鑛務、麗海航業、溫州商會與及浙江鐵路籌服等事,他無一而非領導。其勇于獻身于地方教育、實業的精神,與他的興儒會的精神,是一貫的。從全國的情況來看,代表改良主義的維新變法運動失敗;清政府的腐朽,及其內部的矛盾,李鴻章一次又一次的訂出賣國家主權的條約,帝國主義者以兵船占地,以貨船來殖民;義和團起義的鬥爭;八國聯軍的入北京。這些重大的國事,件件都在說明滿清皇帝封建統制的搖搖欲墜,而一方面則代表資産階級的革命黨同盟會、中興會在到處活動。黨人在到處以鮮血渲染革命,章炳麟領導的排滿,議論之宏偉(先生讀

《訄書》有箋記),徐錫麟秋瑾之死(先生曾營救秋瑾),對于一個有真知有真情的學人,一個踏踏實實一點不浮誇的學人,是點點滴滴都會刺在心上的。而學務處的計劃,又時時爲官僚所厄至于困踬。在這一段時期,孫先生雖然熱心于救國,熱心于培植後代,而心情思想的矛盾,是非常深的,他的階級的本質,他的個人成分家世等等,使他不敢走向革命,走向民族主義;而又確確實實看出一些"民主"的道理。于是在外表上用一種屈屈折折的方式表達一些個人的願望,內心裏藏着的話,也用些曲曲折折的方法來表達。這便是章炳麟說他的"心有隱痛",我們就這兩方面來證實一下。

內心裏藏着的隱痛,有這樣幾件事:

一、大約在戊戌庚子之間,先生校顧亭林詩集,校文有後記,曾以寄給章太炎先生,後記有云:

> 烏虖,蘭畹剩馥,桑海大哀。凄迷填海之心,廓落佐王之學,景炎蹕去,空傷挂管之沙蟲;義熙年湮,猶署柴桑之甲子。捃茲一匊之煤炱,恐化三年之碧血,偶付掌錄,讀之涕零。後之覽者,倘亦亮其存楚之志,而恕其吠堯之罪乎! 蘭陵荀羕。

後面又附詩一首①云:

> 豈願區區王佐學,蒼鵝哀怨幾人知。流離幸早一年死,不見天驕平鄭時。
>
> 萬里文明空烈火,人間猶有采薇篇。吟風掩卷忽長嘆,亡國于今三百年。
>
> 越東遺民荀羕。

章太炎《檢論》九《小過》注:"孫詒讓校亭林集,後繫以詩,云'亡國于今三百年'。是時尚畏清議,自署'荀羕',蓋以孫音通荀,詒讓切羕。其與余書,或觸忌諱,皆署荀羕名。"按:詩與文的情調是矛盾的,又是

---

① 以下所引實爲兩首絕句,非"一詩",蓋先生偶疏。

統一的，矛盾在（一）文中前面摘亭林先生的詩，說了些哀傷同情的話，以寄自己的深意，而結語又有"亮其存楚之志，而恕其吠堯之罪"。然而用的是個化名，詩則乾脆"亡國于今三百年"。詩可能是稍後再題的，這與先生對太炎先生《訄書》的箋記思想是一致的。（庚子年）孫先生自署《訄書》叙目後云："辛丑後二百三十八年己亥"。辛丑是永曆帝被執，大明最後的孑遺也亡了之日。這是與革命派諸人用晚明亡國的痛史，以振奮人心的目標是一致的；尤其是與太炎先生同調。這是他的民族思想的涌現，是一種極大的進步。但是"諮讓發言，時有痛隱"（見《檢論》）。這就是我所謂的用曲曲折折的方法來表達内心。這決不是僞裝進步的隨聲附和的投機分子所能比擬的。而學務處的撐持，對清廷大吏的反抗，幾至遭成大獄。這不是痛隱之所在嗎？痛隱之所在，也即是矛盾之所在。這可以說他内心的情感思想，在曲曲折折向前進的一個實例。

至于曲曲折折的行事，也在漸漸轉變。學務處與封疆大吏的撐持，是一種頑強的精神。寄望于"滋蘭樹蕙"的事業，以求得國家的富強（形式上與張之洞的《勸學篇》很相近，但張的《勸學篇》在阻止湖南的維新勢力，本質與此不相同）。蘭蕙並非胄子，所以仍是一種想走曲曲折折的道路，以求得改良的路子與思想，似乎不太調遂。在他的《學務平議》一呈裏，至少做到大膽揭露社會的黑暗，清廷大吏的黑暗與腐敗（共舉四件交惡之事，一是商民與學校交惡，二是官吏與學校交惡，三是舊董與新董交惡，四是學董與學董交惡）。這是一篇最有力的清末學務黑暗的寫照。以至于在他死後十五日，而學務處立即被撤銷，于是而勸學所破壞、船捐所破壞、調查所破壞。這正是先生思想行爲，日與統治者違離矛盾至于務欲芟夷之以爲快！總而言之，辦學辦實業，對于當時的浙江是起着進步作用的。但是他的曲曲折折的辛苦，"鞠躬盡瘁，死而後已"的精神是一種崇高品質的表現。

我們還可以從《變法平議》書（即《周禮政要》）看出他曲曲折折想從改良道路走到富强的地步的思想隱微。

自從甲午戰敗之後，國内議論中西新故之說極多，代表買辦地主階級的疆吏如張之洞的《勸學篇》，是"以中學爲體，西學爲用"，最能迎合一般舊學人的口味的。《變法平議》是把《周禮》中與西政合者甄緝之，爲四十篇。其實這只是他《周禮正義》的總結。在《周禮正義》中他已說：

> 倘能取此經而宣究其說，由古義古制以通政教之閎意眇恉，理董而講貫之，別爲一書，發恢旁通，以俟後聖。

《周禮政要》正是宣究其說，由古義古制以通政教之閎眇的專著，但這書所甄緝的，不是周禮的古制（典制），只是周禮的"古義"，也就是他所謂的：

> 政之至精者，必協于群理之公，而通于萬事之變。（《周禮政要》序）

此時他已從典制的考索，單單抽出"古義之至精"者，而爲此書。這說明"經世致用"的本色，是與他四十以後的路向相合的，也是一個進步的事象。

要是從此書的内容來看，只是一部以"協于群理之公，通于萬事之變"的一些原理原則的標示。他不是復古主義，把古制、古義一齊包下來在此時應用。而這些"公理"、"事變"是些什麼呢？從四十篇的内容來看，以有關民生的與教育的兩部分爲最重，如漁征、礦政、冶金、水利、教農、樹藝（以上生産部分）、同貨、保商、考醫、考工、獄訟、論刑等，則屬國計。而屬教育的，有教胄、廣學、通藝、通譯、觀新、收教，這裏也有些資本主義制度下的民主成分，如選舉、達情、博議、廣報。實質上是個君主立憲，而與英國式的君主立憲相近。（内務府隸戶部）關於宮中府中的限制，乃至于疆吏的整飭，也有一番較大的改革。這裏面是表現了一些進步作用，表現了一些發揚民智、發揚民主的氣氛，與當時買辦官僚資產階級的思想相近，而教民的氣氛、民主的氣氛更重。

這本書的撰著，在庚子賠款後一年，到壬寅那年，慈禧太后同載湉（光緒）從西安回北京，又加修訂，而文中又自托于爲友人作，計其時在題顧亭林詩集,題太炎先生《訄言》書後,彼時已有"亡國三百年"的民族主義思想,此時反而又承認大清皇帝,稱"今上",好像無一點民族仇恨的樣子,而且用這樣一本有復古色彩的書□□□與顧詩、章書兩題色彩如此不同,豈不倒退了嗎?其實這是應當分別來看的。內心話此時有所忌諱,不能暢說,而此書(《周禮政要》)是要進呈的,公開的在形式上不能過分表暴,故外形上不能不以王朝飾外表,以復古爲維新,又是一種曲曲折折的方式,此時他正在完成他的大著《周禮正義》、《九族古義》、《古籀餘論》、《契文舉例》、《名原》、《古文大小篆沿革表》,重校《墨子閒詁》,著《尚書駢校》,編定《籀廎述林》。不及五六年,以集勞過度,賫志以歿,痛隱矛盾,便以此結束,我們再也看不見他的更進一步。

總之,孫先生在學術上的成就,應當肯定。他原來是一個受儒家思想影響最深的,本質又是屬封建地主階級的人,但內心則是要求進步的。

《中國婦女與文學》序

在人群的進化歷程裏，有兩件顯然是背馳的事：第一件是那滿足私慾的財產占有權；第二件是婦女地位的日益低落。

倘不是資本主義迷夢未醒的人，一定相信原始共產制度的組織，無論如何比私有制好。倘若不是有所固蔽的男子，一定相信婦女地位應同男子一樣！

但第一件的退化，只是因"生產關係"的變更而生的變更。第二件又如何解釋呢？有人說是：

1. 男女兩性的自然關係——譬如母愛，生育，是使女子不得不屈服于男子的自然條件！

2. 有人更從這兒（第一條所說）推說，是："兩性經濟關係所造成的。"

但有事實告訴我們，現在有些野蠻民族的婦女，決沒有因生育、母愛等等而屈服于男子的事；又有些民族的女子，是以她們的力量，養活她的家族丈夫等等。則如上的兩種解釋，至小限是犯了"以現代的關念推論古初"的大病；況且社會進化史上明明有過母權時代的事實。則女子之不必爲生理與經濟而屈服于男子明矣！

倘若我們能細心的考察一下，我們便會明白，這只是："蠻性鬥爭中男子的勝利"而已！

但女子却給了許多偉大的母愛與男子,男子的心理上也自然地安適于"母性之愛"之下。于是在這勝利者與愛護者兩重情形之下,製造了一切半保護半驅遣式的社會意識。因其保護與驅遣分量之差,在歐洲有騎士的思想,有耶穌教的思想。在印度有佛教的思想,在中國則完成了所謂"禮教"。這些那些,都不過是這一套把戲(勝利與愛護兩重情調)的各種搬演而已!而女子又是習慣的創造與保守者——比較保守一點,比較少變化一點。于是她們也完完全全承認一切男子所爲她們設的陷阱;甚至于更從而鞏固之!女子地位日益低下的質素,于以完成!

但是平心而論,在這種情形之下的女子,總不失爲一忠實誠厚的善人,而男子恰恰暴露了他的殘酷!

在這種普遍的社會意識之下,偶然地有幾個女子把她們心裏所欲言而敢言的話,寄之于詩詞小說,我們于是可以看出女子在歷史上的生活情形:

倘若她們是個被壓迫而在掙扎中的女子,她們的呼聲,每字每句都是純真的情調——因爲她們無這種時間來學男子說假話。假使爲了某種束縛而說句"違心之言",更足見其內心之可悲。所以婦女文學,成爲真正的婦女生活的寫真!

倘若她們是個能反抗環境的女子,她們的呼聲,每字每句都是純真的思情,即使有時違反了社會,而說句"逆天罪語"!更足見其情感之真切。所以婦女文學,成爲真正的婦女生活的寫真!

我們的文學批評家呵!請你們不要把什麼文學的規律,文學的神韻,來推斷婦女文學,請你們注意下她們的"真"!

在中國已往的什麼閨秀詩閨秀詞等等的書,大半僅是表示某家某姓的"才女才婦",某家某姓的"一門風雅",他們是根本想不到"這是婦女生活史","這是男性社會壓迫下的呼聲"!

秋英這部書的寫法,他不僅瞭解中國婦女生活的整個,並且瞭解它的基質,並且瞭解它的前因後果,並且瞭解文學的真價值!我們讀了以後,先知道中國婦女的真實地位與其降落的原因,然後我們才真實的瞭解所謂"中國婦女文學"。她只闡說了它的基質，她不想以博贍來號召。不是我有所偏好！我實在覺得：她瞭解中國婦女，她瞭解中國婦女文學，勝過已往的一切人！

但上海求書不易，她也曾努力的搜求過。而體例方面，我們也曾討論過好幾次。當她暑假一人留在蘇州女中忙着修改的時候，她曾說過："蘇州蚊子特別利害，然而午夜人靜時，聽'筆落紙聲'的趣味，却支持過了一切苦。"這正是她努力勤奮的結果呵！後來經我幾次的慫惥，她方才肯公諸人世，假使她又匆匆北上讀書，這個稿子的一切校勘，便只得我替她做。現在已排定了，她自己不願作序，却要我隨便寫篇，自然，這是"誼不容辭"的事呵！

亮夫　民國二十年十一月二十四日

《漢賦研究》序

　　余年十七而入蜀，過臨邛，入成都，抵于華陽，爲《蜀三君頌》。四年而至于湘水，讀《離騷》而痛焉，往長沙吊賈誼吊屈原處。沿江而東，止于吳，訪嚴助、朱買臣故里。年三十而入大梁，想孝王時詞賦之盛。余踪賦家之迹踵相錯，蓋不能無所好于心也！及觀劉向以來諸家論賦之說，多未洽于心，又未嘗不瀄然以思，蓋嘗試論之矣。余以爲賦之品有三，而其體則一。哀思耿慨者，源于古巡人之所采，而屈原爲之祖。諧讔體物者，出于古卜筮“名家”之流，而荀卿見其始。皆所謂賢人失志之作也。自漢世帝王好楚聲，而有侈陳事物之賦，實本戰國“縱橫”。猷骸媚主，蔑其風諭。其在末流，蓋枚皋、東方所不能自懟于倡優者矣！然其體貌固同于屈宋，聲容並本之楚調。其品雖二，而其體則一也。若夫天柱危絕，身離憂患，陽狂去國，一唱三嘆。靈均之懷，蓋有餘哀者矣。而司馬相如、東方、鄒、枚之徒，當一時鼎盛之際，投時主之所好，雜“縱橫”之術，摳衣以干世祿。鐘鳴鼎食，錦衣軒車，生有榮辱之辨，故文有哀樂之殊。向使賈生不謫，則《鵬鳥》、《吊屈》，未必爲千古之絕唱矣！此又時序之使然也。至于繽紛陸離，列纂組以成文。鴻洞汗漫，調金鼓以爲奏。蓋又極文家之能事，爲萬祀之宗祀者矣。是以兩漢詞賦，又自躋于文品之極。自東京而後，小學不修，風誼漸殊，而魏晉詞人，頗采聲律。于是而兩京奇詞大句之體，變爲雕鑿刻鏤之業；縱橫睥睨之氣，代以佛道姿柔之風。雖珠玉滿袂，而風韻遠矣。唐宋詞人，別有專業，本不以詞賦見稱。而世不容有縱橫之才，《蒼》、《雅》見廢，即其有作，亦視射策挟科之流，其體與品皆衰矣。此蓋又時序之使然也。余守此誼，未嘗告人。秋英纂《賦史》，暢其源流得失，說頗與予齟。今以友人徐君仲年之介，將授之梓人，責余以辭，遂撮此意以弁之云爾。雖然，文之有史，莫早于賦(《藝文志》列詩賦略是也)；而文之衰微，亦莫早于賦，固千百年來人之所不喜道者，而吾人樂之，豈亦有離憂惻隱之意也乎？

　　　　　　　民國二十五年六月亮夫序于巴黎

五百羅漢碑記

寰宇有情，百千萬類，人亦其中之一。宙合如暴流，變幻不可方物，人能持之，故爲最靈。以其靈而貪欲橫生，故神者設以成教，蓋困頓奇窮，悚然以爲可依，故宗教之支脉日多，吾土民習自古即奉多教，非一朝一夕之效。

五百羅漢者即印度佛教之支，據難提蜜多羅尊者所述之《法住記》，言佛敕令十六弟子進住各地，而永世濟度衆生。傳至中土後有十八羅漢，增慶友尊者與賓頭廬尊者。宋僧洪覺範及蘇軾皆有贊之。至五百羅漢則見于志者，以屬江陰爲最早。近年廣西宜山發現五百羅漢名號碑，依年時論，則前于江陰三十餘年。則自南而傳入當無疑。然自中印交通論，則敦煌數十寺、麥積山、炳靈寺乃至西安，宋以前皆無傳羅漢圖像稱名者，今五臺山羅漢堂始建于金元時代，則吾人皆可深信。宋以前絲綢之道，印度大德之東來者，不以羅漢名號入中土。且達摩東來，以一葉爲舟而至南土，則中印交通由海道。故羅漢之入，當以此時前後爲主道。

江南叢林多有羅漢堂，而常州天寧寺爲最，且有屠寄老儒爲之記，徵引佛典以成巨制，在當時爲大作。然時逾百年，世變已至劇，宗教宏論已遭遮撥，若再襲舊說，文化不進，當立新說。若欲否之，則不僅有損與文化推移，且反人性之希冀。

吾人日常煩苦之時，一聞常鳴鐘罄之聲，則心意悠然漸知。吾人不能無心靈，斯不能無宗教！此思維邏輯之必然也。

天南矇士姜亮夫敬撰　時年九十

昆武附志

羅漢，阿羅漢之略，梵語音譯詞，爲小乘之極果，蓋修行者得正果之名。本意爲應供、破惡、無生，受此果位者，前行園[①]成，諸漏已盡，永無生死輪回之苦。初見于唐玄奘所譯《法住記》，原作爲錫蘭慶友尊者，後以訛誤成十八羅漢，而五百羅漢之說多見于佛經記載，說法不一，中土有關五百羅漢名號及塑像較早而確有北宋元符元年（一〇九八）碑刻《供養釋迦如來住世十八尊者五百大阿羅漢聖號》及南宋紹興四年（一一三四）所立《江陰軍乾明院羅漢尊號碑》，然于北宋中土或已另有傳載，近世廣西、新疆亦見早期羅漢碑刻及石像。後世各地佛寺中所用羅漢名號多從江陰碑文所列名次，然無論線刻或塑像，各地風格多有異者。

一九八九年秋，靈隱寺重建藥師殿及羅漢堂，請先君爲撰藥師殿楹及羅漢堂碑，先君因念半生勞頓，四鄉奔波，自甲午之春卜居秦皇山麓，至今四十餘載。武林北村，實爲其第二故鄉，靈隱寶刹亦東南名寺，留迹于茲，是亦佛緣也。遂慨允之，楹聯成而鐫于上，聯云：

藥師如來大願發十二遵教循禮苦行修善果
琉璃世界尊經誦卅九虔誠念拜誓求得再生

五百羅漢碑文則未刻于茲，亦或緣未到也。先君幼承庭訓，亦稍習佛學，入成都高師，佛典亦必修課程之一，考入清華國學研究院，試題中有命書十八羅漢尊者名號，僅能知其二一，遂憤而再習佛學。後治敦煌學，復與佛典屢有因緣，然以儒治佛，終別是一家。近二十餘年以教書著述爲生，且目翳甚劇，于佛經遂少瀏覽。佛學博大精深，哲理輝煌，典籍

---

① 疑爲“圓”字。

浩瀚，今以九十高齡，再治佛學，心力亦多不濟矣。則所撰碑文，亦僅證一段因果而已，且佛學東來復多宗派，中土佛教，時有盛衰，各派宗師、典籍，修持哲理以及寺廟塑建，佛像造型、繪畫，古今南北淵源流變，則非專門家所能述其詳者。故先君羅漢碑一文亦僅據史實，稍加闡發而已。杭州出版社印羅漢像，選用此文，今以爲記，非敢論其是非得失，僅以志事之始末，或又是一段佛緣歟？

一九九八年秋昆武志于北邨老人舊居

新經疏

　　昔餘杭、新會兩師悉有重訂經疏之議，十餘年來論者不絕，而大要不出兩意：一則新撰，二則輯舊。輯舊者，事易舉而不必允當。新撰者，凡近五十年新興途術新現材料皆可一一吸收，其成書必有勝義定說，于旨爲最宏遠。然徵聘經師，從容商量，非二三十年不爲功，其事至難，有迫不及待之勢。而今兩者同時進行，先遴選三百年來大家宏著，各經一家，其不能備者，則駢列二三家亦可，定爲十三經新疏。同時更作新撰，每經依其內容性質，凡近代已成之學及新發現資料，皆分別援聘專家，而以碩學大師領之。如《尚書》則吸收金文、甲骨材料以爲《說文》比勘，更以古代社會史、民俗學、古器物學以爲經義印證，而漢師家法又必須分別銓疏釋旨，要在不背于古，亦能合于今，則新疏面目，方足以反映今日學術上之成就，而不爲意必固我之說矣。遴選之說，同意者至多，而新撰之義，則人各有見，說至紛雜。大抵經師不習科學，新學不闇古籍，新舊揉合，未必中程。即如甲骨、金文說《尚書》，通人如海寧王君，亦時有未安。大儒或經新學，新學亦不能令委心儒師，恐其終無成事。余遂憤而撰《尚書新證》，未及半而有歐洲之行。歸國後，抗戰軍興，流離山陬，不見通人，難得好書，遂久擱置。三十年歲末，國立編輯館果以書來，徵選目，余爲之狂喜。今年十二月，遂得擬印行《十三經新疏緣起及選目》，並函求審

定,而余新疏之義,亦若存若亡于字裏行間。其目爲:

李道平　周易集解纂疏

孫星衍　尚書今古文注疏

　　附皮錫瑞　今文尚書考證　孫書誤以《史記》說爲古文,且于今文說亦未詳者。茲擬附以皮氏書,以明其真。

王先謙　詩三家義集疏

胡培翬　儀禮正義

孫詒讓　周禮正義

朱彬　　禮記訓纂

　　附黃以周　禮書通故　朱書非疏體,附以黃氏書,則不啻《禮記》有新疏。

劉師培　左傳舊注疏證

　　附洪亮吉　春秋左傳詁　劉書未完成,故擬附以此書。

陳立　　公羊義疏

廖平　　穀梁古義疏

　　附鍾文烝　穀梁補注　廖疏詳于古義而略于故訓,擬附鍾氏此書。若柳氏大義述則不惟非疏體,且非注體也。

劉寶楠　論語正義

皮錫瑞　孝經鄭注疏

焦循　　孟子正義

郝懿行　爾雅義疏

又二年,余以父喪將去三臺,匆匆夾一囊,往奔成都,轉瀘州而至威寧。囊中置此文與十三經新疏目,旅途至塞塞。瀘州、古宋、遵義等,各仁一二日待車,思念家君病情,不能自已,神形兩困。遂理此殘篇,覺余說有自珍之義,遂即與黎邵西先生書,錄其要義而充類言之,以成此下篇。

此篇立義有二:一爲輯三百年來舊疏不同意上篇所列諸書者,二論撰新疏尤爲私義之所在。

不同意上篇所列新疏有：

A. 骈列兩書，合以推注疏之體，此當不得已之創例。其實不得爲例，以告讀者習學則可，以爲著述之法則似亂其宗主。著書各有體例，經疏以正義爲準則，不得濫入他體，自亂其例。然就讀者開方便之門，用心良苦，則附録宜精審，相配宜相成。此所宜斟酌者一也。即如以皮氏《今文尚書考證》配孫氏《今古文注疏》，其義以爲孫書强以《史記》說爲古文，且于今文亦未詳會之。《史記》爲今爲古文之說，歧論極多，而今古文之實質，僅在文字（基本是此義），則字之今古，不僅《尚書》,《詩》、《易》、《禮》皆有之，在《書》爲今文者，在他爲古文，然漢儒今古之說，不僅于文字，義理、章句實爲大端，此當爲諸家解經異說，不得仍混爲今古之辯。孫氏之以《史記》爲古文，而不詳悉今文者，孫氏通才，深知此義，吾人今日動以此責孫氏，似落後于孫氏遠矣，此一問題，能否有徹底決讞之時，固難逆料，而學術界應有人爲徹底之研究，容有定說，當俟之他日。至以皮氏書補孫氏之缺，而皮書成于晚年，時已今古合論，其說亦不無小瑕，過信今文，反見固必之說，余以爲補孫書莫如王先謙《孔傳參正》爲詳備。又自文字方面而論，則《尚書》多古字古語，多與殷周吉金相應，故宜以此範疇，補此書，則晚清諸家之書，散篇小牘，而研幾金文，似以楊筠如《尚書覈詁》最爲全具，則以王楊兩家爲輔，而《尚書》始可讀矣。

B. 新疏于《詩》列王先謙《三家義集疏》未嘗不可，然既曰"經疏"，則保存體制，亦一要義。《詩》自戰代多已以毛傳爲主，自鄭氏增箋，遂爲數千年典型之所在。則吾人不應遊離過遠。王書疏三家異說，雖是大業，而體例似不甚調。而三百年來爲《詩》疏者多家，陳奐傳疏論者尚以爲專固，此義自無可辯。然馬瑞辰《傳箋通釋》，義例平允，則以馬書爲主，而以《三家義集疏》補之，猶優于以王爲主也。

C. 胡培翬《儀禮正義》。禮經號爲難讀，而在整個歷史過程，僅有零星記載，無全備之篇章，以其爲中土之舊典，有服習之價值。惟其難不在文字訓詁之間，則漢儒條理有助于服習者，不可不察。余以爲只補以凌廷堪《禮經釋例》，及張惠言《儀禮圖》，則有形象條貫，可尋斯以得之。張圖顯多與時儒異說，而左圖右史，爲讀書不可缺之要籍。而儀禮作圖至多，僅舉張圖者，所以示例而已，非即止于此爾。

D.《周禮正義》。孫氏書雖集清代三百年來之大成，嘆爲觀止，然《考工》一篇，極有科學價值，實爲《周禮》中最高最要之文獻，孫書但依文爲釋，文物之具體形制，皆缺焉未具。依《儀禮》例，似應舉清儒考較之作，以爲輔車，顧戴兩家，雖多精當不易之論，而程瑤田《創物小記》最後出，較孫爲具，似宜以爲輔車。

E.《禮記訓纂》。有清一代三禮之學，惟《禮記》最短，而《周禮》、《禮經》皆得大成，蓋《小戴記》不僅禮儀，禮事、禮制等皆有異說，往往與《周禮》、《禮經》不調。即鄭康成于戴禮，說之亦未全備，且其于禮義之精微，爲最難體會，自荀卿司馬遷以來，能體察精義者，亦不多見。《周禮》、《儀禮》既不能爲政典，亦不見其爲史實，蓋非文非獻，故注疏僅在于注之使得條貫，疏之使條貫益明，而兩戴記則義則儀式理記與具體事象求其步式，皆能中矩，而無乖剌異說。使能折衷，綱舉而目張，漢師說多未全備，與他經如《春秋》經傳、《詩》、《書》之區以別矣。如何而可，其書浩瀚，不易轇理，故學人憚于專經，精于誦讀似不難，而理解則至紛拏，此三百年來無大業大成。朱氏書，集明人結習訓之纂之，其功至勤，而斷制則十九皆缺略或不當，反不如孫希旦《禮記集解》之有倫紀，且《集解》以鄭氏注爲本，猶是漢學本柢，且于禮義特爲重視，足補歷世說禮不詳義理之蔽，雖或雜宋人心性之論，但非主要所在，不爲大過。故疑以孫書爲主，而朱爲補，似更周恰。至黃氏《通故》，則總三禮而爲之通，其書至博，非僅爲《禮記》而發，故以爲三禮總錯則可，以獨持小戴記，則以大加小之病矣！

F.《左傳》舊注疏證與洪氏《左傳詁》，體例大不相似，不可能作補，不必續，缺之可也。劉氏三世疏左氏，人能集成完璧，似不甚難，應覓人成之。

G.《爾雅義疏》。郝氏書長處極多，然對聲韻往往錯失，而引義則多據阮元《纂詁》，未核原書，應加整理，使成完書。

新疏所列十數種清人注疏，而以他書補充之，其事易舉。然如《周易》、《尚書》、《左傳》、《穀梁》、《禮記》等，三百年來，亦少大業，且一以漢學爲根柢，不能不謂爲至要之圖。使此書能全且見舊疏體制之注疏，可謂最後結論，或至少爲漢、唐學最後結論，而不能謂爲十三經最後結論或二十世紀之研究結果，則吾人將何以實現此一計劃，足以明其與全人類全世界學術交流後吸取新學理以探求此一振爍千古之舊籍，則吾所謂作新代新疏，實爲必不可缺之要圖。

全世界人類文明之進化，細部之差殊固大，而大齊固不甚相遠也。則舉上古遺書之第一手資料，借助于舉世考古、初民社會學、社會進化史等課題所得之結論，其爲全人類所共有、共存之現象，以讀吾故籍，必使吾故籍發其輝光，更得新生。是爲生于廿世紀人類之學術工作者所萬不可忽視、萬無推辭之責任。吾生此時，則應多說此時義理，多用此時語言，使吾數千年遺產，數千百君子之遺書，得以活現于今世，則吾土吾民，應在此時應得之地位、應盡之義務、應享之榮譽，千萬不可有一絲半縷之佚亡，方不愧怍于今世，吾之志也。余雖愚昧無狀，敢不自盡其微弱之資，以與我同道一商討之！

然有一至要之義，必需先明之者，則余之所謂新疏，其事近創，必非漢學、唐學，亦非宋學，則與舊疏體例不同，一也。今所謂新學說、新事物者，大體爲全人類所共有之業迹，而國人所得或先人所備、由考古得之者，自在詳採之列，則白種、黑人不論其爲英、法、德、美、俄、日、意、澳、加凡可供吾印證解說之說，皆當一二徵用。此其二。此中至爲繁賾。《十三經》者，吾先民對人文學科之遺產也，而說之或當以理、工、醫、農所論爲據，則其外延極繁，其途術至夥，余未能一一了知。雖具智備十力，亦不可得。則余所取者，或百不一二，其缺略必多，然伐山林者，鉅崖、深塹、硬石、大林，有待群力者至多，然又豈能待群策而後動。則一人之微薄雖如小溪之一滴水，必不能自視缺然，遂爾爲墮民，爲慵夫，爲游食人間之蠢物，粗陋亦自余始。此其三也。夸父逐日，愚公移山，皆人世智慧之士所不爲，而亦行尸走肉者所不敢爲。精衛填海，初必爲千夫所指笑。余何畏哉！

《十三經》之爲書，雖以輯儒家群籍爲主，而不得以圖書類別論之，大體爲文學、史學、哲學三端。《周易》、《論語》、《禮記》，哲學也。《周易》精博，《論語》專一，《禮記》爲宏深之義理與制度。《尚書》、《三傳》，史學也。《三傳》純乎純者而聚俱義理。《周禮》、《儀禮》，雜舊而近于史者也。《詩》、《孟子》，文學也。《爾雅》則識字書也，語言學之一編也，爲諸學之根柢。故治《易》與治《詩》、治《三傳》之術不同，《三傳》又自相異，則吸取新學理、新發現事物之分劑亦不同。則以埃及、希臘、羅馬古宮室之制，不得援以解《儀禮》，亦不宜以漢儒所群議之明堂解《儀禮》，故《十三經》似各有界劃，又各各皆相互涉攝受，則吾人應以何等立場解《詩》，不得同于《論語》、三禮，則漢人之授《禮》以說《詩》者，多牴牾不可通。即以一經而言，亦宜分別觀之，如《論語》、《孟子》同爲孔、孟兩家中年以前及五十以後之異說，若僅一以殷禮在斯，或周公之禮說《論語》，則矛盾時見。校讎之家，因依其文字通轉或版本異同以校《論》、《孟》，慎背時見，不相胹調。故余所謂新時代之新疏，必應以新時代學術發展之傾向以爲機衡，則在此機衡，並非易事，此吾人之不可不知所區別者也。然十三書中，余可能言之成理，則新疏度可代表此一時代之所得，余願盡其一得之愚，以與我學人一商。總之，搢陋如余，實不敢以博洽自衒。自謂上來所陳，已盡其所能，但因下列諸書，略爲分析，以奠其基，則：（一）《周易》之識認；（二）《詩》、《書》補上文之未足；（三）說《孝經》與喪服。似略有新義，然盡其綿薄，未必即有當學術鼓吹，聊心焉爾已！

《周易》私議

先秦古籍，數千年來，以儒家六經爲最尊，此百家罷黜後必然之歸宿。以實論之，則除《易》外，不得謂爲學說。故自唐以來，有六經皆史之論，清儒益壯大其說。余以爲《周易》足當一學，不得與《書》、《詩》、《三禮》、《三傳》相並論。《書》、《詩》、《三禮》、《三傳》之爲史，不待辯而知之。《周易》之爲一學，蓋有其學術之體系、立場、方法，且綱舉目張，論類相繫相反,兩義相成,執其環中,可應無窮,而皆不背其機衡(當于下文詳之)。然其起信立義在八卦,八卦即其大義之所在。而八卦又以其三爻六爻之相配合、相蛻變、相錯綜複雜而變,其變無方,遂使後世之研究習討論之者,皆可借此以自建一義,八卦遂成一種魔術、魔方。更益以《十翼》爲孔說,其實《十翼》不過爲儒家以此魔方爲準繩自立一套合于其倫理宗法之大義,而自建其"易"。此與漢儒之各各依違于天文、曆算、卦氣、消息、爻辰、升降、納甲、六觀、八宮、世目、二丁、四方位諸說,皆依仿八八六十四之數,變以各說,其天文、五行、曆日、地貌諸端而已,諸所謂象數之語者,皆歸之。

自王弼諸家以後,魏晉玄學,倡導于世,道德佛理,揉入易義之中。至唐疏《正義》,以上說爲主,遂成其爲道士易,而號爲義理學派。于是將《十翼》亦揉入《周易》,而古說遂亡。不僅原始易理不章,即漢儒象數之學亦微。宋儒乃以性理之學,成爲專業,是爲宋易。實際使道士易學,變本加厲,人已不知卦爻之說與《十翼》象數當各別爲區域,不相雜厠,層累而益肆。其實易當以一卦爻之理爲原始易學,當殷周之際。《十翼》當爲儒家易學,約當春秋戰國之際,爲第二期。兩漢以象數說《易》,多雜讖緯,爲第三期。王弼以道釋之理說《易》,是爲義理之易,至孔穎達《正義》而大成,是爲第四期。宋人以心性論《易》,一切擴而清之,是爲第五期。歷世五變,而易之爲道,雜而多端矣。

雖然,漢儒象數實爲探本之論。八卦成象,其中有數存焉。《十翼》充類言之,而義理之微,亦寓于象數之中。然物質以世而變,故漢儒又採微書方技之說,而象數擴大,其實已漸背離古說。至魏晉義理之玄說出,古象數之義隱而紛挐。至宋人離象數而空談義理,象數之理微,而義理亦爲無所根據,使八卦又爲物象之魔方而成情理性命之魔方矣。自唐專家梓州李鼎祚,乘其時古訓未散佚,乃取子夏以來三十餘家遺說,成《集解》一書,表彰漢學,而古來象數之論,得以不墜,蓋有抉微闡幽之功。安隆李道平又從而疏之,蓋亦古籍整理研究之不可少者,自原始至漢、魏舊典,蓋皆可一一指數之矣。

然吾人今日而欲究心易學，以就理論與方法爲之，則有可得而言者，約有十餘端。請得一一申言之。

甲　具體條件分析

如上節所言，《周易》歷世闡說，約分五期，因之其研究方法，是否亦應爲五技？曰漢人象數之學，至李鼎祚、李道平已略備，且切合于舊體十三經注疏之例，爲說已具。魏、晉道士易，則孔疏已詳盡無餘，無庸更爲之疏注。宋人性命之說，其實與《易》關涉至小，說之亦無益于古籍。故余所欲言者，乃先秦原始之《周易》也。然論易原始有三難：一不知其人，二不明其世，三不明其變遷之迹。且古書之述《易》者，其言又多惝恍不實，無由借鑒。故吾以爲惟一途術，即自《易》一書中所稱述之具體物事，一一歸類，視其類以定其時代，以與中土文化史上已知之類而比戡之，析理之，納繹之，然後從而綜合之，照以中土古史、古社會，參以全人類之社會發展史而折衷之。此一方法，既不背于科學之實證，更免于主觀之臆斷臆測。茲即從此一原則，臚列事物條件，略爲諸端。

（一）論貞詞《周易》與中土文化相關涉種種。《周易》所用術語，與甲骨、金文多相同或相似，有繼承可言，而較之甲文，更爲有體系，有組織，是爲邏輯思維之進一步發展，和成一定之思想體系。故《易》與甲文或有直接繼承關係，或爲同一體系之氏族或民族發展之地域性差別，則相去當不甚遠。卜辭與《周易》有卜筮所用吉凶術語，如卜辭之有吉、大吉、凶、𤕫、凶𣄣、戾、無悔、悔、吝，皆見于《周易》。尤奇者，卜辭與《易》同有貞字，皆作貞問解。然貞之本義，爲灼龜見兆以爲問，而《易》用筮，無灼龜見兆之象，亦用貞字，其有繼承或襲取之迹至明，而元亨大義，實與大吉相當。《易》有勿用、利、貞，顯爲筮辭之發展。

（二）卦爻詞在金文中之遺痕。《周易》卦爻辭在殷周金文中常有發現，如無災有終、王錫命、大君有命、開國承家、小人勿用、不寧方來、望不遄遺、有福有命、大師克相遇、公用享于天子、自天祐之、其欲逐逐、王用出征、受兹介福、王假有家、王臣蹇蹇、揚于王庭、王假有周。此等語詞，在金文中恒見，或全相同，或略更一二字，爲組織結構各有長短，而大體更爲通俗。蓋金文皆貴冑服用之器，而《易》則徧及齊民，故發語實更平實也。此足以說明殷周以來民風世習之所尚。《易》與金文，實無大殊也。

（三）卦爻詞與《詩》句相襲用之例。卦爻詞中，多四字句，此等語句，其語法結構，頗多同于三百篇，而風貌則情采至繁，似風者有之，似頌者亦有之，而以似二雅爲最近。則此足以說明其爲祈求吉宜祐禱之情實相應。兹摘録若干則，以爲顯徵。

一、飛龍在天，利見大人。（乾九五）

二、龍戰于野，其血玄黃。（坤上六）

三、密雲不雨，尚往也，自我西郊。（小畜彖辭）

四、無平不陂，無往不復。（泰九三）

五、否之匪人，不利君子貞，大往小來。（否卦）

六、伏戎于莽，升其高陵，三歲不興。（同人九三）

七、不事王侯，高尚其事。（蠱上九）

八、王假有廟，利見大人。（萃卦）

九、有孚不終，乃亂乃萃。（萃初六）

一〇、困于酒食，朱紱方來，利用享祀。（困九二）

一一、困于石，據于蒺藜，入于其宮，不見其妻。（困六三）

一二、井渫不食，爲我心惻，可用汲。王明，並受其福。（井九三）

一三、大人虎變，未占有孚。（革九五）

一四、君子豹變，小人革面。（革上六）

一五、震來虩虩，笑言啞啞。震驚百里，不喪匕鬯。（震卦）

一六、鴻漸于陸，夫征不復，婦孕不育。（漸九三）

一七、歸妹愆期，遲歸有時。（歸妹九四）

一八、豐其蔀，日中見斗。往得疑疾，有孚發若。（豐六二）

一九、無初有終，先庚三日，後庚三日。（巽九五）

二〇、鶴鳴在陰，其子和之。我有好爵，吾與爾靡之。（中孚九二）

其例至多，凡稍習《詩》者，類能知之。而其似風、似雅、似頌，皆可一一指明，無庸詳録。且又中十之六七用韻，而韻部大體與詩亦相近，參江有誥《十書》，自能得之。吾人據此，可作簡短結語，曰："作《詩》者、作《易》者，皆有相襲用之可能。"則《周易》之爲殷周之士爲之，而《易》爲卜筮之書，習之者衆，與卜辭、三百篇雖不必即一脈相承之書，而交午旁達，苟細心求之，必可得其真際。此吾人之所當深自含咏服習入門之途術，不可少者與。

（四）卦爻辭中無宗法痕迹。宗法制度之形成，在周之初世，《周易》卦爻辭中，無絲毫宗法制度之鶵形或踪影。則《周易》流行，當在殷之中紀，故得以與卜辭接，而與金文及三百篇稍有關涉，當爲語言發展問題。

（五）卦爻詞中無鐵及鐵工藝品。卦爻詞三數言金，皆指銅言。其有金器，亦銅器已爾。銅器爲殷周之際工藝品之重點，飲食、炊爨、音樂、器用之用銅，乃常見之物，則卦爻有金事之必然也。

（六）卦爻詞中無五行之說。金木水火土五行五字，卦爻詞中，皆一一有之，然皆散言，不成體系，更無相生相剋諸現象。五物之存在，本爲初民思想中所必有，而以五物作用組織爲生剋治化之學理，乃進化至高之邏輯思維作用。若提高言之，則相當于佛說之十力作用。《易》本言變，而此之變，乃在象外，較《易》之陰陽定位之變，超越至深遠，則《易》之爲書無五行，其書當在殷中葉以前，或不爲《周易》所在方域服習之一事，必矣。

（七）卦爻詞中不見干支之具體使用，僅先甲、後甲、先庚、後庚兩名而已。此與卜辭動以甲子、乙丑記日時之現象大殊，一以說明《易》之筮，不定時日，不擇吉宜；一以說明《周易》不習天文、曆算之術。此不論其爲時代之異與地域之異，必居其一。

（八）《易》有"七日來復"、"七日乃孚"、"七日得三"。說七日來復者，計日行七日而一變，爲一月四分法，與殷曆之月三分法異。然除來復之一端，此則東土諸書亦言之。則此事當爲時代先後之別，不爲方域性差別也。

（九）乾卦言"天行健"，此《易》言天象之最具體詞兒。天行猶他書言天運，此非指天體、天象、天德乃至天庭組織諸端。故充類言之，當等同于"天何言哉，四時行焉，百物生焉"。故充類定其義，亦只不過認爲天是個實體，有行動而已。俱此說亦易生誤解，不如說天是個"存在"，此與東方諸儒之言天有意志，又人化之，有形態、有組織及至有天庭如下世帝王帝京之政治形式組織者大異。此必爲西土民衆之體認反映于《易》者。

以上所陳，皆就《易》與中土文化史上存在之事、之物引出，其有無異同之點，以定《周易》一書存在之時代、地域，乃至于人物、事實。雖未必能得其確指，而方向性之推測，必較有把握。此中糾紛甚多，非孤證小腆所能定案，亦姑以是爲尺度，總比無尺度之猜測爲善云爾。

乙　卦爻詞中之義理分析

有關《周易》之義理說素，第一當以"易"爲基本環節。此自夏殷以來古籍之通例，如《尚書》爲上古之書，春秋爲史籍，及《詩》以次，義極通明，皆不必詳徵。惟《易》之爲書，古今得其體要者，至少允當不易之說，至近世而奇談怪談益多，以主易爲蜥蜴、爲龍、爲蟾蜍，皆不協于上古命書之雅言。余謂周必爲岐周，詩言《周南》，書言《周書》，禮言《周官》、《周禮》，頌言《周頌》，而獨于《周易》之周始于易變周普之說，遂以爲此書劃一之說，可爲嘆惜，姑于本篇之尾論之。而《易》之爲言，略爲此書根柢之所在。通考八卦、爻六十四事計之，則其辭所言，不外三事。一則設象之辭，即定位之辭也。象有定，故其辭亦有定。二者卦與卦、爻與爻交互關係之迹，不論自其大象論之，自其内在有生機之象論之，皆各略有其"定"之變化、定則。且陰也，陽也，本各各含對立之象，且陰也陽也即其對立之大較，而吉、咎、禍、福、男女、牝牡、正反、上下，大之爲天、地、日、月，細之爲牛、羊，人之爲夫婦、君子、小人，天之爲日、月、風、雷，地之爲川、澤、水、火，凡此等對立之物事之皆各各各有其變革之方式與原則。自此等變革中,以領悟事物之吉凶。吉凶亦相對之一例。此其二。則易者變易也。三則凡對立事物之發生,皆于變中見之,若其靜止不變,或在原始狀態之時,一切皆在靜止狀態之下。則此事物之象,本極平靜簡易,則易者在太初太始或太極之時,本即簡易,故易有簡易之象。是以易實含三義,此爲一種極其樸素之辯證規律。宇宙一切一切事物,皆自簡易成象而生差別,由差別而又有新生,此新生得之變索原始,亦一不可名不能名之一"存在"而已。此三義不明,欲求深得易之義,不可能矣。是則鄭玄《易贊》及《易論》云:

> 易一名而含三義,易簡一也,變易二也,不易三也。

又云:

> 夫乾確然示人易矣,夫坤隤然示人簡矣。易則易知,簡則易從,此言其易簡之法則也。易之爲道也屢遷,變動不居,周流六虛,上下無常,剛柔相易,不可爲典要,唯變所適。此言順時變易,出入移動者也。……天尊地卑,乾坤定矣。高卑以陳,貴賤位矣。動靜有常,剛柔斷矣。此言其張設布列,不易者也。

玄概括三義,至爲明晰。高密大儒,一時無兩。通群經以說易,集群言以爲則,故能鰓理叙然,纖悉皆得,實古今通易義之宏綱,漢儒之可貴,固非徒空言玄義隨俗雅化者矣。

以上三義,自以簡易爲根柢。一切事物之發展,皆如是,宇宙天地亦然。故曰簡易,在道家則以太極、太初、太始、或"一"或"道"爲之,而易實爲之源。此王輔嗣之所以得以道德之義,與釋氏之論揉而說之也。宋儒亦得以論人心之自然生發之。茲亦羅列若干事物如上段之所爲,以充實其義云。

象爲八卦之基本條件,每卦以一類系統之,一物表之。如以天事論,則爲天與地、川與澤、風與雷、水與火,若以人事論之,則爲父母、生男長中少女。

舉坤卦論之,則坤爲地、爲母、爲布、爲釜、爲吝嗇、爲均、爲子母牛、爲大輿、爲文、爲衆、爲柄。凡六爻皆舉相類或相對之事物以明其相變之因而定吉凶。

陰陽爲事物之本柢，亦爲變動之因子，引而爲剛柔、高下。以音繫之，則爲抑揚、昏明、掩仰；以形繫之，則爲男女、牝牡、雌雄；以義繫之，則爲日月、星辰、風雷、正反、向背、上下。視筮之所需，類連之，如筮婚姻，則有老夫、少妻或老妻、少夫等。以類推，則八卦實含萬類矣。

六十四卦以相反或相成（或對立統一），其現象至爲明顯，而其精義則在陰陽一對。陰陽者，象同而性相反，使形成相斥相生之兩極作用，然非斷然兩物，乃翕然一事，陰之極則陽生，陽之極則陰生，蓋其中含有相排斥亦相吸引之力，而萬象以生。故六十四卦之變，即陰陽乘除之變也。此一理性之邏輯變動，其爲極有理性之推衍，斯所以成其爲易之哲學之基礎，發展而爲一切事物之比量。則天地、男女、牝牡乃至于人世之善惡、美敝、是非、得失，皆其類之自身運動之矛盾化生，故宇宙人生之一切生化，皆此一內在運動之本然，易之所以爲易，此其准也。道家有無道與名，乃至莊生之齊物，莫不胎襲本此。而易之變的哲學，實超出先秦各家之外。自全部卦爻辭中，確有簡易、變易、不易三點，所以推闡三事者，至完備，簡易言物事原本狀態自靜止以至成爲一物，必經歷此三階段乃得其爲某種物。以通俗語喻之，則簡易者，種子之先，而後成形，成形而後成名，成名則不可移易。種子如胚胎，成形如嬰兒，既成嬰兒，有嬰兒之名，則不變。不變者，其爲人不變也，然而嬰兒日見其長大，而爲成人，自成人而能生人、而老、而衰、而死之者，此胚胎自然之變也。老子有"見于無有"之問，莊子有見于"成名"（《齊物論》），孔子有見于名實之不可亂議正名。其實皆三易之一偏也（釋氏言元始以來之種子、薰習、論生，發說最綿緲，而難證驗）。爻之爲象有抑陰扶陽之義，即一爲陽，一爲陰。一者物自體也（別詳《釋東西》）。有之最大最具者爲天，故陽爲天，即象之躬龍也。以相對則爲地一，①象坎陷。故陰陽最始之象，不過簡單如此成

---

① 疑有訛誤。

象，而變則凡剛强、雄、牡、男、女、怒馬（《說文》："馬怒也。"），皆以其性能托之于天，故天行健，此自成象而可得其義。然漢語有一特殊結構方式，即意象相同或相似者，其音必相同或相似。故自語音言之，即爲同根。陰陽爲雙聲，其同族語，亦因依于此而孳生，曰抑揚，曰壹壼，在鳥有鴛鴦。故自語言學論之，此爲同一中軸之兩極分化，分化既成，陰陽遂定。形名雖定，而其自身所蘊含之有機成分性能相似，故又可混一而成新生之形象，故太初、太始、太極皆建立于一，一生二（分爲二也），二生三（陰陽合會也），三生萬物。此易簡而天下得也。此義得明，則萬事萬物皆可自此而得解釋。月得光于日，故日月爲偶。兩山之間必有澤，故山川爲偶。此即所謂易道周普。自余以語言本質釋陰陽，而《易》之爲書，皆可得通。余又以讀《繫辭》，益覺《繫辭》一篇，說易理易義皆得其窾窾，當爲易一義之通解；則解《繫辭》爲讀《易》初階。然其推而言人事、言政理，皆儒家易說之精髓矣（然文中言大衍之數五十一段，爲術數家言，與易實無關，當爲他書誤入，故漢儒解此亦不能通。《正義》凡引京房、馬季長、荀爽、鄭康成、姚信、黄遇諸家之說，皆支離破碎，一無是處，故決其必非易家之說）。

丙　膚淺小識

　　上來所陳易之本義，照以《繫辭》及《左氏傳》所具各解，大體可明。然其作者之人，仍無所得。余因疑此可能爲方域性之民間筮書。何以言之？則甲骨之卜以龜，而《易》之筮而乞靈于蓍草。龜者水鄉海區之所生也，則當爲近海之民習。然《易》有靈龜之說，此明其有崇敬之義，則與卜必非同地之事也。且其中尤有可得而申言之者。《易》辭中動言"利涉大川"之語，三代以來，東土皆言河，南土則言江，而川之名多見于若水以西，極東不過洛水，則易其岐山以西之俗與？又東土之民以鳳爲宗神，而夏周兩族則以龍爲崇敬之靈，禹即爲虬龍。《易》爻之辭多言龍而不言鳳（東北來朋、東南來朋之朋，雖亦可解爲鳳，而屈抑過甚），此龍字在易義中至神奇，曰潛、曰在田、曰在天，則其爲神物，蓋已可知。且主要用于乾卦，爲六十四卦之首，決不能視爲一般動物（或以爲龍星，過屈！且不切于事，徒爲奇說而已）。卦爻義象，似皆爲西土地方之習，皆與卜辭爲兩事，故余疑《易》乃夏周民族之書，故曰《周易》。胡煦《卜法詳考》與《周易函書》論之至悉。此書至稀有，余舊得之于開封，解放初，以貧病交迫，以之易米。自東來後，深自克責無固窮之志，惜哉！

補說詩書事

《詩經》以現代目錄學論之，則文學也。然漢以前及漢儒所論，則所含大義至廣闊。二雅、三頌不得全以詩視，即近世亦知其然，故疏《詩》不得純以文學論也。自其內涵與作法與性能觀之，則《論語》有數語略可爲定評：一曰多識爲鳥獸草木之名，則視爲博物學也；又曰“不學《詩》無以言”，又曰“使于四方，不能專對，雖多亦奚以爲”，則《詩》爲語言學也，外交儀式之學也；又曰“登高能賦，可以爲大夫”，詩者政治上之官僚之要求也；又曰“《詩》可以興，可以觀，可以群，可以怨”，則《詩》又政治上觀察判斷民情得失之基本訓練也。其內容至多，其作用至大，其有關于民習、國風者至巨。就近世謂文學所解析，益之以《左氏》賦詩各節，《孟子》引《詩》之義，則《論語》四言，皆一一可得證驗。故自本體論之，此儒家教育之聖典也，凡儒者皆不得渡越。故《詩經》在文化史上所起過之作用，實徧及于上下：上之則大酋、重臣，下之則臣工小子，皆必學《詩》，而後可立于處世、經國、建野、治家、修身無不在焉。故就義理言之，則實施儒家修齊治平之大道，皆在于《詩》矣。此義既明，則吾人疏《詩》，萬不可背離修齊四事。戰國至兩漢儒者，皆深明此義，故一《關雎》，而托之于文王、穆王，凡有一線可承者，皆以古史說之，儒說定之，不足怪也。分爲齊、魯、韓、毛四家，各有比附，乃至奇論怪異之說，吾人至難斷其是非、然否之論。高密箋，必以義說之；三家言《詩》，必以史論之；魏、晉至唐，精覈漢說，已臻其極，宋儒又益以性理天命，乃漸與漢說相違，不必即爲是非之爭,而學風不變矣。然以二南爲治制之極則,鄭、衞爲淫昏之典範,代有偏頗,是非何從,此又疏《詩》之難也。

要而論之,疏《詩》有四難:一、文字語言之疏解;二、名物之是非;三、制度之分明然否;四、史實疑僞顛倒之整理。

一、文字語言之疏解。三百篇非一時一地一事之作,漢語自古即因事、因時、因地而異,十五國風三頌之爲異地異時之作固矣。二雅雖同爲周家臣工之作,而其事亦異,其時亦異。此爲一大糾紛所在,且傳之者亦有時地與人之畔,"君子好述"或作仇、作讎,此爲三地傳本之異,抑爲詩四家之異?或爲孔子自衞反魯正樂之原本,太師摯所有之本與孔本如何?"履帝武敏",一爲敏、爲踇、爲拇,三百年來諸儒皆各有創見精說,大端可見,然安陽獻寶、殷周銘辭、方國殊語諸端,尚多缺如,此等新材料之應時運用者也。以方言證古,康成箋《詩》,已開其端。近世栖霞牟廷《詩切》一書,亦時以山左方言證詩中異文。途術雖開,而後繼尚缺,此應料檢者。又近世語言學理論綜覈全人類之口語以定規律,此亦爲新疏《詩》者所當嘗試者也。

二、名物之是非得失,于《詩》義所關至巨。《毛詩》品物,中外學人多已留心及此。然《詩》中所用草木鳥獸蟲魚,偶然而用之者,即宋儒所謂"先言他物以引起其事"者。然求女何以言關雎,思遠人何以言卷耳,言公子何以用麟,余以爲凡《詩》中名物,多有其特殊含義。蓋物有性能,可能爲詩人喩顯之所本,此即所謂"喩"。在《國風》中最爲恒例。二雅三頌中用喩者亦多。(聞君一多以彤管喩男根,其言至肆,然其轢入《詩》中之喩則至允。)喩之類至繁,而十五國風之喩,多爲後世所難知,此于文學創作中使用語言名物之一法,其事廣見于《詩》、《騷》之中,此吾人所當知者,亦疏《詩》之一要事也。

三、制度之分明然否。《詩》中制度之重要者略有三事:一禮樂,二方國,三宮室。周代宗法之制,親親尊尊之差別,此周禮之真。宋頌亦周禮也,清儒于此考論至精審,似已無遺策,然近三十年來,考古發現之材料足以補此者亦至多,尤以器物、車馬爲最多,而銘文之可補宮室者亦在當採之列。且十五國風中之民習，由禮俗轉成，或禮俗之由民俗轉成者，尤爲可貴，爲新疏者所當深研。

四、史實疑僞顛倒之整理。《詩》中史實，其犖犖大者，自何楷至陳啓原徵録，更輔之以馬宛斯及宋人程公說之《春秋分紀》與顧棟高之《春秋大事表》，已略得十九。而辯惑闡幽，疏解雜亂，則參牟氏《詩切》爲最近發現之佳構，余無說可增損。

至此疏《詩》已大致可信，然猶有數事當廓清者，則漢儒黏詩之說，如大小序也，變風、變雅說也，鄭、衛淫詩也，皆當一一清理。其爲漢儒之僞，雖無可辯，然其中亦自有可取者，故亦不能全廢，當以歷史演變之痕迹、社會發展之必然性，實事求是，不偏不倚，以審度之，使事不失其真，義不超乎現實爲度可也。

《尚書》說已具見篇首。然當時新材料尚少概見，而新學說亦未發礦，故亦當有所補充。然前說規模已具，則此處僅能就近三四十年來一切學說及古器物之發展發現而爲有意識之補充。如古社會學學說之發現或發展，如圖騰制度之益精詳，古文字學之日益發現，則夏史可得而增益者多。古宮室之發現，而《顧命》、《雒誥》之新解得立以新知。說古文字者日多精洞，有冠絶前儒，雖孫與王亦無以過之，則楊筠如君之《尚書覈詁》固多可補充增益者矣。古地理、民族之說，以地下實發現日多，而《尚書》中氏族、方國之可徵者，亦日多。凡此種種，皆時代之所賜也。生當今世，則不得矇矇無所見，則其增益，亦日多。雖以方言證古，其途術亦開，發者多端，則三古語言蘊蓄于今日五湖四海之可爲徵移者，亦見其發聵振聾，書本以布告天下，使共諭之，則疏《尚書》用方言，豈復可疑。

說《孝經》與《三禮》

周得天下，武功以呂望爲最。而奠定八百年國祚，則周公之力最多，且所創制度，多爲百世大法之所在，亦即中土數千年歷史進程之指導。其最重要之事，爲宗法制度之建立。宗法者，以天地自然之規律，定人群秩叙之基本,因而推之于天下。後世有一熟語曰"家天下",用之說明此制,言最簡切,而義爲具足。蓋宗法之要義,在以自然(或天定)之形式,爲齊家之基礎,推而至于國家(即治平之義)。以儒經所言論之,即以親親爲本,而推之于尊尊親親者,家族之本性(一定之形式中之性),定一家之財産、繼承乃至社會政治地位,而推及于國家、天下。立嫡以長不以賢,此即宗法之大義。既曰嫡長,則庶長不得立,次以下不得立,則爭財産、爭位之事熄。天子爲天下之大宗,則諸侯不得爭天下,諸侯亦以次而得爲一國之大宗。大夫有功德于國,亦得自立爲大宗。群從皆小宗,宗天子。天下諸侯總一國,大夫總一家。使天下皆以家族婚姻之紐帶,纏固于大宗,而又得各申其小宗之法規,此周室所以總統八百年天下而不敗。

《孝經》者,傳爲孔子爲曾參言孝,此足以說明孝之倫理,亦儒家發揮周室宗法制度之條例、層次之說明。故篇中特提周公,此其徵也。其要義以愛、敬兩字爲歸。愛者,親親之義也;敬者,尊尊之義也。適與宗法制中之家族與國體之交融方式也。又巧爲安排,以母當愛字,以父當敬字。父者承襲職位與財産之主體,在家爲財主,在國爲政主,故以敬字理之,以其通于職位國祚。又姬姓與姜姓世爲甥舅之誼,春秋十六國諸侯亦行此不衰。此則氏族時代合族之一法,而周之宗法承之,不僅有利于宗法,且有大作用于政治。此其大校矣。

此爲宗法實質性之制度。然周世重禮儀,禮儀中表現爲儀則之制者,則宗廟之制與喪服之制,而喪服實爲緊密與親親宗法相結合之一制度。斬衰、齊衰、大功、小功期各有儀則,即各有外觀之表現,因而更與政治相牽涉。守服則應去官,容休假,亦有等威,則又親親、尊尊之間之融合作用也。喪服在《三禮》爲人倫制度最重儀則,則人苟欲詳知宗法之精義,當以《孝經》爲思理之根據,以喪服爲行動之準則。儒家服禮之道得,宗法制度之精義立,而中土文化歷史之因依、損益可知矣。此兩義能明,則爲新疏,庶有繩墨尺度之制約,不至治絲而益棼也。

中國學術原衍闡微

原衍歷史

要推論中國學術什麼時候起,真是件頂難的事。因爲一切學術都要經過了若干時期的因集,緩緩兒地一點一點集了下來,到了某一個時期然後才能熱氣騰騰地抬得出來。並且學術的本身又是互爲因緣的,這一件的開始却是那一件的殺末。這一件的正面却是那一件的反面。要來絕對的尋得一個源頭,不僅不能,並且根本是"錯"! 所以劉歆一定要說諸子出生于王官;胡適一定要說諸子不出生于王官,其實不過是想在大海中尋一個繫舟的樁子。這個源頭竟是尋不到的。

不過有幾件事是最易與學術發生親厚關係的,這事是什麼? 即是因了生活而有的一切社會組織與社會意識。換言之,學術思想不要在學術本身上去求,只要在"歷史"、"生活"中去求。所以我們要瞭解學術原始就得先瞭解古代社會。古代社會的問題很多,但我們這兒只想提出兩件來作爲解釋學術起源的要件!

一、因生活需要而有的社會組織。

二、因宗教感念而生的意識。

一、因生活需要而有的社會組織　這當然是一個集團。這種集團的形式大概可以分爲兩種：一種是有政治制度的集團，姑且簡名之曰"法"的集團，中國舊稱曰"國"。另一種是婚姻與血緣的集團，姑且簡名之曰"性"的集團（性字的意義應當含性與姓二字而言）。這兩種社會制度，在別的民族不是沒有；世界的一切學術也莫不都與各自的這種制度相適應。但中國的這兩種制度却更有他所以完成中國學術的附帶的條件，與世界不同。就是他是建築在一個溫帶的農業社會，一個重實際而不重抽象的民族，一個重因襲而不重創造的習俗，再加上尊天敬祖的宗教感念等等之上而成的組織。他只有從粗略而到精密，不曾有過"改變"。所以這個"法"的集團推衍成了幾千年的專制國家，這個"性"的集團推衍而爲數千年未有更革的宗法社會。

在法的集團裏成了階級思想（歐西印度的階級是宗教的，中國的階級思想，只是法的禮的制度的），成了卑順主義，成了尊王攘夷的思想，成了君君臣臣的思想，成了只編皇帝教科書的歷史，成了所謂文學的正統與偏流的思想，成了儒家政治哲學的組織方法，成了荀子的禮，成了漢家的官儀，成了《周禮》，甚至于使"五行""醫藥""兵謀""術數""房中"……等等學說之中都也有了所謂"君臣"……他的實際勢力就是幾千年的君主政禮以及侯王士大夫層層遞屬的制度。這個堅固的組織是中國社會特有的現形，也是與中國學術特有關係的組織。

至于那"性"的集團呢？也是中國社會特別發達的組織，其關于學術者也不在"法"的集團之下。不過這事却另有點分說，即宗法社會的完成是周代的事。周以前的家族，從卜辭中看來大不相同，這其中的轉變如何？我們此地不暇分說。好在中國學術與宗法社會的關係多而與原始的家族制度的關係少，所以我們不再去追究他的上半段。

宗法社會之影響甚至于爲開導中國學術的地方非常的多！宗法制度的精意只有一點，而其行使出來却是兩個套環。其精意是什麼？即"遺產承繼權的定之于天"，減少了人爲的鬥爭。這即是說你要承繼家產只看天把你生爲你父親的嫡長子與否（詳王靜安先生《殷周制度論》）。

所謂兩個套環是怎樣呢？一是減少弟兄間的經濟鬥爭，二是暗暗地勖勉兄弟的經濟向外發展，所以大宗外有小宗，而諸子之別出爲大夫者亦得自建一宗。這不是套環嗎？

除了這點而外，還有個政治的作用，即是天子爲天下一切人的大宗。這就是政治與社會的最好連鎖。

從學術方面來看，不必說孔家的"孝"是最爲顯明的宗法晶核。天子以天下爲家。諸侯以一國爲家，大夫以封邑爲家……也是一大串的政治連套。君是父臣是子等等都是這個作用。儒家的所謂報本追遠是從此生來的，中國宇宙論中的以天地爲父母也從此來。他如世閥思想，九族五族，更是直接由他來的。又如中國哲學中"生"與"變"的哲學，甚至"五行"中的生克都莫不與宗法有關，而婦女地位的低落也莫非宗法過甚之故。

二、因宗教感念而生的意識　中國古代的宗教感念，大概可以下列三句話說明他：

（一）解釋一切"生"則歸之于"天"——天神；

（二）解釋一切"有"，歸之于鬼神——地祇山川物類諸鬼神；

（三）而最特別的是人鬼的祖。

但這三件裏有個共同的趨向，即是不論其爲天神地祇人鬼物魅都是有意識作用的；換言之，都是人格神但又是超人的。

因爲"生"是天。所以死也應當是天，天實最高的主宰。

一切"有"都各有神司理之！

人死了也照樣的可上升于天。

于是在現世的人環外另有個超人的世界，這個超人的世界司理了人世的一切禍福。平民見不到"天聽""天視"，于是乎有一等"民之精爽不携貳者而又能齊肅中正。其知能上下比義，其聖能光遠宣朗，其明能光照之，其聰能聽徹之"的人"則神明降之"。這等人在男曰覡，在女曰巫。這個覡巫成了傳達人與天神的媒介，是智慧很高的人了（詳《國語·

楚語》）。

但這些覡巫不是平民所能供養，供養他的人是統治階級。統治階級用他來代天行令，也用他來發號施令，從宗教的而進入于政治的。這等人經驗既多，緩緩地成了知識的寶藏。到社會生産力發達以後，需要這等人愈多，這即是教育發生的原因。

這等人頂大的用處是幫助人求福。而大自然運行本也有次序可求，他們憑藉了屢世遞傳的經驗，知道用一種"數"來推定天體日月行星，知道用術來駕馭一切"有"。借了數術的力，廣播智慧于人，于是他們成了一個知道過去種種，也知道未來的因革的人。所以巫祝成了古代學術的中心人物，于是明堂清廟瞽宗辟雍成了國家的重地，而樂禮文物制度都從此中發出。墨家承受了這個學術的正面，儒家承襲了這種學術的制度，而道家却承襲了這種學術的反面，各各完成他們的學術的系統。所謂的社稷、后土、高禖、封禪、山川柴望、禘祫、郊祀、烝嘗、類祀、喪服等等禮制都莫不從這兒來。文學中的《九歌》《九章》《安世》《房中》《郊祀》等也因于此。"陰陽""五行"家的學說，"雜占""蓍龜""歷譜""形法""天文"等數術之學也原起于此。

我上面的話，只想說明中國學術的生成的因集，並不是說古代社會，也不是說古代學術，只在這兩件之中求其因緣而已！我以爲這樣來說似乎切貼一點。不過這是一個複雜的問題，夏曾佑、劉師培兩氏的《歷史教科書》都可以供我們參考。這一段話未竟的意思可以參考拙撰《殷周文化通史》一書中。

我們上面提出來的兩個生成因集都只能說是中國學術的前半。論時期該在春秋以前。但他不曾有果。到了孔、老時代來，突然放了一個空前的異采而爲中國學術總基。這在表面上看來，總覺突梧得很！要尋他們的前半的脈絡是尋不到的。因而有人疑心這些學術思想是外來的，也有人疑心是戰國以後假造的。我覺得孔、老、墨三家要全由自己去生出這一個大瓜，誠然太突梧，但從古書的傳說，與兩周青銅器的銘文看來，老、孔以前不是文化太低的時期，並且以社會來說，也已顯現了若干異采，或者我們現在是"書闕有間"也不可得知。《論語》不該太假，從文章的組織來看，也可以斷定幾分。又從戰國以前的人所引的書看來——如墨子引《周書》，荀子引《道經》——也不當太菲薄春秋以前的社會。所以這件事不必成頂大的問題。

春秋戰國是中國學術的黃金時代，其主要的思潮有四種：(一) 儒家，(二) 道家，(三) 墨家，(四) 陰陽五行家。現在約說如下。

這四派學說，爲中國一切學術的總根總源。他們本是哲學，而史學原于《尚書》《春秋》，文學源于《詩經》。陰陽五行家有不少數術學，墨子中有不少的軍事學、名學。

老子的學說是承襲了古代學術的反面，也可以說左派，他的最大目的是在"否認有鬼神術數"這些東西。而提出一個超物質的"道"。以爲

　　　　有物混成，先天地生。

而這混成之物，又是從"無"來。

　　　　"有"名天地之始；"無"名萬物之母。

無即萬物之根。

　　　　萬物芸芸，各歸其根。

第一步先打破一切物，第二步打破天，甚至于也打破他自己所立的"道"，于是天神、地祇、人鬼、物魅一齊打破，于是所謂的禍福不在天地鬼神。于是一切人爲的祀禱占卜的事一概破除，因而明堂、太廟、辟雍等也不存在。一切人爲的組織都毀弃。這不是承襲古代思想的反面而何？

孔子的學術，是去了天神、地祇、物魅而留下祖宗來的，與人生關係較爲切貼。因爲留了祖宗所以要"孝"，因爲要維持對父母的孝，所以要"恕"，因了孝與恕而成其"仁"，于是完成了孔家的實際的人生哲學。他既然棄了天神、地祇等，所以孔子並不談宇宙問題，甚至于不談"物"的問題，甚至于不談"生"之源。這是孔家學說的特點。但是對于天地鬼神的問題，究不能置之不理。性與天道雖不可得而聞，然而也不能聽他，並且

又明明看重人鬼，又如何調停？于是乎採了古代學術中的禮制，算是採了鬼神的一半，"敬鬼神而遠之"不是這個意思嗎？這就是我上面所說的"儒家承襲古代學術的制度"(也可以說是右派)。

墨家呢？確又與孔家恰恰相反，他毀弃了古代學術的一切制度而留了鬼神，所以"非樂"、"非葬"、"桐棺三寸而無椁"、"非毀三年之喪"等等，而言"天志"言"明鬼"，這不是我所說的承襲着古代學術的正面嗎？本來禮制是因鬼神而有的，孔家的看重已覺偏相。以與實利爲基礎的墨家學說大不相合，所以否認非議他。

陰陽五行家呢？他們是離開人生單去求解宇宙，求解萬有，他們不在鬼神的本身着想，只在鬼神所托的天地山川本身上的運行法則中着想，似乎與老子較近，但決不是老子。他是古代學術中數術這一脉流支。

這四派我們可以用下面一個表指示出來：

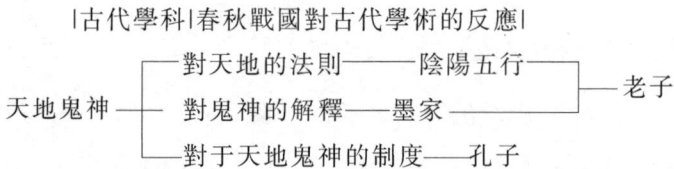

|古代學科|春秋戰國對古代學術的反應|

```
                      ┌── 對天地的法則──── 陰陽五行 ──┐
      天地鬼神 ──────┼── 對鬼神的解釋──── 墨家 ──────├── 老子
                      └── 對于天地鬼神的制度── 孔子 ──┘
```

自從這四派學術成立以後，古代的學術自然廢去，而幾千年來的學術範圍，不論從哪方面講都跳不出這個圈套。都是以這四個作基本。這是春秋戰國所以爲中國學術最興盛時期的大因子。

孔老而後的學說，在戰國以前，儒家有名的繼承者是孟、荀，老家有名的繼承者是莊子，墨家有名繼承者是禽滑釐等人。但因社會的變革，也各有其適應環境的新增與減削。到了漢家定天下于一尊後，學術的空氣也似乎要定于一尊。儒家特盛，而又從儒家分立了一個史家，加上了些陰陽五行成爲今古之爭。道家非大智慧不能瞭解，所以道家只行于某一種階級與某一種關係的人。至于墨家呢？其道太無潤澤，使人難堪，至漢而流爲俠。但這時有一種滲合諸子而別出的詞賦家，爲後來許多文學的基本。到了魏晉中國學術又滲上了印度哲學，在學術思想中成了清談的玄學家，道家與方士揉合成了"道士"，文學中也有所謂山水詩人田園詩人的發生。聲律之學也隨了佛教走入中國。唐家幾百年並無新生，僅僅在文學方面，完成了六朝人所未盡之業。宋代來把佛援引入儒，完成了所謂理學，元人以異族入主中國，滲亂了中國學術系統，而猶以文學爲最，開了近幾年來的新文面。明人卑卑不足道，清代的初期與中期雖號復古，其實是走了偏向。整個中國學術史只有修補與算帳，其實並無新得。等到近百年來西歐學術的輸入，才緩緩起了點活動。自政治上得了勢，中國全盤的學術，被人家提來重新估價。于是在驚惶失措中，不免大收外貨，也不免大坍自家的臺。孔家店已撕破，李老聃也打倒，史學是"斷爛朝報"，文學是無病呻吟，見瓜切瓜，見菜切菜，見頭一錐，見脚一腿，好不痛快。此後的中國學術當然要有一番新的氣象，新的產品，方不負只手打孔家店的威風。只要多多爭氣，拆了木梁，換根銅柱，毁了土墻，換一壁水門汀鋼骨，才不白花氣力！

中國學術衍變的方法

我們從上文看來，中國學術之原與變不外這幾個原因：

一、是社會的變。

二、是政治的變。

三、是學術思想的滲合！

但這只是主因，並且是不完全的論述。譬如劉向、劉歆的書，若據康長素的說法，是爲取媚而變的，王肅的《孔子家語》是爲破敵而變的，近代的史學是爲發現了龜甲獸骨的新材料而變的，等等等等都是。不過我們因了大遞問題更重要，所以這些小節目便不多講。但是一說到變的方法來便不能不是水磨工夫，非從細處下手不可了。但爲了篇幅的限制，我又不能不在細中求略。所以我只能略略地指個大綱。這是本于我的舊作《中國學術衍變論》及章太炎先生的《學變》兩文而成的。

我以爲中國一切學術的變的方法，不外六種，分述如下：

（一）增變　譬如董仲舒把"五行""陰陽"加入了儒家哲學裏去，莊子在道家哲學中加上"齊物"皆是。這在史學中愈加顯明。近人所謂的"層累式""寶塔式"的歷史都是如此。中國學術單怕不流傳,只要流傳,都多少帶點增變的味道。這我們只要一讀王充《論衡》裏的《儒增》、《藝增》、《語增》便能明白。

但上面的增,多半是擴大而不是虛設;也有虛設而增的,這在中國學術上也不少。假造偽書便是一個好例。他如《論衡》所列的《書虛》、《變虛》、《異虛》、《感虛》、《福虛》、《禍虛》、《龍虛》、《雷虛》、《道虛》等篇所論列者亦復如是。

(二)化變　化變是把兩種學術揉合起來而生的變。譬如道家與陰陽方士的揉合而生的道士,陰襲禪宗的餘緒、揉合儒家而生的理學,因了胡樂滲入而改變了的詩詞,元人入主中國後而生的曲都是。大概凡有一件新來的外力被中國學術採取後,多少總改變了點本色,這都要算是化變這一類的學術。

(三)析衍　析衍是從一個學說或一件事全部中抽出一部分來而特別加以推衍者。這大概是一家學說傳代以後常有的現象。譬如孟子把孔子的"義"放大,荀子把孔子的"禮"放大。孟、荀同把孔子的"性"放大,以及經今文家把孔子的神秘性放大了,都是這種作用。即如戴東原的《孟子字義疏證》何嘗又不是孟子放大,阮元的《釋仁》又何嘗不是把"仁"字放大。推其究極來說,孔子又何嘗不是把古代學術中的祖先放大,墨子何嘗不是把古代哲學中的神鬼放大,《易經》的《十翼》何嘗不可也說是想把卦爻辭放大。不過這種變與上兩種不同,上兩種是學術的外形與內質都生了變化;這一種則應當是形變而本質未變。或形變的多而質變的少。所以程朱陽明的講"致知格物"是化變,而戴東原的《孟子字義疏證》、阮元的《釋仁》則是衍析,這是我們要十分注意的。

(四)新評　新評是批判過去的人對于某事某物的錯誤,根據新的發現或創通而生的變衍。如《尚書》自東漢以來在學術史中占了若干年的重要位置。自朱子等生了疑問,到閻百詩來指出《尚書》之偽,于是在學術上的《尚書》變了!則閻百詩的學說謂之新評。又如殷周的制度,自來是根據《史記》諸書立說，自王靜安先生從甲文金文有新發現後作了《殷周制度論》，這也算是新評。

（五）新創　這是指學術上久已埋沒的事突然發現了，或者久已死了的事實突然因了某一件事的發現而點活了，使他加上了一種新的力于舊的史中，這都可謂之新創，譬如王靜安先生的《殷先公先王考》《古史新證》是從甲文裏發現了許多材料，只將《史記·殷本紀》改組，另將古史重訂的兩篇文章。又如我的《殷周民族考》、《九夏考》也是從古文字中創新"夏爲龍族"、"殷爲家族"①等等的新創。

（六）整理　整理是舊史料中自來散亂真象的理與事，從散亂的材料中整理了出來，這是清代考古學所常用的法子，如孫詒讓的《墨子傳略》、汪中的《老子考》、王靜安先生的《太史公行年繫錄》、俞正燮的《易安居士事迹考》等等都是。

上面這六種方法中一二三是直接生的影響，四五六比較間接一點，但不論如何，每一種變于學術中總都使某部甚至于全部改色，這正是學術無止境的一種原因。

除了這六種外，學術變衍的方法不是便沒有了。不過數其大者，似乎這六項也可以包括。

（成稿于一九四九年十一月）

---

① "家族"疑有訛誤。

歐行散記

掇引

　　此行是爲了什麼？有什麼目的？連我自己也不甚了了！只不過事有湊巧，想着也許再有機會讀讀書，于是而決定其行。將來怎樣？連我也不能知道！至于這篇散記，正是我個人私生活及零散的雜感、雜記而已！

　　大概在上船半月前，先向教育部領留學證書，一封照例的呈文，兩塊憑書費，大學畢業證書，二寸半照片二張，三兩天內可以領下。第二步是領"護照"。據經驗豐富的人說，以在上海辦理較少麻煩。其實只要把"留學證書"送到上海卡德路環球中國學生會，再交七張照像，七塊多錢，過幾天他們會一切替你弄好，這種無量功德，省了我們若干無條理、無規則可尋的瞎忙！

　　第三步是訂船位。學生會也代辦，照他們吩咐的去做，一切都省事省錢。我這次坐的是意大利輪船公司的 Conte Verde 號，輪位是二等經濟艙，共價三十八鎊六辨士，合國幣五百十四元一角四分，這些手續在八月二、三日以前已經辦妥！

這一小段寫下來,也許于將後來歐行者不無一點幫助!現在要從七號這天開始入正文了!

七日　天早有雨　午晴　夜有風

匯票、浴衣　尚有存中國銀行錢一千元,以匯法爲是。故七時起床,將箱子收拾完畢後,先到大馬路裝裱爲秋英所書七字篆聯,再到麗華公司買牙粉、浴衣,九時半到中國銀行匯款,我本來是個活期儲蓄的摺子,請他代爲劃在"外匯部",免數鈔票的麻煩,不料弄了一個多鐘頭才懶洋洋地送到"外匯部",又懶洋洋地候了半點鐘才得了一張寫不及二十字的匯票,忙着回到德鄰公寓,子政、巨川諸兄都來了,佑伯更在他們之前。

拜街　把北新版稅摺,開明契約、國學會文章都托佑伯轉交,又把太炎、任公兩先生爲父親及我寫的對子同直弟的自來水筆、贈八妹的衣料作爲一鐵箱,靜夫的南洋公司股票作爲一信,托北新學生費慎祥爲寄家,他們兩人先走。

桃花潭水深千丈　十點半後同子政、康節、巨川諸兄分乘兩輛汽車到招商局北站碼頭,我只有三件行李,由檢票人驗過船票,將護照留下,隨着茶房領到我訂購的房間六十二號 A 字處。

Conte Verde　同子政們略略將全船巡邏一周,頭等艙之富麗堂皇,只有"下野的政客""大使""梅蘭芳"能乘(梅蘭芳剛從歐歸來即乘此船)。有機會瞻仰的,不妨來看看,無機會瞻仰的,其實也用不到"心向""景行"!

聽說它載重一萬八千噸,大概墨索里尼是預備將來改戰船的,所以不僅于雄偉,而且"鋼板很厚"!

送別叮嚀　在客堂裏休息,我老是心神不定,總覺她會趕來一送,于是在甲板上巡游,十一點到了,突然見她滿頭是汗,從人叢中擠出,我馬上知道她已尋我許久了,她忙忙邀了到我的艙位中來,在枕下取出兩個小包交我,才知道她已曾尋我不見。又忙忙地送她上岸。雖然兩人都感到這次的長時間別離，只是有苦無樂，然而一切只有忍着耐着，打定心腸，倒也無可悲可苦之情，只在她上了車後，兩人都同聲以保重身體叮嚀，話既出諸口，忍不住落了一滴清淚，看着她近來消瘦的身體真令人有百感交集，無處訴說之苦！我只得凄然地爬上船來，尋找在客堂中待我的子政！

王郎 子政王郎是知我們最深的人，我們又談了一些其他的話，我告訴他：我此行覺得"平淡"甚且"無聊"。不是看輕世事，只覺得這種舉動"平淡"、"不足挂齒"，更不值得許多朋友老遠地來相送，又看看我的二等經濟艙的同舟諸美少年的意氣，更令我覺得也許不過是某種作用的終南捷徑，或什麼什麼而已！然而即使是很短的兩年後呢？說不定今天二等經濟艙中的客人，已有若干成了無國可歸的浪人，我也不過是這群人中的一個，則此行是爲己呢？爲家呢？爲國呢？實無以自解！

當我以"平淡"、"無聊"四字告訴子政，他說："這大概是我們經歷多，視世事已了當的原因。"我想這是很對的，然而這是"老相"嗎？我又有點怕。

船上送客了，子政在臨別時，要我不必以經濟爲念，意思也與中方前兩天說相同，心裏有無限感觸，覺得擇交二十年，究能有幾個忠實的朋友啊！

看着他們三人下了船，巨川是允以詩相送的，臨行再向他求索。康節近來頗爲家室之思所苦，分別時再度以兩年後相見，都希望有小孩叫伯伯以調之，康節總是光報之以一笑，後來又蹙雙眉！

看着他們的背影逝後，實在覺得甲板上人味臭，一個人懶懶地走到我的艙裏，黯然想着前途。

函與筆 兩個小包，一個我已知道是支自來水筆，我知道她久已曉得我無此物，所以特買了送來，而我所急于要看的，是一封信，她很以我的身體及我們的未來爲念，這我當另有詳函答她，然而却止不住我的無限感念，睡在床上去細細思量！

艙房 船大概早離岸了，人也回到房間裏了，我才緩緩地矚目四壁，雖是二等艙,却也不大壞,一房四榻,兩上兩下,枕褥也很整潔,房中有二櫥兩洗面具,以及電扇等件,設備也算完備。

新交 同房的三人,一位姓畢,是日本高工畢業,年約三十八九,到英國讀書,算是難得。一位姓蕭,中央大學畢業生,到德學教育,我問他中大情形,許多朋友都教過他,我自然不便向他多說,一位姓毛的廣東人,香港大學轉學到倫敦的,年紀很輕,心氣很高,大概將來准是變英國人了!

我的房間對門是四位到倫敦看展覽會的,一位姓傅的先生以中曾為介紹過,說起來同盼遂、剛主、雨亭都是熟人,還認識一個清華同學姓田的,一個師大同學姓陳的,一個中央大學學生姓洪的,其他微微一介紹而不曾交言,也不想交談的,不一一記載!

這些人能慰我于寂寞麼!

飲食 一點鐘開午餐,餐室在上一層艙的船靠尾部,大概及得上上海比較考究的餐館,四人一桌。用具也頗考究,午餐是一湯二菜一甜食一水果,味道也頗可口,只是沒有咖啡喝,但另外有所謂"咖啡室",但根本不備咖啡,只供人抽烟散坐而已!

在食堂裏看見了全體二等艙的客人,除了極少數歐洲人與印度人外,大概全都是我們的同胞,而這裏面似乎又有三分之一以上是留學生!

留學生 這裏面形式也頗不齊,然而一大半都是含了滿心高興,好似一身通泰情懷的人多,他們深知道要有禮貌,然而禁不住他們那一雙貪饞的眼,到處在奇奇惶惶地瞻望!

這裏面有貴公子,大腹賈的少爺,自然也有貧苦的學生,另外還有一種跑江湖的人。公子少爺自為集團,很高傲地用英語自己談着話,跑江湖的專尋水手、茶房練習英語,只有幾個默默坐在屋角裏或立在甲板上有點可憐樣的人,是貧苦學生,然而誰知道也許他們將來是比較有用一點的人!

我在船中是用一個八年前的舊名,我只希望無人認識,少些慚愧,對于這般新貴以老朽自居,倒也少些事!

也是一種安閑　當夜餐這一次,我們桌上忽然來了兩位生客,並且先我們而來,于是把我們四個人擠出了兩位到另一桌去,我知道事情有點不妙,因爲每餐必有定位,是這個船上的規則。果不出我所料,查座的茶房來了!要我們這兩位同胞回到他們午餐時的原處,也許他們覺得"我是留學生","我是客","你把我怎樣?"所以仍是坐着,麵包大口地向口裏塞,茶房于是不客氣地諷刺,甚而至于罵!于是這兩位同胞,覺得自己是弱小民族,"留學生"與"弱小民族"相加,所得的結果是"琇如充耳"地低下頭去塞大塊的麵包。我心裏真有些難過,不料茶房望着鬧不起這兩位貴客,只得咕嚕着走了,而坐在我正對面的周醫生安閑地、坦然地抬起頭來向我說:"沒有關係!"我恨不得馬上在他那厚黑的臉上給他兩個耳光,然而耳光未打成,我只得趕快地逃走了,犧牲了一頓夜餐!

也是一件小事　九點過後,兩人發起來組織一個團體,于是大家忙着簽名,簽到我們同室的毛君,他寫不出他的老家的"廣"字,由畢君爲之代,我很驚奇,細細觀察,高鼻深目,真有點不像咱們中國人,那位年輕而多才多藝的蕭君,似乎也感到,問起他的家世,知道父親是廣東人,母親是蘇州人,而他呢,一口上海話,說得頂括括,以下是他的談話:

"我今年十八歲,照外國算法是十七,護照上弄成十九!"

"我在香港大學念書,香港大學是中國第一個好大學","香港大學不是中國學校吧?"這是蕭君的修正!

"我的阿姐、阿弟都是香港大學!"

"我有八套衣服!"

……

呵!我想,這是個年輕的公子,並不足怪,大概父兄很能找錢!我只默默地禱祝這位年輕而貌美的人,也去認識幾個足以寫寫鄉土地名、父親名號的中國字,將來不要變成英國人!

因此想到日本留學外國的學生,多半是有了若干年經歷的學者,所以每個都是國家的人材,而中國留學生的用處,差不多三分之一以上是出入于上海洋行之門,"太不經濟",不過也有點好處,將來亡國了,他們就是做奴婢，也還可以爲生，倒用不着焦心！

Don Don　十一點鐘了，我想洗澡入睡，要茶房領到澡堂裏去，不知怎的，他說起英國要封蘇伊士運河的消息，馬上搭在日本身上，說起意大利同日本的不要好，他奮然地說：“Don Don”！說着用手指着東方，我知道他們的意思是要同日本碰命，我向他笑笑，他非常興奮而高興地爲我擦過澡盆，我想這只船，說不定哪一天成了炮艦？今天我作他們甲板上的客，將來又不知誰做了炮彈下的人。十二時入睡，作一頗清楚而有意義的夢，醒時尚所憶，起床後無論如何也想不起來了。

八日　天半陰晴

等于臥病　昨夜在將睡時，就感覺有點暈船，到今天午前至三點鐘後，船的簸動愈加屬害，頭愈覺暈，我過去有種經驗，不能讓他嘔吐，只要一嘔吐以後，便難于支持，所以今天一天，都很鎮靜地臥着，一動不動，然而汗還是照例流，每一反側，又一身新汗，腰脚俱已酸痛，仍得忍着睡，海行我自來是感到苦的，這次久已擔心，真是又睡倒了，這不等于臥病嗎？

既不能到餐廳吃飯，他也不送什麽來吃，只于午夜正餐時，送來一個桔子或一個蘋果，然而腹中空虛，非吃不可，很悔此次不當，忘了買餅乾與水果，決定到香港後購買。同屋的 C 君，也與我相同，兩人對臥，雖不寂寞，而彼此都無法得食，幸好他的同學 H 君送來一盒餅乾，才稍稍有點食物充腸，然而又不敢多吃！

憶　在這樣一種安靜的臥室中，除了“嘁嘁”的水搏船弦之聲，與“咻咻”的電扇聲外，一切都寂寞，因而憶起近來新瘦的英，願她早點回到學校，鍛煉一下身體，將來即使做了亡國奴，才有氣力做苦工，然而她這個濫瘡的家，不知又有什麽磨難她的沒有？記得二十一年從北京與她分離，我一人急奔滇南之時，也曾暈船，也曾相憶，總以爲此別以後，相憶之情或當減少，誰料事變之多，又使此次有如是之久的分別計劃，自從昨天讀了她的信後，心中耿耿不能一時忘懷，此行只有努力“讀書”、“做人”或能自慰,再從她想到家裏的一切,真覺中國家族制度之大可改革,刻不容緩,再看國勢如此,將來又不知是做了何人的俘虜! 改革怕也來不及了,再想到我們茸茸嗒嗒的同胞,更是難說,就看看這班同舟的所謂優秀分子吧! 似乎也不過爾爾,人類雖然也不一定高明,然而中華民族是更提不起來的,將來的危難,真不知令人如何逃生呵!

這些紛亂的思想組成了今天一天的枕上錦綉!

九日　天晴　無風

昨天一日不進食,"等于臥病",直到今天午後才稍好點,大概風浪也平靜多了! 午後起來洗了一個澡,到甲板上立立,倒也舒適,上面有睡椅可躺,于是甲板上躺滿了人!

短扎　知道今天要到香港了,非寄信給英不可,我雖已能坐能起,能行動能吃,而低頭伏案作書,仍是不行,"頭涔涔然"! 只得草草寫了一紙,已近七時,船已抵九龍了,遂匆匆下船!

九龍　船停在九龍,香港即在對面,香港我雖來過住過,而九龍却未一到,此次仍然不能一游,所見的只是一個很長的碼頭,用鐵軌搬運貨物,除此而外,我沒有看見什麼,有時覺得鐵軌上有一兩滴工人的汗,甚至于血! 被一對挺着身子、肩臂相纏,如花美眷的英國紳士踏過!

兌錢　我們一行上了碼頭,目的是渡到對面的香港,聽說上海紙幣已不用,只能行使港幣,于是大家忙着尋兌換錢的地方,滿頭大汗,不得其所,我想人類爲什麼不就用一種貨幣? 大概也因于人類膚色之不同,而金銀也各顯高低吧! 這倒不如以穀易帛,以帛易鋤直切了當呢?

後來在渡船碼頭上,換到了港幣,每上海幣一元只得港幣六角,這正是一種好買賣,因爲照所謂"市價"是七角,我想又晦氣! 又白白地去了一角錢,到香港去當傻子!

寄書　不管怎樣吧? 錢總算是換得了,算是渡到香港了,手裏邊有封信,就是此來的任務,但郵政局早已關門,郵票向雜貨店裏買不到,問人語言又不通,老着臉皮問吧! 我們這般順民,對于這個不會說廣東話的"外鄉佬"老是"申眉"地微笑,好似說:"不會說廣東話的中國人!""恥辱的中國人!"……如是碰了若干壁,終于給我想到一個法子,到馬玉山公司買兩盒餅乾,然後把錢多給他幾角,請他爲代發,這樣居然靈了,這樣算是此來香港惟一達到目的的事。

除此而外呢? 我想只有陪着同伴在皇后大道上走走吧!

皇后大道追憶 說起皇后大道,可引起我數年前的追憶,記得當二十一年回滇時,一夜在皇后大道上一人踟躕着,聽到香港政府布告有大風的消息,同時看見一部汽車殺了一個人,馬上回到棧房,寫了一篇機械毀滅論的長文寄給英,同時寄給幾個朋友,但結果是無人回聲,只得到英一人的同調。今天又走到從前殺人的地方,不禁觸了此感,倘使同調人在身邊,也許是最好的談話資料呢! 今天同行的兩個新交,怎能談到這些! 我畢竟還有感傷主義的成分,但有什麽法呢? 如是想着! 畢君提議飲水,不覺相隨,走進一家冰室。

濠油牛肉飯 我們一同要了一杯冰琪淋,我突然看見壁間的告條有"濠油牛肉飯二角"! 這是我最喜歡的小食,不禁想起北四川路的小廣東飯館,正是爲了濠油牛肉飯而吸引我進去的。其味濃厚而不沉悶,香艷而不肉麻,並且又是經濟而果腹,此時既入我眼,又想着此後得有若干時日才能吃着,于是要了一客,同來的兩君,大概不知其味,于是只我一人"舉勺豪食"!

船是十二時開行,此時已十點過了! 他們有些着了急,才急中帶慢地走到渡頭,這時的皇后大道,與兩個鐘點前不同,水門汀上多了幾個"席卷而臥"的"沐甚風櫛急雨"的同胞!

九華仙島 等我們緩緩歸舟時,已距起航時不遠,稍一休息,長笛已鳴,不覺想到從此離國更遠了! 獨立船頭,希望他掀起萬千丈高浪,爲我一蕩胸中不平之氣。不意竟安如靜湖,只有一輪明月,伴着這渺乎其不可及,連愁也載不動的輕舟,輕輕地拖着往港口外曳。突然田德望君來了,于是兩人並立,扣船弦,誦明月之詩,真不免有點才子氣呢!

月色且不管吧,不說是"故鄉明月","人人得而觀焉"! 甚且今夜此時,說不定也正有人在對月相念呢!

田君從月色贊嘆到香港夜景之美,才覺得當前之景不可錯過,當我靜默的賞鑒時,覺得我是在另一個低下低下而又眇遠的地方,遠望一個想像所不可及的仙景。你想,它是在這個好似眇緬的深默的大海之中,只有一帶的晶光想像得出山畔與水涯的分界,而這一帶之光,又是如此地整齊如環,每一晶晶之處,映在水中,又拖出一縷在全身閃灼着的光彩,再由千萬縷的閃光,交織成翩翩欲舞的漣漪之紋,而小舟竄亂其間,漁火三五,更惹得一切水光的姿媚。

從這一帶的晶光往上看吧! 整齊中帶紛亂的燈,把全山竄亂得欲動欲靜、欲浮欲沉、欲羽化、欲飛升,愈到山頂光愈小愈少、愈暗愈幽,差不多要到分不出是星光、是燈光,而卻又隱約地把山色與天色分得開,從燈光所在畫出了一個香港的上面輪廓!

在這千萬點燈光之中,最妙的是霓紅燈與綠色燈,燈光濃密處與疏朗處的相間,紅綠色是一種笑的裝點,燈光濃處似有千百仙女開筵夜坐;疏朗處似有三五碧人綠林幽歌。假若容我用漢人小說的風味來想像,這真是一座千萬花光的九華仙島,只宜分給美人高士去住,又誰知道一到白天,全是一些鴿籠樣扁狹的房子,下面一概是些攘攘爲利的人呢! 夜! 竟成了幽美的源泉。

我正這樣東方思想式的迷戀着,時香港的美麗已在船尾消失了,一位同舟的人說:"香港全都是中國人,還是屬中國人的!?"

順民　是! 是屬中國人的。你看一群農奴,當他們在烈日之下工作時,在我們看來,土地是屬他的,但是可憐,他的血汗是爲了坐在高屋大廈中的主人而流,他何曾想到"耕者有其田"這句話! 朋友! 你高興得太早一點,他們只是一些順民,一些英國人的順民,你不要看着中國人多,趕羊牧牛的人只要一條鞭子,千百個牛羊就服從他了! 人多有什麼用,不都是跟着英格蘭的一條鞭子團團轉嗎? 可憐的弱小民族呵! 你們要圖自存,離開這個奴隸收容所吧! 奴隸還配說占有什麼的權利嗎?

略論我們同胞的眼　今天因了偶然的機會,讓我看出我們同胞的一付妙有作用與人不同的眼!

大概說起來,依我所見,日本人的眼是"鼠眼",到處在搜尋,他的目的只在於得點什麼,眼珠轉得很快,歐美人的眼是"牛眼",眼光持重,不視則已,一視似乎視得最切實,然而不曾有搜尋獵取閃爍的樣子;至於我們同胞的眼,則是"貓眼",貓眼大體可分作四種,一是在人懷裏睡覺時的眼,大概是非常柔順的,不抵抗的,這可以命之爲"媚眼";一種是在正午陽光大時,眼成一線,好似裝着一切都不看見,而實是在眼皮裏作事的眼,這可以命之為"僞眼";一種是在惡狗來追,急於逃生之時,惶懼中無奮振之氣,只有乞憐的樣子的眼,可命之爲"喪眼";一種是在看見小鷄,聽見老鼠叫,準備去撲殺一下的眼,這可命之爲"殺眼"。細細觀察,我們同胞的眼,似乎都不出這四種情形而外,有的是獨具一種,有的是兼具二種三種,有的是因時因地而異其作用,兼具諸長。甚至於"媚眼"與"僞眼"相加,有的是"喪眼"與"殺眼"相乘,這更是五光十色,令人莫測了!你試跑在一個集會裏去看,有的人看你一眼,會使你覺得戰栗欲逃,有的看你一眼,會使你寧肯把皇冠送給他,有的人使你覺得可憐,有的使你覺得肉麻,我似乎不曾看見一個使你覺得可愛的眼,這不知是何緣故。

至於兼具數種的,似乎這幾天看得更清楚,譬如我們的同胞,立在一個既高且大的意大利水手面前,只要水手給他一點可以當作一次風頭的好機會,他會送水手們一個"媚眼",像奴婢對主子、妓女對客人樣的媚,轉過頭來看看同胞,卻又顯示一種"僞"而帶點"殺機"的眼。倘使他弄錯了一件事,或者因習慣不相合,而遭到斥責,他是不會用手收回恥辱,用口爭回羞忿的,於是只要放出了一雙乞憐的眼,洋毛子的氣都打不起來了!你不見我們船上的某高級小姐,很嫵媚地依在她剛認識的意國水兵臂下,使用各種變化的眼,對付各色的人嗎?你不見某少爺"先嚎啕而後笑"嗎?總之,洋毛子是用手、口、足、頭來對付一切"外襲",眼只用來"一看",而我們和同胞,只用一雙眼來變化,倒是一件最省事的事,然而不大省事的毛子,往往不能承此妙用,於是手足並來,於是我們同胞有時而技窮矣！

我們的眼，還有一種妙用，是男人看女人，女人看男人，他們會把眼珠橫橫地拉在一旁，灼灼如有所求的樣子，從杏眄桃張，漸漸變爲一線，而後再繼之以一笑。我看過最地道的美國流氓的"目戲"影片，也不曾到此境。"忽與予兮目成！"大概是我們中華民族先天的技巧！夜十一時半睡。

十日　天大晴

晨六時半起，早茶有咖啡、麵包及火腿蛋，麵包可儘量吃，咖啡或茶可再要，但太多惹人厭，仍以客氣點爲是！

今天得整天立在船頭，身心俱快、惟風色甚厲，到晚兩臂已成褐色！

文選　因了幾天的心神不寧。讀法文格格不入，看學術論著書亦無心情。我此次線裝書只帶了一部《四史》、一部《資治通鑒》、一部《說文》、一部《文選》，只得在此四種中尋。可以一看的書，僅有《文選》一種，遂把詩這一册裝在袋裏，到甲板上，尋了一張躺椅躺着，偶然地看看天，偶然地看看海，也偶然地急讀幾句詩，到也別有情趣。我過去不甚喜六朝詩，近年來更只多讀清初人詩，這並不是胸中有什成見，只不過心裏如此喜歡而已。今天因無書讀，勉强壓着來讀六朝人詩，漸漸覺到他的好處，像今天的趨勢，也許我此後會一返于六朝也不可定，從前我覺六朝詩不"熟練"，今天我覺六朝詩就好在一個能生。好像說廣東菜的好處，並不在味道之鮮，而在于能生一樣。"能生"其實是"較近自然"，所謂自然，倒並不一定指修辭說，也不是指寫的"自然"，是指意境的自然。本來顏、謝兩家，有許多極不自然的修辭，但即使修辭不自然，也只能說修辭的自然，與意境無關，這在我的一篇《論六朝詩之修辭》裏，已曾說過，將來準備再寫一篇《論六朝詩的意境》以明此事！

在這一些人中，除了淵明外，我頂喜歡謝玄暉的作品，往常曾疑太白爲什麽于六朝詩人中只崇拜玄暉，到今天才明白了！

救生帶　吃了午餐後,仍然讀《文選》,後來看見船上一張公告說:"五點鐘時,演習救生帶使用法,凡聽見船上拉聲筒,先有六次短聲,接着一聲長哨,乘客當將各人的救生帶(在房裏櫥中放着)繫好,一種物件也不能帶,馬上離開這只船⋯⋯"五點鐘後,演習的時候到了,六短聲與第七長聲響了,我們都集合在甲板上,讓船上的茶役教我們救生帶的繫法,四個相連系的小匣,中空一孔,可以套頭,匣緣有帶,可繞肩而斜繫于腰之兩面,匣大約是輕質木做的,蒙以帆布,使支兩肩。使入水不下沉,而頭得浮于水面。

雖然很快完事,然而這是一個嚴肅的演習!

先人骨血　七點半夜餐之後,同幾個相熟的人在甲板上看月,鄰座聽來一段故事:是一位同舟的青年,由中央用官費送到歐洲讀書,據他自己向人背誦的履歷,是黃花岡某烈士的侄子,因爲造國有功,"福延"後人,于是以一萬大洋,送到歐洲鍍金,言時頗覺意氣甚得,我一細看時,才知道是在香港渡頭上,以名片請某通訊社爲登報的少年,衣冠甚麗,而人却很弱,不知道怎樣,我有個與此君不同的思想,我覺這是一件痛心事,因爲至少是"吃先人骨血!"

想到這點,不禁愈爲他那一身麗服而興悲!

十一時過後睡覺。

十一日　天晴　波平如鏡

雖日與赤道近,而熱并不增!

晨七時起,沐浴後早茶,立船弦看海。雖偉壯而不激昂,頗思得一經驚濤駭浪,以蕩擊此胸,但一思及暈船,仍視其平靜到歐爲佳。我就是這樣一個不成器材的人。

張真如君　上船的一天,從田德望君口中已知道張真如君也同船。因了暈船不及相訪,到香港的一天,看見一位頭頂着中裝的壯歲之人,一天不動地躺在椅上看小說,頗覺奇異。今天午餐後,到烟室喝咖啡,不意與之同桌，相問之下，才知道即是張君，視手中書，乃一本《兒女英雄傳》也，稍談北平情形，有不堪問談之感，再問一下幾個相熟的人外，也就相對默坐而已，這一位樸實的學者，是中國哲學界不可多得的人才，然而我們同船有幾位習哲學的，及與張君爲同鄉的留學生，尚未聞其姓氏，而那位所謂烈士之侄，尚笑其爲鄉老頭兒，甚矣，衣冠之在留學生青年中也！

游泳池　二等經濟艙的游泳池，是臨時在甲板上以木板圍起來的，中間墊滿了很厚的油布，引海水而入之，然而這只是一個比澡盆大點的盆子，大概可容人在水裏打個轉身，說好聽點，應當是"袖珍游泳池"！

池中只有一個德國退伍軍官，同一個肥豚樣的德國女人。再加上幾個水手一類的人，他們在裏面戲着，最得意的是肥女人，她無時不在顯示她有誘惑男子的肉。大概是個明娼之流吧！抽烟、打牌、玩狗、調人無所不會的十足的娼女！呵！人類的醜惡呵！

電影　吃了夜餐後，知道今夜有電影可看，微微整齊一下衣履，再談談天，到九點鐘，去到頭等艙，影場即在甲板上。張了布幕，設了椅子，倒也風涼，在正開演時，突然感到單另，因爲我過去看電影都是兩人，從不一人去看，因此想起了遠在東方的英，不知她此時是默坐、是玄想、是入睡、是在勉強對付一個濫瘡……也不知道看的是些什麼？

麻將　從電影場出來，一群少年到頭等客廳看跳舞去了，我獨自回到甲板上躺躺，突然聽見一陣麻將牌聲音，繼之以那個肥女人的聳聲大笑，我初疑是耳亂，俟我立起來一看，知道不錯。曾聽人說過，中國惟有"麻將牌"統治過一些洋毛子，我想證實他一下，走到桌邊，真的！這一桌四人，有兩個同胞在裏面，這兩個洋毛子是"十體投地"地佩服，尤其是肥女人，據說他們在德國人中，已是頂括括打得好的了，大概這即是洋毛子吸收我們的惟一文化，而使以爲之導領指教者，也不過是這等浪人，于是而 China man 成了浪人的代稱。除了麻將外，還有其他的賭具和裝滿了屋子的人！

論詩　覺得屋子裏無聊，仍走到甲板上，想看看東方。遇見了田德望君，他喜歡談詩，外國詩讀得很多，中國詩讀得也不少。先從月詩談起,談到六朝、唐、宋、清人的詩,他倒頭頭是道,很有條理與見解。他最喜歡讀詩,我說:"詩的高低與人的思想道德成正比,而情感之真偽也相同。今人論文學,只重情感,而不知有無情感與情感之真偽是二事,思想超邁與道德純正者,其情真,故其詩境高,反之則雖有情感,往往不能真,則其詩境自然不能振拔。……"那一席話的意思,他也頗同調……于是再談到近代詩人,及在清華教詩的人等等,倒也頗爲暢快!大概十一點半了,才歸室欲睡!

雖是閑事　睡不到半小時,陳銘新君來告訴我們一個閑話,說他在甲板上暗處,看見一個小姐,同個異國人躺在椅上挽臂密語,一見他來,遂相分散……等他形容到這位小姐和形狀,並且告訴我他已打聽到姓名後,我似乎也想起初上船的一天,曾在頭等甲板上見過一個同胞,介紹一位小姐給一個異國人的事,我想爲時不過一周,不會是一見生情的人吧!後來一想,誰管得着他人私事,也就睡了!

十二日　天晴　無風

今日益近赤道,但毫不覺熱。

長函　知道明天午前抵新加坡,可以發信了!趕早把要發的信寫好,在香港給英的信,因投寄不得法,不知可靠與否?且因在暈船初愈之後,許多話都未寫,所以今天特別把她七號給我的信,詳覆了而外,又說了許多關于調養身體的話,並把已寫好的散記,也裝了六頁,預備一道寄出,此函遂從八時後寫到午後三時才完!

寫完她的信後,再寫給直弟同子政的信。

念人團　昨天午餐後,乃君同我說,我們來組織一個共同游覽的團體,可以省錢,而又省事,我想也是辦法,簽了一個名,等到今天開會後,出人意料之外,加入者有二十人。我當時便覺過多,這個過不慣團體生活的民族,人一多便意見紛岐。馬上想退出,然而還未決斷,還在猶豫,所推薦的主席落在我身上了!從此堰塘開了口,塞不住,弄得我大背初衷,半天不樂。而過去幾天在我《散記》裏出演的人物,今天都成了團員,我想只得好好地做下去吧!會議的結果,定了一個名字,爲"S、S、C、V 歐行念人團",又議定了明日的游程!

夜十一時半睡,似乎有點失眠癥將發的樣子!

十三日　天晴　午後大雨　曾見落日大圓　夜月色極佳

今日行踪爲全程最南之地,距赤道僅七十二英里,但並不如我們想像中的熱,而午後大雨時,頗有江南秋意。

早六時即大醒,知將到新加坡 Singapore 就起盥洗。早點後,匆匆寫好了直弟、子政們的信,商量一下今天的游程,已看見海際隱列的遠嶼,知道距到岸不遠了!

遠攝　等到這些遠嶼,由隱而顯以後,才知道只是因于山間的樹色,與海色相亂,成了不能截然分割的連峰叠巒。其實他們全是一些疏疏落落的小島呢!

風浪不時地在吹拂着,水色又是如此的澄碧。星羅在這水面的小島,隨着我們的船在低昂,好似玉盤中微動着的碧珠,其實是像小塘裏的一葉浮萍,偶因微風行水,惹得一身離亂呢!

小島上面都種滿了新鮮的叢木,好似非常慰快,而萬綠叢中,偶然有一角紅樓,這裏面應有一個絕世仙姿的美人!有莊嚴相、菩提心。引得載浦一舟的人都企踵矚目。我想起了遠在東方的人!

我們的船徐徐地穿過了這些瓊島,拖出一帶的浪紋,與島際相吻,似乎滿船的人,都欲托以微波以寄遠情,在欣欣然的冀望中,引到了新加坡的岸邊!

登陸　船已近岸了,一大群馬來人,乘了方底小舟,繞着大船左右,據說是討錢的,最好你能投下一個"先令"或一枚新加坡幣去,他便馬上隨手放了艋子,向水裏一鑽,不到半分鐘,黑頭從水裏一冒,手脚像蛙樣一撈,從他的船邊出來,口銜着你所給的錢,技巧是如此的純熟!大概已是半生的練習了！但如你所摔下去的是個銅子，他連眼都不動，讓它千古沉埋在大海中去！

船在距岸不到一丈，這群小船才從大船的舷下襠中滑了出去，當他最後一槳已與大船相吻時，大船也吻着了碼頭上水邊吊着的木椿！

碼頭上接客的人，是如此的多，當最下層艙門打開時，擁上了一大群馬來最下層的苦力，日光射着他們深黑的腿，與深紅的紗籠（中國婦女所着之裙），這是熱帶的象徵！

游覽新加坡是不必驗護照的，我們一行人二十三個，下船上了碼頭，待着一位團員中 H 君的親屬，爲我們叫好汽車，先到皇后大酒店吃午餐。

午餐　新加坡的形態種種，雖在汽車中只是一瞥，但也看出幾件小事，足以一記：（一）是十字街頭的警察背着一塊寬五六寸的藤板，如人平舉兩手于左右，即以代指揮車輛之用。（二）黃包車特別的大，往往乘坐兩人。我曾在車篷下見到一對半擁而坐的男女。（三）還有一點籠統的感覺：覺得這個地方"明淨得很！""新鮮得很！"綠樹羅列在白色的房屋之下，道路羅列在綠蔭之中，而滿街行走的人，也都配上非常調協的白衣，再點綴一點馬來人的紅裙紅巾，令我這初游的人非常興奮！

皇后酒店是個五層樓的旅館，最上層是個酒館，我們一行人在那兒吃午餐。菜頗可口，只不過太少一點，因人多的關係，我也只得留些量。價錢也還公道，二十三人只用了十元新加坡幣。

因爲招待 H 君的人，連我們也要招待，意思是華僑在此，精神上頗痛苦，見了祖國的同胞，非常高興，但我們只是萍水相逢，不便多叨光。"誼受其輕"把二十餘人的信交請他代發，算是領了一番盛情！但我們的心中、意中，這信是當自己寄的！

在這兒我又稱了我的體重，是一百二十磅！

下樓來已是十二時半，而"雨頭"已見！

新加坡像贊　經過若干時的議論，才決定先游動物園。一齊上了車，雨更大了，誰還管到汽車腿子的吃苦，仍是照舊前進，看看經過的若干比較熱鬧的街市，不僅兩旁的人全是閩、廣一帶的同胞，即市招也是用

"廣""林"（福建多林姓也）諸字爲多，外形上還是一個中國人的新加坡！好似已够舒適了！

新加坡的路，無一條不在綠樹蔭中，新加坡的屋子，也無處不有茂林深蔭。即以所謂鬧市而論，除了極少數極新式的一大列連梁接棟的商店房屋而外，差不多每座房屋的前後左右，都有一片空地。蒔花藝竹，甚且大木參天。而屋子都不講高大，低椽三間，回檻一曲，小樓一角。粉米色的墙，配上咖啡色的柱欄疏窗，疏疏落落亂出于長長短短、高高下下的綠樹之中，已够令人心醉。有時更見樓角爆着鮮艷之衣，窗畔有垂着明淨之簾，而二三鷄犬，出沒墙陰，雙雙珍禽飛來葉底，看不見一點枯黄之葉、焦燥之枝，也不覺其爲熱帶之地。真是個世外桃源呵！

車漸漸地走到荒野了，夾道的樹木愈顯得大，夾道的人家愈顯得自然，而偶見赤地也愈見其朱殷欲流。

這時的雨更大了，已飄濕了我的半臂，然而在雨中的樱樹，更伸直了腰。杉蕉之屬，似乎也有熱汗後得到一次淋浴的快慰。雖是在雨色濛濛中，而不減少絲毫的蒼翠。車呢？似乎也知趣，開着幾扇窗門，時時把遠在極目不見的路頭老樹，很快地拉了進來。本來在這樣的大雨中，也只宜于讓好景多多地在我們面前飛過。誰還能僅作一草一木一枝一節的鑒賞呢！

在這樣濛濛迷亂的雨色中，千回萬轉，行到了動物園的門口。我把手中的報紙權當斗笠，踏視了全園的動物，有不得高翔的鳥，有不得遠走的猴，猛虎關在牢裏，大象繫着兩脚，獅子雖然雄偉，然而已爲階下之囚……我想："人真是天地間最不好自由的生物，既已自作狴犴，又以狴犴施之以衆生。動物園中的虎與大英殖民地下面的馬來人有什麼分別，而我們的僑胞，又何以異于馬來人呢？"這園中的動物並不怎樣多，就是熱帶特有的動物似乎也沒有幾種，而地距市中區又不很近，並不甚值得一游，不過今天我已很滿意。在大雨中奔馳了幾十里地，見到了正在磨洗中的新加坡之美！

一行車又乘雨返來，重過來路，此時我注意到新加坡的新舊建築，新建築雖然也與上海、漢口的鋼骨水泥洋房無甚差別,然而很少用灰色,多用白色,甚至有用淺藍淺綠的。至于舊式的房屋,多半空着,下面在距地二三尺之上,才正式起房屋,有的下層頗高,仍舊空着不住人。只見一些羅列着的柱子,人住在樓上,這在我看來應當是古人"湖居屋"與"樓居屋"的遺迹,不過是新式化了!這種屋子也不用太斜的屋脊,更少兩層以上的樓,墙壁也多用木板拼成。大抵考究一點的,有石階三級,欄杆一曲,我覺得非常秀雅合用,而壁墙都是白色,蔭以綠樹。令人覺得處處有田野風度,欣然向榮之概,這不僅在我們的全國不易見,即號稱美麗都市的日本東京,距此也尚遠呢!這樣的一個地方,他可以代表一種思想、一種感情、一種藝術派別。在滿眼灰黯的上海,是尋不到一點什麼意思的。在這兒令我想到人人欣羨的江南佳麗的蘇州,蘇州屋子的墙壁多用黑色,看去令人非常不快感,我老覺得蘇州是個死城。一點光昌昌的氣都役有,償若能像新加坡的建設一樣,白屋綠樹,不更可以爲佳人才子的裝點嗎!

車緩緩地出了拿心街,過胡文虎兄弟居室,入了植物園,一切的綠樹,都在欣然吐新。暗紅的花,從地面草上到十丈以上的樹梢都有。我一樣也呼不出他的名字。車從花叢中溜過,似乎也粘了些花光。雨漸漸地小了,只不過一些霖濛。一園的樹木,更發放出嬌翠欲滴之色。令我想起了兩句王靜安先生的詩,"萬木沉酣新雨後,百葛[①]蘇醒曉風前"。正可移作此時之用。

車在紅紅的路上馳出了萬綠的植物園,我帶了一身的香、一身的色,同滿心的快慰,在歸途的車中咀嚼。然而美景尚不止于此,兩旁的車走過一些高高下下的小崗阜之間,歸途依然是裝點新加坡的扶疏喬木。而依山築室,也高高下下地羅列着。與過去所見,又有些不同,這些屋子,多半是最新式的大小洋房,也是另一番氣象,自與湖居室式的房屋兩樣。雨已停了,車也送我們到了碼頭,雨中游行,一切都有點矇朧,只像睡在

---

① 王國維原詩作"百昌"。

榻上，看了一張新加坡的五色風景照片，我僅能寫這一點點兒像贊。

碼頭小市場　車把我們送歸碼頭，距開船已不遠了，想到市區買點東西也來不及，只得在碼頭上的臨時小市場上買了三先令的舊郵票，是爲了一個小朋友買的。這小市場就在貨倉壁下，全是日用品，而衣着絲物之類尤多。爲英買了一件浴衣，本來想買幾張畫片，因零錢用完了，所以未買，八點鐘過後，船向西北前進，在甲板上與望德小談，歸來記日記。

地理志　新加坡地在馬來半島南端，與馬來半島並不相連。中隔一衣帶水，現爲英屬海峽殖民地的首邑。南對里賀群島，Rhio Axch 與荷屬蘇門答拉 Sumatra 相望，在一百年前，尚是荒土，至一八二四年，乃隸于英，當時與中國的閩、廣等處有交通貿易，追尋一下它的歷史，實則當即唐以來所謂闍婆洲，音轉爲米波，即古驃國之地，不過在明以前與中國實無交通可言。故鄭和下西洋，也不曾一到。自入英人掌握，銳意經營後，已成爲英國對遠東經濟軍事上的要地。英人于此建兵艦修造所，石油貯藏所、飛機場等。而國人來此者，也日益加多。

新加坡的名稱，本有兩個，一名石叻，一名新加坡。石叻是馬來語，是海峽之意。新加坡是梵語，獅島之意。後來我們一個姓丘的僑胞，爲他取了一個雅名，名曰星洲，近來頗爲流行。

關于此地的詳情，英人的著作很多，國人尚少見。聽說有一位宋蘊樸先生有一部《南洋英屬海峽殖民地志略》一書，惜我未見過。

記人　新加坡的人口，據說是四十萬，而我們的僑胞，占四分之三。在過去，本來年有增加，近年因英人事實上限制移民，入口者少，然而此數仍未稍退。除此四分之三的國人而外，其餘大多數是馬來人，本來新加坡是馬來人從蘇門答拉北移的根據地，又是馬來人曾建過國的故土。當然不會在少數，除馬來人外，別的人都不甚重要。至于僑胞在此的實際地位，只要看看游街滿港的中國字招牌，已可知道了。不過在此常常受英人的氣，這是僑胞引爲甚快之事。這要看我們政府如何努力而已！

馬來的人種，也很複雜，其原始形態、風俗習慣，似有一記的價值。茲采擇一二要事略記如下：

　　據英人韋更生從語言上的分析，爲馬來的原始民族，共有五種：一爲薩曼 Semeng，二爲北部沙階 The Northern Sakai，三焉中部沙階 The Central Sakai，四爲北席席 Besisi，其五爲哲幹 Jakun，但這並不是馬來人。譬如薩曼，只是雞打地方馬來人，對于居住該地之小黑種人 negrito-aborigines 的名稱。北部沙階是居住于峨郎卑倫與霹靂間的原始人。中部沙階是由卑倫到丹戎馬林間的原始民族。北席席則爲北自丹戎馬林，南至哥郎淡西部，在布樓魯巴接馬六甲海峽之原始民族。而哲幹民族在柔佛國內。這些民族，雖然有與馬來人相混合的事實，然而並非馬來人。只爲馬來半島中殘留的一些原始民族而已。至于真正的馬來人是來自蘇門答拉的。原來蘇門答拉的民族本分爲五部，一爲曼南加堡，在島的中央；一爲亞齊族，在島北；一爲白他族；一爲利淵族；一爲蘭曼族。狹義的馬來族，只是曼南加堡族。然而因爲曼南加堡以政治文化的優越，自來爲其他四族的統轄者。所以其他四族也混稱爲馬來民族。不過曼南加堡民族後來多已改信伊斯蘭教，社會風俗漸脫舊觀，而真正的馬來文化倒反保存在利淵族裏。所以我們現在看見的信仰伊斯蘭教的馬來民族，已是改觀以後的民族了！再滲入了些中國、印度、阿拉伯及近世歐洲的文化，使馬來固有的文化，留存者很少！

　　馬來文化在人類文化學上，也有許多值得研究的。譬如社會組織的情形，有許多與澳洲、馬賽、班克斯群島人的古代社會相近似。而"母系社會"的制度，在馬來人中，也有很明爽的例證。……這種情形我這兒也不多說了！

　　至于現今的馬來人生活狀況，大多數還是務農，信伊斯蘭教。有貴族、平民兩階級，而曾經到過麥加修行的伊斯蘭教徒也自成一階級。普遍性情較原始，吃飯皆用手抓，沒有用箸者。房子多留"湖居室"遺痕。離地約二尺高，築一矮棚，上面蓋以草或亞鉛。正面有階三四級，入門時跣足而登。對于婚喪禮節，也非常繁重，而使人覺得最奇的是他們的服飾，一頂帽子，老是不離頭，一條紗籠，更是鮮艷得出奇，既使上自穿了西服，這一條紗籠也不曾換去。婦女的頭上，再加上一條長約五尺左右的彩紗或色綢,也異樣的鮮艷!

　　還有許多關于此地的事情可記,只是寫得太多了。人有些疲倦,權且收着吧! 並且今天起錨後,船有點簸動,更不能不快點結束,只不過還有一二小事,似可爲來者之鑒的,也寫在此地!

　　雜拌　新加坡雖爲英屬殖民地,但幣制並不與英國同,他另有所謂新加坡幣,每英鎊可兌八元四角。中國幣當然不用,即香港幣也要大貼水,汽車價大概每小時二元,車夫多馬來人,尚不甚狡猾,飲食以廣東館爲方便,價與上海差不多。

十四日　天晴朗　有小浪　故多臥時

　　晨七時起,早點,覺餐室中國人突少,因憶昨日到新加坡,南洋僑胞與到南洋的人不少,所以今天人減少了!

　　早點後,補記二日來日記,直至午後方畢。三時後,有小風浪,不安于端坐,于是靜靜地躺着,看看《文選》,讀完了 Robert H. Lorvie 氏的 Primitive Society 一書。

　　大概在新加坡上來了幾個德國女人,似乎是一個音樂團體。今天午餐前在吸烟室演奏,我雖然不懂歐洲音樂,但因了近十年的濡染,也頗能欣賞,覺得還不壞,尤其是小提琴拉得純熟。這幾個人的外表看上去似乎還正經,但後來從幾個"包打聽"口裏聽得並不高明。在夜裏電影散場時,路燈還未明,我偶然走在他們後面,看見那個專勾引女人的某國海軍軍官,夾在其中兩人兩臂之中前行,燈突然一亮,馬上放開了臂,這兩位"音樂家"也像小鳥樣的飛向前走了,我覺得有這樣技術的女子未必還要給男人做玩弄品嗎? 爲之太惜……其實這又是我好管閑事呵! 然而這個專以勾引女人爲事的某國人,真倒是令人想"撲殺此獠"!

　　今天的菜單上寫着今夜九時有電影,電影場是在頭等艙的甲板上,片子並不甚好,然而也頗足以消一時之愁思。

十五日　天晴　有小風浪

晨七時早點,因有小風浪,終日在房裏靜臥,也不曾看書。三時許"歐行念人團"開會,議定游覽地點與游程。夜餐後,陳銘秋君來談。田德望兄來談。

今天是無見無聞,也沒有什麼感想,只有時想起家裏的人,有時頗記挂着在蘇州的英!

夜十時正式寬衣而眠。

洗了一條短褲,一件小汗背心。成詩二首。

十六日　天晴　小有風浪

晨七點半後起,早點。

今天雖小有風浪,但似已稍習,勉能在甲板上小立。後來想起明天要到哥侖布(今科倫坡,編者注)了,得寫信,遂勉强挾着紙筆,到吸烟室去寫,本想多寫一點,但頭實昏重。僅寫一紙,封好後,已不能支持,只得回到寢室睡下!

同船的一位青年,每每喜歡多討菜吃,每次都要雙份。送菜的 boy口中雖然不敢說,而心裏非常不高興,他多要來又不吃完,剩了大半盆,也不知道茶房的面色已不好看。今天夜餐,又討兩份水果,我同 B 君看不慣,但此君似乎還有點善護己短的脾氣,我們不能直接說穿,只得把自己的也送給他,借此給予一個暗示,不知他能知道否?我在許多地方都看出來,近來的青年貪鄙者日益多,恬不知恥,這真是一件危機。凡一個貪得的人,決無清廉的希望,不清廉的人,當然是鑽營圖謀之輩,欲使之爲國爲民,是根本不可能的。孔子重廉,老子戒貪,管仲、呂覽、韓非重去私,這是很有大道理的。後世司馬光重節儉,顧亭林高唱廉恥,都是救國大計。你看今日的中國執政人物,誰個不是貪墨之極的人,他還能爲民謀一點福利嗎？貪食雖是小事，而以小視大，也未必不是一人的行爲之機。因此我覺得這又是個"可惜了"的留學生，也許又是個未來的"地鑪子"呢！嗚呼留學生。

夜十時半睡。

十七日　天晴

一醒後知道今天要到哥侖布了，隨即起身，早點後，已隱約地看到哥侖布的市影，即能見燈塔時，已到了那入海中的長堤，頗有點像煙臺的景色！

驗照　遠眺中的哥侖布，比新加坡要繁華些，建築物要多些。船是不靠岸的，停在海中，大約九時已停好，但不比新加坡方便，要先驗護照，加過印信，才得登岸，大家都集合在頭等艙的吸烟室裏等着。到十點半後，才把印信蓋好，上了小汽船，每人渡費半個廬比。

游蹤　上了岸後，已由 H 君把汽車講好，三小時給十個廬比（一廬比約合國幣一元），大家上了車，先到郵政局寄信給英，又給巴黎的鳳甸一封信，告訴他我在上海動身的日期、船名，及到巴黎的時間等等。郵局的辦事員，不大有規矩，賣給我的郵票，與我所付的錢大相懸遠，同他理論，他裝不知。兩封信花了五個先令，約合國幣三元，可謂曠古未有的奇貴。

車先到維多利亞花園，奇花異草之多，真是目不暇接，可惜我連一種也不知道，只拾得幾粒橡樹的子！

第二處是游覽博物院，可看的東西真多，除了許多熱帶長生的動植物標本外，還有不少的古器物，及與佛教有關的器物，如青銅造像壁畫之屬。正在留連不忍去時，團體已要另到一處了，我只得暫時忍着，謀重返的機會。車又把我們送到臥佛寺，這裏的規矩是脫了鞋才能進去瞻仰，把鞋放在廊下，走進像屋去，當時令我驚奇的是色像之新而鮮艷，似與我從來所見者大異。也許佛菩薩也受了西洋洗禮了吧？英人統治殖民地的方法，這也算是一套呵！不過丹青雖異，而廟貌猶存。中堂一立像，左堂一挂像,皆甚莊嚴。四壁皆有畫,皆爲釋迦一生故事,一印度僧人爲吾人領導,說不甚可懂的英語,大家僅以意會而已。案上多散香花,游人可各求一朵,我倒獨求了兩朵,才徐出殿門,着履未畢,而汽車已開矣!

預定計劃中,本當有一二處當游,而爲一領導之馬來人所遺,開到山邊一家珠寶店去,大家都嚷嚷不已,只得馳歸碼頭,到了一家飲冰室,喝了瓶汽水,我重返博物院之心甚熾,約同傅振倫君及德望,三人再乘汽車前去,再細細地看了一遍,把重要的東西都記了下來,有一部分古物,該館已印有明信片可買,用三盧比買了一套,凡五十八張,很滿意地歸來!

所抄記的這一些古物像畫,似有一詳載的價值,茲錄之如下:

五世紀 Sigiriya 鐵器計有:

日用品　農具　兵器之屬

六至十四世紀陶器殘片(有帶彩者)

Sigiriya 之壁畫(大者約十幅,小者幾倍之。)

古代 Kandy 木柱雕刻及木門

十三世紀 Salagama 人到此地情形之繪畫(有埃及作風)

大銅鑒(未著明時代)

陶器(有明器及大形罍未著明時代)又有佛像

Old manuscript

貝葉經有釋迦降生紀全套最可貴

100 B. C. 磚(正方形)

佛教石刻造像(此另爲一室,在博物館左後)

Kandy 王后像及其用品

荷、英諸國在 Ceylon 之圖畫照片及所繪之地圖

而十世紀至十三世紀的銅佛像(青銅多于黃銅)。我曾把名號抄下來,姑且附抄如下:

Agin Vama, nairrti, Sakti, Bronze Figure,

Bala-krrna, Brahma, Dhrtarastra,

Virudhaka, Virupaksa, Vaisravana, Visnu,

Siva and Parvati，Parsiati，Surng，Nataraja，

Figure afa Goo，Visnu and Two sakti，Appar Swami，

Siva AS Nataraja，Surya，Siva with his Consort，

Candesvara，Tirujnana Sambandha Swami，

Manikha Vasagar，Sundara murli Swami，

Mahinda，Sedent Buddha，Makara Torana，

Appar Swami，Bodhisattva Maitreya，goodess.

其中有一名而有幾個的，不重錄。還有幾個普通的佛像，也未寫下來，當時因爲離天黑並不太遠了，又怕汽車等久另生問題，所以寫得非常匆促，不僅有遺漏，且恐不免于錯誤，身邊也無書可校，只得留待將來！

把這些古器物看完後，在館內買了一套該館出版的明信片。即用該館所藏古物的照片精印者，惜乎並無太重要的圖片，有許多于學術上有價值的東西，根本就未收入。全套共五十八張，價三個廬比。在館門外爲德望照了一張像。撿了幾個菩提樹的葉子，乘車歸碼頭。又在附近游行了兩條街，便乘渡輪歸船！

雜拌之一　哥侖布市面的情勢，與新加坡已完全兩樣。街上看不見一個中國人、一個中國字，房子在鬧市中全盤西化。在許多的住宅區與稍遠市塵的地方，仍存印度式的建築，脊高椽底，紅繪疏窗，別有風味。樹木雖無新加坡之多，然也見不到無樹木的地方。風景也頗優美！

雜拌之二　此地本爲印度國土，而爲英人之所經營。故表面是歐化了，而骨子裏處處仍存印度本地風光。我們在一家印度飯館裏午餐，知道了印度人的飲食，他們喜食咖喱，每菜都有幾隻和我們西南幾省人喜吃的辣椒，吃飯仍不用箸，以右手抓食，稍西化者，偶用刀叉，也覺不習慣。他們的衣服，男子上身多西化，下仍用裳，近似馬來人的紗籠，而少用紅色，多用白色，其長及地，行路時多用右手提裳下角，婦女則短衣長裙，上裹有色的紗綢之屬，長及于踵，斜披一角于頭，微露右臂，多赤足，摩登者亦着高跟鞋，與我們在內地所見不相遠。

民族性如何？我不敢說，一般人都說他們很懶，也許不太錯。但我

還覺得有點"貪財"。譬如我上面所舉的郵局辦事員是一例。又如我們一停留在什麼地方,便有人無緣無故地問我們要錢。汽車夫都偷着把計算里程數的表加上二三里。博物館裏的侍役,也會伸出手向客人討錢。一切人都好似滿不在乎地問人討錢。中國人是暗地揩油,印度人是伸手要錢,說不定就是英國人所能統治他們的一個原因。不僅釋迦的精神掃盡,就是甘地、泰戈爾的精神,有些也是白白拋弃呵!貪鄙也當是亡國的原因,我想起我們老大的中國。

雜拌之三　此處的幣名爲"廬比",每一金英鎊可換十三廬比又一五。同國幣的價值約相當。但不使用中國國幣,連香港幣,新加坡幣也不用,汽車以里計算,每里半廬比,車上裝有計里的機器,走了若干里,它就指在若干數上,按數給錢,聽說這是孟買的規矩,此地尚不多,所以我們的車,仍講時間,三小時共給十廬比,比上海車稍貴。

雜拌之四　哥侖布 Colombo 在錫蘭島的西岸,爲錫蘭島的一大都市,出産以珍珠寶石爲最有名,當印度洋航路中心,爲印度洋海岸第一要港,往來于東西的船舶,必寄泊于此,所以商業頗繁盛。

欲爲購點東西而不可得,爲之悵然!

歸船後浴沐,因船停近埠,浴水甚濁,頗令人不快,浴後立船頭,看看上下的貨色,到七點半後夜餐。

今天玩得很疲倦,本欲早睡,但房中正熱,令人不耐,只得在甲板上乘凉,同德望談了許多關于詩的話。他早歸睡覺,我仍留看星,頗念遠人,很想作一二首詩,以舒鬱懷,然而詩思頗澀,遂暗誦杜工部、義山、漁洋之詩,遂至于高聲而讀。忽然驚動了暗處的一對,從我身邊竄到對角,我自知討人沒趣,只得走歸臥室,强使入夢,又是好久的展轉,方得薄寐。

十八日　天晴　夜有微雨

因爲昨天太累,起得很遲。早點也不去吃,一個人悵悵地在甲板上坐坐,什麼也不做。到了午後,又小有風浪。因爲二十號要到孟買,聽說孟買上岸，非有已種牛痘的證明書不可，只好分頭打聽辦法！

夜餐時，知道今夜在頭等艙有茶舞會，二等艙經濟艙的客人也同被邀請，我本不慣做此等客人，臨時被幾個人拉了去，不到半個小時我便逃了。

跳舞與女性　也許是我個人的思想與感情有太不摩登的成分，每到舞場，我只覺得是一脉淒凉，暗暗的燈、悠悠的樂、朣朦的影、簡直是"盛鬼滿屋""幽靈婆娑"而已！令人欲哭，有什情趣。爲什麼不在光天化日之下去做？爲什麼不在綠色如茵的地方去做？爲什麼不讓有情人、有情眷屬自己一對對去做？臨時拼合有什意思。跳得一身臭汗更不值得。既不能談心吐素，又未必是隆重節儀，名曰交際，又未必不存好惡于心。鳩盤老嫗，求一試而不可；少艾美姬，求稍停而不得。反過來看，裘馬少年，有多半是脚不停趾；酸儒貧生，便只得坐在角落裏。所以舞場裏盡有人在跳在笑，而屋角裏也許有人在號在咷！拆穿洋把戲，還不是大家都存"揩油"之心嗎？這種糜爛的生活，乃行之于所謂有閑階級的人。他們的表面是有所謂"風紀""道德"的，當然私奔苟合的事爲所反對，然而慰情聊無，只好多揩些油，酒醉飯飽之後，紅燈綠酒之下，正是心花怒放之時，也是面目最真之時，蠱色惑財，一齊平等施展，而美其名曰交際。這不是我有意羅織，你只看歐洲的所謂世家、閥閱的齷齪事，差不多沒有不以舞場爲基始的。這點消息未嘗不可爲我的意見的張本。所以我以爲這是一種布爾喬亞的糜爛荒恥的生活。

再以社會進化的眼光看來，原始的跳舞，只是求愛的方式。到階級制度最盛之時，臣民屬僚才有以妻女求事酋長上司的事。所以一切跳舞的方式，女子都僅能在俘虜的地位。歐洲在古代也只有在位者召開舞會的事。也尚不以爲儕輩交際，以爲儕輩的交際的事，起于何時？我一時無暇去考察、然而其轉變已大離其宗，這是已够明顯的事。乾脆地說，這只是有錢有勢的男子玩弄女子的把戲，若要徹底地、明白地、鮮明地作愛，便當在尋個光天化日之時，綠蔭滿郊之地，哪怕你們只愛一（?）次，也不失爲光昌負責之行。爲什麼要藏在屋角裏做鬼影子！倘若是要顧到所謂"風紀""道德",爲什麼不清茶一杯、檸檬兩片、靠椅一把,大家坐着清談一時,免得出一身臭汗,不更好嗎? 進既不能乾脆地"一愛"(?)?[1]退又不能安閑地自制,弄出這種變像的趣戲,荒爛的生活,傷時廢事,有何道理! 這只算是歐洲的一種壞風習,並不足爲法。

至于在女子方面,更只是表現一種做男子俘虜的"形態意識"。不僅是對女子的一種侮辱,也是高唱提高女權的男子的一件欺枉之事,所以稍有革命性及自尊的女子,往往是不要這種交際的。就是有此舞女,也只是爲了要吃飯!

關于這件小事,我今夜只是偶然發了一點議論。將來有機會再寫篇詳盡一點的文章!

我從舞場溜了出來以後,又在甲板上坐了一下,回到房裏,看了半本杜詩,心裏想着一個人,才緩緩地入睡。

十九日　天晴　小有風　午後風靜

近來失眠癥有點發的樣子,昨天偶因稍一用心,一夜無眠,今天船又有些簸,竟至早茶、午餐俱廢。到了午後三時,才勉强起來寫了一封信、一個明信片,預備到孟買上岸發,後來一想,孟買能否得上岸還是問題,只得交船中代發,花了一個半先令,可謂大不便宜! 大概這艘船是意大利船,所以只用意大利幣,其餘一切幣皆大打扣摺也。

二十日　早有微雨　既霽遂大晴　將午又暴雨三五分鐘

晨六時被人喚起,蓋已到孟買也。洗了面後,匆匆把護照及昨夜晚餐時船上所給的一張旅客證明書拿着,到頭等艙休息室等着蓋印,到八點半蓋完,匆匆下了船,一群人趕出碼頭,居然又尋到一個同胞作嚮導,上了汽車,開始游覽。後來因爲我們在後面的兩部車子加油,于是與團

---

[1] 以上三個問號,底本原文如此。

體相失，追趕不上，只得由車夫領我們大兜其圈子，也到了一個在山頂上的花園，同一個佛教寺院，並無什麼可游賞的，遂匆匆開到維多利亞花園，此中動物極多，見到猩猩、海狗之屬，至于虎、豹、獅、象，也各自一圈，大抵布置得很好，也非常清潔，我因爲昨夜失眠，尚未游完，已覺困頓，但團體未散，責任來了，只得勉强支持，到了差不多十點鐘，才出園門，不意竟在此與相失的團體又會合了，不覺大喜……

維多利亞花園外，本即博物院，我很想參觀一下，但要到十點過後才開門，而 Conte Verde 是定十二時起錨，此地距碼頭尚遠，而船的開航據香港、新加坡、哥侖布各處的經驗，往往要早開一刻到半點鐘的光景，所以更令人惶惶，雖僅幾分鐘，博物院便開門，我也不再告訴團體中人，而催着開回碼頭了。

此時才把孟買的形勢看看，街道非常寬闊，有電車、公共汽車馳行，大街建築物幾全爲西式，在半山的住宅，則頗有新加坡鮮明的氣態，不過柱椽綺疏，不用咖啡色，而一律用白色，且又保存了若干印度藝術的形態，柱櫺節椽，多加浮刻，壯麗中有靈巧，然而他並不施以單彩，又與中國的宮殿式不同。

孟買街市雖然寬大，然而並不清潔，滿地都是碎的紙片與賣冰人家所遺出來的水！

孟買的汽車是裝有計算里數的表，走一里有一里的計數，每里是五廬比，但孟買的汽車夫非常狡猾，譬如今天我們到山頂花園門口只有三里，但我們返出來上車時已成了四里，到維多利亞時是九里，返出來時已是十里，大概與哥侖布的印度人差不多！

回到碼頭，看見許多膚色很白而面貌骨骼不俗的印度婦女，不知是否是混血人，或是所謂貴族階級，因爲她們穿得都很考究！

十二時後船西行，一時半午餐，今日的餐廳，情形與往日大異，差不多可說是世界人種陳列室，各種膚色的人都有，我細細觀察一下，只有黃種人的身材極小，其次是黑種。我常常覺得中國人種非想法改良不可，日本的矮種不可學，然而我們的蒙古、西藏及苗人，也非常强健優秀，應當使之通婚，不然一個又矮又小的人有許多地方及精神總要差些！

孟買 Bombay 是印度通商要地，在印度半島西岸，外爲阿拉伯海，當處歐、亞航路之衝！

廿一　天晴　午後有微雨

晨七時半起沐浴。

一無所事，讀《文選》杜詩，理衣箱，重讀舊函！

夜陳銘新君來作長談，欲以詩送田德望君，思極塞！

廿二　天晴

今天是船行于阿拉伯海的第二日。昨夜裏便已聽得人說，這是常有風浪的地方，心裏已頗垂垂。早晨醒來，便覺船又在一高一低一左一右地簸揚。我以爲又是躺下的時候到了！後來想勉强到浴室裏洗了一身汗，不料竟能勉强支持！頭雖然還有點發昏，而心裏還不作嘔。于是忙着洗了面，到甲板上吹風，靜靜地躺在椅上，任他去簸揚。午餐也能耐着吃，不過稍少一點，大概是稍已習慣的緣故！

因這房裏空氣太壞，一進去便欲作嘔，所以在甲板上躺了一天。二等經濟艙所有的各種色人，都已細細地觀察一遍，大概浪人要占一大半，覺得這些自以爲優秀人種的一群群，知識的低下，情感的虛僞，以及自私自利的習氣，去禽獸也不甚相遠。這並不是他們對于祖國人民有什麼不好，被我發現過，只是從他們自己表現的行動中看出，我覺着只要在他們自己的團體裏，就可以看出他們並不比中國人、印度人優秀。在我今天冷靜地觀察中，看出了幾件小事：譬如他們所重視的矩律，而在游泳池裏橫行霸道最不按矩律的是他們；把鼻子碰破、跌壞膝頭的是他們；搶着上下樓梯，分開人叢拼命朝前擠的是他們；把船上的躺椅任意拉搬至于弄壞的是他們；食堂裏任意喧嘩、吸烟室裏任意橫行的是他們；還有許多最無常識的事、最無常識的話,他們能做能說。對于 Boy 最刻薄、最會挑剔的是他們;把兩張旅館散發的傳單、船上印的印刷品放在一張椅上,算這把椅子的坐主是他們。這些都算小事,船上的下級工人所受的虐待,未必是優秀民族所應得的,從細微的事件上,細細觀察下來,這些不曾受到好教育的浪人,同我們未受教育的同胞,亦毫無高低可分,這一點是希望素來尊重"毛子"的國人普遍能知道的。不過我們是因了政治上的不爭氣,才受到人家的輕視。我們也當有自信之力,則一切所不及他們的現代建設,想法尋到自己的出路。倘若我們只覺得"毛子"好,則永生永世,不過跟着"毛子"屁股後面跑。說不定我們又仍舊跑上"毛子"現在的"日暮窮途"。使整個人類不過是"相砍"的集團,還有什麽樂趣!

至于說什麽是我們自己的出路,不是我這種一節一段的日記所能討論清楚的。但我的意思並不是目前復古運動中的讀經。然而也不是內容不甚清楚的所謂"本位文化"。如果那樣我覺得我們至多不過又造成一個以砍人爲能事的集團,仍是在輪回相砍的生活中,則今日砍人,明日被人砍,還說什麽進化呢?

坐的是正在要砍一個弱小民族的國家的船,又看見這一群以砍人爲能事,自謂優秀而實際去動物不遠的民族的行動,真不能不令人悚懼!

入夜因無書看,向傅振倫君借了一册《鶴林玉露》,以消暑熱。

廿三　天晴　有風浪

風浪仍舊是如此的大,但似已稍習慣了,仍然照常的能吃飯!

我們的同胞,實在不大爭氣,今天那一位烈士後人,向侍者要來一盆火腿蛋,弄得滿盆蛋黃,拾起盆子來用刀叉趕,把盆子弄得很響,一群"毛子"都回頭看,而侍者更爲輕視竊笑。又有一位某省官費到某國學教育的同胞,穿外衣不緊領帶到食堂吃飯,他每次都要挑選菜蔬,侍者知道了,每次都把盆子讓他挑,今天我看見他挑了兩次不如意,又受到侍者的奚落，他的麵包是脫棄外皮吃的，他每餐後，都剩了一大盆皮，今天又看見。今天看見的事太多，略記兩則于此，爲未來者告！

早餐後到甲板上去坐了一會，然後回到房裏拿了一本書回去，位子已經沒有了，便在船邊上立立看看。船激起的浪花頗能止暈，突然一個大浪打來從頭上過去，滿身大濕，褲鞋都不免，只得回到房裏更衣。甲板上既不可再去，只得睡倒看昨日新看的羅大經《鶴林玉露》，至四時後看畢！

此書余于五年前在杭得一清初刊本，與江慎修手批《周禮鄭注》同時得到。江氏對于《周禮》無著作，這部手批本，也從無人知道，所以頗爲可貴。後來被一個毫無學識而又各嗇成癖的人借去，一借不還。偶然間還令人思念不已！至于《玉露》一書，則跟着許多書籍同亂七八糟的稿子在"一二八"的時候犧牲了！今天看完此書，不禁令人惆悵非常。然而想想這個以殘暴組成的國家，不知祖國此時更有什麼花頭。已半月不見報了。——這時突然想起這艘船上東方諸國的人都有，只沒有日本人。

羅氏的學問，倒還博雅，議論也頗平正，有幾條也頗有特見。如論張良以黃、老之術輔漢及自保，爲前人所未發。書中頗推崇魏鶴山，也頗有見地。至論南宋與金人的關係諸節，雖仍不免于宋人習氣，而頗有可取。又如論孝宗諸節，也頗正大。皆可輔正史之不足。論詩論文處頗多，而見解却甚不高明（論詩較好）。然而我覺此書的好處仍不在此，而在于論爲人處世諸端。頗有明快之見，而又不落小氣。有若干段，很可給現代青年——甚至于青年以上的人一讀。在宋人筆記中，可謂上乘之作。文筆也很潔淨，可惜此事此地我不能詳評！

四點鐘後，已無事可做，船的簸揚似乎仍未停，于是同房的幾個教我打撲克，在我是破題兒第一遭，毫不感興趣，不過是混混時光罷了！八時夜餐。

九時有音樂會，但因頭暈未去聽，在房裏同銘新兄閑談。十一時許睡。

廿四日 天晴朗 無風

二十二、二十三兩日的風浪,今天算是完全平靜了!

晨八時半起,早點後,到甲板上小立,從陳銘新君手中,看到一部《合肥詞鈔》,是近人李國模選的,安慶大同書局排印,全爲合肥人的作品,從龔鼎孳選到選者自己及其家族妻妾。所錄詞共四百八十七闋,而其祖父妻妾兄弟姐妹之作,爲二百二十餘闋,占全書二分之一弱,而合肥入選的人似乎遺漏者不少。其實要算《李氏一家詞鈔》,不能說《合肥詞鈔》,再看他所采輯的書目,自《宸垣識略》以下不過十七種,則所見是寡,也可想見,大概是成書倉卒的緣故吧? 其選例與大意所在,也不甚明白。第四册尤蕪雜不堪,而作者自己的詞,選錄在七十首以上,占全書七分之一,似亦大乖撰著之例,所以就此書的組織上說,全無體例。但就作品而論,如龔鼎孳、田寶發、何雲五、徐漢蒼、王映薇、王尚辰都不失爲當行,自亦有可取之處。而我最好的是龔鼎孳與王映薇二人,龔氏頗有北宋風味,王映薇氣韻雖稍衰,尚能出入于清真、易安之間,王尚辰①小令也復可誦,這是頗能令人慰快的事!

因爲讀了許多詞,頗有點技癢,于是倒在枕上,想勉强湊成半闋《望海潮》本意,而情思昏悶,無法完成!

今天本當理髮,但船中理髮點實在太壞,並且奇貴,只得修修面、修修鬢,應個節!

夜餐後,一位到倫敦參加古物展覽會在故宫辦事的先生,來房裏談了許多關于故宫的事,並說到以善描鐘鼎款識而成名的某教授,把故宫裏趙孟頫帖,以委員資格,賤價買去,賣高價,種種事情,頗覺有趣,靠死物吃飯,靠棺材吃飯。覺得國家的事真是無一樣不糟糕,地位愈高的人,愈是作奸犯科的能手,國家從何而治呵!

---

① 原文作"宸",據上文改。

廿五　天晴　大熱

今天船行紅海中，大熱，連房裏的鐵床檻都不能著手，甲板上雖有布幕，而仍不能稍減其烈。午餐時的涼水換成冰水，仍不能解暑氣，得點清涼，爲我生平僅僅受過的熱！

午後認識了一位梅縣的溫君，是在柏林大學學經濟的，家住新加坡，談起了關于華僑的一切，頗令人傷感！

今天有人在說新加坡巨富華僑胡某，是造假鈔起家的，這是一個頗可怪的消息。

張真如君說起少年的歷史，頗覺可佩！

簡直沒有書可看，天氣又如此熱，所以糊糊塗塗過了一天，船上的生活是如是單調乏味！

夜有電影，是個偵探片，法國出品，風味與美國片子全不同，而淺薄到也差不多！

廿六　天晴　大熱

天氣仍像昨天樣的熱，三點鐘後，稍稍好點，但仍令人難受！

晨六時半起洗了個澡，順便把襯衣、汗背心、小衣都換了洗過，現在洗衣服比前幾天多點經驗，少吃點力了！

早點後到甲板上看看海景，也頗消磨了些時間！

明天船要到蘇伊士了，船中本有游覽開羅金字塔、寺等處的組織，有人邀我加入，本來這也是難得的機會，不過我身上携帶的錢怕不敷用了，所以踟躕了好一會。初初想向人借，繼而一想，匆匆跑去走一趟，不過二三個鐘頭，看得了什麼？金字塔下面不知還壓着些什麼更值得一看的東西，設使它就在面前，順便瞻仰，未嘗不可。所以便不曾加入，而來相邀者，尚在臨時勸駕，誰能像這般闊少的豪氣呢？

今天夜裏看見一件奇事,幾個某國小姑娘圍在一桌打撲克,年長的不過十三四歲,然而每個的椅背上,都坐了一個壯年以上的男子,都把手從小姑娘的後面腋下伸向前去,撫摩胸前不已!當時屋裏的人誠然少,而所有的人,又多半是一群他們所看不起黄色人,于是肆無所忌的幹這種下賤的事。似乎這種卑劣舉動給黄色人看,並無損于他們是優秀分子。這幾個小姑娘又都專心在打撲克上面,有兩個也許還常常要睡在他們的媽媽的懷裏的,于是這群色情狂的壯年有的更從短袖筒裏伸進手去,後來是一個頂小的嚷了起來,才一哄而散。我想獸性在優秀分子中,也特別優秀呵!

船上已有通知,說到倫敦的客人的行李,船中代爲運送,而對于巴黎的客人,未曾提及,心裏有點不明白。所以吃了夜餐,同銘新君到公事房去尋該船華員翻譯賀君,問個明白,知道要到 Brindisi 以後才爲到巴黎等處的客人辦理,據說到倫敦是這個船的公司自己有船行倫敦,所以他們早辦,而巴黎等處則要到 Brindisi 後,鐵路上有人上船,才能辦也。

十一時睡。

廿七　天晴　較昨日熱

今天是船行紅海中的最後一日,也是可看亞洲陸地的最後一日。從昨日午後,船即行駛于亞非兩洲極狹的海道中,東爲西奈半島,西爲埃及國境的東岸,算是已行于兩大沙漠的夾槽中,雖無其他象徵可說,而天似已稍異,到九點半鐘時,所見的天邊之色,更覺奇異,愈與地近,色愈奇麗,然而似有極薄的埃塵照着,所以奇麗中帶漠暗之氣,與地近之處,是以紅中泛灰之色爲底,而另着上一抹一抹的彩色,然而當頂的天色却仍是青的,等到看得見蘇伊士的燈塔時,于是水際與天色更相混同,從面前的水看去,是沉綠,愈前則色愈白,將到山岸時,變成了銀色,突然接上一帶碧藍之色,後面緊接一道淺紅,再上是赤黄,再上是紫,再上是亂紅與湖綠,再上是一般赤氣,而上接青天。真是奇麗非常,爲海行二十餘日所未曾見的。

將到蘇伊士城時，船已行在兩山之中，山完全是童童然的，除了黄的土外，似乎什麼也沒有，連一片草一枝樹都看不見，而又都是橫躺着！

蘇伊士市在蘇伊士河口，把沙漠的地上用人工建起房屋，修起柏油馬路，種起樁樹，一片一片的羅列在海中，到也非常美麗。

船在此停了不到一小時，便向蘇伊士運河前進，河身非常狹，比我們國内的鄉間内河之小者差不多，據說最寬的只有一百碼，所以船行很緩，然而深度倒大，平均十三密達(metre)。用了十四年的力量，一千四百萬鎊，鑿開了八十七英里半長的河道，其魄力也不可不謂雄厚。而每距數里，必有一個 Station 管理河道。大概是兩層米色洋房幾座，圍以綠樹數十棵，小碼頭一個，頗覺有趣。河身的兩旁，都用水汀建堤，八十七里如一，堤上每距十數丈，有一鐵樁埋在地内，用作繫舟之用，水中兩旁大概也是每距數十丈，必有一浮筒，想來倘在夜裏燈燃時，一定是一條綠的萬點晶光。堤上雖然都是沙漠，而時時都有一叢叢的綠樹夾一柏油大道，想見其人工之不易。晚一點，到了一個地方，大概已在運河之半的當兒，橫過河身，有一條鐵路，是從埃及的首都開羅到耶路撒冷的，又使亞非兩洲由分而連。火車接頭的方法與南京京滬、平浦車接法相同，用船運過，在一個赤野萬里的景況中，突聽得火車的汽笛一聲。清空龐偉，似乎別有風味，而兩個規模並不很小的車站，在這一望無涯的黄沙裏，也有趣得怪。更加上我們經過時正當夕陽西下，本已含山之候，覺得一方面是幽靜，一方面是荒涼，兩種混合的情緒之下，真令人自己也分析不出什麼來了！

河的兩面都是沙漠，西面尚偶然可見點遠山，東面則全都是赤地萬里。偶然在隱約中似也有山脉，然而說不定是山是雲。再加上連路的 Station 都建在西岸，有時又可見到一點綠路蔭中的大道，更把東面形容得荒赤。又時時看見一兩匹或一大群的駱駝，在緩步延延的神氣，對于這個大沙漠的意識形態，更焉張顯，令人想起了祖國的内外蒙古，此時不知道是如何了？

在東岸又常常看見一些小屋，真小得有趣。有的是方的，有的是三角形的。方的大概都比較考究。是什麼材料建築的？看不清楚。三角形在河邊上看到一座。是用木板做成的。大概已不是原有的形態了！

船航行在這樣的一條小河中，又因爲水靜而行得緩，兩岸的環境又是如此，天色又老是照着一種赤氣，微色朦朧，弄得莫名其妙，有點像在半寐之中，偶忘其爲亞非兩洲之間？倒頗有點像在咸陽古道上，黃河兩岸的樣子！

天色漸漸地黑了下去，沙漠的醜惡被掩避了，到得九點鐘光景，遠見燈火星星，知道是到了坡賽 Portsaid，我因想寄信，所以上了岸，然而購買郵票不得，只得與同伴的人瞎跑一陣，此地鬧熱的只有兩條街，都沿河口。初上岸時，見有一比我們坐的一萬八千噸還大的船，上面載了一船意大利兵，聽說運去征服阿比西亞的，他們還在高呼高唱，我立在艦外看看。

順着馬路轉了一個彎，同伴們有人被一個“金碧輝煌”的鋪子裏的店員從馬路中拉了進去，強人買貨（等于“上海妓女之拉客”，是游完歸船後一個同伴的笑話，其實也是實情）。大家爭着看看這樣，看看那樣，有人買了幾辨士的小東西。一出門，又被第二家的夥計拉到對面一家去，一左一右在路上穿，幾次之後，我不高興進去，立在街上等。一個阿拉伯人，送了一頂高而且方的紅帽在我頭上，于是向我討三先令錢，算是我買了，由不得人生氣。

“I don't like it!”提高嗓子說了兩次，仍不行，只得硬幹，把帽子丟到街心裏去，他也只得咕嚕着走了。然而一個去了一個又來了，拉着手臂，非買不可。甚至明目張膽地送上春畫來。我看了簡直是個吃人的市場。趕快想逃，而後面跟來的是野雞掮客，這真是一個最醜的市場呵！

但在這最醜的市場，確有兩件事值得注意，一爲埃及古藝術的模仿最發達，不論什麼用品都有埃及古代的圖案，從文化用具到拖鞋，而照片猶多；一是日本貨之充塞，有許許多多用品上，用着埃及圖案，然而都是日本貨。

馬路很寬，人行道尤為他處所不見，然而飲冰室、酒吧間的門前，都是桌子椅子占滿了。飲食的人，都當街而坐，這也是我第一次大規模看見的，有許多餐室門前，都有一個拉小提琴的人，正在獨奏。當你經過時，會有一隻大而多毛的手，在你臂上一挖，往門裏送，令人不快，即使想吃，也不高興去了！

游到十二時左右，在無聊與困倦中，渡回 Conte Verde，以不得寄信為一大憾！

今天午正，聽見一個消息，說埃及政府電倫敦，說他要封鎖蘇伊士河口，只等四點鐘倫敦回電到便執行。一群美少年，都有些着慌，他們所慌的是到不了歐洲，我就根本不曾聽見對阿比西亞有點同情之感的議論，更不曾因此而引起一點對宗邦危亂的感念，除了追逐中西各色女性而外，只見到一群群的“小組織”，我想這些人有什麼用！頗自忿愩，然而忿愩又有什麼用！連孩子都救不回來！

大概意大利與阿比西亞的事在緊張中了！我真恨海行，連眼都瞎了，我什麼也不知道。只在時時想着：愚蠢到不可言說的人呵！殘酷到不顧其後的人呵！未必世界只有某種人才會吃人，結果還不是大家相吃嗎？為之不快者竟日！

十二時後睡！

廿八日　天晴　熱已大減

昨夜睡得很熟，為上船來第一次，今早過了八時才起，船是什麼時候從坡賽開出，完全不知道了！

今天是馳行地中海的第一日，仍不見兩岸，而水色蔚藍，與紅海、印度洋皆不同！

向田德望君借得順德黃晦聞先生《蒹葭樓詩》讀之，我從前在北平時，曾以詩求正于先生，南來後，遂不通音問，直到他死，都未曾重見一面，重讀遺書，真令人感念這個一代詩人呵！

在十幾年前,就讀過他的《黃史氏書》、《姓氏書》,同所作明遺民各傳記,已心存其人。在北平見面後,更加敬佩,二十年來的清風亮節,不隨世阿曲,不以貧解素,在同僚中惟有先生一人,晚年益加窮困,倘使政治有點軌道,社會有點次序,這種人正是國之元老,當深加愛惜,不幸而竟死于貧,真是可傷!

《蒹葭樓詩》凡二卷,編年體,計起于丙午,終于癸酉,凡二十八年,而卷首附少年作三首,所以存師承之意!

通觀先生的詩,感情思想是合工部、放翁、遺山爲一人,而技術則得力于義山、後山諸人,情調非常哀惻。如癸丑《謝張筱峰偶成》、乙卯《崇效寺看牡丹》、戊午《崇效寺對牡丹》三首,庚申的《枯荷》四首,辛酉以後的《雜詩》、丙寅的《瓊華登高》、壬申的《五月十六日作》諸詩,都有真感情存乎其中,而寄意深眇,遠非宋以後停僵之作所可及。

然而通觀全集,似又可大別爲兩個時期,在辛酉以前的詩,氣韻以高朗盛勝。辛酉以後,漸入平遠。所以讀辛酉以前之作,動人易而激。辛酉以後,則動人平而深。大概是老年以後,總歸平實。而先生晚年,嗜子建、步兵之作,又嘗讀佛書的緣故吧?

集中以七律爲最多,幾及爲百分之九十三四以上。五言詩惟晚年稍多,而體態與七律大異。大概得力于子建的地方不少。陳三立先生批評說:

> 格淡而奇,趣新而妙,造意鑄語,冥闢群界,自成孤詣。莊生稱藐姑射之神人,肌膚若凝雪,綽約若處子,又杜陵稱一洗萬古凡馬空,詩境似之。

云云並非虛語!

然先生所爲詩,就我所知道的,未入此集者甚多,大概這是自定詩集,刊落者已不在少數了!

先生其他著作,就我聽見過的,除上舉諸書外,尚有《詩學》、《詩律》、《曹子建詩箋注》、《阮籍咏懷詩箋注》等,尚有二書,一時想不起來了,略記于此,以待將來有空時,再爲之收集!

六時後田德望君來談詩,我說宋詩深而唐詩大,宋詩是邏輯,而唐詩是藝術。他非常贊成,他不喜朱、程諸家之作,也頗有道理。

夜餐後看電影,到十一時睡!

廿九日　天晴　不甚熱如初秋

夜睡仍熟,晨七時起,早餐後立船頭東望,而船老把人拖向西去,正不知此時的祖國是甚般光景? 再加以懷家懷人,正不知此來爲了甚麼也?

因明天要到 Brindisi,有鐵路上的人來爲客人運行李,與賣各路車票,所以把箱子收拾一次,只隨身帶一隻小皮箱,兩個大箱子交他直運巴黎。整理到三點半鐘乃畢,後來預備一下在火車中所當用的語言與生字,已到午點的時候了! 近來身體稍好,午點頗覺有味,倒也是一喜。然而"空作凡馬只多肉"又有什麼用!

夜餐後去尋船上的華員翻譯賀文耀君,請他爲打一電報到巴黎,望鳳甸能到站來接!

九時有音樂,甚平常,未終曲即歸室,後看書,即睡!

卅日　天晴　晨大霧

七時前起,早餐。昨天船中通告說:今晨七時半到 Brindisi,不料下了大霧,停着不走,直到十一時才馳到口岸,因此停留時甚短,不能上岸,只立在船頭看看檻外的街市而已。當面是一座白石雕像,在個三叉路口,後面立着雖然雄偉而有憔悴之色的高墻。藝術雕刻與大廈之下,不時也有一些襤褸衣衫的朋友點綴點綴,似乎掩不過意大利的民間之困苦貧窮,然而這幾天來常常磨肩而過的東征阿比西亞的兵,確又另是一番情像,因此我想起墨索里尼說:"英法有殖民地而意大利沒有,所以要得到阿比西亞"云云的話。于是我推論到 Brindisi 之所以窮相畢露,是意大利還未有殖民地。巴黎的繁華,倫敦的豪奢,正是殖民地民衆的虜血,帝國主義者要殖民地的一件用處,正是爲他們的所謂優秀民族的供養與享樂。天下不平等的事還有比以他人的血肉,供另一人的享樂更殘酷的嗎? 回想到我們破碎的山河,我們這等人的血骨,正不知已培養胖了幾個歐美的蠢物,而我們此後不知更要培養若干人、若干年,人類鬧了遭幾千萬年,拼命地鑽,弄去弄來,仍在此"人相食"的圈套裏爬,不知哪天才爬到光昌的大道!

有個老頭子提了一大籃葡萄來賣,衣服檻褸,年已衰邁不堪,他只會賣兩個里勒一次,多不會賣,少也不賣,大家都逗着他笑,他是一點也不瞭解黑衣宰相的!

除了老頭子外,還有不少的可憐人上船來賣東西,但大半是日本貨,很少意大利貨,大概我們沿途所見的商店,銷售日本貨也同中國境內一樣的普遍,真是一個可畏而又可恨的國度,這些貨色又都滿繪着意大利的藝術,與在坡賽、蘇伊士所見滿載埃及繪畫者同。

船到一時後西上,我們也匆匆忙着吃了午餐,先同畢、程兩君到頭等艙的客廳裏買自威尼斯到巴黎的車票,約合三磅半光景,倘用意大利里勒買,大概起碼便宜十幾先令。車票買好後,再到三等艙位一層的行李房交行李,請輪船公司代運到巴黎,共合運費一百七十餘法郎。可謂甚貴! 然而我因了到巴黎是第一次,行李本來很笨重,只得多花錢,他給了一張提單,言明到巴黎要十天,只得聽之。他們到倫敦的人,則運送行李花錢不及我二十分之一,不知其中原由!

因爲明天要到岸了,船上的茶房拿了一本薄子討小帳,其情形也與中國小旅館、小飯店爭小帳一樣,但因爲二十餘日來,茶房根本就無人能呼喚,要水吃都得自己動手,所以中國學生,有許多都動了氣,給得較少。而他自然要爭論的,其爭論的程度,比中國茶房還覺可惡無賴。我給了一鎊,他們嫌不足!

還有一事,也覺可惡,平時我們的船中購用食品郵票之類,往往因圖方便，都簽字而不及付現錢！今天總結的帳目往往是些不近情理的計算。譬如我寄過三封信，要我五個先令，合國幣三元餘，舉世無此奇貴之信，船上自己申明以意幣計算，其他各幣皆照折合。倘以英鎊算，一鎊可合六十餘至七十里勒，而他只合五十餘里勒，但倘若你同他合里勒，他又仍照市價折算，這真是一種太不近情理的辦法，也即是弄錢的法門！

把上面一切事情辦完，已是一身大汗，洗了一次澡，才算清爽了些，隨把換下來的衣褲短褂，通通在洗澡間裏洗過，預備到巴黎穿！

入夜夜氣有些暴涼，穿了一件比較厚點的衣服，在甲板上坐坐，想念着遠在三萬里外的國家，自己在歐洲人眼中看來，也不過是些階下之囚。近幾天來，意、阿戰爭的消息，一天天迫切，而自己所坐的船，即是兩相戰國之一的船，所到之地，也得經過以槍炮為威權的國家，一時萬念鑽心，不可名狀，想到無法時，只得抬頭看看海際天邊的初月，一片的黑與暗，和靜而幽微的月光似也毫無用處，只一任波濤的汹涌，發為狂大的浪聲，我不覺歌道：

去國三萬里，

低眉從未申！

如何今夜月，

一樣是愁痕？

令我凄然淚下！不耐寒浸，只得歸寢。

卅一日　天大晴　已有初秋之意

因了昨天的大霧，時間晚了三點鐘，大家都以為今天到威尼斯一定在十一點後去了，所以明明可以起床，也特別多睡一下。意思是也許趕上火車，要白坐一夜，不如預先多睡一陣的想法騙着自己，多偷點懶而已。不料一忽兒德望來告，已到威尼斯了！茶房也來忙着來搬行李，才匆匆起床，將身邊所要帶的一個小皮箱收拾妥當，船已近入港口。我因為大行李都已交輪船公司代運巴黎了，又出過二十五里勒的渡船費，于是隨同一干人到船尾來,照顧海關檢查行李。檢查並不怎樣厲害,但檢關人很有趣。有一個人箱裏有一聽香烟,他說要納稅,經物主說明只有這一聽,他仍不管,後來物主只得打開筒子,檢關員抽了一支,塞在口裏,說"抽了一支便不上稅了",于是笑着點了火吸着,劃了一個藍圈,走到第二個客人行李前,也一樣的辦法,五六分鐘,他倒抽了好幾支不出錢的雪茄! 行政之弊,真是天下老鴉一般黑!

船是緩緩地進入岸了! 我們就在放行李的船尾等着下船,其餘不曾向公司交過二十五里勒的客人,就得等檢關員一件件檢閱,此時正忙着各自當心行李,更各自當心箱子裏面的對象,也許有意大利所通不過的東西呢!

大約在十點鐘光景,我們坐上公司裏準備的渡船,從些曲曲折折的小河穿過。兩岸都是高大的建築,這就是威尼斯的街市。而我們的船,正是這水國的交通利器呢。

我本想在這歷史上有名的威尼斯一遊。但同伴們都急于要早到目的地,已無遊興,我也只得犧牲一點,"將來再遊吧?"如此想而已!

我們一群人在車站上等開往巴黎的車,此地英語不通。法語又無人能說,到了車站,竟至不能舉足,鬧了若干時候,才得進了站,此時腹中已饑,又知車中無食,見到車站上有一個紙袋,內裝麵包、牛肉、酒、水果,足够一人兩餐,價九里勒,大家都爭着買!

三等車客人很多,我們的同伴,爭先上去,都各人有了坐位,我因落後,到車開行很久,才有一坐。

三等車設備也很好,頗像國內平浦車的二等車,不過坐位較小而已。

每廂可坐八人,而我們一廂僅有七人,四個是同車到倫敦的國人,其餘的三個有兩個是意大利小姐,一是四十餘的意大利太太,我們大家都語言不通,我們四人固然頗以異眼看她們,而她們視我們爲更可異。大家都有一問鄉土習俗的需求,在百無辦法中,一位國人有一册法語會話,于是彼此在書上尋搜可問的字句,雖很費事,却也可通姓名、籍貫、職業,兩個小姐一名 Anna,是在巴黎學提琴的,一名 Jauna 是學哲學的,這位哲學小姐,人最活潑,一切事都是她引逗起來的,可惜語言不通,當時很想問問他們,人民對于他們的黑衣宰相的批評及阿比西亞的感想如何!

五點過鐘後,車到了米蘭 Milan,這是意大利的鐵路中心點,應當很熱鬧,惜不得一游!

自從米蘭開車後,沿途的風景突然變得優美非常,時時看見些明淨的湖,擁翠的山,更遇到斜陽淹靄,益顯幽靜。鐵路兩旁的山,都布滿了扶疏四散的大木,而整潔玲瓏的似山莊別墅之類,或是深隱山坳,或是微見山畔,或是遠立山頂,也有聳立道左的,也有高在山背的。稚子少婦,時在欄杆之上,看我們這飛奔而過的車,你假如高興用手招招他們,不僅報以一招手,並且也歡呼而送呢!

這時已經晚了,偶然也看見屋頂有輕烟一縷,頗令人思念祖國農村晚炊之味,幽然神歸。既而思炊烟中人定已安然夜飲,不知水深火熱的國人何日能見此太平氣象也。……如此想着,立在窗前,也不知已到大夜靡天之時,而半日未得一飽之腹,也竟不知其飢餓了!

天既斷黑,也不知什麼時候過瑞士國境,只在每當有人來查看護照時,知道是又過一境了,護照檢查的麻煩,怕以意大利為最,而瑞士最簡,意大利是由兩個人收了去,經過了兩個多鐘頭才送回來,而瑞士則由一個老頭子手提印章,走到客人面前,臨時蓋一個印,就算完事,好象是普通車上的檢票樣的。

九月一日　天晴

天差不多要亮了,大家都忙着收拾行李,我在巴黎下車,當然早已準備,就是他們到倫敦的多人,也得在巴黎換車,也得準備,但巴黎的車站很多,我在什麼地方下車?他們在什麼地方換車?又成了問題?得向車裏的人打聽,知道到巴黎的人在東站下車,到倫敦的人也得在東站下車,而另自坐到北站換車。于是大家準備好了!我因在 Brindisi 有電告鳳甸,心尚平靜。大約在七點鐘光景,車已到了巴黎,忙着下了車,到站門一趟，也不見人接，只得把行李提了，同一群要到巴黎北站換車的國人，一齊出了站。此時知待鳳甸已無望，倒也定心。把他們招呼上了汽車，我才另喚了一部街車，把鳳甸的住址寫了給車夫，他翻開了一本記載巴黎的街名的書，看了看，于是開向巴黎第五區的 Blaiveville 去，在汽車中看巴黎的街市，也看不出什麼來，只覺得街兩傍的樹木很多！車尋到了住處，付了車錢，由旅館中一個茶房，領到五樓，鳳甸還在睡大覺，驚醒後，突見我來，大爲驚奇，相詢之下，才知道在 Brindisi 打的電報，弄成禮拜一才到巴黎的了！

大家叙了一些別後的情事，爲我在旅館定了一個房間，我即此就住了下來，這一次二十六日的行程，到此即作結束，此後在此，我或有一二年的逗留。關于巴黎、法國、歐洲各方面的情形，當隨時將所知一一寫下，我這篇行紀，也即止于此矣。但既到此間，也不妨把這一日所觀察得的巴黎寫點出來，與遠在東方的祖國一相映照。而此行有幾件感想，非片斷之所能了者，也即此機會略爲傾吐。

巴黎一瞥　當我至汽車中一瞥巴黎的街市時，我覺得巴黎是個多樹的城，等我同鳳甸兩人出 Le Dantheon，過盧森堡公園折至塞納河入 Louvre，我覺得巴黎是個綠色的城，再加以隨處可見的大教堂的點綴，我覺得巴黎只是個靜穆底文化之"歷史的因力"之果，游街到處都是歷代名人的雕刻與極其古茂而藝術的建築，固然已足够顯示其歷史之因力，其實連熙往攘來的人，不論其爲男爲女也都有舊家風範的意味！令我覺到的一個最高見解是："巴黎只是法國人祖孫父子一脉相承、歷史不變建築起來的金城，只是法國一代代人的力量的積累，巴黎是法國人的巴黎，一切表現都只是出自法國人自己的歷史，不曾有一件是借來、換來甚至盜來的！"因此我想到他們所以目前稱雄一世，只是二三百年來在一定的目標、一定的計劃、甚至一定的思想之下，一天天把持着向前積累、儲蓄，不曾有絲毫紛亂，也不曾踏到限外一步努力而得到的結果。倘若一個人的思想不是太好奇與太自私，而只要細心體察巴黎的不論一件什麼事、不論一件什麼物，都足以爲我此言的證明，一草一木都足以顯示其歷史的因力。

因此回想到東方的故國，一般所謂較上層的人有幾個不曾忘了自己的歷史因力的！忘了歷史因力因而無自信之心，于是而天天隨人之後，永無安定之機，則所謂百年大計，又從何時下手？何地下手？大家都走到仿徨岐途，無所適從之道，爲社會中堅群衆領導的人既是如此，而真的群衆又教育未普，知識低淺，不能擇別是非得失，這樣一個無目標、無計劃的國家，安得不被人零敲碎打，且又豈僅零敲碎打嗎？別人已建設了二三百年才有今日，我們即使追趕，此時也大來不及，況且還在睡夢昏昏不知何時才醒，時期這樣不待人！說不定真是亡國亡種的時候到了呵！

談留學生　留學生在法國的，素來是占最上層地位的人，從日本留學生到美國留學生，歐洲留學生，都莫不皆然。其中好的本來也很多，然而壞的可痛心的實在令人數不清，即使是好的，也未必能如一般人之所期許，本春秋責備賢者的意思，也一樣加以苛責！

我們的留學生，多半是廿四五歲以前的青年，有的是國內大學畢業生，有的連大學也未進過，他們的一切內蘊如學識見解，都非常淺簿，道德修養也都未定。一到了歐、美有次序、有規律、也有香有色的國家，一切都震撼得非常不寧靜，又在這樣無拘無束海關天空的地方，豈能把持得着，于是留學生第一步所被的外誘是色，色相多端，女色爲甚，所以據我耳聞目見的事來說，留學生犯色慾過度的人，並不在少數，本來歐洲女性，多半是康健白皙美好，而男女風紀，又不甚嚴，我們的少年朋友，還有幾個能自操持者呢？

歐、美國家一切外界的華麗與享樂的法門，又都由于資本主義的發達而大盛，于是留學生第二步所被的外誘，是“財”，大多到外國來三二年後的留學生，很少不是支出過量，金錢無以爲繼，于是困頓奇窮，于是趕着弄張文憑回家，忙着找事做，也忙着找錢，以圖能一嘗留學時所見的所聞的享樂法門，于是而貪臟之事，也大見于留學生中。

我覺得這是個很嚴重的問題，國家應早點想法。不然只是徒耗官帑①家產而已，我以爲留學資格，應當加嚴，非在國內大學畢業，服務三五年以上，或你有專門著述，年在三十歲左右者，不許到外國。而每一大國之有留學生者，非有一公共寄宿舍不可，凡一切留學生，皆住舍。而設一最高監督，最好即以大使、公使、領事兼任，重其權力，也許還能有幾個有學識、有體力、有道德的留學生！

一九三五年九月二日自巴黎

---

① 底本作"官弩"。

四十自述

歲在辛巳，孟夏之夜，月色未沉，虛室生白。坐成均樓，料檢《韻輯》全稿，秋英亦別座作書，紙聲囈嗪，相顧揚衡，樂以忘憂，不知形役之勞，而歲月之更也。忽微風入座，燈光明滅，夜氣浸薄，臂粟指寒，睆睞伊人，亦清弱不勝。遂投筆而起相將入室，秋英忽笑相謂曰，昔孔子四十而不惑，君其爲陸機之嘆逝與？爲子輿之不動心與？爲陳元達之躬耕與？爲謝太傅之擁旄與？余恍然知我生之已四十，于是興言夕惕，不忘鑒寐。夫憂樂之感，固可興發于末忽；而是非之迹，不容顛替于俄傾；自檢生平，則世情俯張，固已知其多乖。而詩書深淺，今乃悟其久惑。昔蘧伯玉行年五十，而知四十九之非。伯玉賢恧，余何敢望。然蕩櫛之懷，欲自詭以效功，則謇愕之操，思自靖而行志，亦賢者之所許與？

懿余先世系出金陵，明初以軍功入滇。七世祖占籍昭通，爲郡大族，自回漢交惡①，家道中衰，伯叔諸父，教授鄉里，以舌代耕，督責子弟，最爲莊密。外家世有達人，閭閻稱善。吾母以齊聖之懿，謹事吾父，故其漸漬之效，雖緣督教，而稟性端固，實亦天成也。其在韶齔，制舉已廢，人思維新，堂塾之言，多涉經世，蒙養之基，不出窮物。其所習誦，則《山經》地志

----

① 底本"惡"作"要"。

《史》《鑒》夷語之屬,而《詩》《書》之訓不與焉!年未弱冠,家君遠游,教導之責,托之舅氏。有慈無威,頗習雜蓺。外家兩世清芬,皆以畫名,余服事箋墨,頗習丹青,即就外傅,初涉文學,操觚染翰,自謂文章可期。少成天性,老大不悔,自是而後,爲蓺爲文,遂以紛挐,不知所擇焉。既而家君倦游,退歸里閈,提撕之訓,漸受矩規,浸漬日久,稍能好古。《論》《孟》《詩》《禮》之篇,偶一涉獵,而文字音義之際,苦其艱澀,體語反弄,卒莫能曉。家君以拼音和切之法,往復教誨,即得鰓理,遂大好之。然于清儒升堂入室之作,固未能蠡測也。時有魁儒餘杭章君,以天人之資,昌種性之辯。學既沉深,文亦瑰瑋。童屴無知,重爲驚怖,雖瞻忽峙後,莫窺涯涘。而魂馳神騖,好其艱澀。披覽所及,遍于時彥。家君本有濟世之志,過庭之訓,多明德新民之旨,于是而章黃晦聞師。凡《國粹學報》中作家,余皆深服其人,而餘杭、順德爲最。康梁之書,《新民叢報》爲家君坐中常有之書,而《飲冰室文集》,余最心醉。爲玉函巾箱之秘。而風義飆舉,爲拳爲勇,儼然有成仁取義之思。時袁氏盜國,天下同忿,昭之子弟,群集鄉校,爲救國之會,戴余爲魁,稚齒黃口,椎心懇惻,有膽無識,寖爲憤勃,會有守土之將,抱罪懷瑕,以下同疾,跋扈自恣,軍紀弛蕩,因以小釁,凌辱吾黨,枉問卵石之戒,遂起報忿之畾,因結朋衆,扰其曹率,讉恚既生,豈容暫遏,慘毒之禍,幾至毀家;大母竦憎,諸父懷怛,驚魂未定,而母病又增。午夜飲泣,自知孟浪,于是有折節讀書之心焉!

　　年十又八,選入上庠,策蹇千里,止于蜀都。少小離鄉,頗懷伊郁,陶情適性,偏有好于詩歌。于是朝夕呫嗶,兀兀窮年,青蓮天趣,工部謹嚴,柳州真壯,元白沖淡,義山工整,飛卿碩艷,東坡野趣,荆公沈潛,無不時習而研求焉。初好近體,繼愛古諺,子建《七哀》,嗣宗《百咏》,盧劉贈答,陸謝游宴,淵明高隱,景純游仙,上及韋孟之首唱,蘇李之陳篇,皆思所以會于心而得其真詮。即其既倦,轉好詞曲,溫、李、後主、易安周、馮、蘇、辛、姜、吳,"楊柳曉風"之句,"大江東去"之曲,下及董、王、關、白、玉茗《四夢》、《桃花·餘韻》、《長生·驚變》,靡不諷誦,而精研焉。更集同好,學步邯鄲。敲韻于一字之奇,審聲于數言之間。和燮陰陽,纂組宮商,遞相切磋,互爲酬唱。未及二年,有詩千餘,意不自安,錄其當于心者,以求正于華陽林先生山腴。十删八九,章存一二。慚汗横集,惝怳莫辨。先生審其資稟,度其短長,以爲詩歌情性,非可强至;而文字經義,或能自見。華陽龔君向農,巴縣向君仙喬,同擁皋比,乃俯首執業,于是而六蓺諸子,左、屈、馬、班,紛與相接。而井研廖君,最爲老師。童顏光光,講學不倦。余得排日入座,聆其高論,即親謦欬,則大聲如雷,驚蟄蘇困,于是知道術至博,得一方可以爲天下用,意氣鴻絧,思理佟侉,于是而《華嚴》《三論》《瑜伽》《惟識》之書,及康德、羅素、尼采、博格森之說,杼軸忘餐,讀之幾遍。余略窺大道之涯自此始,而方皇不專于一先生之說,亦薶薀于是焉!

居蜀四年,意不自得,思歷天下之勝,觀京國之光。乃道出三峽,登白帝城,過武穴,上黄鶴樓。南入長沙,敬吊屈、賈,東抵白下,瞻謁孝陵,便出金閶,訪嚴、朱之故里。漫游西湖,拜岳墓之忠魂。北入燕京,愛其蕭爽,暫止息焉。在位通人,處逸大儒,咸從捧手,有所請受。是時海寧、新會、順德、義寧,並在講席,悉接函文。俯首執業,無間晨夕。"水木清華",林園朗潤,游宴其間,神志清曠。而縹緗滿架,琳琅在目。沉潛墳典,用能自强。然文史經義之趨,詭激胸臆,仍未專業。乃以昔所爲詩,求正王先生,一夕之教,遂定平生之志,蕩佚之足,稍受覊衔之馴矣,舉詩詞雜文,一切摧焚之。遂博稽群籍,綜覽傳記,新會之史學,海寧之經術,旁及甲骨、金石、聲音、夷語,莫不玩索,而求其得。常以爲上世語言,必非單音,寓之文字,或有詭異。故"果蠃""蟋蟀"之屬,必纂合兩文,乃成一義。漢儒釋經,此例不明,望文生訓,扞格莫通。故以"猶豫""狐疑",指爲畜獸,"委蛇""首鼠",說爲虺蟲,皆未明語言之效,而求之形似之間者也。夫中土語文,誠哉難明,然語必有根,根同者義必相受,文必有類,類通者義多可合。孳乳之端,蓋猶可尋,則内籀其異,以求其同,綜提大共,以察小别,本源可逮,而流衍得暢。因廣求《六蓺》,旁及百家,博稽《蒼》《雅》,下涉詞賦,爲《詩騷聯綿字考》十卷。海寧諄諄,奬掖有加。復以論撰之餘,侍從清游,器宇之教,新會爲多。余生性率直,不留滓穢,初涉世事,藤葛便生。偶與人交,意氣自豪。故彭宣後堂之教,多挫其鋒芒,而誠以浩汗之養,實生平之所不能忘也。時國事蝺沸,人懷岔懍,年少慷慨,意氣磅礴。奔走乎號,死生不戚,獠狠喪膽,遂成鈎黨之禍,而海寧先生有昆明湖之痛,余意興銷索,不願久居。遂間關南下,寄食通州,用世之心雖急,而自重之念益深。遂爾寂寞自守,思以道義,牖啓英俊。以其餘暇,倘佯山水,時余年二十有四。相與往還者,惟通之隱君子徐昂,與友人黄君淬伯,徐君爲《詩經聲調譜》,淬伯爲《一切經音義反切考》,抃風儛潤,相與鼓吹。余以爲清世大儒,多通音理,顧、江、戴、段、嚴、孔、江、王各有著述,蔚爲大觀,然皆詳于韻部,略于聲首,婺源江君,至信三十六字母,不可增損,蓋皆通人之蔽,三百年來,考聲母者,迺惟亭林,後有竹汀,寥寥一二,屈指可數。且皆偶一發明,未見全貌。近世餘杭先生,爲《古聲論》,振其宏綱,略引端緒,亦賢者未竟之業,因思所以似績。又以古今音變之迹,全存于漢來經注傳箋之中。清世學人,雖各有采獲,而千狐之腋,終未成裘。于是以許書偏傍,建其首類。錄其形聲孳乳之字,益以獨體之文,考其形體之真偽,求其聲首之變易。又校群經異文,及《說文》《釋名》,與漢儒諸注聲訓之字,明其交午之轍,爲《古聲考》、《經典釋文反切考》。又即漢魏以來音注之書,及《釋文》《文選》《廣韻》《集韻》,迄胡氏《通鑑注》而止,集其音爲《經籍纂音》,又放謝氏《小學考》之例,爲《音學考》。草創未半,栖遲道路,展轉于錫山、滬瀆之間,未嘗稍暇。年二十六,教授上庠,借諸生之助,成《古聲考》十二卷。而饘粥之資,時或不繼。于是簪筆傭書,寄食狐父。寥落之戚,翻焉憤世。蓋醬之稿,多未殺青。時餘杭先生,息影滬上,高山景崇,晉謁遂頻。函文之間,多言政術。偶有請益,則獎掖之言多,而摘觖之訓少。即就列弟子。先生知曾請益王、梁,頗不喜其爲甲骨金石之學,以爲不食馬肝,亦知肉味。因以顧、王之學相勉,而諄諄以《儒行》爲吾黨立身之訓,情詞愷弟,感奮交集。于是復有用世之意焉!二十年秋,遼陽事起,版圖變色,余以私事,重至故都,欲有所觀省。忽忽不樂,遂以暇日,借書北平圖書館,以當息肩。來歲之春,有祖太夫人之喪,國難家痛,諶哀莫明。又以久在逆旅,頗思歸省。遂暫辭北地,星夜南歸。家君以哀毀過情,玉體支離,思得奉養朝夕,節哀承歡。十年浪迹之痛,一日孺慕之情,午夜攻心,三月不寐。然寒家生產,僅恃硯田,余兩肩一口,豈可復以相累。而讒毀在門,不容久留。遂以秋仲,浮江入吳,既抵滬上,則覆瓿之作,毀于倭禍,國事方急,不遑自痛。時國聯調查團布東省事變書于世,余爲萬言長文,抉其隱微。日人有唱滿洲非中土舊壤者,余據《詩》《書》契文,針其瞽妄,是時章君論議國是,言益堂堂;而國人之聞者,聽益聵聵,侍坐席次,每至黯然。先生知國事之益不可爲,而以學術相勵之言,益切急矣。即講學吳下,余亦以中州上庠之聘,移硯大梁。喘息之餘,暫得長思。君子不得用于世,亦當探聖賢之元旨,齊百家之雜說,以遺來者,豈能婉退無益人世邪!余以爲上世遺書,條理終始可求政教之源者,莫如《尚書》,又以爲上世文人,詞章彪炳,深得忠愛之教者,莫若屈原。然《尚書》所記有言有事,奇字古語,多未通曉。而《楚辭》爲篇,亦偉亦奇,詭詞異說,卒難檢校。因核其文字,比其詞例,論其典實,探其義蘊,爲《尚書新證》《楚辭校注》二書。蓋亦別有容心者焉。並假手民之力,抄錄自漢以來至于明季碑表所載,文士所傳,有一惡一藝之長者爲《歷代碑傳集》,選其尤者爲《名人年里碑傳綜表》。余時更雜治社會學科,讀穆勒利爾(F. Müller-Lyer)馬克斯(K. Marx)毛根(Lewis Henry Morgan)梭羅金(Pitirim Sorokin)都幹(Durkheim)與及福累德(S. Freud)諸家之書而好之。因彙編隋唐以來諸家筆記雜說,爲《社會史料彙編》《經濟史料彙編》,又輯歷世論文論詩之文,爲《文論》《詩論》兩校輯。是時爲諸生說文字,作《文字樸識》。生平喜讀班書,偶有一得,載之書眉,至是亦輯爲《漢書札林》。計余十數年來讀書之勤,輯論之富,無逾此數年者矣。然博涉成性,操持不堅,奮于始者,不慮其故。故草稿初就,而潤飾未全者,蓋十三四焉?

　　廿四年春,余有思士之感,而成幽憂之疾。遂分貯其書數十箱于滬、杭、寧、蘇友人家。輕裝渡重洋,止于巴黎,交其碩彥。于是識馬斯伯樂、伯里和、戴密微及英京之葉慈、翟理思諸君。縱觀其博物館,以及教堂、祠廟、戲院、畫室、紗籠(Salon)、別墅、公墓(Cimetière)、古城之屬,諸如貞達(Jeanne d'Arc)、戴尼(Saint-Denis)、昂壤(Saint-Eugène)、若塞

(Saint-Joseph)、昂巴(Saint-Ambroise)、伯納(Saint-Bernard)、盧梭(J. J. Rousseau)、羅愛特（Notre-Dame-de-Lorette）、大仲馬（Alexandre Dumas）、特尼特（Trinité）之祠像；哀里斯（Héloïse）、伽勒門(Kellermann)、茶花女（la Dame aux camélias）、拿破倫、塞夫後(l'impératrice Joséphine)、路易十四之墓道；多得(Alphonse Daudet)、巴納(J. J. Bernard)、左拉(Émile Zola)、伊果(Victor Hugo)、莫泊桑(Guy de Maupassant)、魯斯丹(Edmond Rostand)、福祿特爾(Voltaire)、福魯貝爾(Floubert)之塑像蓺室,靡不搜勝尋奇,流連不去。于其博物之院,工藝之館(le Conservatoire des Arts et Métiers),尤趑趄難舍,頓忘飲啜。埃及王朝之墓,希臘古城之址,羅馬之蓺苑,突厥之碑刻,波斯之樓船器用,印度之佛迹教範,巴比倫之古文,斐尼基之石刻,雖奇詭之不辨,亦好樂而不疲。尤喜其刻繪,凡有名畫、名刻之可觀者,無不親臨,而繪事所得尤多。于米哀(Fr. Millet)、余最喜 l'Angélus, des Glaneuses 諸幅。浦雄(Poussin)、余最喜 Moïse Sauvé des Eaux 一幅。英開(Ingres)、英氏有 Œdipe et le Sphinx, Jeanne d'Arc 二幅最有名。享乃(J. J. Henner)、享氏有 la liseuse, Fabiola, Madeleine 諸畫最有名。繆雷歐（Murillo）、繆氏有 l'Assomption, la Cuisine des Anges ou le Miracle de San Diego 最有名,而 l'Immaculée Conception 又極俊穆。居羅德(Girodet)、居氏之 les Funérailles d'Atala 最爲有聲。布維東(Prud'hon)、布氏有 l'Enlèvement de Psyché。桑德厄(J. B. Santerre)、桑氏有 Suzanne au Bain 最有名。沙巴斯(Paul Chabas)、沙氏有 la Charité 畫最爲有名。果贏特(Corot)、果氏以 Paysage, Souvenir de Mortefontaine 名。諸家之靜穆莊肅,撒多(A. del Sarto)、撒氏之 la chorite 一幅最有名。雷費(Raphaël)、雷氏有 la Vierge à la Chaise, la Belle Jardinière, la Sainte Famille 諸畫,余尤喜其 la Transfiguration 一幅之雄偉。放西(Léonard de Vinci)、放氏之 la Joconde, Tête de Sainte Anne 最有名,而 la Vierge, l'Enfant Jésus et Sainte Anne 則又極其莊肅云。魯本(Rubens)、魯氏之 Cerere e Pomona, Giudizio di Paride 皆極厚重,而 le Débarquement de Marie de Médicis, la Descente de Croix 及 le Christ sur la Croix 諸幅則極豪邁。魯塞（Russell）、魯氏之 l'Enfant aux Cerises 最爲有聲。舍浮

(Scheffer)、舍氏之 Paolo e Francesca 最有名。浦來歐（A. Pollaiolo）、浦氏有 Simonetta Vespucci 最有名。惹蕊果（Gericault）、惹氏有 le Radeau de la Méduse 最爲有聲。蕊伯拉（Ribera）、蕊氏有 la Mise au Tombeau 最有名。過曩克（Salomon Koninck）、過氏之 l'Ermite 一幅爲有聲。過靄熱（Corrège）、過氏有 Antiope，le Mariage Mystique de Sainte Catherine 諸幅最爲有聲。汝厄達昂（Jordaens）、汝氏以 l'Enfance de Jupiter 名。薇遮萊朋夫人（Vigée le Brun）、薇氏有自畫像 Mme Vigée-le Brun Marie-Antoinette 最爲名高。諸氏之沉摯深原，瓦德（Watteau）、瓦氏之 l'Embarquement pour Cythère 最爲有名。魯昂（Lourens）、魯氏之 l'Excommunication du Roi Robert 最有名。朋厄（Bonheur）、朋氏以 Labourage Nivernais 名。墨索捏（Meissonier）、墨氏有 1814，Napoléon Ⅲ à la Bataille de Solferino 諸畫，諸家之幽遠深密，而于朋拿（Bonnat）、朋氏有 Martyre de Saint Denis 名畫。依馮（Adolphe Yvon）、依氏有 la Gorge de Malakoff 最有名。浮乃（Horace Vernet）、浮氏有 Bataille de Fantenag 最有名。薇龍乃（Véronèse）、薇氏之 les Noces de Cana 最有名。日拉得（F. D. Gerard）、日氏有 Psiche Riceve il Primo Bacio di Amore，l'Entrée d'Henri Ⅳ à Paris，la Bataille d'Austerlitz 三巨幅最有名，Portrait du Roi de Rome，Mme Récamier 二像又何其婉孌邪？達微得（David）、余最喜達氏諸作，幾無一不魂授神與，如 le Serment du Jeu de Paume，Léonidas aux Thermopyles，le Sacre de Napoléon Ier 諸幅無不崇偉俊上，蔚爲奇觀，即短幅如 Madame Récamier 一像，亦極神俊嘆爲觀止矣。費里波都（Philippoteaux）費氏有 Bataille de Rivoli 最有名。諸家之雄俊奇偉，爲尤深折，以爲此種性之天成，永生之業力，元元之機虜，學術之精英，而皙種生力，蓋即孕毓于是。① 至其宮室之崇宏，園林之奇麗，市廛之奢侈，服用之華美，雖治政之有術，實寇攘之所得矣。自古而然，于今尤烈，蓋皆不足觀也。余游迹所及，往往見故國寶②物軼在海外，皇然臚列，有若耀兵。夫敝帚青氈，尚不容于苟竊，況守國重器，豈能聽其浩

①《四十自述》一篇中的外文部分承蒙北京大學外國語學院碩士楊帆女士細爲校正，謹此致謝。
② 底本作"賓"，據《姜亮夫文錄》（雲南人民出版社 1999）改。

劫,亦余之所甚耻也！乃褒①鉛槧②,置器械,走其藏室,記其體臭,論其品質,攝其喬像,拓其銘刻,蓋欲以告國之有耻者,冀有以自雪之也。凡得匋③、銅、玉、石之器,書、畫、簡册之屬,下及雜藝零散之物,三千餘事,爲書十卷。陶土之美者,有仰韶齊家之彩陶,戰國漢魏之明器,隋唐五代之泥俑,而兩宋勝清之窰瓷,尤爲豐繁。吉金之美者,有殷周之寶器,齊楚之宗彝。鼎大如缸,壺高齊人,吳越錯金之劍,戰國狩獵之壺,鐘、鐸、鈴、鸞、簠、簋、敦、盂、釜、鑊、甗、鬲、爵、斝、瓠、觶、戈、矛、斤、鏃、秦權、漢鑑之屬,無慮數百餘事,多國人之所不及見者。玉石之美者,蒼碧、黃琮、青圭、白琥,動多三代之物,大圭三尺,牙璋八寸,玄璜瓏瑒,弘璧琬琰,六瑞之等,瓊琚衡牙,蕙環瑱耳,佩玉之傛。歷世璽鈐,宋清玉册,下至玉盎碧碗,緗篋玄鎮,珊瑚之架,瑪瑙之篋,無不夥頤陳陳,而玉散之器,尤多不可勝數。書畫之美者,則李龍眠之鬼子母,郎世寧之汗血馬,最爲神俊。摩詰輞川之喬,松雪金焦之卷,徽宗逸妙,徐熙清上,馬遠勁俊,韓幹奇放,汴子京之跋識,董玄宰之題按,多有畫史之所不載,書府之所未錄。而唐宋壁畫,西昌佛圖,尤爲大觀,非中土之所能粹集。其餘雜藝之美者,則殷虛甲骨,漢陵石獸,西埵竹筒,塞上雕塑,閩侯漆器,百粵牙刻,秦晉石佛,藏衛毛罽,下至舟④、車、乘輿、几、杖、旌、旗、銅鼓、金鐸、刀斗、旄旐之屬,靡不纖細畢備,皆輦自夏土,盜之勝朝。圓明園所劫寶物,則全貯封登伯虜 Fontainebleau 之拿翁王慶宮之中,不甚歡迎東方人士遊覽。余得魯弗爾 Louvre 博物館秘書芳姬女士之介紹,賄得作竟日記錄。亦有達官貴人,事夷豪商,爭爲搜尋,相與盜賣者矣。嗟乎！國尚可竊,況在形巧,盜跖狐父,難責以義。而宗彝寶器,不能自守,祐主封樹,易而買醉,其尤可哀也夫,其尤可哀也夫！

　　二十五年之夏,游觀略遍。遂訪書于國民圖書館 Bibliothèque

---

① 底本作"哀",據《姜亮夫文録》改。
② 底本作"槩",據《姜亮夫文録》改。
③ 底本作"缶",據《姜亮夫文録》改。
④ 底本作"丹"。

Nationale，因友人王君有三之助，得睹敦煌遺簡，雖非所好，而知其爲瑰寶，因自思量，發焉宏願，倘能更藏①其事，蓋亦有當于學術之鼓吹，勞瘁之力，尚可一賈，遂排日入館，選字書、韻書、《五經》、《老子》之屬，擇其要者，抄寫響拓，攝影校錄，日盡數卷，垂暮歸寓，更即燈下，比次論列，夜深漏永，絕不知疲，凡得百數十卷。次年春，更欲罄歐之敦煌經卷而觀之，乃携以訪英倫博物館、柏林普魯士博物館等，其志未酬，而倭禍洶洶，勢已燎原，情志惶楚，不容優游，欲以便道，一觀俄羅斯建邦新民之術，及遼東淪喪之慘，遂經從柏林入莫斯科，新政之觀，多益神思。而款留之優，頓忘飆②倦。即東入嫩江，南經長春，則容止之禁，同于囚僇，生命之機，懸于虎狼，我民胥痛，豈是不思，亦已焉哉！迨抵北平，則慘烈之風已扇，而荼毒之禍遂起，俯仰愧怍，不知何以報國！反側而思，計無所從。乃戴星南下，暫止吳門，借人前庭，曝書永日，思集滬、杭、白下之藏于一許，抱守殘缺，以俟太平，事猶未集，而滬難鬥發。數四趨車，僅得野望③，復歸閭闔。則空城遠揚，棲息無所，至于白下，則友人之家，毀于飛鳶瓦礫之中，僅收斷册，馳驅未停，顛連而西，即至長安，則大江以南，相繼淪陷，于是而圖書論撰之屬，全遭毀滅。十年披心之蓄，弃于一旦，檢理筐笥，僅敦煌散卷，尚能相隨，邦國珍瘁，豈復尚能爲小己得失之計乎！

是時秋英劇病，隨其家人，星月奔逃，消息久沉，調饑之怨，有如不勝。乃以夏初，遵海入吳，即其相見，則病已痊可，遂即仲秋，結褵海上，相將入蜀。十年夢勞之燕，今遂比翼之私。我形雖痡，迄得小休。而邦國之難，曾無暫寧。夫扞捂宗國，其道多方。斬將搴旗，固有望于賁育。而振衰起廢，當不遺乎文儒。乃重理舊業，思補亡遺。而敦煌諸卷，尚無倫脊，歐戰又起，巴黎不保，余之所得，勢成孤本。而飛鳶時驚，懼更毀廢，遂以餘日，覃思博辨，歷時三載，成《韻輯》二十四卷，尚有諸經校記文史雜錄之屬，亦相次就緒。然余自年三十以來，音韻文字之書，即已廢置

---

① 底本作"盛"。
② 底本作"猷"。
③ 底本作"覇監"。

不觀。《韻輯》之作，情非得已。年來喜讀顧、王之書，知學有當急，飣餖補苴，益不可忍。往往輟筆，棄置經旬，而血戰得失之端，縈繞尤甚，心不寧謐，故執筆爲文，不易密勿。余年十六，即病短視，模錄卷子，虧耗益甚。今年初夏，幾至失明，今其書雖幸有成，而自始即非所好，黾勉將事，不敢告勞。惶惑之情，惟心自知，衡之以義，又豈能免于君子之譏乎！

嗟乎，綜覽生平，則天性專固，率性而行，庭訓莊嚴，終身未逾，雖有差池，尚無傾遏，獨于學問，終始回惑，雖緣偏畸，蓋亦時會之使然耳。方余十歲，而國變作，年十六時，百家競爽，千說輻輳，故常改觀，矩矱未立，十八以①後，學經爲文，讀史游藝，半緣時染，非有心主，行年四十，讀數萬卷書，行萬里路，師事大儒，交接通人，而無一能名。悪不足以維四民，智不足以濟危亂，勇不足以報睚眦，文不足以舒胸臆，而錯雜歧出，不知所擇，其將永爲狂亂，無所適從已乎？夫學者非爲身家之養，貴能幹②旋氣運，以善牖民，故古者四十不惑，宜強而仕，如余黬眇，又豈能勝。雖然，使余生愚闇之家，天性不諒，則世方憐庪，天下輕薄，變隨所適，則爲鬼爲蜮，姑不成人，或且盜國喪家，爲世大僇，即或不然，則方當混亂之世，是非莫定，士習貪婪，人欲橫流，廉恥道喪，民德尩敗，欺國枉民之術，盜竊自肥之計，薰胥之辜，曾不悷墨，而余幸得免焉。即或不然，則學爲禽犢，賣食自炫，以時仰揚，隨聲附和，以妄語爲名士，作干祿之天梯，差亦能爲，而余幸得免焉。午夜思維，良由蒙養，夫蒙養之正，是曰聖功，而余廿年旅食，久缺定省，能不椎心。嗟乎！使時濟清和，民莫已定，興廢不忘于匹夫，禮樂可求于野人，則但冀優容一日，歸家供養，借東萊之田，奉朝夕之旨，服事之暇，則以學文，有屋三椽，支書百架，游息咏思，以竭吾才，深自克責，可無大過，以不忝于黃農之冑，詒父母之羞，則半生回惑，稍得自靖，固余之所甚願也。

一九四一年秋亮夫自志

---

① 底本作"次"。
② 底本作"幹"。

憶清華國學研究院

一　入學考試

考取北師大研究科後，我讀了一兩個月，覺得有些地方北師大要比成都高師好，圖書館書多，先生們的名聲又大，那時北師大有黃季剛、錢玄同、朱希祖……每一位先生都各有自己的長處。但那時同學中盛傳清華大學入學考試極難。我忽然萌生再考清華的念頭。那時是十月份，清華已經考試過了，但榜還沒有發，我想不管他，試一試再說。我就寫一封信給梁任公先生，信上告訴他我是怎樣的一個人，哪個學校畢業的，想進清華讀書，我來遲了，所以沒有報上名，是不是可以給我一個補考機會。那時候還有三四個人也要求補考。過了幾天，清華教務處通知我去面試。到約定日期我到了清華。任公先生親自接見，問我："松坡先生是你什麼人？"我說："是我父親的上司，我父親曾在松坡先生底下做事。"他又說："廖季平先生是不是你老師？"我說："是的。"他問，還有哪些老師，我就約略地說一下。他都曉得，他說："這些先生都很好，你為什麼不在成都高師讀下去？"我回答說，成都高師我已經畢業了。他說："好，我就讓你補考吧！"接着就給我出了題目：《試述蜀學》，當即我就寫了二三千字的文章交上去了。任公先生一邊看一邊微微地笑着,有時點點頭。看完了,他說:"姜寅清,你這篇文章說明你在四川讀書時是個用功的人,許多四川老先生的書你都認真讀的,文章寫得也有趣味,教你寫文章的是哪位先生?"我說:"是林山腴先生。"他說:"不怪,他是詩人,他的文章也寫得很好。"這時是上午十時多,他叫我休息一下,到十一點多,有人來領我去厨房吃飯,飯後休息一下就接着考王靜安先生的課。靜安先生在裏面擔任的是"小學",他出的題目都是"小學"的題目。在這之前,太炎先生的《章氏叢書》我曾反覆精讀,有一些心得,所以靜安先生問我的許多問題,我都役有答錯,但都是一家之言。靜安先生看了我的卷子以後,便說:"你可是章太炎先生的學生?"我說:"不是,我是四川來的。"他說:"四川來的,怎麼說的都是章太炎先生的話呢?"我說因爲假期要升學,所以我突擊看了一部《章氏叢書》,"《章氏叢書》你看得懂嗎?"我說:"只有一、二篇我看不懂,别的還可以看得懂。"王先生連聲說"好的,好的,你等一會兒。"他的辦公室和任公先生的辦公室只隔一道板壁,中間有一道門相通,他就告訴他的助手趙萬里先生說:"你去跟任公先生講,姜亮夫這個學生我看可以取。"趙先生向任公先生轉告了王先生的意見,任公先生不表態,只說:"對不起,現在考完了,你回去聽消息。"隔了兩天,清華果然有電話到我住的會館,通知我把行李帶去,但筆、墨也要準備好,並說還要考一次,這一次都考及格你就可以住下來了,我暗暗高興。按規定時間到清華參加復試。考什麼呢? 考普通常識。這個普通常識給我作難了。例如有一道是"寫出十八羅漢的名字",能寫幾個寫幾個,我十八羅漢名字一個也寫不出。還有按規定要寫出二十幾個地名,結果我只能寫出十六個來,别的我寫不出來,因爲有些地名是内蒙古的,有些是新疆的,有些是西藏的,寫不出來了。所以史地的考試看來是失敗了。除此以外,還要考一些漢語言學和哲學思想史之類的東西。漢語言學我考得大概是九十分,哲學我在成都高師倒是好好地讀過,(如西洋哲學史、中國哲學史),所以我哲學問題也答得很好。于是他們就商量了,佛學的知識我答不出來,其他的考生也只能答出一點點,沒有人答完的,地理同其他學生程度差不多,語言學和哲學考得不錯,對哲學系統認識很清楚……,王、梁二位先生研究後,就問我行李在哪裏?我回答在門口。他們立刻拿起電話告訴門房:"你們把剛才進來的姜某人行李送到靜齋第一號寢室裏邊去。"然後轉過來對我說:"你取了,你算錄取了!"任公先生又說:"你這次錄取只好說你運氣好,因爲我們正取生中有二名不來,已經到美國去了,所以拿你備取生第一名遞取的。"我想不管是正取生,備取生,只要能進清華,我就可以在清華拚命讀書了。

二 清華的生活環境

辦理好正式入學手續後,我領到"靜齋"第一號房間第二床的證件。管理員把我帶到一號房間,不料原先住在裏面的四川學生不許我住進去。按規定是兩人住一間,如我去反映,後果亦不好,正在左右爲難時,二號房間的黃淬伯、趙良漢同意我住進去,這樣我們三人住在一起。黃淬伯又帶我到各處走一圈。

清華的圖書館很大,四壁都是書籍,都是參考書,而且都是必定要用的參考書。桌子上的電燈很亮,裏面可以坐三四百人。另外還有閱覽室,一桌六人兩盞燈,四周字典、辭典、還有其它工具書。如《二十四史》、《十三經》、《大英百科全書》,還有花盆花架,研究院的學生還有一個特殊優惠——借書無限量!只要寫下書目清單放在門口,兩個小時後,就有人把書送來,如果提出書單,館內沒有,還會想法去買。研究院的學生還可以直接進入圖書館的書庫內看書,現在回憶起來,這件事對我幫助很大,這樣一來,我接觸書的面大增,有些書只要看一下《序》,便可知一個大概。有時看得着迷,經常誤了午餐,有時晚餐也誤,甚至有一次,我被關在館內過夜,乾脆看了一夜書。我的知識面越來越廣,談論起來,似乎有點"無所不知"。後來我在上海大夏大學教書時,那時有二十多個同學要做論文,我告知他們的參考書目,一口氣報了六七十種書名,學生們大驚,我的"名聲大振"。清華的校風好,圖書館才能這樣管理。

進院的第二天要檢查身體,結果是馬約翰和李剛(清華醫院主任)兩位先生主檢。他們發現我的胸骨特別凸出,就問爲什麼這樣凸出?我回答出生時就這樣,他們很驚異。檢查很仔細,連生殖器、肛門都不放過。最後的結果是一切正常。只說肛門口有點小問題(後來知道是痔瘡),要我注意伏案時間不要太長。並批准我可以泅水,並特別强調泅水對全身健康發展很好,給了我體育館中放衣櫥的鑰匙。除此以外,兩位先生還要求我每天跑步,我深深感到那時候清華對學生身體健康的重視。

清華的學生食堂是以營養成分爲基礎的。菜味並不一定都很好。每桌六人,六人可自願組合。桌上四菜一湯,每人四隻饅頭。我當時食量特別大,我記得第一頓飯吃四個饅頭外加三小碗飯。自己不好意思再吃,同桌的同學笑我兩天未吃,今天大吃。我說今天吃的是"安心飯",大家都笑。飯後走到大旗杆下坐定,聽同學介紹清華的重要規定。

三 清華園的教與學

進清華後的第一節課是聽王靜安先生講的。靜安先生上課不大抬頭看學生。下午趙先生又來通知我,到靜安先生處去一次。一到先生辦公室,先生就說:"那份卷子是你的,你的聲韻、訓詁不錯,文字方面還不够,今後怎麼辦?"我說:"請先生指導。"王先生說:"課題要自己選定!"過了三天,我把選定的三個題目送給先生看,其中第一個是詩經韻譜,第二個是詩騷聯綿字考,第三個是廣韻研究。王先生看了題目後問我:"廣韻如何研究?"我的回答先生不滿意。他沉默片刻後說:"我看搞詩騷聯綿字考吧!"他接着便把自己研究這方面的"譜"(提綱)拿出來給我看。得了先生的指點,我的方向明確了,大體框架結構有了底,有關這方面的材料我開始注意起來了。

給我們上課的還有梁任公、陳寅恪、趙元任、李濟之幾位先生。這幾位先生中,只有李濟之先生的"考古學"課不喜歡聽。我後來才發覺,在清華不愛聽李先生的課,是最大的錯誤。後來我發憤去國外學考古,想來彌補這時期的損失。最受益的是梁任公先生的課,其中任公先生講的"古書的真偽和辨真偽方法"等內容至今都沒忘。"古書真偽及其年代"這樣的課題,我在成都讀書時,也聽林山腴先生、龔向農先生講過,這方面知識有點基礎,但沒有系統,而梁任公先生從多方面多角度對先秦古籍來一個全面系統總結。講課中他從校勘、考證、訓詁以及學術系統來分析書的真偽及其年代,而又隨時總結某一問題,總結時,經常拿幾種書來比較,因此我對古書全貌大體瞭解了,問題也知道,整理古書方法也知道,不僅使我細緻得到讀古書方法,同時打開了讀古書的眼界。任公先生另一個長處是經常運用當代日、美、英關于某些問題的見解,使我眼光不僅放在中國學人的觀點上,而且接觸外國一些東西。這是使我廣開學術道路的第一階段。

王國維先生講課,非常細膩,細緻,講的是《說文》,用的材料許多是甲骨金文,用三體石經和隸書作比較,這樣一來對漢字的研究方法細密了,而且還知道許多相關書籍。王先生做學問有一個特點:他要解決一個問題,先要把有關這問題的所有材料搜集齊全,才下第一步結論,把結論再和有關問題打通一下,看一看,然後才對此字下結論。這中間有一個綜合研究方法,他不僅綜合一次,再經過若干次總結,方成定論。例如總結甲骨金文中的資料研究殷周兩代的一切制度,就是總結殷周兩代個別問題的綜合。這個問題我在清華讀書時,不是太瞭解,後來我出來教書、做科研工作越來越感到王先生的教導對我幫助很大。

陳寅恪先生廣博深邃的學問使我一輩子也摸探不着他的底。他的最大特點:每一種研究都有思想作指導。聽他的課,要結合若干篇文章後才悟到他對這一類問題的思想。他的比較研究規模很大,例如新舊唐書的比較,有的地方令人拍案稱奇。可惜我書讀得少,與先生的差距實在太大,所以我記了許多筆記。

聽寅恪先生上課,我不由自愧外國文學得太差。他引的印度文、巴利文及許許多多奇怪的字,我都不懂,就是英文、法文,我的根底也差。所以聽寅恪先生的課,我感到非常苦惱。去問他吧,幾乎每個字都要問,而他的身體又很弱，冷天一到，他要穿兩件皮襖。進了講堂，講堂裏很熱，把皮襖脫掉，等到講完要出去，再把皮襖穿好。所以我們覺得寅恪先生書讀得這樣多、這樣好，而身體是這樣差，這個情況是令人很難過的。況且這時候寅恪先生還沒有結婚。最令我們慚愧的是他這個時候還在跟人學西夏文、蒙古文，每個禮拜進城去學兩天。這麼一個大學者，還在這樣勤奮讀書，像我們這些人不成其爲人了！真是無地自容！所以有一次我同黃季剛先生講："我自己的根底太差了，跟寅恪先生無法比！"季剛先生跟我說："這話你也不必這樣講，我們過去的古人，誰又能夠懂八九國的語言呢？他們難道沒有成績嗎？王念孫雖然一樣外文不懂，難道他不是一個大學者嗎？難道他沒有成績嗎？所以學問的問題，只問你鑽研不鑽研，鑽研總是有路子，你不鑽研就什麼路子都沒有，各人要根據各人情況來鑽研。"聽了這段話，我的心才漸漸地平靜下來。

陳寅恪先生上課真了不起，有些地方雖然我還聽不大懂（因爲我外語基礎差、佛學經典知識亦少），但我硬着堅持聽下去，能記儘量記，課後再與同學對筆記，得到許多治學方法，所以我對寅恪先生極其佩服。例如寅恪先生講《金剛經》，他用十幾種語言，用比較法來講，來看中國翻譯的《金剛經》中的話對不對，譬如《金剛經》這個名稱，到底應該怎麼講法，那種語言是怎麼說的，這種語言是怎麼講的，另一種又是怎樣，一說就說了近十種。最後他說我們這個翻譯某些地方是正確的，某些地方還有出入，某些地方簡直是錯誤的。因此寅恪先生的課我最多聽懂三分之一（而且包括課後再找有關書來看弄懂的），除此以外，我就不懂了。

寅恪先生還有兩件事使我終生不能忘懷。我在清華曾寫過一篇批評容庚先生的文章，送登《燕京學報》，容庚先生把我的文章送給陳寅恪先生看。過後寅恪先生對我說："你花這麼大的精力批別人，爲什麼不把這精力集中在建立自己的研究工作上！"這句話對我震動很大，從此以後，我不大願寫批評文章，越到後來越不做這樣的事。另一件事是：陳先生說："做學問的工具愈多愈好，但一定要掌握一個原則，這工具和主要研究工作要有聯繫的，不能聯繫的不要做。"因此英語之外，他勸我讀日、法兩語。我當時確也下了一番功夫。不過自抗戰後，沒有書可讀，外文丟光了，這是我一生中的憾事。

從趙元任先生那裏，我也得益匪淺。他講聲韻學，講法和我在成都高師聽的課完全是兩回事，成都高師的先生講的是聲韻考古學，而趙先生講的是描寫語言學（用印度、歐羅巴語系的發音方法運用到漢語的聲韻學中來）。不過我還是認真聽，並把描寫語言學和聲韻考古學對照，得到很大啟發。這方面得趙先生之力，是我一生學問基礎的關鍵。他使我知道研究語言學可分兩個大類，這兩大類應互相關聯、互相依存，就是語言考古學和描寫語言學。趙先生在課堂上主要講的是描寫語言學，此時，我才知道用描寫語言學方法定語言音素音質是個重要問題，可惜我物理學知識不夠，拿個機器放在我面前我也無法使用，只能聽趙先生口中讀出聲音，只知清音、濁音讀法。另一方面由于我生理上的原因，我的模擬聲音、學方言能力很差。所以我出入上海五十年之久，一句上海話也不會講。這使我在學習描寫語言學上無法深入進展，所以研究漢語只限于古音考古。

總體來說，這四位先生使我的科研方法增多了，範圍擴大了，深度加深了，但對我來說，對于新的東西是個"半吊子"，用新學說解決舊問題，我知道有好處，而不能完全把舊東西中的問題都得到解決，這是我得老老實實承認的，我只不過只以舊的為基礎，略知一點新東西的"半吊子"而已！

清華園的先生們確是我國名副其實的國學大師，他們不僅給學生以廣博的知識、高深的學問，而且教會學生做學問的方法，根據不同學生特點指明研究的方向，最後讓你自己獨立研究。這種教書育人的方法使我終生難忘。即使在日常生活中，先生們的一言一語、一舉一動也都深深地感染學生，即使在談笑中，也與學術相關連，也給學生以深刻影響。

清華園內每周六有一個同樂會，師生全參加。這時有人講故事、有人說笑話、背書、唱戲、唱歌等，此情此景在六十餘年後的今天還歷歷在目。

　　任公先生和靜安先生上課時很嚴肅，但一到同樂會這天，他們即興表演的能力也使人吃驚！記得有一次同樂會，大家要任公先生也表演，任公先生說他背一段《桃花扇》。結果全段都背出。《桃花扇》在正統學術上不算什麼，但能全背出，很了不起！靜安先生當即也背誦《兩京賦》，這也是難能可貴。因爲靜安先生在同樂會上多數時間都較沉默，話很少，但感情很深沉，對我們學生像自己的子弟一樣。趙元任先生的表演更是絕妙無比。記得有一次他把我們每人的茶杯收去十多隻，然後敲打調音，七音調正後，用茶杯奏出一首樂曲，真是四座皆驚。又有一次他給大家表演"全國旅行"，每到一地均用當地方言來表達。從北京出發、然後到西安、到蘭州、到成都、到重慶、到昆明、到廣州，再回到上海，各地方言學得維妙維肖！大家在捧腹大笑中深感到趙先生語言學的扎實根基是我們望塵莫及的。寅恪先生的知識很博雅，在這種場合下，不肯爲大家說說笑笑，但私下談話中，笑話極多，尤以做對子爲長。這幾位先生在同樂會中的表現和在家中不同。曾記得有一次在任公先生家，發現先生有"五官並用"的特點。那天他說："今天我要寫幾副對子，你幫我拉對子紙。"第一副是給我的。對子的原文是"海燕飛來窺畫棟"，下聯是"落荷相依①滿橫塘"。"海燕"比喻我來到他家，"落荷"喻我們這批學生。剛要動筆。他吩咐助手說："你明天九時到王先生家去送一封信。"剛寫了兩個字，他兒子進來說"有電話"，他隨即吩咐幾句叫兒子去回話，這時手中筆未停，邊說邊寫。兒子退出，家人送信進來，他叫家人讀信，他一邊聽又一邊寫，聽完信，並吩咐回信大意，家人又送早點上來。他眼睛稍看了一下，又邊寫邊說，早點中某東西不要，某東西再加一點。我心裏慌，怕他把對子寫錯，但結果一字不差錯。從聽電話再回話、聽信再吩咐回信內容都是要事，他可以做到手不停筆、耳聽旁人說電話和信的內容、腦子思考回覆的事。甚至早點的安排，而眼看紙上的字體，由此想到古人說"五官並用"，我在任公先生這裏目睹了事實。

---

① 據留存下來的對聯實物，當爲"相倚"。

　　我所接觸過的先生們中似乎有一個共性，就是記憶力驚人地好。梁、王先生們自不必說，廖季平先生更突出。《十三經注疏》講注時，他可以把注大段大段背誦，並且還可告訴你們在某一版本某一頁某一段，你們可查對。還有祝杞懷先生父子記性都很了不起。如講唐代平淮西這事，他把兩《唐書》資料、《通鑒》中資料、韓昌黎寫的《平淮西碑》、以及後人評淮西的詩詞整整背了一個半小時，我們這批學生在這種場合下只有記題目的能力！每一遇到這情況，我感觸很大，因我是屬記性不好的人，人家讀三遍五遍就背出，我要十倍于人。就是由于記性不好，才把眼睛弄成高度近視。

　　在清華的日子裏，還有一件事銘刻在我心裏幾十年。當時有一位蘇聯盲詩人愛羅先珂旅游至北京，我們雲南會館出一刊物，請愛羅先珂畫一張學刊封面，要我這個雜志編輯人作一題詞。我就爲這幅畫填了一首詞。自己不敢相信自己。想請靜安先生看一看。晚上七時半到先生家，先生看了詞後說：“你過去想做詩人，你這個人理性東西多，感情少，詞是複雜感情的產物，這首詞還可以。”一改改了近兩個小時，在他改詞時，我順手翻看兩本書，其中一本是德文版《資本論》，只見書裏面用好幾色打了記號。靜安先生看了看我說：“此書是十多年前讀德國人作品時讀的。”這事在我腦中印象很深，我當時感到先生不僅學問廣博，而且思想也是非常前進。晚九時多，詞改好後，我告辭，先生要家人點燈籠跟他一起送我到大禮堂後面的流水橋，等我過橋後他才回去，他說：“你的眼睛太壞，過了小橋，路便好走了。”我幾乎落泪。我一生也忘不了老師對我的關懷。

　　清華研究院的教和學，確實在德、智、體三方面兼顧，尤其那時的學風特別好。在清華這個環境當中，你要講不正當的話，找一個人講講骯髒話是不可能的。先生同先生、學生同先生、學生同學生，碰見了都是講，某個雜志上有某篇文章，看過了沒有？如都看過兩人就討論起來，如一方沒有看過，看過的就說這篇文章有什麼好處，建議對方去看。

四 清華院內的風波

一九二七年四月,李大釗先生遇害。北京學生界大爲憤怒。此後北京局勢也日趨緊張,惡化。廣州北伐軍已漸漸逼近南京,並攻下南京,渡江北上。清華園內國共兩黨鬥爭也日益激烈,時有傳聞說,清華有的教授先生帶家眷到美國去了,這時國學研究院也起了許多變化。政治牽連較大的是王靜安先生,他是末代皇帝的老師,腦後有長辮,又聽說長沙葉德輝被殺,羅振玉已進入東交民巷某國大使館,清代遺老都紛紛"逃難",猶如大禍臨頭! 這是政治變革前夕的一般現象。靜安先生很着急,他本來從不問政治,外交情況也不知,但他有一個同鄉學生經常到他那裏去(名叫何士驥),勸先生剪髮。有一天,北大教授馬叔平先生來看王先生,也談到剪辮子問題,這些勸解都是從形式看問題,也有一定用處。這時梁任公先生突然去了天津,所以靜安先生心中更爲惶恐。在這期間,我去見過靜安先生二三次,前兩次有人在不能講話,有一次七時半去,果然無他人,先生說:"有人勸我剪辮子,你看怎樣?"我說:"你別管這些事,這個學校關係到國際關係,本校是用庚子賠款而維持的,一定要看國際形勢,你剪不剪辮子,這是形式。"他聽了我的話後,覺得有點道理。我還勸他不要離開清華一步(這時大概是一九二七年農曆四月二十八日)。以後我又去過一二次,書房裏已亂得很,先生在清理稿件。我最後一次去靜安先生家是農曆五月初二。先生說:"亮夫(!)我總不想再受辱,我受不得一點辱!"我再勸先生。並把靜安先生這話告訴寅恪先生,寅恪先生本來要去看靜安先生,因他立即要去城裏未婚妻家,所以打算晚些時候再去看靜安先生。回寢室後,我又告訴同室人,大家無奈何。第二天早上八時許,門房說:"頤和園裏有屍首,大概是清華的先生。"我們一聽,估計是王靜安先生,黃淬伯、趙良漢和我三人奔向頤和園,此時王先生的遺體已放在"魚藻軒"裏,用席子蓋着,我們三人跪在地上小聲哭,一會兒大家來後,把遺體送到頤和園"排雲殿"後面的小廟子裏停放。當天晚上由同學和工友用擔架抬回，放在清華前門小溝對面的小廟裏停着，然後去買棺成殮，按靜安先生遺囑葬在清華前面的園子裏。遺書是在他身上發現的：“……五十年只欠一死，經此世變義無再辱，我死之後草草薰葬清華園……”等，此其深意，無人能釋。關于這個問題，我有一文《何爲義無再辱？》。當天晚上殯葬後，研究院師生向靜安先生最後告別。告別會上有兩件事我一輩子不能忘：一件是我們二十幾位同學行三鞠躬禮，但陳寅恪先生來後他行三跪九叩大禮。我們當時深感情義深淺在一舉一動中可見；第二件事是我們同學中有少部分人裝假，有兩人在靈堂大哭，但乾哭無泪，像猫狸叫。後來先生安葬在清華外面自己校産地上。

王先生過世後，我們大家惶惶然無所依歸。同學中有人出頭，提出請南方章太炎先生來，但這是一個滑稽戲，被太炎先生拒絕了。這樣一來清華的老師只剩下寅恪先生了。我這時曾經被請到瀋陽東北大學去教書，是以講師身份爲人所不重視，冬天天冷房內無爐，再加上一些我看不慣的事，不久我就回北京了。回北京後，劉半農、黎劭熙介紹我到女師大任教，同時我又得到黃淬伯要我到江蘇南通中學任中文部主任的電報。此時南京政府成立，北方學生普遍認爲南京政府有希望，我也想到南方看看政局到底怎麽樣，所以我不去女師大而去了南通中學任職。

贈清華大學圖書館《杭州大學圖書館善本書目》題詞[①]

辭別母校已五十八年，中間曾三上北京，必親履舊迹。頃聞文學院將重建，圖書館亦有善本之輯，于是而靜齋、同方部、大禮堂、圖書館、工字廳、科學館及王、梁、陳、趙諸師寓齋、水木清華無不一一瞻顧，徘徊不忍去，而海寧先生紀念碑如雕塑之刻心，往往佇立以泣，是爲余生最大寄其情懷之所。杭大圖書館亦有善本書目，以玉海樓、嘉業堂舊藏爲主。余見有若干種收入，蓋抗戰中失之于上海、蘇州、南京、杭州者，更不勝其悲痛，故遂舉此册以奉于母校。

民國十六年研究院畢業生姜寅清字亮夫敬呈。時年八十有五。

清華大學圖書館惠存。

---

① 此文爲選編者托馮立昇教授從清華大學圖書館檢出，題目爲選編者所擬。

姜亮夫學術年表[①]

姜先生名寅清,字亮夫,以字行。號成均樓、北邨老人、天南矇叟。

光緒二十八年(公元 1902 年) 1 歲

夏曆四月十二日(陽曆五月十九日)亮夫先生生于雲南昭通。據家裏傳說,姜亮夫祖上原籍南京柳樹灣,在明代隨着沐英來到雲南。姜亮夫高祖和曾祖都是武官,曾祖因瘟疫早逝。祖父經商得當,可稱殷實。雖然有武官傳統,但家族一直重視讀書,到了姜亮夫的父輩,兄弟四人中前三個是舉人,四弟是日本留學生。姜亮夫的父親姜思讓排行第三,考中舉人後入京師大學堂法律館學習法學。辛亥革命時,姜思讓領導了昭通的光復運動。據姜亮夫先生回憶,姜父受北京新思想的影響,在當時是比較新派的。姜亮夫評價他的父輩:"大伯父善寫應酬文章;二伯父詩詞好,文學好;父親多寫哲理文章,絕不寫應酬文字!"

外家爲何紹基後人,母親何淑碧。外祖父字畫有聲,諸舅氏亦能書畫。

[①] 本年表是參合姜先生《自訂年譜》、林家驪先生先後兩種《姜亮夫先生年譜》而成,又略加己意。

民國三年(公元 1914 年)　13 歲

先生入昭通縣兩華小學。受校長楊以久、國文教員李士富影響。李士富有一次講道德的"德"字,在黑板上寫"德者得也"。此為姜亮夫接觸漢語聲訓之始,姜先生由此悟出中國文字有很多聲音相同的字可以假借。他根據《孟子》等書,又悟出了"人者仁也""道者導也"等道理。

民國六年(公元 1917 年)　16 歲

在家補習。

民國七年(公元 1918 年)　17 歲

入雲南省立第二中學一班。

民國十一年(公元 1922 年)　21 歲

三月,遊學於昆明,姜母以嫁時飾物作價十八元爲旅費。

八月,作七言長詩一首,寄父親及叔伯。有"守身如玉德之華"句。初讀章太炎《國故論衡》,喜其艱澀。

九月,以省官費生考取成都高等師範學校。返家省親。後入學,路經宜賓、流井,至成都,見成都高等師範學校校長吳玉章。初讀《說文解字》《廣韻》等書。

受林山腴、龔向農二師之教,林先生教以"辨雅俗",龔先生教以"讀基本書"。姜亮夫終生受二先生影響。

與宋大魯、陶世傑、文百泉訂交。

民國十二年(公元 1923 年)　22 歲

在成都高等師範學校讀書。酷愛詩詞,遍讀王闓運《湘綺樓八代詩選》以及《唐詩選》、兩宋詞、元明曲,多能成誦。

從龔道耕習音韻學,研讀顧炎武、江永、戴震、段玉裁、孔廣森等人著作,手錄江永《音學辨微》、陳澧《切韻考》。讀《說文解字》《廣韻》《詩經》《楚辭》,用力至勤。結識羅運賢、徐仁甫。

民國十三年(公元 1924 年)　23 歲

五月,於少城公園聽廖平講學。廖平教以辨古今、辨漢宋、辨天人之學。於是姜先生思想始放,途術始寬,博覽儒釋與西儒之學。獨好《華嚴》、唯識及老莊之學。

十月,草撰《昭通方言考》。

民國十四年(公元 1925 年) 24 歲

二月,初識李劼人。

暑假中,遍讀三《禮》,至八月讀畢《禮記》爲止。

九月,《昭通方言考》成,寄父親求正。

民國十五年(公元 1926 年) 25 歲

二月,於杭州購買章太炎《章氏叢書》。

三月,由上海北遊至北京,住在雲南會館,打算繼續深造。十八日參與執政府請願,幾及于難,踏燕京大學死難女生楊某肩,逾垣出。以此傷心國事,折節讀書。每日研讀《章氏叢書》,并作筆記、疏解等。仰慕太炎先生甚切。

八月,考入北京師範大學研究科。

九月,考入清華大學國學研究院,月底入住清華園,與趙良翰、黃淬伯同宿舍。入學後,以《詩騷聯綿字考》《詩氏族考》《先秦成語考》三題①請教王國維。王國維命作《詩騷聯綿字考》,并把自己的相關研究資料與手稿贈給姜亮夫。博覽清華圖書館藏書。結識劉節、戴家祥、王力、姚明達、陳守實、王蒲莊、劉盼遂、謝國楨等人。

十月,拜見黃節先生,訪何鳳蓀、王樹桐先生,諸先生各以著作贈姜亮夫。此爲拜訪京城學人之始。後來又曾往請教施芒父、吳北疆、沈之培等先生。

十一月,梁啟超先生以國事相勉勵,鼓勵姜先生參與政治活動。

姜亮夫以成都高等師範學校期間所作詩集求正于梁啟超、王國維,兩先生認爲姜先生思理過多、情感過少,缺乏詩才。姜亮夫由此認爲自己不適合作詩人,焚燒全部詩稿,致力于學術研究。

檢覽清華圖書館中的西方漢學著作。

---

① 此三題見姜先生《自訂年譜》,但與姜先生其他回憶文字中所說三題有所不同。

十二月,撰成《詩騷聯綿字釋例》一文。

民國十六年(公元 1927 年)　26 歲

二月,研究生畢業論文《詩騷聯綿字考》稿初成,王國維讚許爲可入著作之林,并親爲訂正八九處。

六月二日,王國維自沉于昆明湖魚藻軒。翌晨消息傳入清華園,姜亮夫、戴家祥最先奔至頤和園。待同學漸集,共收王國維遺體。從此有箋注屈原《離騷》《懷沙》之意。

七月,每日讀王國維所著《觀堂集林》,以王氏手校本移錄入册。

八月,祖母及父親欲以銀商李某孫女爲媳,姜亮夫以"齊大非偶"婉拒。

九月,應清華同學黃淬伯邀請至南通高中任文科首席,有弟子四五人拜入門下。與黃淬伯對門而居,姜先生爲黃氏題室名曰"研音室"。繼續寫作《詩騷聯綿字考》。手自影錄《嘯堂集古錄》及《博古圖》兩書。

十二月,入南京,七日後回南通。

民國十七年(公元 1928 年)　27 歲

一月,徐升贈姜亮夫《詩聲調譜》,姜先生以《詩騷聯綿字釋例》回贈。拜見范伯子夫人。

爲《世說新語》作校箋,並仿照《世說新語》體例,編寫《師友新語》。

二月,手摹宋刊本《嘯堂集古錄》《博古圖》兩書成,是爲治金文學之始。

五月,因讀阮元《經籍籑詁》,轉而以《經典釋文》爲藍本,纂集先唐音韻,是爲勤于鈔錄之始。

讀《彊村叢書·喜溫集》,並爲之校箋。

七月,至上海,住四川路青年會。應周鳳甸邀請,任無錫中學文科首席。

八月,赴無錫招生,復返上海,與李小峰過往較密。旋而返錫。日讀《離騷》,請人刻"與屈子同年"章。

九月,于無錫中學上課。授國文兩班、文學論兩班,至次年五月授畢。

十月,拜見唐文治先生,結識錢基博先生。課餘讀書於無錫圖書館,游覽梅園、黿頭渚,有定居之意。

民國十八年（公元 1929 年） 28 歲

一月，游蘇州、上海，後歸無錫。在此期間，重訂《詩騷聯綿字考》，續錄《經典釋文反切考》《九經異文考》卡片，整理講義《文學概論》。讀《周禮》，爲札記二卷。讀《漢書》，亦作有札記。初草王國維年譜，此爲後來作《四先生年譜》之初稿。

是月十九日，梁啓超病逝北平協和醫院，終年五十六歲。

六月，離開無錫，至上海，北新書局邀請編《高中國文》課本，又陳桂邀請主講大夏大學。

八月，與胡樸安訂交，應其邀請主講持志大學。

九月，與陳中凡訂交，結識陳佩忍、張天放。蔡尚思來訪。與徐志摩會于大夏大學，然不復相往來。

十月，拜訪孫德謙先生，與之談論史學甚歡。爲《古聲考》十卷，初稿成。讀《漢魏百三家集》，以文學理論、文學史角度作筆記二冊，至次年五月讀畢。

是月十九日，與陶秋英初相識，此時陶秋英正在撰寫《中國婦女與文學》一書。

十二月，讀西方社會學著作，尤重摩爾根、穆勒利爾、羅維諸家。

民國十九年（公元 1930 年） 29 歲

一月，讀《全上古三代秦漢三國六朝文》，補寫《百三家集》筆記，至五月畢。

二月，讀摩爾根、穆勒利爾、羅維諸家，思以諸家之說論證《尚書》，爲《尚書新證》。

三月，鈔錄《經典釋文》反切卡片。知黃侃有精校，訪于白下大石橋，知所錄卡片必不可用。與陶秋英過從益密，因其《中國婦女與文學》一書影響，撰《班昭年譜》初稿。

四月，與龍志舟論越南政治局勢。

六月，邀魯迅至大夏大學演講，開罪學校，憤而辭職。陶秋英《中國婦女與文學》一書完成，介紹于北新書局出版。讀丁福保《全漢三國晉南北朝詩》,至十月而畢,作有筆記四册。夏曆端午節前三日,紀念王國維先生逝世三周年,欲編王國維與梁啓超先生年譜、全集。

九月,送陶秋英應聘蘇州女中教員,留三日返上海。月末,姜先生從上海移住蘇州干將坊。

十月,受聘中國公學大學部主講文學史、諸子等課,遂又移返上海,住儉德儲蓄會,始爲《經籍餐音》《近百年學術年表》。寫定《中國聲韻學》(一九三二年世界書局精印)。

民國二十年(公元 1931 年)　30 歲

一月,思以史學爲專業,編纂上古有關史事、史制、史學、史官等方面的遺文,欲成《史考》一書。

五月,《音學考》一書粗就。

九月,代課于暨南大學,後辭去。本月陶秋英考入燕京大學研究院,月底護送其北上,因重遊北京名勝,並瞭解華北、東北局勢。

十一月,陶秋英隨學校請願至南京。姜先生又送陶秋英北歸,其後姜先生留住于郭紹虞家。始作《歷代名人年里碑傳綜表》(一九三五年由商務印書館初印)。

民國二十一年(公元 1932 年)　31 歲

一月,"一·二八事變"爆發之際,姜亮夫存于上海閘北寓所的書籍、稿件均毁于兵燹。是月,撰寫東西民族"卍"字形音義之研究論文。

三月,奔祖母喪,南歸。四月末至家,掃墓四日。石印《詩騷聯綿字考》一百部,送至上海裝幀,並分寄國内學人七十册,日本二十册,歐美十册。年内得日本小島祐馬、青正木兒等人覆信。

八月,返上海。

九月,《夏殷民族考》五卷撰成(一九三三年上海《民族月刊》社印行)。《甲骨文字小箋》寫成,共三卷。本月開始至十二月,撰《名原抉脉》《釋儺》,初寫成《屈原賦校注》。

十二月,作《"家"之來源》上篇,有所顧忌,遂不作下篇。

本月,由李印泉介紹,成爲章太炎門生。

民國二十二年(公元 1933 年)　32 歲

一月,始得到先師廖平去世消息。開始收集廖平、梁啓超兩先生資料,欲爲之作年譜。

二月,草擬《甲骨學通論》,一月而成。

三月,依清人張皋文《詞選》,作《詞選箋注》(一九三四年北新書局出版)。

五月,校《楚辭》,箋注新義,至次年四月初校畢。

七月,從民國十八年(公元 1929 年)開始搜集剪貼社會史資料,已經貼成九十六册。

八月,初讀《通典》,覺無圖譜至不便,因思中土學術圖譜至不足,欲為古代人民生活史作圖説。因録清人文集中資料。

十月,初爲《甲骨吉金篆籀文字統編》,次年於河南大學石印百部。喜讀謝靈運、謝朓詩,作《二謝年譜》。

民國二十三年(公元 1934 年)　33 歲

一月,受聘爲河南大學文學系教授。同月,于上海同福里拜辭章太炎。知黄侃染病,于二十一日至藍橐莊探問。

四月,于河南大學教授文學史論,成書一册,約七八萬言。此月,完成《楚辭校箋》一書。

六月,初草《文字樸識》(一九三六年在昆明石印百部),思以章太炎、王國維兩先生之字匯而求文字衍變之迹。重寫《文始》,時正讀關於古代社會的新著,復始由古文字中求古社會情實,遂合兩義連類考之,日必寫二三紙不等。"由古文字中求古社會情實",實爲姜先生終生治學旨趣,而造端於是年。

《尚書新證》《釋儺》連成一篇。思補嚴可均《全上古三代秦漢三國六朝文》,開始著手。

七月,月初返上海,住德鄰公寓。

八月,得章太炎對聯"多智而擇,博學而祘;上通不困,幽居不淫"。

九月,在河南大學帶領十二位學生作《左氏傳集解》,至次年四月成書,後毀于戰亂。又指導學生續補舊作《甲骨吉金篆籀文字統編》,十二月成書,石印四十部。

十月,教授《楚辭》,以所作《楚辭校箋》中箋語作講義。至是月,輯《歷代碑傳集》至三十七冊,又作《歷代年譜考》。

《古聲考》一文,曾載于是年《河南大學學報》。

民國二十四年(公元 1935 年)　34 歲

一月,初爲史考,摘錄三代以來有關史事史制。

六月,出國之心急切,匯訂未竟書稿,有《金文集釋》六大冊、《秀隱古逸考》一大冊、《鶯鳴室隨筆》三大冊、《金盦集校箋》四大冊、《世說新語校箋》四大冊、補嚴可均《全上古三代秦漢三國六朝文》四大冊、《音學考》三大冊,等待歸國後完成。

八月,胃病發作,輪渡西行,經二十二日至巴黎。航程中,作《歐行散記》。

十月,由柏里和介紹,結識魯佛博物館秘書尼古拉·芳姬。

十一月,入巴黎大學博士院學習考古學。

本年寫定《尚書新證》一書,前二十四篇在抗戰中自西安寄至成都時,因郵政船被炸而佚失。

民國二十五年(公元 1936 年)　35 歲

一月,在巴黎大學聽課。自覺習歐洲史太少,語言不通利,所得不多。提交論文《中國古代農民器用考》。

三月,經王友三介紹入法國國民圖書館寫本部,研讀敦煌經卷,早去晚歸,日必數卷。訪馬伯樂、戴密微,結交日本學者神田喜一。

五月,在芳姬的幫助下翻譯莫爾干《史前人類》,並作詳注。

六月,利用假期遊覽巴黎八十餘處,多與芳姬同行。見中國文物則拍照、記錄。

十二月,寫《敦煌經籍校錄》將成,準備前往倫敦。

民國二十六年(公元 1937 年)　36 歲

一月,游倫敦,于大英博物館讀敦煌經卷,完成《敦煌雜錄》。結識葉慈、翟爾斯休士等人,並訪問蕭伯納。

三月，莫爾干《史前人類》譯成。

四月，由倫敦返回巴黎。向柏里和交論文，因經濟考慮，放棄攻取博士學位。

五月，知中國情勢危急，計劃返回中國。將國外所購書四百餘冊裝爲兩大箱，交通生公司運往上海。北遊柏林。

六月，北遊莫斯科。冒險由西伯利亞進入滿洲里、哈爾濱。過長春、瀋陽俱不得下車，于二十六日抵北平。尋訪北大、清華舊友。居十日，南返至杭州。

七月，在蘇州旅舍校劉半農《敦煌綴瑣》中王仁昫《切韻》，校出缺誤二千四百則。

八月，哭祭章太炎，欲爲之撰寫年譜。蘇州存書，先損於蘇州圖書館，復損於日軍入侵，善本、手稿幾全失。

九月，受東北大學聘，主中文系，教授文字學、《楚辭》。自南京入開封，半月後到西安就職。

十月，在東北大學復校《楚辭》。每日入西安圖書館輯《歷代碑傳集》。

民國二十七年(公元 1938 年)　37 歲

二月底，將入川。得陶秋英弟信件，知其全家脫離日軍危險到達上海，心緒稍寧。

三月，日軍入侵潼關，迫使東北大學移至四川三臺。姜先生南下經漢中、綿陽，最終至成都。重見林山腴、龔向農等恩師，及眾同輩友。

四月，爲《瀛外訪古劫餘錄》，在徐仁甫幫助下，刊印百冊，分送國內友人。

五月，在四川三臺上課。端午節前三日，仍祭奠王國維先生。計劃合撰梁啓超、王國維、章太炎、廖平四先生年譜。

七月，由昆明取道香港，化名至上海，見陶秋英。

八月，與陶秋英在上海威海衛路中社成婚。姜亮夫先生《自訂年譜》稱："十年夢勞之燕，今遂比翼之思。余平生無有樂于此者。"

九月，與陶秋英同行至香港，遊北海、河內，後至成都，返三臺。

十一月，《瀛涯敦煌韻輯》一稿開始撰寫。精讀《漢書》，日爲札記。初寫《廣韻聲譜》《說文五音韻輯》二稿。

民國二十八年（公元 1939 年）　38 歲

一月，校王國維先生所寫《切韻》三種。

七月，應四川中等教員暑假講習會之請，主講語言文字，住華西大學，識劉之介，與故友宋大魯復會。

八月，遊峨眉山及成都名勝。九月復歸三臺。

十月，爲《金文圖像考》及《紋飾研究》二文，未成而廢。移居北壩袁姓園中，高樓可遠眺，左瞰涪江，右臨山色，椽寬一丈可坐臥，與姜夫人時常臨楹商量舊學。

十二月，校補陶秋英所作《陸機年譜》，至次年二月粗成（後改爲《陸平原年譜》，一九五七年上海古典文學出版社印行）。

《王靜安先生所錄倫敦〈切韻〉殘本校勘記》一文，載于是年東北大學《學林》雜志。

民國二十九年（公元 1940 年）　39 歲

二月，與夫人開始撰寫《隋唐韻書異文表》五卷。

五月，熊慶來函聘雲南大學文史系，允之，未定時。

民國三十年（公元 1941 年）　40 歲

一月，考訂《瀛涯敦煌韻輯》。

六月，熊慶來使徐某三來函聘，未允。

七月，念母至切，追念外家世德，因為《外家紀聞》。

十月，《瀛涯敦煌韻輯》二十四卷告成（一九五六年上海出版公司精印）。凡分三大部："字部"摹錄原卷；"論部"考證原卷；"譜部"歸納原卷中所有主要問題，尋其發展之迹。為時凡三年。爲自序長數千言冠卷首。編輯歷年所爲文章，爲《成均樓文集》。

十二月，油印《瀛涯敦煌韻輯·自序》百份，分贈知友。

民國三十一年（公元 1942 年）　41 歲

一月，父親病逝，歸家，留家奉母。

二月，接受龍雲任命，任雲南大學文法學院院長。

四月，草擬雲南大學文法學院發展計劃一百三十頁。然此計劃至八月仍未被啟用。

六月，擬聘請蕭公權主講政治課，金禮彰主講經濟課，陳寅恪、徐中舒、陳守實主講歷史課，然而至八月仍未見雲南當局頒發聘書。

七月，與陶夫人歸昭通省親。

八月，于昆明修訂編次《昭通方言考》。

民國三十二年（公元 1943 年）　42 歲

二月，撰《張華年譜》，至五月粗就（一九五七年上海古典文學出版社印行）。

六月，欲辭去雲南大學職位，未果。

八月，改訂多年講授的文字學講義。

十月，撰《護國軍紀實》成。

民國三十三年（公元 1944 年）　43 歲

三月，錄《敦煌經籍校錄》，並重加校正。重錄《敦煌雜錄》，一月內完成。

五月，是月八日女兒姜昆武出生于昆明。

民國三十五年（公元 1946 年）　45 歲

六月，《職司考》《古史官錄》諸文寫成。

七月，因聲聞李公樸等事得罪雲南當局，在盧漢關照下赴上海。任復旦大學教授。

民國三十六年（公元 1947 年）　46 歲

三月，作《古史圖譜》。

八月，任昆明師範學院教授。①

---

① 編者注：姜先生任昆明師範學院教授的時間，有現存的聘書原件為證，林家驪《姜亮夫先生年譜》、徐漢樹《姜亮夫畫傳》等材料亦可佐證。然而姜亮夫《自訂年譜》於 1947 年三月條云"為師院作古史展覽"，似乎是年三月已在師院。姑兩錄之以俟考。

公元 1949 年　48 歲

四月,應當時雲南省主席盧漢邀請,任雲南省教育廳廳長。

十二月,是月九日盧漢發動雲南起義,姜亮夫參與。起義後姜亮夫任雲南軍事管理委員會文教處長。

公元 1950 年　49 歲

三月,接到昆明師院通知為編外人員,並被通知去昆明西山革命大學學習。

六月,修訂《張華年譜》,一月內完成。

八月,補訂《陸平原年譜》。完成《屈原賦今譯》。

公元 1951 年　50 歲

三月,於革命大學畢業,分配雲南省博物館工作。重建昆明圓通寺,設計、施工均親任其事。

是年,姜亮夫自焚其《四先生合譜》等重要手稿。

公元 1952 年　51 歲

從西蒼坡昆師院宿舍遷沙朗巷嚴家私宅。

公元 1953 年　52 歲

因病住昆華醫院半年之久。接浙江師範學院聘,遂于下半年先至杭報到,後到上海岳父母家小住。

公元 1954 年　53 歲

年初開學赴杭就職,住秦望山麓。到校上課,但病後虛弱。雖五十餘歲已依杖而行,人多以"老先生"稱之。

修訂《陸平原年譜》《張華年譜》,接洽《瀛涯敦煌韻輯》出版事。

上海出版公司印行《敦煌——偉大的文化寶藏》,原為先生《敦煌志》中總論部分。

公元 1955 年　54 歲

夏自六和塔遷體育場浙師分部筒子樓宿舍,與沈煉之、胡士瑩、胡士煊、葉作舟、王駕吾諸先生為鄰,每戶二室。

受教育部委托招古漢語研究生,共八人。

《瀛涯敦煌韻輯》由上海出版公司精印，正式出版。

公元 1956 年　55 歲

與妻陶秋英整理《陳本禮楚辭精義留真》並影印出版。重印《甲骨學通論》，作較大幅度增訂。《古漢語語音學》定稿。

問醫、問學于張宗祥先生。

是年任中文系主任。

公元 1957 年　56 歲

因多病與外界交往活動甚少。

浙江師範學院搬遷至松木場新校址。姜先生一家搬入新居，條件大爲改善。當時學術稿費亦可觀，現存天津人民出版社《歷史教學》編輯部1957 年支付給姜先生的結算單，一萬四千三百字稿費可達二百元之數。

自來杭後暑寒假中常去上海小住，與蔣天樞、張世祿、吳文祺、呂貞伯、羅玉君夫婦、王淑瑛等時有過從。

《陸平原年譜》《張華年譜》由上海古典文學出版社印行出版。

《屈原賦校注》由人民文學出版社出版。

公元 1958 年　57 歲

浙師院與杭州大學合併，改名爲杭州大學。所授研究生除論文外，每學期皆有作業數次。姜先生詳爲批閱，加上學術研究，目力日衰。《歷代人物年里碑傳綜表》稿修訂是年完成。

教育部委託編寫古漢語大學教材，次年完稿。名爲大學教材，實僅用于研究生。姜先生認爲此教程文字、音韻、語法三部分當中，文字部分最爲可存。

公元 1961 年　60 歲

學校爲配助手二人，招研究生多名。

時在《中國語文》《文史哲》等刊物發文，並將《光明日報》及文科各雜志中有關學科重要文章剪貼匯成專册，自費雇請文書一人，專抄所需數據，多爲楚辭、語言歷史類。至是年已有數箱之巨。薪酬除奉養老母、岳父母及一家三人生活外多購買圖書雜志。來杭八年，書籍已達五千餘册矣。

《楚辭書目五種》由中華書局出版，是為楚辭學中的一種重要著作。

公元 1962 年　61 歲

《楚辭辭典》定名《楚辭通故》。因數據積累豐富，寫稿順利，全部書稿已完成過半。

招收古漢語研究生。每周爲研究生、助手上課不下三次。

公元 1963 年　62 歲

健康狀況稍好轉，系務工作及與外界交往漸多，日、蘇學者均有來訪。

編定《古漢語論文集》。是年完成《重訂天問校注》。

公元 1964 年　63 歲

編定《楚辭學論文集》。收文數十篇，皆作於《屈原賦校注》之後。所收《三楚所傳古史與齊魯三晉異同辨》一文，實為姜先生上古史觀較為集中的反映。

公元 1965 年　64 歲

《楚辭通故》稿基本完成。

《歷代人物年里碑傳綜表》由中華書局再版。

公元 1966 年　65 歲

"文化大革命"始，被批判、抄家。

《楚辭通故》稿散落約四分之一，書籍衣物多被封存。姜先生晚年回憶，"文化大革命"中他的著作、文章"約計遭毀廢者近百萬言"，包括多篇與上古史有關的單篇論文。

公元 1967 年　66 歲

仍時有批鬥，並參加勞動，寫大字報。

公元 1968—1969 年　67—68 歲

先生曾隔離審查數月。

公元 1971 年　70 歲

因血小板大減，出血住院月餘。

居室一半被人分住。是年始補寫《楚辭通故》，日撰五百字，前後凡三年而成。

公元 1972—1974 年　71—73 歲

索居枯室，以讀書自娛，惜目力大損。每日散步至黃龍洞。

夫人陶秋英始重操繪事。

公元 1975 年　74 歲

女兒姜昆武是年調回杭州。姜昆武自大學畢業後分配工作至仙居、富陽，不能與先生相見，爲先生一大憾事。

始校《楚辭通故》初稿。以後數年中凡四校。

公元 1976 年　75 歲

"文化大革命"結束，各項待遇逐漸恢復。

公元 1977 年　76 歲

《楚辭通故》全部完稿寫定，編索引附後。

公元 1978 年　77 歲

家中住房恢復。

公元 1979 年　78 歲

先生受教育部委托辦楚辭講習班，授課筆記整理成《楚辭今繹講錄》，後由北京出版社出版，爲《楚辭學五書》之一。

公元 1980 年　79 歲

王元化先生來，共擬《中國大百科全書》中《先秦文學》分卷編纂各項事宜，並開始組織纂寫。

發表《智騫〈楚辭音〉跋》一文於《中國社會科學》創刊號。此爲姜先生晚年在楚辭學上較爲重要的一篇文章。

十一月，浙江省語言學會成立，任會長。

公元 1981 年　80 歲

中國語言文學研究室招研究生，每周親爲上課。

中文系爲姜先生祝八十大壽。

十月，《楚辭今繹講錄》由北京出版社出版。

公元 1982 年　81 歲

爲杭州大學中文系 1978 級畢業生題寫贈言"修辭立誠，天下文明"。

多年後此屆學生中的錢志熙先生曾憶及,以為此八字體現當時一種時代嚮往。

《二招校注》定稿。

公元 1983 年　82 歲

四月杭州大學古籍研究所成立,任所長。同年九月,六名碩士研究生入學。

八月,王元化先生來杭,商討《中國大百科全書》編纂事宜。

九月,先生受教育部委辦敦煌學講習班。

十月,中國敦煌吐魯番學會語言文學分會成立,任會長。

是年《楚辭通故》接洽齊魯書社出版事成,雇員全部墨筆手抄稿備用。

公元 1984 年　83 歲

一月,爲中國古典文獻學專業博士生導師。始招博士生,每年僅一二人。

王元化、胡厚宣、沙孟海、蔣禮鴻、王運熙諸先生曾分別主持歷屆博士生論文答辯。

是年《楚辭學論文集》由上海古籍出版社出版。是為姜先生楚辭學單篇文章最重要的結集。《古文字學》由浙江人民出版社出版,1999 年雲南人民出版社重印。

公元 1985 年　84 歲

《楚辭通故》正式由齊魯書社影印出版。是爲姜先生晚年最用力之著作,姜先生一生屢遭播遷,手稿流散甚多,而晚年此書之成,爲先生至爲快慰之事。

《莫高窟年表》由上海古籍出版社出版。

《敦煌學概論》由北京中華書局出版(爲敦煌講習班講話錄音整理稿)。

公元 1986 年　85 歲

中國屈原學會成立,任會長。

六月二日夫人陶秋英病逝于杭大醫院。先生爲作挽聯:"十年知交五十年夫妻輔我著書福澤愧對趙文敏;卅卷詩文三百卷繪筆教女成材哀榮有過謝夫人。"

陶秋英《漢賦研究》由浙江古籍出版社重版。

八月以肝囊腫手術,住院兩月。

公元 1987 年　86 歲

先生肝臟手術後體力大衰,僅可在居室附近小作散步。夫人逝後常枯坐無聊,用錄音機記述往事回憶,以便旁人代爲整理。

《敦煌學論文集》由上海古籍出版社出版。

《屈原賦今譯》由北京出版社出版。

《重訂屈原賦校注》由天津古籍出版社出版。

公元 1988 年　87 歲

健康又稍恢復。親授孫女姜祖韻書法。

自此至一九九二年間,來訪友人、學生甚衆,如常書鴻、饒宗頤、龐樸、劉夢溪……常賓朋滿座。來索稿刊物亦多,故時有論著發表于各處雜志。

《昭通方言疏證》由上海古籍出版社出版。

馬一浮紀念館開館,與沙孟海、陳訓慈共赴會,遂有"新西湖三老"之稱。

公元 1989 年　88 歲

身體逐漸康復。與友人交往及教學工作均恢復正常。

公元 1990 年　89 歲

依民俗"做九不做十",學校爲先生做九十大壽及舉辦學術研討會。

《瀛涯敦煌韻書卷子考釋》由浙江古籍出版社出版。

公元 1991 年　90 歲

爲杭州靈隱寺再造五百羅漢石刻碑像殿撰寫《五百羅漢碑記》。又爲靈隱寺藥師殿撰寫楹聯:"藥師如來大願發十二教循尊禮苦行修善果;琉璃世界尊經誦冊九虔誠念拜誓求得再生。"是爲姜先生最後一幅書法作品。此時先生目力已甚弱，不能審視筆畫，唯以意行之。故此聯一片氣象，不可復以尋常書法視之。

自一九九零年七月起享受政府特殊津貼。

公元 1992 年　91 歲

《敦煌碎金》由浙江古籍出版社出版。

《數論篇》發表於《中國文化》1992 年第六期。此爲 1992 年新作，由學生執筆完成，非爲舊稿。是爲先生最後之作。

公元 1993 年　92 歲

《古史學論文集》由上海古籍出版社出版。

公元 1992—1995 年　91—94 歲

以腦萎縮、心臟病，長期住浙江醫院，近三年半。金宏義、符蓉、吳亞軍等數十醫務人員精心護理，諸弟子常在身側。一九九五年十二月四日逝于浙江醫院，享年九十四歲。冬至日前與夫人陶秋英合葬杭州第二公墓。

1995 年夏雲南人民出版社組稿編《姜亮夫全集》。1996 年，始組織編委十餘人分工整理，沈善洪任主編，王元化、季羨林、饒宗頤、李學勤任顧問，全書編纂原則依王元化先生意見定爲"求全存真"。啓功先生題書簽，李學勤先生爲作序。1997 年簽約，1999 年完工，2002 年正式出版。雲南省委、昭通地委、杭大校方、浙江省社科院均對此稿有大量人力物力支持。責任編輯爲張旭先生。全書二十四册，一千二百五十萬字。

启　事

　　20 世纪初短暂存在过的清华国学院,已成为令后学仰视与神往的佳话。而三年前,本院于文化浩劫之后浴火重生,继续秉承"独立之精神,自由之思想",而更强调"中国主体"与"世界眼光"的平衡,亦广受海内外关注与首肯。

　　本院几乎从复建之日起,即致力于《清华国学书系》之"院史工程",亟欲缀集早期院友之研究成果,以逼真展示昔年历程之艰辛与辉煌。现据手头之不完备资料,暂定在本套《书系》中,分册出版文存五十一种,以整理下述前贤之著述:

梁启超、王国维、陈寅恪、赵元任、李　济、吴　宓、梁漱溟、钢和泰、马　衡、林志钧、梁廷灿、赵万里、浦江清、杨时逢、蒋善国、王　力、姜亮夫、高　亨、徐中舒、陆侃如、刘盼遂、谢国桢、吴其昌、刘　节、罗根泽、蓝文徵、姚名达、朱芳圃、王静如、戴家祥、周传儒、蒋天枢、王　庸、冯永轩、徐景贤、卫聚贤、吴金鼎、杨筠如、冯国瑞、杨鸿烈、黄淬伯、裴学海、储皖峰、方壮猷、杜钢百、程　憬、王耘庄、何士骥、朱右白。

　　本《书系》打算另辟汇编本两册,收录章昭煌、余永梁、张昌圻、汪吟龙、黄绶、门启明、刘纪泽、颜虚心、闻惕生、王竞、赵邦彦、王镜第、陈守实等前贤之著述。

　　本《书系》已被列为国家十二五重点图书。为使其中收入的每部文存，皆成为有关该作者的"最佳一卷本"，除本院同仁将殚精竭虑外，亦深盼各界同好与贤达，不吝惠赐《书系》所涉之资料、线索，尤其是迄未付梓或散落民间的文字资料、照片、遗物等。此外，亦望有缘并有志之士，能够以各种灵活之形式，加入此项院史编集工程，主动承担某部文存的荟集与研究。如此，则不光是清华国学院之幸，更会是中国学术文化之幸。

　　惟望本《书系》能继前贤之绝学，传大师之火种，挽文明之颓势，为创造中国文化的现代形态，收到守先待后之功。

　　　　　　　　　　　　　　　　　　　　　　清华大学国学研究院
　　　　　　　　　　　　　　　　　　　　　　2012 年 8 月 11 日